KB036346

대담

인문학과 자연과학이 만나다

대담

대한민국 지성사 최초의 프로젝트,
그 후 10년

도정일 · 최재천 지음

Humanist

인문학과 자연과학의 또 다른 대화를 기다리며

벌써 10년이 되었군요. 최재천 교수와 제가 《대담》을 내었을 때, 우리 두 사람에게는 깊게 공유하는 생각의 큰 줄기 하나가 있었습니다. 학문적 배경이 다르고 관심사가 다른 두 사람이 모여 무슨 일을 도모하자면 최소한 출발점이 되어줄 '공통의 땅'이 필요합니다. 우리의 경우 그 공통의 발판은 '인문학과 자연과학의 대화'였습니다. 그때도 그랬고 지금도 그렇지만 인문학 – 과학의 대화는 소소한 화두가 아닙니다. 그런 화두를 내걸자면 용기와 학식과 '배짱'이 필요합니다. (최재천 교수는 어떨지 모르지만) 학식과 지혜로 따지면 저는 그런 대화의 상대가 되기에는 턱없이 자격 부족입니다. 그런데도 제가 (최 교수님도 마찬가지였겠지요) 이런 대화 작업을 해보기로 한 것은 한 가지 이유 때문이었습니다. 인문학과 과학이 마치 서로 관계없는 분야들인 양 양자 사이에 분단의 벽 같은 것을 세워놓고 '나는 나, 너는 너'의 대화 부재 또는 소통 단절 상태를 지속해서는 안 된다는 것이 그 이유였습니다. 이건 야심이 아니라 소박한 갈망에 더 가까운 것이었습니다. 소통을 향한 이 갈망이 우리가 '대화'에 나서기로 했을 때의 출발점이자 공통 관심사였습니다.

그런데 시작부터 대화는 순탄치 못했습니다. 최재천은 생물학자이고 도정일은 문학전공자였습니다. 인문학과 자연과학의 대화라는 화두를 걸긴 했지만 생물학이 자연과학의 전부가 아니고 문학이 인문학을 대표하는 것도 아닙니다. 그러니까 대화에서 우리가 만난 첫 난관은 생물학으로 '과학'을 대변할 수 있는가, 문학이 인문학의 많은 분야들을 수합하고 요약하고 아우르는 총괄적 입장 같은 것을 내놓을 수 있는가라는 점이었지요. 수월한 일이 아니죠. 우리가 선택한 해결책은 과학의 공통 성질, 인문학의 공통 성질을 추출해내어 대화를 출발시키자는 것이었습니다. 진화론에는 진화론을 과학이게 하는 어떤 성질이 있습니다. 그 성질을 쉽게 과학성이라 부르기로 한다면 그 과학성은 진화론만의 것이 아니고 다른 과학 분야들에도 공통으로 적용 가능하고 추출 가능합니다. 문학이라는 소범주가 어떻게 인문학이라는 전칭범주를 대변할 수 있는가라는 문제에서도 해결책은 인문학을 인문학이라 뭉뚱그릴 수 있게 하는 성질(이를테면 '인문성')을 추출해내어 그것으로 인문학적 입장을 대변하게 하는 방법이었습니다.

　지금 보면 참 소박한 접근법 같지만 10년 전 대화의 시작 단계에서는 과학과 인문학에서 각각 과학성이니 인문성이니 하는 공통 성질을 추출해내는 일도 쉽지 않았습니다. (사실은 그런 공분모를 추리는 일 자체도 합의를 보기 어려울 때가 많으니까요.) 이런 이야기를 지금 회고하는 것은 과학 – 인문학의 대화를 시작할 때 어떤 접근 절차를 세우고 출발해야 하는가를 고민하는 일이 필요했고, 그런 고민은 앞으로 유사한 대화를 시도하는 사람들도 겪어야 할 과정이라 여겨져서 입니다. 우리가 알게 된 것은 그런 고민부터가 대화의 일부라는 사실이었습니다. 그 사실을 인식하게 된 것도 대화 초입 단계의 소득이라면 소득이었습니다. 책에는 이런 절차 이야기가 시시콜콜 등장하지 않습니다. 그러나 좀 자세히 들여다보면 대화 과정에서의 고민과 상처의 흔적들이 책 여기저기에 숨어 있습니다. 《대담》은 고민, 충돌, 상처의 책입니다. 예컨대 최재천이 생물학과 학생들에게 진화론을 강의

하는 일은 어렵지 않겠지요. 그러나 그가 도 무식쟁이라는 과학 문외한을 앞혀놓고 진화론이 '어째서' 과학인가라는 문제부터 쉽게, 상처받지 않고 설득하는 일은 그리 쉽지 않았을 겁니다.

또 다른 고민도 많았습니다. 과학과 인문학 사이의 소통에 도움이될 판단, 사유, 토론의 자료를 제공하는 일은 당연히 이런 대화의 한목표입니다. 소통에 필요한 조건은 상대에 대한 이해입니다. 강연과설명회는 이해의 요긴한 형식입니다. 그러나 대화는 강연이 아니고설명회도 아닙니다. 생략과 건너뛰기가 불가피합니다. 설명을 위한설명을 피하면서 진화생물학과 인문학의 소통을 도울 방법은 무엇인가? 우리가 기댄 방법은 인간, 자연, 사회, 문화 등 삶의 여러 영역에서 현안이 되고 있는 문제들에 대한 진화론의 입장은 무엇이고 인문학의 판단은 무엇인가를 선명히 부각시키는 것이었습니다. 인간과동물, 유전과 문화, 기억과 유전정보, 설계와 목적, 생명복제와 윤리, 예술과 과학, 진화와 진보, 사랑 – 섹스 – 결혼, 우연과 창조와 역사 등 상당수 화제들을 대화에 끌어들인 것은 그런 현안들을 논하는사이에 진화론과 인문학 사이의 입장 차이가 가장 잘 드러날 것이라고 생각했기 때문입니다. 그런 차이가 과학 – 인문학을 설명하는 핵심적인 순간이 될 수 있으니까요.

그런데 문제가 없지 않았습니다. 과학으로서의 진화론은 이런 문제들을 논할 때 도저히 양보할 수 없는 '과학적' 입장들을 가지고 있습니다. 인문학은 반드시 과학을 표방하지 않기 때문에 정도의 차이는 있겠지만 경우에 따라 양보 불가의 입장들을 갖고 있지요. 문제는그렇게 입장 차이를 부각시키는 일만으로는 인문학 – 과학의 소통이가능하지 않는다는 점입니다. "응, 그러냐? 그건 네 입장이고 내 입장은 달라"라고 말하고 갈라서면 만사 끝이지요.

생물학은 인간이라고 해서 자연계에 특별한 자리를 만들어주지 않습니다. 인간도 동물계의 평등한 일원이니까요. 그래서 '인간'을 어떻게 이해해야 하는가 같은 문제를 이야기할 때 진화론자와 인문학도의 입장 차이에는 신랄한 데가 있었습니다. 인간의 창조성과 탁월성, 자유와 존엄성, 삶의 가치와 의미와 목적 같은 문제들 앞에서 인문학은 매우 예민합니다. 이 지상에서 (어쩌면 이 우주 전체에서) 인간 존재에 의미를 부여하는 것은 그런 가치항들이라고 인문학도들은 생각합니다. 이런 생각은 인간에게 특별석을 만들어주자는 주장과는 다릅니다. 그러나 인간에게는 자연계의 평등한 일원이면서 인간이기 때문에 짊어져야 하는 '특별한 짐'이 있습니다. 인문학의 관심사 하나는이 특별한 짐, 또는 특별한 탁월성이 무엇이며 어떻게 구성되는가를 사유하는 일입니다. 지구 환경과 생태계를 망쳐먹고 있는 것도 인간이지만 문명을 존속시키고 생명체들의 삶을 지속시켜야 하는, 말하자면 이 행성의 '관리 책임stewardship'을 지고 있는 것도 인간입니다. 이런 책임을 인식하고 존중하는 것이 인간적 탁월성의 하나입니다.

저는 인문학 – 과학 사이의 소통을 향한 '갈망'이 《대담》 프로젝트의 출발점이었다고 앞에서 말했습니다. 그 갈망은 인문학적 어휘로 표현하면 인간이 갖고 있는 매우 특이한 일련의 갈망들, 이를테면 의미에 대한 갈망, 자유에 대한 갈망, 정의에 대한 갈망 등과 깊게 연결되어 있습니다. 이런 갈망들이 인간으로 하여금 때로 자연선택을넘어 문화적 선택을, 진화론적 이득을 넘어 사회적인 가치선택 행위를 하게 한다고 생각합니다. 그것이 진화의 '문화적 층위'라고 저는 생각합니다. 이런 이야기를 지금 여기에 쓰는 것은 대화 과정에서 인문학도가 못다 한 말, 잘 다루지 못한 문제들이 많기 때문입니다. 그점에서 《대담》은 대화의 끝이 아니라 시작이라고 해야 할 겁니다.

특히 아쉬운 것은 인문학에서 말하는 '인간성humanity'론과 진화론에서 말하는 '인간본성human nature'론을 잘 다루어내지 못한 점입니다. 양자는 같은 것이 아닙니다. 진화론의 인간본성은 진화의 산물이고 인문학적 인간성은 진화적 결정론이나 환원론과는 별 관계가 없습니다. 우주과학자 칼 세이건Carl E. Sagan이 《코스모스Cosmos》 말미에서 인간 문명의 미래와 관련해서 제기한 문제 가운데 하나가 인간본성론과 관계되어 있습니다. 세이건은 인류가 지구 문명을 망쳐먹지 않으려면 진화과정에서 체득된 일련의 나쁜 버릇들을 청산해야 한다고 경고했습니다. 호전성, 그릇된 관습, 지도자에 대한 맹목적인 복종, 이방인에 대한 이유 없는 적개심, 이런 것들이 나쁜 버릇이라고 그는 말했지요. 그 버릇들과 연결된 극단적 형태의 민족우월주의, 우스꽝스런 종교적 광신, 맹목적이고 유치한 국가주의 같은 것도 이 '작고 푸른 행성'에 발 붙여서는 안 되는, 그러니까 지구행성에서 쫓아내야 하는 요소들이라고 말했습니다. 세이건이 말한 '나쁜 버릇들'은 요즘 진화심리학 쪽의 스티븐 핑커Steven Pinker식 표현을 빌면 인간본성 속에 들어있는 '악당'적 성질들입니다. 그런데 진화론이 말하는 인간본성은 바꿀 수 없는 겁니다. 그렇다면 누가 어떻게 그 버릇들을 청산할 수 있을까요? 과학이, 인문학이, 교육이? 문학과 예술이? 사회제도가?

인문학 – 과학이 소통하고 대화하는 일에는 이런 질문들도 불가피하게 포함됩니다. 호모 사피엔스에게 미래가 있는가, 문명의 존속은 가능한가, 전쟁과 폭력과 인간 희생이 줄어드는 세계를 만들 수 있을까, 인간이? 대화는 끝난 것이 아닙니다.

2015년 11월
도정일

함께 있되 거리를 두라

저는 유난히 별명이 많은 학자입니다. 그동안 주로 개미박사, 생태학자, 사회생물학자 등으로 불리다가 얼마 전부터는 '통섭학자'라는 별명이 덧붙었습니다. 통섭학이라는 학문이 따로 있는 것도 아닌 만큼 사실 얼토당토않은 이름이지요. 제가 10여 년 전 우리 사회에 화두로 던진 통섭統攝이 기대 이상으로 빠르고 광범하게 사회 전반으로 퍼져나간 덕에 기이한 별명을 얻었습니다. 이 통섭 열풍에 가장 크게 기여한 사건이 바로 10년 전 《대담》 출간이었다고 생각합니다.

아직 손에 쥘 만한 결과물이 나온 건 아니지만 자연과학과 인문학 간의 소통 노력은 여기저기 또렷이 보입니다. 제게는 매년 제 연구실에 들어오고 싶다며 줄잡아 10~20명의 학생들이 찾아오는데, 지난 10년 동안 그중 절대다수가 《대담》을 읽었다며 말문을 엽니다. 과학적으로 집계한 통계 자료가 있는 건 아니지만 우리 젊은 세대에게 적지 않은 영향을 미친 건 분명해 보입니다. 언제부터인가 우리 기업들도 신입사원을 뽑을 때 학점과 스펙만 보는 게 아니라 인성과 개성을 들여다보기 시작했습니다. 삼성전자는 몇 년 전 SCSASamsung Convergence Software Academy를 만들면서 인문학 전공자 수백 명을 선발해 컴퓨터 프로그래밍 기술을 가르치기 시작했습니다. 그동안 대학에서 컴퓨터 공학을 전공한 인재들을 데려다 일을 시켜보았는데,

물론 기술은 탁월하지만 왠지 스티브 잡스 같은 창의적인 괴짜가 나타나지 않더라는 겁니다. SCSA 과정을 이수한 모든 인문학 전공자가 몇 달 만에 창의적인 엔지니어로 거듭나는 것은 물론 아니지만 그들 중 몇몇은 훈련 과정에서 이미 금방 제품화해도 좋을 만한 기발한 아이디어를 만들어내더라는 겁니다. 그들은 《대담》을 거의 필독서마냥 돌려보았답니다.

통섭에 대한 비판도 여전히 만만찮습니다. 10년 전 도정일 선생님과 제가 했던 《대담》의 노력 자체가 아무런 실용 가치도 없는 학문적 자위 행위였다는 비판이 있는가 하면, 그 반대편에는 자연과학이 인문학을 삼키려 한다는 터무니없는 혐의를 가지고 저를 종종 에드워드 윌슨Edward O. Wilson 교수와 더불어 '생물학 제국주의자'로 몰아세우는 분들도 적지 않습니다. 하지만 이런 극과 극의 비판들은 현실의 도도함 앞에 설 자리를 잃어가고 있습니다. 지금 우리 사회가 당면한 거의 모든 문제는 어느덧 한 개인 또는 한 학문 분야가 풀어낼 수 있을 수준을 넘어선 복합성을 적나라하게 드러내고 있습니다. 서로 다른 전공과 경험을 가진 사람들이 모여 함께 문제를 풀어내는 현장에 그 어느 때보다 다른 분야에 대한 이해와 소통 능력이 필수적이라는 걸 피부로 느끼고 있습니다. 그런가 하면 개개인에게도 평생직업의 시대가 아니라 살면서 적어도 15가지의 업무를 수행하게 된다는 고령시대를 눈앞에 두고 있습니다. 통섭은 이제 비판은 하되 끌어안을 수밖에 없는 현실입니다. 그래서일까요? 저는 요즘 온갖 낯선 곳에서 익숙함을 불쑥불쑥 만납니다. 통섭은 이제 지하철에서도 쉽게 들을 수 있는 일반용어가 되었습니다.

에드워드 윌슨 교수의 책 《Consilience》를 번역하면서 적절한 번역어를 찾느라 고심하던 중 우연히 두툼한 우리말 사전에서 '통섭通涉'을 찾았습니다. 하지만 저는 윌슨 교수의 consilience 개념이 '사물에 널리 통함'이라는 뜻의 '통섭通涉'보다는 좀더 포괄적인 개념이라고 생각하여 '큰 줄기' 또는 '실마리'의 뜻을 지닌 '거느릴 통統'과 '잡다' 또는 '쥐다'의 뜻을 지닌 '잡을 섭攝'을 붙여 새로운 단어를 만들었습니다. '큰 줄기를 잡다'라는 의미의 신조어라고 생각했지만 책이 출간될 무렵 '통섭統攝'이 이미 오래전부터 있었던, 다만 널리 쓰이지 않았던 단어라는 사실을 깨달았습니다. 일찍이 통일신라시대 원효대사로부터 조선 말기의 실학자 최한기에 이르기까지 우리는 이 개념에 이미 익숙해 있었습니다. 영국에서는 윌리엄 휘얼William Whewell이 애써 'consilence'라는 신조어까지 만들며 개념을 알리려 애쓰다 결국 스러져버렸지만, 우리나라에서는 기왕에 다 알고 있던 개념에 적절한 단어가 있었음을 제가 상기시킨 것뿐이어서 마른 풀에 들불마냥 순식간에 번진 겁니다.

하지만 아무리 10년여에 걸친 우리의 《대담》 노력에도 불구하고 인문학과 자연과학이 졸지에 하나의 학문으로 합쳐지는 일은 없을 겁니다. 그렇지만 두 학문 주류는 이제 수시로 만나야 합니다. 서로의 존재를 충분히 존중하면서도 충분히 서로의 장점을 배우며 새로운 길을 모색할 수 있을 겁니다. 레바논 태생의 철학자이자 작가인 칼릴 지브란Kahlil Gibran의 글이 인문학자와 자연과학자가 통섭을 대하는 태도를 다듬는 데 도움이 될 것 같아 여기 소개합니다.

함께 있되 거리를 두라.
그래서 하늘 바람이 너희 사이에서 춤추게 하라.
서로 사랑하라.
그러나 사랑으로 구속하지는 말라.
그보다 너희 혼과 혼의 두 언덕 사이에 출렁이는 바다를 놓아두라.
서로의 잔을 채워 주되 한쪽의 잔만을 마시지 말라.

서로의 빵을 주되 한쪽의 빵만을 먹지 말라.

함께 노래하고 춤추며 즐거워하되 서로는 혼자 있게 하라.

마치 현악기의 줄들이 하나의 음악을 울릴지라도 줄은 서로 혼자이듯이.

서로 가슴을 주라. 그러나 서로의 가슴속에 묶어 두지는 말라.

오직 큰생명의 손길만이 너희의 가슴을 간직할 수 있다.

함께 서 있으라. 그러나 너무 가까이 서 있지는 말라.

사원의 기둥들도 서로 떨어져 있고.

참나무와 삼나무는 서로의 그늘 속에선 자랄 수 없다.

— 칼릴 지브란, 《예언자》 중에서(류시화 옮김)

　　통섭은 비록 'consilience'의 번역어로서 출발했지만 그 나름 생명을 지닌 유기체처럼 새로운 의미와 역할로 진화하고 있습니다. 애초에는 더 많이 알려진 통섭通涉 대신 통섭統攝을 택함으로써 제가 휴얼과 윌슨의 개념에 동양적인 변이를 보탰다고 생각했습니다만, 결과적으로는 과학절대주의를 옹호한다는 다소 억울한 비난까지 감수해야 했습니다. 인문학과 자연과학은 사원의 기둥들처럼 함께 학문의 세계를 떠받쳐야 합니다. 두 기둥이 한데 뭉쳐져 하나가 되면 오히려 불안정한 상태가 되고 맙니다. 참나무와 삼나무처럼 인문학과 자연과학도 서로의 그늘 속에선 제대로 자랄 수 없습니다. 저는 어느 한쪽이 압도하는 관계보다는 호상적互相的 통섭을 꿈꿉니다. 그래서 저는 요즘 '統攝' 대신 '通攝'을 진지하게 고민하고 있습니다.

2015년 11월

최재천

차례

인간동물과 동물인간의 만남

    생물학자와 인문학자가 만나면 어떤 일이 벌어질까요? 생물학은 이 지구상의 온갖 생명체가 어떻게 살고 어떻게 행동하며 어떻게 종의 생명을 대대손손 이어가는지, 그 놀랍고 희한한 재주와 방법 들을 연구하는 학문입니다. 인문학은 그 넓은 생명 세계에서 인간은 어떻게 살고 행동하며 어떻게 사랑하고 무슨 생각을 하며, 또 무엇을 이루고 무엇에 실패하는지, 인간과 그의 성취를 연구하는 분야입니다. 생물학 중에서도 동물행동학이 전공인 최재천 교수는 '동물을 연구하는 인간'이고, 인문학 중에서 문학이 전공인 도정일은 어쭙잖게도 '인간을 공부하는 동물'입니다. 그러니까 최재천과 도정일의 만남은 인간과 동물의 만남이네요? 인간과 동물이 만나면 무슨 일이 벌어질까요? 소통할 공통의 언어가 있을까요? 아침에 만나 서로 딴소리하다가 저녁에 '우린 다르다'며 얼굴 붉히고 헤어지는 건 아닐까요?

    생물학은 우리 시대의 가장 중요하고도 놀라운 연구 분야입니다. 현대 생물학과 그 연관 분야들은 그동안 인문학이 '인간'에 대해 말하고 생각해온 방식에 일대 충격을 주고 있습니다. 인문학의 인간 그림이 온통 바뀌어야 할 지경이 되었습니다. 학문으로서만 그런 게 아닙니다. 줄기세포, 복제인간, 맞춤아기, 유전자 지도, 성격 개조, 인간 개량 등 생물학 분야가 내놓고 있는 새로운 가능성들은 지금 당장 우리 눈앞에 놀라운 신세계의 도래를 알리고 있습니다. 먼 미래의 가능성이라고 생각했던 것들을 생물학이 이처럼 빨리 끌어다 우리의 '현재' 속에 실현하게 될 줄이야, 인문학이 미처 몰랐던 일입니다. 그래서 생물학과 인문학의 대화가 필요하다는 생각이 떠올랐습니다. 책 제목은 '인문학과 자연과학'의 대화로 되어 있지만, 정확히는 어떤 인문학도와 어떤 생물학도의 대화입니다.

물론 서투른 대화입니다. 서로 하고 싶은 말, 챙겨야 할 사항 같은 걸 다 꺼내놓은 것도 아닙니다. 그렇게 하자면 이 책은 나올 수 없었을 겁니다. 지금 이런 꼴로라도 책이 과연 나올 수 있을지 없을지 '전혀 불투명했던' 것이 이 대담 프로젝트입니다. 최 교수와 내가 대담이랍시고 말을 트기 시작한 것이 4년 전인데, 왜 4년씩 걸려야 했는지 돌이켜보면 부끄럽기 짝이 없습니다. 시도 자체가 어려운 것이기도 했겠지만, 늦어진 책임은 전적으로 제게 있습니다. 빨리 내자면 낼 수도 있었을 것을 바쁘다는 핑계로 한없이 늑장부렸으니까요. 대담 초고를 던져놓고 두어 페이지 들여다보는 것으로 한 해를 보낸 적도 있습니다. 최재천 교수가 온 세계 동물계에서 이처럼 괴이하게 게으른 동물을 만나본 적은 아마 이번이 처음일 겁니다. 그가 속 터져 폭발하지 않고 참아낸 것을 보면 인간은 참 대단하구나 싶습니다.

이 대담은 작은 시도에 불과합니다. 문제가 무엇인지 생각해보고 더 많은 대화를 자극하자는 것이 대담자들과 출판사의 의도입니다. 당신은 여기서 어떤 위대한 것을 찾지 마시고, 동물인간과 인간동물 사이의 소통이 어떤 것일 수 있는지 그 가능성의 한 장면만을 본다고 생각해주시기 바랍니다.

2005년 11월
도정일

일러두기

이 책은 2001년 12월 10일부터 2004년 3월 26일까지 열린 10여 차례의 대담과 2002년 3월 27일부터 2004년 2월까지 진행된 4차례의 인터뷰를 재구성한 것입니다. 대담의 원고량은 200자 원고지로 2,500매였고, 인터뷰는 800매였습니다. 인문학자와 자연과학자의 삶과 지식의 수원지에 물길을 내어 독자들에게 흘러들어가게 하는 역할을 하는 젊은 지식인들이 사회자로 참여했습니다. 2001년부터 2002년까지는 고병권 선생, 2003년부터 2005년까지는 이승원 선생과 정여울 선생이 참여했습니다.

〈3장 생명복제, 이제 인간만 남은 것인가〉에는 황우석 박사의 줄기세포 연구에 관한 내용이 있습니다. 알려졌다시피 황우석 박사의 2004년 〈사이언스〉 게재 논문은 조작된 것으로 드러났지만, 이 책에서는 대담 내용 이해를 위해 황우석 박사의 연구가 다소 언급됩니다. 논문 조작이 밝혀지기 전에 이루어진 대담이라는 감안해서 읽어주시기 바랍니다.

본문 뒤에 실린 〈특별 대담〉은 2014년 10월 20일에 열린 〈2014 인문학 콘서트 대담〉의 내용을 정리한 것입니다. 《대담》 출간 10년을 맞아 그동안 우리 사회의 인문학과 자연과학의 대화는 어디까지 왔으며, 학문 간 융합을 넘어 새로운 세대를 위한 교육과 사회문화적 기반으로서의 융합적 사고와 실천은 어떻게 가능한지를 살펴봤습니다. 두 대담자의 후배·제자이자 우리 사회의 인문학과 자연과학의 새로운 소통을 만들어가고 있는 장대익 선생이 사회자로 참여했습니다.

이 책의 뒤에는 대담의 주요 쟁점이나 주제 등을 일목요연하게 찾을 수 있도록 〈쟁점 찾아보기〉를 구성했습니다. 우리 시대 화두가 두 대담자의 지식과 삶 속에서 어떻게 소통되고 있는가를 조망할 수 있을 것입니다.

신화를 품은 인문학자

도정일

상상력으로 자본의 벽을 넘다

이성과 상상력은 함께할 수 있습니다. 어떤 것도 포기해선 안 돼요.

모순되어 보이는 것이 함께 존재할 수 있는 세상,

그런 복합적인 세상이 좋은 세상이죠.

2005년 지금 도정일은 대한민국에서 가장 바쁜 시민운동가 중 한 사람이다. 분명히 그를 고리타분하다고 보는 사람도 있을 것이다. 뿌리 찾고 근원 찾고 하다가 다른 사람, 다른 나라가 경쟁에서 더 좋은 자리를 차지하면 어떻게 하느냐고 세계화나 무한경쟁시대를 외치는 사람들의 입장에서는 딴죽 거는 사람으로만 보일 것이다. 그러나 도정일은 "생각하기를 포기하려는" 그들의 놀라운 의지에 맞서고 있다.

"몇 년 동안 소리 없이 엎드려 있었다"

그러나 그가 우리 사회의 인문적 기초 공사에 뛰어든 것은 비교적 최근 일이다. 글을 통해서만 도정일을 접한 사람들은 그가 정년을 앞두고 있다는 사실이 믿어지지 않을 것이다. 언젠가 썼던 표현처럼 그는 "몇 년 동안 소리 없이 엎드려" 있었다. 그가 대외적 글쓰기를 시작한 것은 쉰 살이 넘어서이다. 꿈을 포기한 중년의 노후 설계가 아니라면 나이 50에 무언가를 시작한다는 건 분명 흔히 있는 일이 아니다. 어떤 평론가가 그에게 물은 적이 있다. 도대체 1990년대 이전에는 무얼 하고 있었냐고. "대외적 비평을 할 생각이 별로 없었어요. 당시 국내 평단 분위기가 내 하고 싶은 이야기를 하기에 적당치도 않았고, 속으로 다짐한 것 때문이기도 했죠. 한국 문학을 위해 필요한 것은 교육을 강화하는 것이라고 생각하고 있었죠."

1990년대에 들어서 도정일은 당대 유행하던 포스트모더니즘과 맞서 싸웠다. 물론 그도 근대 계몽의 문제점을 알고 있었고 그것을 비판했다. 그러나 비판적 이성은 근대 계몽의 문제를 비판하기 위해서도 포기할 수 없는 것이었다. 평론가 이영준의 말처럼 도정일 비평은 시대를 거슬러 싸웠다. '포스트 키드'들의 냉소 앞에 인문학이 여원 가슴을 드러내야 했을 때, 거기에 대꾸할 기력을 지닌 이름 가운데 도정일의 이름이 맨 먼저 발견되는 것은 우연이 아니다. "도정일 비평이 없었다면 1990년대 문학비평은 다소 지루하고 사소해졌을지도 모른다."

그동안 쓴 글들이 상당히 많아요. 대부분 칼럼인데, 마지못해 쓴 것이죠. 내가 쓰고 싶어서 쓴 글이 한 편도 없는 것 같아요. 하지만 허망했던 것은 아니에요. 많은 생각도 주고, 화두를 끄집어내기도 하고, 모호했던 것들을 정리할 수 있는 기회가 되긴 했습니다. 내가 꼭 쓰고 싶은 책들이 있는데 그걸 못하고 끌려다니는구나 하는 생각이 듭니다.

공적인 일과 사적인 일 가운데 늘 공적인 일 쪽으로 쏠립니다. 하고 싶어서 한 것도 아닌데, 떠밀리다 보면 그쪽으로 갑니다. 선택을 해놓고도 많이 후회합니다. 그러면서도 다음날 그 일을 하고 있습니다. 개인적인 일을 늘 부차적으로 미루는 것에 대한 회한이 많아요. 이걸 저는 이렇게 위로합니다. '내가 글을 쓴다든가 커다란 연구 업적을 남기는 것을 신은 좋아하지 않는다'라고요. 늘 못하게 방해한다고 구실을 붙입니다.

나에게는 부르주아 삶의 방식에 대한 본능적인 혐오가 있는 것 같아요. 부르주아도 많은 미덕을 지녔잖아요. 자기관리를 아주 철저히 해서 남에게 신세지지 않으려 하죠. 하지만 이해관계를 따져서 자신에게 이득이 되지 않으면 절대로 움직이지 않아요. 매사를 이해관계의 잣대로 움직이는 인간, 제가 제일 경멸하는 유형입니다.

도정일을 취재하러 간 우리끼리 자주 하는 이야기가 있었다. 천진난만한 웃음을 보건대 어릴 적 무척 개구쟁이였을 거라고. 우리는 그

천진난만한 표정을 만들어준 어린 시절의 즐거웠던 사건들에 대해 들어볼 생각이었다. 그러나 그는 1941년에 태어난 아이였다. 그의 나이를 역사 연표에 넣어보면 아이에게 세상은 그리 좋은 곳이 아니었을 것이다.

"마당에 널어놓은 빨래들이 유령처럼 흔들렸어"

나는 일본에서 태어났어요. 그러니까 대동아 전쟁의 경험도 있고, 조금만 더 일찍 태어났더라면 임진왜란도 기억났을 텐데. 만약에 태평양전쟁을 한국에서 겪었다면 지금처럼 선명하지 않았을지도 몰라요. 일본에서의 경험은 마치 별개의 장인 것처럼 따로 떨어져서 기억이 돼요.

전시 기억인데, 미군 폭격기들이 밤하늘을 온통 벌겋게 만들었죠. 지진이 났던 기억도 있어요. 전쟁과 지진이 겹쳐진 장면들. 한 번은 지진이 났는데 전봇대가 흔들리고 빨랫줄 대도 흔들리고 하더라고요. 그런데 빨랫줄 대 흔들리는 게 제일 인상적이에요. 널어놓은 빨래들이 유령처럼 흔들리는데, 어렸을 때는 지진에 대한 두려움은 전혀 없었던 것 같아요. 오히려 흔들흔들하니까 재미있었죠. 제일 무서웠던 것은 길에 나갔을 때 다리 없는 부상자들이 기어다니는 것이었어요. 그 모습이 아주 강한 인상으로 남아 있어요.

역시 전쟁을 두려워하는 건 어른들일까. 그는 눈이 많이 내린 겨울에 방공호를 오르락내리락하면서 놀던 기억을 말하더니 금세 환하게 웃는다. "다리까지 부러졌지!" 다리 없이 기던 부상자들에 대한 기억 옆에는 다리까지 부러져가며 눈썰매를 타던 즐거운 기억이 있다. 조금 지나 맞은 한국전쟁 때도 마찬가지였다.

　전쟁이 터졌을 때, 현대전에서는 시골로 가야 한다는 것이 어머니의 지론이셨어요. 일본에서의 경험이었죠. 대도시가 폭격을 당하고 원자폭탄이 터졌으니까. 우리도 원자폭탄이 터질 때 도망가 있었으니까 살 수 있었어요. 그래서 아버지의 고향인 경상남도 고성으로 도망쳤죠. 내 기억으로는 도착하자마자 그곳이 점령을 당했어요. 학교 기숙사 사택에 있는데 밤중에 오토바이를 탄 인민군이 학교로 쫙 들어오더군요.

　그때도 전쟁에 대한 두려움은 없었는데, 밤중에 들리는 포탄 소리는 무서웠죠. 쉬익, 쉬익 하는 귀신 울음소리 같은 소리가 난 후 팡, 팡 터지는 소리가 나는데, 그 터지는 소리는 괜찮았지만, 쉬익 하는 소리는 견딜 수가 없어서 밤만 되면 뒷산으로 도망쳤어요.

　이런 이야기를 하면 잡혀갈지 모르겠는데, 인민군들한테 노래도 배우고 아플 때 약 타다 썼던 것이 기억에 남아 있어요. 아마 잔심부름도 꽤 해주었을 거예요. 옆집에 가면 뭐가 있는데 그거 가져와라 하면 가져가고. 좀 이상한 이야기지만 인민군들이 떠날 때 우는 애들도 있었어요. 어린애들이 무슨 이념 같은 걸 알았겠어요? 그냥 옆에 있던 사람이 떠나니까 운 거죠. 그게 한국전쟁 때 내가 한 부역이에요.

　그 후에 국군이 진격해왔는데 잘못된 소문이 돌았어요. 흑인부대가 앞장서는데 그들은 사람이 아니어서 부녀자들은 물론이고 남자들까지 다 죽일 테니 도망쳐야 한다는 거였어요. 그래서 수복군이 진격해올 때 다 도망쳐서 더 시골로 들어갔어요. 결국 우리는 국군을 위해 해준 일은 아무것도 없었죠. 참 우스운 일이에요.

"난 소년기에 굉장한 사업 재능이 있었던 것 같아"

유령처럼 흔들리던 빨래, 벌겋게 타오르던 하늘, 다리 없는 부상자들, 쉬익, 쉬익 소리를 내며 밤하늘에 떠 다니던 포탄들. 유년기 기억들은 전쟁 때 찍은 사진과 같았다. 줄거리는 없었지만 그것들은 아주 선명하게 저 깊은 정신 속 앨범에 꽂혀 있었다. 그러나 아이의 목소리가 조금 굵어졌을 때부터의 기억은 더 이상 사진이 아니었다. 전쟁이 끝나갈 무렵 그는 초등학교 교사였던 어머니를 따라 마산으로, 그리고 곧이어 부산으로 갔다. 그는 그때를 '경남시대'라고 불렀는데, 이때부터의 기억은 완전한 줄거리를 갖추고 있었다. 특히 "전쟁 막바지라 먹고살기 어려워 생존 경쟁에 뛰어들었지."로 시작한 어린 시절의 사업 이야기는 실타래 풀리듯 한없이 계속되었다.

맨 처음 시작한 사업이 신문팔이예요. 당시 〈국제신보〉가 제일 유명했는데, 전차를 타고 신문사에 가서 신문을 받아 우리 활동의 본거지인 서면시장을 돌면서 팔았어요. 누가 더 많이 파느냐가 중요하니까 전술을 개발했어요. 신문 하나 팔고 돈을 받으면 시간이 많이 걸리니까 무조건 신문을 던져놓고 돌아오면서 수금하는 방법을 내가 개발했는데, 그러니까 그게 사업이죠.

그런데 첫날에 잊히지 않는 사건이 있었어요. 그날 신문을 팔고 집으로 오는데 그때까지 조간과 석간이 따로 있는지 몰랐어요. 아마 조간신문을 팔다가 한 장인가 남았던 것 같아요. 시장에서 어묵을 사먹고 있다가 남은 한 장을 마저 팔겠다고 생각하고는 집에 가는 길에 "국제신보" 하고 외쳤는데 어떤 사람이 부르는 거예요. 그래서 얼른 달려갔죠. 그 사람이 "석간이야?" 하고 물었는데 석간이 뭔지 알아야지. 그래서 "예" 하고 대답하고는 조간을 팔았어요. 신문사업을 시

작한 첫날에 저지른 일이 독자 기만이에요.

"신문 팔기를 시작한 날의 독자 기만." 그는 인문학자답게 자기 어린 시절 이야기를 능숙하게 요리했다. 마치 어른들을 위해 들려주는 동화처럼 이야기들은 세련된 형태로 포장되어 나왔다.

'아이스케키' 집에 가면 통은 한정되어 있고, 그 통마다 주인이 있었어요. 그리고 한 번에 서른 개 이상을 생산하지 못했어요. 그래서 통에 맞게 생산을 조절하고 통 주인인 아이가 있으니까 하고 싶다고 해서 아무나 아이스케키 장사를 할 수 있는 게 아니었어요. 그래서 매일 찾아가서 기다렸죠. 그날도 "아이스케키 통 났어요?" 하고 물으니 주인이 "기다려, 오늘 못 나온 애가 있다. 오늘 네가 뛸래?" 하더군요. 그렇게 누군가 결근한 틈을 타서 통을 빌려 나갔는데, 지금 생각해봐도 사업적 재능이 대단했어요. 아이스케키 주인을 구워삶아서 통을 내가 점령하기 위해서는 실력을 발휘해야겠다고 생각했죠. 아이스크림을 얼마나 팔았는지 몰라요. 다른 애들은 30분 만에 돌아온다거나 한 시간 만에 돌아오곤 했는데, 나는 나갔다가 금방 돌아오기를 수십 번. 하도 자주 갈으니까 주인이 감복해서 "이 통 네가 해라" 했어요. 나중에 생각해보니까 원래 통 주인이던 아이의 밥줄을 내가 뗀 거죠.

잘 나가던 일에 대한 기억은 그렇게 어두운 구석을 달고 있었다. 그에게 진짜 상처(?)를 남긴 건 참외 장사였다. "밤의 사업이죠. 그걸 그만둔 게, 참외를 팔고 남은 걸 가지고 집으로 가는데 원두막 길을 지나 철조망이 옆에 있는 길을 가다가 리어카와 함께 철조망에 처박힌 적이 있어요. 철조망 가시가 살을 파고들어왔지요. 흉터가 아직

도 남아 있어요." 정말로 큰 흉터가 있었다. "그때 깨달았어요. 과장
법을 섞어 얘기하면, 자신이 통제할 수 없는 뭐가 있다 이거였어요."
유한성에 대한 자각! 나이 든 인문학자는 그렇게 자신의 소년기 사업
에 하나 둘씩 심오한(?) 의미를 부여해갔다.

"우리 어머니? 일본으로 탈출한 모던 걸이지"

그의 어린 시절 이야기에는 '어머니'가 자주 등장했다. 일본에 살
던 유년기에도 한국전쟁 때의 청소년기에도 그의 이야기는 어머니로
부터 시작되었다. "그건 어머니의 판단이었지." "어머니가 그쪽으로
전근을 신청하신 거야." 이런 식이었다. 그의 어머니는 당시 여성으
로서는 상당한 교육을 받았을 뿐 아니라 새로운 문화에 대한 의지가
강했다.

어머니는 문화적으로 일본을 훨씬 좋아했어요. 일제시대 말이라
고 해도 정신적으로나 사회적으로 조선시대하고 크게 다를 것이 없
었거든요. 그러니 어머니 같은 여자들에게 일본의 근대화된 사회,
합리적인 사회의 경험은 대단히 매력적이었을 거예요. 일제시대에
여자가 고등학교까지 다녔으면 꽤 괜찮은 교육을 받은 셈이죠. 어머
니 집에 돈이 있고 하니까 신여성은 아니라 해도 개화의 혜택을 받았
던 여성이에요. 어머니는 조혼을 한다거나 집에서 정한 사람과 결혼
하는 것을 굉장히 싫어해서 일본으로 도망치셨어요. 일본으로 도망
쳐서 그곳에서 아버지를 만났어요. 아버지도 도망친 남자였고. 도망
친 남녀가 만난 거죠.

신소설의 주인공들 같다. 근대 문화를 접한 주인공들이 조혼이나 정혼이라는 낡은 인습의 굴레에서 벗어나기 위해 국외로 탈출하는 이야기. 도망친 남녀의 자유연애. 귀를 쫑긋 세운 우리는 그가 들려주는 연애담의 뒤가 궁금해서 견딜 수가 없었다.

그런데 아버지 쪽은 경상남도 고성의 빈곤한 시골이에요. 아버지는 차남이고. 기다려봐야 돌아올 것도 없고 농토는 모자라고, 일본에서는 취업의 기회니 뭐니 하는 소리가 들리고. 그때 징용 간 사람들, 도망친 사람들이 요새 만주 동포들이 와서 일하는 것과 비슷한 거죠. 큰아버지도 아버지도 징용 갔던 것 같아요.

그런데 아버지는 징용을 일찍 면하고 귀국할 생각이 아니라 일본에 머물며 살길을 찾았던 것 같아요. 끌려가긴 했지만 일종의 탈출이라고 할 수 있죠. 아버지는 초등학교 교육도 받지 못했어요. 그런데 어떻게 만나서 결합됐는지 모르겠어요. 후에 내가 들은 이야기로는 아버지가 고물장수를 했다더군요. 고물장수 청년에 대한 어머니의 연민이었는지, 아니면 다른 사단이었는지는 모르죠.

그는 능숙한 이야기꾼처럼 이야기를 조금씩 떼어줄 뿐 한꺼번에 내놓질 않는다. 우리는 나머지 연애담을 들을 수 있는 행운의 주인공이 아니었다. 그의 어머니는 장사 수완도 있었던 듯하다.

일본에 있을 때 그 전쟁 와중에 우리 집이 공장을 했어요. 어머니의 아이디어였을 거예요. 전시에는 설탕이 있어야 한다, 그런데 설탕 조달은 어려워지고 단 것은 먹어야 하고. 그래서 조청공장을 시작한 거죠. 지금도 우리는 가끔 그 일에 대해 농담을 해요. 우리 집안이 일본에서 독립운동을 한 것은 하나 없지만, 조청공장을 해서 일본 경제에 타격을 가했다고. 일본 경제에 기여했다고 하면 부역이 될 테니, 일본 경제를 교란했다고 말하는 거죠. 그게 우리 집안의 전설에 있는 유일한 항일운동일 거예요.

귀국하고 나서는 일본에 있을 때보다 집안 사정이 훨씬 안 좋았다고 한다. 그때 어머니가 취직을 했다. 어머니에겐 고등학교 졸업장이 있었는데, 교육 인력이 한창 모자라던 당시에는 그 정도로도 학교에 취직할 수 있었다. 어머니는 울산의 태화국민학교 교사로 근무하게 되었다. 도정일은 자신의 일생에서 일류학교를 다닌 경험은 이 태화국민학교뿐이라고 덧붙였다.

"이 문자를 알아야 살아남는구나 하고 생각했지"

도정일은 영문학자다. 우리는 그와 영어의 인연을 어떤 식으로든 듣고 싶었다. 하지만 그도 자기가 왜 영문과에 지원했는지에 대해서는 알 수 없다고 했다. 그런데 우리는 어머니 이야기를 듣던 중에 흥미로운, 하지만 아주 강렬한 영어에 대한 체험을 들을 수 있었다.

구만리로 피난을 가 있을 때였어요. 육촌 형이 당시 고등학생이었는데, 어머니가 이렇게 말하는 거예요. 어머니도 분명히 영어를 배웠을 텐데, 자기 명함을 꺼내놓으면서 "만약에 군인들한테 잡혔을 때 신분을 밝혀줄 표시를 해다오. 내가 초등학교 선생이라는 것을 써다오" 이런 부탁을 하더라고요. 그러니까 형이 "그래요?" 하면서 명함판 뒤에다 꼬부랑글자를 썼는데 그게 얼마나 위대해 보이던지. 고등학교만 다녀도 미국인과 소통할 수 있는 영어를 쓸 수 있구나. 그래서 선망의 눈으로 쳐다봤어요. 한참 세월이 지나서 명함을 꺼내 보니까 형편없는 글씨로 "primary school teacher"라고 쓴 거였어요. 처음 알파벳을 쓰듯이 비뚤비뚤한 글씨로 철자법도 틀렸을 거라고요. 그게 영어에 대한 환상을 가지게 했던 사건이었는지도 몰라요. 이 문자를 알아야 살아남는구나!

이 체험이 결국 그를 영문과로 인도했는지는 알 수 없다. 다만 어린 그에게 영어가 생사여탈권을 쥐고 있는 대단한 문자였던 것은 사실이다. 그에게 영어는 막강한 미국의 문자이자 최고 지식인의 상징이었다.

복학이 금방 되지는 않았어요. 어느 날 철길 옆을 지나가는데 '학생모집'이라고 써 있더군요. 그때 내 나이가 초등학교를 졸업했을 나이로 중학교에 가야 하는데 못 들어갔거든요. 그래서 그 문구가 눈에 팍 띄더라고요. 그게 피난지에 내려와서 처음으로 생긴, 그래서 금방 개교한 학교였어요. 천막 학교였죠.

그곳에 들어갔더니 입학시험으로 질문을 하더군요. 처음 질문이 "지금 2학기인데 너 영어 좀 하냐?"였어요. 영어는 중학교에서 배우잖아요. 2학기인데 영어 하나도 못 배운 놈이 들어오면 따라오겠냐 하는 거였죠. 그래서 영어 좀 한다고 했지요.

그런 거 있잖아요, 왜. 국어책에 있는 "바둑이가 뛴다, 영희가 뛴다" 뭐 그런 것 말이에요. 영어 책에도 그게 있었어요. "The Dog runs"라고. 그걸 읽어보라고 하길래 나는 그냥 음가대로 읽었어요. 트헤 도그 룬스. 그렇게 읽고서 합격했어요. 사람들이 알면 포복절도할 거예요. 영문과 선생이라는 사람이 중학교 입학시험에서 정관사 'the'를 '트헤'라고 읽고 입학했으니.

그래도 영문과에 간 건 뭔가 있지 않겠나 싶어 질문을 이어보았다. 그러나 그의 이야기에서 이상한 점은 영문과를 간 것이 아니라 국문과를 가지 않은 것이었다.

사실은 문창과(문예창작과)에 갈 생각이었어요. 그때 서울에서 대학에 다니던 선배의 얘기가 경희대라는 신흥대학에서 문창과 학생을 모집한다는 거예요. 장학금도 많이 준다며 그리 가라고 하더군요. 정말로 문창과 광고가 났어요. 그래서 원서를 써서 갔더니 아직 허가가 안 났더라구요. 허풍광고였던 거죠. 아직 허가도 안 난 걸 모집했으니. 그런데 그때 왜 국문과를 안 썼는지 모르겠어요. 문예창작과는 몰라도 국문과는 아니다, 이게 내 생각이었거든요. 그래서 차라리 영문과를 가자 하고 간 거예요.

"별나라 왕자님이 추락하는 밤이면"

그렇다면 도정일의 문학 체험은 어떻게 이루어진 것일까. 확실히 그의 성장기에서 문학은 영어처럼 파편적인 게 아니었다. 아주 어렸을 때부터 지금까지 그에게 읽고 쓴다는 것은 살아 있다는 것 그 자체였다. 신문팔이를 하던 어린아이가 시장 구석에 쪼그려 앉아 설렌 가슴을 진정시키며 신문 연재소설을 읽는 장면부터 문학적 삶은 시작되었다.

그때 《국제신보》에 지리산에서 빨치산과의 전투를 소재로 한 전시소설이 연재되고 있었어요. 박계주가 쓴 소설 〈피의 제전〉이었죠. 얼마나 재미있었는지. 아침에 신문을 다 돌리고 나서 쉬는 시간이 있거든요. 신문 판 돈으로 맛좋은 어묵을 몇 장 사서 먹는 즐거움, 그걸 씹으면서 시장 구석에 쪼그리고 앉아서 〈피의 제전〉을 읽는 즐거움.

그때는 읽을거리가 참 귀했다. 글자로 된 것은 무엇이든 읽고 싶었다. 기억나는 이야기가 있느냐고 묻자 그는 언젠가 평론가 이성욱 씨에게 말한 적이 있던 '별 왕자' 얘기를 꺼냈다.

동화책 몇 권을 읽었어요. 책이 참 귀할 때였던지라 말똥 종이에 찍어낸 책이었죠. 별을 지키는 별나라 왕자. 밤이면 문을 열고 지상을 내려다보는데 지상에 사는 아름다운 소녀한테 반해서 매일 내려다본다고. 소녀도 밝은 별이 하나 반짝이니까 매일 그 별을 쳐다보면서 지냈지요. 그런데 어느 날 밤 소녀를 더 자세히 보려고 너무 많이 몸을 구부리던 왕자가 떨어졌어요. 별이 떨어지니까 지상의 소녀가 그 별을 치마에 받으려고 달려가고, 별 왕자는 추락하고. 굉장히 충격적이었어요. 왜 충격적인지는 모르겠지만. 조금 과장해서 말하자면 충격을 준 최초의 이야기, 추락하는 것의 이야기예요. 이후에도 추락하는 것들에 대한 이야기가 매혹적이었어요.

깊은 곳으로 추락. 문학이란 인간이 경험하게 되는 추락과 상처, 상실을 처리하는 기술이라고 그는 힘주어 말했다. 문학은 추락을 무의미한 낙하가 아니라 상승으로 바꾸어주는, 즉 하강이 동시에 상승이기도 하다는 것을 보여주는 기술이다. 니체의 차라투스트라도 "이 높디높은 산들은 어디서 왔는가. 그것은 더없이 깊은 심연에서 그 높이까지 이른 것이 아닌가."라고 하지 않았던가. 본디 산정과 심연은 하나이다. 땅을 배경으로 하늘을 배경으로 깊은 것이다. "하강이 동시에 상승이기도 하다는 이중운동을 발견했을 때 우리는 스릴을 느끼는 겁니다." 그렇다면 글을 쓰는 건 어땠을까.

난 주로 산문을 썼어요. 시는 참 안 써지더라구요. 당선 경험도 있었어요. 3학년 때였던가. 그 글이 건국대학 신문에 있을 겁니다. 도저히 고등학생이 쓸 수 없는 글이라는 자부심으로 보냈죠. 당선 발표를 하고 선물을 보내주었는데 애니카 시계였어요. 처음 차보는 거였죠. 그때 임옥인 선생이 심사를 했는데, 심사평이 뭐였는지 알아요? 이 학생은 벌써 자기 스타일을 가지고 글을 쓰고 있다는 거예요. '고독에 대하여' 이런 제목이었던 것 같아요. 정확한 제목은 잊어버렸어요. 상당히 오랫동안 기억했었는데 그 제목을 잊어버렸어.

"모순을 공존케 하는 상상력, 그게 바로 신화지"

자만이 컸던지 대학에 와서는 글을 많이 쓰지 않았다고 한다. "고등학생 때 다 했다 이거지. 대학은 공부하러 온 거고." 고등학교 때 날리던 문필 때문에 국문과 학생들이 함께 서클을 하자고 제안했지만 단호히 거절했단다. 그는 대학 시절에 철학책을 많이 접했다. 당시 유행했던 실존주의 철학자들에 대해서도 읽었고 니체도 읽었다. 문학가로서는 카뮈나 도스토옙스키에 빠져들었다. 그러나 무엇보다도 그를 사로잡은 것은 그리스 비극과 신화, 그리고 플라톤이었다.

플라톤의 매력? 그건 아마 대화의 방법에 있는 것 같아요. 한 줄한 줄이 충격적이었죠. 소크라테스가 상대자에게 질문을 던지는데 선명하고 날카로워서 정말 깜짝 놀랐죠. 플라톤이 주장한 내용보다 그 대화의 방법에 매료되었어요. 난 플라톤을 추종하진 않아요. 하

지만 그의 머리가 가지고 있는 힘, 그건 계속 이어받고 살려야 한다고 생각해요. 불변성의 논리라든가, 그가 제기했던 여러 문제는 우리가 쉽게 내던질 수 있는 게 아니에요. 사실 포스트모더니즘을 플라톤의 바탕 없이 이해한다는 것은 불가능하죠. 시뮬라크르, 포스트모더니스트들이 말하는 복제의 문제를 그와 연관지어 생각지 않고서는 이해할 수 없어요.

"플라톤을 추종하진 않지만 그의 머리가 가지고 있는 힘은 내던질 수 없다"는 말을 듣자 그가 1990년대 비판적 이성을 포기해선 안 된다고 힘주어 말했던 것이 생각났다. 근대를 비판하면서 이성에 대한 강한 애착을 보인다면, 근대에 대한 철저하지 못한 비판이 아닐까 하는 의문은 여기서 해소되었다. 그가 말한 이성은 데카르트적인 것이라기보다는 플라톤적인 것이었다. 그는 근대 합리성rationality의 폭력성을 강하게 비판했다. 그러나 고대로부터 전승된 이성reason의 전통을 포기한 건 아니었다. 오히려 근대 합리성의 폭력성을 비판하기 위해서도 이성은 필요하다. 거기에 플라톤이 있었다.

근대 이성주의, 나도 압니다. 근대적 합리주의가 밝은 빛 못지않게 짙은 어둠을 가지고 있다는 것. 하지만 그걸 알면서도 사회적으로 지적으로 포기할 수 없는 이성이 있다는 것, 나는 그것을 굳게 신뢰해요. 그런 건 아마도 플라톤의 영향이 아닐까요. 즉 근대론자들의 영향이 아니라 플라톤의 영향.

하지만 플라톤 이야기를 듣다 보니 더 이해할 수 없는 것이 있었다. 바로 그리스 신화 문제였다. 그는 플라톤 못지않게 그리스 신화를 강조하고 신화론을 잡지에 연재해왔다. 잘 알려져 있듯이 플라톤과 그리스 신화는 좋은 사이가 아니다. 도정일에게는 어떻게 이들이 사이좋게 공존할 수 있는 걸까.

나도 모르겠어요. 하지만 중요한 것은 서양 지성사에 이성적 사유만 있었던 건 아닙니다. 우리가 그리스 전통을 이야기할 때 아주 잘못 말하는 게 있어요. 그리스 전통 하면 사람들은 철학과 과학의 전통 같은 것만 이야기하지, 신화의 전통은 말하지 않아요. 신화의 비이성적 부분을 메워버리고 이성적 사유의 철학을 서양 사유의 밑거름이라고 주장하는 것의 배후에는 신화를 원시적 사유로 바라보는 판단이 있습니다. 그건 아주 잘못된 판단이에요.

나는 20세기 후반에 나타난 새로운 조류에서 이런 신화적 사유로 돌아가려는 충동을 느낍니다. 그전까지 서양 철학은 이성적으로 설명할 수 없는 부분들, 비이성적이거나 불합리한 것들을 팽개쳤고, 그 와중에 신화도 쓰레기통에 들어갔죠. 그러나 이제 합리주의를 떠나 신화로의 회귀가 느껴져요. 니체는 말할 것도 없고 이성 전통에 대한 반동, 이성 중심주의에 대한 반동이 나타나고 있죠.

도정일이 플라톤과 신화를 공존시킬 수 있었던 힘은 신화 쪽에 있는 듯 보였다. 플라톤과 그리스 신화를 함께 강조하는 것은 모순적이라고 지적하자 그는 그리스 신화의 핵심이 "모순을 공존하게 하는 상상력"이라고 받아쳤다. 모순은 확실히 이성의 편에서 나온 단어다. 이성의 입장에서 이성과 비이성은 모순인 것으로 공존하기 힘들지만, 비이성의 입장에서 이성은 하나의 사유일 뿐이다. 이성의 세계 속에서 입자와 반입자는 동일한 자리를 차지할 수 없지만, 신화에서 입자는 또한 반입자이기도 하다. 과학은 입자이면서 파동일 수 있다는 걸 쉽게 이해할 수 없었지만 신화는 그럴 수 있다고 말한다.

미노타우로스를 보세요. 그 괴물은 인간이면서 황소죠. 모순의 혼성물이에요. 논리적으로는 정의할 수가 없어요. 괴물이라는 말의 원뜻이 '정의할 수 없는 것'이에요. 신화는 그런 것 투성이입니다. 신화적 상상력은 철학이 정의할 수 없어서 쫓아냈던 '철학의 타자'입니다. 플라톤은 그래서 신화가 싫었을 거예요. 하지만 20세기 후반 서구의 사유는 이성의 타자로서의 비이성을 알게 되었어요. 페르세우스가 고르곤을 죽인 후 가져간 두 방울의 피. 한 방울은 약이고 다른 한 방울은 독. 그래서 탄생한 게 '파르마코스pharmakos'의 공식이죠. 고르곤의 두 방울의 피를 섞어놓으면 파르마코스입니다. 나는 데리다의 사유가 아주 새로운 것이라고 믿지 않습니다. 3,000년 전의 지혜로 돌아간 것뿐이죠. 신화적 상상력은 모순물을 서로 공존시키고, 이야기의 결론을 쉽게 내리지 않으며, 똑같은 소재로 무수한 복사본들을 만들어냅니다. 포스트모더니스트들이 강조하는 다양성이니 복수성이니 하는 것들은 그리스 신화와 밀접히 관련되어 있어요.

그는 이성과 상상력은 함께할 수 있으며 그 어떤 것도 포기해선 안 되는 것이라고 말한다. 모순되어 보이는 것이 함께 존재할 수 있는 세상. 그런 복합적인 세상이 좋은 세상이라고 덧붙였다.

내가 신화적 상상력을 강조하는 중요한 이유 중 하나가 혼합성, 즉 모순 대립물의 공존이라는 거예요. 하이브리드죠. 모순물과 대립물이 서로 떨어져 존재하지 않는다는 것. 이런 하이브리디티가 존재하는 사회가 좋은 사회입니다. 히브리 신화에는 이런 게 없어요. 유대-기독교는 모순-대립물을 '악'이라고 불러요. 그건 제거해야 할 대상이죠. 실체를 인정하려 하지 않고 '결여'라고 불러요. 그것을 없앨 수 있다는 믿음으로 똘똘 뭉친 게 유대-기독교 사유입니다. 그러나 그리스 사유에서 반대되는 것을 소멸시키는 일은 불가능해요. 늘 공존 상태죠. 이것이 내가 말하고 싶은 두터운 세계예요.

"인문학적 소양은 타인의 고통을 이해하는 능력"

두터운 세계. 그것이 그가 내린 결론이었다. 그는 미국의 '테러와의 전쟁'을 언급하면서, 미국이 세계를 너무 얇고 투명하게 만들고 있다고 비판했다. 그는 다른 것, 심지어 대립—모순적인 것이라 하더라도 공존할 수 있도록 세계를 넉넉히 하는 것이 중요하다고 했다. 그것은 우리가 다시 한 번 던진 물음, 즉 인문학적 소양이란 어떤 것인가에 대한 답변이기도 했다. 두터운 세계를 위한 윤리학. 그는 그것을 이렇게 설명했다.

타인을 이해한다. 타자를 이해한다. 우리말로 하면 역지사지, 입장을 바꿔서 상대방을 이해한다는 건데, 기본적으로 타자를 긍정하는 것이라고도 할 수 있죠. 그것은 내가 나의 울타리 안에 갇혀 있는 것이 아니라, 울타리를 열어서 타인을 받아들이거나 내가 나를 버리고 타인의 울타리 안으로 들어가는 것이죠.

자본주의 문화는 자아의 문화, 나르시시즘 문화죠. 문을 꼭 걸어 잠근 채 이해만 따지고, 절대로 문을 열지 않고, 접촉은 이해관계가 통할 때만 하고. 그런 문화 속에서 자아라고 불리는 단단한 문의 폐쇄화가 끊임없이 일어나죠. 이런 때일수록 껍질을 깨주는 상상이 절실히 필요합니다. 나는 예술이 수행하는 가장 위대한 인문학적 경험은 고통을 이해하는 능력을 키워주는 것이라고 생각합니다. 타자를 이해할 수 있게 해주는 것.

인문학적 삶의 여러 가지 방법 가운데 내가 첫 번째로 말하고 싶은 것이 '가슴을 여는 사회'입니다. 자기만이 아니라 자기 존재의 울타리를 걷어치울 줄도 알아야 하죠. 그래야 타자가 들어오거나 자기가 자유로울 수 있을 테니까요. 이것이 제가 생각하는 인문학적 삶의 제1조예요.

도정일은 다른 사람의 부탁을 뿌리치지 못하는 것으로 유명하다. 오죽했으면 집에서 "좀 원칙을 갖고 생활하라"고 사정했을까. 하지만 그것이 그의 철학이고 천성이다. 개인적으로 쓰고 싶은 글, 하고 싶은 일이 쌓여 있어도 그의 저울추는 항상 공적인 일로 기울었다. 3,000년 전의 그리스인처럼 그는 타자와 공존하는 공적인 영역을 향해 있는 사람이다. 이상하게 그쪽에서 일어난 일은 그를 그냥 내버려 두지 않는다. 그는 생명공학의 눈부신 성과가 그의 시간을 120년으로 연장해주어도 자기 일, 자기 이야기를 하기에는 시간이 너무 짧다고 느낄 것이다.

공적인 일이요? 우리는 그런 걸 모르며 움직입니다. 그런 건 역사의 판단에 맡겨야죠. 하지만 판단을 기다리다가는 아무것도 못합니다. 그래서 현재 속에서 늘 결단해야 하고, 그 결과가 어떤 효과를 낼지 기다릴 수밖에 없어요. 매 순간 최선의 판단을 내릴 뿐이죠.

알면 사랑하게 되죠. 제가 알고 있는 단 하나의 사실이라도

사람들에게 알리렵니다. 그럼 사람들은 조금이라도 더 자연을 사랑하고

자기 자신을 사랑하는 방법을 배울 수 있지 않을까요.

과학자들은 보편의 언어를 지향한다. 과학자들이 믿는 만큼은 아니겠지만 확실히 그들의 언어는 권위에 쉽게 굴복하지 않을 만큼 민주적이고, 개별적인 가치관이나 기호에 휘둘리지 않을 만큼 객관적이다. 그러나 그 보편의 언어가 유통되는 곳은 주로 과학자들의 커뮤니티 안에서다.

물론 과학자들이 대중과 소통하지 않았다고 해서 지구의 공전 속도가 달라지거나 유전자 지도의 염기 서열이 뒤바뀌지는 않을 것이다. 그러나 대중과의 소통은 유전자 지도가 놓일 위치는 바꿀 수 있다. 그것을 꼭 작성해야 하는지, 작성한다면 어떤 쪽으로 활용되는 것이 바람직한지. 그것을 시장에 내놓아 다른 상품처럼 또 하나의 상품으로 만들지, 아니면 함께 공유하는 정보로 만들지, 군사기술로 발전시킬지, 의료기술로 발전시킬지. 과학자들의 진리는 어떤 길도 부정하지 않는다. 그 모든 길이 과학자들의 진리로 가능하다. 그러나 좋은 삶을 위해서는 모든 길이 아닌 어떤 길을 택해야 한다. 과연 어떤 길이 좋은 삶을 위한 선택일까? 문제는 함께 고민하고 선택해야 할 그 지점에 서 있는 대중이 아무것도 아는 게 없다는 사실이다

"과학을 일상의 언어로 해방시키다"

최재천은 과학을 과학자들의 커뮤니티 바깥으로 끌고 나온 귀한 학자 가운데 한 사람이다. 그는 누구보다도 과학과 대중의 소통, 자연과학자와 인문학자의 대화를 강조해왔다.

현대 과학기술은 엄청난 파급효과로 인해 이제 더 이상 그 연구 결과의 윤리적 측면을 고려하지 않을 수 없게 되었습니다. 참으로 위

급한 상황이죠. 그래서 저 같은 과학자들은 인문학 쪽에 계신 분들, 종교 쪽에 계신 분들 말씀을 듣고자 여러 곳으로 쫓아다녔어요. 그런데 여기저기 다니다 보면 참 답답함을 느껴요. 벽에 대고 이야기하는 기분이죠. 과학자들만 나쁜 놈이에요.

서로에 대해 알아야 합니다. 대화를 하기 위해서도 일단 서로에 대해 알아야 합니다. 인문학 쪽에 계신 분들도 과학자들이 뭘 하는지 좀 알아야 하고. 과학자들도 자신들의 연구가 윤리적 논쟁에 휩싸이지 않으려면 인문학적 소양을 늘려 스스로를 구속할 수 있어야 하죠.

하지만 소통을 위해 넘어야 할 장벽이 인문학자들에게 더 높다는 게 우리 사회의 현실이다. 과학의 산물을 누리는 일에서는 누구도 불편을 느끼지 않지만, 과학적 사실을 이해하고 과학적으로 사유하는 일에서는 한참 모자란 것이 우리 사회다. 최재천은 인문학자나 일반 대중이 과학 쪽으로 오기 위해 넘어야 할 문턱을 조금이라도 낮춰보려고 누구보다도 열심인 학자다.

하지만 그가 과학과 인문학의 소통을 원하고 대중에게 과학을 알리기 위해 동분서주하는 것은 비단 현대 과학기술의 잠재적 위험성에 대처하고 과학의 바람직한 발전 방향을 찾기 위해서만이 아니다. 그는 '앎'이라는 것을 훨씬 큰 의미로 이해한다.

아는 게 중요하지요. '아름답다'는 말은 '안다'는 말에서 나왔다고 해요. 그래서 '아름답다'는 말 속에는 진실을 추구해야 한다는 뜻이 포함되어 있죠. 제가 쓴 책의 제목을 《생명이 있는 것은 다 아름답다》라고 지었을 때도 그런 뜻을 담았어요. 우리는 모르기 때문에 서로를 미워하고 해치는 겁니다.

자연을 파괴하고 생명을 해치는 것은 잘 모르기 때문에 범하는 일이다. 아는 사람은 그것을 소중히 하고 사랑하게 된다. 그것이 그의 지론이다. "제게는 소박한 신념이 하나 있습니다. 그것은 '알면 사랑한다'는 믿음입니다. 저는 서로 잘 모르기 때문에 미워하고 시기한다고 생각합니다. 아무리 돌을 맞아 싼 사람도 왜 그런 일을 저질러야만 했는가 알고 나면 사랑할 수밖에 없는 게 우리 심성입니다." 그래서 그는 더욱 가르치고자 한다. 그는 자신이 연구하고 고민하면서 알게 된 것들을 알려야 한다고 생각한다. 대학에서 학생을 가르치는 교수이기 이전에 그는 자신이 알고 있는 것을 사회에 알려야 할 책무가 있는 한 과학자이기 때문이다.

"F학점을 달라! 대신 날 내버려둬라!"

최재천의 노력은 대중의 호응을 많이 얻고 있다. 대중이 과학자가 쓴 글을 그렇게 열심히 읽고 그 입장을 지지하는 것은 우리 사회에서 드문 일이다. 그러나 그의 노력을 뒷받침하는 것은 아직 그 자신의 신념 말고는 없는 것 같다. 정부가 대대적인 후원을 하는 것도 아니고 뒤에 든든한 단체가 버티고 있는 것도 아니다. 더구나 그와 생각이 같은 과학자가 많은 것도 아니다. 그의 많은 동료는 여전히 전문학술지가 아닌 곳에 글을 싣는 것을 탐탁해하지 않는다. 실제로 "과학자는 연구로 말해야지, 연예인도 아니고 그렇게 언론 플레이를 해서 뭘 하느냐"라고 말을 하는 사람도 있단다.

사실 학교에서 그런 이야기를 자주 듣진 않아요. 이제는 인식이 많이 바뀌어서 연구를 하는 것 못지않게 과학을 알리는 것도 중요하

다고 생각하는 과학자가 더 많아요. 물론 아주 가끔이기는 하지만 그런 이야기를 하시는 분들도 분명히 있어요. "내가 당신을 아껴서 하는 얘긴데"라면서 이야기를 해주시는 분들이 있어요. 그런 눈길이 사실 따갑긴 해요. 제 은사뻘인 어떤 분은 "우리가 자네한테 기대한 것은 이런 게 아니었어"라는 식의 이야기를 하시더라고요. "미국에서 잘 살고 있는 자네를 한국에 오라고 한 것은 자네의 학문적인 성과를 기대한 거야"라고요.

그런 말에 저는 두 가지로 답해요. 첫째는 제가 그런 기대에 부응하지 못한다고 생각지는 않는다고 하죠. 그런 선생님들이 생각하고 있는 생물학 분야는 속도가 굉장히 빠른, 그래서 논문이 많이 나오는 편이에요. 근데 제가 연구하는 분야는 논문이 자주 나오지 않는 정말로 기초적인 연구 분야예요. 그러니 그분에게는 제가 놀고 있는 것처럼 보였는지도 모르죠.

연구 기반을 마련하는 데도 오랜 시간이 걸려요. 제가 1994년 가을에 귀국했는데 2002년이 다 되어서야 겨우 연구 기반을 어느 정도 닦았어요. 그래서 저희 연구실에서 그동안 해온 일들의 논문이 2003년부터 본격적으로 나오기 시작했습니다. 그동안은 제가 미국서 하던 일을 적당히 우려먹으면서 연명한 거구요. 2003년에는 여덟 편의 논문을 국제 학술지에 발표하는 탄탄한 연구실로 자리 잡았습니다. 제 분야의 서양 중진 학자들이 1년에 그저 두어 편의 논문을 쓰는 게 평균인 분야인 걸 감안하면 저는 국제 수준의 서너 배를 하고 있는 셈입니다. 논문을 많이 쓰셔야 하는 분야의 선생님들이라면 몇십 편은 쓰셔야 저와 견줄 수 있다는 계산이 나오죠. 제가 연구를 게을리한다는 말은 학문의 다름을 인식하지 못하는 데서 오는 걸 겁니다. 사실 외국에 있는 제 동료들은 제가 5, 6년 만에 기반을 닦았다는 점에 대해 엄청나게 치하했고, 저도 그 점이 굉장히 자랑스러워요.

몇 년 전 《핀치의 부리》라는 책이 국내에 번역되어 나온 적이 있다. 피터 그랜트와 로즈메리 그랜트라는 프린스턴 대학의 부부 과학자가 갈라파고스 군도에서 핀치라는 새의 부리를 수십 년 동안 관찰해서 그 진화 과정을 확인한 것을 담고 있는 책이다. 말이 쉽지 수십 년 동안 그것을 끈기 있게 관찰할 수 있는 사람이 몇이나 될까. 최재천이 연구하는 진화생물학은 그런 분야다.

저희 분야의 연구는 오래 걸려요. 제가 미국에 있는 동료와 함께 진행한 코스타리카의 개미 연구는 어땠는지 아세요? 저희가 그 연구를 1984년에 시작했거든요. 소위 개미학계에서는 상당히 중요한 연구로 주목을 받았죠. 첫 논문이 1997년에 나왔어요. 13년 만에. 1984년에 시작한 연구의 첫 논문이 1997년에 나왔다고 하면, 장사가 영 안 되는 분야에 제가 있는 거죠. 요즘 연봉제를 한다고 그러는데요, 저는 마음 비웠습니다. 수·우·미·양·가 뭐 그렇게 나눈다는데, 저는 그냥 '가' 할 테니까 그 대신 좀 괴롭히지 않을 수 없냐고 했어요. 그런데 그건 또 안 된다네요. 고생은 고생대로 하고 '가'를 받게 돼 있습니다. (웃음)

그의 연구 분야는 공장에서 물건을 찍어내듯이 논문을 낼 수 있는 분야가 아니다. 그렇다고 그가 그 점을 변명처럼 내세우는 건 아니다. 그의 홈페이지에 들어가 본 사람이면 길게 늘어서 있는 그의 연구 목록에 감탄하지 않을 수 없을 것이다. 사실 그의 연구 성과는 국내에서보다 해외에서 더 유명하다. 그는 이미 케임브리지 대학 출판부에서 《곤충과 거미류의 사회행동의 진화The Evolution of Social Behavior in Insects and Arachnids》와 《곤충과 거미류의 짝짓기 구조의 진화The Evolution of Mating Systems in Insects and Arachnids》 등을 출간한 적

이 있다.

몇 년 전에 케임브리지 대학 출판부에서 낸 전공서적 때문에 저희 분야에서는, 외국에서는 좀 인정을 받았어요. 그런데 일본에 있는 학자들이 그 책을 봤나 봐요. 사실 제 분야에서 동양은 완전히 전멸이거든요. 일본이 그나마 체면을 유지하는데, 한국에 이런 걸 하는 학자가 있으리라고는 상상도 못했다는 거죠. 한번은 한국에 드나들던 한 일본 학자를 우연히 만났는데, 그 양반이 "당신 책은 우리나라에서 유명하다. 좀 와달라" 하더군요. 그래서 도쿄 대학에서 강연을 했어요. 정말 제 사인을 받겠다고 줄을 서더라구요. 도쿄 대학 교수며 학생들이 말이죠. 야, 이럴 수도 있구나 싶었죠. 한국에는 그 책을 갖고 있는 사람이 저하고 제 학생들 몇 빼고는 없거든요.

"과학자는 연구로 말해야 한다." 그런 거라면 그도 어느 과학자에 뒤지지 않는다. 그러나 그는 다른 과학자들에게서는 들을 수 없는 한 가지 답변을 덧붙였다.

또 한 가지는 제가 가르치고 싶어서 대학교수가 됐다는 점이에요. 솔직하게 말하면 저한테는 교육이 더 중요해요. 당연히 저는 교육과 연구 두 가지를 함께 하겠지만 만약 둘 중 한쪽을 포기해야 한다면 연구를 포기할지도 몰라요.
저는 사실 우리 전 세대, 우리 은사님들의 연구력이 뛰어났던 건 아니었다고 생각해요. 그래도 그분들이 우리를 열심히 교육해주셨기 때문에 오늘날 우리가 어느 정도 경쟁력을 갖게 된 거잖아요. 요즘에는 대학이 교육기관이라기보다는 연구기관인 것만 같아요. 교육에 대한 중요성이 결여된 것 같아요. 그 점에서 저는 다른 많은 선생님하고 철학이 조금 다릅니다. 연구도 하되 교육을 소홀히 해서는 안 된다고 생각해요.

"매일 시골 가는 꿈만 꿨어요"

화제를 돌려 생물학자가 된 계기에 대해 물어보았다. 언젠가 시인 최승호와의 대담에서 그는 이에 대해 꽤 자세히 밝힌 적이 있다. 재수를 하면서까지 의대에 응시했으나 결국 떨어진 뒤 2지망으로 붙게 된 동물학과, 얼떨결에 맡게 된 과대표. 과대표로서 당시 하루살이를 채집하러 우리나라에 왔던 유타 대학의 에드먼즈George Edmunds 교수의 안내를 맡아야 했던 일. 그리고 그분을 보며 마침내 생물학을 공부하겠다는 결심에 이르기까지 기막힌 사건들의 연쇄였다. 그가 생물학자가 된 건 거의 우연에 가깝다. "그런 면이 있죠. 하지만 제가 진화를 설명할 때 우연과 필연에 대해 이야기하거든요. 그처럼 우연이면서 필연적인 흐름이 있었어요."

우리에게 그 필연적 흐름을 찾아보라는 생각에서였을까. 어떤 계기로 생물학자가 되었느냐고 묻자 먼 유년 시절 이야기부터 꺼냈다. 그러고는 긴 시간 속에서 방향성을 읽어내는 진화생물학자답게 자기 생의 여러 파편을 나열하기 시작했다.

어머니가 교육에 대한 열의가 대단하셔서 학교를 서울에서 다니게 했어요. 아버지는 전방에 계시고 동생들과 전 서울에 있고. 그런데 동생들이 보기에는 기가 막혔을 겁니다. 도대체 형은 속이 어떻게 생긴 사람인가 하고 생각했을 거예요. 당시 서울역 또는 청량리역에서 강릉으로 가는 기차가 있었는데, 방학만 하면 형이란 사람이 동생들에 대해서는 아무 상관도 않고 그 다음날 아침 새벽에 역으로 달려 갔거든요. 그때는 좌석이 따로 정해져 있는 게 아니어서 먼저 가서 줄을 섰다가 자리를 잡아야 했죠. 새벽 5시엔 역으로 가야 했어요.

보통은 삼촌과 함께 갔는데, 한번은 이런 적도 있었어요. 초등학교 3학년 때였을 거예요. 일 때문에 다들 바빠서 절 데려다 줄 삼촌이 아무도 없었어요. 그래서 방학이 시작되기 한 열흘 전부터 단식투쟁에 들어갔어요. "전 시골에 가지 않으면 못 견디겠어요." 그러면 아버지와 어머니께서는 "우리가 널 데려다 줄 수는 없어" 하시고, "그럼 혼자 가겠어요." "너를 어떻게 혼자 보내니? 열두 시간, 아니 열다섯 시간이나 가는 기차에 어떻게 혼자 태워 보내? 역에서도 한 6킬로미터쯤 산길을 걸어야 하고, 남대천 강도 건너야 하는데, 그걸 어떻게 혼자 보내?" 그래도 전 혼자 가겠다고 고집을 부렸죠.

그렇게 투쟁하는 동안에 시간은 자꾸 흘러갔고 강릉에 계신 할아버지, 할머니한테 연락할 시간은 이미 지났거든요. 정말 다급했죠. 그런데 무슨 용기가 났던지 그 무서운 아버지한테 덤벼들어서 결국 허락을 받았어요. 온갖 역경을 헤치고 강릉 집에 도착하니 할머니가 놀라시더군요. 제가 어디다 이 이야기를 쓴 적도 있는데, 강릉 말로 "아야라, 야가 어떠 완?" 하시면서 그야말로 정신 못 차리시는데, 지금 와서 생각하면 참 당돌한 일이었죠.

강릉에 도대체 뭐가 있었기에 그토록 안달을 한 걸까.

모르죠. 설명이 안 돼요. 여름에 그곳에 도착하면 아직 덜 익은 자두, 그 신맛이 저를 불렀는지. 도착하면 거의 언제나 감자 캐는 날이었는데, 줄기를 잡아당기면 주렁주렁 딸려나오는 감자들이 저를 불렀는지, 그건 잘 모르겠어요. 하여간 기어코 가야 하고, 서울에 살면서도 솔밭을 지나 감나무 밑의 강릉 집으로 들어가는 제 뒷모습을 보는 꿈을 1년에도 열댓 번 꾸는 거예요. 가만히 혼자 앉아 있으면 시골서 노는 상상을 하고. 서울서 살아도 오로지 강릉 가는 생각밖에는 없는 거죠. 병, 병이었는지도 모르죠.

그는 그 후로도 오랫동안 강릉에 대한 열병에 시달렸다. "강릉에다 직장을 얻을까, 아니면 휴가를 많이 주는 직장을 얻어 자주 강릉에 갈까. 나중엔 직장을 얻어야 한다는 현실 자체에 대한 혐오까지 들더군요. 직장에 다니면서 인생을 허비하고 싶지 않다는 거였죠." 친구들은 그가 장손이어서 직장에 대한 고민을 빨리 시작한 줄 알지만 사실 순전히 강릉에 대한 열병 때문이었다. 고등학생이 되어서야 그 병은 조금씩 잦아들었고 어딘가 깊숙한 곳으로 잠복했다.

"장손이 '딴따라'로 나서겠다고?"

그의 학창 시절 이야기는 언뜻 보기엔 생물학자와는 거리가 한참 멀어 보였다. 유년 시절은 그래도 이해할 수 있었는데, 이번 퍼즐은 조각을 맞추기가 쉽지 않다. 하지만 그는 그것도 꼭 필요한 그림이라며 잘 닦아서 내놓는다.

중학교 때부터 저는 친구들 사이에 시인으로 알려졌어요. 중학교 2학년 때 백일장에서 장원을 한 것이 제일 큰 일이었죠. 그 전엔 백일장에서 장원을 해봐야 알아주지도 않았는데. 그때는 개교 60주년인지 뭐였는지 금메달까지 주고 대단했거든요. 더구나 공교롭게도 시인 장만영 선생님이 와서 심사를 했어요. 외부인사가 와서 심사를 하는 바람에 문예반이 아닌 저 같은 사람이 뽑힐 수 있었던 것 같아요. 그렇게 장원으로 뽑히니 갑자기 선생님들 사이에서 시인으로 통하게 됐죠. 수업시간에도 저한테 "어, 우리 시인 얘기 좀 해봐" 뭐 이러니까 제 친구들은 다 저를 시인으로 생각했죠. 그래서 저도 잘 됐다, 할아버지 집에 가서 시를 쓰면서 살면 되겠다, 그렇게 생각했어요.

그는 시인을 꿈꾸었다. 결국 문예반에도 들어갔다. 그러나 '그 무서운 아버지'는 결코 허락하지 않았다. 아버지는 "장손은 집안을 일으켜야 한다"고 말씀하셨고, 결국 그는 아버지 말씀을 따라 법대에 가려고 마음을 먹었다. 그런데 이번에는 엉뚱한 손길이 뻗쳐왔다.

어느 날 미술시간 숙제로 비누조각을 해가야 한다는 걸 잠자리에 누워서야 갑자기 알게 돼 밤새우다시피 해서 불상을 하나 깎았죠. 다음날 미술 선생님이 채점하다가 제 앞으로 오셔서 절더러 불상을 들고 나와보라고 하시더니, "내 생애에 최초로 만점을 주노라" 그러시더군요. 그리고 "방과 후 나 좀 봐" 하셨어요. 방과 후에 갔더니 미술반에 들어오라는 거예요. "저는 문예반도 하고 있고, 공부해야 합니다" 했더니 이 양반이 대뜸 "이거 네가 깎은 게 아니구나" 하시더군요. 아, 이 교묘한 작전에 말려들었던 거죠. "제가 한 건데요." "들어와서 증명해봐." 그래서 졸지에 미술반에 들어갔어요. 미술 선생님이 저를 많이 아껴주셨어요. 당시 서울대학교 미술대학 학장이신 김세중 선생님까지 소개해가면서 내가 이 녀석을 선생님한테 보낼 테니까 돌봐달라고 하시는 거예요.

그러나 그것도 아버지 말 한마디에 끝났다. "제 아버지한테 안건이 올라가면 가차 없이 무너졌죠. 남자가 할 일이 아니다. 이 한마디로 끝났어요." 결국 그는 입시에 전력할 수밖에 없었다. 처음에 더디게 오르던 성적은 학기 말이 되어서 교장 선생님도 법대 진학을 허락할 정도가 되었다. 그런데 문제는 다시 아버지였다.

제 기억에 의하면 그때 아버님이 큰 회사 인사담당이셨는데 사람들을 적재적소에 배치하는 일을 도와주시는 분이 있었어요. 아버님이 그 양반한테 물어보셨나 봐요. 아들이 있는데 이놈이 뭐 이런 것도 좋아하고 저런 것도 좋아한다고 했더니 그 사람이 대번에 "의사감이네" 하더래요. 결국 "의대에 가라"는 아버지 한마디에 하루아침에 의대에 가기로 된 거예요. 법대 원서 안 써주려고 온갖 핑계를 대시던 교장 선생님도 좋아서 얼른 의대 원서를 써주셨죠.

주위에서는 의대에 충분히 합격할 것으로 믿고 있었지만 그는 보기 좋게 떨어졌다. 주변 사람들도 그랬겠지만 그 역시 충격이 컸다. 한참 동안 방황했다가 재수를 해서 다시 의대에 도전했다. 그러나 또 떨어졌다. 그래서 2지망으로 붙은 게 동물학과였다.

신입생 환영회 때 선배한테 맞기도 했죠. 자기소개 시간에 제가 "이 과에 계속 다닐지 잘 모르니 나에 대해 신경 꺼달라"라는 식으로 말했어요. 사람들한테는 굉장히 자존심을 건드리는 말이었던 거죠. 사실 당시 과 자체가 열등의식으로 꽉 차 있었거든요.
대학에 다닐 때 저는 미팅을 잘 안 했는데, 그 이유가 있었어요. 미팅에 가서 상대방이 "무슨 과세요?"라고 물으면, "동물학과인데요"라고 대답해요. 그러면 상대가 "독, 독문학과예요?"라고 되묻죠. 그때부터는 차라리 독문학과로 하는 게 나아요. 동물학과라고 애써 다시 말해주면 "동물학과에서는 뭐해요? 개가 아프면 뭐 해줘요?"라고 묻곤 했죠. 그래서 "그건 수의학관데요"라고 말해야 했어요. 그런 과였어요. 그런 분위기에서 그 말을 했으니 오죽했겠어요. 동숭동 뒷골목으로 끌려가 퍽퍽 맞았죠.

친구들은 떠돌이처럼 다니는 그를 과대표로 뽑았다. 그런 식으로라도 과에 얼굴을 드러내게 만들고 싶었던 것이다. "아마 애들이 저를 물먹이려고 한 짓이었겠죠. 어쩔 수 없이 맡았어요." 과대표를 맡으면서 과에 정이 들기 시작했다. 좀 이상한 방식이기는 했지만 생물학이라는 게 뭘 하는 학문인지도 서서히 궁금해졌다. 대학 3학년 때였을까, 갑자기 어린 시절부터 그때까지 흩어져 있던 조각들을 맞출 수 있는 자각이 찾아왔다. 자기 생에서 우연과 필연이 일치하는 경험을 한 것이다.

생물학은 뭘 하는 거지? 가만히 생각해보니까 생명을 연구하는 거잖아요. 제가 어렸을 때부터 밖에 쏘다니고 바닷가에 가서 그 안을 들여다보고 개울물에 들어가 보고 한 게 결국은 생명을 들여다보는 게 좋아서 그랬던 건데. 그러다가 시를 쓴답시고 한 것도 어떻게 보면 우리가 왜 사느냐에 대한 나름대로의 고민을 표현해보려고 했던 거고. 나중에 미국 유학 갈 때 자기소개서에 이렇게 썼어요. "나는 어려서부터 끊임없이 생명의 모습을 보고 싶었던 것 같다. 시어로 생명의 모습을 표현해보고 싶었고, 한때는 생명의 모습을 깎아보고 싶어서 조각을 하고 싶어했다. 이제는 생명의 본질을 파고들어가 보고 싶다. 그래서 생물학을 하고 싶다."

그리고 바로 그때 최승호와의 대담에서 말한 바 있던 그 생물학자를 만난 것이다. 그는 노년의 생물학자에게서 강릉에서 뛰놀던 어린 시절의 자기 얼굴을 보았다. 일로서 연구를 하는 것이 아니라 노는 것으로 연구를 하는, 연구 자체를 놀이처럼 즐기는 사람이 그 앞에 있었던 것이다.

정말 잘 노는 사람이었어요. 어떻게 하면 놀면서 일할 수 있을까, 그 전형을 본 것이죠. 제가 생물학의 길로 접어들면서 생각했던 건, 왜 이 사람이 진작 나타나지 않았을까 그게 안타까웠을 뿐이에요. 그 다음부터는 정말로 한 길로만 열심히 뛰었어요. 저는 정말로 생물학을 공부하는 게 좋았어요.

"아버지, 이제 저는 아주 행복합니다"

의식을 하고 있었는지는 모르겠지만 그는 아버지 이야기를 참 많이 했다. 어떻게 보면 대학에 들어올 때까지 그의 진로를 결정한 건 아버지 같았다. 더욱이 그는 아버지 이야기를 할 때마다 '그 무서운' 이라는 수식어를 달았다.

아버님 이야기요? 잘못 이야기하면 큰일나는데. 아버님이란 존재는 저한테 너무 컸어요. 생각해보면 아버지를 무서워하면서도 굉장히 존경했어요. 특히 청렴결백한 모습이 저한테는 엄청 크게 다가왔죠. 제가 아주 어렸을 때, 육군본부에서 제대 반장이라는 걸 하셨는데, 그 자리가 지금으로 말하면 황금 보직이에요. 제대를 일찍 시켜줄 수도 있는 자리였죠. 어느 날 방문을 여니까 아버지 앞에 양복 입은 사람이 앉아 있었어요. 그리고 그 양반 앞에 당시 양복을 담아주던 상자가 있었는데 돈으로 꽉 차 있더라고요. 아버지가 제게 "얼른 문 닫고 나가라!" 하셨어요. 무서워서 복도로 나오는데 등 뒤로 아버지의 호통소리가 들리더군요. "네 놈이 나를 어떻게 보고 이런 짓을 하느냐"며 호통을 치시는 거였어요. 어린 저한테는 정말 위대한 모습이었죠. 우리 철원 최씨가 제일로 내세우는 조상이 누군 줄 아세요? 최영 장군이에요. 황금 보길 돌같이 하라시는. (웃음)

그의 아버지는 육사 출신이다. 집이 가난해 학교에 갈 형편이 안되었고, 결국 전액 장학금이 나오는 육사에 진학한 것이다. 공부에 대한 욕심이 대단했던 듯하다. 최재천은 "우리 집안에서 대관령을 탈출한 첫 사람"이었다고 했을 정도로 그의 아버지는 공부에 대한 집념이 강했다. 그러나 집안 형편 때문에 육사에 진학했고, 그나마 바로 전쟁이 터져서 공부의 꿈은 접은 채 참전할 수밖에 없었다. 그래서인지 아버지는 자식들의 공부에 신경을 많이 썼다. 군에 있으면서도 편지로 늘 자식들의 생활을 챙기셨고, 항상 계획표를 짜서 책상에 붙여놓도록 했다.

저 어릴 때의 생활은 그야말로 스파르타식이었어요. 아침에 아버지가 일어나셔서 마당에서 큰기침을 하시는데 계속 누워 있을 수는 없었죠. 이불 착착 개서 정확하게 올려놓고 물도 떠드려야 했어요. 어려서부터 그렇게 훈련을 받았어요. 반성문도 참 많이 썼죠. 몇백 장은 족히 썼을 거예요. 아버지가 내린 지침을 어기면 예외가 없었죠. 오죽하면 아버지께서 "반성문 쓰다가 네 글솜씨가 늘었다"고 하셨겠어요.

아버지는 최재천의 성장기에서 가장 큰 존재처럼 느껴진다. 가장 존경했다는 점에서도, 그리고 끊임없이 벗어나려 했다는 점에서도. 그런

아버지가 지금의 최재천을 만든 최고의 투자를 하고 물러나셨다.

생물학 공부에 열정이 생기면서 유학을 가겠다고 했죠. 아버지께
서는 취직해서 동생들 뒷바라지하길 바라셨죠. 제가 아버지께 무릎
꿇고 말했어요. 저한테 마지막 기회를 달라고. 아버지 말씀이 "얼마
안 되는 돈 가지고 투자하는 관점에서 생각해보면 너보다는 네 동생
들 쪽이 낫다." 동생들 모두 공부를 잘했거든요. 공부를 하기로 목표
를 세웠으니 밀항을 하든 어떻게 하든 가야겠다고 어머니께도 말씀
드렸죠. 어머니께서 도와주고 싶으셔서 아버지한테 한두 번 말씀을
드리기도 했을 거예요. 그러던 어느 날 아버님이 회사에 사표를 내셨
어요. 퇴직금을 받아 저에게 주려고 그러셨던 거죠. 유학 가면서 많
이 울었습니다. 속으로 결심했죠. 성공하지 않으면 아버지께 돌아오
지 않겠다고. 죽더라도 거기서 죽겠다고요.

아버지께서는 막상 제가 길을 찾고 나자 넓은 마음으로 받아주셨
어요. 제가 《열대예찬》에도 썼지만, 정글에 처음 갔을 때 비를 맞으
며 너무 행복해서 아버지께 편지를 썼어요. 아버지, 저는 정말 행복
합니다. 이게 제가 그동안 아버지를 그렇게 실망시켜드리면서 찾아
온 것이라고요. 바로 여기를 찾은 것이었다고요. 그때부터 저는 정
말 여러 면에서 자유로워졌어요. 분명히 아버지의 굴레가 크긴 컸어
요. 하지만 그 굴레가 저한테 그리 나쁜 것만은 아니었던 것 같아요.

"나 개미랑 많이 닮지 않았어요?"

최재천은 하버드 대학에서 〈민벌레의 진화생물학〉이라는 논문으
로 박사학위를 받았다. 저명한 사회생물학자 에드워드 윌슨Edward O.

Wilson이 그의 스승이다. 그는 월슨을 어떻게 생각할까. 월슨은 그에게 어떤 영향을 미쳤을까. 월슨을 정말 존경하는 것 같다고 했더니 그는 이렇게 답했다.

대단한 분이죠. 그렇다고 그렇게 끔찍하게 존경하는 건 아닌데 그렇게 알려졌나요? (웃음) 사실 제가 강의시간에 선생님 흉을 많이 봅니다. 어떤 면에서는 존경하기도 하고 또 다른 면에서는 섭섭하기도 한 거죠.

그분은 토론을 잘 안 해요. 그분께 배운 저희들이 다 동의하는 건데, 그렇게 머리가 비상한 분은 아니에요. 혼자 정리하는 건 타의 추종을 불허하죠. 머리 회전이 빠른 분이 아니기 때문에 즉석에서 말을 주고받는 것은 거의 의도적으로 피한다는 것을 여러 번 느꼈어요. 강의가 끝나고 이론적 토론을 하려고 하면 꼭 농담을 던져서 판을 깨셨죠. 스스로도 약점을 알고 계셨어요. 그 약점을 기가 막히게 보완하면서 자기 장점을 잘 살리신 거죠.

다소 의외였다. 월슨에 대해 그는 약간의 거리를 두고 있었다. 이론적인 입장에서 특히 그랬다. 그는 월슨의 사회생물학을 이야기할 때도 그 이론에 대한 비판적 시각을 함께 소개했다. 하지만 그도 월슨에게 푹 빠져든 게 있었다.

그 양반이 내놓은 책 가운데 초기 작이 《개체군 생물학 입문서 Primer of Population Biology》예요. 수학적으로 생물학을 설명하는 책이죠. 그런데 수학적으로 그런 것을 분석할 만한 능력이 있는 사람이 아니었어요. 수학 공부를 제대로 해본 적이 없으니까요. 그러면 어떻게 썼느냐? 수학 공부를 다시 한 거예요. 교수가 된 다음에 수학과에 가서 학생들과 같이 앉아서 공부한 거죠. 그러다가 수학과에 있던 학생이 제자로 들어왔는데, 그 제자하고 같이 그 책을 쓴 거예요. 글도 그래요. 원래부터 글을 잘 쓰는 사람이 아니라 글 가정교사를 두고 글 쓰는 법을 공부해서 오늘날 과학적 글쓰기의 모범이 된 거예요.

어떻게 보면 무서우면서도 존경할 수밖에 없는 사람이죠. 정교수가 되면 보통 연구를 다 접잖아요. 특히 우리나라는 그런 현상이 심한 편 아닙니까. 그 유명한 스티븐 제이 굴드 보세요. 그 양반도 40대 중반에 연구를 접었어요. 그러고는 남의 연구들을 가져다 버무리는 일만 했죠. 하지만 윌슨은 그 많은 책을 쓰면서도 개미 논문도 계속 내요. 지금도 하고 계세요. 내일은 의회에 가서 생물 다양성에 대해 발표해야 하는 양반이 오늘은 개미를 세고 있어요. 그러고는 며칠 있으면 논문이 턱 나오는 거예요. 진정한 학자의 자세가 아닌가 싶어요. 그래서 저도 그것만큼은 아주 깊게 마음속에 새겼어요. 윌슨 선생님께 섭섭한 점도 많았지만 "학자로서 연구를 멈추는 일은 있을 수 없다"는 자세는 배우려고 해요.

그가 정말 존경하는 사람은 따로 있다. 그의 실험실 홈페이지에 들어가 보면 그 인물의 흑백사진이 첫 화면에 떠오른다. 살아 있는 사람이 아니다. 바로 생물학의 아버지라고 불러도 좋을 사람, 다윈이다.

제가 펜스테이트로 처음 유학을 가보니 제 자기소개서가 화제가 되어 있더군요. 앞에서 말했던 것처럼 시로 생명을 쓰고 생명을 조각하고 하며 온갖 이야기를 다 쓴 뒤, 하고 싶은 일에 "아프리카 같은 데 가서 기린 잡아서 어떻게 하고, TV 프로그램 '동물의 왕국'에 나

오는 그런 거 하고 싶다"고 썼는데, 미국에 도착하니 교수들이 그걸 웃음거리로 삼았더군요. 우리는 그런 거 안 하는데 너 잘못 왔다고. 우린 동물 세계의 경쟁을 수학적으로 분석한다고. 농담인 줄도 모르고 큰일났다 싶었어요. 생태학 공부를 해야겠는데 기초가 있어야죠. 정말 많은 과목을 들으며 기초부터 다시 공부했죠.

학부부터 대학원까지 온갖 강의를 뒤졌는데, 농대 교수 가운데 한 사람이 가금류에 대해 강의하면서 교재로 윌슨의 〈사회생물학〉을 썼어요. 그 강의를 신청해놓고 밤에 그 책을 읽는데 정말 흥분했죠. 제가 고등학교, 대학교에 다니면서 왜 사는지, 삶이란 무엇인지, 그런 고민들을 많이 했는데, 그 모든 것이 한 줄기로 모아지는 대단한 경험을 했어요. 바로 그 경험 때문에 윌슨 선생님을 찾아가게 된 거죠.

그런데 생각해보면 제가 그 책에서 만난 것은 윌슨이라기보다는 다윈이었죠. 짐 싸들고 하버드에 왔더니 모두 다윈, 다윈, 다윈 하는 거예요. 스티븐 제이 굴드도 다윈을 떠들고 윌슨도 다윈을 떠들고요. 결국 다윈이었어요. 저를 사로잡은 정체 말이죠. 다윈의 책을 읽고 다윈의 이론을 밤낮으로 토론하다 보니까 정말 굉장한 다윈주의자가 된 거죠. 다윈의 이론만큼 제 평생 생각했던 모든 문제에 일관성 있는 해답을 주는 것은 없어요. 대단히 매력적이죠. 그래서 제 인생에 가장 막강한 영향을 미친 사람이 다윈일 수밖에 없죠.

그는 학문과 관계없이 존경하는 사람을 이야기하고 싶다고 했다. 그러나 그 이야기의 끝도 다윈이었음을 그가 알고 있을지 모르겠다.

사실 옛날에 미국 사람이라곤 용산에서 본 게 전부고, 대부분이 흑인이었잖아요. 어려서 누가 "깜둥이야" 그러면 무서워서 도망치고 그랬죠. 펜스테이트에 갔을 때 기숙사에서 첫날 자고 아침에 공동 샤

워장에 갔는데 아무도 없었어요. 그런데 물소리는 저쪽에서 계속 나고 있었죠. 양치질을 하고 있는데 거구의 흑인이 배만 수건으로 가린 채 제 쪽으로 오는 모습이 거울에 비치는 거예요. 무척 무서웠죠. 내가 미국 땅에 와서 이렇게 죽는구나. 지금 생각하면 우스워요. 우리가 인종에 대한 인식이 너무나 없는 곳에서 자라서 그랬을 거예요.

어쨌든 흑인에 대한 이미지는 쉽게 바뀌지 않았어요. 그러다가 마틴 루터 킹을 발견했죠. TV에서 그 양반 회고 프로그램을 했는데, 그 유명한 워싱턴 연설이 나왔죠. 충격, 그 자체였어요. 정말 강력한 연설이었습니다. 세상에 이런 사람이 있구나 하고 정말 감동했어요. 흑인에 대한 첫 번째 존경이었죠. 두 번째는 흑인 테니스 선수 아서 애시였어요. 그는 훗날 에이즈로 죽었지만 정말로 많은 사람의 존경을 받았던 인물이죠. 저도 그가 죽었을 때 눈물을 흘렸어요. 미국에 가서는 NBA에 미쳤는데, 그때 제가 푹 빠진 닥터 제이, 바로 줄리어스 어빙이 세 번째로 저를 사로잡은 사람이었어요. 농구도 농구지만 그 양반이 TV에 나와 이런저런 이야기를 하는데 정말 인생의 깊이를 아는 사람 같았죠.

그러고 난 뒤 언젠가 하버드에서 학생들이 설문조사를 하는데 존경하는 인물을 쓰라는 거예요. 그래서 루터 킹, 애시, 어빙, 이렇게 쓰는데 친구가 그래요. 다 블랙이네. 왜 모두 다 블랙일까? 혼자 있을 때 곰곰이 생각해보니 그것도 학문의 도움이었어요. 흔히 사회생물학을 가진 자를 옹호하는 학문이라고 비난하지만, 사실 다윈의 이론처럼 열린 이론이 없어요. 그의 이론을 공부했기 때문에 모든 가능성에 대해 다 존경심을 가질 수 있게 된 것 같아요. 지금도 그 세 사람은 제 머릿속에서 떠나질 않아요.

"알면 사랑합니다. 알아야 제대로 사랑할 수 있죠"

최재천은 "학자로서 연구를 멈추는 일은 결코 없을 것이다"라는
다짐을 한 번도 어겨본 적이 없다. 그가 쓴 많은 칼럼과 대중용 과학
서들은 스스로 결심한 연구 계획을 양보해서 얻어낸 것들이 아니다.
늦은 밤 노트북을 꺼내들고 짧은 글이라도 써야겠다고 생각하는 건
그의 소박한 신념 때문이다. "알면 사랑한다." 그는 자신이 알고 있
는 단 하나의 사실이라도 알리고 싶어한다. 그러다 보면 사람들이 조
금이라도 더 자연을 사랑하고 자기 자신을 사랑하는 방법을 배울 수
있지 않을까 해서다.

그렇다고 그가 스스로를 대단한 운동가라고 생각하는 건 아니다.
물론 숲이 망가지고 있는데 무슨 논문이냐며 숲을 먼저 살리자고 운
동에 뛰어든 생태학자들을 존경하기는 한다. 그러나 그는 아직 그것
을 자기 몫이라고 생각지 않는다. 그 귀한 시간을 쪼개고 또 쪼개 쓰
면서도 자신은 그저 소박한 존재일 뿐이란다.

저는 환경운동을 하시는 분들에게도 생태학 공부를 해야 한다고
말해요. 잘 알지 못하면 보호가 오히려 파괴가 되죠. 알아야 제대로
사랑할 수 있는 겁니다. 자연에 대해 알게 되면 될수록 저절로 자연
을 사랑하고 자연과 함께 살게 될 것이라고 믿습니다. 지금 젊은 친
구들을 20년 정도만 열심히 가르치면 그들이 우리 사회의 주인이 되
었을 때 환경은 저절로 보호될 겁니다. 지나치게 이상적인 생각이라
고 탓할지 모르지만 제가 보기엔 그게 그래도 빠르고 현실적일 것 같
아요.

인문학과 자연과학이 만나다

1

지금 생명공학은 사람들의 상상력을 매혹하고 있어요. 죽지 않는 인간, 병에 걸리지 않는 인간, 원하는 대로 자기를 개량할 수 있는 인간, 천재 생산, 성격 개조 등. 생명공학은 지금까지 인간이 운명으로 받아들였던 자연적 한계를 일거에 제거할 수 있다는 기대와 환상을 뿌리고 있습니다. 신과 인간을 갈라놓는 결정적인 차이는 유한성과 불멸성입니다. 지금 생명공학은 인간이 불멸성의 문턱에 올라설 수 있다는 기대를 갖게 하고 있습니다. **도정일**

즐거운 몽상과
끔찍한 현실

생명과학이 도달할 수 있는 가장 아름다운 미래는 모든 사람이 최대 수명인 120세까지 질병 없이 행복하게 사는 겁니다. 120세 생일날까지 섹스도 하고 테니스도 하는 등 신나게 잘 살다가 생일잔치를 마치고 잘들 있게나 하고 아무 고통 없이 떠나는 거죠. 이런 세상이 한 사람의 생명과학자가 상상할 수 있는 가장 아름다운 모습입니다. 인간의 최대수명이 120세를 넘기는 힘들 거라고 생각합니다. 자연선택이 갈고 닦은 결과를 하루아침에 뒤집는 것이 어디 쉬운 일이겠어요? **최재천**

최재천　선생님, 정말 뵙고 싶었습니다. 여러 가지 일로 바쁘실 텐데 귀한 시간을 내서 여기까지 오셨군요.

도정일　최 교수님도 서울의 '바쁜 사람' 가운데 한 분이죠. 바쁘다 바쁘다지만 바쁜 데도 차이가 있어요. 최 교수님은 누가 봐도 중요한 일로 바쁜 것 같고, 나는 나 혼자 중요하다고 생각하는 일로 바쁩니다. 나는 지난 가을 학기에 외부 강의까지 합쳐서 강의를 네 개나 맡았어요. 정신 나간 짓이죠. 그쪽 학교 사람들 왈, "이 강의는 선생님 말고는 할 사람이 없어요"라고 꼬드겼기 때문입니다. 물론 순수 거짓말이죠. 그런데 나는 그런 말을 들으면 정말 그런가 보다 생각해요. 멍텅구리죠. 내가 바보란 걸 깨달았을 땐 이미 학기가 끝나 있어요. 《구약》에는 "바보는 죽어야 고칠 수 있다"고 씌어 있습니다. 최 교수님도 강의를 많이 하십니까?

최재천　저는 강의를 늘 세 개쯤 합니다. 저도 많은 편이죠. 제가 있었던 미시간 대학 소사이어티 오브 펠로즈Society of Fellows에서는 연구자들에게 아무것도 요구하지 않고 부담도 지우지 않았습니다. 연구비 줄 테니 하고 싶은 거 하라는 거죠. 연구소 설립 당시 이런 방임주의를 걱정한 사람들도 있었다고 합니다. 내버려두면 모두 방만해지고 게을러지지 않을까 하고 말입니다. 그런데 웬걸, 내버려둘수록 더 훌륭한 연구가 나온 겁니다. 소사이어티 오브 펠로즈 제도는 1933년 하버드 대학에서 처음 만들었는데, 당시 창설자인 로웰A. Lawrence Lowell 총장은 "위대한 학자들의 독자적인 연구가 바로 위대한 대학의 정신"이라며 "탁월한 젊은 학자를 길러내는 최상의 전략은 자유"라고 했답니다. 그동안 하버드 소사이어티 오브 펠로즈는 13명의 노벨상 수상자와 수많은 퓰리처상 수상자를 배출했습니다. 미시간 소사이어티 오브 펠로즈에서 특별연구원으로 지내다가 한국에 왔는데, 연구 환경이 너무 달라 처음에는 적응하느라 무척 고생했어요. 공장에서 물건 찍어내듯이 논문을 써내라고 밀어붙이는 분위기에 아직도 잘 적응을 못해 사실 좀 우울합니다.

도정일　TV에 나올 때의 최 교수님은 눈가에 늘 웃음이 있고, 전체적으로도 부드럽고 명랑한 인상입니다. 최 교수님이 우울할 때도 있나요?

최재천　몇 년 전에는 과학재단에서 제가 논문을 내지 않았다고 연구비 지급을 중단한 일이 있었어요. 본래는 5년 후에 결과를 묻기로 해서 지원했던 건데. 지원서를 냈을 때는 잘 써서 일등으로 뽑혔다는 소문까지 돌 정도였는데, 겨우 1년밖에 지나지 않은 상태에서 논문을 빨리 쓸 수 없는 학문의 특성은 고려하지 않고 논문 수가 많은 다른 연구와 비교하여 떨어뜨린 겁니다. 해마다 실적을 평가하여 한두 개라도 꼭 지급을 중단해야 한다더군요. 정부의 방침 때문에 최하 점수를 받아서 잘렸어요.

도정일　최 교수님은 공부를 열심히 하는 분 같던데, 최하 점수라고요? 사물의 질서가 거꾸로 되었군요. 19세기 영국 소설 중에 《에리환Erewhon》이란 것이 있어요. 풍자작가 새뮤얼 버틀러의 소설이죠. 모든 것이 거꾸로 된 나라 이야기입니다. 그 나라에서는 부지런한 사람이 벌을 받습니다. 정직이나 근면, 건강 같은 것도 형벌감이죠. '에리환'이란 제목은 영어의 '노웨어nowhere'를 뒤집어놓은 건데, '노웨어'란 '아무 데도 없는 곳', 곧 '유토피아'를 의미하죠. '에리환'은 말하자면 '뒤집어진 유토피아'입니다. 최 교수님이 최하점을 받다니, 우리가 '에리환'에 사는 모양이죠?

최재천　사실 저희 분야는 다른 분야와 상황이 달라요. 상상해보세요. 동물을 좇아가며 하는 연구인데, 작년에는 분명히 거기에 살던 동물이 올해는 없어져서 공치는 때도 있어요. 딱 1년만 공부해서 그 동물에 관한 데이터를 얻을 수 있는 게 아니거든요. 까치만 해도 그래요. 처음 2년은 데이터가 비슷하게 나왔어요. 그런데 3년째 겨울이 엄청 춥더니, 지난 2년과는 전혀 다른 데이터가 나오는 거예요. 3년치를 놓고 비교해보니, 두 데이터는 비슷한데 하나는 전혀 다르잖아요. 그런데 그다음 해에는 지난 2년, 그리고 3년째하고도 또 다른 데이터가 나오는 거예요. 8년째 그 연구를 하고 있는데 그동안 논문 한 편을 겨우 썼습니다. 이 나라에서는 저처럼 장사 안 되는 기초과학을 하면 살아남기 참 어렵습니다.

도정일　기초 학문을 우습게 아는 것이 한국의 장기입니다. 곧바로 돈이 되지 않는 것은 '똥'(이런 말 해도 되나?)으로 여기는 나라니까요. 당장 시장에 내다 팔 지식만 중요하게 여기는 나라는 미래를 도살하는 나라예요. 기술 관료들은 기술만 있으면 문화산업이 되는 줄 압니다. 촬영술을 가르치고 특수효과 기술을 가르친다고 곧바로 좋은 영화가 나옵니까? 문화산업에서 최종적으로 중요한 것은 이야기storytelling입니다. 인문학은 문화산업의 기초 자원이죠. 인문학은 온통 '이야기 창고' 아닙니까. 인문학의 관점에서 보면 과학도 이야기의 구조를 갖고 있습니다. 인문학의 기초가 없는 나라에서는 수준 높은 문화산업이 제대로 되지 않아요.

최재천　기초 학문의 연구 성과는 아주 천천히 나타나지만 굉장히 위력적이죠. 가령 몇십 년 동안 진행된 영국 옥스퍼드의 박새 연구나 케임브리지의 사슴 연구 등이 갖는 학문적·경제적 위력은 상상을 뛰어넘습니다. 제가 까치에 대해 연구하기 시작한 것도 그런 이유에서입니다. 앞으로 생물학 분야에서는 장기적인 생태 연구가 큰 위력을 발휘할 겁니다. 당장이라도 엄청난 돈을 벌어들일 것 같은 생명공학과는 달리 지구온난화 등 환경문제가 날로 심각해지는 상황에서 돈으로 환산할 수 없을 정도로 중요한 연구가 될 겁니다. 꼭 돈으로 그 가치를 환산해야 한다면 할 수도 있겠죠. 생명공학으로 벌어들이는 돈과는 아마 비교도 되지 않을 어마어마한 돈을 절약시켜주는 결과가 나올 겁니다. 하지만 장기적인 생태 연구는 처음에는 별 효과도 없이 오랜 세월 동안 꾸준히 해야 한다는 점 하나만으로도 쉽지 않은 일이죠. 그 과정의 어려움을 극복하고 오랜 세월을 두고 한 종류를 깊이 있게 연구해낸 데이터베이스의 막강함, 그건 이루 말할 수 없는 경지에 이르게 되죠. 어떻든 제 까치 연구도 보나마나 제 당대에는 큰 득을 보지 못할 것 같습니다. 제 연구를 후배 교수에게 물려주고 갈 텐데, 그 양반부터는 제 덕을 좀 볼 겁니다.

도정일　조앤 롤링의 《해리 포터》는 몇 년 동안 영화·만화·출판 등 영미 문화산업을 먹여살려왔어요. 작가가 지금까지 받은 인세만도 우리 돈으로 아마 3조 원은 될 겁니다. 그 작가가 학부에서 공부한 게 프랑스 문학이고, 《해리 포터》의 소재는 유럽을 비롯한 전 세계의 신화입니다. 톨킨의 《반지의 제왕》도 문화산업적으로는 황금알을 낳는 거위인데, 톨킨은 옥스퍼드 대학 영문과의 중세언어학 교수였습니다. 북구 신화가 그의 소재 창고예요. 톨킨이 창조한 언어들은 모두 근거와 뿌리를 갖고 있습니다. 톨킨 마니아들이 그 언어에 매료되는 것은 그런 뿌리 때문이죠. 창조적 상상력은 아무 기초도 없는 백지 상태에서는 결코 나올 수 없습니다. 과학에 기초 학문이 있다면 인문학은 모든 학문과 교육의 기초입니다.

그런데 영문과 교수들에게 "문학은 그만두고 영어나 가르쳐라"라고 주문하는 사람이 한국의 대학 경영자들입니다. 그런 사람들이 지금 대학을 움직이고, 그런 사고방식을 가진 사람들이 정부와 사회 요직에 포진해 있어요. 경상도에 가면 '졸갑증'이란 말이 있는데 '조급증'의 지방어죠. 문제의 대학 경영자들과 정부 관료들에게는 단연 '졸갑상'을 주어야 합니다. 지금 우리 사회에 원숭이형型의 얄팍한 모방적 소비문화 말고 정말 창조적인 문화가 얼마나 있는지 자문해보아야 합니다. 이 얇은 모방문화와 인문학 경시 풍조는 깊은 관계가 있을 겁니다.

최재천　많은 인문학자가 인간의 단점을 항상 동물에 비유해서 표현하는데요. 욕설 중에서도 동물에 빗댄 것이 많잖아요. 그런데 모방만 하는 게 원숭이의 특질은 아니거든요. 동물행동학자의 입장에서 볼 때 원숭이가 사람보다 출중한 면이 얼마나 많은데요, 듣는 원숭이 상당히 기분 나쁠 겁니다. 정반대 예도 있습니다. 개미는 부지런함의 상징으로 알려져 있지만 사실 전체 개미 가운데 3분의 1만 노동을 하고 나머지 3분의 2는 놀고 먹는 게으름뱅이들이거든요. 물론 놀고 먹는 게 아니라 만일의 비상사태를 대비하여 대기하고 있는 것이지만요. 왜곡된 동물의 비유가 넘쳐납니다. 곰도 절대 미련하지 않습니다.

유전자로 들썩이는 세상

도정일   맞아요. 동물들에게 사과합시다. 목사들의 기도문 중에 내가 가장 좋아하는 것이 하나 있어요. 들어보실래요? "하느님, 저는 우리 집 개가 저를 생각할 때 떠올리는 바로 그런 모습의 인간이 되고 싶습니다. 도와주십시오."

지금 생물학은 세상을 바꿔놓고 있습니다. 다윈의 생물학이 19세기 '사상의 세계'를 흔들었다면, 20세기 후반에 와서 생물학과 그 연관 분야들은 인간과 그의 사회 전체를 뒤흔들고 있습니다. 황홀한 생물학적 유토피아의 그림도 제시하죠. 20세기 전반, 아니 1970년대까지 소설이나 영화에서 그려낸 생물학적 미래 세계는 아무도 살고 싶지 않은 '부정적 유토피아'의 모습이었어요. 올더스 헉슬리의 《용감한 신세계》나 예프게니 자미아친Evgenii Zamjatin의 《우리》 같은 소설이 그렇죠. 그 소설들이 그려낸 것은 생명공학에 의한 완벽한 '통제사회'입니다. 영화도 그랬어요. 〈몸을 훔치는 자들〉, 〈블레이드 러너〉, 〈가타카〉 등등 수많은 영화가 생명공학적 기술사회의 어두운 미래를 상상했습니다. 그러나 지금 생명공학은 사람들의 상상력을 매혹하고 있어요. 죽지 않는 인간, 병에 걸리지 않는 인간, 원하는 대로 자기를 개량할 수 있는 인간, 천재 생산, 성격 개조 등등, 생명공학은 지금까지 인간이 운명으로 받아들였던 자연적 한계를 일거에 제거할 수 있다는 기대와 환상을 뿌려주고 있습니다. 그리스 신화에서 신과 인간을 갈라놓는 결정적인 차이는 유한성과 불멸성입니다. "인간은 죽고, 신들은 죽지 않는다"라는 거죠. 지금 생명공학은 인간이 불멸성의 문턱에 올라설 수 있다는 기대를 갖게 하고 있습니다. 인간 수명은 정말 얼마만큼이나 연장이 가능할까요? 실제 연구는 어디까지 와 있습니까?

최재천　제 생각에는 생명과학이 도달할 수 있는 가장 아름다운 미래는 모든 사람이 최대 수명인 120세까지 질병 없이 행복하게 사는 겁니다. 120세 생일날까지 섹스도 하고 테니스도 하는 등 신나게 잘 살다가 120세 생일잔치를 마치고 "잘들 있게나" 하며 아무 고통 없이 떠나는 거죠. 이런 세상이 한 사람의 생명과학자가 상상할 수 있는 가장 아름다운 모습입니다. 생명공학의 발달로 많은 사람이 혹시 150세, 200세까지 살 수 있지 않을까 하고 바라겠지만, 저는 개인적으로 인간의 최대 수명이 120세를 넘기는 힘들 거라고 생각합니다. 지금까지 몇십억 년 동안 자연선택이 갈고 닦은 결과를 하루아침에 뒤집는 것이 어디 쉬운 일이겠어요? 그리고 그게 정말 좋은 일일까요? 저는 개인적으로는 불가능하다고 믿고, 또 그리 좋은 일만은 아니라고 생각합니다.

도정일　전에 예쁜꼬마선충*Caenorhabditis elegans* 실험 이야기를 읽은 적이 있습니다. 그 유전자들 중에 "너는 요만큼만 살아라"라고 명령신호를 내보내는 유전자를 제거했더니 그놈의 수명이 여섯 배나 늘어났다는 겁니다. 인간의 몸에도 사람을 늙게 하는 이런 '시계'가 있을 텐데, 그 시계를 빼내서 쓰레기통에 내버리면 쓰레기통은 늙고 인간은 늙지 않는 거죠. 그러면 이론상 인간 수명도 여섯 배는 늘어나지 않을까요? 그러면 동방삭이처럼 360세까지 사는 겁니다. 오래 사는 것만 좋은 일은 아니다, '사람답게' 사는 것이 중요하다 같은 문제가 발생하지만, 지금 약물산업에서는 '행복약'들을 개발해내고 있습니다. 프로작*Prozac*이니 리탈린*Ritalin*이니 하는 항우울제가 그런 약이죠. 항우울제는 적어도 사람이 우울증 때문에 고생하는 일은 없는 세계를 상상하게 합니다. 약 한 알 입에 털어넣으면 애인한테 차여도 낄낄, 주식을 날려도 낄낄, 직장 상사한테 잔소리를 들어도 낄낄 웃을 수 있죠. 행복약들은 고통도 슬픔도 없는 사회를 제시합니다. 아주 매력적인 그림이죠.

— 세계의 베스트셀러 약 10개 중에 세 가지가 정신질환 치료제와 정신분열증 치료제입니다. 물론 프로작도 있고요. 세계보건기구WHO에서 조사한 바에 따르면, 전 세계 인구 가운데 1억 명이 정신질환을 앓는다고 하더군요. 이런 사람들에게 새로운 약물을 제공하는 건 어떤 의미가 있습니까?

도정일 행복약이 약속하는 것은 '삼불三不'의 제거입니다. 불안·불쾌·불만이 '삼불'이죠. 흔히 이 '삼불'이 사람을 불행하게 한다고 말합니다. 우울증에 걸리면 사람을 만나기 싫고 세일즈도 못합니다. 결혼도 어렵죠. 그런데 행복약을 몇 알 먹으면 지금까지의 '나'가 싹 바뀌어 새로운 '나'로 탄생한다는 게 이 약의 매력입니다. 사람을 바꿔주는 거죠. 기억을 완전히 재편집해서 행복한 기억만 남기고 불쾌한 기억은 말끔히 지워주는 약도 개발되고 있다더군요.

최재천 우울증은 병이니까 치유를 해야겠지만, 우울함을 느끼는 감정은 굉장히 중요한 진화의 산물이에요. 늑대가 와서 아들을 물어 갔는데 부모가 웃고 있으면 그런 집안은 살아남지 못하죠. 그런 면에서 우울증은 아주 중요한 진화의 산물입니다. 만약 우울증 치료제가 확산되면 정신과를 찾아오는 사람들은 줄어들지 모르지만 응급실에 실려 오는 사람들은 늘어날 겁니다. 우울증이 없어지면 사람들이 저마다 조심성이 없어지고 너무 용감해지니까, "다 덤벼", 이러면서 상당히 많은 사람이 사고를 당할 가능성이 높아지는 거죠. 인라인 스케이트를 타면서 별의별 묘기를 다 해대고, 오토바이를 타면서 공중회전을 전혀 겁내지 않고, 이러다 보면 얼마나 많은 응급실 환자가 생

기겠습니까. 그러면 엄마들은 우울증 치료제를 처방해준 병원을 고소하겠죠. 우울증 치료 '이후'의 문제가 더 중요한 겁니다. 우울증 치료제의 확산이 꼭 행복을 가져다줄 수는 없는 거죠.

예전에는 사람들이 육체와 정신이 분리되어 있다고 생각했죠. 그래서 정신병에 걸렸다고 해서 약을 먹는 일을 자연스럽게 생각하지 않았어요. 약은 육체와 관련된 거라고 생각했으니까. 그런데 지금은 정신과 의사가 처방을 내리기도 전에 환자들이 먼저 약을 요구해요. 지금은 정신과를 찾는 사람들이 약을 처방 받지 않으면 굉장히 불만스러워하죠. 그런데 항우울제 같은 약들이 자꾸 개발된다면 과연 어떤 일이 벌어질까요. 실제로 프로작을 먹은 사람들은 우울증에는 효과를 보겠죠. 하지만 나중에는 별로 우울증 증세가 없어도, 조금만 기분이 상해도 자꾸 약에 의존하게 됩니다.

생물학자들은 우울증이 인간의 본성 가운데 하나라고 믿습니다. 우울증은 공포에 적응하려는 본성이고, 나쁜 일이 다시 일어나지 않도록 환경에 적응하는 과정에서 생기는, 아주 자연스러운 현상이지요. 그래서 우울해질 수 있다는 것은 굉장한 '능력'이기도 한 겁니다. 공포를 느끼는 능력, 우울함을 느끼는 능력도 중요한 인간의 본성입니다. 생물학자인 제 입장에서는 우리의 정신에 화학의 칼chemical knife을 들이대는 약물들의 오남용이 굉장히 걱정됩니다.

도정일 저는 생명공학이나 생명의학 같은 분야가 어떤 황홀한 미래를 제시하는가를 말하고 있는데, 정작 생물학자 최재천은 그런 미래가 가져올 문제점을 지적하고 있군요. 인문쟁이가 할 일을 생물학자가 하고 있네요. 물론 인문학은 우울이나 슬픔, 두려움이 없는 사회를 상상할 수 없습니다. 그건 더 이상 우리가 아는 인간의 사회가 아닐 테니까요. 사람은 혼자 사는 것이 아니라 다른 사람들과의

관계, 일과의 관계, 자연과의 관계 등 수많은 관계 속에 살기 때문에 그 관계로부터 오는 정서적 비용을 감당해야 합니다. "인간은 늙고 병들고 죽는다" 같은 한계 조건도 고통의 큰 원천이죠. 이런 인간적 고통의 비용을 어떻게 감당할 것인가가 인문학의 관심사 가운데 하나입니다. "시는 상실의 예술이다"라는 말이 있어요. 더 정확히 말하면 '상실을 관리하는 예술'이죠. 게다가 슬픔이나 분노, 고통 같은 것은 우리가 행복이라 부르는 것과 떨어져 있는 것이 아니라 한 뭉치로 붙어 다니는 것 같아요. 그것들이 없어지면 행복이니 행복감이니 하는 것도 없어집니다. 인문쟁이 대선배 소크라테스가 진작 그런 말을 했어요. "고통과 쾌락은 하나의 머리를 가진 두 몸뚱어리"라고 말이죠. 하나를 제거하면 다른 하나도 없어집니다. 그러니까 행복약은 '삼불'을 제거함으로써 역설적으로 '행복'을 제거하게 될지도 모릅니다.

최재천　의학에서도 그게 문제가 됩니다. 현재는 진통제가 엄청나게 많이 팔리는데, 옛날에는 마취약도 없었고 진통제도 없었잖아요. 현대 의학의 큰 승리 중 하나가 진통제라고 하죠. 고통으로부터 해방되는 것만큼 고마운 게 없다는 거죠. 고쳐주고 살려주는 것보다 고치는 일에 방해가 될 때도 많은데 환자가 진통제를 찾으니까 환자의 행복을 위해 투여하는 겁니다.

진통제와 함께 우리가 수시로 복용하는 게 해열제죠. 감기에 걸려 열이 나면 우린 곧바로 해열제를 먹습니다. 그런데 사실 진화적으로 보면 우리 몸에서 열이 난다는 것은 외부에서 진입한 이물질인 병원균을 태워버리기 위해 애써 진화된 적응현상일 수 있다는 겁니다. 지나친 고열은 뇌세포를 파괴할 위험이 있지만 감기 등으로 겪는 대부분의 열은 오히려 우리에게 유리한 것인데, 그걸 모르고 해열제를 복용하여 열을 낮추는 일은 병원균들로 하여금 신나게 날뛸 수 있게 도와주는 격이죠. 우리가 흔히 냉혈동물—사실 변온동물이라고 부르는 게 더 옳습니다만—이라고 알고 있는 도마뱀도 감기에 걸리면 체온이 약간 오릅니다.

환자가 고통스러워하더라도 병을 고치기 위해 약을 투여하는 게 옳은가, 못 고치더라도 환자가 행복하도록 모르핀을 주어야 하는가, 행복해지는 게 우리의 최대 목적이냐 하는 점은 여전히 논쟁거리죠. 요즘 이런 문제들을 새롭게 등장한 학문 분야인 다윈 의학Darwinian Medicine에서 아주 활발히 논의하고 있습니다. 저도 이런 흐름에 동참하기 위해 몇 년 전 미시간 대학의 동료였던 네스 교수와 저명한 진화생물학자 윌리엄즈가 공저한 책《인간은 왜 병에 걸리는가》를 우리말로 번역해 내놓았습니다. 예상보다 훨씬 큰 호응을 받고 있고 앞으로도 상당히 주목받을 분야라고 생각합니다.

도정일　행복해지는 게 인간의 최대 목적이냐는 건 철학의 화두인데 그런 질문을 던지는 생물학자를 오랜만에 만나보네요. 사실 저는 생물학자들이 철학적 사고를 해야 한다고 생각합니다. 그런데 지금 생명공학기술이 취하는 방향은 정반대예요. 철학 같은 것은 없어도 되는 사회를 제시하니까요. 공학적 유토피아에서 가장 무용한 존재는 아마 철학자일 겁니다. 사실 철학은 철학자 밥 먹여주기 위해 있는 것이 아니라 인간이 살다 보니까 이런저런 질문에 부딪히고 풀기 어려운 수수께끼와 만나고, 그래서 생겨난 정신 활동이죠. 진리와 허위, 이성적인 것과 비이성적인 것을 구분하기, 인간은 무엇이며 어떤 존재인가, 어떻게 살아야 하는가 같은 질문이 철학의 관심사입니다. 과거에는 철학이나 신화, 문학, 종교 등이 이런 질문에 대한 해답 찾기를 담당했지만, 지금은 생물학이나 생명공학, 생명의학 등이 일을 떠맡고 나섭니다.

사람이 늙고 병들고 마침내 죽어 없어진다는 것은 두려운 일이죠. 그 두려움으로부터 고통이 발생합니다. 그런데 현대 생명공학은 인간이 그 유한성의 고통으로부터 벗어날 수도 있다는 기대를 갖게 합니다. 행복의 가장 간단한 정의는 '고통으로부터의 해방'일 텐데, 현대 생명의학은 바로 그런 해방에 대한 전망을 제시하고 있는 겁니다. 생물학이 행복의 길을 열어놓은 거죠. 현대인에게 지금 생명공학, 생명의학, 유전자 치료 같은 분야는 일종의 마술적 영역입니다. 과학과 마술은 결코 한자리에 같이 있을 수 있는 관계가 아닌데, 지금 생명기술은 그런 마술로 여겨지고 있어요. 모세가 이 시대에 다시 태어난다면 아마 생물학자, 아니면 최소한 생명의학자일 겁니다.

그래서 요즘의 '행복 이데올로기'는 간단한 문제가 아닙니다. 그 이데올로기 앞에서 우울·고통·분노·슬픔 같은 것의 인간학적 중요성을 말한다는 건 소용없는 일 같아 보이죠. "나는 행복해야 한다"는 명령이 사람들을 너무도 강하게 지배하고 있어서 다른 이야기를 하기가 민망할 정도예요. 누구나 행복하게 살고 싶어하죠. 행복의 욕구 그 자체에 문제가 있는 건 아닐 겁니다. 문제는 행복이란 게 저만치 어디에 있다, 그걸 내가 잡기만 하면 된다고 조바심치는 데 있죠. 이런 생각 때문에 우리는 그때그때 우리가 하는 일에서, 매 순간의 우리의 판단과 선택과 행동에서 행복을 얻기보다는 행복을 붙잡기 위해 일한다고 생각합니다. 행복 그 자체가 목적이 되면 아주 위험한 사태가 벌어집니다. 행복해지기 위해서라면 아무리 나쁜 짓이라도 오케이, 고약한 자들과 손잡고 악과 동맹을 맺는 것도 오케이라는 게 되거든요. 이게 행복 이데올로기의 위험성입니다. 그런데 이런 이데올로기 앞에서 인문학은 지금 사실상 속수무책이죠.

최재천 과학은 거기에 더 속수무책입니다. 특히 진화생물학에서는 행복을 어떻게 이해할 것인가가 힘든 주제 가운데 하나이죠. 유전자 혹은 자연선택은 나의 행복 같은 것 따위에는 신경조차 쓰지 않거든요. 자연선택의 목적은 나를 행복하게 하는 게 아닙니다. 제가 "나를 행복하게 해주세요"라고 기도한다면, 유전자는 "넌 새끼나 많이 만들어라" 할 겁니다. 아무리 내가 고통스럽다 하더라도 유전자 입장에서는 내가 자식만 많이 낳으면 그만이에요. 자연선택과 나의 행복은 별 상관이 없죠. 나의 건강에도 자연선택은 별로 관심이 없어요. 평생 비실비실하며 늘 불행해 보여도 자식을 많이 낳게 해주는 유전자가 있다고 합시다. 그리고 건강하고 행복하게 만들어주지만 자식은 거의 못 낳게 만드는 유전자가 있다면 어느 유전자가 자연선택을 받아 후세에 남겠습니까? 자연선택은 내가 번식을 잘 하게끔 도와줄 수 있는 수준까지만 나의 건강을 챙겨주는 거예요. 그래서 번식 끝난 노인네들이 자주 병원에 가게 되는 겁니다. 진화생물학자가 제일 설명하기 힘든 것 가운데 하나가 "왜 우리가 끔찍이 행복을 추구해야 하느냐"는 겁니다. 이 문제는 인문학에서 먼저 설명의 물꼬를 터줘야 할 것 같습니다.

도정일 생물학과 인문학의 공통 딜레마가 거기 있군요. 사실 '고통 없는 세상'은 인간의 오랜 꿈입니다. 종교나 예술, 정치가 모두 그런 세상을 추구하죠. 그런데 고통 중에는 우리가 당하지 않아도 되는데 당하는 고통도 있고 피할 수 없는 고통도 있습니다. 앞의 것이 사회적 고통인데, 사회적 고통은 줄여야 합니다. 그걸 줄이는 것이 정치가 할 일이죠. 사람들을 고통스럽게 하는 독재자가 있다면 그 독재자는 제거되는 것이 옳습니다. 그게 고통을 줄이는 길이죠. 그러나 사람이 사람으로 사는 한 피할 수 없는, 아니 피하면 오히려 사람이 사람다움을 잃어버리게 되는 고통도 있습니다.

작가 박완서의 《한 말씀만 하소서》라는 소설이 있어요. 아들을 잃고 상실의 고통을 경험하는 어떤 어머니 이야기죠. 이 소설은 고통을 통해서만 발견되는 진실의 길이 있다는 것을 보여줍니다. 고통 그 자체는 결코 추구의 대상일 수 없지만, 글쎄 어찌된 셈인지 고통을 통하지 않고서는 인간이 진실도 행복도 만날 수 없다는 것이 문젭니다. 그게 '인간으로 살기 위한 조건'이 아닌가 싶어요. 그런데 말조심해야 돼요. 자칫하면 고통 예찬론이 되거든요. 행복 이데올로기가 행복 그 자체를 추구 대상으로 삼듯이, 고통 예찬론은 고통 그 자체에 가치를 부여하죠.

삶의 모든 순간에 우리는 판단하고 선택합니다. 이리 갈까 저리 갈까, 이렇게 할까 저렇게 할까 망설이면서 말이죠. 이 망설임이 고민이고, 그 고민이 '옳고 그름' 사이의 선택의 문제가 되면 고통이 생깁니다. 판단하고 선택하는 행위가 이미 고통을 수반하는 거죠. "이쪽으로 가면 내가 더 잘 먹고 잘 살 수 있겠는데"라는 판단과 "그런데 그게 옳은 길은 아니야"라는 판단이 충돌해보세요, 고민스럽죠. 행복의 길 같은 것이 보이는데 그쪽 길로 가는 것이 옳지 않으므로 포기한다? 이 선택은 고통스런 일입니다. 그런데 이때 이상한 일이 벌어집니다. 고통스럽지만 그 선택은 사람을 행복하게 하고 떳떳하게 합니다. '고통을 통해서만 도달하는 진실의 길'이란 말하자면 그런 경우죠. 선택의 고통 속에 이미 행복이 들어와 있는 겁니다. 이 경우 진실은 바른 선택과 분리될 수 없고, 바른 선택은 '좋은 삶'과 분리되지 않습니다. 나는 이 '좋은 삶'이 행복의 경지라고 생각합니다.

우리가 추구하는 것은 좋은 삶이지 행복 그 자체는 아닌 것 같아요. 행복을 위해 바른 선택을 포기하면 좋은 삶이 망가지고 행복도 날아갑니다. 생명공학 기술은 '통증 없는 세계'를 제시하지만, 공학 기술이 도덕적 판단과 선택, 그리고 그 선택에 따르는 고통의 문제를 해결할 수 있을 것 같지는 않습니다. 그건 해결될 수 있는 문제가 아니고, 더더구나 인간이 해결하겠다고 나설 수 있는 문제도 아니거든요. 기술이 그런 문제까지도 해결할 수 있다고 믿는 것이 기술사회의 행복 이데올로기입니다. 그 이데올로기 앞에서 아주 무력해졌다는 것이 인문학의 딜레마고요. 과학과 인문학 모두 이 지점에서 함께 물에 빠지는 거죠.

— 그런데 선생님, 우리가 늘 도덕적 선택을 강요받아야 하는 것은 아니지 않습니까? 공학적 기술이 고통을 줄이는 경우도 많습니다. 외모 때문에 고통을 당하는 여성에게 성형기술은 고통의 해결사이고 행복의 전도사일 수 있죠.

도정일 그래요. 여성만이 아닙니다. 얼굴에 점이 29개여서 고통받는 한 남자가 있었어요. 장가도 못 가고 말입니다. 옛날 같으면 그 점박이 얼굴은 바꿀 수 없는 '운명' 같은 겁니다. 그러나 성형기술 덕분에 그는 간단히 운명을 해결합니다. 기념으로 점 한 개만 남기고 28개는 제거했거든요. 기술이 사람을 행복하게 하는 경우죠. 젊은 여성들이 '미모'를 얻기 위해 성형수술을 한다고 해서 도덕적으로 문제될 것은 없습니다. 그 행위가 타인에게 피해를 주는 것도 아니고 지켜야 할 어떤 원칙을 위반한 것도 아니니까요. 성형수술로 자기를 더 잘 실현하고 능력을 더 잘 발휘할 수 있다고 믿는다면 그 선택을 나무랄 수 없죠. 그것은 개인적 선택의 자유에 속한 문제라고 생각됩니다.

그런데 개인의 자유라고 말할 수 없는 경우들이 있죠. 올림픽에 나간 선수가 약물을 복용해서 메달을 따면 어찌 됩니까? 고도 기술의 전자 장비를 몰래 감추고 시험장에 들어가서 남들보다 나은 성적을 올리면 어찌 됩니까? 약물이나 전자 장비도 기술력인데, 이 경우

개인의 자유다, 기술이 사람의 자기실현을 도왔고 능력을 더 잘 발휘하게 했다, 그러니까 괜찮다고는 아무도 생각하지 않습니다. 또 성형수술 비용을 마련하기 위해 도둑질을 했다고 칩시다. "내 행복을 위해서"라고 그는 말하겠죠. 물론 사회는 그를 감방에 넣습니다. 하지만 그걸로 문제는 해결되지 않습니다. "잡히지 않으면 되는데 재수 없게 잡혔어"라고 생각할 수 있거든요. "잡히지만 않으면 되는데"라는 생각은 다시 도둑질의 고도 기술을 개발하게 합니다. 약물을 먹은 선수가 "들키지만 않았으면 되는 건데"라고 생각하는 거나 마찬가지죠. 이것이 기술주의와 행복 이데올로기의 함정입니다.

생명공학 기술은 우생학적 사회의 도래를 예고하고 있습니다. 과거의 우생학은 사회공학의 영역이었어요. 그런데 지금 닥쳐오고 있는 우생학은 강제적 사회공학이 아니라 자유로운 개인적 선택의 문제로 여겨지고 있습니다. 아기를 가졌는데 어떤 유전적 결함이 발견되었다 칩시다. 부모는 고민하다가 "이 아이는 태어나봤자 불행해진다" 생각하고 "아이의 행복을 위해" 낙태해버립니다. 부모가 생각하는 행복이란 것이 다른 모든 가능성을 압도해버립니다. 그렇게 되면 유전적 결함이 있는 개체는 아예 탄생의 기회조차 가질 수 없습니다. 아인슈타인의 머리를 가진 아이, 기억력이 뛰어난 아이, 혹은 잘 뛰는 아이들을 주문 생산할 수 있다면 누가 그걸 마다할까요? 최 선생님은 이런 우생학적 사회의 도래를 어떻게 보십니까?

두 먹물, 드디어 보따리를 풀다

최재천　우생학적 사회요? 요즘 우리 사회는 지나친 유전자 신봉주의에 빠져 있는 것 같습니다. 좀처럼 풀리지 않던 범죄수사도 유전자 감식 결과만 나오면 더 이상 아무도 왈가왈부하지 않잖아요. 유전자는 이제 이 세상 그 어느 증거보다 막강한 존재가 된 것 같아요. 유전자가 때로 물샐 틈 없는 증거를 제공하는 것은 사실이지만 지나친 신봉은 위험합니다. 유전자란 따지고 보면 단백질 합성 정보를 담고 있는 화학물질에 지나지 않죠. 유전자는 우리에게 단백질만 주고는 손을 놓은 거라고 봐야 합니다. "야 임마, 너 매일 복제해야 하는데, 네 앞에 예쁜 여자가 있으니 지금 어떻게 해봐라" 이런 이야기를 유전자가 매일 제 귀에다 대고 떠드는 게 아니라는 거예요. 저를 만들어놓고는 제 세포 안에 앉아서 "이놈 도대체 뭐 하는 거야, 이렇게 좋은 기회를 놓치고" 하면서 가슴을 쥐어뜯고 있을 뿐입니다.

유전자도 중요하지만 환경적인 요인도 그 못지않게 중요합니다. 유전자가 완벽하게 똑같아도 발생 과정에서 아주 작은 차이가 생기면 전혀 다른 결과가 나타나죠. 유전자형과 표현형과의 어쩔 수 없는 격차가 생긴다는 겁니다. 유전자형은 완벽하게 똑같은 일란성 쌍둥이라도 어딘가 조금은 다르게 성장하죠. 유전자가 똑같아도 생물학적으로 엄청나게 달라질 수 있는 가능성이 누구에게나 있거든요. 최고의 유전자로 맞춤아기를 탄생시킨다고 해도 병원 건물이 무너져 압사 당해 죽어버리면 아무 소용이 없잖아요. 건물이 무너지는 것과 유전자는 상관이 없죠.

생물들은 최선을 다해 살아가지만 실수와 우연을 연발하며 삽니다. 불로 뛰어드는 불나방도 있지 않습니까. 불나방의 유전자가 뛰어들라고 명령하는 게 아니죠. 소위 '개죽음'이라고 표현하는 것들은 언제나 일어날 수 있고, 그런 불행을 건너뛴 유전자들이 자기 유전자를 남긴다는 거죠. 유전자는 그 과정에서 속수무책일 수 있다는 거예요. 미국의 농구선수 챔벌린은 자신과 잠자리를 같이했던 모든 여성이 다 자식을 낳았다면 1,000명이 넘을지도 모른다는데, 이 아이들이 모두 농구 천재는 아니지 않겠습니까? 아무리 좋은 유전자를 타고나도 유전자가 통제할 수 없는 부분이 훨씬 많습니다. 유전자는 단백질을 만들어놓은 후에는 별다른 일을 할 수 없습니다. 스티븐 핑커의 《빈 서판》에는 이런 이야기가 있습니다. 생화학자 조지 월드는 노벨상 수상자라는 이유로 윌리엄 쇼크리 정자은행으로부터 정액 샘플을 요청받았을 때 이렇게 대답했다고 합니다. "노벨상 수상자를 생산하는 정자를 원한다면 우리 아버지처럼 외국에서 이민 온 가난한 재단사를 만나보시오. 내 정자에서 무엇이 나왔는지 아시오? 두 명의 기타리스트요!"

우생학이라는 건 우리만큼 복잡한 생물들에게는 애당초 불가능하다고 봅니다. 옥수수를 우생학적으로 개량할 수는 있죠, 옥수수의 삶을 증진시키는 게 아니라 옥수수의 낱알을 증진시키는 거니까요. 하나의 특정한 형질을 우생학적으로 개발하는 건 가능합니다. 유전자 성형 시대가 왔다는 것은 과장이 심한 겁니다. 지금의 기술 수준은 아주 뚜렷한 결함 유전자를 치환할 수 있는 정도지, 어느 유전자를 갖고 있으니까 그 애가 미인이나 천재가 된다는 건 거의 불가능합니다. 워낙 많은 유전자가 특정 형질 발현에 관계되어 있기 때문에 하나 또는 소수의 유전자를 보고 그런 예측을 내릴 수는 없죠. 또 가치 평가의 기준도 시대에 따라 변하기 때문에 어렵게 유전자 성형을 해놓고 나서도 시대가 바뀌어 미의 기준이 예전과는 전혀 다르게 바뀐다면 상당히 허망할지도 모릅니다. 그리고 우리가 예상치 못했던 유전자 조합을 가지고 있는 아이가 나중에 예상 외로 훨씬 잘 되는 경우도 충분히 상상할 수 있죠. 미래를 예측할 수 없는 진화의 특이성을 생각하면 우생학이라는 것은 '愚生學'인 셈이죠.

도정일 문학에도 그런 일화가 많습니다. 아일랜드 극작가인 조지 버나드 쇼에 관한 유명한 일화가 있죠. 한 아름다운 여배우가 그에게 프러포즈를 했습니다. "당신의 명석한 머리와 나의 미모가 만나면 아주 뛰어난 아이가 나올 거예요." 그러자 쇼가 이렇게 대답합니다. "나의 추모와 당신의 둔한 머리가 만나면 괴물이 나오겠네요." 쇼는 결혼이니 사랑이니 하는 것은 번식을 위해 자연이 파놓은 함정이기 때문에 자기는 절대로 그 함정에 빠지지 않을 거라고 다짐했던 사람입니다. 바보들만이 거기 빠져서 죽는다는 거죠.

그런데 최 선생님께서 "유전자도 중요하지만 환경적 요인이 더 중요하다"고 말하는 것은 정말 뜻밖입니다. 생물학자가 그렇게 말해도 되나요? 현대 인문학은 어떤 형태의 결정론도 환원론도 거부하려고 합니다. 반면 현대 생물학은 결정론과 환원론의 입장을 오히려 강화시켜왔죠. "인간은 유전자가 결정한다"는 유전자 결정론은 대표적인 생물학적 결정론의 하나입니다. 이 때문에 자연이냐 문화냐, 유전자냐 환경이냐 식의 대립 구도가 나오고 생물학자와 인문학자들 사이에 치열한 논쟁도 벌어지곤 했습니다. 아까 최 선생님이 스티븐 핑커 이야기를 하셨는데, 사실은 핑커만 하더라도 진화심리학의 입장에서 문화론이나 후천성 이론에 강하게 반발하는 사람입니다. "인간은 백지tabula rasa로 태어난다"라고 보는 것이 근대 자유주의 사상의 신조이죠. 17세기의 존 로크 등이 그런 사상을 대표합니다. 인간은 백지 상태로 태어난다, 그 백지에 무슨 그림이 그려지고 무슨 글자가 씌어지는가는 출생 이후의 문제라는 거죠. 교회의 '원죄설'을 내동댕이치고 '인간은 근원적으로 박탈의 존재'라고 보는 보수주의자들의 주장도 거부하려는 것이 로크의 큰 동기였습니다. 그 '백지'가 핑커의 '빈 서판blank slate'이죠. 그런데 동기는 좀 다르지만, 서구 인문학 중에서도 자유주의나 자유론 전통의 인문학이 오랫동안 주장해온 '백지' 혹은 '빈 서판' 이론을 정면으로 비판하고 생물학의 주장을 받아들여

"인간은 빈 서판으로 태어나는 것이 아니다"라고 말하는 것이 핑커의 입장입니다. 결정론까지는 아니더라도 생물학적·선천적 조건의 중요성을 강조하는 경우죠. 이런 생각은 '완벽한 인간의 가능성'이라든가 '인간 능력의 무한한 계발 가능성'이라는 패러다임을 거부합니다. 보수주의 사회철학과 생물학을 결합하는 측면도 있고요.

최재천　핑커의 《빈 서판》에 대해 이야기를 하고 있으니 저도 한 말씀 거들겠습니다. 핑커가 그 책에서 한 말 가운데 정곡을 찌르는 게 있습니다. 그는 사람들이 유전자는 아무런 역할도 하지 않고 오로지 환경만이 우리 인간의 본성을 만들어낸다고 말하는 것이 따지고 보면 생물학자들이 이야기하는, 인간의 본성은 유전자와 환경의 합작으로 만들어진다는 견해보다 훨씬 더 극단적인데 정반대로 생각하고 있다는 점을 지적합니다. 한번 생각해보세요. 정말 이상하지 않아요? 훨씬 더 극단적인 견해는 오히려 중도 성향으로 간주되고 있고, 유전자의 역할을 들먹이기만 하면 모두가 화들짝 놀라며 지독한 극단주의자로 몰아세우는 거죠. 유전자의 관점에서 인간의 본성을 말하는 사람들을 이 사회는 너무나 쉽게 인종차별주의자나 남녀차별주의자, 전쟁옹호론자 또는 허무주의자 등으로 취급해버리는 경향이 있어요.

미국 뉴멕시코 대학의 진화생물학자 손힐과 파머는 2000년에 출간한 그들의 저서 《강간의 자연사The Natural History of Rape》에서 한 개인의 형질이 환경에 의해 또는 유전자에 의해 '결정된다'고 말하는 것 자체가 의미 없음은 말할 나위도 없거니와 어떤 형질이 '근원적으로' 유전적 또는 환경적이라고 말하는 것 자체가 타당하지도 않다"고 했습니다. 유전자의 역할 가능성에 대해 그처럼 신경질적으로 반응을 보이며 모든 게 환경에 의해 결정된다고 밀어붙인 까닭이 어쩌면 그래야 '교육'이라는 미명 아래 인간을 자기 입맛대로 변화시키고 조정할 수 있다고 믿고 싶은 이들의 '모함'은 아니었을까 하고 저는 가끔 생각해봅니다. 제대로 된 생물학자라면 환경을 완전히 빼놓고 유전만 들먹이는 우는 범하지 않습니다.

— 　　오늘이 첫 대담이니까 두 분께서는 서로에게 궁금한 것이나 따지고 싶은 것이 무척 많을 것 같습니다. 좀더 이야기를 진전시키는 질문을 드리겠습니다. 우선 이 시대에 왜 인문학과 자연과학이 만나야 하는가가 궁금합니다. 자연과학과 인문학의 대립을 말하기에 앞서 왜 인문학과 자연과학이 만나야 하는가를 먼저 이야기해보는 게 어떨까요. 다른 나라보다 우리나라에서 인문학과 자연과학의 대립이 심한 것 같습니다. 그 이유가 무엇일까요?

도정일 　가만, 그렇게 되면 화두가 두 갭니다. 인문학과 자연과학은 왜 만나야 하는가, 그리고 한국에서 인문학─자연과학 사이의 심한 대립은 왜 일어나는가라는 질문. 이건 서로 다른 문제라서 나누어 이야기해야 합니다. 왜 만나야 하는가라는 질문은 최 교수님과 내가 만나는 이유에 관한 것이기도 한데, 그 이야기부터 먼저 해버리면 나중에 내놓을 패가 없어지잖아요?

최재천 　선생님! 너무 야박해 보입니다. 말이 나왔으니 간단하게라도 짚어주시면 어떨까요? 사실 저도 궁금하거든요.

도정일 　최대한 간단하게 짚고 넘어가죠. 철학자 화이트헤드는 "과학과 기술, 종교와 예술은 삶의 토대다"라고 했어요. 《교육의 목적》이라는 책에서였지요. 사실 그 네 가지 활동영역은 삶의 토대만이 아니라 인간 문명의 토대를 이룹니다. 그런데 그 가운데 두 개,

즉 종교와 예술은 인문학의 영역이고 두 개는 크게 과학의 영역입니다. 인문학 영역과 과학기술의 영역이 함께 문명의 토대를 이룬다면 그 토대들 사이에 접합·교섭·대화가 없을 수 없습니다. 그런데 가만히 보세요. 종교·예술·과학·기술은 문명의 토대이면서 동시에 인간을 인간이게 하는 인간적 활동의 최고급 알맹이입니다. 다른 동물종과 인간종을 구별하게 하는 인간 특유의 활동들이죠. 그러니까 인간의 활동은 인문학적 활동과 과학적 활동으로 구성된다고 말할 수 있습니다.

활동의 성격으로 나누면 이 네 가지 토대는 다시 성찰적 활동과 창조적 활동으로 구분됩니다. 종교는 철학, 역사와 함께 대표적으로 성찰적 행위의 영역에, 예술·과학·기술은 창조적 행위의 영역에 속합니다. 이렇게 보면 인간을 인간이게 하는 활동들은 '성찰과 창조'라는 두 개의 축 위에 전개됩니다. 문명이란 인간이 이룩한 업적의 총체인데, 그 업적은 쉽게 말하면 성찰과 창조라는 축 위에 서 있죠.

— 성찰과 창조! 한데 이것이 '왜 만나야 하는가'와 어떻게 연결되나요?

도정일   미국에 대통령자문기구인 '생명윤리위원회'라는 게 있습니다. 생명과학과 유전공학시대에 사회는 어떻게 대처해야 할지를 고민하고 정부와 사회에 정책을 제안하는 것이 이 기구가 하는 일입니다. 시카고 대학의 리언 카스Leon Kass 교수가 위원장을 맡고 있는데, 이 사람이 참 재미있어요. 그는 생물학자입니다. 동시에 그는 시카고 대학 '사회사상위원회' 위원장이고, 20년 넘게 학부생들을 상대로 《구약》의 〈창세기〉를 강의해온 사람이에요. 생물학자가 〈창세기〉를 강의한다? 언뜻 들으면 리온 카스는 진화론자가 아닌 창조론자라고 생각할 수 있겠지만, 그가 《구약》을 강의하는 것은 '창조론'을 위해서가 아니라 인간에 대한 《구약》의 지혜를 탐색하기 위해서입니다. 그는 자기 강의 내용을 담은 《지혜의 시작》이라는 600쪽짜리 책도 냈습니다. 그는 생명윤리위원회 회의를 소집할 때마다 위원들에게 읽을거리를 제시한다고 합니다. 첫 회의 때 그가 낸 숙제는 너새니얼 호손의 단편 〈모반The Birthmark〉를 읽고 오라는 것이었다나요? 생명윤리위원회는 2003년에 생명기술시대에 미국 사회는 무엇을 생각해야 하는가, 어떤 문제에 대처해야 하는가 등의 문제를 다루고 있는 《인간으로 존재한다는 것》이라는 책을 냈는데, 그 책에는 위원회가 추천하는 생명과학시대의 필독서 목록이 실려 있습니다. 목록을 보면 문학·역사·철학·과학 책들입니다. 말하자면 미국인들에게 '사회적 독서'의 목록과 '사회적 사유'의 화두를 제시하는 거죠. 이런 노력이 '과학과 인문학의 대화'입니다. 그런데 지금 내가 뭘 하고 있지? 우리나라 이야기부터 하기로 한 것 아니었나?

—　　　맞습니다. 우리의 경우 자연과학과 인문학은 어느 시점부터 심하게 갈라서게 되었는가가 궁금합니다. 19세기 말에서 20세기 초반 우리 사회에는 서구의 자연과학이 많이 들어왔습니다. 그런데 당시에 자연과학을 번역하고 소개한 사람들이 거의 문인들이거든요. 제도적으로 분과학문의 시스템은 일본적으로 재편되지만, 실제로 당대의 학자들은 인문과학과 자연과학을 구분해서 공부하진 않았던 것 같습니다. 이광수·장응진·최남선은 물론이고 시인이자 비평가인 김기림은 톰슨J. A. Tompson의 《과학개론》을 번역하기도 했습니다. 이상은 건축가이면서도 수학과 음악을 비롯한 다양한 자연과학 및 인문학의 지식에 해박한 시인이었죠. 해방 이전까지만 해도 인문학과 자연과학의 경계가 거의 없었는데, 언제부터 이러한 경계가 생겼는지 궁금하네요.

최재천　해방 이전에는 인문학과 자연과학의 경계가 그렇게 견고하지 않았죠. 그렇다고 해서 이과와 문과를 뚜렷하게 나눠놓은 일본의 탓 또한 아닌 것 같습니다. 일본도 우리와 같은 분과학문제도가 있지만 우리만큼 두 학문 사이의 거리가 멀지 않거든요. 도쿄 대학의 오사마 사쿠라 교수가 몇 년 전에 동아시아 3국에서의 진화론 혹은 사회생물학의 수용에 관한 논문을 쓴 적이 있습니다. 일본은 사회생물학의 수용에 아무런 장애물이 없었죠. 중국은 아직 연구가 많이 안 되었고요. 그런데 한국은 진화론이 침투하기가 굉장히 어려운 나라로 평가하고 있습니다.

인도에서 열린 학회에 참가했다가 인도과학원의 가다카 교수와 함께 방갈로르 시에 있는 인도국립연구소에 가는데, 도중에 보니 골프장이 시내 한복판에 떡 하니 버티고 있었습니다. 상류층은 그곳에서 골프를 치고 있고 울타리 주위에는 거지들이 죽 늘어서 있습니다. 제가 한국에서는 이런 장면을 절대 볼 수 없다고 말했죠. "넌 뭔데 골프 쳐!"라면서 당장 돌이 날아온다는 거죠. 그러다가 진화론 이야기가 나왔습니다. 그런데 인도에는 진화론이 들어오는 데 일말의 거부감도 없었다는 거예요. 가다카 교수의 말에 따르면, 인도의 카스트 제도는 굉장히 운명론적인 것인데 진화론에도 상당히 운명론적인 성격이 있어서 두 개념이 아무 충돌 없이 융화되었다는군요.

동아시아에서는 우리나라가 유일하게 진화론에 대한 반발이 무척 심했던 것 같습니다. 지금도 어떤 의미에서는 가장 심한 상황이 계속되고 있다고 봐야죠. 다른 동아시아 국가에 비해 기독교가 강하게 뿌리내린 국가라서 그런 것은 아닌가 싶어요. 특히 우리나라에 기독교를 전한 기독교인들이 당시 미국 동북부 지역에 있던 골수 보수파 기독교인들, 즉 기독교 근본주의자들이었다는 점에 주목할 필요가 있을 것 같습니다. 진화론에 대한 기독교인들의 반발이 굉장히 심했을 거라는 게 제 잠정적인 결론입니다. 그렇긴 해도 저는 몇 년 전부터 교회나 다른 기독교 단체들로부터 진화에 관한 강의를 해달라는 요청을 심심찮게 받고 있습니다. 반대해야 할 이론이 도대체 어떤 것인지 알기나 하자고 초청하십니다. 이제 우리 기독교계도 열린 마음을 갖게 된 것 같아 매우 반갑습니다. 그건 그렇고, 왜 우리는 이렇게 심하게 자연과학과 인문과학의 경계가 뚜렷해졌는지 저도 참 신기합니다. 미국만 해도 영문학과 학생이 생물학과로 옮겨가는 게 아주 자유롭거든요. 왜 우리는 이렇게까지 경직된 구분을 갖고 있는지 참 이해할 수 없습니다.

인문학적 본성과 자연과학적 본성

도정일   학문분과들 사이에 높은 울타리를 쌓는 것으로 말하면 한국 대학이 단연 최고 수준입니다. 두 가지로 설명할 수 있습니다. 하나는 전공의 '순수성'과 '정통성'에 대한 강한 집착 때문이라는 것입니다. 인접 학문끼리도 별 소통이 없습니다. 옆집은 뭐 하나 구경도 하고 기웃거려보는 것은 학문의 시야를 넓히는 데 아주 중요합니다. 그러나 우리나라에서 그렇게 기웃거리다간 손가락질을 당합니다. 제 것에나 신경 쓰지 남의 영역은 왜 기웃거리느냐는 거죠. '전문가주의'입니다. 학문의 전문성은 아주 중요하지만, 그게 지나치면 학문이 왜소해지고 무엇보다 오류나 자기도취, 시대착오에 빠집니다. '외길을 간다'라는 말은 옆집이 뭐 하는지 한눈팔지 않고 가는 것이 아니라 두루 살피면서도 자기 길을 간다는 소리일 때만 의미가 있죠.
    또 다른 설명은 '영토 수호'입니다. '내 영역'과 '남의 영역'을 철저하게 나눠놓고, 자기 영역을 누가 넘보나 신경을 곤두세우는 거죠.

그게 자신의 학문세계를 지키려는 정신자세에서 나오는 거라면 그런 대로 좋습니다. 그러나 학문세계에서 '불가침'은 없습니다. 불가침주의는 학문 아닌 밥그릇 싸움으로 치닫습니다. 인문학 내부에서도 이런 영토 싸움이 치열하죠. 영토 싸움은 국문과가 가장 심하다고들 합니다. 인문학 내부에서도 그런데 자연과학과 인문학의 소통에 신경쓸 틈이나 있겠습니까.

최재천　자연과학도 크게 다르지 않습니다. 생물학과만 해도 여러 분과로 나뉘어서 서로 소통이 없었습니다. 생물학에도 분자생물학·생물정보학·세포학·유전학·생리학·분류학·진화학·생태학·행동학·발생학 등 수많은 분과가 있고, 서로가 다른 사람이 무슨 연구를 하는지 잘 모르는 경우가 많습니다. 생물학 내부의 격차를 없애기 위해 통합생물학이 생기긴 했지만, 잘 될지 모르겠습니다.

제가 얼마 전에 번역한 윌슨 선생님의 《통섭統攝, Consilience》에 옮긴이 서문을 쓰며 이런 이야기를 했습니다. 진리의 행보는 우리가 쳐놓은 학문의 울타리 따윈 거들떠보지 않죠. 학문의 경계란 자연에 실재하는 게 아니라 우리 인간이 진리의 궤적을 추적하기 위해 인위적으로 그어놓은 거니까요. 진리는 학문의 국경을 비웃기라도 하듯 마음대로 넘나드는데 우리 대부분은 스스로 만들어놓은 학문의 골방에 쭈그리고 앉아 창 틈으로 새어들어 오는 가는 빛줄기만 붙들고 평생 씨름하고 있지 않습니까?

이제 단순히 학제 '간inter' 연구로는 안 됩니다. 여러 학제를 단순히 통합하는 '멀티multi' 학문으로도 부족합니다. 이제 '인터', '멀티'라는 단순한 조합을 넘어서 '트랜스trans'를 해야 할 때가 왔다고 생각합니다. 인문학과 자연과학뿐 아니라 모든 학문분과가 활발하게 소통하고 서로 굳게 잠근 빗장을 풀 수 있는 새로운 학문의 공간이 탄생해야 합니다.

중세에는 지금 우리가 그어놓은 학문의 구획이 없었잖아요. 사실 따지고 보면 르네상스 시기에도 학자라면 대개 거의 모든 분야에 전문가 수준의 지식을 보유하고 있었죠. 그래서 지금도 우리는 다양한 분야에 걸쳐 해박한 지식을 갖춘 이들을 '르네상스인'이라고 부르죠. 지식은 대체로 16세기에 들어서서야 쪼개지기 시작하지 않습니까? 사실 엄밀하게 말하면 지식이 쪼개진 게 아니라 지식을 탐구하는 학문영역이 쪼개진 것이지만 말입니다. 이 같은 추세에 이론적인 배경을 제공한 이른바 환원주의가 특히 20세기를 거치며 인류에게 엄청난 양의 지식을 제공해준 것은 절대 부인할 수 없지만, 이제는 우리가 그 환원주의 신봉 모드에서 헤어날 때가 되었다고 생각합니다. 아무리 부분에 대한 지식을 축적하여 한데 붙여봐도 결국 전체가 되지 않는 경우가 너무나 많다는 걸 이제 우린 거의 모든 학문 분야에서 깨닫고 있어요.

그래서 윌슨 선생님은 물론이고 저도 21세기의 학문은 달라져야 한다고 믿는 겁니다. 통섭해야 합니다. 여러 학문이 모여 일관된 이론의 체계를 찾아내는 작업을 시작해야 한다는 겁니다. 학문의 국경을 넘을 때마다 여권을 검사하는 절차는 이제 생략할 때가 되었다고 생각합니다. 정치적인 차원에서도 여러 나라가 서로 비자를 생략하고 있는데 하물며 학문적인 차원이 그런 짓을 계속해서야 되겠습니까?

도정일　대체로 동감입니다. 다만 학문영역들끼리의 소통과 울타리 넘어서기가 가능한 경우도 있고 불가능한 경우도 있습니다. '인터'든 '멀티'든, 혹은 '트랜스'든 간에 학문 사이의 경계를 허문다는 것은 말처럼 쉬운 일이 아닙니다. 전문성이 중요한 학문 자체의 성격 때문에 경계선 넘나들기는 원천적인 한계를 갖고 있죠. 도정일이 최재천으로 둔갑할 수는 없고 그 역도 마찬가지일 겁니다. 그러니까 '트랜스'란 한 사람의 연구자가 다수의 전공영역을 갖는 것이 아니라 자기 분야의 연구를 살찌우기 위해서, 혹은 어떤 연구 대상에 대한 더 나은 통찰에 이르기 위해서 인접 학문이나 다른 학문의 성과들을 부단히 조회·참조하고 원용하는 것일 때만 의미가 있다고 생각됩니다.

몇 년 전 미국 샌디에이고 대학을 방문했던 한 한국인 교수가 깜짝 놀란 일이 있습니다. 인지과학을 가르치는 교수가 대학원생들을 모아놓고 하이데거를 읽고 있더라는 거죠. 요즘 미국 경제학계를 보면 심리학의 통찰을 빌려 인간의 경제 행위를 설명하려는 경향이 대두하고 있습니다. 경영학에서는 '서사이론'을 도입하고 있습니다. "인간은 합리적으로 행동한다"는 것이 경제학의 전통적인 '합리성' 모형이죠. 그러나 인간의 경제 행위는 합리성 모델로는 설명하기 어려운 이상한 비합리성과 예측 불가능성을 갖고 있습니다. 이 때문에 현대 경제학은 행동 예측에서 큰 곤경을 겪어왔죠. 경제학자가 심리학으로 눈을 돌려 다른 영역에서 통찰을 빌리고자 한 것은 이런 문제가 심각했기 때문일 겁니다.

— 소통이 없어 일어난 해프닝 같은 사건도 있었겠네요.

도정일 한번은 우리나라의 어떤 미술사학자가 평양에 갔다 와서 신문에 글을 썼는데, 보다가 깜짝 놀랐습니다. 50만 년 전 평양 근처 무슨 동굴에 살던 사람들의 후예가 지금의 평양 일대 사람들이라는 겁니다. 현생 인류(호모 사피엔스)의 조상은 길어야 20만 년 전 아프리카에서 출현했다는 것이 현대 생물학의 우세한 설명입니다. 모계 미토콘드리아 유전자 추적을 통한 연구가 내놓고 있는 결론이 그겁니다. 이브는 에덴 동산에 있었던 것이 아니라 20만 년 전쯤의 아프리카에 있었다는 거죠. 그 현생 인류가 지금의 중동, 특히 에티오피아를 거쳐 세계 여러 지역으로 퍼져나가기 시작한 것은 약 5만 년 전이고, 그 한 갈래가 아시아 대륙으로 진입한 것은 약 4만 년 전의 일로 되어 있습니다. 그런데 50만 년 전 한반도에 현대 한국인의 조상이 살고 있었다고 말하면 어찌 됩니까? 직립원인(호모 에렉투스)이 현생 인류의 직계 조상은 아니죠. 인문학이 생물학을 참조하지 않으면 이런 실수가 나옵니다. 일본도 예외가 아니에요. 한때 일본의 고고인류학계는 일본 열도에 70만 년 전부터 인류가 살았다고 주장했어요. 일본 역사의 인류학적 '뻥튀기'를 시도한 거죠. 그러다가 생물학이 미토콘드리아 추적을 통해 현생 인류의 발생이 15만 년, 20만 년 전 일이었다는 사실을 밝혀낸 이후 일본 학계는 입장을 수정합니다. 70만 년 전 일본 열도에 원시 인류가 살긴 했지만 그들이 현대 일본인과 직접 연결되는 것은 아니라는 식으로 말이죠.

역사학계의 분쟁을 생물학이 해결해준 사례도 무척 많습니다. 미국 제3대 대통령 토머스 제퍼슨의 집에 샐리 헤밍스라는 흑인 하녀가 있었는데, 제퍼슨이 그 하녀와 보통 사이가 아니어서 비밀리에 아들도 두었다는 '설'이 미국 역사학계 뒷골목에 오랫동안 퍼져 있었어요. 물론 정통학계는 헛소리라고 일축했죠. 제퍼슨의 고매한 인격에 흠집을 내려는 야담꾼들의 수작이라는 거죠. 유학 시절 내게 미국사 강의를 해주었던 교수 한 분도 그 이야기만 나오면 아니라며 펄펄 뛰었어요. 그런데 어찌 됐는지 아세요? 몇 년 전, 그 하녀의 후손들에게서 DNA를 채취해서 제퍼슨의 현존 후예들에게서 얻은 DNA와 비교한 결과 그 흑인 하녀의 후손들이 제퍼슨과 연결된다는 사실이 밝혀집니다. 하녀의 아들 하나가 제퍼슨의 아들이었다는 이야기죠. 그래서 분쟁은 끝납니다. 생물학이 아니었다면 그 인문학적 분쟁은 미국이 없어질 때까지 계속됐을 겁니다.

스탠퍼드 대학의 유전학 교수의 연구에 의하면 현대 한국인의 유전적 특성은 아시아계 사람들보다는 유럽계에 더 가깝다는 겁니다. 잘은 모르지만, 이런 연구를 참작하면 한국인의 원류를 따지는 인문학적 작업이 큰 도움을 받을 수 있을 겁니다. 우리 조상들이 북방 대륙과 남방 해안 어느 방향에서 반도로 더 많이 흘러들어 왔는가, 그 유전적 특성의 기원이 어딘가 같은 문제 말이죠. 지금까지 이런 연구가 골몰한 것은 언어·공예·습속 같은 문화적 유사인자의 추적입니다. 그러나 생물학에 의한 DNA 추적은 가장 신빙할 만한 증거를 거기 보태줄 수 있죠.

생물학자들이 들으면 우쭐해할 이야기도 있습니다. 20세기 후반 인문학과 예술에 가장 큰 영향을 준 영감의 한 원천은 생물학입니다. 생물학의 영향은 점점 더 커질 거예요. 이제부터 생물학 쪽의 발견들을 참작하지 않는 인문학은 불가능할지도 모릅니다. 인간과 그의 문화적 성취에 관한 연구가 인문학인데, 지금 '인간'이라는 문제에 관한 과학적 발견치고 현대 생물학을 능가할 학문은 없다 해도 과언이 아니죠.

— 선생님, 생물학자를 앞에 앉혀놓고 너무 아부하는 것 아닌가요? 그래놓고 나중에 한방 치려는 거죠? (웃음)

도정일 네, 치려고 합니다. 그러나 아직은 때가 아니에요. (웃음) 지금은 인문학과 과학, 인문학과 생물학이 왜 만나야 하는가를 생각해보는 시간입니다. 앞에서 인문학과 과학이 우리나라에서 언제부터 심하게 갈라서게 되었는가라는 질문을 잠시 다루다 말았는데, 사실 이 갈라서기는 해방 이후 우리나라만의 문제가 아니라 서구적 근대 학문 자체의 문제라고 봐야 합니다. 근대는 흔히 말하듯 '이성'에 거의 절대적인 프리미엄을 붙여준 시대이고, 동시에 '과학'이 역사 진보의 동력으로 여겨진 시대입니다. 과학을 빼놓고 근대를 말할 수 없죠. 그러나 서구의 근대가 완전히 이성주의와 과학의 시대였다고만 말할 수는 없습니다. 탁월한 인문학이 등장한 시대가 또한 근대니까요. 고대 인문학과 구별되는 '근대 인문학'이죠. 《우행예찬》을 쓴 에라스무스, 《법의 정신》을 쓴 몽테뉴, 《가르강튀아와 팡타그뤼엘》의 작가 라블레 등이 근대 인문학의 거장들입니다. 사람들은 근대가 온통 이성주의와 과학의 시대였던 것처럼 생각하지만 사실은 그렇지 않아요.

그런데 근대 인문학은 과학에 눌려 변방으로 밀려납니다. 그게 문제입니다. 갈릴레오에서 시작되는 근대 과학의 방법이 인문학을 압도하고, 데카르트의 근대 철학이 그 방법을 옹호합니다. 실증주의 철학도 그 연장선에 있죠. 인문학 영역인 철학이 근대 시기에 오히려 인문학 전통을 내리누르는 데 기여했다는 것은 아이러니입니다. 그러니까 지성사의 맥락에서 보면 인문학과 과학이 완전히 별개의 문화인 것처럼 갈라서게 된 것은 어제오늘의 일이 아닙니다. 근대 300년의 결과예요. C. P. 스노가 말한 '두 개의 문화'도 인문학과 과학의 그런 분리를 지칭한 겁니다. 우리가 인문학과 과학의 만남을 시도한다는 것은 이 300년의 해묵은 별거를 어떻게 넘어서는가라는 문제가 되죠. 쉬운 일이 아닙니다.

우리나라의 경우에도 해방 이후 대학이 많이 생겨나면서 서구, 특히 미국 대학들의 학문 편제를 도입하는데 그게 바로 인문학/과학의 분리를 바탕으로 한 근대 편제입니다. 해방 이후 우리는 뭘 진중하게 생각할 틈도 없이 서양의 학문 편제를 받아들여 오늘에 이르고 있습니다. 지금은 그 분리가 극복되는 것이 아니라 더 심화되고 있습니다. 한 10년 전까지도 우리나라 대학들에는 '문리대'라는 이름의 통합단과대학이 있었습니다. 말하자면 인문학과 이학(과학)이 동거하는 둥지였죠. 지금은 모두 인문대, 자연대 하는 식으로 분리되어 있습니다. 통합은커녕 더 철저한 '별거의 완성'이죠. 이 별거를 넘어서려는 취지에서 고안된 것이 '학부제'인데, 지난 몇 년 동안 우리나라 대학들에 도입된 학부제는 학부제의 기본 정신과는 별 관계가 없어요.

이런 사정과는 별도로 우리나라에서 인문학과 과학 전통의 만남을 이야기할 때는 우선 우리의 배경이 서양과 매우 다르다는 점을 고려해야 합니다. 서양 근대가 과학의 시대였다면, 우리의 근세는 '과학 결핍의 시대'입니다. 과학이 다른 영역을 압도해서 문제였던 것이 아니라 과학의 결핍이 문제였죠. 이것이 서양과 우리의 다른 점입니다. 해방 전 지식인들이 서양 과학책을 열심히 번역한 것은 이 결핍을 메우기 위한 시도였다고 봐야 합니다. 19세기 말 조선 지식인들이 동도서기론東道西器論을 제창한 것과 같은 맥락이죠. 우리에게 모자라는 것은 서양 과학기술이다, '도道'는 우리도 충분하고 우리 것이 더 우수하니까 '기器'만 보충하면 된다는 주장 말입니다. 물론 이건 문제의 핵심을 잘못 짚은 생각이지만, 과학의 결핍이라는 문제의식은 옳았죠. 과학의 결핍은 아직도 우리가 해결하지 못한 문제입니다.

과학과 인문학은 빗장을 열 수 있을까

최재천   스노의 1959년 강연문을 읽어보면 과학과 인문학이 근본적으로 융화되기 어려운 두 문화라고 규정하긴 하지만, 둘 사이의 엄청난 괴리에도 불구하고 문학의 전통이 과학을 끌어안는 노력을 해야 한다고 역설합니다. 이에 반론을 제기한 마이클 유드킨 등에 답하면서 스노는 몇 년 후 '제3의 문화', 즉 사회사social history가 이미 태다. 생물학의 영향은 점점 더 커질 거예요. 이제부터 생물학 쪽의 발견들을 참작하지 않는 인문학은 불가능할지도 모릅니다. 인간과 그의 문화적 성취에 관한 연구가 인문학인데, 지금 '인간'이라는 문제에 관한 과학적 발견치고 현대 생물학을 능가할 학문은 없다 해도 과언이 아닙니다.

한국의 제도 안에서는 개인의 유전적 차이를 드러낼 수 있는 길이 거의 없습니다. 생존의 게임 자체가 시험처럼 획일화된 기준으로 기획되어 있기 때문에 신분 상승의 욕망은 왜곡된 형태로 드러날 수밖에 없죠. 자연은 매우 다양하고 그 자연에 적응하여 사는 방법 또한 무척 다양한데 우리는 단 한 개의 잣대로 모든 걸 가늠하려 합니다. 인간이 지금까지 존재해오는 동안 하나의 잣대에 맞추려 했다면 오래전에 멸종하고 말았을 겁니다.

동되기 시작했음을 알립니다. 스노가 이야기하는 사회란 사회학자를 비롯하여 경제학자·정치학자·심리학자 등은 물론 건축학이나 의학 분야 연구자들의 지적 활동 모두를 포괄하는 개념이죠. 일찍이 19세기 말 진화생물학자인 헉슬리가 대학에 사회학과를 만들어야 한다고 목청을 높인 것과 맥을 같이하는 일입니다. 헉슬리에 따르면 문학은 결국 다양한 형태의 탈을 쓴 사회학이라는 거죠. 이런 점에서 생태학 또는 사회생물학에 몸담고 있는 저는 용감하게 《하나의 문화 One Culture》라는 책에서 과학과 문학이 하나의 분야로 합쳐져야 하는 것은 아니더라도 적어도 하나의 문화적 담론으로 거듭나야 한다고 부르짖은 영문학자 조지 레빈에게 박수를 보내고 싶습니다.

그런데 아직도 인문학과 과학의 하나 됨을 탐탁지 않게 생각하는 인문학자들이 적지 않게 있는 걸 보면 가슴이 답답합니다. 어쩌면 윌슨 선생님의 《통섭》이 고까워서 일부러 그러는 것인지는 몰라도 우리나라에도 많이 알려져 있는 두 철학자인 제리 포더와 리처드 로티가 대표적으로 그런 경우입니다. 특히 로티는 《통섭》에 대한 서평에서 두 문화 사이의 장벽을 오히려 당연하고 합리적인 것으로 받아들이더라고요. 그는 "비버의 꼬리와 이빨이 합쳐질 필요가 없듯이 물리학과 정치학의 용어들도 서로 통합되어야 할 까닭이 없다"고까지 말합니다. 저로서는 어이가 없는 일입니다. 그가 선택한 유비 자체가 상당히 유치한 것은 말할 나위도 없고, 그는 자신의 철학이 무척 좁고 옹졸한 것이라고 자백한 셈입니다.

— 생태학적인 관점에서는 어떻습니까?

최재천 얼마 전에 개인적으로 느낀 건데요, 생태학을 하다 보면 동양인인 제가 좀 약이 오릅니다. 세계생태학대회라는 게 있는데,

그 중심인물들이 다 서양 사람들입니다. 그런데 그 사람들이 떠드는 이야기에서는 다 동양사상 냄새가 짙게 납니다. 한국 학자들은 은근히 저놈들이 우리가 다 아는 것을 가지고 잘도 떠든다고 생각하죠. (웃음) 저는 생태학은 특히 동양이 좀 주도권을 잡아야 할 필요가 있다고 생각합니다. 동아시아 3국이 생태학의 중심이 되어야 한다고 봅니다. 지난 2002년에 우리 생태학계가 세계생태학대회를 유치했었는데 그때 동양 3국이 연합해서 거대한 생태학 연구를 기획해보자는 제안이 나왔죠. 3국 안에 거의 모든 생태계가 다 들어 있거든요. 바다·기후·육지·섬·반도·대륙 등등. 세 나라가 각자 생태학적인 특성을 살려서 공동 연구를 하자는 데 의기투합이 되어 2004년에 드디어 약자로 'EAFES'라고 부르는 동아시아생태학회연합이 결성되었습니다. 자연만 연구하지 말고 인간과 문화, 환경, 국민성 등도 복합적으로 연구해보자고 제가 제안했죠. 생태학에는 인간생태학이란 분야도 있어서 이 모든 걸 다 연구하고 있습니다.

동아시아 3국 안에서만 봐도 섬(일본), 반도(한국), 대륙(중국)의 문화가 다 다릅니다. 아주 흥미로운 주제죠. 일본 학자들은 일본이 특별히 장수율이 높고 범죄율이 낮은 이유를 지니 계수로 설명합니다. 경제 성장과 함께 빈부의 격차가 줄어들어서 그렇다고들 하는 거죠. 그런데 우리나라는 빈익빈 부익부거든요. 중국은 더 심하죠. 이런 문화적 특성이 섬/반도/대륙이라는 자연환경과 연결되는 것이 아닐까 하는 가설에 대해 생각 중입니다.

풀리처상도 받았고 1년 넘게 〈뉴욕타임스〉 베스트셀러 목록에 있던 제러드 다이아몬드의 《총, 균, 쇠》라는 책이 있죠. 제가 좋아하는 책인데, 자연환경이 문화와 어떻게 밀접한 관련을 맺고 있는가에 대해 깊이 있고 폭넓은 분석을 해낸 책이죠. 생태학은 이처럼 문화까지 포괄하는 학문이에요. 제러드 다이아몬드 교수는 정말 대단한 분이에요. 원래 생리학자로 출발하여 젊은 나이에 생리학 분야에 기여한 연구 업적으로 미국과학한림원에 당당히 입적했는데, 저희 생태학 분야에서도 열 명의 거물을 꼽으라 하면 반드시 꼽아야 하는 분이기도 합니다. 시간이 날 때마다 새 공부를 해서 뉴기니의 새에 관한 한 세계 제일의 전문가이자 각종 생태학 이론에도 일가를 이룬 분이죠. 남들은 한 분야에서 살아남기도 바쁜데 이분은 상당히 다른 두 분야에서 대가의 반열에 오른 겁니다. 그러다가 얼마 전부터는 진화와 생태의 관점에서 기가 막힌 책을 쓰는 저술가가 된 거죠. 얼마 전에 대담을 하기 위해 가서 만나고 왔는데 정말 대단한 분이더군요. 어쨌든 학문의 중심이 또다시 동양으로 돌아오는 날 그 선봉에 동양의 생태학이 서 있어야 한다고 저는 생각합니다.

도정일　　아까 최 선생님이 진화론이 일본이나 인도에 비해 우리나라에선 잘 수용되지 않았다, 기독교의 영향이 아니겠느냐고 말했는데, 진화론에 대한 저항이 한국에 있었다는 이야기는 저로선 금시초문입니다. 유독 진화론만이 아니라 '과학'이라는 것 자체에 대한 우리 사회의 관심과 과학하기의 능력이 크게 부족했다는 것이 제 생각입니다. 과학도 결코 순수한 것이 아니지만, 그러나 원론적으로 말해서 과학을 하자면 무엇보다 탐구의 자유가 결정적으로 중요합니다. 실용을 떠난 진리 그 자체에 대한 관심, 이해관계의 초월 같은 것도 필수조건이죠. 이런 조건들은 개인적 선택과 결행의 문제가 아니라 사회 전반의 가치관과 권력 서열, 제도, 문화의 문제입니다. 중요한 과학적 발견을 내면 되레 목이 날아가는 사회에서라면 과학이 될 리 없죠. 중국에서는 최근세까지도 과학으로서의 천문학이 불가능했는데, 이유는 '천문'을 살피는 일이 정치권력의 관장사항이었기 때문입니다. 그런 경우 천문학은 황제의 권력에 봉사하는 점성술 이상일 수가 없죠. 과학의 결핍은 한·중·일 동양 3국의 공통적인 제도적 문제가 아니었나 싶어요.

최근에 어떤 영국 학자가 낸 책을 보니까 과학적 사유가 어째서 고대 그리스에서는 가능했고 고대 중국에서는 불가능했는지에 대한 문제를 다루었더군요. 내용 중에는 문화적 차이를 논한 대목이 있었습니다. 그리스 문화에서는 '경쟁'이 중요했고 중국 문화에서는 '화합'이 중요했다는 거죠. 일리 있는 소리입니다. '화합'의 사회적 가치는 큰 것이지만, 그것이 인간 활동의 모든 영역에서 지배적인 사회적 규범이 되면 사회는 비판과 이견이 설자리가 없는 집단사고의 똥구덩이에 빠집니다. 집단사고에서는 사상의 자유로운 흐름이나 이탈적 탐구가 불가능합니다. 동양 사람들에게 과학적 사유의 능력이 없었다고 말할 수는 없어요. 사고방식의 차이라는 것이 흔히 거론되지만, 관찰과 검증으로부터 결론을 끌어내는 귀납적 사유방식이 동양인에게 없었다고 말하면 안 됩니다. 부족했던 것은 과학하기에 필요한 비판·분석·실험·검증·논박의 절차들을 '자유롭게' 허용하는 문화입니다. 이런 절차들을 빼고 과학을 말할 수 없죠. 과학의 결핍은 문화적 결핍과 연결됩니다. 이슬람 문명은 14세기까지 과학부문에서 서유럽을 압도합니다. 그러나 지금 이슬람 과학은 사실상 '무존재'입니다. 신정神政 체제의 정치질서가 오래 계속되면서 과학에 필요한 자유로운 탐구의 절차들을 허용하지 않았기 때문입니다. 중국은 이슬람 같은 강력한 신정 체제를 발전시키지는 않았지만 과학하기가 거의 언제나 정치권력에 종속되었다는 사정은 비슷합니다.

최재천　　그런 문화는 동아시아 3국이 공통으로 갖고 있잖아요. 하지만 어느 순간부터 일본과 중국은 변신에 어느 정도 성공한 것 같은데요. 일본은 과학기술자를 징용하지 않았을 정도로 보호했고, 지금 중국의 지도자들이 거의 이공계 출신이잖아요. 우리는 박정희 정권 때 잠깐 과학기술 특별지원이 있었지만 그 흐름이 또 끊긴 셈이죠.

도정일　정치적 자유가 없거나 제한되는 상황에서도 정치권력이 지원책을 쓰기만 하면 과학은 가능하다는 게 지금의 중국과 박정희 시대의 사고방식입니다. 사실 전체주의나 독재 아래서도 과학은 가능합니다. 과학자들만 따로 모아놓고 일정 수준의 자유와 특혜를 주어 국가 발전의 수단으로 삼는 것이 전체주의/독재의 통치공학이고 '과학정책'이니까요. 그렇게 되면 과학은 권력이 양성하는 소수 특권 엘리트들의 전유물이 되고 과학이 사회문화적 변화를 유도할 수 있는 힘은 극도로 제한되죠. 그뿐만 아니라 권력과 과학기술의 연합이 독재권력을 강화합니다. 인간 정신의 자유를 확장하는 것이 과학 정신이고 이 정신이 사회 변화에 기여합니다. 우리나라 과학자들이 깊이 생각해봐야 할 화두 중 하나가 바로 그 점, 곧 정신의 자유 확장이 과학 정신이란 것을 학생들에게 가르치는 일일 겁니다. 법 기술보다는 '법의 정신'을 먼저 가르쳐야 하는 것이 법학 교육이듯이 말이죠.

지금 아랍의 이슬람권 국가들이 "서양 문화는 싫다, 그러나 과학 기술만은 받아들이자"고 나서는 것은 본말이 전도된 논법이에요. 그 방법은 일시적 효과는 내겠지만 근본적으로는 과학의 결핍 문제를 해결하지 못합니다. 서양 과학을 낳은 것은 과학을 가능하게 한 문화, 사고방식, 절차 들인데 이것들은 다 생략하고 그 결과물인 과학 기술만 도입하자는 건 안이한 생각이죠. 지금의 이슬람 지도자들이 갖고 있는 생각은 100년 전 조선 사회의 동도서기론과 아주 흡사합니다. 이슬람은 정신적으로 우월하다. 모자라는 것은 과학기술이니까 그것만 받아들이면 된다는 거죠. 과학에 관한 한 서양 문화라고 할 때의 '문화'는 문화산업도 대중문화도 아닙니다. 근본적으로 정신 활동의 자유, 곧 탐구와 비판, 검증과 논박의 자유를 허용하고 존중하는 문화가 중요합니다.

최재천 동양은 경험적 기술experiential technology을 중요하게 생각한 거죠. 그것은 다분히 귀납적으로 얻은 기술이에요. 서양은 이를테면 과학적 기술scientific technology이었고. 동양에 기술이 없었던 건 아니에요. 서양이 한동안 과학사의 헤게모니를 쥘 수 있었던 것은 경험적 기술보다는 과학적 기술에 중점을 두었기 때문이죠. 그런데 이런 이야기를 하다 보면 과학기술계 내에서도 자꾸 기술 쪽에 종사하는 분들의 헤게모니에 눌리게 됩니다. 기술이 파이를 키우면 그 파이에서 우러나오는 국물로 과학을 하면 된다는 것이 지금까지 지속되어온 정부의 논리기도 하죠. 사회적으로 과학보다는 기술이, 연구보다는 정치가 인정받는 것은 사실이죠. 저희 할아버지도 늘 저만 보면 "언제 강릉시장이 될래?" 하셨다니까요. 대학을 졸업하고 또 유학을 간다고 하니까 이해를 못하셨어요. 대학교수가 되고 싶다고 했더니, "대학교수 오래 할 것 없다, 사람은 모름지기 나라의 녹을 먹고살아야 하느니라" 하시더라고요. "강릉시장이 모자라면 강원도 도지사를 해라" 이러시더라고요. 그런데 제가 아직도 할아버지의 한을 못 풀어드리고 겨우 자연과학도의 삶을 살고 있네요. (웃음)

도정일 내게도 그와 비슷한 이야기가 있어요. 영문과에 간다니까 외삼촌 왈, "그거 해서 뭐가 되는데?" 치과대학에 다니던 외사촌 형이 옆에 있다가 "영어 잘하면 미국 대사도 할 수 있죠"라고 했어요. 그랬더니 외삼촌이 또 말했어요. "그게 다냐?" (웃음)
　'과학적 기술'이라는 말이 재미있군요. 흔히 '과학기술'이라고들 말하지만, 사실 지금은 기술이 과학을 압도합니다. 그래서 '과학기술'

이기보다는 '기술과학'이죠. 기술이 과학을 압도하면 중요한 창조적 돌파구가 나오기 어렵죠. 나는 결코 일방적 서양 예찬자가 아니지만 학생들에게 과학에 관한 한 '아르키메데스의 죽음' 이야기를 자주 합니다. 로마 군대가 시칠리아로 쳐들어왔을 때 아르키메데스는 마당에 쭈그리고 앉아 무슨 수학 도식을 풀고 있다가 로마 병정의 칼에 맞아 죽습니다. "그 그림에 손대지 말라!"가 그의 마지막 말이었다고 전해지죠. 그의 무덤에는 원통에 원구를 넣은 석조 구조물과 함께 "원통의 내면적과 원구의 면적 비율은 3 대 2다"라는 그의 수학적 발견이 묘비명으로 남아 있어요. 이런 발견은 아무 실용성도 없죠. 그러나 실용을 떠난 이 추상적 사유가 과학과 실용기술의 차이 아닌가요? 화이트헤드는 이 차이를 그리스 문화와 로마 문명의 차이라고 말합니다. "로마인들 가운데 이처럼 추상적 사유를 위해 목숨을 바친 자가 있는가?" 하고 묻습니다.

—   도정일 선생님 이야기는 지금 우리 사회가 깊이 생각해야 할 대목이네요.

도정일   당장 시장에 내다 팔 기술, 돈 벌고 입신양명하는 데 도움이 될 기술만 대단하게 여기는 것이 우리 사회죠. 복제기술의 시장 가치는 뭐고 무슨 기술적 우위를 차지하느냐, 생명기술BT이 정보기술IT에 이어 21세기 시장을 지배할 '다음 번 대박'이라는데 우리도 그 대박을 놓칠 수 없다는 거죠. 고대 이집트 사회는 실용적인 측량술을 발전시켰고, 그 '술'을 가져다 실용성이라고는 없어 보이는 추상기하학을 발전시킨 것은 그리스인들입니다. 실용성보다는 기하학적 공리 자체의 진리를 발견하는 데 더 큰 즐거움을 느낀 것이 그리스 정신의 특징이죠. 제 외삼촌 같은 분이 "정삼각형의 세 각은 같다"라는 말을 들으면 "그래서? 너 그거 가지고 뭐할 건데?"라고 당장 반문하겠죠. 이게 아직도 우리 사회의 정신 수준입니다. 과학으로서의 생물학보다는 생명공학기술에 대한 관심이 더 압도적이죠. 기술에 대한 우리 사회의 매혹은 시장가치, 돈, 신분 상승, 입신양명, 실용성의 요구에 사로잡혀 있어요. 지금 학생들의 이학계열 기피가 사회적 문제가 되고 있는데, 과학에 대한 사회의 태도는 물론이고 연구 인력을 위한 고용구조 변화 같은 기본 정책이 달라지지 않는 한 젊은 세대의 이과 기피 현상은 해결되지 않습니다. 이공계 대학 졸업자들이 모두 '벤처'로 내몰리고 내일을 보장할 수 없는 불안에 떨며 돈벌이에 나서야만 제구실을 하는 것처럼 여겨지는 사회에서는 과학이 어렵습니다.

최재천　개인을 바라보는 관점 자체에 문제가 있죠. 한국의 제도 안에서는 개인의 유전적 차이를 드러낼 수 있는 길이 거의 없습니다. 생존의 게임 자체가 시험처럼 획일화된 기준으로 기획되어 있기 때문에 신분 상승의 욕망은 그렇게 왜곡된 형태로 드러나게 되는 겁니다. 얼마 전 저는 연세대 학생들에게 감동을 받은 적이 있습니다. 연세대에 가서 토론수업을 하고 있거든요. 그런데 저 자신에게도 서울대 학생들이 최고의 학습능력을 가지고 있다는 선입관이 있었던 것 같습니다. 연세대 학생들이 서울대 학생들보다 훨씬 월등하게 토론수업을 잘 이끌어나가는 것을 보고 충격과 감동을 한꺼번에 받았죠. 다른 학교에 가도 성격은 다르지만 비슷한 경험을 할 수 있을 거예요. 이런 건 게임의 잣대가 단 하나이기 때문에 생기는 현상입니다. 자연은 매우 다양하고 그 자연에 적응하여 사는 방법 또한 무척이나 다양한데 우리는 단 한 개의 잣대로 모든 걸 가늠하려 합니다. 인간이 만일 지금까지 존재하는 동안 하나의 잣대에 맞추려 했다면 벌써 오래전에 멸종하고 말았을 겁니다.

2

생물학적 진화가 자연선택에 지배된다면, 사회적 진화는 정치적·사회적 선택, 한마디로 '문화적 선택'의 결과입니다. 인간에게 비생물학적 차원이 있다면 그 차원은 생물학의 적절한 연구 대상은 아니라고 생각합니다. 생존과 번식이라는 생물학적 프로그램은 물론 중요합니다. 그러나 그것만으로 인간의 행동, 가치, 목표를 다 설명할 수 있다고 말하면 인간 존재는 쪼그라들죠. 생물학이 특별히 '인간을 인간이게 하는' 특성이나 '인간다움'에 대해 말할 수 있는 것이 무엇입니까? 생물학적인 것과 비생물학적인 것의 구분에 대한 생물학의 견해는 어떤 겁니까? **도정일**

생물학적 유전자와
문화적 유전자

생물학에는 유전자에 의해 발현되는 형질들이 환경과 어떻게 상호작용을 하는가에 관련된 모든 학문이 포함됩니다. 그런데 환경과 관련되는 것은 빼버리고 '생물학적=유전학적'이라는 편견이 지배하고 있는 거죠. 제가 쓴 《개미제국의 발견》에는 '개미 사회의 경제', '개미 사회의 문화', '개미 사회의 정치' 등의 장들이 있습니다. 개미라는 사회적 동물에 대해 경제학·정치학·사회학·문화론 등에 대해 기술해본 겁니다. 그러면 큰일 나나요? 최재천이라는 생물학자는 비생물학적 차원이라는 건 없다고 생각합니다. **최재천**

— 　근대 이후 학문의 경계가 뚜렷해지면서 특히 우리나라처럼 문과와 이과를 강하게 구분하는 나라에서는 더더욱 두 학문의 접속을 가로막는 요인이 많은 것 같습니다. 화두를 좀 바꿔보면 어떨까요? 인문학과 자연과학이 균열을 넘어 다시 만난다면 어디서부터 어떻게 만날 수 있겠습니까?

최재천　고대 서양에서는 철학과 과학이 크게 구분되지 않았죠. 새로운 방법론이 개발되면서 두 갈래로 길이 갈린 것 같아요. 그동안 자연과학은 인간의 기원이라든가 가치라는 문제에 대해 적극적으로 언급하지 않았죠. 그런데 진화생물학이 등장하면서 이런 문제를 본격적으로 언급하기 시작했죠. 과학과 인문학이 다시 만난다면 그 연결고리에 있을 수 있는 학문이 진화론이 아닌가 싶어요. 대부분의 인문학자들이 그렇게 기대하죠. 인문학적인 상상력에 관심을 기울이는 연구자 상당수도 진화생물학자죠. 진화론에는 인문학과 자연과학이 만날 수 있는 통로가 존재하는 것 같습니다.

진화론을 가장 적극적으로 포용하고 싶어했던 인문사회학자 두 사람을 꼽으라면 대개 마르크스와 프로이트를 들잖아요. 마르크스가 《자본론》을 다윈에게 바치고 싶어했다는 이야기가 전해집니다. 프로이트도 스스로를 진화론자라고 주장했는데, 제가 보기에 그는 진화론을 전혀 이해하지 못했어요. 어쨌든 인문학에 가장 가까이 접근할 수 있는 자연과학이 진화생물학인 것 같습니다. 그런데 진화학 자체는 다윈이 처음 시작한 게 아닙니다. 아리스토텔레스도 화석을 연구했잖아요. 예전에는 존재했지만 지금은 멸종한 생물의 흔적이 화석이라는 것을 아리스토텔레스도 알고 있었죠. 아리스토텔레스도 넓은 의미에서 진화학을 공부한 셈입니다.

우리가 알고 있는 진화론은 다윈의 자연선택론을 바탕으로 한 것입니다. 다윈 이후의 인간에 대한 관점은 그 이전과 엄청난 차이가 있죠. 그래서 '다윈 혁명'이라고까지 이야기할 수 있어요. 우리나라에도 다녀간 생물철학자 마이클 루즈의 책 가운데 하나가 바로《다윈 혁명Darwinian Revolution》이에요. 이전에는 신화적인 상상력으로 이해하던 부분을 다윈이 과학적으로 검증 가능한 영역으로 옮겨온 것입니다. 그건 정말 획기적인 발견이었죠. 인간이 침팬지와 가장 가까운 공통 조상을 갖고 있다는 사실은 이제 더 이상 부인할 수 없는 단계에 이르렀습니다. 인간과 침팬지 유전자의 유사성을 발견하고, 인간과 침팬지가 공통 조상에서 갈려 나왔다는 대전제는 이제 아무도 의심할 수 없는 사실로 드러났죠. 인간의 기원과 존재에 대한 인식의 혁명적인 변화가 일어난 것입니다.

도정일　신화시대에도 이야기 작가들이 '화석'으로부터 신화의 소재를 얻었다는 연구들이 나와 있습니다. 고대 그리스 도자기들에는 신화에 나오는 '괴물'들이 많이 그려져 있어요. 헤라클레스가 괴물을 공격하는 그림이 있는데, 이 괴물은 신화적 공상의 산물이 아니라 멸종한 동물의 화석을 보고 이야기꾼들이 재구성하고 재창조한 것이라는 거죠. 그 최소한의 실증적 근거가 된 것이 화석인 셈입니다. 그러나 신화가 어떤 실증적 근거를 갖고 있다 해서 위상이 더 높아지는 건 아니에요. 그런 근거가 없다 해도 신화의 가치는 떨어지지 않죠. 신화는 과학이 아니라 상징이고 은유입니다. 과학이 없었던 시대에 신화가 자연현상을 설명하는 기능을 수행했을 것이라고 생각할 수 있습니다. 자연현상을 이야기로 푸는 신화가 '자연신화'입니다. 그러나 자연신화는 신화의 일부 기능에 불과하죠. 과학을 하는 사람들은 신화가 비합리적이고 황당하다는 이유로 우습게 여기는 경향이 있는데, 사실은 그 비논리성과 비합리성이 아주 중요합니다. 생물학이 아무리 인간의 기원을 과학적으로 해명해내도 신화가 들려주는 인간 기원의 이야기는 의미를 상실하지 않아요. 과학이 합리적으로 해명하려는 것과 신화가 상징적으로 말하려는 것은 전혀 다른 차원이니까요.

그 이야기는 좀 있다 하기로 하고, 진화생물학과 진화심리학이 인문학과 긴밀한 접점을 만들 수 있을 거라는 생각에는 나도 동감입니다. 진화심리학의 통찰을 받아들인 미학론이 나오는가 하면, 진화론에 입각한 문학이론도 나오고 있어요. 뇌신경학과 두뇌 연구는 인간의 의식 현상을 설명하는 데 상당히 기여하고 있습니다. 문제는 인문학과 생물학의 '접점'이 어딘가 하는 거죠. 진화론을 사회이론에 도입한 20세기 초반의 이론들, 대표적으로 '사회적 다위니즘' 같은 것이 실패한 이유는 접점이 잘못 설정되었기 때문입니다.

유전자 혁명, 그 후 60년

최재천 저도 과학의 발견이 신화를 죽인다고는 생각하지 않습니다. 다만 신화학을 하시는 분들에게 좀더 설득력 있는 설명을 해야 한다는 더 큰 부담이 주어진 것은 사실인 것 같습니다. 암스트롱이 달에 착륙하여 둘러본 다음에도 계수나무 아래 토끼의 신화를 액면 그대로 받아들일 수는 없잖습니까? 저는 이런 면에서 유럽의 창조론이나 비유럽 문화권의 신화적 상상력에 의존하던 인간 기원과 문화에 대한 인식이 객관적으로 검증 가능한 자연과학의 영역으로 옮겨가게 된 사건을 다시 한 번 지적하고 싶습니다. 사실 다윈은 당시 유전자의 존재에 대해서는 뚜렷한 아이디어가 없었습니다. 유전자의 관점에서 바라보면 또 하나의 혁명이 일어났다고 볼 수 있어요. 진화론의 발견과 유전자의 발견 사이에는 100년 정도의 시간차가 있죠. 진화론의 발견만큼이나 유전자의 발견은 생명을 바라보는 시선에 획기적인 변화를 가져온 사건입니다. 그런 면에서 저는 '유전자 혁명'이라는 말을 써도 좋다고 생각해요. 그렇지 않아도 20세기 과학사에서 최대의 사건으로 뽑히지 않았나요?

리처드 도킨스가 유행시킨 '이기적 유전자'는 사실 도킨스의 발명품이 아닙니다. 해밀턴William Hamilton이라는 과학자가 시작한 작업을 도킨스가 대중화한 것이죠. 결과적으로는 도킨스가 해밀턴의 업적을 가로챈 셈이 됩니다. 의도적으로 그런 것은 아니지만 말이죠. 저는 '해밀턴 혁명Hamiltonian Revolution'이라는 말을 씁니다. 해밀턴은 우리의 사고를 완전히 뒤집어놓았습니다. 그는 다윈이 생각했던 개체 수준의 관점에서 유전자 수준의 관점으로 생물학의 관점을 이동시킨 아주 중요한 인물이죠.

이제는 생명의 주체가 창조주도 별도 아니고 유전자라는 것이 과학적으로 검증되었습니다. DNA의 이중나선 구조를 밝힌 제임스 왓슨이 이렇게 말했죠. "예전에 우리는 우리의 운명이 별에 있는 줄 알았다. 그러나 이제는 안다. 우리의 운명이 유전자 안에 있다는 걸." 생명의 기원이 DNA였는지 RNA였는지 단백질이었는지 논쟁이 한창입니다. 최근에는 RNA 쪽으로 많이 기울고 있죠. 생명의 기원이 단백질이었을 가능성은 상당히 희박합니다. DNA든 RNA든 우리가 흔히 유전자라 뭉뚱그리는 그 존재들이 바로 생명의 주체라는 겁니다. 도킨스의 용어를 빌리면, 생명체는 바로 그 유전자의 복제를 위해 만들어진 '생존기계'입니다. 이제 인간도 그러한 생명 과정에서 예외일 수 없다는 생각에 도달한 것이죠.

이런 현대 생물학이 인문학자들에게 준 충격은 엄청났을 겁니다. 진화론은 창조론을 정면으로 부정하기 때문에 종교의 입장에서는 진화론이 충격일 수밖에 없었죠. 특히 철학자들이 가장 심한 충격을 받았죠. 대니얼 데닛이라는 철학자는 철저하게 현대 생물학을 받아들여서 인간을 유전자 중심적 시선에서 바라보는 새로운 철학 체계를 만들고 있어요. 하지만 상당수의 철학자들은 현대 생물학, 즉 진화론에 매우 적대적입니다. 이런 과정에서 인문학과 자연과학 사이의 거리가 너무 멀어진 거죠. 생물학자들은 인간을 유전자의 꼭두각시라고 보는 것이 아닌가, 생물학은 인간의 자유의지를 부정하는 것인가, 이런 식으로 무수한 오해를 합니다. 특히 사회생물학이나 진화심리학 전공자들은 유전자 결정론자로 몰리고 있어요. 현대 생물학의 가장 큰 줄기, 즉 진화론과 유전자의 발견으로 인문학과 자연과학의 격차가 그 어느 때보다 커져버린 느낌입니다. 인문학의 경우에는 인간의 존재에 대한 논의가 어느 정도까지 진행된 상태인가요?

　　도정일　과학 하는 사람들은 신화나 종교를 문자적으로 읽으려는 경향이 있어요. 그래서 생물학이 생명의 기원을 과학적으로 밝혀내면 그 순간 신화니 종교니 하는 것들은 쓸모없어진다고 생각하는 것 같아요. 도킨스도 종교를 '조직적 착각'이라고 말합니다. 인간의 기원에 생물학이 '정답'을 준 이상 기원신화나 창조론 같은 데서 틀린 답을 구할 필요는 없다고 생각하는 거죠. 그런데 그런 생각이야말로 대단한 착각입니다. 신화나 종교가 추구하는 것과 과학이 추구하는 것은 서로 차원이 다릅니다. 도킨스는 탁월한 생물학자일지는 모르지만 위험하고 협소한 두 가지 착각을 하고 있습니다.

　　우선 생물학이 생명의 기원, 인간의 기원을 밝혀낸다고 해서 인간을 충분히 알게 되는 건 결코 아닙니다. 생명의 기원은 이런 것이고 인간종은 이러저러하게 진화했다고 생물학이 들려주는 설명은 물론 인간에 대한 지식을 확장하는 중요한 과학적 업적이죠. 그러나 인간 진화의 과정을 안다고 해서 그 지식이 곧바로 "그렇다면 인간은 어떻게 살아야 하는가?"라는 질문에도 대답하는 건 아니죠. 그건 생물학이 대답할 질문이 아닙니다. 그런데 대체로 진화생물학자들은 진화의 과정에 대한 지식이 모든 것을 설명하고 모든 질문에 답한다고 착각하고 있어요.

또 자연은 자연일 뿐이지 거기에 무슨 초자연이 작동하고 있는 것은 아니다. 그러니까 초자연적 존재를 상정하는 종교, 초자연적 세력을 등장시키는 신화 같은 것은 이제 아무짝에도 쓸모없는 미신이고 착각이라고 생각하는 것이 두 번째 착각입니다. 이런 방식의 신화 비판은 그리스의 이오니아 자연학파가 이미 2,600년 전에 내놓았던 겁니다. 탈레스를 시조로 하는 이오니아 학파는 서양적 과학 정신의 모태입니다. 그 과학적 사유의 전통이 자연세계에 대한 미신을 깬 것은 사실입니다. 또 근대 과학이 교회의 횡포에 항거하고 정치권력과 교회의 결탁, 미신 사회의 폐단 같은 것을 척결하는 데 크게 기여한 것도 사실입니다. 그러나 21세기 생물학자가 신화나 종교에 대해 발언할 때 꼭 2,600년 전 비판을 똑같이 되풀이해야 하는 건 아니죠. 신화를 읽고 종교를 갖는 사람들 중에는 자연 너머에 초자연이 있다고 믿는 사람도 있겠지만 다른 이유들도 있습니다. 생물학이 대답하지 못하는 질문들, 그러나 인간이 포기할 수 없는 질문들이 있죠. "나는 하느님을 믿는다"라고 말할 때, 그 '하느님'을 너무 문자적으로 받아들이면 안 됩니다. 그때의 '하느님'은 인간이 아직도 해답을 얻지 못한 많은 질문의 집합일 수 있으니까요.

—　　　신화도 그런가요?

도정일 신화도 그렇습니다. 신화는 답이 아니라 질문일 때가 많습니다. "피뢰침이 나온 시대에 제우스의 벼락이 무슨 소용인가?"라고 마르크스는 말했죠. 그러나 현대인은 제우스가 벼락을 때려 악당을 벌했다는 이야기를 사실적 진술로 읽는 것도 아니고 과학적 해답으로 읽는 것도 아닙니다. 제우스 이야기를 질문으로 바꿔보면 이런 질문이 나옵니다. "세계에 정의가 없다면 인간아, 너희는 그런 세계에 살 수 있겠느냐?" 기원신화도 그렇습니다. '신이 인간을 창조했다'는 이야기는 생물학자들에게는 농담에 불과할지 모릅니다. 그러나 거기에도 강력한 질문들이 감추어져 있습니다. "신 없이도 너희는 생명의 존엄을 알고 서로 사랑하고 존중할 수 있겠느냐?" "신 없이도 너는 네 이웃들에 대한 책임을 질 수 있겠느냐?" "내가 너희에게 창조의 힘을 주었다면 너희는 그 힘으로 무엇을 하겠느냐?" "내 앞에 서지 않고도 인간아, 너는 네가 누구인지 말할 수 있겠느냐?" 이런 것이 신화의 질문입니다.

과학적 설명에도 불구하고 신화나 종교가 없어지지 않는 데는 그럴 만한 이유가 있죠. 3,000~4,000년 전 신화가 지금도 힘을 가지는 것은 신화의 질문들이 인간이 노상 대면해야 하는 기본적 질문이기 때문에 아무도 쉽게 답할 수 없기 때문이죠. 그 질문들로부터 신과 인간의 관계가 만들어져요. 이때 신은 하늘나라 어딘가에서 놀고먹는 영감탱이가 아니라 인간에게 공존의 정의, 자비와 결속 같은 윤리적 책임을 지우고 그 책임을 환기시키는 존재입니다. 신화는 상징과 은유의 언어이기 때문에 과학의 사실적 언어로 읽으면 안 됩니다. 신화의 상징적 의미는 인간의 삶에 매우 중요하고, 신화의 근본적 질문들은 여전히 해답 없이 열려 있죠. 생물학이 인간의 기원을 제아무리 과학적으로 해명한다 해도 신화가 제기하는 질문은 없어지지 않습니다. 그러니까 생물학이 신화·종교·철학·문학 등에 큰 충격을 준 부분이 있는 반면, 충격을 주지 못한 부분도 있습니다. 창조론을 과학적 진실로 생각했던 사람들에게 진화론은 물론 큰 충격이었죠. 그러나 그건 지나간 19세기 사건입니다. 나는 기독교도가 아니지만 진화론 때문에 〈창세기〉가 휴지조각이 된다고는 생각하지 않습니다. 오히려 어떤 생물학적 설명보다도 인간성에 대한 깊은 통찰과 지혜가 거기 담겨 있습니다.

— 최 선생님께서는 유전자와 유전물질의 발견 이후 인문학과 생물학 사이의 거리가 더 벌어졌다고 했는데요.

도정일 결정론과 환원론을 배척하는 것은 인문학의 기본 입장인데, 인문학자들이 볼 때 현대 생물학은 되레 환원론을 강화하는 쪽으로 발전해왔어요. 내 생각에는 그게 중요한 이유의 하나가 아닌가 싶습니다. 인문학은 확실한 결론보다는 문제를 열어두고 싶어합니다. 과학은 답을 추구하고 인문학은 질문을 추구합니다. 확실성의 추구는 서구 근대 과학의 특징이죠. 유전자 결정론도 확실성에 대한 그런 열정의 연장선에 있어요. 현대 생물학이 인간 존재와 그의 행동에 대한 모든 답을 가진 것처럼 발언하는 순간 인문학은 생물학에 의심의 눈초리를 보내게 됩니다. 이 점에서 현대 생물학은 현대 물리학이나 수학과 많이 다른 것 같습니다.

20세기 물리학은 불확실성을, 수학은 불완전성 이론을 들고 나옵니다. 그래서 확실성과 완전성의 추구를 목표로 삼았던 근대 과학 전통과 정면충돌합니다. 과학이 과학의 적이 된 거죠. "객관적 실재 세계를 구성하는 최소 부분들이 객관적으로 존재한다는 생각은 불가능하다"는 것이 하이젠베르크의 불확실성 이론입니다. 1931년 괴델의 불완전성 공리가 나올 때까지 수학자들은 '수학의 완전성'을 믿고 있었죠. 수학은 완전하고 그 개념 세계에서 모든 진리는 입증될 수 있다, 모든 진리는 수학에 의해 입증된다는 믿음이죠. 이 믿음을 깬 것이 괴델입니다. 수학적으로 진리 진술임에도 불구하고 수학으로 입증할 수 없는 진리도 있다, 그러므로 수학은 불완전하다는 것이 이른바 불완전성 공리입니다. 근대 과학에 대한 현대 과학의 이런 반란이 현대 과학과 인문학 사이의 통찰의 접점을 만듭니다. 수학 또는 과학이 입증할 수 없는 진리도 있다. 이건 인문학적으로는 아주 매혹적인 주장입니다.

그런데 현대 생물학, 특히 진화생물학은 진화론으로 모든 걸 설명할 수 있다고 말합니다. 환원론적 입장을 강화하는 거죠. 한 학문이 모든 걸 다 설명한다고 나서면 대화는 물 건너갑니다.

— 그러니까 선생님은 인간이 생물학으로는 다 설명할 수 없는 별개의 차원들을 갖고 있다는 말씀이군요?

도정일 그렇습니다. 현대 생물학이든 19세기 생물학이든 간에, 생물학은 인간의 생물학적 차원에 대한 연구라고 말할 수 있습니다. 인간에게 비생물학적 차원이 있다면 그 차원은 생물학의 적절한 연구 대상은 아니라고 생각합니다. 진화론이 인간을 설명할 때 동원하는 두 개의 핵심 개념은 '생존'과 '번식'입니다. 생존과 번식이라는 생물학적 프로그램은 물론 중요하죠. 그러나 그것만으로 인간의 행동, 가치, 목표를 다 설명할 수 있다고 말하면 인간 존재는 쪼그라듭니다. 그것 말고 생물학이 특별히 '인간을 인간이게 하는' 특성이나 '인간다움'에 대해 말할 수 있는 것이 무엇입니까? 최 교수님, 생물학적인 것과 비생물학적인 것의 구분에 대한 생물학의 견해는 어떤 겁니까? 생물학자들도 인간에게 비생물학적 차원이 있다고 말합니까?

인간의 탄생을 어떻게 설명할까

최재천　당연히 있죠. 그런데 선생님! '비생물학적'이라는 용어는 적절하지 않아요. 저는 그것조차도 생물학적이라고 생각합니다. 유전학적이냐 생물학적이냐 하는 것은 상당한 차이가 있어요. 세상에서는 자꾸 '생물학적'이라고 하는데, 우리가 편하게 말하는 '생물학적'이라는 게 유전자 결정론을 가리키는 데는 문제가 있습니다. 생물학에서 가르치는 과목만 해도 생리학·생화학·분자생물학·신경생물학·생태학·환경생물학·진화학·우주생물학 등이 있거든요. 유전학이 생물학의 전부는 절대 아닙니다. 생물학에는 유전자에 의해 발현되는 형질들이 환경과 어떻게 상호작용을 하는가에 관련된 모든 학문이 포함됩니다. 그런데 환경과 관련되는 것은 싹 빼버리고 '생물학적=유전학적'이라는 편견이 지배하고 있는 거죠. 그래서 '비생물학적'이라는 개념은 적절하지 않습니다. 저는 그게 오히려 지극히 생물학적인 부분이라고 생각합니다.

도정일　인간도 동물이고 생물인 이상 생물학적 차원을 떠날 수는 없습니다. 생물학적 차원은 인간이 다른 모든 생명체와 공유하는 세계이죠. 생쥐와 인간이, 지상의 모든 생명체가 동일한 유전물질을 갖고 있고 모두가 하나의 생명세계biosphere에 속한다는 사실을 알려준 것은 생물학의 큰 공로입니다. 인간의 심리, 행동방식, 취향과 습관도 생물학적 근거를 갖고 있죠. 그러나 인문학의 관심 대상은 그 공유의 차원 위에 만들어지는 독특한 세계입니다. 생물학적 차원과 구분될 비생물학적 차원은 없다고 말씀하셨는데 정말 그럴까요? 생물학 쪽에서는 비생물학적 차원이란 게 알고 보면 다 생물학적인 것이고, 따라서 생물학적으로 설명 가능한 것이라고 말하고 싶어하니

우리의 머리카락 색을 결정하는 유전자도 아직 못 찾았습니다. 과연 몇 개의 유전자가 관여하고 있는지도 아직 찾지 못했죠. 그처럼 간단한 형질을 결정하는 유전자의 존재도 모르는 상황에서 '평화 유전자', '폭력 유전자'를 운운하는 것은 너무 앞서가는 이야기입니다.

다. 이 문제는 우리가 그냥 누이 좋고 매부 좋고 식으로 흐지부지 넘어가도 될 부분이 아닌 것 같아요.

"인간을 인간이게 하는 것은 무엇인가?"라는 질문은 인문학의 핵심적 관심사입니다. 인간은 이래서 '인간'이고 저래서 '인간'이라고 말할 수 있는 층위와 지점 들을 찾아내는 작업이 아니라면 인문학은 보따리를 싸야죠. 나는 '인간'에 대한 인문학의 핵심적 질문으로 세 가지를 꼽습니다. "나는 무엇인가?" "다른 사람에 대해서 나는 누구인가?" "나는 왜 여기에 있는가?" 그러니까 최 교수님께서 인간에게 "비생물학적 차원은 없다"고 말하면 그 발언은 생물학을 대변하기 위해 인문학의 코털을 건드리는, 아니 건드리는 정도가 아니라 아예 잡아뽑는 중대 발언이 됩니다. 계속 코털을 잡아뽑을 겁니까?

최재천   (웃음) 그런 뜻은 물론 아니지만, 저도 할 말은 해야겠는데요. 도정일 선생님, 이 이야기는 제겐 좀 지겨운 면이 있습니다. 이런 방식의 논쟁은 이미 제 지도교수인 윌슨 선생님이 1970년대 중반에 겪었던 일이거든요. 저는 이런 질문들이 계속 반복되는 것이 생물학에 대한 일반적인 오해에서 비롯되는 것이라고 생각합니다. 생물학은 곧 유전학이라는 일반인 또는 인문학자들의 오해를 간단하게만 지적하겠습니다. 저는 유전학자라기보다는 생태학자입니다. 생태학은 말하자면 선생님께서 말씀하시는 바로 그 '비생물학적인' 차원을 다루는 학문이죠. 생물학의 범위에는 유전자의 발현 과정을 환경과의 관계 속에서 다루는 모든 작업이 다 포함됩니다. 일반적으로 생물학 바깥에 계신 분들이 생물학에 대해 갖고 있는 인식이 지나치게 유전학적이라는 거죠. '현대 생물학=유전자과학'이라는 오해를 꼭 지적하고 싶어요. 생물학자의 입장에서 보면 비생물학적 차원이라는 것은 결코 상상할 수 없는 거거든요.

예를 하나 들겠습니다. 1990년대 초 미국에서는 거의 1년 내내 저녁 뉴스 시간을 달군 사건이 있었습니다. 어느 남자가 젊었을 때 돈도 없고 장래도 불투명하던 시절에 아이를 낳았는데 기를 자신이 없으니까 입양시켰어요. 그런데 몇 년이 지나 조금 살 만해지니까 아이를 찾아나선 겁니다. 이 사건은 법정까지 갔고 법원은 끝내 '생물학적 아버지'의 손을 들어줬습니다. 그런데 여기서 법원이 사용한 '생물학적 아버지'는 엄밀하게 볼 때 '유전학적 아버지'라고 했어야 옳은 겁니다. 그 아버지는 그저 유전자만 줬을 뿐 기르는 과정에 전혀 관여하지 않았는데 생물학적 아버지라고 부르는 것은 문제가 있죠. 비록 유전자를 주지는 못했어도 기르는 동안 그 아이의 성격 형성에 지대한 영향을 미쳤을 아버지는 그럼 '비생물학적 아버지'인가요? 아니죠. 오랜 유전-환경 논쟁이 여기서 그대로 되풀이되는 겁니다. 한 인간은 유전과 환경의 관계 속에서 탄생하고 성장하죠. 우리의 삶 전체가 사실 생물학의 범주 안에 들어올 수 있다는 게 그렇게 이상한 논리입니까? 우리 삶의 어느 부분이라도 죽어 있는, 즉 비생물학적인 부분이 있는 겁니까? 다시 말하면 유전자를 준 아버지는 '유전학적 아버지'이고, 기른 아버지는 '생태학적 아버지'쯤 되는 거죠.

지금 당장 생물학에서 설명할 수 없는 문제라고 하더라도 설명의 노력조차 시작하지 못할 공간은 없다는 겁니다. 윌슨 교수가 《사회생물학》을 썼을 때, 법학은 인간의 법률적 행위를 연구하는 인간생물학이고, 경제학은 인간의 경제적 행위를 연구하는 인간생물학이라고 선언했었죠. 이에 대해 온갖 인문사회과학자들이 들고일어났습니다. 인문학이나 사회과학이 생물학에 포섭되어버리는 거 아니냐고 엄청난 공격을 퍼부었죠. 밥그릇 싸움으로까지 확대된 겁니다. 윌슨 선생님에 따르면 결국 모든 학문은 '인간생물학'의 일부일 수밖에 없다는 겁니다. 거꾸로도 마찬가지입니다. 제가 쓴 《개미제국의 발견》

에는 '개미 사회의 경제', '개미 사회의 문화', '개미 사회의 정치' 등의 장들이 있습니다. 개미라는 참으로 대단한 사회적 동물에 대해 경제학·정치학·사회학·문화론 등에 대해 기술해본 겁니다. 그러면 큰일 나나요? 오히려 많은 분이 퍽 좋아하십니다. 궁극적으로는 모든 동물 종에 대해 우리는 우리 인간을 위해 마련한 모든 학문을 해야하는 거죠. 그런데 저는 그런 싸움을 구태여 다시 반복할 필요는 없다고 생각합니다. 모든 생물학자가 동의하진 않겠지만 최재천이라는 생물학자는 비생물학적 차원이라는 건 없다고 생각합니다.

도정일　인문학은 인간 존재의 생물학적 근거를 부정하지 않습니다. 그러나 인간의 모든 행동과 행위 동기, 가치와 목표 들이 생물학적으로 다 설명된다고 말할 수는 없어요. 윌슨처럼 생물학이란 이름을 여기저기 갖다붙이는 건 좋게 말해서 통합학문적 열정이고, 나쁘게 말하면 생물학의 제국주의입니다. 인간에게는 비생물학적이라고 할 행동과 동기의 층위, 선택과 판단의 차원이 있습니다. 생물학자들에게 한참 얻어맞는 일이 있더라도 당분간 나는 우리 대담에서 이 입장을 밀고 나갈 참입니다.

비생물학적 차원이란 말은 '자연이냐 문화냐'의 해묵은 이분법을 염두에 둔 것이 아니고, 인간을 동물 이상의 존재로 끌어올리려는 주장도 아닙니다. 과거의 인문학은 인간중심주의적 주장을 많이 한 것이 사실이에요. 다윈 자신도 진화의 최상부에 인간을 두는 그림을 갖고 있었죠. 20세기에 들어오기까지 인간을 모든 존재의 꼭지점 혹은 진화 사다리의 최상부에 두는 일은 인문학만이 아니라 과학까지도 지배한 문명세계의 이데올로기였으니까요. 그러나 현대 인문학은 그런 생각을 버린 지 오랩니다. 20세기 후반의 인문학은 인간을 올려세우기는커녕 후려치고 깎아내려 보잘것없는 존재로 만드는 데 더

열중해왔어요. 현대 인문학은 근대가 신을 내쫓은 자리에 인간을 앉혔다고 생각합니다. 그래서 그 인간을 해체하고 폐위시키는 것이 현대 인문학의 일이 된 겁니다. 현대 인문학에서 인간은 알거지가 되었어요. 인간의 품위를 어떻게 되찾아주는가가 지금 인문학의 과제 가운데 하나예요. 내가 생각하는 '새로운 인문학'도 그런 방향의 것입니다.

— 선생님, 비생물학적 차원이라면 구체적으로 어떤 것들입니까?

도정일 인간은 동물이 아니라고 말하면 다른 동물들이 웃을 겁니다. 인간은 동물이고, 따라서 다른 동물들과 '동물성'을 공유한다는 점에서는 최 교수님 말씀처럼 생물학적 테두리 안에 있습니다. 동물성은 인간의 수치가 아니죠. 인간의 독특한 능력이나 사회조직의 복잡성과 행동양식의 다양성 등을 강조하다 보면 인간이 마치 동물성을 벗어난 존재인 것처럼 생각하고 '비동물성non-animality'이라는 말에 지나친 무게를 두게 되죠. 인문학이 주의해야 할 부분입니다.

유전자는 우리더러 '번식하라'고 명령합니다. 그러나 인간은 무턱대고 번식할 수 없어요. 인구가 많아져 자원을 댈 수 없으면 번식 억제 정책을 써야 합니다. 유전자 명령과는 반대로 가는 거죠. 출산 억제는 번식의 기회를 고르게 나눠 갖기 위한 사회적 평등 정책이기도 합니다. 이것도 상당한 수준에서 반자연이거나 비자연이죠. 약자 도태는 자연계의 법칙입니다. 그러나 그 법칙의 적용 범위를 최대한 좁혀야 하는 것이 인간사회입니다. 굶는 사람에게 먹을 것을 주고 약자를 보살피는 등 각종의 사회적 안전망을 구축해야 합니다. 독재가 사람을 내리누르면 그 독재도 제거해야죠. 모든 사회가 환경에 다 잘 적응하는 건 아니니까 적응력을 높이기 위해 노력해야 할 때도 있고,

적응의 방향이 틀렸다 싶으면 궤도 수정도 해야 하고, 삶의 환경 조건 자체를 바꾸기도 해야 합니다. 이런 건 모두 '맹목적' 적응이 아니라 '선택적' 적응이죠. 사회적·정치적·윤리적 개입과 조절, 인위적 변화 유도 등의 방법으로 선택의 가능성을 넓히기 위한 인간의 모든 실천, 그게 쉽게 말해 비생물학적 차원입니다.

그런데 역사상 '동물성'이라는 개념은 인간과 여타 동물을 구분하기 위해서보다는 한 인간집단이 다른 인간집단을 차별하는 데 더 많이 사용되었어요. 히틀러의 눈에 유대인은 인간 이하의 존재였죠. 유대인은 '인간의 수치'라는 것이 나치의 생각이었어요. 제국주의 시대의 모든 식민 지배자는 점령지 백성을 '동물'로 규정했습니다. 제국주의 일본의 눈에 중국인과 한국인은 '더럽고 비천한 존재'이고 멸시의 대상이었죠. 제국주의만이 아닙니다. 모든 신분사회는 천민을 만들어냅니다. 서열의 밑바닥에 있는 천민은 동물적 존재이기 때문에 사회적으로 '무존재'입니다. 어떤 개인이나 집단을 사회적 무존재로 취급해서 왕따 놓는 일은 현대 사회에서도 얼마든지 있습니다. 동성애자를 비롯한 소수자와 약자, 가난뱅이 이주 노동자 등 이른바 '사회적 무능력자'들은 아직도 많은 나라에서 비정상적인, 그러니까 동물적인 존재로 취급받고 있습니다.

— 좀 천천히요.

도정일 이렇게 생각해보면 어떨까요? 어떤 인간집단은 동물적이고 어떤 집단은 고상하게도 비동물적이라고 나누는 것 자체가 가장 '동물적'인 구분이다, 그런 구분을 폐기하는 것이 바로 인간의 비생물학적 차원이라고 말이죠. 인간사회에는 생물학적 진화의 개념만으로는 설명되지 않는 것들이 많습니다. 적자생존이니 자연선택이니 하는 진화론의 원칙들과는 어긋나는 방향으로도 발전해온 것이 인간 사회입니다.

'평등'이니 '인간 존엄'이니 하는 것도 그렇습니다. 지금 모든 민주주의 사회에서 평등은 사회적 원칙이고 이상입니다. 그러나 평등은 자연계의 질서가 아니에요. 사람들이 "모든 인간은 존엄하고 평등하다"라고 생각하게 된 것은 그리 오래된 일이 아닙니다. 그런 생각이 법률로 구현되고 정치제도로 옮겨져 정착되기 시작한 게 불과 300년 전입니다. 인간의 존엄·자유·평등·정의 같은 것들은 오늘날 우리가 '보편인권'이라 부르는 것의 핵심 내용인데, 유엔이 '보편인권선언'을 만들어 선포한 것은 겨우 1948년의 일입니다. 인간의 사회라면 적어도 이래야 하고 저래야 한다고 규정하는 일련의 가치와 규범, 기준에 인간이 눈을 뜬 것은 자연스런 생물학적 진화의 결과이기보다는, 구태여 진화라는 말을 쓰자면 사회적 진화의 결과죠. 생물학적 진화가 자연선택에 지배된다면, 사회적 진화는 정치적·사회적 선택, 한마디로 '문화적 선택'의 결과라고 생각합니다. 내가 말하고자 하는 비생물학적 차원이란 바로 그 문화적 선택의 영역입니다.

오해를 피해야겠는데, 문화적 선택은 자연선택과 별개로 작동하는 것이 아니라 자연선택 혹은 생물학적 토대 위에 있으면서 생물학적 차원으로 환원되지 않는 영역이죠. 말하자면 인간이 자연스럽지 않은 질서와 규범을 만들어 자연상태에 개입하고 자신의 행동과 존재방식을 바꾸어 사회적 진화를 이루는 것이 비생물학적 차원입니다. 리처드 도킨스는 우리 시대의 대표적인 진화론자 가운데 하나죠. 그 사람이 쓴 《이기적 유전자》니 《눈먼 시계공》이니 하는 책들은 다윈주의를 '이 시대의 이즘'으로 대중화하는 데 공로가 커요. 그런데 그 도킨스조차도 어떤 신문 회견에서 이런 말을 했어요. "과학적으로 나는 다윈주의자다. 그러나 정치적으로 나는 반反다윈주의자다." 과학적으로는 다윈주의자, 정치적으로는 반다윈주의자라는 고백은 인간의 세계가 생물학적 진화론만으론 설명되지 않는 별개의 차원을 갖고 있다는 걸 스스로 인정하는 것 아닙니까? 인간사회의 '정치적 차원'은 바로 그런 별개의 차원 혹은 여러 가지 별개의 차원들 가운데 하나죠.

최재천 도킨스의 그 표현만 가지고 도 선생님처럼 결론을 내리긴 힘들지 않을까요? 제가 아는 도킨스라면 인간의 정치가 다윈주의적으로 벌어지는 것에는 반대한다는 정도의 의미로 말했을 것 같습니다. 누가 승자로 남을 것인지에 아무런 윤리나 계획이 개입될 수 없다는 것이 다윈주의니까요. 《이기적 유전자》를 보면 도킨스는 유전자의 횡포에 맞설 수 있는 것이 인간이라는 이야기를 하죠. 즉 인간의 자유의지로 유전자의 횡포를 막아낼 수도 있다는 거죠. 인간은 자신의 발생 과정에 대해 다른 동물에 비해서는 많이 알고 있는 편입니다. 인간은 진화의 메커니즘을 상당 부분 이해하고 있기 때문에 유전자의 진화 과정을 조절할 수 있을 것이라는 게 도킨스의 맥락이겠죠. 그렇지만 제 생각에는 도킨스 역시 생물학자로서 '비생물학'이라는 차원을 따로 상정하는 것은 아닐 거라고 믿습니다.

인간에게만 특별히 비생물학적인 차원을 허락하는 것은 아직도 기독교의 이원론적 전통과 기본적으로 플라톤의 그늘 아래 있는 서양의 본질주의 철학의 테두리를 벗어나지 못하는 사고라고 생각합니다. 합리성의 철학을 정립한 데카르트조차도 이원론의 종교 또는 사회적 압박을 떨쳐내지 못하지 않았습니까? 그래서 당시 우리 인간의 뇌에서 처음으로 발견된 송과체pineal body를 가지고 '영혼의 자리seat of soul'라는, 전혀 과학적이거나 합리적이지 못한 논리를 앞세워 인간은 본질적으로 다른 동물들과 다르다고 주장해야 했던 것 아닙니까?

우리는 보통 다윈이 자연선택론을 주창하여 생물의 진화를 설명한 생물학자쯤으로만 인식하고 있는데, 저는 다윈의 더 큰 공로는 그가 사상가로서 이룬 업적이라고 생각합니다. 2,000년이나 서양의 사상을 지배하고 있던 이원론의 허구를 일깨우고 다시금 일원론의 지혜를 선사한 혁명적인 사상가였죠. 그래서 우리가 그 사건을 두고 다윈 혁명이라고 부르는 겁니다. 지구의 생명은 지극히 낭비적이고 기계적이며 미래지향적이지도 못하고 다분히 비인간적이며 비도덕적인, 더 정확히 말하면 무도덕적인 과정인 자연선택에 의해 만들어진 것입니다. 진화는 결코 우리 인간을 탄생시키기 위해 존재해준 과정이 아닙니다. 그리고 자연선택은 지극히 단순하고 기계적인 과정이지만 우리 인간을 포함한 이 엄청난 생명의 다양성을 탄생시킨, '자연이 선택한' 가장 강력한 메커니즘이라는 겁니다.

도정일 "누가 승자로 남을 것인지에 아무런 윤리나 계획이 개입될 수 없다는 것이 다윈주의"라고 잘 요약하셨는데 바로 거기에 문제의 핵심이 있습니다. 진화에는 목적이 없다고 다윈주의는 말하죠. 목적이 있다고 말하면 진화론은 망합니다. 진화의 무목적성·우연성·맹목성, 이 세 가지는 진화론의 기본 토대이자 양보할 수 없는 주장입니다. 목적을 말하면 큰일 나죠. 목적은 설계와 계획을 요구하고, 설계와 계획을 말하려면 우연성과 맹목성을 부정해야 하니까요. 생물계의 진화가 무목적적이고 맹목적이고 우연의 결과라는 주장을 우리는 받아들일 수 있습니다. 그러나 그 주장을 인간사회에 그대로 들이댈 수는 없죠.

인간의 사회적 진화를 우리는 '역사'라고 부르는데, 역사는 인간이 끊임없이 목적과 이상을 세우고 계획을 짜고 계획한 것을 실현하려고 버둥거려온 정치적·윤리적 개입의 역사입니다. 평등이라는 사회적 이상을 세우고 그것의 실천 프로젝트를 계획해온 것이 '근대사'입니다. 법 앞의 평등, 생존권의 평등, 존엄성의 평등, 남녀평등, 기회의 평등 하는 식으로 근대 이후 온갖 평등의 원칙들이 등장합니다. 평등은 정치적 이상이자 윤리적 명령입니다.

진화론자들은 종교를 우습게 아는 경향이 있지만, '이웃을 사랑하라', '자비로워라', '베풀어라' 같은 가르침은 종교적 도그마가 아니라 윤리적 실천명령입니다. 기독교의《구약》, 그러니까 히브리 경전 '모세 5경'에는 "너희 중의 이방인을 마치 너희 자신처럼 대하라"라는 말이 수십 번 나옵니다. 이런 윤리적 명령과 가르침이 문명의 비생물학적 토대를 만듭니다. 말하자면 인간의 역사는 부단한 윤리적 개입과 목적과 계획의 역사죠. 이 부분을 망각하면 안 됩니다. 인간이 부단히 실패하고 엎어지고 자빠지더라도 윤리적·도덕적·정치적 개입이 없다면 인간 사회는 망하니까요. 진화론이 망할 수는 있어도 사회가 망하면 안 되죠. 도킨스가 자기는 "과학적으로는 다윈주의자, 정치적으로는 반다윈주의자"라고 말한 것도 그런 의미일 거라고 나는 생각합니다.

최재천 물론 사회가 망하면 안 되지만, 그것도 내 사회가 망하면 더더욱 안 되지만, 사회는 망할 수도 있고 실제로 많은 사회가 망했습니다. 하지만 진화론은 아마 망하지 않을 겁니다. 사회적으로 매장되어 망할 수는 있을지 몰라도 하나의 과학이론으로는 절대로 망하지 않을 것이라고 저는 생각합니다. 이론 가운데 최고는 두 가지 특성, 즉 단순성simplicity 또는 우아함gracefulness, 그리고 강건함robustness 또는 응용력applicability을 지녀야 한다고 하잖습니까. 진화론은 지극히 간단한 이론이지만 엄청난 응용력을 지닌 이론입니다. 몇 가지 조건만 충족되면 반드시 일어날 수밖에 없는 일이죠. 우리는 한때 다윈의 이론을 자연선택'설'이라고 부른 적이 있습니다. 가설 hypothesis이란 말이죠. 그러나 거의 한 세기 반 동안의 검증을 이겨낸 이제는 엄연한 이론theory의 경지에 이른 겁니다. 저는 한 걸음 더 나아가 이제는 이론의 단계도 넘어 원리principle의 수준에 이르렀다고 생각합니다. 몇 년 전부터 저는 '인간 본성의 과학적 이해'라는 과목을 만들어 가르치고 있습니다. 인간의 정치성은 말할 나위도 없고 도덕성이나 종교 등의 인간 본성도 모두 진화의 산물이기 때문에 비생물학적인 속성이 아니라는 전제 아래 여러 전공의 학생들과 토론을 하고 있습니다.

도정일　인간사회가 망해도 자연계에서는 진화가 계속될 테니까 '진화' 그 자체는 망하지도 중단되지도 않겠죠. 그러나 인간이 망하면 '진화론'도 쓸 데가 없어집니다. 인간은 망하고 없는데 진화론 갖고 있다가 뭘 할 건데요? 개구리들한테 가르쳐줄 건가요? 진화론이 단순 가설이 아니라는 건 창조론자나 지적 설계론자 들을 빼곤 다들 인정하는 일입니다. 그러나 진화론의 진리가 최종적으로 입증되었다고 말할 순 없지 않겠어요? 그렇게 말하면 그건 '과학의 도'가 아닐 것 같아요. 수없이 자료를 모으고 검증에 검증을 거치고 테스트한 결과 현재로선 아무도 부정할 수 없을 만큼 검증의 결과가 확인되었다고 말해야 하지 않을까요? 과학적 '원리'라는 것도 이런 의미에서만 원리일 겁니다. 과학에 최종 입증이란 건 없죠. 물론 최 교수님이 그런 뜻으로 한 말은 아니겠지만.

가슴 설레는 프로젝트

— 아! 불꽃이 튑니다. 너무 긴장하신 것 같네요. (웃음) 여기서 잠깐 일상적인 질문들을 해보죠. 도 선생님, 우리의 일상에서 비생물학적 차원이라고 부를 만한 쉬운 예로는 무엇이 있을까요?

도정일 일상은 아주 자연스러워 이상할 게 없어 보입니다. 그러나 자세히 들여다보면 일상 속에는 이상한 것들이 많아요. 남자 하나, 여자 하나를 묶어두는 일부일처제도 이상하지 않나요? 남자 하나에 다수의 여자, 여자 하나에 다수의 남자, 이것이 아마 초기 원시 인류 사회의 훨씬 자연스런 사정이었을 겁니다. 동물계에서처럼 힘센 수컷이 다수의 암컷을 거느렸을 수도 있고요. 요즘 용어로 말하면 단혼제가 아니라 중혼제polygamy가 원시 가족 형태였을 거예요. 그런데 언제부터인가 남자 하나에 여자 하나가 마치 자연질서인 것처럼 굳어진 거죠. 그러나 이건 자연질서이기보다는 사회적 질서입니다. 우리 내부에는 아직도 원시 상태를 그리워하는 생물학적 본능이 남아 "이거 뭐 이래? 누가 이러라고 했어?"라며 투덜거리고 있습니다. 본능적 욕구를 제어하는 것이 문명이고, 그 부자연스런 제어가 '문명에 대한 불만'을 야기한다고 프로이트는 말합니다. 또 뭐가 이상하냐? 인간사회의 '협동'이라는 것도 따져보면 참 이상한 구석이 있습니다.

— 협동이요? 선생님, 벌과 개미의 세계는 협동사회 아닌가요? 악어와 악어새도 협동하지 않나요? 협동이 어째서 인간사회의 이상한 특징인가요?

도정일　벌과 개미는 최 교수님 전공이라 내가 끼어들 자리가 없지만, 인류학적 관찰 내용을 전달할 수는 있습니다. 벌과 개미의 경우 협동은 집단 내부 혹은 가족 내부의 협동입니다. 그 협동은 같은 종種 안에서, 그리고 엄격히 가족 내부에 한정되어 있죠. 같은 종이라 해도 가족 외부 집단과는 협동이 이루어지지 않습니다. 어디서 다른 집단 소속의 벌이 날아와 얼쩡거리면 벌들은 그야말로 벌 떼같이 달려들어 침입자를 죽입니다. 그러니까 벌이나 개미의 세계에서 협동은 '종내種內 협동'이지만 엄격하게는 '족내族內 협동'입니다. 그런데 인간사회의 경우는 다릅니다. 같은 종끼리 협동한다는 점에서는 인간의 협동도 벌의 경우와 마찬가지로 종내 협동입니다. 그러나 인간의 협동은 집단 내부의 협동으로 제한되지 않죠. 그 협동은 가족 내부에서, 그리고 동시에 외부 집단과의 사이에서도 이루어집니다. 이게 다른 점입니다. 말하자면 '족외族外 협동'을 할 줄 안다는 것이 결정적 차이죠.

최재천　선생님께서 저더러 전문가라고 인정해주셨으니까 전문가로서 한 가지 정정하겠습니다. 벌·개미·흰개미·말벌 등을 묶어 우리는 흔히 '진사회성eusocial' 곤충이라고 합니다. 사회성이라는 특성의 진화의 측면으로만 보면 이들이 우리 인간보다 더 고도로 조직화된 사회를 구성하고 사는 것이죠. 그런데 이들 중 벌·개미·흰개미는 대체로 선생님께서 말씀하신 대로입니다. 하지만 말벌의 경우에는 유전적으로 전혀 관련이 없는 암컷들이 모여서 군락을 만듭니다. 철저하게 '족외 협동'을 하는 거죠. 그리고 사실 다른 동물들에서도 비슷한 예는 심심찮게 관찰됩니다.

'족내 협동'은 해밀턴의 포괄적응도 이론으로 충분히 설명이 가능합니다. 선생님께서 지적하신 대로 '족외 협동'의 진화가 문제이죠.

유전자를 공유하지도 않은 개체들 간의 협동이 과연 어떻게 진화했을까를 설명하는 일은 그리 쉽지 않습니다. 그래서 나온 이론이 로버트 트리버즈의 '호혜성 이타주의reciprocal altruism' 이론이죠. 친족이 아니더라도 서로 도움을 주고받는 행동이 진화할 수 있다는 이론입니다. 영장류에서는 어렵지 않게 관찰되는 이 같은 현상은 트리버즈의 이론에 의해 잘 설명됩니다. 작은 동물로는 서로 피를 나눠먹는 흡혈박쥐의 풍습이 결정적인 예로 알려져 있습니다. 이 연구가 최근 통계분석에 문제가 있다는 지적을 받고 있긴 합니다만.

'족내 협동'이든 '족외 협동'이든 호혜성 이타주의와 게임 이론을 결합시키면 좀더 쉽게 설명됩니다. 미시간 대학의 정치학자 로버트 액설로드와 해밀턴이 이른바 죄수의 딜레마 게임을 바탕으로 밝혀낸 '팃포탯tit-for-tat' 전략이 의외로 훌륭한 설명을 제공했죠. 그 후 많은 학자가 게임 이론을 더욱 발전시켜 기본적으로 타인들과 사회를 구성하고 사는 인간사회에서 어떻게 협동이 일어날 수 있는가에 대해 활발한 연구를 하고 있습니다.

특히 최근 페어, 긴티스, 보울즈 등 일군의 경제학자에 의해 이뤄지고 있는 '강한 호혜성strong reciprocity' 이론은 매우 흥미로운 결과를 보여주고 있습니다. 그들의 연구에 따르면 우리 인간은 협동체계를 무너뜨려 사회의 질서를 해치는 존재들을 처단하기 위해 약간의 손해도 무릅쓴다는 겁니다. 아주 최근에는 침팬지 연구로 제인 구달 박사와 쌍벽을 이루는 프란스 드 발의 연구진이 똑같은 일을 하고도 남보다 못한 보상을 받던 원숭이가 자기에게 주어진 보상을 거부하는 행동을 관찰하기도 했어요. 부당한 대우에 분노할 줄 안다는 거죠. 사회 정의의 개념입니다. 이 분야의 연구는 요즘 상당히 흥미진진합니다.

도정일　　악어와 악어새의 경우는 서로 다른 종끼리, 그러니까 이종 간의 비경쟁적 공생관계입니다. 이종異種 간 공생은 서로 먹이사슬이 다르고 서로가 서로에게 성적 선택의 대상이 아니기 때문에 가능하죠. 악어는 먹이를 놓고 악어새와 다투지 않아요. 악어와 악어새는 서로 연애하는 사이도 아니죠. 악어새 암컷이 매일 수컷 악어의 입 속에 들락거린다고 해서 수컷 악어새가 악어를 두고 죽일 놈 살릴 놈 질투하고 싸움을 걸지 않습니다. 그러나 다른 악어새들과의 사이에서는 먹이와 성적 선택 문제로 싸움이 벌어지죠. 그러니까 인간의 협동은 종내, 종외, 족내, 족외의 네 차원에서 모두 가능한 반면, 동물계의 협동은 그 가운데 두 차원 혹은 세 차원으로 한정됩니다. 지금 인류가 '생물 다양성'이니 '자연 보존'이니 하고 나서는 것은 아주 대표적인 이종 간 공생 체계인데, 이것도 나는 생물학적 본능보다는 문화적 인식과 선택의 결과라고 생각합니다.

―　　　　인류학적 발견에서도 찾을 수 있습니까?

도정일　　문화인류학자들은 인간의 다양한 협동 행태가 길어야 1만 년 전쯤 농경시대가 시작되면서 자리 잡게 되었다고 생각합니다. 자연적인 것이 아니라 사회적·문화적으로 길러진 행동 형태라는 거죠. 진화의 긴 시간에 비춰 1만 년이란 찰나에 불과합니다. 사실은 농경사회에서도 서로 다른 부족들 사이에 싸움이 끊이질 않았어요. 서로 다른 가족, 서로 다른 부족 사이의 협동의 역사는 그만큼 짧다는 거죠. 난폭하고 약탈 성향이 가장 강한 인간이 새로운 생산양식에 적응하는 과정에서 자신의 행동방식을 수정하게 되었다는 겁니다.

파푸아뉴기니에는 아직도 부족 간 싸움이 남아 있습니다. 우리나라에서도 이 동네 저 동네 사람들이 1년에 한 번은 서로 돌멩이를 던져 몇 사람 머리통이 깨질 때까지 싸우는 '석전石戰' 풍습이 불과 얼마 전까지도 있었습니다. 지금도 지방에 가보면 외방인을 배척하고 왕따 놓는 부족적 유습이 아주 강하게 남아 있습니다. 농경사회에서 족외 협동이 시작되었을 것이라고 하지만, 농업사회는 여전히 동물적 '영토본능'에 묶인 사회라 족외 협동도 아주 한정적이었을 겁니다. 교역과 상업은 인간을 영토본능으로부터, 그리고 족내 협동의 좁은 울타리로부터 상당 수준 벗어날 수 있게 했다는 점에서 협동 행태의 가장 강력한 문화적 촉진세력이 아니었나 싶습니다.

낯선 여행자와 외방인을 '손님'으로 극진히 대접하는 이른바 '환대의 문화hospitality'가 등장한 역사도 아주 짧습니다. 그리스 신화나 서사시에는 외방 여행자를 잘 접대해야 한다는 이야기가 많이 나옵니다. 아랍권의 경우에도 환대의 문화는 아주 유명합니다. 그런데 그 친절과 환대의 문화는 인간의 어떤 행동을 치켜세우려는 문화적 선택입니다. 초기 원시사회에도 지금 같은 '손님'의 개념이 있었다고는 여겨지지 않습니다. 환대의 문화를 서로 가르치고 강조하고 발전시킨 유일한 동물, 가장 좋은 음식을 가족 이외의 타인들과도 나눠먹는 유일한 동물이 인간입니다. 물론 생태학에서는 자연과 문화를 모두 '생태환경'으로 잡으니까 생산양식의 변화에 따른 문화적 행태 변화도 크게는 생태학적 차원에 있다고 말할 수 있겠죠. 그러나 생태학적 차원이 반드시 생물학적 차원인지는 나로선 모를 일이네요.

—   '환대의 문화'라고 말씀하신 부분에 대해서는 생물학에서도 설명이 있습니다. 그렇게 하는 것이 자기 생존에도 유리했기 때문이라는 식으로 말입니다.

도정일   물론 있죠. 생물학은 그런 행동도 진화의 결과라고 설명

유전자 결정론에 걸려 있는 가장 심각한 문제는 선택과 행동의 책임을 인간 그 자신에게서 면제시켜 유전자 탓으로 돌리는 데 있습니다. 유전자가 모든 책임을 지면 한 가지 좋은 점이 있긴 합니다. 아무도 감방에 갈 필요가 없게 되죠. 유전자란 놈들만 잡아다 처넣으면 되니까요.

합니다. 이른바 호혜주의의 원칙이 그겁니다. "자네가 내 등을 긁어주면 나도 자네 등을 긁어주마"라는 것 말입니다. 호혜적 행동이 생존에 유리했기 때문이고, 따라서 이타적 행위의 밑바닥에는 유전자의 이기적 계산이 있다고 생물학자들은 말합니다. 생태계ecosystem에는 문화환경이 포함되니까 인간 특유의 협동도 사실은 생물학적 진화의 결과라고 말할 수도 있겠죠. 그러나 나는 사회문화적 진화는 생물학적 진화와는 다르다고 생각합니다. 자연선택에 의한 진화의 과정은 오랜 시간에 걸쳐 진행됩니다. 반면 사회문화적 진화는 아주 짧은 기간에도 발생합니다. 평등의 이데올로기와 그것의 정치적 제도화 과정을 보세요. 기독교나 불교에서 평등사상이 등장한 것은 2,500년 안쪽의 사건입니다. 그러나 평등사상이 종교를 넘어 세속의 법으로, 사회제도로, 문화로 발전하고 인간이 그 문화에 적응한 역사는 아주 짧고, 지역에 따라 편차도 심합니다. 생물학적 진화가 종의 보편적 과정이라면 사회적 진화는 인간종 안에서도 결코 보편적이지 않습니다.

최재천   선생님께서 말씀하시는 사회문화적 진화는 바로 도킨스가 주장하는 '밈meme', 즉 모방자의 개념과 아주 흡사하네요. '진gene', 즉 유전자의 진화는 세대를 거쳐 종적으로 전해지는 방법밖에 없지만, 모방자는 같은 세대 안에서 횡적으로도 전해질 수 있다는 점이 다릅니다. 모방자의 진화는 아직 상당 부분 논쟁의 대상이지만 인문사회학자들에게는 대단히 흥미로운 아이디어로 받아들여지는 것 같습니다.

그리고 "생물학적 진화가 종의 보편적인 과정"이라고 하셨는데 결코 그렇지 않습니다. 진화는 개체군 수준에서 상당히 국지적으로 일어나는 현상입니다. 대한민국에서 일어나고 있는 진화와 핀란드에서 일어나고 있는 진화가 종 보편적으로 동시에 일어날 확률은 거의 없습니다. 서로 다른 지역에서 서로 다른 방향으로 진화가 일어나다 보니 오랜 세월이 지난 후에는 그 두 개체군 사이에 상당한 유전적 차이가 축적되어 다른 종으로 변할 수 있다는 게 이른바 '이소성 종분화allopatric speciation'이며 가장 흔한 종분화 메커니즘입니다.

—   도정일 선생님의 표현을 빌려 '시시한 질문' 하나 하겠습니다. 진화론 하면 떠오르는 명제는 '인간의 조상은 원숭이'라는 거잖습니까. 그런데 인간과 침팬지가 한 조상을 갖고 있다는 사실의 중요한 의미는 무엇입니까? 그 공통 조상이라는 것이 인간의 행동을 설명하고 있는 것인가요?

도정일   최 선생님이 전문가시니까 당연히 먼저 답변하시고 싶겠지만, 여기서는 내가 먼저 궁금한 걸 물어봐야겠습니다. 인간과 침팬지가 공통의 조상으로부터 갈라져 나온 것은 약 500만 년에서 600만 년 전이라고 알려져 있습니다. 갈라서기 전의 그 공통 조상의 조상은 누구인가? 진화의 나무를 보면 그 공통 조상의 조상은 훨씬 이전에 고릴라와 갈라서고, 또 그 조상과 고릴라의 공통 조상은 그보다 훨씬 이전에 무엇과 갈라서는 식입니다.

—   '진화의 창세기'군요. 그렇게 무한소급해가면 원초 지점에 생명의 진화론적 기원이 있겠군요.

도정일   내가 궁금한 것은 이런 진화의 역사가 지금 인간의 행동방식에 대해 무엇을 설명해주는지에 대해서입니다. 지구상의 모든 생명체가 동일한 DNA 구조를 갖고 있고, 동일한 유전물질을 갖고 있다는 것 말고 무엇을 설명합니까? 인간의 특정 성향이나 행동방식이 어떤 조상으로부터 온 유전적 결과인지 결국 알 수가 없습니다. 그런데도 진화생물학은 진화의 과정을 아는 것으로 인간을 설명할 수 있는 것처럼 말하죠.

보노보 원숭이와 침팬지가 갈라선 것은 인간과 침팬지의 분화 시점보다 훨씬 후인 약 150만 년 전의 사건이라고 들었는데, 맞습니까? 침팬지의 경우, 집단 내부에 갈등이 생기면 흔히 폭력이 해결수단이 됩니다. 그런데 보노보 원숭이들이 갈등을 푸는 방식은 다릅니다. 폭력이 아닌 섹스로 문제를 해결한다죠? 집단적인 섹스 파티가 벌어지기도 한다고 들었습니다. 참 좋은 해결법이죠. (웃음) 침팬지가 폭력의 메커니즘에 매여 있는 동안 보노보는 문제를 평화적으로 해결하는 방향으로 적응하고 진화했다는 설명이 한쪽에 있을 수 있고, 결정론의 경우는 보노보에게는 침팬지에게 없는 일종의 '평화 유전자'가 있어서 이 유전자가 비폭력적 행동을 보상하는 쪽으로 작동했다고 설명할 수 있습니다.

그런데 궁금한 것은 무엇이 이런 적응의 차이를 내는가, 유전자의 결정력은 어느 정도인가라는 겁니다. 인간과 침팬지가 공통 조상에서 나왔다지만 그 조상님네가 지금 살아 있는 어떤 종으로 대표되는 것이 아닌 한, 인간·침팬지·보노보의 행태 중에 '조상 탓'으로 돌릴 만한 어떤 공통성을 말할 수 있습니까? 폭력성은 인간과 침팬지가 공유하니까 아마도 그건 공통 조상으로부터 물려받은 거라고 생각할 수도 있겠는데, 그 경우에는 보노보의 비폭력 성향이 설명되지 않습니다. 공통 조상에서 나왔다면 어째서 그 녀석은 다른가 말입니다. 또 인간에게는 폭력 성향만 있는 것이 아니라 평화적 성향도 있으니까 이건 인간과 보노보가 역시 공통 조상에게서 물려받은 거라고 말할 수 있겠죠. 그러나 이런 식으로 말하는 건 설명이 아닙니다. 보노보에게는 인간이나 침팬지에게는 없는, 혹은 있어도 그 발현이 미약

한 평화 유전자 같은 것이 있어서 '갈등은 섹스로 푼다'는 보노보의 독특한 행동방식을 낳는다고 말할 수 있습니까? 만약 우리가 보노보의 그 '비폭력 유전자'를 찾아내어 인간의 머리에 집어넣는다면 인간 세계에서 폭력은 사라지겠군요. 모두 섹스에 골몰하느라 허리가 좀 휘는 수는 있어도 말입니다. (웃음)

최재천 재미있는 말씀이시긴 한데, 생물학자인 저로서는 참 꼬투리 잡을 것이 많네요. (웃음) 평화 유전자, 비폭력 유전자라는 말씀을 하시는데, 어떤 속성을 대표할 수 있는 유전자는 존재하지 않습니다. 하나의 유전자가 수많은 형질을 형성할 뿐 아니라, 하나의 형질에 관여하는 유전자의 수도 엄청납니다. 즉 한 가지 일만 하는 유전자란 없다는 겁니다. 예를 들어 우리의 머리카락 색을 결정하는 유전자도 아직 못 찾았습니다. 과연 몇 개의 유전자가 관여하고 있는지도 아직 찾지 못했죠. 그처럼 간단한 형질을 결정하는 유전자의 존재도 모르는 상황에서 '평화 유전자', '폭력 유전자'를 운운하는 것은 너무 앞서가는 이야기입니다.

다윈 이전에도 진화론은 있었습니다. 이미 얘기했듯이 아리스토텔레스는 생물 진화의 모든 길이 하나의 길로 통하는 걸로 봤습니다. 마치 모든 생물이 인간이 되기 위해서 존재했던 것처럼 가정해왔던 것이죠. 다윈의 진정한 공헌은 그러한 일종의 인간 중심성을 깨뜨려버린 데 있습니다.

다윈의 설명에 따르면 진화는 느티나무와 같죠. 가지가 한 번 분화된 이후에는 다시 분화 이전으로 돌아올 수 없다는 겁니다. 침팬지와 인간은 500만~600만 년 전에 분화되었죠. 그런데 우리가 500만 년을 더 기다린다고 해서 침팬지가 인간으로 진화할 리는 없다는 거예요. 다윈의 진화론은 침팬지는 결코 인간이 될 수 없다는 논리를 포함하고 있다는 겁니다. 인간과 침팬지의 분화가 이미 끝났기 때문에 그 이전으로는 되돌릴 수 없어요. 그사이에 보노보가 있죠. 보노보, 침팬지, 인간이 한 가지에서 나오긴 했지만 관점에 따라 인간은 보노보에 가까울 수도 있고 침팬지에 가까울 수도 있습니다.

하지만 거슬러 올라가면 우리가 한 계통이라는 사실은 우리의 유전자 안에는 그 모든 역사의 기록이 다 들어 있음을 의미합니다. 갈라진 후의 변화 때문에 우리가 서로 달라진 것 못지않게, 갈라지기 전에 함께 갖고 있었던 것 때문에 우리가 많은 면에서 비슷할 수 있다는 거죠. 우리의 DNA 안에는 우리가 침팬지의 한 종이었던 시절의 기록은 물론, 우리가 예전에 물속에서 물고기로 살던 시절의 기록도 담겨 있습니다.

도정일　가장 최근의 연구는 어떻습니까?

최재천　가장 최근의 연구는 그래도 인간은 침팬지와 더 가까운 것으로 나옵니다. 그렇지만 인간이 침팬지에 가까운가 보노보에 가까운가 하는 논쟁은 별로 의미가 없어요. 우리가 보기에는 고릴라와 침팬지가 더 닮아 보이지만, 고릴라가 보기에는 침팬지와 인간이 훨씬 가깝거든요. 고릴라한테 "넌 침팬지와 닮았어"라고 인간이 떠들면, 고릴라 입장에서는 어이가 없다는 거죠. "내 참, 지들이 침팬지랑 똑같구만"이라고 할지도 모른다는 겁니다. (웃음) 실제로 침팬지는 고릴라보다 우리 인간과 더 많은 유전자를 공유합니다. 우리 인간은 제러드 다이아몬드의 표현대로 '제3의 침팬지'죠. 요새는 평화를 중요시하는 사회 분위기 때문에 보노보가 인간과 더 가깝기를 바라는 게 아닌가 싶습니다. 한때 침팬지의 폭력성을 처음 발견했을 때는 침팬지와 인간이 더 가까운 걸로 인식했었죠. 어쨌든 이 논쟁은 큰 의미가 없습니다.

도정일 "어떤 속성을 대표할 수 있는 유전자는 없다"고 말씀하셨
는데, 지금 유전공학은 개체 수준에서 인간의 행동이나 성향, 질병
을 설명해줄 유전자를 찾아내는 일에 골몰하고 있습니다. 개인들의
어떤 성향, 심지어 기질적 특성까지도 유전자로 설명하려고 들죠.
특정한 질병의 유전자를 찾아낼 수 있다는 기대와 전망이 아니라면
유전자 치료의학이나 생명공학이 지금처럼 각광을 받을 이유가 없
죠. 아침형 인간, 저녁형 인간 어쩌고 하는 분류가 최근 대중 독서계
의 관심을 끌었습니다. 아침형 인간이 더 성공하니까 성공하려면 아
침형으로 바꾸라는 거죠. 이 분류를 따르면 나는 저녁형도 아닌 '오
밤중형'이라서 성공하기는 다 틀렸습니다. 내가 아는 소설가들 중에
상당수가 오밤중형입니다. 자정이 지나서야 정신이 드는 사람들이
죠. 그런데 최근 한 외국 방송 기사를 보니까 이게 다 유전자 탓이라
는 겁니다. 영국 사람들은 아침형을 종달새형, 저녁형을 부엉이형이
라 부르는데, 종달새냐 부엉이냐는 생활습관의 문제가 아니라 유전
자 결정이라는 거죠. 저녁 7시만 되면 잠이 쏟아져 견디지 못하는 어
떤 미국인 가족이 있어서 유전자 검사를 해본즉 그 가족의 유전자가
그렇다는 겁니다.
　다 아는 이야기지만, 유전자 결정론에 걸려 있는 가장 심각한 문
제는 선택과 행동의 책임을 인간 그 자신에게서 면제해 유전자 탓으
로 돌리는 데 있습니다. 유전자가 모든 책임을 지면 한 가지 좋은 점
이 있긴 합니다. 아무도 감방에 갈 필요가 없게 되죠. 유전자란 놈들
만 잡아다 처넣으면 되니까요.

최재천 한 가지 분명히 짚고 넘어갈 문제가 있습니다. 선생님께

서 말씀하신 그런 '거대 형질'의 유전자를 찾았다는 보도들은 사실과 다릅니다. 그들이 찾았다는 유전자를 이식하기만 하면 졸지에 종달 새형 인간이 부엉이형 인간이 되는 것인 줄 아는데 아직 거기까지는 가지 못했어요. 지금까지 유전학자들이 찾아낸 것은 유전자의 차이 뿐입니다. 종달새형 인간과 부엉이형 인간의 취침 행동에 관련된다 고 의심되는 유전자 부위를 비교해보았더니 차이점이 나타나더라 하 는 것뿐이죠. 물론 차이가 드러난 부분을 치환하면 부엉이형이 종달 새형으로 바뀔 가능성이 없는 것은 아닙니다. 실제로 그런 시술을 했 을 때 다른 모든 성향은 그대로 변하지 않을 것인지는 아무도 모르 죠. 거듭 말씀드리지만 유전자는 독불장군이 아니라 다른 여러 유전 자와 복잡하게 얽혀 있기 때문에 그 부속을 하나 갈아 끼웠을 때 나 머지 부속들과 어떤 마찰을 일으킬지 아직 아무도 모릅니다.

인문학 DNA와 자연과학 DNA가 따로 있나

— 　　진화론과 사회진화론의 관계를 말하기에 아주 좋은 순간이 온 것 같습니다. 사실 인문학자들은 진화론 자체보다는 사회진화론에 더 관심을 갖 잖습니까. 생물학의 진화론과 인문학의 사회진화론의 관계에 대해서는 어떻 게 생각하십니까?

최재천 　첫 단추가 잘못 끼워진 거죠. 다윈은 우리처럼 프로젝트 에 떠밀리면서 산 것도 아니고 물려받은 유산도 넉넉해서 직업을 가 질 필요도 없이 자유롭게 혼자 연구를 했습니다. 그는 당대 빅토리아 사회에 자신의 이론이 가져올 파장에 대해 수없이 고민하고 두려워 했다고 합니다. 그래서 오랜 세월 동안 스스로 남들이 할 만한 질문을 하고 답하는 과정을 거친 덕택에 한 개인이 했다고는 믿어지지 않을 정도로 완벽한 이론을 남기고 간 것이죠. 하지만 다윈 혼자 한 작업이기 때문에 어쩔 수 없는 모순이 발견되곤 합니다. 다윈의 책을 읽다 보면 다윈 스스로 자신이 구성한 이론에 어긋나는 발언을 하기도 해요. 그런 사소한 오류들이 다윈의 손을 떠나자 일파만파로 커져 버린 거죠. 다윈은 사람들 앞에서 적극적으로 자기 이론을 방어하는 사람은 아니었거든요. 수줍음이 많고 남들 앞에 나서는 걸 무척 싫어했죠. 그래서 다윈 대신 나서서 진화론을 떠들고 다닌 사람들이 엄청난 실수를 범한 겁니다.

사회진화론은 그런 '다윈의 어설픈 전도사'들의 실수가 낳은 결과였죠. 물론 다윈도 명확하게 결론을 못 내리고 실수를 하기도 했죠. 완전히 해명되지 않았지만 설명을 하고 싶은 유혹은 누구에게나 있습니다. 다윈도 이렇게 저렇게 설명하고 싶어 죽겠는데 확실한 데이터가 부족해서 참은 것이 많았을 겁니다. 그런데 다윈의 책을 읽고 흥분한 사람들이 고삐 풀린 망아지처럼 마구 떠들어대는 바람에 첫 단추가 잘못 끼워졌어요. 무지가 종종 용맹을 낳지 않습니까. 사회진화론은 분명히 진화론에 대한 심각한 오독에서 비롯된 것입니다.

도정일 내가 아까 '사회적 진화'라고 부른 것은 사회적 다위니즘을 의미한 것이 아닙니다. 사회진화론에는 두 갈래가 있어요. 하나는 사회적 다위니즘Social Darwinism인데, 생물학적 진화론의 주요 개념들을 아주 조잡하게 사회에 적용하려 했던 이론입니다. 이를테면 진화론의 '적자생존' 개념을 그대로 사회에 적용하면 사회는 강자만이 살아남는 정글로 파악되죠. 살아남기 위한 치열한 경쟁, 약육강식, 약자도태 같은 밀림의 법칙이 사회법칙이 되는 겁니다. 인문학은 이런 종류의 사회진화론을 진지한 사회이론으로 대접한 적이 없어요. 요즘의 신자유주의에 대한 인문학적 비판도 신자유주의가 인간사회를 '밀림' 상태로 후퇴시키고 있다는 우려 때문입니다. 영국 수상 시절의 마거릿 대처 여사가 남긴 유명한 말 가운데 "사회란 없다"라는 것이 있어요. 진화론적 세계관이 정치에 들어오면 그런 소리가 나올 수 있습니다. 생물학적 진화론의 어떤 개념, 어떤 주장들이 보수정치와 결합하면 아주 위험하고 추악한 사회이론이 나옵니다. 그러나 지금은 사회과학에서도 사회적 다위니즘은 이미 죽은 이론입니다.

사회진화론의 다른 한 갈래는 인간사회의 발전 경로를 일종의 '진화' 과정으로 보려는 입장이죠. 생물학적 진화의 개념과 역사적 진보의 개념을 결합시키는 관점입니다. 그 두 아이디어의 결합이 가능하냐는 문제를 놓고 말이 많아요. 그런데 생물학자들과 진화론자들 내부에서는 어떤 갈등이 있었는지 궁금하네요. 어떤 '박치기'가 있었나요? 그 과정을 좀 '강의 모드'로 이야기해주시면 어떨까요. 자, 그러면 지금부터 교육 모드로 바꿔서 최 교수님 강의를 듣도록 합시다.

최재천　대담이 아니라 강의라고요?

도정일　강의는 무료입니다. (웃음)

최재천　그럼 먼저 재미난 이야기를 하나 하면서 강의를 시작하죠. 인간이 하는 행동 가운데 동물하고 다른 것, 가장 신기한 것 하나가 뭔지 아세요? 바로 강의예요. 이 세상에 자기들 중 한 동물만 앞에 세워 한 시간씩 떠들게 하고 나머지 동물들은 꼼짝도 하지 못하고 앉아서 듣는 동물은 우리 인간 말고는 어디에도 없습니다. 이건 엄청나게 신기한 행동입니다. 아주 부자연스러운 또는 비정상적인 행동양식이죠. 하지만 저는 바로 이 강의를 하고 강의를 듣는 행동 덕택에 우리 인간이 만물의 영장이 될 수 있었다고 생각합니다. 그 짧은 시간에 강의를 하는 사람은 그가 몇 년, 아니 몇십 년 동안 연구해온 지식을 몇 마디로 축약하여 한꺼번에 여러 사람에게 전달할 수 있지 않습니까? 그곳에 오지 못하는 사람을 위해 우리는 방송매체를 이용하여 더 널리 알릴 수도 있구요. 아니면 책으로 남겨 시공간적으로 떨어져 있는 더 많은 사람에게 전달하기도 하죠.

학습능력을 갖춘 동물이라 할지라도 대개 당대에 배워 써먹고 다음 세대는 나름대로 또 홀로 터득해야 합니다. 그러나 인간은 전 세대가 터득한 것을 문자로 다음 세대에 남깁니다. 말하자면 다른 동물들은 세대마다 출발선으로 다시 돌아가서 뛰기 시작하지만 우리는 아예 출발선을 들고 옮기며 사는 동물인 셈입니다. 비교가 안 되는 거죠. 다른 동물들도 배우고 그 배운 것을 소수의 측근들에게 전달합니다. 그런데 문제는 이 강의를 듣는 동물들은 조금만 시간이 지나면 좀이 쑤셔서 휴대전화로 문자 보내거나 창밖을 쳐다보면서 딴청을 부리기 쉽거든요. (웃음)

— 강의와 동물행동학이네요.

최재천 심리학자들의 연구에 따르면 우리 인간이 집중할 수 있는 최장시간이 약 15분이랍니다. 그래서 저는 5분마다 학생들을 웃겨주거나 자극을 줄 수 있는 행동을 해야 한다는 철칙을 세웠어요. 제가 여기서 그 철칙을 지킬 수 있을지 모르겠지만, 한번 재미있게 해보겠습니다.

선생님께서 제기하신 문제는 '진화'와 '진보'의 개념이 어떤 상관성을 갖고 있는가의 문제이기도 하죠. 다윈의 진화론에서는 소진화와 대진화를 나눠서 이야기하는데요, 소진화는 유전자 수준에서 벌어지는 변화고, 대진화는 그 결과로 나타나는 커다란 현상들을 말합니다. 소진화를 이야기할 땐 사실 별 문제가 없어요. 소진화에는 사회진화론의 '진보' 개념이 들어가려야 들어갈 수가 없어요. 유전자가 뇌를 가진, 생각하는 존재도 아니고, "유전자들아, 우리 좀더 잘해보자" 이럴 리도 없다는 거죠. 유전자들 간의 갈등과 경쟁 사이에서 돌연변이도 생기고 모두가 우연투성이인데 거기서 무슨 '진보적인' 방향을 잡겠어요. 생물학자의 시선에서 보면 진화와 진보 개념은 본질적으로 관계가 없습니다.

그러나 이런 소진화의 단계를 거쳐서 대진화로 넘어가면 문제가 결코 단순하지 않습니다. 이건 생물학의 어려움이면서 동시에 상당한 매력입니다. 물리학이나 화학은 기본적으로 환원주의적인 학문이잖아요. 쪼개고 쪼개서 부분을 보고 그 부분들로 전체를 끼워 맞추는 학문이죠. 그런데 생물학은 그렇지 않잖아요. 생물학은 분자에서 단백질로, 단백질에서 조직으로, 조직에서 생명체로 하나의 단계를 밟아 올라갈 때마다 '창발성emergent properties'이 나타납니다. 그걸 단순히 환원주의적인 것으로 설명하기에는 너무 많은 요소가 개입되죠. 그 복잡한 단계에서는 사회진화론이 이야기하는 '진보'의 개념이 들어올 수 있느냐 없느냐 하는 것은 결코 간단한 문제가 아닙니다.

도정일 최 교수님은 어느 쪽입니까?

최재천 저는 생물학적 입장에서 '안티 진보'에 가까운 쪽이죠. 제 지도교수인 윌슨 선생님은 유전자의 진보에 동조하는 쪽에 가깝습니다. 우리 두 사람은 이 문제에 관한 한 아주 첨예하게 대립하죠. 윌슨 선생님의 설명은 너무 엉성하고 구멍이 많아요. 이상하게도 윌슨 밑에서 공부한 사람은 다 유전자의 진보에 대해 회의적이에요. 윌슨 선생님의 엉성한 이론을 듣고 나니까 다 '안티 윌슨'이 되어버린 거예요. (웃음)

최근에 발생생물학과 진화생물학이 합쳐진 이보디보Evo-Devo: Evolutionary Developmental Biology라는 학문이 생물학계에 새 바람을 일으키고 있습니다. 그러나 이보디보를 제대로 하려면 모든 학문이 다 덤벼들어야 해요. 하나의 수정란이 어떻게 생명체가 되는지를 이해하기 위해서는 전통적인 발생학만으로는 부족하죠. 그 과정에서 이른바 마스터 유전자라는 것들을 찾아냈습니다. 이 마스터 유전자에 아주 작은 변화만 가해져도 궁극적으로는 엄청나게 큰 변화가 일어나요. 팔이 갑자기 날개가 되어버리는 거죠. 안테나가 나와야 하는 자리에 다리가 나와버려요. 초파리의 마스터 유전자를 뽑아 개구리 몸속에 집어넣어도 개구리가 정상적으로 만들어집니다. 마스터 유전자는 모든 것을 조절하죠. 유전자의 기본 구조는 어느 생물이든 비슷해요. 지구상의 생물들이 하나의 유전자 구조에서 나왔다는 증거죠.

진화의 전체 흐름을 보면 단순한 생물들이 우리처럼 복잡하고 다양하게 진화해왔으니 당연히 어떤 형태의 진보 개념을 상상할 수도 있겠죠. 이 문제를 한마디로 해결하기는 상당히 어려워요. 윌슨 교수와 철천지원수가 돼버린 개체군유전학의 대가 르원틴이라는 교수가 있습니다. 제가 하버드에 있을 당시 두 양반은 같은 건물 바로 위아래 층에 앉아 밤낮 서로 으르렁거렸어요. 둘이 만나면 말도 안 했죠. 윌슨 교수의 엉성한 이론을 듣다가 르원틴 교수와 세미나를 한 후 크게 감화를 받은 학생이 상당수 있었죠. 저도 그중 한 사람입니다. (웃음) 르원틴은 제가 만나본 사람들 중에서 제일 머리 좋은 사람이거든요. 르원틴 교수는 《3중나선》이란 저서에서 유전자만 가지고 생명현상을 이야기하는 것은 상당히 위험하다고 이야기해요. 유전자·생명체·환경 세 가지의 상호작용을 봐야 한다는 거죠. 환경이 생명체에 영향을 주고 그 생명체가 어떤 처지에 있느냐에 따라 유전자의 발현이 변한다는 겁니다.

르윈틴 교수는 벌써 20여 년 전에 '발생학적 잡음developmental noise' 또는 '반응양태reaction norm'라는 연구를 했어요. 이 연구가 얼마나 웃기는가 하면, 과학자가 앉아서 초파리 겨드랑이 털을 세고 있는 겁니다. (웃음) 초파리의 형질을 조사하다가 똑같은 유전자를 가진 초파리들이 겨드랑이의 털 개수가 모두 다르다는 걸 발견한 거죠. 한 부모 밑에서 나온 알들을 봐도 겨드랑이 털의 수가 모두 다르더라는 거예요. 초파리 연구실에는 유전적으로 굉장히 고른 초파리들이 있습니다. 과학자들이 이미 그 유전자 구성에 대해 다 알고 있는 거죠. 거의 쌍둥이들이라고 할 수 있어요. 그런데 유전적으로 동일하고 사육 환경도 가능한 한 동일하게 맞춰줘도 겨드랑이의 털 개수가 모두 다르더라는 거예요. 유전자가 완벽하게 똑같아도 발생 과정에서 아주 작은 차이가 생기면 전혀 다른 결과가 나오는 거죠. 발생 과정에는 언제나 이 같은 잡음이 있게 마련입니다. 그리고 그것이 진화의 우연성을 담보하죠. 유전자의 형태가 같아도 표현형은 천차만별이라는 거죠. 5분이 훨씬 지난 것 같은데 잠시 강의를 멈춰야 할 것 같습니다.

도정일 복잡성의 영역에 들어오면 '진보'라는 것이 있는지 없는지 결코 말할 수 없다. 좋은 이야깁니다. 생명체의 진화 못지않게 복잡한 것이 인간의 역사인데, 그 역사라는 것에 진보가 있느냐 없느냐라는 문제는 여전히 논쟁거리로 남아 있습니다. '진보'라는 말이 나오면 사람들은 곧장 마르크시즘을 연상하죠. 그런데 그게 그렇지 않습니다. 진보란 것이 인간 사상계에 등장한 역사는 겨우 200년 안팎입니다. 진보사상을 띄워올린 것은 근대 과학과 계몽철학이죠. 과학, 이성, 합리적 기획을 합치면 인간사회는 '진보'할 수밖에 없다는 것이 근대 이데올로기죠. 거기에 불행하게도 정치제국주의가 결합합니다.

19세기 서구 제국주의자들 가운데 진보론자 아닌 사람이 없어요. 유럽은 진보의 최첨단에 있고, 세계의 나머지 지역들은 야만이라는 게 제국주의적 세계관입니다. 진보한 문명이 야만을 깨우치고 선도하고 지배하는 것은 너무도 당연하다, 그러므로 유럽에 의한 식민 지배는 지배가 아니라 오히려 구원이라는 것이 제국주의자들의 자기정당화였죠. 이런 정당화 작업을 '과학적으로' 열심히 뒷받침해준 것이 19세기 생물학입니다. 인종차별주의의 '과학적' 기원도 19세기 생물학이죠. 유럽 백인과 아프리카 흑인은 아예 조상이 다르다는 것이 적어도 다윈 이전의 생물학의 주장이었죠.

아프리카 여성과 유럽 백인 여성의 인종적 차이를 밝히느라 양쪽 여성들의 엉덩이 사이즈를 재고 다닌 것이 그 시절의 생물학자들입니다. 그래서 인문학은 19세기 생물학을 과학 아닌 '백인 신화'로 봅니다. 그뿐이 아니에요. 성차별의 '과학적' 원조도 생물학입니다. 남자와 여자는 두뇌 사이즈가 다르다, 고로 남성은 생물학적으로 여성보다 우월하다는 거죠. 생물학의 역사에는 부끄러운 부분이 많습니다. 인종주의, 남성우월주의의 원조였던 생물학이 현대에 들어와서 인종주의나 남성우월론의 비과학성을 말하고 진보의 개념 앞에서 몸조심하는 걸 보고 있자면 이건 생물학의 진화인지 진보인지 궁금합니다.

앞에서 저는 인간 역사를 '사회적 진화'의 역사라고 말했습니다. 진보가 어떤 주어진 방향이나 목표를 향한 역사의 필연적 진행을 의미하는 것이라면, 역사에 진보가 있는지 없는지는 저도 최 교수님의 표현대로 '결코' 말할 수 없습니다. 역사가 진보했는지 어떤지는 그 역사라는 것이 끝나는 지점에서만 알 수 있겠죠. 저는 그때까지 살 생각이 없어요. (웃음)

— 도 선생님, '진보'에 대해서는 짚고 가야 할 것 같습니다. 우리의 현실적 문제 아닌가요?

도정일 요즘에는 진보라는 소리만 나오면 무조건 낄낄 웃는 '경멸파'가 있고, 다른 한쪽에는 여전히 진보 앞에 숙연해지는 '경건파'가 있죠. 경멸파 사람들은 역사 목적론이나 필연론에 두드러기 반응을 일으킵니다. 그런데 말이죠, 인간은 개인적으로나 집단적으로, 사회든 국가든 가족이든 간에 어떤 목표, 지향점, 이상을 세우지 않고서는 단 하루도 살지 못하는 동물입니다. 인간은 '목표를 세우는 동물, 계획하는 동물'입니다.

서양 근대사가 더럽다고는 하지만 거기에도 아름다운 부분이 있어요. 내가 보기엔 그 아름다움은 무엇보다 인간 존재의 품위를 높이기 위한 계획들을 사회의 집단적 목표로 정하고, 그 목표를 실현하기 위해 버둥거려왔다는 점일 겁니다. 이 계획들에는 어떤 지향점이 있어요. 나만 존엄한 것이 아니라 너도 존엄하다는 사실을 인정하는 존엄성의 평등, 나만 자유로울 것이 아니라 너도 자유로워야 한다는 의미의 자유의 평등, 나만 행복하게 잘 살 것이 아니라 너도 행복해야 한다고 생각하는 정의의 평등 같은 것이 그 지향점입니다. 사회발전이란 한 사회가 스스로 그려놓은 화살표 방향을 따라 지향점에 얼마나 가까이 다가서는가에 달려 있죠. 이런 의미의 사회발전을 나는 '사회적 진화'라고 생각합니다. 또 그런 사회적 진화를 아주 겸손한 의미에서 '진보'라고 부르고 싶어요. 그게 궁극적으로 진보일지 아닐지는 결코 알 수 없지만, 인간의 이상과 꿈이 인간 존재의 보편적 존엄을 실현하자는 것이라면 그 꿈을 향한 발걸음은 적어도 역사의 제한된 시간폭 안에서는 진보라고 말할 수 있죠.

진화에 어떤 방향이 있다면 그건 단순성에서 복잡성으로의 이동이라고들 말하는데, 그 이동이 반드시 '더 나은 쪽'으로의 발전인지 어떨지는 적어도 진화론의 관점 안에서는 평가할 수 없습니다. 반면에 진보 개념은 '더 나은 상태'로의 발전이라는 가치판단을 안고 있습니다. 사람을 사고파는 노예제 사회가 노예제를 폐지하면 그것은 '더 나은 사회'로의 발전입니다. 장애인을 인간으로 취급하지 않던 사회가 장애인을 배려하는 사회로 이동하면 그게 발전이죠. 다만 '더 나은'이라는 판단 기준은 삶의 조건에 대한 인간의 한정된 역사적 조건에서 나온 것이라는 점만은 늘 고려되어야겠죠. 문제는 진화론이 이런 사회적 발전을 두고 발전이다, 진보다 말할 수 없다는 겁니다. 고작해야 '적응이다'라는 게 전부죠. 그러나 무엇에 대한 적응? 그건 분명 어떤 사회적·윤리적 '목적'에 대한 적응입니다. 결코 무목적적이고 우발적인 진화가 아니죠.

—   최 교수님께서 우연성contingency 이야길 하셨는데, 진화에만 우연성이 있는 것이 아니라 역사에도 강력한 우연성이 작동합니까?

도정일   물론입니다. 플라톤 철학에서는 우연성이 '공적 1호'예요. 인간사로부터 우연성의 개입을 어떻게 배제하고 그 괴물을 어떻게 통제할 것인가, 이게 플라톤의 평생 화두였죠. 중세 섭리론자들, 그리고 근대 기획의 경우에도 우연성은 인간이 통제하고 배제해야 하는 골칫덩이로 인식됩니다. 그러니까 서양 고대 철학에서 근대 예술론에 이르기까지 우연성은 인간의 의식적 창조 행위와는 관계없는

것으로 인식되었죠. 아리스토텔레스가 《시학》에서 세운 '플롯 이론'은 우연성을 철저히 배제합니다. 뭘 만든다, 창조한다는 것은 계획을 짜는 일이고, 설계니 계획이니 하는 것은 어떤 목적의 필연적 실현을 위한 거니까 거기에 우연의 개입을 용납할 수 없다는 것이 아리스토텔레스의 생각이었어요. 목적론이고 필연론이죠. 이런 인과론적 예술론은 19세기 사실주의 소설이론에도 그대로 살아 있습니다. 그런데 우발적 창조성이라는 아이디어를 끌고 들어온 것이 현대 예술입니다. 우연은 통제대상도 쓰레기도 아니고 창조가 일어나는 계기라는 생각이죠. 역사의 경우에도 사소해 보이는 우발적 사건이 역사를 바꿔놓을 때가 종종 있습니다.

"인간이 계획하면 신이 웃는다"는 말이 있습니다. 인간의 겸손을 위해서는 늘 기억할 만한 말이죠. 물론 이때의 신은 섭리의 신이 아니라 '우연의 신'입니다. 나는 우연성의 신을 부정하지 않아요. 언제 그 신을 우연히 만나면 꼭 술 한잔 나누고 싶어요. 나는 우연의 창조성도 인정합니다. 그러나 우연의 신이 웃든 말든 인간은 죽자사자 계획과 목표를 세우고 그 실현을 추구합니다. 내 생각에는 우연성이라는 게 인간 존재의 조건이자 운명적 저주 같아요. 왜 계획하는가? 부족한 것이 너무 많기 때문입니다. 역사에는 우연성이 무수히 끼어들지만 역사가 우연의 연속만은 아니죠. 그래서 나는 생물학 혹은 진화론의 우연성 주장을 사회에 곧장 적용해서 일종의 '사회철학'으로 삼을 수는 없다고 생각합니다. 미시세계에 대한 물리학의 '불확실성' 이론 같은 것을 곧바로 인간사회에 적용할 수 없듯이 말입니다. 진화론이 사회이론이나 인문학에 유용한 통찰을 제공하긴 하지만, 인문사회과학과 생물학 사이에는 진화론으로는 극복되기 어려운 고비들이 있는 것 같습니다.

최재천 선생님께서 "우발적 창조성이라는 아이디어를 끌고 들어온 것이 현대 예술"이라고 하시니 저로서는 다윈 선생님 이야길 다시 한 번 안 할 수 없네요. 제가 보기에는 그 모든 걸 가능하게 한 분이 바로 다윈이라고 생각합니다. 다윈은 절대적인 진리를 상정하고 그 진리의 예표type에서 조금이라도 벗어나는 '변형'은 모두 불완전한 것으로 규정하는 플라톤의 본질주의 철학essentialist philosophy에서, '변이variation' 그 자체가 실존하는 존재이며 그것이 변화를 가능하게 하는 원동력이라는 상대주의 철학relativist philosophy을 정립한 위대한 사상가라는 점을 감히 말하고 싶습니다. 저는 다윈의 진화론이 물리학의 상대성이론이나 창조적인 현대 예술이 탄생할 수 있는 토양을 제공했다고 믿습니다.

도정일 'contingency'라는 개념은 원래 '창조성' 아닌 '피창조성'을 의미했어요. "우주가 존재한다. 그러나 우주가 우주 자신을 창조한 것은 아니다, 우주를 존재하게 한 원인은 따로 있다"고 말할 때의 그 우주가 바로 'contingent'한 것이죠. 어떤 것이 다른 어떤 원인에 '의존해서만' 존재하게 되는 경우가 'contingency'입니다. 진화론을 우주론으로 옮기면 "우주를 만들고 있게 한 제1원인은 없다"가 됩니다. 다위니즘은 이 점에서 혁명적 사유의 씨앗을 가지고 있었죠. 그러나 진화론이 우주론으로까지 팽창해서 원인 없는 세계, 원인 없는 우주를 주장하면 대단히 어렵고 복잡한 문제들이 발생하죠. 진화론은 아직 그런 문제까지 다룰 수 있는 형편은 아닐 겁니다.

현대 예술은 "예술적 창조 행위가 반드시 인과의 법칙에 매이는 것은 아니다, 인과율에서 예술을 해방시키자"는 강한 충동을 갖고 있었습니다. 그러나 예술 창조가 '원인 없는 결과'라거나 원인 없이 존재하는 '효과'라고만 말하는 것은 다 옳지 않습니다. 사회적 행위의 경우는 더 그렇고요. 최 교수님께서 언급한 리처드 로티의 포스트모더니즘은 이런 'contingency'의 철학입니다. 그는 예술의 우발적 창조성 이론을 사회나 역사, 철학 등 모든 곳에 무차별로 적용하고 있어요. 조금은 수긍할 만하고 대부분은 틀린 소립니다. 인간은 인과의 사슬을 무시하고 살 수 있는 존재가 아닙니다. 9·11 테러리스트들은 아무 원인도 이유도 없이 뉴욕을 공격했던 게 아니죠.

그런데 농담 삼아 물어봅시다. 인문학자와 자연과학자의 격차가 큰 걸 보면 인문학적 유전자와 자연과학적 유전자가 따로 있는 게 아닌가 싶은데, 어떻습니까? (웃음)

최재천 (웃음) 그런 게 있다면 저는 자연과학에 안 맞는 유전자를 가지고 허덕이고 있는 건가 봐요. 하지만 그 질문이 농담만은 아닙니다. 전문 생물학자가 아니라면 도대체 무엇이 유전자인가에 대한 명확한 개념을 갖기가 쉽지 않기 때문이죠. 실제로 유전자의 정의에는 아주 여러 가지 수준이 있습니다. 하나의 대립형질allele일 수도 있고, 어떤 단백질을 만들어내는 단위일 수도 있고, 우리가 가지고 있는 유전체genome 전체일 수도 있죠. 그런데 흔히 유전자라고 통칭하면 마치 어떠한 성질을 나타내는 하나의 특정한 유전자가 있는 것처럼 오해를 많이 해요. 유전자 결정론에 대한 아주 '결정적인' 오해죠. 그러면 우울증 유전자, 자폐증 유전자, 예술가 유전자, 정치가 유전자가 있게 되는 거예요. 앞에서 말했지만 어떤 유전자도 한 가지 일만 하는 것이 아닙니다. 유전학 개념에 '다면발현pleiotropy'과 '다인자발현polygeny'이라는 다분히 관련된 두 가지가 있습니다. 전자는 한 유전자가 여러 형질 발현에 관여한다는 걸 말하고, 후자는 그러다 보니 자연스레 여러 유전자가 한 형질 발현에 관여한다는 걸 말합니다. 혼자서, 그것도 거대한 형질의 발현을 책임지는 '신과 같은' 유전자는 없습니다.

도정일 인문학자들이 문화 DNA니 정치 DNA니 하고 말할 때는 은유적인 의미로 하는 말입니다. 문화도 유전됩니다. 생물학적 유전과는 다른 의미에서지만 말입니다. 인간의 탄생은 생물학적 사건이되 그의 성장은 사회문화적 사건입니다. 어떤 문화 속에서 태어나 자라는가에 따라 전혀 다른 인간이 나와요. 제국주의 문화는 제국주의적 인간을 기르고 남성중심의 문화는 남성중심주의의 인간을 키웁니다. 문화론에서는 이걸 '문화는 인간을 재생산한다'고 말하죠. 인문학자들이 더러 정치 DNA라거나 문학 DNA 같은 용어를 쓰는 것은 이런 문화적 유전과 전통의 힘에 대한 은유적 표현이라 생각하시면됩니다.

최 교수님 이야기를 듣다 보니 유전자 결정론에 대한 인문학의 거부감이 상당히 누그러지는군요. 최소한 지금의 생물학은 유전자 결정론의 단계는 벗어나 있다는 사실도 확인하고요. 그러나 21세기의 돈줄로 여겨지고 있는 생명공학 쪽 사람들이 지금 최 교수님께서 말한 그런 유전자론에 전면 동의할지 나로선 알 수 없군요. 나는 생물학과 그 연관 분야들이 인간을 개조 혹은 개량하기 위한 공학적 시도들을 멈추지 않을 것이라고 생각합니다. 사회가 그것을 요구하고, 자본이 꼬드기고, 사람들의 열망이 크니까요.

공학적 유토피아는 '모든 결함으로부터의 자유'를 제시합니다. 그 유토피아의 그림은 너무도 매혹적이에요. 프랭클린 루스벨트가 제안한 '궁핍으로부터의 자유freedom from want'라는 개념은 시민의 권리 속에 개인의 자유와 정치적 자유의 권리 외에 사회적·경제적 권리까지도 포함해야 한다는 주장이었죠. 인권 개념의 역사에서 보면 그 제안은 상당히 획기적인 것이었습니다. 그런데 이제 '결함으로부터의 자유freedom from defect'라는 것이 대두할지 모릅니다. 궁핍으로부터의 자유가 사회적 기획이라면 결함으로부터의 자유는 훨씬 개인적인 생명공학적 기획입니다. "내가 나를 뜯어고치겠다는데 뭐가 문제냐?" "내가 천재 아들을 낳고 싶다는데 당신이 왜 참견이야?" 이런 개인 자유론이 사회 전반의 지배적 에토스가 되는 거죠.

그런데 가만있자, 그 자유가 왜 문제지? 자유로운 선택을 통해 개개인이 훨씬 완전해지고 자기 운명을 더 잘 통제할 수 있게 된다면 나쁠 게 없잖아? 이거 좀 생각해봐야 하지 않아요?

3

문제가 있을 때는 이런저런 문제가 있다고 시인해야지, 없다고 우기면 안 됩니다. 배아에서 줄기세포를 뽑아내는 일은 아무 때나 할 수 있는 일이 아닙니다. 배아가 세포분열을 시작하고 나서 일주일 이내에 줄기세포를 뽑아내야 하고, 일단 줄기세포를 뽑아내고 나면 배아는 파괴해야 합니다. 생명체를 죽이는 거죠. 생명윤리의 관점에서 보면 이건 충분히 문제가 됩니다. **도정일**

생명복제,
이제 인간만 남은 것인가

이런 연구에 생명윤리적인 문제가 없다고 말한다는 것은 지극히 어리석고 유치한 발언입니다. 그런데 좀더 실질적인 문제는 이 같은 실험 자체를 막을 수 있는 방법이 없다는 것입니다. 판도라의 상자는 이미 열리기 시작했어요. 과학자가 그 상자를 조심스레 잘 열 수 있도록 모두가 힘을 합쳐야 한다고 생각합니다. **최재천**

— 2004년 2월 12일 황우석 교수가 세계의 이목을 집중시켰습니다. 미국의 과학전문지 〈사이언스〉를 발행하는 미국과학진흥회AAAS가 마련한 자리에서 세계 최초로 복제된 인간 배아로부터 줄기세포를 얻는 데 성공한 연구 결과를 발표했죠. 그렇지만 동시에 시민단체를 비롯한 종교계와 문화계의 강력한 비판에 직면하고 있습니다. 언제나 그랬듯이 생물학 분야의 획기적인 연구는 전통적인 생명관과 충돌하는 것 같습니다.

최재천 잘 알려져 있듯이, 생명체는 정자와 난자가 만나 수정란(배아胚芽)이 형성되면서 시작됩니다. 그런데 복제생명체는 다릅니다. 정자와 난자 대신 평범한 체세포와 핵이 제거된 난자만 있으면 되거든요. 이론상으로는 이 두 가지만 결합시키면 마술처럼 체세포와 동일체인 배아가 만들어지는 겁니다.

— 황우석 교수의 연구가 대중에게는 복제인간의 설계도가 완성된 듯한 느낌을 주는 것이 사실입니다. 이론적으로는 황우석 교수의 연구 결과를 가지고 복제된 배아를 자궁에 착상시켜서 10개월만 지나면 복제인간이 탄생할 수 있는 거잖아요?

최재천 그런데 대중적으로 알려진 것만큼 복제인간의 탄생이 그렇게 쉽고 가까운 미래의 일은 아닙니다. 현대인의 15퍼센트 이상이 불임이라고 하니까 복제인간에 대한 관심이 절실하게 느껴지는 것은 당연한 일이기도 하지요. 하지만 현재의 복제기술 자체는 여전히 매우 불안정해서 복제한 배아를 자궁에 착상시키면 유산이나 사산의 확률이 엄청 높습니다. 대리모를 통한 출산도 실제로 사고나 변수가 많아서 성공 확률이 높은 편은 아니에요. 대리모를 통해서 무사히 출산했다고 해도 내부 장기에 치명적인 결함이 있는 경우가 비일비재합니다. 이렇게 복제이론 자체는 간단하지만 그것을 실천할 수 있는 기술은 아직 매우 불안정한 단계에 있다는 것을 잊어서는 안 됩니다. 인간의 생물학적인 특성 자체에 변수가 많거든요. 그러므로 이론적으로 가능하다고 해도 막상 복제를 시도했을 때 조금이라도 잘못된 경우에는 어떻게 할 것인가에 대해 심각하게 고민해야 합니다. 성공 확률이 대단히 낮을 뿐만 아니라 생명의 문제는 확률로 판단할 수 없는 것이니까요.

그걸 두고 바로 생명의 존엄성이라고 하는 것 아닙니까? 복제 과정에서 실패한 그 많은 세포는 어찌할 것이며, 산모의 자궁 안에서 자라고 있는 복제된 태아에서 결정적인 결함을 발견하면 또 어떻게 할 것입니까? 거침없이 낙태를 할 건가요? 그것도 가히 낙태의 천국이라 할 만한 대한민국에서는 아무 문제가 없는 건가요? 복제인간을 만드는 전 과정에서 거의 완벽하게 아무런 문제가 없다는 확신이 서기 전까지는 절대로 인간 복제를 시도할 수 없을 겁니다. 다른 동물의 복제와는 근본적인 차이가 있죠. 그 모든 공정의 품질 관리를 완벽하게 할 수 있을 때까지는 엄청난 시간이 필요할 겁니다. 저는 복제인간이 몇십 년 안에 탄생하리라고 기대하지 않습니다.

도정일　여성의 몸에서 실험용 난자를 얻기 위한 과정이 매우 복잡하고 어렵다고 들었습니다. 실험용 난자를 자발적으로 제공하기로 한 여성일지라도 실험 내용과 의미를 충분히 알려주지 않는다면 그 실험이 인간사회에 어떤 위험과 고통을 줄 수 있는 것인지 알기 어렵습니다. 자신의 난자 공여가 생명윤리적으로 어떤 문제를 안고 있는지 제공자들이 충분히 알고 있었을까요? 실험 내용이 아주 복잡하고 전문적이어서 일반인이 그런 실험의 결과가 무엇을 암시하는지 제대로 이해하기는 힘들지 않았을까요?

최재천　그렇지는 않았을 겁니다. 황우석 교수의 말에 따르면 난자 공여자들은 모두 이번 실험 내용을 이해하고 있었다고 해요. 난치병 치료를 위한 실험이라면 기꺼이 난자를 제공하겠다는 입장들이었다고 합니다. 황우석 교수 연구 팀도 이 문제가 얼마나 민감한 사안인지 알기 때문에 난자를 기증한 여성들을 대상으로 정신과 테스트까지 실시했다고 하더군요. 이런 과정이 의심 없이 완벽하게 진행되지 않으면 연구뿐 아니라 연구진의 사회적 생명이 위험해진다는 것을 잘 알고 있으니까요. 만일 조금이라도 문제의 소지가 있었다면 지금이라도 그 내용을 공개하고 바로잡아야죠. 생명윤리가 뒷받침되지 않는 연구는 그 생명이 길지 못하죠.

도정일　하지만 과학자들이 구체적으로 어떤 실험을 하는지 일반인이 알 수 있는 방법은 제한되어 있습니다. 국내 한 신문은 엠바고를 어기고 황 교수의 연구가 미국에서 공식적으로 발표되기 하루 전에 보도했었죠. 그 기사를 보니 그 연구가 "생명윤리적으로도 문제될 게 없다"고 나왔어요. 맞는 소리가 아닙니다. 생명윤리의 관점에서는 배아도 단순한 세포 덩어리가 아니라 생명의 시작이죠.
　공학적 사고는 공리적 효용을 계산하는 데 아주 빠릅니다. 기술자들은 난치병 치료나 인류의 미래 복지를 위해 필요하다고 말하죠. 하지만 모든 과학적 실험에는 어두운 면이 있어요. 한국 과학자가 탁월한 업적을 냈다는 것은 칭찬하고 축하할 일입니다. 실제로 줄기세포 추출은 황 교수 이전에 미국의 어떤 대학이 손댔다가 실패한 적이 있어요. 미국 신문들은 미국이 우물거리고 있는 동안 한국인이 해냈다고 야단을 떨었죠. 미국만이 할 수 있는 일인데 쪼그만 나라의 과학자가 선수를 쳤다는 시기와 질투의 분위기도 느껴지더군요. 그러나 문제가 있을 때는 이런저런 문제가 있다고 시인해야지, 없다고 우기면 안 됩니다. 배아에서 줄기세포를 뽑아내는 일은 아무 때나 할 수 있는 일이 아닙니다. 배아가 세포 분열을 시작하고 나서 일주일 이내에 줄기세포를 뽑아내야 하고, 일단 줄기세포를 뽑아내고 나면 배아는 파괴해야 합니다. 생명체를 죽이는 거죠. 생명윤리의 관점에서 보면 이건 충분히 문제가 됩니다.

누구를 위한 윤리인가

최재천　물론 그렇죠. 이런 연구에 생명윤리적인 문제가 없다고 말한다는 것은 지극히 어리석고 유치한 발언입니다. 그런데 좀더 실질적인 문제는 이 같은 실험 자체를 막을 수 있는 방법이 없다는 것입니다. 판도라의 상자는 이미 열리기 시작했어요. 과학자가 그 상자를 조심스레 잘 열 수 있도록 모두가 힘을 합쳐야 한다고 생각합니다.

　제가 연세대에서 '생명윤리와 인간본성'이라는 강의를 하고 있지만, 참 해결하기 어려운 문제가 바로 '누구를 위한 윤리냐' 하는 것입니다. 만일 제 가족한테 난치병이 있다면 저는 지금이라도 세상의 비난에 아랑곳하지 않고 줄기세포 연구를 할 것 같아요. 우리 가정의 유전적인 문제를 저의 생물학적 지식과 실험으로 해결할 수 있다면 기꺼이 어떤 실험이라도 하겠다는 거예요. 내 아버지를 살려야겠고 내 자식을 살리겠는데 누가 그걸 어떻게 막을 수 있겠습니까.

　몇 년 전 미국에서 이런 일이 있었죠. 첫째아이가 심각한 유전적 질병에 걸리자 부모가 둘째아이를 낳아서 둘째아이의 골수로 첫째아이를 고쳐보겠다고 한 거예요. 미국의 보수주의자들이 죄다 들고일어났어요. 하지만 그 부모는 당신들이 뭐라고 하든 상관없다, 둘째아이를 죽이는 일도 아니잖느냐고 맞선 겁니다. 둘째아이는 유전자 검사를 거쳐 용도에 맞도록 낳았죠. 저는 단 한 사람의 문제라 하더라도 집단이나 사회가 개인에게 희생을 요구할 순 없다고 생각해요. 기술 발전의 가능성이 눈앞에 보이는데 그걸 알면서도 실험을 멈출 수 있는 건 아니죠. 실험할 건 하고, 사회가 어느 정도 선에서 함께 합의도 하고 진통도 겪어야 한다고 생각합니다.

도정일　남들이 할 가능성이 있고 막을 방도가 없으니까 내가 먼저 한다는 식이 되면 과학의 정신과 윤리 자체가 위기를 맞을 수도 있어요. 해서는 안 될 일이라면 안 하는 것이 윤리적 자세입니다. 그런데 지금 줄기세포의 경우는 막는 것이 반드시 좋은 일인지 어떤지 결론을 내리기가 난감하다는 것이 가장 큰 문제입니다. 현 시점에서 인간이 갖고 있는 규범이나 기준, 가치관 같은 것으로 기술 발전에 제동을 걸 수 있느냐는 문제가 있고, 또 한편으로는 줄기세포 연구가 난치병 치료의 길을 열게 된다면 그것 자체가 인간의 생명에 크게 기여하는 일이니까 윤리적으로도 충분히 지지를 받을 만하다는 시각도 있습니다. 지금 세계가 경험하고 있는 딜레마에는 과학과 생명윤리의 대립이라는 측면 외에도 그런 두 가지 문제가 있습니다. 기술이 어떤 미래를 열지 지금 시점에서는 알 수 없으니 안 된다고 말할 수도 없고, 하자고 자신 있게 말할 수도 없는 경우가 바로 생명과학시대의 딜레마 같아요. 정치인들도 고민입니다. 못하게 막았다가 나중에 기술의 미래를 닫아버렸다는 비난을 면할 수 없을 테니까요.
　저는 이 딜레마야말로 현대인이 인간으로서의 한계를 절감하는,

아주 인간적인 시련의 경험이라고 생각합니다. 어느 쪽을 선택하는 것이 좋을지 아무도 장담할 수 없는 지독한 모호성이 지금 인간을 괴롭히고 있습니다. 최 교수님께서 '아슬아슬한 경계'라고 한 것은 영어권에서는 '미끄러운 비탈slippery slope'이라는 은유로 표현합니다. 미끄러지면 천 길 낭떠러지, 잘 타고 넘어가면 낙원? 이건 아주 무시무시한 은유죠. 동네 뒷산에 올라갔다가 미끄러져서 무릎이 까졌다는 정도의 위기가 아니라 인간이 통째로 망할지도 모른다는 문제가 달린 거라면 아무도 만용을 부릴 수 없죠. 선택과 결정의 문제 앞에서 인간은 예나 지금이나 딜레마를 경험하고 있습니다. 기술 발전 그 자체로는 선택의 고민을 해결할 수 없는 경우를 여기서도 보죠. 지금 같은 기술시대에서도 우리는 무엇이 현명한 선택인지 알지 못합니다.

— 그러면 어째야 합니까?

도정일 그러면 어째야 하는가? 과학자들의 태도는 대개 "일단 알 거는 알고, 실험할 것은 하고, 그러고 나서 토론도 하고 고민도 하자"는 겁니다. 좀더 용감한 과학자들은 "어차피 확률이 반반이라면 해놓고 보자" 하고, 아주 과감한 사람들은 "걱정할 것 없다"고 낙관론을 펴죠. 인문학이나 생명윤리 쪽을 보면 안 된다고 말하는 강경파가 있고, 된다, 안 된다고 잘라 말하기보다는 어떤 낙관론도 경계하면서 실험의 어두운 면을 경계하도록 촉구하는 신중파가 있습니다. 한국·영국·인도 등은 적극 지원한다는 입장인 반면, 미국의 부시 정권은 줄기세포 연구에 대한 연방정부의 지원은 철저히 반대합니다. 최근 매사추세츠 주 정부도 줄기세포 연구를 금지했습니다. 스티븐 핑커 같은 이는 미국 정부가 과학기술 발전을 가로막고 있다며 아주 비판적이죠. 미국이 우물거리고 있는 동안 "옳거니, 우리가 도약할 기회가 왔다"고 나서는 대표적인 나라가 인도입니다. 인도는 지금 생명공학 쪽에 엄청난 지원을 퍼붓고 있습니다. 최근 몇 년 동안 인도가 생명공학으로 창출해낸 일자리가 다른 나라들로부터의 아웃소싱까지 합치면 무려 100만 개라더군요.

—   최 선생님께서는 기술과 과학을 구별하시면서 문제가 지나치게 앞서 나간 기술에 있다고, 그리고 그것 때문에 과학이 일방적으로 난타당하는 느낌도 있다고 하셨습니다. 하지만 하이데거의 지적처럼 이런 문제 제기들이 가능하죠. 계산기로 초래한 위기를 또 계산기로 두드려서 해결할 것인가? 과학은 기술의 문제 또는 과학 자체의 문제를 반성할 능력이 있는가? 과학기술의 발전이 꼭 지금과 같은 형태로만 이루어졌어야 했는가?

최재천   저는 우리가 아예 복제과학이란 것을 생각조차 못했더라면 훨씬 더 좋았을 수도 있을 텐데 하고 생각합니다. 과학기술의 발달이 꼭 지금과 같은 형태로 이루어졌어야 할 필요는 절대로 없습니다. 하지만 과학이 뭐 별겁니까? 호기심이 고양이를 죽인다지만 호기심이 가장 많은 동물은 단연 우리 인간이죠. 저는 과학이란 우리 인간의 알고자 하는 욕망과 행동을 체계적으로 구성한 것이라고 생각합니다. 그런데 이런 '앎의 행동'은 우리의 본능이죠. 저는 심지어 기독교도 과학을 부추겼다고 생각합니다. 왜 현대 과학이 동양이 아니라 서양에서 꽃을 피웠느냐 하는 문제에 의견이 분분한데, 저도 하나 보태렵니다. 하느님은 왜 하필이면 우리에게 '지식의 나무'를 일부러 골라내어 그건 절대로 먹지 말라고 우리의 호기심을 자극했을까요? 저는 하느님이 당신의 독특한 방식으로 우리 인간에게 과학을 허락하신 거라고 믿고 싶습니다. 과학과 기술은 멈출 수 있는 게 아닙니다. 어떻게 하느냐 하는 방법이 문제일 뿐이죠.

도정일　바로 거기에 중요한 차이가 있을 것 같습니다. 기술과 과학은 상당한 맹목성을 가지고 있죠. 방법의 맹목성이요. 할 수 있는 방법만 있다면 하자는 겁니다. 하지만 인문학은 그 방법이란 게 '무엇을 위한' 방법인가를 따집니다. 목적의 정당성 여부를 질문하는 거죠. 어떤 목적을 실현하기 위한 최선의 효과적 방법이 기술이라는 건데, 이때 방법만 생각하고 목적의 정당성은 따지지 않는 것이 기술의 맹목성입니다. 자, 여기 유대인 100만 명이 있다, 이들을 가장 빨리, 가장 효과적으로 죽여 없애는 방법이 뭐냐? 이것이 히틀러의 주문이었어요. 기술자들이 생각해낸 '최선의 방법'이 가스실 처형이었습니다. 방법이 있더라도 목적 자체가 정당하지 않으면 그 방법을 쓰지 말아야 한다는 것이 인문학적 사고입니다. 흔한 지적이지만 '어떻게?'를 생각하는 사고와 '왜?'라고 질문하는 사고의 차이가 거기에 있습니다. 특히 우리나라의 경우는 생명과학의 기술적 부가가치, 시장 규모, 기술 선진성, 미래산업, 다음 대박 같은 것이 지배적 관심사입니다.

최재천　저는 명색이 생명과학자지만 사실 복제 연구 같은 걸 직접 하는 사람은 아닙니다. 오히려 자연을 있는 그대로 보전하고 그 속에서 살아가는 동식물의 행동과 생태를 연구하는 사람이죠. 그렇지만 사뭇 '위험한' 연구를 하고 있는 동료 연구자들의 입장도 이해합니다. 하지만 저의 동정에는 한 가지 매우 중요한 전제가 있습니다. 저는 제대로 된 과학자라면 모름지기 자신이 하고 있는 연구가 인류에게 어떤 영향을 미칠 것인가에 대한 최소한의 인문학적 분석을 할 줄 안다고 생각합니다. 사회는 종종 우리 과학자들을 지나치게 단순한 사람들로 매도하는 경향이 있습니다. 우리도 고민합니다. 우리도 인류에게 공헌을 하고 싶어합니다. 저는 언제나 자유를 얻는 가장 좋은 방법은 스스로 구속하는 길이라고 생각합니다. 남이 날 구속하기 전에 내가 스스로 나를 구속하고 그걸 남이 인정하면 가장 이상적이라는 말입니다. 그러기 위해서 우리 과학자들이 충분한 인문학적 소양을 쌓아야 한다고 생각합니다.

사실 사람들이 생명과학에 걸고 있는 기대는 대단히 위험한 것입니다. 어떤 점에서는 여기에도 큰 맹목성이 있죠. 사람들이 은근히 가장 원하는 것은 불멸이에요. 생명과학이 발달해서 어느 순간에 우리를 죽지 않게 만들지도 모른다는 기대 말입니다. 그런데 어느 순간에 우리가 죽지 않는 방법을 발견하면, 그게 모두가 죽는 순간입니다. 생명체가 가지고 있는 이 엄청난 번식력 속에서 지구라는 요만한 땅덩어리가 살아남는 게 신기한 일이에요.

다윈은 수학을 무척 싫어한 사람이었죠. 그가 쓴 책들은 사실 자연과학책이라고 보기에는 너무도 정량적이지 못합니다. 《종의 기원》을 보면 그런 그가 애써 계산문제 하나를 푼 게 있습니다. 정확하게 기억해낼 수는 없지만 대충 이런 내용입니다. 코끼리가 대개 30~90살 정도까지 번식을 한다고 하면 그 기간 동안 평균 6마리의 새끼를 낳게 되는데, 만일 태어난 새끼들이 모두 죽지 않고 다 번식한다면 750년 후에는 코끼리 한 쌍으로부터 1,700만 마리의 코끼리가 태어날 것이라는 겁니다. 대단하죠.

하지만 생태학자 로버트 맥아더의 계산에 비하면 아무것도 아닙니다. 그는 20분에 한 번씩 둘로 분열되는 박테리아에게 먹이를 무한정 공급하고 일단 태어난 박테리아는 죽지 않는다고 가정하면, 불과 하루하고 반나절만 지나면 현미경으로 들여다봐야 겨우 보일 정도로 작은 박테리아의 살이 지구의 표면을 우리 정강이 반 이상을 덮을 만큼 늘어난다는 겁니다. 그 후 한 시간이면 확실하게 우리 키를 덮을 것이고, 몇천 년 후면 그 박테리아 살의 무게가 우주의 무게와

맞먹을 것이며 그 부피는 저 우주를 향해 빛의 속도로 팽창할 것이랍니다. 생물의 번식력은 이처럼 어마어마한 겁니다. 누군가가 죽어주기 때문에 내가 살 수 있는 거죠. 죽음이 삶을 허락하는 겁니다. 그러니 모두가 죽지 않게 되는 날이 모두가 함께 죽기 시작하는 날이되는 겁니다.

생명의 시작은 배아인가 세포인가

도정일 줄기세포 연구의 윤리 문제와 관련해서는 만인이 받아들일 시원하고 결정적인 '해법'은 없을 겁니다. 난자를 빌리지 않고도 줄기세포를 뽑아낼 방법을 찾아내든가, 서로 다른 입장들 사이의 관점을 조정하고 협상하는 길밖에 없지 않나 싶어요. 우선은 줄기세포 연구 그 자체도 상당한 윤리적 성격을 지니고 있다는 점이 강조될 필요가 있습니다. 아까 최 교수님께서는 가족 누군가가 난치병을 앓고 있다면 무슨 수를 써서라도 고치고 싶어할 거라고 말했습니다. 물론 아무 수나 다 쓸 수 있는 건 아니지만, 가족이나 사랑하는 사람이 난치병에 걸렸을 때는 누구든 수만 있다면 무슨 수든 쓰고 싶은 심정이 됩니다. 당사자는 더 말할 것도 없죠.

신화 속의 신들도 그렇습니다. 그리스 신화에 아스클레피오스라는 유명한 의사가 나와요. 아폴론의 아들이죠. 이 의사가 한 번은 죽은 사람을 살려냈다가 올림포스 신들의 응징을 받고 죽게 됩니다. 죽음은 세계의 질서인데 아스클레피오스가 그 질서를 어겼다는 거죠. 그런데 아폴론 신은 그렇게 죽은 아스클레피오스를 신의 힘으로 되살려냅니다. 신조차도 세계의 질서를 잠시 바꾸면서까지 사랑하는 자를 소멸로부터 구하고자 한 겁니다. 나사렛 예수도 죽은 자를 일으켜 세웁니다. 질서의 관점에서 보면 예수가 해서는 안 될 일을 한 셈이죠.

복제생명체도 생명체라는 것이 윤리 논쟁의 핵심입니다. 그런데 배아세포가 '인간'으로 자랄 가능성을 완비하는 것은 수정란 생성 8주 이후부터이고, 그 이전의 것은 인간배아가 아니라 세포 덩어리라는 것이 생물학계의 주장이더군요. 그러니까 생명윤리 쪽에서는 '생명'을 말하고, 생물학 쪽에서는 인간의 잠재력을 다 가진 배아냐 아니냐를 말합니다. 생물학 쪽 입장은 '생명의 시작'이라는 논리로는 윤리문제를 해결하기 어렵다는 판단에서 나온 것 같아요.

나는 이 문제에 관한 한 전문가가 아니지만, 소견 하나를 조심스레 내놓을 수는 있습니다. 그게 뭐냐? 남녀 양성의 결합과 섞임에서 탄생하는 것이 인간입니다. 그러나 복제배아에는 이런 양성원칙이 참여하지 않습니다. 핵이 제거된 난자에 체세포 핵을 집어넣어 생성된 배아는 인간 형성에 필요한 DNA의 절반만 갖고 있습니다. 중대한 정보결손이죠. 여성 쪽 DNA가 제거된 난자란 결손 난자예요. 복제배아는 인간으로 성장할 잠재력을 다 가진 배아가 아닙니다. 수정란으로 생성되는 '배아'와 체세포로 만들어지는 '복제배아' 사이에는 미묘하지만 상당한 차이가 있는 것 같아요. 핵이 없는 난자와 체세포 핵만으로 생성되는 세포 덩어리는, 참으로 아픈 이야기지만, 인간배아라고 보기 어려운 데가 있습니다. 이 '차이'에 입각해서 윤리문제를 조정할 수 있지 않을까 하는 생각이 들어요. 해결보다는 조정이죠. 현대인이 골치 아픈 윤리적 난문難問 앞에 서게 되었다는 사실 자체가 윤리적 경험입니다. 이 난문을 뚫고 나가자면 고통이 따르죠. 또 하나, 누가 줄기세포 연구를 하든 연구의 진행과 결과를 투명하게 공개하고 감시하는 국제적 모니터링 기구를 띄워야 할 겁니다. 우리나라가 이 부분에서도 선도적으로 나가는 것이 좋겠다는 생각입니다.

— 죽지 않을 방법을 추구하는 것은 인간의 영원한 꿈입니다. 이 욕망 자체에 문제가 있습니까?

도정일 신화는 불멸성에 대한 인간의 욕망 이야기로 가득합니다. 《길가메시 서사시》는 인류 최초의 서사시인데, 이 4,000년 전 수메르 이야기의 주제 가운데 하나가 '불멸성'입니다. 주인공인 길가메시 왕은 친구 엔키두의 죽음에 큰 충격을 받고 죽지 않을 방법을 찾기 위해 긴 모험길에 나섭니다. 그는 "오, 친구여, 나도 언젠가 그대처럼 죽어 땅에서 영영 일어나지 못할 것인가"라고 읊조립니다. 기독교의 뿌리가 된 히브리 서사를 보면, 인간의 욕망은 크게 두 가지죠. 하나는 영생의 욕망이고, 다른 하나는 무한지식의 욕망입니다. 근대 서사에서도 마찬가집니다. 괴테의 파우스트 이야기를 보세요. 나는 무한히 오래 살고 싶다, 나는 무한히 많이 알고 싶다는 것이 파우스트의 욕망입니다. 이처럼 불멸성 이야기가 많이 나오는 것은 유한성을 벗어나고자 하는 인간의 욕망이 그만큼 컸기 때문이죠.

생명공학이 현대인에게 제시하는 것 가운데 가장 매혹적인 부분, 누구도 감히 거절하기 어려운 부분은 영생에 대한 유혹일 겁니다. 인간이 마침내 유한성을 벗어던질 날이 곧 올 것이라는 희망이 생명과학과 생명공학에 대한 현대인의 기대를 부풀려놓고 있습니다. 그런데 이 지구의 생명체 수용에 한계가 있다는 것이 문제입니다. 차세대가 설자리가 없어지는 거죠. 인간이 태어나 죽지 않는다면 새로운 세대, 미래 세대가 탄생할 기회는 봉쇄되어버리는 거죠. 이미 있던 자들만 있어야 하는 겁니다. 있던 자들만 계속 있게 된다는 것은 다른 많은 가능성을 차단해버리는 일이죠. 다양성의 세계는 문을 닫게 됩니다. 생명의 리듬도 없어지고, 리듬이 없어지면 음악도 불가능해지죠.

최재천　만일 영원불멸의 비결을 발견한 다음 그 시점에 살고 있는 사람들 모두가 빠짐없이 불임수술을 받으면 일단 절멸은 피할 수 있을지도 모릅니다. 그냥 그-대-로 영원히 있는 거죠. 문제는 《용감한 신세계》에서 홀로 소마soma를 먹지 않았던 친구 같은 자가 한 사람이라도 있으면 안 된다는 거죠. 누군가가 어디선가 야금야금 번식을 하기 시작하면 결국 모든 게 무너져내리게 되겠죠.

도정일　그런데 문제가 한두 개가 아닙니다. 오래 산다는 것은 나쁘지 않은 일 같지만, 새로 태어나는 세대가 없다면 늙은이들은 누가 먹여살립니까? 오래 살면서 동시에 생산력을 유지해야 하는데 이 생산력은 생식력과 떼놓을 수 없습니다.

혜택의 불평등이 제기하는 문제도 심각할 겁니다. 돈 있는 사람은 생명기술의 혜택으로 오래 살고 가난한 사람들은 적당히 살다가 죽으라면 사회는 뒤집어집니다. 수명을 연장할 기회를 얻지 못한 가난한 사람들이 최 교수님 집으로 몰려가 불을 지르겠죠. 너만 오래 잘 먹고 잘 살 거냐, 나도 살고 싶다 하고 말이죠.

메멘토 모리, 인간의 한계를 긍정하라

최재천　이런 문제들에 대해 얼마 전 제가 《당신의 인생을 이모작 하라》라는 책을 써냈습니다. 앞으로 머지않은 장래에 사람들 대부분이 다 100세를 넘기는 시대가 올 것인데, 그렇게 되면 은퇴하고 살아야 하는 기간이 너무 길어지죠. 요즘 같은 '사오정, 오륙도' 시대에는 자칫하면 은퇴한 후의 기간이 더 길 수도 있어요. 그래서 저는 그 책에서 아예 우리 인생을 번식기reproductive period 50년과 번식후기

post-reproductive period 50년으로 나눠 인생 이모작을 하자고 주장해봤습니다. 번식후기를 미리미리 잘 준비하면 오히려 자식 양육의 부담을 안고 있는 번식기보다 훨씬 신나는 인생이 될 수 있습니다. 제 제안을 받아들여 다들 철저한 준비를 하신다면 구태여 저의 집에 몰려와 불을 지를 이유도 없겠죠. 우리 인간의 불멸의 꿈이 어느 정도 현실로 다가오기 시작하면 번식후기가 그만큼 더 길어집니다. 상당히 골치 아파지죠.

—　　　불멸의 꿈이 인간 본연의 욕망이라면 인문학은 그 욕망에 대해 무슨 말을 합니까? 인문학이 인간에 대한 사유인 이상 뭐라 좋은 말 좀 해야 하지 않나요? 도 선생님께서는 신화 전문가이기도 하시니까 신화가 가르치는 지혜 같은 게 있을 법한데요?

도정일　　이 대담이 인문학과 생물학의 대화죠? 인문학의 가르침이라기보다는 생각할 거리로 제시할 것은 많습니다. 그리스 신화에 나오는 무당 시빌Sybil은 아폴론의 욕정에 응해주는 대가로 영생을 약속 받습니다. 그런데 이 여자는 '영생'만 원했지 '젊은 몸'으로 영생해야 한다는 조건은 빼먹습니다. 한 500년, 아니 한 1,000년쯤 살긴 사는데 몸은 쪼그라들고 말라비틀어지죠. 그런 꼴로 사느니 죽고 싶지만 영생을 보장받았으니 죽을 수도 없어요. 산속 동굴에 숨어들어 비참하게 사는데, 동네 아이들이 그 앞을 지나갈 때마다 묻습니다. "시빌아, 시빌아, 이제 너는 무엇을 원하니?" 시빌이 대답합니다. "나는 죽고 싶다."

신화서사에 나오는 영생 추구의 이야기들은 예외 없이 실패의 이야기입니다. 에덴 동산에 있었다는 그 생명의 나무와 지식의 나무는 인간이 접근할 수 없도록 금지령이 내려진 나무입니다. 인간은 영원한 삶과 무한한 지식을 갖고 싶은 욕망을 품지만, 그건 충족시킬 수 없는 금지된 욕망이라는 이야기죠. 얻을 수 없는 것은 '금지된 것'으로 설정하는 것이 히브리 서사의 특징입니다. 인간에게서 근원적으로 박탈된 것, 그래서 그것을 추구할 때 부딪힐 수밖에 없는 근본적 한계를 보여주고, 그 한계 너머의 영토를 기웃거리지 말라고 가르치는 것이 히브리 서사의 지혜이죠. 그러나 금지된 것으로 향하는 게 인간 욕망의 특징이라서 욕망 추구와 실패의 이야기는 끊이질 않습니다.

파우스트 이야기도 사실은 에덴 서사의 근대판 변주입니다. 파우스트는 무한히 살고 싶고 무한히 알고 싶은 욕망이 인간의 근원적 한계 때문에 충족될 수 없다는 것을 알죠. 좌절한 그는 자살을 기도합니다. 그때 악마 메피스토펠레스가 나타나죠. 파우스트는 무한지식을 얻는 조건으로 악마에게 혼을 팔아넘깁니다. 그러나 결국은 실패하죠. 수메르 서사의 길가메시도 영생의 나무를 얻었다가 도중에 잃어버리고 빈손으로 돌아옵니다. 빈손으로 귀환해야 하는 인간, 그걸 보여주는 것이 이 고대 서사시의 지혜입니다.

인간의 한계와 유한성에 대한 인식이 사실은 서양 인문학의 본원적인 기조입니다. "너 자신을 알라"는 것은 소크라테스의 말이기 전에 아폴론 신전의 명령인데, 그 말이 의미하는 것은 "인간아, 너는 신이 아니라 인간이라는 것을 알아라"는 겁니다. 근대 과학은 무한지식을 추구했는데 그 근대 시기에도 인문학은 몇몇 예외적 사상가들을 빼고는 대체로 인간의 한계를 환기시켜왔습니다. '해골바가지'가 그 한계를 환기시키는 근대 인문학의 대표적 표상이죠. "죽음을 기억하라memento mori"는 메시지가 담긴 표상이죠.

— 　　현대 인문학도 그렇습니까?

도정일　그 얘긴 지금 별로 하고 싶지 않지만, 현대 인문학, 특히 20세기 후반 이후 서양의 이론인문학은 좀 심하게 말해 망한 집입니다. 자기 해체와 파괴의 열정이 너무 지나쳐서 망했고 극단을 추구하다가 난센스에 빠지는 바람에 망했습니다. 20세기 후반 이론인문학의 최대 업적은 제 스스로 자기 집을 열심히 허물어뜨리려 한 겁니다. 일종의 자살충동 같은 데가 있어요. 극단주의도 심각했죠. 예컨대 이성의 비판과 불신이라는 것은 분명 인문학적 작업이지만, 이성 비판이 이성의 전면 배척으로 나아가면 인문학은 망합니다. 비판과 배척을 분별하지 못하게 되거든요. 지난 몇 년 동안 저는 새로운 인문학의 필요성이라는 문제를 많이 생각하고 있습니다. 신인문학의 방향을 모색하는 데 아주 중요한 것이 인문학과 과학, 특히 생물학과의 대화입니다. 앞서 잠깐 그런 말을 했지만, 지금부터의 인문학은 과학과의 대화에서 많은 자극을 받게 될 겁니다.

—　과학으로 다시 화두를 돌릴 좋은 기회군요. 좀 이야기하다가 말았는데, 지금 우리나라에서 과학 혹은 과학하기는 어떤 상태에 있다고 보십니까? 일반적으로 우리 사회의 과학적 소양은 아직 상당히 낮은 수준이 아닌지요? 최 선생님 의견은 어떠세요?

최재천　좀 심한 편이죠. 과학의 시대라고 목청을 높이지만, 우리 사회만큼 과학 훈련이 안 된 곳도 드물 겁니다. 과학적 사고가 결여된 사회입니다. 예를 들어보죠. 몇 년 전 정부에서 자립형 사립고 20개를 지정해 추진하겠다고 했는데, 그렇다면 5년 후, 10년 후에 그 결과를 어떤 식으로 분석할 겁니까? 어떻게 분석하겠다는 과학적인 틀이 하나도 없어요. 20개 학교는 다른 학교들보다 돈이 많았으니 이러저러한 면에서 좋아졌더라. 그건 자립형 사립고 정책의 우수함을 검증한 것이 아니라 돈의 힘을 확인한 것에 지나지 않는 것이죠.

과학을 하는 기본 중의 기본인 '실험군이 있으면 대조군을 마련해야 한다'는 사실을 전혀 고려하지 않은 거죠. 자립형 사립고를 다른 일반 고등학교보다 훨씬 더 큰 재정 규모로 운영하게 된다면, 다른 20개 학교에도 동일한 규모의 재정 지원을 해야 하죠. 그리고 나서 나중에 두 군에서 나온 결과를 비교해야 자립형 사립고 정책의 효과를 알 수 있는 거예요. 그렇지 않으면 돈을 많이 쓴 학교가 잘 된다는 결론밖에는 도출되지 않습니다. 돈의 위력을 시험하는 실험에 지나지 않는다는 거죠. 따라서 이것은 과학적 사고는 전혀 없고, 일단 먼저 해보고 결과 분석은 또 기존의 가치 기준에 맞춰 판단하겠다는 발상이죠. 해보나마나한 일을 하겠다고 하니 받아들이는 입장에서도 전혀 설득력이 없어요. 정부에서 투자를 하되 정부가 원하는 방향으로 할 곳을 선택하고, 다른 한쪽은 정부가 원하는 방향이 아니더라도 투자하겠다고 하면 설득력 차원에서 분명히 달라지지 않을까요. 작은 예지만, 우리의 사고가 전혀 과학적이지 못하기 때문에 시작하는 쪽이나 받아들이는 쪽이나 하지 않아도 될 싸움을 하는 것 같아요.

도정일　고도의 기술사회를 지향하면서, 사실 과학적 태도와 과학 정신 같은 면에서는 엄청 뒤져 있는 게 우리 형편입니다.

기술은 있지만 과학적 사고가 없다

최재천　우리는 과학을 너무 급하게 받아들인 대표적인 나라입니다. 기술이 먼저 들어오고, 과학이 그 뒤를 미처 따르지 못했죠. 사회에서 벌어지는 여러 가지 비합리성이나 비리 등은 과학적 사고가 결여된 상태에서 문제를 기술적으로 해치우려고 했기 때문에 생겨난 것이라고 봅니다.

저는 늘 "과학적인 사고를 하자"고 떠들고 다닙니다. 앞서 말한 자립형 사립고 문제도 마찬가지죠. 교육 전체의 문제는 더하겠죠. 문제가 될 만한 일도 아닌데 첨예하게 대립까지 하는 걸 보면 정말 답답합니다. 그래서 저는 언제부터인가 '과학의 대중화'가 아니라 '대중의 과학화'를 추구해야 한다고 이야기하게 됐습니다. 과학의 대중화를 한다고 노력하다 보면 대중의 수준에 맞춰 과학을 설명하는 데만 너무 신경 쓰게 돼서 '과학의 저질화'를 범하는 것을 종종 봅니다. 과학은 쉬운 분야가 아닙니다. 쉽다면 왜 이렇게 애써 홍보하려 하겠습니까? 그러니 무작정 쉬운 것처럼 예쁘게 포장하여 건네주면 과학은 온데간데없고 엉뚱한 과학 껍데기의 '멋과 맛'만 남을 수 있습니다. 우리가 원하는 것은 국민 모두가 과학적으로 사고하는 날이 오는 것이죠. 대중을 과학화하는 겁니다. 어렵더라도.

도정일 지금 우리 사회의 '주술문화'는 조선시대보다 더하면 더했지 덜하지 않습니다. 정치인이나 기업인 할 것 없이 열심히 점치러 다니죠. 대통령에 출마한 사람 중에 조상 묘를 옮기지 않은 사람이 없다는 소리까지 있어요.

문학을 하는 사람들은 귀신도 있고 유령도 있는 세상이 없는 세계보다는 훨씬 인간적이라고 생각합니다. 누가 북한에 갔다 와서 말하기를 그 사회에는 귀신이 없다는 거예요. 합리적 세계관의 관점에서 보면 주술·미신·귀신·유령을 몰아내서 세상을 밝게 하는 일이 중요합니다. 그것은 근대 계몽철학과 과학이 공유했던 관심이죠. 사회는 가능한 한 합리적으로 조직되고 운영되어야 합니다. 다만 어떤 사회도, 그게 인간의 사회인 한 완벽하게 합리적일 수 없고 완벽하게 과학적일 수가 없죠. 인간이라는 존재 자체가 이성만으로 똘똘 뭉쳐진 것이 아니니까요. 일종의 비빔밥 같은 것이 인간이죠.

그 비빔밥에서 이성적 능력이 차지하는 비율은 아주 미미하다고 생각해요. 이성 일변도의 사회를 추구하면 이성의 광기가 뜨게 되고, 그 광기 때문에 불만의 유령들이 출현하게 됩니다. 음침한 토굴과 고성古城을 무대로 해서 귀신과 유령 들이 등장하는 소위 '고딕소설gothic novel'은 영국에서 18~19세기에 크게 유행했는데, 이 시기는 계몽철학과 과학이 서양사회에서 열심히 귀신을 몰아내고 있던 시절입니다.

그런데 지금 우리 사회는 합리성이나 과학성이 차고 넘쳐서 문제인 것이 아니라 많이 모자라서 문제입니다. 내가 보기에 한국인은 대체로 그 의식과 태도가 쪼개져 있습니다. 저는 이 분열상을 어떤 칼럼에서 두 개의 다른 시간대를 가리키는 시계로 비유한 적이 있어요. 한국인은 두 개의 시계를 차고 있다, 하나는 전근대의 시간에 멈추어 선 왕조의 시계이고, 다른 하나는 무섭게 내달리는 현대의 시계다, 어떤 때는 왕조의 시계에 맞춰 행동하고 어떤 때는 현대의 시계에 맞춰 행동한다, 뭐 그런 이야기였어요. 그런데 그 두 시계 어느 쪽도 합리적인 것이 아니죠. 지금 우리 사회는 고도의 경쟁주의 사회지만, 그 내부를 들여다보면 파벌·학벌·연줄·서열·신분 같은 전근대적 비효율의 요인들이 선의의 사회적 경쟁력을 다 갉아먹고 있습니다.

최재천 선생님의 두 시계 유비는 정말 멋집니다. 공감합니다. 저는 제 안사람에게 많이 야단맞아요. 과학을 하는 사람이 왜 그렇게 정확하지 못하냐는 말을 종종 듣죠. 아내는 예술을 하는 사람이지만 모든 일에 정확합니다. 저는 미신적인 데가 많아요. 영화 〈이보다 더 좋을 순 없다〉 있죠? 잭 니콜슨이 주연한 영화요. 그 영화를 보면서 큰 충격을 받았어요. 제가 그런 짓을 하고 다니거든요. 도심의 길을 걸으면서도 보도블록의 금을 안 밟으려고 무진장 애를 씁니다. 밟으면 빨려들어 갈 것 같은 생각에 사로잡혀서요. 남이 보면 우습겠지만, 저는 길을 걸어다니면서 종종 그렇게 합니다.

요즈음에는 저의 그런 행동을 수치스럽게 생각해야 하는가 하는 의문이 들어요. 굳이 그럴 필요가 있나 하는 생각에 더 이상 수치스럽게 생각하지 않기로 했어요. 과학이 모든 것을 설명하겠다고 나서면, 그건 분명히 과학의 오만일 겁니다. 그렇다 해도 선생님과 마주 앉은 이 자리에서는 과학을 최대한 악착같이 주장할 겁니다. (웃음) 과학이 모든 걸 해결해줄 열쇠를 쥐고 있다고 말할 작정이지만, 속으로는 그러면 정말 재미없을 텐데 하는 생각을 합니다. 저는 아무래도 엉터리 과학자인가 봅니다. 선생님이 상대를 잘못 만나신 것 같습니다.

도정일 과학자의 미신 이야기를 책으로 쓰면 열 권은 나올 겁니다. 과학자의 결혼생활을 쓰면 또 책 열 권은 나오구. 과학자라고 해서 모두 합리적이고 이성적인 사람들은 절대로 아니거든요. 우선 말이죠, 과학자도 결혼하자면 연애를 해야 하는데 그 연애라는 것이 일종의 광기잖아요. 물불을 이성적으로 가리면 연애가 안 됩니다. 아인슈타인이 첫사랑에 빠졌을 때 '네가 없으면 나도 없다' 하는 식의 편지를 열심히 써보낸 끝에 결혼에 골인합니다. 그리고 어찌 되었느냐? 이혼하죠. 그가 남긴 일기를 보면 "아내는 삶의 즐거움을 매순간 앗아가는 여자다"라고 씌어 있습니다. "아내가 보기 싫어 집에 들어가지 않고 열심히 연구에 매달렸는데 덕분에 과학을 하는 데는 도움이 되었다"라는 소리도 써놓았습니다.

— "기술은 있지만 과학적 사고가 없다"는 최 선생님 말씀은 시사하

는 바가 크다고 보는데요. 그것은 우리 대학 교육과도 깊은 관련이 있어 보입니다. 과학적인 질문보다는 기술에 대한 훈련이 지배적인 것은 아닌지요? 어떤 이공계 학생은 자기가 학교에 다니는지 산업체 프로젝트를 하러 다니는지 모르겠다고 하던데요.

최재천   학생들의 심정도 이해가 갑니다. 보통 큰 프로젝트 하나를 가져다놓고, 그것을 우산처럼 활짝 펼친 상태에서 각 학생이 우산살 하나를 붙들고 연구하는 형태가 일반적이죠. 그런 연구가 규모도 크고 연구비를 따오기도 훨씬 유리하니까요. 그런 프로젝트라면 교수에게도 업적이 되고, 물론 조교 월급도 나오죠. 이런 것이 쌓이면 나중에 정리해서 논문 내고, 학위도 받고 그러죠.

하지만 전 미국에서 다른 방식으로 공부를 했어요. 당시 처음에는 지도교수들에 대한 불만이 있었죠. 좀 챙겨주지 왜 이렇게 내팽개치나 했는데, 지내놓고 보니까 훈련을 잘 받았다는 생각이 들어요.

제가 귀국해서 우리나라 대학원생들한테 가장 큰 불만을 느꼈던 건, 학위논문 발표장에 들어가서 "왜 그런 주제로 연구를 하게 됐느냐?", "실험은 왜 저렇게 안 하고 이렇게 했느냐?"라고 질문을 했더니 모두 한결같이 고개를 떨군 채 대답을 하지 않았던 점입니다. 그래도 똑같은 질문을 계속 했더니 드디어 명답이 나왔는데, "지도교수님이 그렇게 하라고 해서 했는데요"라는 대답이었어요. 학위라는 게 그 사람이 그 분야의 대가가 되었다고 주는 게 아니잖아요. 홀로 설 수 있다는 자격증을 주는 건데. 제가 보기에 우리 대학에서 박사 학위를 받는 사람들 중에 진정으로 홀로 설 수 있는 사람들은 그리 많지 않은 것 같아요.

도정일   그건 인문학도 마찬가집니다. '홀로 서는 연구자independent researcher' 키워내기, 그것이 대학원 과정의 목표죠. 그 홀로 서기를 돕기 위해 최 교수님께서는 학생들을 어떻게 지도하십니까?

최재천   제 연구실에서는 절대로 학생에게 연구과제를 배당하지 않아요. 학생 혼자서 끙끙거리고 찾은 다음에 계획서를 써 가지고 와서 저와 마주 앉아 저를 설득해야 합니다. "그게 할 만한 연구냐?" "그러면 나중에 어떤 결과를 기대하느냐?" "그런 연구 결과가 나왔을 때 동물행동학이면 동물행동학, 생태학이면 생태학에 기여하는 바가 무엇일 것 같으냐?" "할 가치가 있느냐?" 이렇게 질문을 하다 보면 학생이 먼저 가지고 온 계획서를 슬그머니 구겨버리고 말아요. 그러다 몇 주 뒤에 새로 써 와요. 이런 과정을 1년 넘게 하는 학생도 있어요.

그 친구가 돌아서서 나갈 때면 "그거 하지 말고, 이거 해"라는 말이 목구멍 바로 아래까지 나오죠. 연구 아이디어들은 제 컴퓨터 파일에 잔뜩 들어 있거든요. 제가 연구하고 싶은 게 아주 많아요. 이것 좀 생각해보라고 하나 주고 싶은 마음은 굴뚝같은데 꾹꾹 참고 삽니다. 그렇게 연구주제를 주기 시작하면 제 앞에서 대답을 못하던 다른 연구실의 학생들처럼 지도교수의 일을 해주고 있지 학생 자신의 일을 하고 있는 게 아니라고 생각할 것 같아서요.

여러 해 전 제 연구실을 찾아온 어떤 학생이 있었어요. 그 학생은 눈물을 글썽이며 "저는 제 손으로 만질 수 있고 자식한테 설명할 수 있는 생물학을 하고 싶습니다"라고 하더군요. 그러면서 기껏 고른 게 산에 가서 바퀴벌레를 공부하는 거였어요. 남들이 흉을 보는 줄도 모르고. 사람들이 많이 모인 데 가서 무슨 공부를 하냐고 질문을 받으면 큰 소리로 "저는 바퀴벌레를 공부합니다"라고 아주 자랑스럽게 말하는 친굽니다. 그 친구는 바퀴벌레 공부를 시작하고 난 다음에 강

만일 영원불멸의 비결을 발견한 다음 그 시점에 살고 있는 사람들 모두가 빠짐없이 불임수술을 받으면 괜찮지 않을까요? 그냥 그-대-로 영원히 있는 거죠. 문제는 《용감한 신세계》에서 홀로 소마를 먹지 않았던 자가 하나라도 있으면 안 된다는 거죠. 누군가가 어디선가 야금야금 번식을 하기 시작하면 결국 모든 게 무너져 내리겠죠.

원도 산골의 빈 집을 하나 빌려서 거기서 몇 년을 혼자 묵으며 연구했어요. 불평 없이, 대단히 행복하다면서.

그런 과정을 거치며 얼마쯤 지나고 나니까 자기 일이라는 만족감·성취도·자부심 같은 것들이 정말 다르더라고요. 저도 제가 택한 분야에서 그랬거든요. 시간이 지나고 보니까 그 친구도 저랑 똑같았어요. 그리고 얼마쯤 지나자 제가 뭐라고 말하는 것을 기분 나쁘게 듣기 시작할 정도였어요. "선생님이 저보다 더 많이 아십니까?" 하는 식이죠. 말로는 안 하는데 "이것에 관한 한 제가 제일 많이 아는 사람인데요" 하는 자신감이 몸이며 표정으로 나오는 거예요. 그걸 보고 제가 겉으로는 "못된 놈!" 하는 표정을 지었지만, 속으로는 "바로 그거다! 그래야지!" 했죠. 그 후로 엄청나게 열심히 일해요. 지금 아주 잘하고 있습니다. 그 친구는 이제 세계적인 바퀴벌레 전문가가 되었습니다. 알고 하는 연구와 그저 남 뒤나 따라가는 연구는 근본부터 다릅니다. 저는 그런 게 좋다는 거죠.

—　　　　도정일 선생님께서는 학생들에게 따로 강조하시는 것이 있습니까?

도정일　　저도 대학원 석·박사 과정 연구자들에게 논문과제를 준 일이 없습니다. 무엇을 연구하고 공부할지 제 힘으로 찾아내고 그 연구의 의의와 중요성을 스스로 정당화할 줄 아는 능력을 기르는 것부터가 훈련입니다. 제가 제일 싫어하는 것은 연구자들이 오로지 지도교수의 비위를 맞추기 위해 교수가 좋아할 만한 방법론과 이론 등을 들고 올 때입니다. 석사논문까지는 기존의 연구 결과들을 학습하고 거기 의존하는 것이 그런대로 용납되지만, 박사논문은 독창성이 중요하죠. "그 연구를 왜 하는가, 의의는 무엇인가, 무엇을 발견했는가?" 같은 질문들은 필수적인 거죠. 학부 강의에서도 저는 학생들에게 "대학은 앵무새 우는 언덕이 아니고 복사 전문가를 키우는 곳도 아니다"라고 강조합니다. 학생들이 강의 내용을 달달 외워 답안지를 쓰면 그 복사의 공로로 '빵점'을 줍니다. 강의 때 나온 이야기나 언급된 예들을 그대로 답안에 재탕해도 'F 지옥'에 떨어지죠. 자기 생각과 의견과 판단이 담기고 자기 언어로 쓴 답안, 제 손으로 정리해서 쓴 답안지에 점수를 줍니다. 그런데도 요즘 대학생들은 인터넷에서 퍼온 자료들을 한 글자도 바꾸지 않고 고스란히 답안지에 옮기는 일이 너무 많습니다. '기술복제시대'의 반교육적 폐해에 어떻게 대처하느냐가 오늘날 대학교육의 문제입니다.

— 강의는 주로 어떤 걸 하시나요?

도정일 대학의 학부 영문학 강의는 인문학 교육의 일부로 진행되어야 한다는 것이 제 생각입니다. '인간은 어째서 인간인가, 인간을 인간이게 하는 것은 무엇인가'가 인문학의 핵심 질문이죠. 영문학이든 국문학이든, 학부의 문학 강의는 그 질문을 늘 바탕에 깔고 있어야 한다고 생각해요. 그런 질문이 두어 개 더 있습니다. 하나는 문학을 만나고 경험하는 것이 사람을 형성하는, 말하자면 사람을 사람이게 하는 데 무슨 중요성이 있는지에 대한 질문이고, 또 하나는 영문학 교육이란 것이 서구 문명과 문화, 그리고 현대 세계를 이해하는데 무엇을 해줄 수 있는지에 대한 질문입니다. 영문학은 서양학의 일종이니까 이런 문제를 빼놓을 수 없습니다.

학부에서 제가 주로 맡아온 강의는 문학사상사, 영미문학배경이라는 이름의 신화론, 비평적 읽기, 영문학입문, 서사론, 소설의 인간학 들인데, 이 모든 과목은 앞서 말한 질문들에 연결되는 방식으로 진행됩니다. 대학원과는 달리 학부 강의에서는 시·소설·비평·사상사 등의 장르 구별이나 전문적인 시대 구별 같은 것은 그리 중요하지 않아요. 요즘 유학을 하고 들어온 젊은 교수들은 자기 전공을 열심히 내세우는데, 이건 지금 한국 대학에서 영문학 교육이 무엇을 수행해야 하는가에 대한 생각이 아직 서지 않았기 때문일 겁니다.

전공도 물론 중요합니다. 그러나 학부 영문학 교육에서 절대적으로 필요한 것은 인문학적 소양과 식견, 가치관을 길러주는 일이에요. 영문과나 영문학부에 입학은 했지만 '영문학'을 전공할 생각으로 들어온 학생은 극소수입니다. 대다수 학생들에게는 훨씬 넓은 의미의 인문학 교육을 실시해주는 것이 더 중요합니다. 시장원리주의가 세계를 장악하고 있는 이 시대에는 더 그렇죠. 제 경험상 학생들은 3학년쯤 돼서야 인문학의 재미와 중요성에 눈을 뜹니다.

'달마 게이트'라는 말이 있죠? 학생들이 어떤 것의 중요성에 눈뜨는 일종의 '깨침문' 말입니다. 요즘 대학에서는 인문학 강의가 인기 없다고들 하지만 그건 사실이 아니에요. 인문학 강의 몇 개를 듣는 사이에 학생들은 제 힘으로 인문 문화의 가치를 깨치는 인문학적 '달마 게이트'를 통과합니다.

대학원에서는 한동안 비평이론을 열심히 가르쳤어요. 성과도 있었고 좌절도 있었습니다. 새로운 관점과 이론들을 공부하는 것은 문학 연구에 활력을 주고 담론을 풍요롭게 할 수 있다는 점에서 긍정적입니다. 20세기 후반의 국제 인문학 영역에서 가장 활발했던 것이 구조주의에서부터 촉발된 이론 분야입니다. 구조주의·기호학·마르크시즘·해체론·정신분석·수용미학·해석이론·러시아 형식주의 같은 이론들이, 그리고 좀 지나서는 페미니즘·탈근대론·탈식민론 등등의 이론 유파가 백가쟁명으로 비평적 설득 경쟁을 벌이고 있었죠. 1960년대에서 1990년대까지는 '비평이론의 시대'였어요. 그러다가 2000

년대에 들어 이론의 매력과 위력이 급속히 추락하죠. 특히 2001년 9·11 테러 이후 탈근대론 계열의 이론들은 거의 몰락하게 됩니다.

— 도정일 선생님의 문학사상사 강의는 플라톤에서 출발한다는 소문을 들었습니다. 신화를 그다지 좋아하지 않았던 플라톤을 읽히는 이유는 무엇입니까? 신화는 이야기mythos이고 플라톤은 이성logos의 영역 아닙니까?

도정일 서구 문명의 바탕을 두 개의 'R'로 표현하는 경우가 있습니다. '이성Reason'과 '계시Revelation'라는 거죠. 이성은 그리스 전통이고 계시는 히브리 전통입니다. 그리스적 이성을 대표하는 것이 이오니아 학파의 과학사상과 플라톤 등의 아테네 아카데미아 철학사상이죠. 서양 문명이 그리스 전통과 히브리 전통이라는 두 가닥 실로 짜여왔다는 건 일반적으로는 타당한 소리 같지만, 자세히 들여다보면 그리스 전통 자체가 '이성주의'만으로 된 것이 아니라 아주 강력한 비이성주의, 혹은 이성주의와 비이성주의를 혼합한 제3의 혼성 실타래도 갖고 있습니다. 그게 그리스 신화 전통입니다. 서양사상사에서는 대체로 이 신화 전통을 제대로 다루지 않는데 그건 잘못이에요. 플라톤은 기원전 5세기 그리스 신화 전통이 철학 전통으로 대체되는 전환점을 만든 사람이고 신화와 신화작가 들을 강하게 비판했던 사람입니다. 신화는 당시 '문학'이니까 플라톤은 최초의 조직적인 문학비평가인 셈이죠.

그런데 우리가 현대에 복원하려고 하는 것, 복원할 가치가 있는 것은 철학으로 대체되기 이전의 이야기 전통, 곧 신화적 사유와 신화적 상상력의 전통입니다. 별로 알려져 있지 않지만 하이데거 이후 현대 철학의 숨은 목표는 신화적 사유방식으로 되돌아가는 거라고 저는 생각합니다. 그래서 플라톤을 점검하는 일이 필요하고 중요합니다.

4

저는 신화가 전혀 과학적이지 못하다는 생각이 들기에 신화를 어떻게 과학으로 이해할 수 있을까 하는 생각을 많이 해봤습니다. 과학이라는 체계로 나름대로 제 사고를 정리하느라 애쓰며 한 20년 정도의 세월을 보내고 나니, 이젠 신화 이야기를 들으면 좀 답답해요. 신화는 실증적 근거를 가질 수 없게 된 것 아닙니까? 그렇다면 "신화가 우리한테 무엇을 줄 수 있는 겁니까?" **최재천**

인간 기원을 둘러싼
신화와 과학의 격돌

과학 하는 사람들은 신화나 종교를 문자적으로 읽으려고 해요. 생물학이 생명의 기원을 과학적으로 밝혀내면 그 순간 신화니 종교니 하는 것들은 쓸모없어진다고 생각하는 것 같아요. 신화는 과학이 아니라 상징이고 은유입니다. 그리고 신화는 답이 아니라 질문일 때가 많습니다. 오히려 신화에는 어떤 생물학적 설명보다도 인간성에 대한 깊은 통찰과 지혜가 담겨 있습니다. **도정일**

—　　　　이전의 이야기를 좀더 밀고 들어갔으면 좋겠습니다. 인간의 개체 생명체가 언제 시작되었느냐 하는 문제를 떠나서, 인간이란 존재는 언제 시작되었는가? 인간의 기원에 대한 관점도 문화론이나 종교 등에서 생각하는 것과 과학이 생각하는 것이 전혀 다르잖아요. 생물학적으로 이야기하면 인간이 태어나기 전부터 생명이 있었고, 인간은 생명의 긴 줄기에 어느 한순간 불쑥 튀어나온 콩나물 같은 것이죠. 한 콩나물은 나와서 이런 노래를 부르고, 다른 콩나물은 저런 노래를 부르는 것처럼요.

인문학적으로는 상상력의 근원인 신화에서부터 인간이 어디서 왔을까를 생각하기 시작합니다. 신화는 인간의 기원을 어떤 식으로 이야기합니까? 여러 가지 신화가 있겠지만 아무래도 기독교의 창조론과 그리스 신화가 가장 영향력이 크겠죠?

도정일　　인간 기원에 대한 신화는 크게 두 종류로 나눌 수 있어요. 하나는 인간이 누군가의 손에서 '만들어졌다'고 말하는 신화이고, 다른 하나는 '자생적으로 나왔다'고 말하는 신화입니다. 제조론과 자생론인 셈이죠. 수메르 신화를 비롯해서 히브리−기독교의 창조신화 등은 제조론에 속하고, 그리스 신화 중에서 가이아 이야기 전통은 대표적으로 자생론 쪽입니다. 제조론 계열의 신화들 중에서도 가장 강력한 것이 창조론인데, 이 전통에서 인간은 신이 창조한 존재, 곧 피조물입니다.

아담Adam은 흙을 의미하는 '아다마adama'에서 온 이름이죠. 사기장이가 흙으로 그릇을 만들듯 신은 창조의 마지막 날 아침 흙을 빚어 아담을 만듭니다. 그런데 그리스 신화에 오면 인간 출현 이야기가 두 갈래로 나뉩니다. 하나는 북방 남성신 중심의 제우스 신화인데, 이 전통에서는 제우스·프로메테우스·에피메테우스 같은 신들이 인간을 '만들었다'고 말하고, 이보다 오래된 남방 농경사회의 지모신地母神 가이아 중심의 이야기들은 인간이 '땅에서 솟아올랐다'고 말합니다. 무·배추가 땅에서 솟아오르듯 인간도 그렇게 땅에서 자생적으로 출현했다는 이야기입니다.

신화는 무엇을 말할 수 있는가

최재천   사실 제가 선생님을 만나서 이야기하다 보면 신화 부분에서 좀 부딪칠 것 같다는 생각을 했습니다. 저는 신화가 전혀 과학적이지 못하다는 생각이 들기 때문에 신화를 어떻게 과학으로 이해할 수 있을까 하는 생각을 많이 해봤죠. 미국으로 건너가서 본격적으로 과학, 그중에서도 진화생물학을 공부하면서 제일 섭섭하게 느꼈던 것 하나가 제 마음속에 있던 신화에 대한 신비로움이나 아름다움이 무참하게 무너져 내리는 것이었죠. 한편으로는 잘된 일이라고 스스로 위안을 하면서도, 또 한편으로는 제가 애초에 가지고 있던 문학에 대한 흠모를 잃어버리는, 저라는 인간의 가슴속에 있던 커다란 어떤 것이 사라져버리는 섭섭함을 느꼈어요. 사실 제가 과학자가 되리라고는 상상도 못했어요. 하지만 과학이라는 체계로 나름대로 제 사고를 정리하느라 애쓰며 20년 정도의 세월을 보내고 나니까, 이젠 신화 이야기를 들으면 좀 답답해요. 어쩔 수 없이 "신화가 도대체 우리한테 무엇을 줄 수 있는가?" 하는 질문을 하게 됩니다.

도정일   신화는 과학이 아니고 사실事實의 서술도 아닙니다. 그러

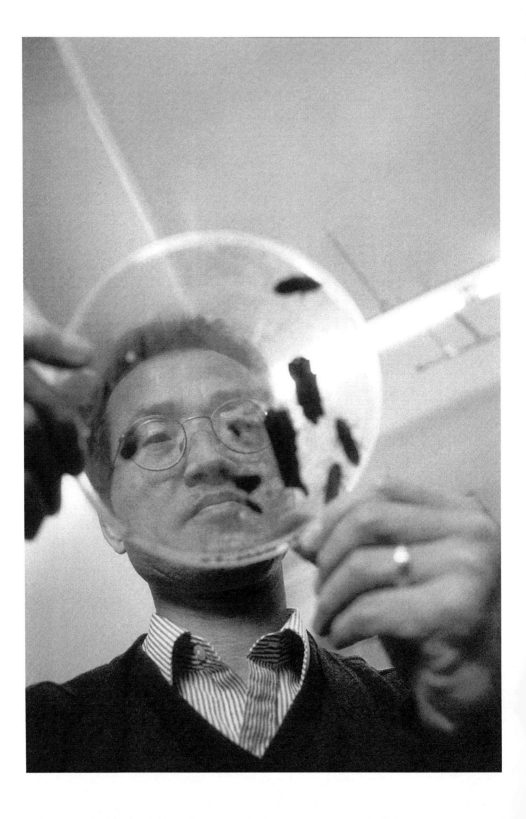

니 답답하게 여기지 않아도 돼요. 생물학자들 중에는 생물학을 하면서 창조론을 믿는 사람도 있습니다. 그러나 신화 연구자들은 아무도 신화를 과학이라고 생각하지 않아요. 현대인이 인간 기원에 관한 신화를 읽고 재미있어하는 이유는 그게 과학적 설명이어서가 아니죠. 이유는 딴 데 있어요. 이런 이야기는 앞에서도 좀 한 것 같은데.

최재천　저는 생물이란 절대로 만들어진(제조된) 것이 아니라고 확신하는 과학자입니다. 절대적으로 자연발생된 것이라고 생각하죠. 그런데 그게 사실은 설명하기가 무척 어려운 부분입니다. 이론도 있고, 누군가는 실험도 해봤고요. 저는 학교에서 일반생물학 강의를 하면 생명의 기원에 관한 장은 빼버립니다. 학생들한테 솔직하게 말하죠. "나는 이것에 대해 아는 바가 없다. 현재까지 나와 있는 이론 중 그 어느 것에도 완벽한 확신을 가질 수 없다. 여러분이 혼자 읽고 나름대로 생각해보기 바란다." 그러면서 그냥 넘어갑니다. 우리가 지금 알고 있는 사실은 어떤 화학물질들이 우연히 생명의 늪에서 돌아다니다가 방전 에너지를 받았고, 어찌하다가 DNA라는 자기 복제를 할 줄 아는 묘한 화학물질이 생겼다는 것이죠. 화학자들에 의해 생명의 기원에 관한 상당히 정교한 모델이 제시되어 있지만 저는 여전히 고개를 갸우뚱거리고 있습니다.

이 이야기를 잘못하면 우주물리학이나 화학을 전공하는 제 동료 과학자들이 무척 섭섭해할 거라서 영 조심스럽습니다. 그분들의 연구에 의해 우리는 우주의 나이는 물론, 그동안 변화해온 과정에 대해 상당히 많은 걸 정확하게 알고 있죠. 그럼에도 불구하고 이 '무식한' 진화생물학자는 아직도 뒤통수를 긁적이고 있습니다. 그렇지만 한 가지 분명한 것은 결코 설계된 것은 아닐 거라는 확신입니다.

창조주가 밖에 따로 있는 건 아닐 것이다?

최재천 예, 분명히 아닐 겁니다.

도정일 창조주의 다른 이름은 '설계자'입니다. 창조론적 신화들은 세계와 인간을 설계하고 만들어낸 '외부 지성'을 상정합니다. 인간이 제 손으로 자기를 만들고 세계를 만든 것은 아니다, 인간을 만든 존재는 세계 바깥에 따로 있다는 생각이 창조신화의 상상력이고 사유방식이죠. 요즘은 '창조론creationism'이라는 구식 명칭 대신 '지적 설계intelligent design'라는 새로운 이름이 등장했습니다. 인간을 포함해서 세계는 아주 정교하게 설계되어 있다, 이런 설계가 우연의 산물일 수 없다는 것이 지적 설계론의 주장입니다.

그러나 생물학자, 특히 진화론자라면 이런 설계이론을 결코 받아들일 수 없겠죠. 리처드 도킨스를 보세요. "나는 이 우주의 모든 생명체, 모든 지성, 모든 창조성, 모든 설계가 다윈이 말한 자연선택의 직접적 산물이거나 간접적 산물이라 생각한다. 설계는 진화를 선행하지 않는다. 우주의 근원에 처음부터 설계가 있었다고 말할 수 없다"라고 그는 말합니다. 설계가 먼저 있었고 그다음에 진화가 온 것이 아니라 그 반대라는 거죠.

현대 생물학의 세계관을 가장 명료하게 요약한 것이 1970년대에 자크 모노가 쓴 《우연과 필연》인데, 거기 이런 대목이 있습니다. 신화 강의 때 학생들에게 늘 인용해주는 말이라서 줄줄 외웁니다. 잘 아시겠지만 들어보세요. "생물세계biosphere에서 일어나는 모든 혁신과 모든 창조의 유일한 기원은 우연이다. 순수한 우연, 절대적으로 자유롭고 맹목적인 그 우연만이 진화라 불리는 거대한 건축물의 뿌리이다. 그것은 우리가 생각해볼 만한 여러 가능한 가설 가운데 하나가 아니라 현대 생물학의 중심 개념이다. 오늘날 우연은 우리가 생각할 수 있는 '유일한' 가설이며, 그동안의 관찰과 실험에서 '사실'로 확인된 것들과 일치하는 유일한 개념이다."

나는 도킨스나 자크 모노의 이런 소리에 박수를 보냅니다. 적어도 그건 '확신범'들의 발언이니까요. 그러나 생물학자들이 신화와 과학적 서술을 혼동할 때는 박수를 칠 수가 없어요. 수메르 신화를 보면 신들은 노동하기 싫어서 인간이라는 존재를 만듭니다. 신들도 먹고 살아야 하니까 농사짓고 고기도 잡으러 다니느라 허리가 아파요. 그래서 인간이라는 종자를 만들자고 하게 된 거거든요. 말하자면 신들을 위한 '노예'로 만들어진 것이 수메르 신화의 '인간'입니다. 이건 인간 기원에 대한 과학적 진술일 수 없어요. 그러나 다른 층위에서 보면 당시 사회의 인간관과 권력관계, 세계관을 말해주는 아주 강력한 이야기입니다. 지금도 그렇고요.

최재천　　인간이 일개미군요. (웃음)

도정일　　그렇죠. 우의적으로는 맞는 말이기도 합니다. 실제로 그리스 신화에는 개미들이 바뀌어 인간이 되었다는 이야기도 있습니다. 제우스가 어느 섬에 갔다가 개미 떼를 만나고 그 개미들을 인간으로 바꾸어놓았다는 거죠. 그러나 대체로 그리스 신화는 '신들의 노예'가 되기 위해 인간이 있게 되었다는 수메르 신화의 인간관을 받아들이지 않습니다. 이건 세계관, 인간관의 큰 차이죠. 수메르의 영향을 받은 것은 히브리 신화예요. 신화는 과학이 아니고 사실의 진술이 아닌데, 유대-기독교 보수주의자들은 '신화'라는 말을 히브리-기독교에 갖다대면 지금도 펄쩍 뜁니다. 아주 최근에도 내 신화론 강의를 수강하던 한 학생이 "유대 역사를 신화로 취급하는 것은 기독교도로서 받아들일 수 없다"라며 수강을 중도에 포기했어요. 이런 사태를 만나면 도킨스 같은 사람이 종교를 야무지게 비판하는 것이 이해되기도 합니다.

최재천   그런 상황에서 다윈이 《종의 기원》을 출간하기가 얼마나 힘들었겠습니까. 인간의 기원이 누가 만들어준 것도 아니고 인간 이전의 어떤 종으로부터 자연스럽게 분화되어 나왔다는 이야기, 정말 꺼내기 힘들었을 겁니다.

도정일   다윈은 기독교 신화가 이미 사람들 머릿속에 어떤 그림을 완전히 박아놓고 있는 시점에서 진화론을 이야기하려 했으니 몰매 맞아 죽지 않은 게 다행이죠. (웃음) 그 양반이 《종의 기원》을 써놓고 15년 동안 서랍에 넣어두었다고 했죠? 이해가 갑니다. 영국 사회니까 그나마 출판할 수 있었을 거예요. 줄리언 헉슬리 같은 용감한 지식인들의 옹호가 없었다면 다윈도 한참 더 고생했을 겁니다. 어디선가 읽은 건데, 다윈의 부인도 남편의 진화론에는 전면 설복되지 않았다고 해요. "그러나 여보, 인간의 손이 피아노를 치고 있을 때를 보면 난 당신 주장을 다 받아들일 수 없어요." 뭐 이 비슷한 말을 그 부인이 했다더군요. 다윈은 안팎의 소리에 번민하면서 귀를 기울인 사람 같아요. 배울 만한 점입니다.

최재천   다윈의 《종의 기원》이 출간되자마자 상당한 논란이 일었지만 그리 오래지 않아 그의 자연선택 메커니즘을 검증하려는 실험적 노력도 시작되었고, 또 대단한 일은 영국 종교계가 다윈을 받아들이기로 했다는 거죠. 다윈 선생님은 아무 문제 없이 웨스트민스터에 묻히셨잖아요.

이 시점에서 진보 이야기가 또 나와야 합니다. 당시 영국의 종교계는 다윈의 이론을 자신들이 생각하는 진보의 개념, 즉 진화의 정점에 신의 형상을 닮은 인간이 서 있을 수 있음을 과학적으로 설명한 이론으로 받아들인 것이죠. 어떤 의미에서는 다윈이 진보의 개념에 관해서는 약간 현실적인 타협을 한 게 아닌가 싶기도 합니다. 선생님, 그런데 기독교의 생각은 어떻게 지배적이 될 수 있었을까요?

도정일　글쎄, 되레 내가 묻고 싶은 말입니다. 하느님의 섭리겠죠. (웃음) 그 부분에 대해선 제가 모르는 일, 잘 설명되지 않는 일이 너무 많아요. 콘스탄티누스 로마 황제가 기독교를 공인한 것이 4세기 때 일인데 그 이후 15세기까지 1,000년 동안 유럽은 기독교의 세계가 됩니다. 창조주를 말하는 기독교의 '이야기 틀'이 로마 제국의 공식 서사로 올라서면서 유럽 전역의 다른 신화들은 모두 '이단서사'로 억압되어 물밑으로 잠수하죠. 그러나 결코 사라지거나 소멸하지는 않습니다. 제가 신화 강의에서 강조하는 것 하나는 그리스 신화가 중세 1,000년의 기독교 시대에도 살아남아 문예부흥기에 폭발적으로 부활하는 대목입니다. "다시 그리스로!"라는 게 유럽 문예부흥기의 구호였죠. 문화사로 보면 이건 창조주를 가진 히브리 신화 전통과 창조주를 설정하지 않는 그리스 신화 전통들 사이의, 그리고 시각적 형상(아이콘)으로 신들을 현란하게 재현해낸 그리스 문화와 형상주의를 거부했던 히브리 문화전통 사이의 대립과 갈등, 협상과 영향 교환의 역사입니다. 문화사는 그래서 한 편의 드라마죠, 지금도 계속되는.

최재천　순전히 정치적 드라마인가요?

도정일　그렇기도 하고 아니기도 하다고 생각해요. 기독교의 상승은 로마 제국이라는 국제 정치질서와 분리할 수 없죠. 그러나 문화사적 사건들이나 인간이 머리에 떠올리는 생각들을 모두 정치로 환원해서 설명할 수는 없을 것 같아요. "인간은 신이 아니다." 이런 건 정치적 언명이 아니거든요. "인간은 유한한 존재다. 그런데 그 유한자의 머릿속에 어째서 불멸성에 대한 그리움이 들어 있는가?" 이것도 정치적 질문은 아닙니다.

동남아시아에는 "말똥가리가 세계를 만들었다"는 신화가 있고, 북미 원주민 신화에는 "인간은 콩깍지에서 나왔는데 왜 나왔는지는 나도 모른다"는 식의 아주 절묘한 이야기도 있습니다. 에스키모 신화에서는 태초에 온 천지가 깜깜했는데 까마귀란 놈이 검은 하늘을 쪼아 구멍을 내고 그 구멍으로 빛이 들어오게 되었다고 말합니다. 탁월한 시적 상상력이죠. 인간이 이런저런 신화들을 만들어낸 배후에는 아주 강한 정치적 동기와 이데올로기가 있지만, 이야기를 만드는 힘 자체는 시적 상상력 같아요.

어떤 신화가 다른 신화들을 압도하고 지배적 이야기로 올라서는 데는 정치적 이유 외에 다른 이유도 있어 보입니다. 기독교 서사가 서양을 지배하게 된 것도 그래요. 그 이야기 틀 안에는 인간을 유한성, 어둠, 타락으로부터 이끌어내어 구원의 희망을 갖게 하는 강한 힘이 있습니다. 그래서 서사론 강의를 할 때 저는 인간의 상상력이 만들어낸 수많은 이야기 플롯 중에서 히브리 신화 플롯이 강력한 기본 플롯의 하나라고 말합니다. 인간 존재의 모순과 수난, 고통과 해방, 성찰과 희망 같은 걸 풀어내는 이야기 모델로는 히브리―기독교 서사가 엄청 강력한 플롯이죠.

유한자로 태어난 인간이 어째서 불멸성에 대한 그리움을 갖는가도 인간이 가진 모순의 하나입니다. 이 문제는 종교학적 주제이고 인문학적 질문이지만, 생명과학의 대중적 인기에 관계된 문제이기도 합니다. 최 선생님, 이것이 생물학의 화두일 수도 있을까요?

최재천   굉장히 재미있는 문제인데요. 저는 학기마다 첫 시간에 들어가서 다짜고짜로 "죽음을 연구하는 학문에 여러분을 환영합니다"라고 말합니다. 제 나름대로 첫 수업을 좀 충격적으로 시작할 요량으로 그런 말을 하는 거죠. 그러면 학생들 표정이 좀 얼떨떨해해요. 모두들 생물학은 생명을 연구하는 학문이라고 알고 있었을 테니까요. 사실 생물학은 죽음을 연구하는 학문입니다. 왜냐하면 죽는다는 게 결국 생명을 정의하는 가장 중요한 특성일 수밖에 없기 때문입니다.

언젠가 생명에 대한 글을 쓰려고 하다 무척 재미난 경험을 한 적이 있어요. 생명에 대한 글을 쓰려면 '생명이란 무엇이다'라는 정의를 내려야 할 필요가 있다고 생각했죠. 그래서 옥스퍼드 사전을 뒤져봤는데 그 정의가 어디 한두 가지라야 말이죠. 몇십 개가 있더라고요. "야, 이것 참 골치 아프구나" 했죠. 생물학적으로 생명을 정의하면 재생산을 할 수 있고, 또 무엇 무엇을 할 수 있고 등 아주 많았어요. 저는 뭔가 딱 한마디만 했으면 좋겠는데. 한참 고민하다가 저의 꼬마가 보는 주니어 옥스퍼드 사전을 펼쳤더니, 고맙게도 정의가 딱 하나만 있더라고요. "탄생에서 죽음까지의 기간, 그것이 생명이다." 이렇게 쓰여 있어요.

—   최 선생님! 생물학자가 보는 생명의 특성은 어떤 것입니까?

최재천   생명의 제일 보편적인 특성은 한계성ephemerality입니다. 도 선생님께서 말씀하신 유한성이죠. 그럼에도 불구하고 거의 모든 종교가 불멸성을 추구합니다. 어떻게 하면 영원히 사느냐, 꼭 이승에서 사는 게 아니더라도.

생물학이라는 학문이 죽음을 연구한다는 게 장난으로 하는 소리가 아닙니다. 생명체가 하나 만들어진 후에 죽어야 한다는 것을 설명하기가 대단히 어렵습니다. 유전자가 하나의 생명체를 꽃피웠는데, 사람 같으면 100조 개의 세포를 만들어서 잘 사는데, 과학적으로 생각할 때 사실 이것을 끝내야 할 이유가 딱히 없습니다. 잘 하고 있는데, 기왕에 만들어놓았는데, 그 생명체로 하여금 계속 유전자를 복제하게 하면 되는데 말이죠. 그런데 왜 유전자는 조금 쓰다가 치워버리고 또 다른 것을 만들고, 또 다른 것을 만들고 해야만 하느냐는 겁니다. 만들어놓은 것을 없애면 자원도 낭비되고, 또 여러 가지 손해가 있을 것 아닙니까. 이건 어떻게 보면 유전자의 선택 문제입니다. 유전자는 하나 만들어서 그것을 오래 쓰는 것보다는 자주 바꾸는 작전을 택한 것뿐이죠. 유전자가 죽음을 택했기 때문에 우리는 어쩔 수 없이 태어났다가 죽어가는 거죠.

현재 생물학 분야에서는 세포의 죽음을 연구하는 학문이 중요한 학문 가운데 하나입니다. 이걸 '아포토시스apoptosis'라고 하는데, 미국 친구들은 '에이팝타시스'라고 부르는 이 현상에 대해 아주 열심히 연구하고 있습니다. 이것을 연구해놓으면 노화도 암도 해결할 거고, 모든 것을 다 해결할 수 있거든요. 세포의 죽음에 관한 비밀을 알아내면 어떤 세포는 안 죽일 수도 있고 어떤 세포는 일부러 골라 죽일수도 있죠. 세포가 하나 만들어졌다가 왜 꼭 죽어야 하는지 그 이유를 설명하는 일이 세포를 만들어내는 것을 설명하는 일보다 더 어렵습니다. 사람들은 그냥 노폐물이 쌓이니까 죽는 것 아니냐는 생각을 할 겁니다. 그런데 노폐물이 왜 쌓여야 되냔 말이죠. 노폐물이 쌓이면 바깥으로 내보내는 메커니즘을 이미 갖고 있는데. 철학과 마찬가지로 생물학도 본래 죽음을 이해하기 위해 생겨난 것은 아닌가 하고 의심하고 있습니다.

도정일   생명체가 왜 죽어야 하는지에 대한 질문은 주요 신화들의 근본적 화두이기도 합니다. 히브리 신화는 창조 이야기로 시작되지만 그 이야기 밑바닥에는 인간이 왜 죽어야 하는가라는 질문이 깔려 있죠. 죽을 존재라면 애당초 만들긴 왜 만들어? 게다가 까다로운 논리적 질문들도 숨어 있습니다. 신은 완전자인데 그 완전자가 어떻게 불완전 존재를 만들 수 있는가? 완전자가 불완전자를 만든다면 그는 완전자가 아니지 않은가? 설계 착오인가? 완전자가 어떻게 착오를 일으킬 수 있는가?

인간이 죽는 것은 유전자란 놈이 애초부터 죽음을 선택했기 때문이라는 게 생물학의 설명이라면 '인간이 잘못해서'라는 게 히브리 신화의 '이야기'입니다. 죽음은 인간이 저지른 실수의 결과이고 죗값이라는 거죠. 신화는 어떤 문제를 논리적으로 '설명'하지 않습니다. 설명한다면 그건 과학이거나 철학 에세이지 '이야기'는 아니니까요. 인간이 은총의 동산을 잃고 쫓겨나게 된 것은 이러저러한 죄를 저질렀기 때문이라고 이야기로 풀어주는 것이 히브리 신화의 에덴 동산 이야기죠. 이브가 뱀의 꾐에 빠져 금지된 나무열매를 따먹은 죄, 아담이 하느님에게 거짓말한 죄 같은 거 말입니다. 그러나 가장 큰 죄는 명령위반의 죄입니다. "이건 따먹지 말라"는 금지명령을 어긴 거죠. 위반이고 명령 불복종입니다.

최재천   그렇죠. 명령 불복종이죠.

신, 노동하기 싫어서 인간을 만들다

도정일　　그런데 논리적으로만 따진다면 에덴 동산 이야기는 허점 투성이입니다. 금지된 두 가지 나무 중에 이브가 손댄 것은 생명의 나무 열매가 아니라 지식의 나무 열매예요. 이 열매는 흔히 사과로 표상되지만, 그건 중세의 어떤 화가가 금단의 나무를 그리면서 열매 는 뭘로 할까 고민하다가 "에라, 사과가 좋겠다"고 해서 큼직큼직한 사과들을 그려넣은 데서 유래한 것이지 꼭 사과나무는 아니에요. 또 '선악과의 나무'가 아니라 '선악을 알게 하는 지식의 나무'입니다.

　　중요한 건 신이 지식의 나무에만 접근을 금한 것이 아니라 생명의 나무에도 금지령을 내려놓았다는 겁니다. 신은 애당초 인간에게 영 생을 줄 의사가 없었거나 "영생을 줄 건지 말 건지는 이 녀석들이 아 비 말을 잘 듣고 복종하는가 어떤가를 봐서"라는 식으로 결정을 미 루어놓았던 건지 모릅니다. 그런데 야훼는 전지全知의 신입니다. 전 지의 신이라면 아담과 이브가 결국은 아비 명령을 어기게 될 것이라 는 걸 알면서도 그냥 내버려두었다고 해야 논리적으로는 맞습니다. "신은 미래를 아는가?"라는 문제는 물론 지금도 신학의 논쟁거리입 니다. 인간의 단순한 머리로 생각하면 미래라는 것은 아직 오지 않은 것, 일어나지 않은 사건입니다. 말하자면 존재하는 게 아니죠. 그래 서 아직 존재하지 않는 미래에 대해서는 신도 모른다는 주장이 나와 요. 그러나 과거·현재·미래라는 시간 분할은 인간의 의식 속에만 있는 인간의 시간입니다. 시간을 넘어선 것이 신이라면 그 신에게 그 런 시간 구획이 있겠습니까?

　　──　　그렇지는 않겠죠.

도정일　그렇더라도 논리적으로만 따지면 문제가 많아요. 신에게 시간 같은 건 존재하지 않는다고 합시다. 그 신은 시간의 세계를 만들고 인간을 그 세계 속에 던져넣습니다. 여기서 무시간성과 시간성의 관계가 문제입니다. 시간 존재 아닌 신이 시간의 세계를 만들었다면, 그는 그 세계의 바깥에, 거기서 완전히 분리된 곳에 있으면서 시간의 강물에 빠져 허우적거리는 인간을 오불관언으로 구경하는 존재여야 합니다. 하지만 히브리—기독교의 신은 자비와 사랑의 신으로 나옵니다. 인간을 만들고 보살피고 사랑하는 신이죠. 시간 존재 아닌 신이 시간 세계의 인간을 보살핀다면 그건 그가 불완전한 시간의 세계에 관심을 갖고 그 세계를 사랑하는 거나 다름없습니다.

시간 존재 아닌 신이 시간을 사랑한다? 완전성의 신이 불완전한 세계를 사랑한다? 이건 논리적 모순이죠. 무시간 존재는 시간을 그리워할 필요가 없고 완전한 것은 불완전한 것을 사랑할 이유가 없습니다. 그런데 히브리—기독교의 신은 시간을 넘어선 존재이면서 동시에 시간 속에 있는 존재 같아 보입니다. "신은 무시간적 존재다"라는 진술과 "신은 시간적 존재다"라는 진술은 서로를 배척합니다. 두 진술이 동시에 맞을 수는 없죠. 하지만 히브리의 신에게는 그 두 모순 진술이 다 맞아야 합니다. 하긴, 이 모순을 껴안아야 하는 것이 어쩌면 신의 고통이고 그 고통을 감내하면서까지 인간을 사랑하기로 한 것이 그의 위대한 능력일지는 모르죠. 어느 경우든 히브리 경전의 신은 인간을 시험에 걸어놓고 "요 녀석, 어느 쪽을 선택하는지 보자"며 덤불 뒤에 숨어서 인간의 노는 꼴을 지켜보는 데 특별한 취미를 가진 존재 같습니다. 족장 아브라함도 그런 시험에 걸리죠.

선악을 아는 분별지分別知라는 것도 문제입니다. 선악을 분별하지 못한다면 어떻게 선을 선택합니까? 악을 구별하지 못한다면 무한지식의 추구가 악의 일종이라는 걸 어떻게 알죠? 아담 부부가 분별의

지식을 갖고 있었다면 금단의 열매를 먹지 않았을 거라는 역설도 성립합니다. 게다가 인간의 조상이 지식의 나무 열매를 따먹었는데도 그 후의 인간들은 더 지혜로워지지 않았고 무한지식을 갖게 된 것도 아닙니다.

농담입니다만, "이 열매를 먹으면 죽는다"는 신의 경고에도 불구하고 열매를 먹은 아담 부부는 금방 죽지 않습니다. 아담은 920년이나 살아요. 또 이브와 뱀이 수작하는 동안 아담은 뭘 했죠? 이 대목에서 아담은 아내가 시키는 대로 하는 일급 멍청이입니다. 여자가 꾐에 넘어가는 걸 옆에서 보고 있었을 텐데도 그는 제지하지 않았습니다. 멍청히 있다가 아내가 따준 열매를 또 멍청히 받아먹죠. 그리고 들통나자 "이 여자가 먹자고 해서 먹었다"며 책임을 여자에게 뒤집어씌웁니다. 우리 고위 공직자들 중에는 부동산 투기 이력이 들통나면 "아내가 한 짓이다, 나는 몰랐다"고 말하는 사람들이 있죠. 아담의 후손들임에 틀림없습니다.

최재천　저는 이런 생각을 해봅니다. 하느님이 우리 인간만 만든 게 아니기 때문에 그렇게 따지면 모든 피조물을 다 완벽하게 만드셨어야 하는 것이죠. 그런데 사실 그렇게 안 하셨거든요. 마틴 가드너가 쓴 《아담과 이브에게는 배꼽이 있었을까》라는 책이 있어요. 아담과 이브가 진정 하느님이 만드신 최초의 인간이라면 어머니의 존재를 상징하는 배꼽이 없었어야 한다는 거죠. 미켈란젤로가 시스티나 성당 천장에 아담을 그릴 때도 이게 문제가 되었다고 합니다.

진화생물학자 중에 그야말로 전설적인 인물인 존 홀데인J. B. S. Haldane이 술집에서 남겼다는 이야기가 있어요. 그분이 글로 썼다는 이야기는 전혀 없고, 그냥 구전되기만 해요.

—   그럼 신화네요.

최재천   맞아요. 생물학계의 신화적인 존재인데, 그분이 대학 앞 술집에서 사람들을 모아놓고 이야기를 했나 봐요. 누군가가 질문을 했어요. "당신은 생화학자이고 생명의 기원에 대해서도 연구하는데, 그럼 조물주에 대해 어떻게 생각하느냐?" 홀데인은 기지 넘치는 원라이너one-liner, 즉 기지가 번득이는 간결한 경구를 잘 던지는 사람으로 유명하거든요. 그 말이 지금도 남아 있어요. 홀데인이 귀찮다는 듯이 한마디로 "그 양반, 딱정벌레를 병적으로 좋아하는 괴벽이 있었던 모양이야"라고 대답했다는군요. 지구에서 제일 많은 존재가 곤충이고, 곤충의 거의 3분의 1이 딱정벌레거든요. 그러니까 하느님이 뭔가를 만드시는데, 딱정벌레를 한번 만들어보고는 재미가 나신 거예요. "하! 요것 봐라" 하시며 조금 달리 만들어보고, 또 조금 달리 만들어보다가 세월을 다 보내신 거죠. 딱정벌레만 너무 많이 만들어놓은 거예요. 조물주께서는 이상하게 딱정벌레를 좋아하는 괴벽을 가졌다는 겁니다.

그러니까 어떻게 보면 하느님은 실험을 한 겁니다. 이것은 이렇게도 만들어보고, 저것은 저렇게도 만들어보고. 그런 가운데 인간도 만들었는데, 인간이 완전히 짝사랑하고 있는 것이죠. 딱정벌레를 만들 때 우리 인간도 같이 만들어진 건데. 딱정벌레도 지금 자기들끼리 이런 말을 하고 있는지 모르지만, 우리 인간은 하느님을 쳐다보며 우리는 당신의 형상대로 만드셨으니 "당신이 우리만 사랑하셨다"고 합니다. 이거 완전히 짝사랑 아닙니까? 저는 그렇게 생각합니다. 미국 유학을 해본 사람들은 대개 공유하고 있는 경험인데, 우리나라 사람들은 미국이 우리와 제일 친할 줄 착각합니다. 막상 유학 가서 미국 사람들이 한국이 아프리카 대륙에 있느냐고 하면 까무러치는 거죠.

게다가 미국 사람들이 일본에 대해서는 상당히 자세히 알고 있고, 또 일본 사람들을 무지하게 좋아하는 걸 보면 야속하기까지 하죠. 짝사랑입니다. 하느님이 우리 인간은 그저 한 번 만들고 끝이었습니다. 하느님이 진정 사랑하신 동물이 있다면 그건 당연히 딱정벌레일 수밖에 없죠. 그렇게 여러 번 만드셨는데.

도정일　짝사랑이라! 지상에 인간만큼 자기중심적인 동물이 없죠. 사랑의 신이 있다면 그는 만물을 똑같이 평등하게 사랑하는 존재겠죠. 유독 인간만 특별히 더 사랑한다고 말할 수 없을 겁니다. 우리가 '휴머니즘'이라고 불러온 것의 밑바닥에는 인간중심주의가 있습니다. 일종의 짝사랑이죠. 과대망상이기도 하고.

──　"인간이 만물의 척도다"라는 말도 그런 과대망상이겠군요?

도정일　그렇습니다. 그런데 "인간이 만물의 척도다"라는 말은 후대 사람들이 앞뒤 문맥을 빼고 사용하는 바람에 인간중심주의적 발언처럼 되고 말았는데, 사실 그 말은 인간이 만사를 인간 중심으로 생각하고 신들의 모습까지도 인간의 형상으로 그려내는 걸 비판하는 맥락에서 나온 겁니다. 신화가 신인동형神人同型으로 신들을 만들어내는 데 대한 조롱이죠. "인간은 자기를 척도로 해서 신을 그려낸다. 그러나 만약 당나귀가 신을 그린다면 당나귀의 모습으로 그릴 것이고 코끼리는 코끼리의 모습으로 신을 그릴 것이다." 기원전 4세기 그리스 자연철학자 크세노폰이 신화를 비판하면서 한 말이에요.

짝사랑이 저 혼자 누굴 좋아하는 거라면 크게 문제될 것은 없습니다. 스토킹만 하지 않는다면 말이에요. 그러나 "신은 세상 만물을 인간을 위해 만들었다" 하면 짝사랑은 위험천만한 것이 되죠. 거기서부터 '신의 이름으로' 온갖 악행을 저지를 수 있게 되니까요. 중세 기독교의 역사적 악행이 그런 거죠. 종교재판, 대심문, 마녀사냥, 이단 처형 등 사랑의 신이라면 절대로 용납하지 않을 범죄 행위들이 '신의 이름으로' 자행됩니다. 신이 그런 범죄현장을 내려다보고 있었다면 아마 기가 찼을 겁니다. 그뿐 아니죠. 인간이 자기가 잘못해놓고도 '신의 뜻'으로 돌리는 일이 좀 많았습니까. 인간이 져야 할 책임을 신에게 떠넘기는 거죠.

최재천　이래저래 되게 억울한 거네요. (웃음)

도정일　어쩌면 신은 무한한 인내 그 자체일지 모릅니다. 억울해도 참고, 분통이 터져도 참고, 자기 이름을 팔고 다니는 자들이 사기를 쳐도 꾹 참아요. 그가 참아낸 인내의 무게를 저울로 달면 아마 수백억 톤은 될걸요? 히브리 경전의 신은 분노하기도 하고 화도 낼 줄 아는데, 어느 순간부터는 그냥 긴 침묵이에요. 그런데 이 침묵이 사실은 참 무서운 겁니다. 인간이 철들기를 기다리는 거잖아요? "내가 너희에게 자유를 주었으니 이제부터 네가 살고 죽는 것은 너희 책임이다" 이런 식이죠. 히브리 경전이 궁극적으로 인간에게 가르치는 것은 '반성과 성찰의 지혜'일 거라고 나는 생각합니다. 자신의 행위를, 자신의 업적까지도, 매 순간 성찰하는 자만이 구원의 희망을 얻을 것이라는 지혜 말입니다.

　성찰은 윤리적 행위인데, 지금의 인간이 딱 그런 윤리적 시험에 걸린 것 같아요. 문명 발생 이후 지금까지 인간이 겪어온 딜레마 가운데 가장 큰 것이 기술력과 윤리적 능력 사이의 불일치일 겁니다. 생명기술만 해도 그렇죠. 자, 이런 기술이 있다, 그런데 써야 하느냐 말아야 하느냐? 이 순간에도 신은 인간이 윤리적 성찰력을 발휘해줄 것을 참고 기다리는지 모릅니다. 문제는 인간의 기술능력은 빠르게 발전하는데 윤리적 능력은 그렇지 못하다는 겁니다. 한쪽은 날고 한쪽은 깁니다.

최재천   선생님, 저는 우리 시대의 윤리가 특별히 문제가 되는 것처럼 이야기하는 것에는 좀 회의를 느낍니다. 우리는 우리가 나날이 비윤리적이 돼간다고 말합니다. 정말 그럴까요? 정말 우리 사회가 그 옛날 한밤중에 남의 부락에 쳐들어가 곤히 자는 사람들의 목을 베고 여자들을 마구 겁탈하던 때보다 윤리적으로 더 타락한 삶을 살고 있단 말인가요? 저는 아니라고 봅니다. 우리 부모님 세대는 우리더러 타락했다고 개탄하고, 우리는 우리대로 우리 자식들을 보고 윤리적이지 못하다고 혀를 찹니다. 우리 자식들은 또 그들의 자식들을 보고 똑같은 소리를 하겠죠. 생명과학의 발달이 우리를 혼란스럽게 하는 것은 사실이지만, 그렇다고 해서 우리 스스로를 지나치게 비윤리적인 존재로 비하할 필요는 없다고 봅니다. 우리는 충분히 윤리적이고, 그렇기 때문에 지금 우리가 겪고 있는 이 까다로운 생명윤리의 문제를 슬기롭게 풀어갈 것이라고 믿습니다.

다윈의 시나리오

—   최 선생님, "진화에는 목적이 없다"고 하셨는데 진화에는 정말로 목적이나 방향이 없는 겁니까?

최재천   그것은 진화생물학자 사이에서도 논란의 대상입니다.

도정일　진화는 단순한 것에서부터 복잡한 것으로 진행된다는 것이 생물학자들의 생각입니다. 그렇다면 복잡성이라는 방향은 있는 거잖아요?

최재천　태초부터 지금까지 진화해온 경향을 놓고 보면 분명히 어떤 방향은 있습니다. 단세포 생물에서부터 오늘날 인간을 비롯한 복잡한 다세포 생물까지 나왔으니까요. 단순한 것에서 복잡한 쪽으로. 어떤 방향이 분명히 있어 보이고, 환경에 대한 적응력도 적응하지 못한 것에서 적응하는 쪽으로 나아갔죠. 이렇게 보면 방향은 있는 것이죠. 하지만 현재 살고 있는 생물이 그 방향을 인식하고 거기에 영향을 미칠 수 있느냐 하면, 그런 일은 절대 없다는 겁니다.

　물론 '절대 없다'는 말에도 생각해볼 점이 있습니다. 우리 생각에는 인간만이 자신의 환경을 변화시키면서 살아가려는 것 같지만, 사실은 다른 많은 동물도 환경을 엄청나게 바꾸면서 살고 있어요. 자기의 주변환경을 바꾸려고 애쓰면서 살아가기 때문에, 그게 역으로 되먹임 작용을 통해 그들의 진화에 영향을 미치지 않는다고는 아무도 말할 수 없죠. 그래서 간단한 문제는 아닙니다. 명확하고 간단한 논리는 "아무리 노력해도 다음을 예측할 수 없기 때문에 방향을 잡는다는 것은 근본적으로 불가능하다"는 거죠.

　일단 인간을 빼놓고 이야기해보죠. 갈매기들이 벼랑에서 짝짓기를 하여 둥지를 틀고 바다에 내려가서 고기를 잡으며 "아이구! 금년에는 물고기가 많네" 하며 신나 할 수 있습니다. 그러면 작년에 알을 두 개만 낳아 키우던 놈들이 금년에는 알을 세 개 낳습니다. 세월이 좋으니까요. 그런데 이건 그놈들이 사는 동안만 좋은 겁니다. 세 마리의 갈매기 새끼들을 키워놓았는데, 그 새끼들이 살게 되는 다음 세대에 갑자기 먹을거리가 줄어들면 그놈들은 졸지에 망하죠.

미래의 상황은 예측할 수 없기 때문에 이른바 시간차time lag가 항상 존재하죠. 진화는 내가 사는 지금 이 순간에 일어나는데 그 결과는 다음 순간에 판정을 받거든요. 그러기 때문에 방향을 예측하고 방향에 따라 설계하면서 살 수 있는 동물은 없다고 보는 거죠. 인간은 방향을 예측하고 설계하려고 무지무지 애를 쓰면서 살아왔어요. 인간이 얼마나 성공했느냐 하는 것은 아직 역사가 짧아서 판정할 수 없지만요. 그 짧은 인간의 역사를 더욱 좁혀서 보면 가끔 영향을 미치는 것 같기도 하지만, 길게 보면 과연 영향을 미치는 것인가 하는 의심이 들기도 합니다.

이건 논리적으로 방향을 잡기가 어렵습니다. 그것에 대한 가장 근본적인 설명을 하는 데서 다윈과 라마르크의 차이가 드러납니다. 라마르크는 우리가 '획득형질의 유전'이라고 부르는 것처럼, 당대에 내가 노력하면 그 노력의 대가가 나 자신의 생물학적인 속성을 바꿔주어서 다음 대에 개선·개량된 종자가 나타난다고 주장했어요. 기린이 목을 자꾸 빼다 보면 길어지고, 길어진 놈이 새끼를 낳으면 목이 긴 놈이 나온다는 주장인데, 다윈은 절대 그럴 수 없다면서 정면으로 반대하고 나왔죠. 그런데 당시에는 다른 주장들이 있었죠.

—　　　당시에는 목 긴 놈만 살아남았다는 주장이 성했죠.

최재천　　그렇죠. 목이 긴 놈이 살아남고, 그놈들이 자손을 퍼뜨렸기 때문에 지금과 같은 상태라는 거죠. 사실 당시에는 유전학적인 지식이 없는 상황에서 두 분이 싸움을 한 거거든요. 어떻게 보면 다윈은 운이 참 좋았죠.

지금 우리가 아는 유전학 지식은 자식에게 전해지는 유전자는 정자와 난자 안에 들어 있는 유전자뿐이란 말이에요. 제 몸에 100조 개의 체세포가 있는데, 이 세포에 들어 있는 유전자들 가운데 그 어느 것도 자기의 유전자, 자기 복사체를 직접 후세에 물려줄 재주가 있는 유전자는 없어요. 남자로 말하면 정소 안에 있는 유전자DNA들만이 그걸 할 수 있죠. 그런데 만일 정소가 아닌 다른 데서 벌어진 변화가 정소 안에 있는 DNA에 영향을 미치는 메커니즘이 있으면 가능하겠죠. 제가 공부를 무지무지 많이 해서 제 정자 속에 뭔가 변화를 일으키고, 그래서 제 자식이 태어날 때부터는 다윈 책을 읽지 않아도 이미 알고 나오게 할 수 있다면 말입니다. 하지만 그건 현재 우리가 알고 있는 유전 메커니즘에 대한 지식으로는 불가능한 일입니다.

우리가 태어날 때는 수정란 하나로 태어나잖아요. 난자와 정자가 만나고 유전자를 섞은 다음 그 하나의 세포가 둘이 되고 넷이 되고 여덟이 되고 해서 100조 개가 되는데, 어떤 놈은 무슨 운명을 잘 타고났길래 정소가 되고 어떤 놈은 뭘 잘못했길래 간이 되어서 평생 술만 거르는 데 가냐 이거죠. 그러니까 유전자들 입장에서 생각할 때도 자기네 운명이 어느 순간에 결정되어버리는 것이 무지무지 불합리할 거예요. 간으로 가는 놈은 "가방끈이 짧아 밀리나 보다" 하며 별 생각을 다할 겁니다.

—　　　라마르크의 경우 진화와 상관없는 이론이라고 결론이 났잖습니까?

최재천　다윈의 이야기는 현대 생물학적으로 검증되었죠. 영향을 못 미치는 게 아니라는 것이죠. 간에 가 있는 놈이 잘하면 정소에 간 놈이 번식할 기회를 더 많이 갖게 되니까요. 그러니까 기회는 만들어 주는데, 그것에 실질적인 변화를 일으키지는 못한다는 거죠. 안타깝죠. 그래서 지금 라마르크의 이론을 부활시키고 싶어하는 생물학자들이 적지 않습니다. 옥스퍼드 출판사만 해도 지난 5년 동안 서너 권의 책을 냈을 정도거든요. 라마르크 이론을 뒷받침할 수 있는 어떤 것 하나라도 발견하면 근본부터 뒤흔들 수 있다는 거죠.

문제는 기린 목은 너무 길고, 사슴 목은 기린에 비하면 너무 짧다는 거예요. 그렇다면 정말 옛날에도 그렇게 긴 놈들이 있었기 때문에 긴 놈만 살아남은 것이냐? 라마르크의 이론이 1퍼센트만 맞아도 설명하기가 무척 쉬워집니다. 인간이 그 짧은 시간에 어떻게 이처럼 기가 막히게 변했나를 설명하기도 굉장히 쉬워지죠. 어떤 베짱이는 나뭇잎인지 곤충인지 구별이 안 될 정도로 벌레 파먹은 것까지 흉내내면서 진화를 했거든요. 가서 건드려봐야 알 정도입니다. 저놈이 어떻게 보통 베짱이에서 저런 베짱이로, 남들은 그냥 보통 베짱이로 남아 있는데 얼마나 오랜 세월이 걸렸기에 저렇게 변했는지. 누가 거기에다 벌레 파먹은 자국까지 넣겠다고 생각한 건 분명히 아닐 텐데 그것까지 생깁니다. 라마르크의 이론이 조금만 들어가면 갑자기 설명하기가 쉬워진단 말이죠. 그래서 그걸 부활시키고 싶어하는데 지금까지는 아무리 연구해봐도 직접적인 건 하나도 없어요.

그런데 간접적인 건 있습니다. 유전자가 발현될 때 그 환경을 변화시킬 수 있는 여지들은 많이 발견됩니다. 그래서 영향을 미칠 수 있는 것을 조금씩 찾아내고 있죠. 그중 가장 흥미로운 주제가 유전적 각인genetic imprinting이라는 현상인데, 요즘 생물학에서 가장 활발한 연구가 진행되는 분야입니다. 같은 유전자라도 어떤 환경요인에 각인되느냐에 따라 발현 패턴이 달라지는 현상입니다. 라마르크가 말한 것을 액면 그대로 받아들이지는 못하지만, 그가 완전히 틀린 것은 아닐 겁니다.

이런 상태에서 지금은 라마르크와 다윈을 제쳐놓고 유전자를 조작하고 있는 겁니다. 그렇게 하면 안 되는 것을, 뇌가 진화해서 아무리 노력해도 못 바꾸던 것을, 그 뇌로 (인간이) 지금의 방법을 찾아낸 거죠. 유전자를 끄집어낸 다음 바꿔서 넣어주는 겁니다. 그러면 인간이 목적한 대로 생명체가 진화할 수도 있는 거죠, 이론적으로는.

도정일 천재의 후손들 중에 천재가 별로 없습니다. 잘난 아비가 꼭 잘난 아들을 낳는다면 "자식 농사 뜻대로 안 된다" 같은 말은 생겨나지 않았을 거예요. 하나의 개체가 자기 생애 중에 획득한 어떤 능력을 생식세포에 입력했다가 바로 다음 세대로 전해줄 수 있다면 종의 개량은 단시간에 이루어졌겠죠. 그런데 문제는 인간이라는 종이 어떤 방법으로 그렇게 빠른 시간 안에 지금 같은 고도의 능력을 가진 복잡한 존재로 진화했는가라는 겁니다. 이건 순수한 '생물학적 진화'만으로는 설명되지 않죠. 인간의 진화에 가속도가 붙은 것은 지난 1만 년, 길게 잡아야 2만 년 전부터입니다. 1만~2만 년은 진화의 긴 시간 안에서는 정말 찰나에 불과해요.

그래서 '사회적 진화'라는 개념이 들어옵니다. 문명이란 것이 일어나면서부터 인간은 자연 말고도 '사회'에 적응해야 했는데, 사회가 복잡해지면 해질수록 거기에 적응하는 능력도 고도화한 거란 이야기죠. 이 적응능력은 생물학적으로 전수된 유전자 덕분이기보다는 문화적으로 전수되고 자극된 능력 때문입니다. 모방·선망·학습·선택·경쟁 등의 문화적 자극의 결과로 촉진된 능력이죠. 이걸 인문쟁이들은 생물학적 유전이 아니라 문화적 유전이란 의미에서 '문화 DNA'라고 부르죠. 그러니까 '용불용설'은 개체 차원에서는 맞지 않을지 모르지만 집단 차원에서는 뭔가 설득력 있는 거 아닐까요? 어떤 문화는 과학을 발전시킬 수 있었고 어떤 문화는 그러지 못했어요. 이런 차이가 생물학적 차이는 아닐 거 아닙니까? 진화의 개념을 넓혀서 볼 경우에도 생물학은 진화에 목적이 없다고 말합니까?

최재천　아니죠. 생물학에서는 목적이 있다고 말합니다.

도정일　무슨 목적이죠?

최재천　제가 도발적으로 목적이 있다고 했는데, 그 목적이 'DNA
의 목적'이기 때문에 문제가 되는 겁니다. DNA가 처음에 우연하게
태어났는지 어땠는지, 앞서 말씀드린 대로 DNA의 기원에 대해서는
저는 할 말이 별로 없는 사람입니다만 DNA가 생겨난 다음에는 그
목적이 아주 분명하거든요. 그저 복제, 증식, 낳고 만드는 것뿐이에
요. 그것을 하기 위해서 존재하죠.

도정일　돈의 논리하고 똑같군요.

최재천　그래서 '생물학은 곧 경제학'이라고들 이야기합니다.
DNA는 자기 목적을 달성하기 위해 처음에는 발가벗고 돌아다녔는
데 장사가 잘 안 된 거죠. 그래서 만들어낸 것이 세포예요. 세포를
만들어내고 그 세포가 혼자 돌아다니다가 "아휴, 이것도 안 되겠다,
저 녀석이랑 손을 잡자" 한 것이죠. 이른바 공생설이죠. 많은 분은
DNA가 핵 안에만 있다고 생각하죠. 하지만 식물 같으면 엽록소를
가지고 있는 엽록체 속에, 그리고 동식물 세포 모두에서 에너지 단위
를 만들어내는 미토콘드리아 안에도 DNA가 있습니다. 핵 안의
DNA하고 전혀 상관없는 DNA가 따로 앉아 있어요.
　우리는 보통 남자에게서 반, 여자에게서 반이 합쳐져 만들어지는
핵 안에 있는 DNA만이 세상을 만들어내는 걸로 알고 있습니다. 하
지만 사실 암컷은 난자 속에 핵 DNA 반과 엽록체 또는 미토콘드리
아의 DNA를 가지고 옵니다. 그래서 우리는 지금 미토콘드리아의

DNA를 거슬러 올라가서 인류의 기원을 찾는 작업을 하는 겁니다. 여성으로만 계속 전달된 계보를 찾아가는 거죠.

도정일　'아프리카의 이브' 말이죠?

최재천　예, 아프리칸 이브가 거기서 왔습니다. 이런 공생 과정을 거쳐 서로 다른 박테리아들이 요즘 말로 하면 FTA를 맺고, 그것도 모자라서 세포끼리 다시 모여 다세포 생물을 만들고, 근육도 만들고 심장도 만들고 마침내 뇌까지 만들어 오늘날 여기까지 온 거죠. 인간의 경우 전에는 할 수 없었던 엄청난 일을 뇌가 다 해내고 있습니다.

제가 예전에 어디선가 발표를 하면서, 지금 어딘가 DNA 사령부가 있으면 앉아서 쾌재를 부르고 있을 거라고 했더니 종교학자들께서 막 웃으시더라고요. "야! 드디어 성공했다. 우리가 만들어낸 저 뇌브레인라는 작품이 이제는 기계를 만들어 우리DNA를 복제해주고 있다" 이거죠. 우리는 지금 실험실에서 클로닝cloning을 하잖아요. 그 전에는 DNA가 어렵게 생명체를 다시 만들어 거기에서 겨우 하나의 복제품을 생산해냈는데, 인간이라는 동물에게 기막힌 브레인을 얹어주었더니 이제 실험실에서 마구 복제를 해준다는 겁니다. DNA 사령부가 드디어 대박을 터뜨린 거죠.

도정일　DNA의 안식일이겠네요. 좀 쉬자, 이제 쉬어도 되겠다면서.

최재천　이렇게 엄청난 성공을 거둔 DNA가 자기 자서전을 쓰고 있다면, 그 자서전은 지금 마지막 장에 들어온 겁니다. "우리가 그동안 그렇게 많은 실험을 하며 고생해온 보람이 있다. 드디어, 드디어 성공했어!"

DNA 사령부의 비밀 프로젝트

—　　　　　DNA 사령부 이야기도 신화처럼 들리는데요? 니체는 헤겔 철학
이 없었으면 다윈도 없었을 거라고 말했습니다. 물론 직접 공부했는지는 알 수
없지만. 분명히 초월적 목적은 없어 보이지만, 그러니까 어떤 초월적인 창조주
가 무슨 목적을 가지고 만들지는 않았다고 하더라도 내재적 형태의 목적 같은
것, 우리 안에 내재되어 있는 뭔가가 자기를 끊임없이 전개해가는 그런 거 말
입니다. 만약 DNA가 절대정신이라면 역사란 그 DNA가 자기를 실현해나가
는 정신적 과정이 되죠. 이렇게 되면 생물학은 19세기에 탄생한 세련된 신학,
세련된 목적론이 될 수도 있지 않나요?

도정일　　DNA 사령부와 기독교적 창조신화 사이에는 분명한 차
이가 있습니다. 창조주란 의도와 목적을 가진 설계자입니다. 아무
목적도 없이 설계부터 하는 건 아니죠. 생명체의 창조 이전에 이미
목적과 설계가 있었고, 그 설계에 맞추어 창조가 진행되었다는 겁니
다. 놀랍도록 정교하고 복잡한 구조를 갖고 있는 생명체들이 우연
히, 맹목적으로 생겨나고 발전한 것은 아니다, 생명체들은 고도의
지성이 설계한 작품이다, 그 고도 지성이 곧 창조주인 신이라는 거
죠. 도킨스 같은 사람이 받아들이지 못하는 것은 이 부분입니다. 생
명 출현 이전에 미리 설계가 있었던 것은 아니다, 생명체가 복잡한
설계를 갖게 된 것은 진화의 결과일 뿐 어떤 설계자가 그려놓은 청사
진 덕분이 아니라는 거죠.
　아까 최 교수님께서 나뭇잎처럼 생긴 곤충 이야길 했죠? 그 녀석

은 조물주가 처음부터 그렇게 설계했기 때문이 아니라 진화의 결과
라는 소립니다. DNA가 처음부터 목적과 설계를 갖고 움직인 것이
아니라는 게 진화론의 줄기찬 주장입니다. 목적이 있다면 적응과 생
존, 복제와 증식입니다. 그런데 이 복제와 증식이라는 목적은 맹목
적인 거라는 이야기죠. 환경에 가장 잘 적응하는 쪽으로 움직이다가
환경에 엄청난 변화가 일어나면 한순간 망할 수도 있습니다. 그래서
맹목이라는 겁니다. 땅굴을 잘 파는 두더지가 적응기술로 치면 단연
뛰어난 두더지죠. 그런데 어느 날 우연히 그 땅굴 위로 50톤짜리 탱
크가 지나가면서 땅굴을 뭉개버리면 두더지 인생은 끝납니다.

　기독교가 아니더라도 인간이 이런저런 창조신화를 만든 것은 인
간 존재를 맹목성이나 우연성에 종속시킨다는 게 도무지 허전해서
견딜 수 없었기 때문입니다. 그래서는 인간이 존재하는 이유나 삶의
의미를 찾을 데가 없죠.

　　　─　　　진화론에 대한 종교, 특히 기독교의 입장은 현재 어떤 건가요?
가톨릭은 진화론을 용인하고 있지 않습니까? 작고한 교황 바오로 2세가 "진
화론은 단순 가설 이상의 것이다"라고 말했다는데 이건 진화론 수용 의사를
암시한 것 아닌가요?

도정일　1996년에 교황 바오로 2세가 그런 말을 했죠. 그러나 그
게 꼭 수용 발언은 아닙니다. 가톨릭은 과학을 부정하지 않아요. 다
만 어디까지를 인정하고 어디서부터는 인정하지 않는가가 중요합니
다. 진화론의 경우를 보면, 생물학이 지상 생명체들의 진화의 역사
와 메커니즘을 과학적으로 밝혀내는 부분에 대해서는 "오케이, 너
잘했다"고 교회는 말합니다. 과학이 밝혀낼 것을 밝혀낸다면 그건
신이 준 이성의 능력을 인간이 잘 사용하는 것이라는 입장이죠. 여기

까지가 '인정' 부분이에요.

그런데 과학이 진화의 메커니즘을 밝혀내면 낼수록 창조자의 놀랍고 정교한 설계와 창조의 최종 목적이 그만큼 더 잘 드러난다는 것이 가톨릭의 생각입니다. 생물학이 진화에는 목적이 없다, 진화는 맹목이라고 주장하는 부분에 대한 가톨릭의 응답은 상당히 정교해요. "거봐라, 그 부분에 대해 넌 모르지 않냐? 생명체의 진화 방향과 목적은 진화가 책임질 수 있는 문제가 아니니까 진화론이 그 부분에 대해 모르는 것이 당연하다. 진화의 목적과 방향을 책임지는 존재는 따로 있다. 그가 바로 창조의 설계자다." 내가 가톨릭을 대변할 입장은 아니지만, 내가 아는 한에서는 이게 대체로 진화론에 대한 가톨릭 교회의 입장인 것 같습니다. 진화론의 눈에는 진화가 눈먼 과정 같아 보이겠지만 진화는 결코 장님 다리 건너가듯 한 일이 아니다, 장님을 이끄는 안내자가 있다는 이야기죠.

— 인문학에서는 진화론이 어떤 문제를 일으킵니까?

도정일 문제가 많아요. 우선 말이죠, "원인 없이도 어떤 일이 일어날 수 있는가?"라는 골치 아픈 문제가 있습니다. 내가 오늘 배탈이 났다면 어젯밤 쉰밥을 먹었거나 상한 막걸리 세 사발을 마셨거나 좌우간 무슨 이유가 있었기 때문일 겁니다. 잘 모른다고 해서 원인이 없는 건 아니죠. 원인을 찾아 결과를 합리적으로 설명해주는 것이 과학이죠. 자연과학이든 사회과학이든 과학은 그래서 합리적이고 이성적인 설명방식입니다. '그 원인에 그 결과'라는 식으로 원인과 결과를 합당하게 이어주는 것이 과학적 합리주의죠. 배가 아파 병원에 갔는데 의사가 "당신 사촌이 논 샀지?"라고 진단해주면 아무도 받아들이지 않습니다.

철학에는 "운동을 있게 한 최초의 원인은 무엇인가?"라는 질문이 있는데, 사실 철학은 이 최초 원인을 찾는 일로 시작되었습니다. 최초 원인이 '기원'입니다. 근대 철학도 마찬가지예요. "원인 없이도 운동이 있을 수 있는가?"라는 건 칸트가 평생 매달린 화두의 하나죠. 하이데거식으로 말하면 "있는 것은 왜 없지 않고 있는가?"라는 질문이 됩니다. 그런데 진화론처럼 생명이 출현한 원인도 목적도 모른다, 혹은 목적 같은 것은 없다고 말하면 합리적 설명 모델이 무너지죠. 사건은 있는데 원인은 없다는 게 되니까요. 합리성의 부정이라는 큰 문제가 생깁니다.

진화에 목적이 없다는 주장을 역사학적으로 옮기면 "인간의 역사에는 아무 목적도 없다"가 됩니다. 목적이 없으면 의미도 없죠. 의자를 만든 목적이 의자의 의미 아닙니까. 인간이 하는 일이 역사를 만드는데, 그 일에 아무 방향도 목적도 없다면 역사는 무의미한 우연적 사건들의 연쇄에 불과해지죠. 역사목적론에는 초월적 목적론과 세속적 목적론이 있는데, 기독교 섭리사관이 앞의 것이라면 마르크시즘이나 진보사관은 뒤의 것을 대표합니다. 역사에 목적이 있느니 없느니 하며 약 200년 동안 티격태격하다가 20세기 후반쯤부터는 무목적론이 득세합니다. 그러나 이 문제는 아직 종결된 게 아니에요.

— 문학은요? 문학을 빼놓을 수 없죠?

도정일 빼놓을 수 없죠. 할 이야기가 많지만 두 가지 예만 들어보겠습니다. 창작이든 비평이든 간에 문학사상 가장 강력한 문학이론을 창시한 사람은 아리스토텔레스입니다. 그런데 이 2,400년 된 영감님의 플롯 이론은 우연성을 거부하는 철저한 인과론이자 목적론이에요. 그 원인에 그 결과라는 논리적 필연에 따라 사건을 합리적 질서로 배치하는 것, 이게 아리스토텔레스가 주장한 플롯입니다. "까마귀 날자 배 떨어진다"는 플롯이 아닙니다. 두 사건 사이에는 '때문에'라고 말해주는 인과관계가 없으니까요. 콩 심은 데는 반드시 콩이 나고, 팥 심은 데는 반드시 팥이 나야 합니다. 그게 합리적이고 필연적인 사건 전개죠.

또 있어요. "끝을 보면 시작을 알 수 있다"는 것도 합리적 플롯 이론의 알맹이입니다. 플롯의 시작은 끝을 잉태해 있고 끝은 시작을 반향한다는 것도 같은 소리죠. 그 끝이란 게 곧 목적입니다. 아리스토텔레스는 "플롯의 목적은 끝에 도달하는 것"이라고 말합니다. "이야기의 목적은 결말에 도달하는 것"이라는 주장들도 아리스토텔레스 이론에 바탕을 두고 있습니다. 도토리 속에는 참나무가 되겠다는 꿈이 잠복해 있는데, 이 꿈을 실현하는 것이 도토리의 최종 목적입니다. 최종 목적은 이미 애초의 원인으로 도토리 속에 잠복해 있으면서 목적지를 향해 가도록 안내합니다. 그러니까 도토리가 엉뚱하게 감나무로 자라는 일은 없다는 거죠. 이건 서양 문학론 2,000년을 지배한 강력한 플롯 이론입니다. 지금도 그래요. 플롯을 말할 때면 20세기 영국 작가 E. M. 포스터의 말이 곧잘 인용되는데, 이런 거예요. "여왕이 죽었다. 그리고 왕이 죽었다"라는 건 플롯이 아니다, 그러나 "여왕이 죽었다. 슬픔 때문에 왕도 죽었다"라고 하면 플롯이 된다는 겁니다. 아리스토텔레스 이론 그대로죠.

—   20세기 이후의 창작 이론은 어떤가요?

도정일   20세기에 들어오면 창작이론이 굉장히 다양해집니다. 그런데 그 대부분이 인과론적 플롯 이론을 거부하거나 거기서 이탈하는 것들입니다. 훨씬 자유로운 창작방법을 제시하는 거죠. 이야기의 결말을 완벽하게 종결하기보다는 비결정 상태로 열어놓는 새로운 창작법도 그래서 나옵니다. 우연미학이나 창발성이론 같은 것은 진화론의 주장과 아주 유사한 데가 있어요. 진화론이 인문학에 영향을 주기 이전부터 창작이론에는 "우연성이 창조성이다"라는 생각이 꽤 퍼져 있었어요. 19세기 낭만주의 시대 때 이미 자연을 기계적·수동적 물질존재로 보기보다는 놀라운 창의력·발명력·상상력을 발휘하는 '창조 마인드'로, 말하자면 '창조의 천재'로 보기 시작해요. 20세기에 들어서서는 자연이 이처럼 창조성을 발휘할 수 있는 비밀열쇠가 우연성에 있다고 생각하는 사람들이 많아집니다. 진화론과 훨씬 가까워지는 거죠. 게다가 20세기 후반쯤부터는 인문학 이론 상당수가 이성에 대한 불신과 비판 쪽으로 급격히 이동합니다. 그러니까 진화론이 제기하는 문제들은 문학이론과도 깊은 관계를 갖고 있습니다.

그러나 인간사회는 결코 인과성이나 합리성의 모델을 포기하지 못할 거라고 나는 생각합니다. 그걸 포기하면 삶을 안내하는 정의·행복·꿈 등의 화살표들이 없어지기 때문입니다. 이성만으로 사회를 조직하고 운영하려 들면 사회는 지옥이 될 겁니다. 그러나 이성의 폐기도 세상을 지옥으로 만들죠.

최재천　선생님, 어떻게 보면 거기까지 갈 필요도 없을 것 같은데요. 과학이라는 학문 자체, 과학이라는 활동 자체가 행복을 창조하는 활동이잖아요. 더 잘 살기 위해서, 더 편하게 살기 위해서 뭔가 가치 있는 것을 추구하는 활동이니까요. 사실 과학은 어떻게 보면 바로 그 인문학적인 목표를 직접 추구하는 학문이고, 또 지금 그렇게 하고 있고요. 그런데 이상하게도 많은 경우에 과학이 그걸 파괴하려는 것 같은 인상을 줍니다. 참 불가사의한 일이죠.

도정일　과학이 인류에게 준 혜택과 행복의 양이 크다는 것은 누구나 인정합니다. 과학을 빼고는 문명을 생각할 수 없죠. 과학이 아니었다면 인류는 지금도 태양이 지구 주위를 돈다고 생각할 거 아닌가요? 인문학자들 중에는 예술과 기술이 별 관계가 없다고 생각하는 사람들도 있지만, 사실 예술의 기본은 기술이에요. 기술의 실용성으로부터 예술이 해방되는 것은 훨씬 나중의 일입니다.

최재천　인간을 호모 사피엔스, 호모 루덴스 등으로 많이 규정하잖아요. 그런데 저는 얼마 전부터 호모 사이언티피쿠스*Homo scientificus*라고 부르기 시작했습니다. 과학은 인간이라는 동물이 필연적으로 할 수밖에 없는 일이라고 생각했으니까요.

옛날 동굴 시대에도 무리 중 누군가는 분명히 밖에 나가서 사슴 또는 사슴의 조상쯤 되는 동물들이 어디로 움직이나를 살폈을 겁니다. 동물행동학자죠. 그는 그것을 잘 관찰해서 데이터를 뽑아놓고 "우리가 4시쯤 저 계곡에서 기다리면 그놈들이 나오게 돼 있어. 그때 때려잡으면 되는 거야"라고 말했겠죠. 이처럼 동물의 행동을 잘 살피는 사람이 있는 동굴의 사람들은 잘 먹고 잘 살았을 거예요. 그런가 하면 누가 시키지도 않는데 혼자 앉아서 어떻게 하면 활촉을 더 뾰족하게 잘 만들까 생각하면서 활촉을 갈고 있던 사람도 있었을 거예요. 바로 기술자죠. 또 남이 일해주는 덕분에 잘 먹고 잘 사는 사람들도 있었겠죠. 하지만 남 덕에 잘 먹고 잘 살기만 하려는 사람들만 있는 집단과 동물의 행동을 관찰하고 더 뾰족한 활촉을 만들기 위해 애쓰는 사람을 가진 집단 중 어느 집단이 더 성공적이었을까는 너무나 자명한 것 아니겠어요?

인간이 다른 동물에 비해서 그런 활동들을 특별히 잘했기 때문에 오늘날 객관적으로 볼 때 가장 성공한 동물이 된 거 아닌가요? 인간의 뇌가 진화의 산물이라면, 그것의 필연적인 결과물로 나온 과학도 진화의 산물이죠. 이렇기 때문에 과학을 하느냐 마느냐를 이야기하는 것은 거의 언어도단이라고 생각합니다. 그냥 우리가 과학을 하게끔 진화한 거라고 생각합니다. 그런데 왜 자꾸 과학 때문에 못 살게 되는 것 같은, 그래서 과학이 원흉으로 몰려야 하는지.

도정일 나도 인간은 기본적으로 '기술적 존재'라고 생각합니다. 프로메테우스는 신으로 나오지만 내가 보기로 그는 '기술인간'의 원형입니다. 그는 인류에게 불만 가져다준 것이 아니에요. 의학·셈법·글자·도예·농사 등 수많은 기술을 가르쳐주었거든요. 심지어 신들을 속이는 기술까지도 가르쳐줍니다. 벌거숭이 인간이 죽지 않고 살아남게 한 일등 공로자죠. 인류학적으로 보면 프로메테우스는 기술로 인간을 도운 '문화영웅'입니다.

그리스 신화의 대표적 장인신은 헤파이스토스지만, 사실 올림포스 신들은 모두 한가락 하는 뛰어난 기술자들이었습니다. 태양신 아폴론은 동시에 의료 기술자였고, 아테나 여신은 베 짜기의 명수, 곧 방직 기술자였죠. 헤르메스는 총알같이 메시지를 전하고 다니는 통신 기술자였죠. 신들은 인간이 도달하고 싶은 이상적 존재, 모방대상, 능력의 절정이에요. 그 신들이 기술자였다는 건 기술능력에 대한 인간의 선망을 잘 보여줍니다.

그런데 과학기술이 위협적인 '몬스터(괴물)' 이미지를 얻게 된 가장 큰 직접적 이유는 전쟁과 파괴, 대량살육 같은 것들이 과학기술과 연관되어 있기 때문일 겁니다. 15년 전까지만 해도 '핵기술'은 인류의 최대 위협으로 여겨졌죠. 나치 일당이 600만 명을 효과적으로 처리할 수 있었던 건 독가스 기술 덕분입니다. 나치 의사 멩겔레도 그렇고 일본 만주군 731부대의 생체실험에 종사한 사람도 의학 기술자들이었습니다. 행복을 가져다주는 자가 동시에 불안과 공포의 원천이기도 하다는 건 피할 수 없는 양면성의 아이러니 같아요.

아니지, 이렇게만 말하면 안 될 것 같네요. 기술이 꼭 인간을 행복하게 하는가라는 질문이 있죠. 기원전 3세기 그리스 기술 수준으로는 현미경을 만들 수도 있었을 거라고 하잖아요. 오목렌즈나 볼록렌즈 같은 기술이 이미 나와 있었으니까요. 그런데도 그리스 사람들은 현미경을 만들지 않았습니다. 과학사의 미스터리죠. 철학 쪽에서는 인간이 육안으로 볼 수 있는 것 이상으로 사물을 본다는 것은 오만이라는 생각, 물질적 풍요가 반드시 인간을 행복하게 하지는 않는다는 경각심 때문이었을 거라는 견해를 내놓죠. 행복, 행복 하지만 그리스 문화에서는 "인간에게 최선은 태어나지 않는 것이고, 차선은 일찍 죽는 것"이라는 말이 '지혜'로 유통되기도 했어요. "번식하라!"는 유전자 명령에는 정면으로 배치되는 지혜죠.

—— 자살을 부추기는 말이군요?

도정일 그렇지요. 나중에 다시 얘기해야겠지만 아닌 게 아니라 자살이라는 것, 참 이상한 행동 아닙니까? 남들은 결혼해서 아이 낳고 잘 사는데 생을 거부하고 자살해버리는 사람들이 있습니다. 개체 생명체의 이런 행동을 생물학에서는 뭐라고 말합니까? 내가 보기에 자살충동은 반생물학적 명령 같은데, 그 명령은 어디서 오는 것일까요? 그것도 유전자의 명령인가요?

최재천 DNA는 그저 브레인을 만들어놓았을 뿐인데, 브레인(뇌)이라는 것을 진화시켜놓고 보니 이 인간의 브레인이 자기도 속해 있는 생명체에게 스스로 생을 마감하라고 시킨다는 것은 상당히 모순되는 일이고 설명하기 어려운 일입니다.

우스꽝스러운 다른 상상을 해봅니다. DNA 사령부에서는 한동안 이 문제로 무척 고민을 했을 것 같아요. 기가 막힐 정도로 우수한 뇌를 지닌 인간이라는 놈들을 만들어놓았더니 한동안은 "바닷가의 모래알처럼 번성하라"고 했듯이 정말 모래알같이 번식을 하다가 갑자기 번식을 하지 않는 겁니다. 콘돔을 끼고 섹스를 하는 등 온갖 방법을 동원하여 번식을 자제하더라는 겁니다. 특히 잘 된 브레인일수록 번식을 덜 하는 것 같은 인상마저 주잖아요. 요즘 대한민국은 계산 잘하는 브레인들이 양육 걱정, 사교육비 걱정 등을 하다가 아예 아이를 낳지 않는 결정을 내리고 있지 않습니까? 우리나라 평균 출산율이 대체 출산율인 2.1명은 언감생심 꿈도 못 꾸는 수준이고, 지금 전 세계에서 거의 최하위입니다. 불과 몇 년 전만 해도 '둘만 낳아 잘 기르자'라는 구호에 현혹되던 브레인인데.

이 문제가 심각해지자 DNA 사령부에서는 인간으로 하여금 DNA 복제기술을 개발하게끔 조작했을 수도 있는 거죠. 저는 "요놈들을 가만히 놔두니까 우리 작업을 방해해서 완전히 끝낼 놈들이네"라고 생각해서, "그래! 잠자리를 같이해서 만들 게 아니면 딴짓을 해서라도 만들어라!" 하고 그쪽 방향으로 생각하게끔 인간을 조절했을 수도 있겠다는 생각이 듭니다. (웃음)

— 　DNA 음모설 또는 DNA 배후조종설입니까?

최재천　네, 충분히 음모가 있을 수도 있겠다는 것이죠. 농담입니다만, 우리가 한동안은 반대 방향으로 가는 듯싶더니, 결국은 DNA가 원하는 쪽으로 방향 전환을 하고 있거든요. 신기합니다.

도정일　생태 파괴와 자연 오염은 인간이 저지르는 가장 우매한 행위죠. 종의 절멸을 초래할 수 있으니까요. 그런데도 지금 지구상의 거의 모든 나라는 개발과 생태 파괴를 계속하고 있습니다. 국민을 잘 먹고 잘 살게 하기 위해서는 개발이 불가피하다는 판단이 승하기 때문이죠. 그런데 그 결과는 인간이 번식할 기회가 늘어나는 것이 아니라 되레 오그라들게 되는 겁니다. 환경 호르몬 증가와 정자 감소 같은 것은 생식능력의 위축을 보여주고 있습니다. 결국 유전자의 관점에서 보면 기술 발전이 유전자의 자기복제에 도움을 주어야 하는데, 오히려 반대 방향으로 발전할 수도 있어 보인단 말이죠. 유전자 사령부는 이 사태를 어떻게 볼까요? 행복해할까요?

――　인간을 포기하고 다른 방식으로 DNA 복제를 할지도 모르겠군요?

최재천　유전자의 입장에서는 인간을 포기하고 말고가 없죠. 유전자는 인간만 가지고 장사를 하는 게 아니니까요. 사업을 엄청나게 많이 벌여놓았잖아요. 지금 지구의 생물 다양성만큼 다양한 사업을 하고 있는 거죠. 그중 되는 놈은 키우고 안 되는 놈은 버리는 거죠. 유전자의 입장에서 우리 인간이 쓸모없어 보이면 가차 없이 폐기처분할 거예요.

그런데 인간의 미래를 보면, 우리는 폐기처분을 당할 가능성을 우리 스스로 굉장히 높이고 있는 것 같아요. 환경을 엄청나게 파괴해서 DNA의 사업을 망치다가 복제기술까지 개발하고. 요즘은 인간이 DNA한테 예쁘게 보일지는 모르지만, 사실 우리 인간이 살다갈 기간을 따져보면 정말 짧을 것 같아요.

다이아몬드 교수 이야기를 한번 더 해야겠네요. 그가 2005년에

《문명의 붕괴Collapse》라는 책을 냈어요. 인류의 역사에서 왜 한때 그렇게도 잘 나가던 문명들이 허무하게 사라지고 없는가를 분석했죠. 마야 문명, 이스터 섬의 문명, 아나사지 문명 등은 그 옛날 대단히 화려했던 문명들인데 이제는 그 영화의 흔적만을 남겨둔 채 허무하게 우리 곁을 떠났습니다. 다이아몬드 교수의 분석에 따르면 그 모든 문명을 무너뜨린 유일한 원인이 환경 파괴는 아니었지만 어김없이 중요한 요인의 하나로 작용했다는 겁니다. 전 지구적으로 이른바 '제6의 대절멸'을 일으키고 있는 현대인들, 특히 '균형 있는 지역간의 발전'이라는 어리석은 구호 아래 이 좁은 국토의 어느 한 곳도 성한 곳 없이 죄다 파헤치는 대한민국 정부에 시사하는 바가 큰 책입니다. DNA 사령부의 폐기처분 영순위가 왠지 대한민국일 것 같아 걱정입니다.

도정일 쓸모없어 보이면 가차 없이 폐기처분한다? 구조조정이군요. 사람들은 인간이 지구 경영자라고 생각하는데, DNA가 보기엔 그거야말로 참 어처구니없는 과대망상이라는 소리 아닌가요? 정신이 확 드는 소립니다.

한때 지구는 공룡들의 무대였죠. 그런데 그 공룡시대가 7,000만년 전 갑자기 끝납니다. 혜성 충돌 때문이니 화산 대폭발 때문이니 하는 설명들이 있던데, 어떤 생물학자는 한 종의 생명체가 너무 번식해서 지구를 완전히 장악하면 지구는 그놈들을 절멸시킨다고 말하더군요. 인간종도 그 수준에 도달한 거 아닌가요? 게다가 인간에 의한 생태 파괴는 지구의 종 다양성을 대폭 줄이는 일이죠. 이건 DNA가 봤을 때 자기 창고를 거덜내고 생산성을 위협하는 거 아닌가요? 그러면 정말이지 DNA 사령부로선 "이거 안 되겠어, 요 인간이란 놈들 구조조정해야겠네" 하고 나올 법합니다. 이런 거 영화로 만들면 대박나지 않을까요? 과학영화가 없는 것이 우리 영화계의 한 전통인데 신소재도 개발할 겸 생물학자 최재천이 DNA 사령관으로 나오는 겁니다. (웃음) 그러고 보니 생각나는군요. 우리 문단에 반칠환이라는 시인이 있는데 이 양반 시에 이런 것이 있어요. 인간이란 종자가 저 혼자 잘 먹고 잘 살기 위해 하도 못된 짓을 많이 하고 다니니까 "신이여, 이제 그만 인간을 거두소서"라고 비는 시예요.

그런데 최 교수님, 이건 무식한 질문인데 체세포로 복제된 생명체도 섹스를 하고 유성생식을 통해 재생산할 능력이 있습니까?

최재천　현재의 지식으로 봐서는 그러지 못할 이유가 없죠.

도정일　섹스는 DNA 사령부가 만들어놓은 위대한 번식장치죠. 인간의 경우에는 쾌감과 번식을 한데 묶어놨기 때문에 더 위대해 보여요.

5

생물학자인 제가 보기에는 영혼도 DNA일 수밖에 없다는 겁니다. DNA의 '확장된 표현형' 같은 걸로 볼 수 있겠죠. DNA가 없다면 영혼이 한 세대에서 다음 세대로 전달되는 게 상당히 어려우리라고 생각합니다. 영혼이 뭐냐고 묻는다면 "영혼도 DNA의 씨앗일 수밖에 없다"고 대답하겠습니다. **최재천**

DNA는
영혼을 복제할 수 있는가

"영혼은 DNA다"라고 말씀하셨는데, 대담한 선언입니다. 그런데 영혼이 DNA라면 영혼도 당연히 유전되어야 하는데 그게 그렇지 않아 보인다는 게 문제입니다. 영혼과 혼은 구분해야 하지 않을까요? 혼이라 부르는 것은 문화적으로 전승되지만, 개인의 영혼일 때는 문제가 달라져요. 영혼의 존재를 인정한다면 그게 유전되지 않는다는 것도 인정해야죠. **도정일**

—   그렇다면 본격적으로 인간본성을 바라보는 인문학과 생물학의 입장 차이를 들어보고 싶은데요. 우선 우리에게 희망과 걱정을 동시에 안겨주는 유전자 이야기로 말문을 열었으면 좋겠습니다. 우리가 흔히 '유전체 genome 프로젝트'라고 부르는 생물학적 전망의 구체적인 정보를 짚고 넘어갈 필요가 있겠습니다.

우리는 유전체 프로젝트의 의미를 상당히 오해하고 있는 게 사실이더라고요. "그거 정말 토정비결 아니냐?", "유전자 지도를 보면 아이의 인생 경로가 보인다"는 등 오해와 왜곡이 많습니다. 유전체 프로젝트의 진짜 내용이 어떤 건지, 지금 얼마만큼 진행되고 있는지, 이런 것들을 최 선생님께서 설명해주셨으면 좋겠습니다.

최재천   제가 귀국 후에 여러 번 '진화와 창조'를 주제로 강연을 했는데요. 얼마 전 강남대학교와 미국 자연신학연구센터가 주최한 국제학회에서 제가 던진 화두는 "영혼은 복제될 수 있는가?"였습니다. 기독교도에게 가장 큰 어려움이 바로 이 문제죠. 그런데 과학적인 사실을 어떻게 부정하겠습니까? 우리 눈앞에서 복제인간이 걸어 다니는 상상이 실제로 다가온다면, 그것을 어떻게 받아들여야 하느냐 하는 문제가 종교에서는 영혼의 문제가 되더라고요. 복제인간도 구원받을 수 있느냐 하는 것부터 시작해서 여러 복잡한 문제가 튀어나왔습니다.

저는 "영혼은 복제될 수 있는가?"라는 문제를 제기하면서 다음과 같은 몇 가지 설명을 곁들였어요. "인간의 유전체가 모두 밝혀졌다고는 하지만, 모든 사실을 아는 건 아니다. 지금 밝혀놓은 것은 어느

자리에 어떤 유전자가 앉아 있다는 위치만 찾아낸 것이다." 그러니까 지도의 얼개를 그려놓은 것에 불과하죠. 그 유전자가 왜 그 자리에 앉게 되었는지, 어떤 경로를 거쳐 앉게 된 것인지, 바이러스를 타고 들어온 건지, 아니면 우리의 최초 조상 때부터 갖고 있었는지, 파충류 시절에 들어와서 그대로 눌러앉은 건지 등에 대해서는 아는 바가 거의 없거든요. 이 말은 그 유전자가 무엇을 하는 유전자인지 알지 못한다는 의미입니다. 앞으로 그 비밀을 찾아나가려면, 글쎄요, 하나 둘씩 찾아나가겠지만 전체를 이해할 때까지는 우리가 아무리 발버둥을 쳐도 몇십 년, 아니 몇백 년이 걸릴지도 몰라요. 결론적으로 말하면, 인간은 아직 인간 자신에 대해 아는 게 별로 없다는 겁니다.

여기서 정말 심각한 문제가 등장합니다. 유전자에 대해 잘 알지도 못하면서 그것을 가지고 뭔가를 만들어내려고 한다는 거죠. 과학의 길은 아직 멀었는데 기술이 덤벼들어 선무당 짓을 하니, 이게 큰 문제입니다. 기술이 마냥 과학을 기다리고 있지는 않을 겁니다. 좀이 쑤셔서 못 기다립니다. 아직 과학적으로 확실하지 않은 상태더라도 기술은 인류를 구한답시고 이런저런 시도를 할 겁니다. 다른 기술들도 그런 일을 해왔고 요행히 성공한 것들도 있지만, 생명과학을 응용한 기술은 좀 달라야 할 것입니다. 생명을 가지고 실험을 할 수는 없으니까요. 그게 바로 생명의 존엄성이라는 거니까요.

복제인간과 유전자 클리닉

—　　　많은 사람이 오해와 억측을 하다 보니 쓸데없는 걱정을 많이 하고 있잖아요.

최재천   복제인간에 대한 가상 시나리오를 하나 생각해봅시다. 제 이야기를 들으면 복제인간에 대한 쓸데없는 오해나 공포가 조금은 사라질 겁니다. 어느 날, 눈이 많이 쏟아졌어요. 눈 온 다음날 아침, 집 앞에 쌓인 눈을 치워야 하잖아요. 요즘은 집 앞이나 골목의 눈도 잘 안 치우지만. 장갑을 끼고 목도리를 두르고 눈을 치우러 나가 보니, 누군가가 이미 제 집 앞의 눈을 깨끗이 치워놓은 게 아니겠어요? 마음속으로 이렇게 말했죠. '이런! 요즘 세상에 이렇게 좋은 사람도 있나?' 나중에 알고 보니 며칠 전에 이사 온 옆집의 젊은 부부가 눈을 치웠다는 거예요. 며칠 후 길을 걷다가 그 젊은 부부를 만나서 인사도 하고 집에 초대해 밥도 먹고 차도 마시면서 보니까 요즘 젊은이들답지 않게 사람들이 참 반듯하더라고요. 그래서 그렇게 생각하고 있는데, 어느 날 안사람이 호들갑을 떨면서 "여보, 옆집 젊은 사람들이 복제인간이래. 복제인간!"이라고 말하는 겁니다.

자, 이때 과연 어떤 말을 할까요? "내 그럴 줄 알았어. 그놈들 눈빛이 왠지 이상하다 했지"라고 말하겠습니까? 저는 안 그럴 것 같아요. 내 집 앞의 눈도 치워주고, 그동안 만나서 몇 마디 나눠보니까 그 사람들의 향기도 좋았고, 좋은 이웃 같더라는 거죠. 저는 그 사람을 받아들일 수 있을 것 같습니다. 이미 제 친구가 되었잖아요.

복제인간이라는 건 엄밀하게 말해서 방법이 조금 다를 뿐이지 쌍둥이 동생이거든요. 제가 만일 지금 제 체세포를 떼어내 복제인간을 만든다면, 무슨 일인지 몰라도 어머니 뱃속에서 나와 함께 나오지 않고 한 50년이나 늦게 나온 거죠. 복제인간들이 거리를 활보하는 시대가 된다는 건 세상에 쌍둥이들이 갑자기 많아진 것 외에는 그리 대단할 것도 없는 일이에요. 과학자 입장에서 편하게 생각하면, "길을 걷다 보니까 한 10년 전보다 비슷하게 생긴 사람들이 꽤 많아졌네. 어? 이 사람은 아까 저기서 본 사람 같은데?" 하는 정도가 아닐까 싶어요. 쌍둥이가 좀 많아진 세상이 그렇게까지 끔찍한 세상일까요? 그렇지 않아도 요사이 우리나라는 무슨 까닭인지 쌍둥이가 상당히 많아지고 있어요.

도정일　재미있군요. 전쟁 때 자식을 군대에 보내야 했던 부모들은 아들의 입대를 며칠 앞두고서도 서둘러 장가보내는 일이 있었어요. 만일에 대비한 일종의 복제전술이죠. 2,000년 전 헤로도토스가 쓴 《역사》에도 그런 이야기가 나와요. 아들이 사고로 죽는 꿈을 꾼 리디아 왕 크로이소스가 불길한 생각이 들어 얼른 아들을 장가보낸다는 이야기예요. 딸은 복제대상이 아니에요. 거의 언제나 아들이지. 그런데 자연생식에서는 남자아이를 얻을지 여자아이를 얻을지 확률이 반반인데, 복제시대에는 성의 선택 하나만은 아주 확실해질 것 같군요. 우리처럼 남아선호가 강한 나라에서는 아니 할 말로 비용 절감도 되겠고. 제가 아는 어떤 집안에서는 아들을 바라고 아이를 일곱이나 낳았는데 계속 딸이었어요. 아내는 마지막 시도라 생각하고 남편 모르게 여덟째를 잉태했는데, 낳고 보니 또 딸이었어요. 아내는 아이를 낳았다는 말도 못하고 남편 몰래 석 달이나 딸아이를 장롱에 숨겨 키웠다는 거예요. 거짓말 같은 참말입니다.

　그런데 정말 공상소설처럼 복제시대가 올 경우, 복제인간을 대하는 사람들의 태도가 지금 최 교수님 말처럼 그렇게 대범할까요? 진골이냐 천골이냐를 따지는 새로운 신분사회가 오지 않을까요? 우리 사회를 보세요. 어린 아이 시절부터 몇 평짜리 아파트에 사느냐를 따져서 편 가르고 왕따 놓는 것이 서울의 문화예요. 대학을 나왔느냐 안 나왔느냐, 어느 대학이냐, 부모 직업이 뭐냐 등 이따위 것으로도 사람을 평가하는 사회에서 누군가가 복제인간이란 사실이 알려지면 어찌 되겠어요?

최재천　그래도 무척 많이 닮은 사람을 옛날보다 자주 만나는 것뿐이죠. 문제는 어디에 있을까요? "그 사람들을 우리가 어떻게 받아들이느냐?"는 데 있습니다. 그 복제인간들이 갑자기 나쁜 일을 저지른다든가 하는 위험성은 없을 것 같다는 거죠. 그래서 종교 관련 인사들에게 그런 이야기를 한 겁니다. 그 사람들이 교회에 찾아와서 하느님을 영접하고 싶다고 하면 물리치겠느냐고요.

독실한 기독교인인 안사람 때문에 저는 20년 넘게 교회에 따라다녔어요. 그러면서 주워들은 것에 따르면, 기독교에서는 인간의 첫 번째 탄생인 물리적 탄생보다 거듭나는 두 번째 탄생이 더 중요하다고 하더군요. 복제인간이 거듭나고 싶어하는데 그걸 거부하겠습니까? 저는 그럴 수 없다고 생각해요. 그렇다면 무엇이 문제가 되는 걸까요? 이런 식으로 저에게 주어진 시간 안에서 함께 고민해볼 수 있도록 이야기를 이어가겠습니다.

그런데 생물학자인 제가 보기에 이 문제는 우리 사회의 다른 문제들과 마찬가지로 그리 오래지 않아 시들해질 것 같아요. 여기저기서 복제인간을 만들다 보면 언젠가는 복제인간이 좀 시시해질 거라는 생각입니다. 몇 사람 만들어보고는 어느 정도 흥미를 잃어버릴 것 같다는 얘기죠. "복제해보니까 별 볼일 없더라." 이런 생각을 하게 될 것 같아요. 물론 외딴 섬에서 이상한 짓을 하는 사람도 나타날지 모르죠. 하지만 그보다 더욱 큰 문제는 '과학적 지식이 아직 분명치 않은 상황에서 선무당들이 우리 몸을 함부로 리모델링하는 것'이죠. 이건 정말 겁나는 일입니다.

지금 분자생물학과 유전공학은 유전정보를 하나하나 찾아가고 있는 중입니다. 전 가끔 이런 상상도 합니다. 좀 슬픈 상상이긴 한데요, 제 아내가 병원에 가서 아이를 낳았다고 해보죠. 산부인과 의사가 저희와 마주 앉아 새로 태어난 아이의 유전체 지도를 보여주겠죠.

도시에 살던 네 사람이 사막에 고립되었는데 셋은 도시에서 내로라하는 지식인이고 하나는 평소 쓸모없는 존재 취급을 받던 시골 출신 무식꾼이었어요. 그런데 이 셋을 사막에서 구출해 사회로 복귀할 수 있게 한 사람은 그 무식꾼입니다. 도시 지식인들만 있었다면 모두 죽었을 상황에서 말입니다. 자연은 인간이 아직 모르는 문제, 문제가 되는지 아닌지도 미처 모르는 문제들에 대한 숨은 해답들을 갖고 있다는 점에서 위대합니다. 종 다양성이니 생물 다양성이니 하는 것이 소중한 이유가 그겁니다.

의사는 유전체 지도를 펴놓고 "선생님, 축하드립니다. 그런데 이거보이시죠? 아, 이것이 마음에 좀 걸리는데, 확률상 40대 초반에 파킨슨병에 걸릴 가능성이 좀 있습니다."

그러면 저와 아내는 완전히 겁먹겠죠. "어휴! 이 일을 어쩌지?" 하며 한숨을 내뱉고 있을 때 의사가 말합니다. "방법이 없는 건 아닙니다. 우리 병원이 유전자를 몇 개 가지고 있는데요, 이거 바꾸는 데는 얼마고, 저거 바꾸는 데 얼마 들고." 이러면 당장 은행에 가서 돈을 빌려서라도 유전자를 치환할 겁니다. 그걸 안 할 부모가 어디 있겠습니까? 게다가 한술 더 떠서 "이것만 바꾸면 한 20년은 더 살 수 있습니다" 같은 소리도 하면 참 미치는 거죠.

이런 상황에서 "그래도 옛날처럼 운명대로 살다가 죽겠다"고 할 사람이 과연 몇 명이나 있을까요? 물론 더러 있겠죠. 그런데 바로 제 주위에서, 제가 점잖다고 생각했던 선배까지 엊그제 병원에 가서 유전자를 바꿨다고 하면 아마 저도 바꿀 것 같다는 거죠. 제 수명은 그렇다 치더라도 제 자식의 수명을 연장할 수 있는 길이 있다는데 어쩌겠습니까. 소위 '진 클리닉Gene Clinic'이라는 이름이 붙은 유전자 전문 병원 앞에 사람들이 아침부터 줄을 설 겁니다. 우리나라 같은 준봉遵奉사회에서는 특히 더 심할 것 같아서 무척 걱정입니다.

도정일　과학기술 분야를 이끌어온 서구 국가들, 특히 기독교 문화를 가지고 있는 나라들일수록 생물학 시대의 기술에 대한 저항이 상당히 강합니다. 미국에서도 가장 강력한 저항세력은 기독교 보수파예요. 우리는 어느 쪽이냐? 섣부른 판단일지 모르지만, '정신없이 그쪽으로 몰려가는 사회'가 될 가능성이 무척 높습니다. 한국의 자칭 보수주의자들은 그 점에서는 절대로 보수가 아니죠. 생명기술에 관한 뉴스가 있을 때마다 우리 사회가 어떤 반응을 보이는가를 보면 알 수 있죠. 이런 현상은 우리만이 아니고, 짐작에 불과하지만 중국과 일본 등 동양사회 일반이 그렇지 않을까 싶습니다. 지금 우리 학부모들은 자식을 좋은 대학에 보내려고 한 달에 수백만 원씩 쓰기도 하잖아요. 예를 들어 최재천 교수 같은 머리를 갖게 할 수만 있다면 가만히 있겠어요?

최재천 아이구, 제 머리는 별로입니다.

도정일 그럼 아인슈타인의 머리로 할까요? 앞서 저는 신신분사회의 도래 가능성을 말했는데 그 정반대 현상이 벌어질 수도 있어요. 만약 복제인간이 더 우수하다고 인정받게 되면 너도나도 '복제'가 되겠다고 나서지 않을까요? 복제품에다 우생학적 개량까지 합치면 복제인간이 더 뛰어난 재능을 가질 수 있죠. 아인슈타인의 머리, 브룩 실즈의 미모, 양귀비 허리 등등 다 갖추는 거죠. 이러면 거기 안 쫓아갈 학부모가 있겠습니까? 지금 같은 풍토에서?

최재천 부모 자신은 안 바꿔도 자식은 바꿔주려 하겠죠. 우리나라의 경우 미디어를 통해 소위 '핫 유전자hot gene'가 하나 밝혀졌다는 사실이 알려지면, 온 국민이 앞다퉈 유전자를 갈아치울 겁니다. 이건 무척 위험해요. 한국인이라는 개체군이 오랜 세월 동안 진화해온 것을 하루아침에 되돌리는 일이기 때문이죠.

다윈이 말한 진화의 핵심은 한마디로 '다양성'입니다. 한국인은 여태껏 다양해지는 방향으로 진화해왔고, 또 다양한 개체가 있었기 때문에 한국 사회가 지금까지 살아남은 겁니다. 진화의 시각, DNA 시각에서 보면 섹스를 해서 자식을 낳으면 손해가 막심하거든요. 내가 내 유전자를 대단히 사랑해도 자식에게는 내 유전자를 반밖에 못 주거든요. 반밖에 못 주는 손해를 보면서 다른 이의 유전자와 섞어가며 살아온 거죠. 이런 손해를 감수하면서도 자연계의 한다 하는 동식물은 다 섹스를 합니다. 무성생식을 하는 동물들에 비해 무척 불리하지만, 지금까지 잘 살아온 이유는 다양성을 추구했기 때문이에요. 무성생식을 하는 동물들은 다양성이 없기 때문에 전염병이 한 번 돌면 몰살당할 수 있습니다. 그런데 우리는 전염병이 돌아 한쪽에서는 죽어가도 다른 한쪽에서 죽지 않은 자들이 죽은 이들이 남기고 간 빈자리를 메우고 살아왔어요. 그런데 만일 국민 모두가 유전자를 바꾼다면, 우리 사회는 유전적으로 점점 동일한 개체들로 이루어진 사회로 완전히 변해버립니다. 그 유전자 하나의 관점에서 보면 전 국민이 복제인간이 된 거나 다름없는 겁니다.

이렇게 되면 참으로 묘한 모순이 생깁니다. 유전적으로 볼 때 개인은 월등해지는 데 비해 집단은 완전히 열등해지는 길로 들어서는 거죠. '나쁜' 유전자를 버리고 '좋은' 유전자로 갈아 끼운 사람은 개인의 관점에서 볼 때는 분명 나아진 것이겠죠. 그러나 모두가 더 나은 사람이 되려고 노력하는 가운데 모두가 동일한 유전자를 지닌 지극히 취약한 집단을 만들고 마는 겁니다. 이건 정말 위험한 상황입니다. 제 생각에는 복제인간의 출현보다 이게 더 무서운 일인 것 같아요. 나아가서는 인간 사회의 정의justice에 관한 부분, 즉 돈 있는 사람은 먼저 갈아치우고 돈 없는 사람은 꿈도 못 꾸는, 여러 가지 사회적인 불평등 문제와 직접적으로 심각하게 연결될 문제일 것 같습니다.

— 　　참 중요한 이야기군요. 진화론의 핵심은 생명의 다양성이라는 부분이 매우 의미심장하게 들립니다. 최 선생님께서는 '유전체 프로젝트' 자체보다 그것을 수용하는 사회적 배치가 더 문제라는 말씀이신데, 도 선생님은 어떻게 보십니까? 제 생각에는 사회에서 복제를 어떻게 받아들이느냐도 중요

하지만, 복제를 할 수 있다고 해서 그것을 꼭 해야 하느냐의 문제도 있을 듯싶은데요.

도정일 거의 모든 인간사회가 근친상간을 금지한 것은, 현대 용어로 말하면 다양성 유지 전략입니다. 물론 옛사람들이 지금 같은 생물학적 지식이 있어서 그랬던 건 아니겠지만, 순수 혈통을 지킨다고 근친혼을 한 결과 자꾸 열등개체가 나온다는 걸 경험적으로 알게 된 거죠. 문화론에서는 근친상간 금지가 자연계에는 없고 인간사회에만 있는 '문화적 명령'이라고 생각했어요. 프로이트 같은 이는 "인간문화는 근친상간의 금지에서 시작되었다"고 주장했죠. 그런데 자연계에도 근친교배를 기피하는 경향이 있다는 사실이 밝혀지고 있습니다. 여러 해 전 한 젊은 한국인 식물학자가 미국에서 중요한 연구를 했죠. 그 연구는 베고니아 꽃이 자가수분을 피하고 다른 개체의 꽃가루를 받으려 한다는 내용이었어요. 역시 다양성 전략이죠. 그 연구 결과에 문화론자들이 큰 충격을 받았습니다.

사회적 배치 문제를 물었는데, 아마 복제기술과 우생학이 결합할 가능성이 높다는 게 가장 큰 문제일 겁니다. 복제와 우생학의 결합이 목표로 하는 것은 개량인간입니다. 유전자 조작을 통해 사회가 '우수하다'고 판정하는 자질들을 가진 개체들만 생산하는 거죠. 그런데 10여만 개의 인간 유전자 가운데 그 기능이 밝혀진 것은 겨우 몇백 개에 불과합니다. 그 밖의 대다수 유전자들은 무슨 일을 하기 위해 거기 있는지 인간이 아직 모르는, 말하자면 '휴면 유전자'(이런 말도 있나요?)들이겠죠. 그 많은 휴면 유전자들 가운데 어떤 것은 진화의 긴 역사에서 한때는 뛰어난 기능을 발휘하다가 지금은 그 기능이 필요하지 않으니까 그냥 쉬고 있는 놈도 있을 거예요. 다시 말해서 현재의 지식으로 유전자들의 우열을 가리는 것은 매우 위험한 일이라는 거죠. 지금은 별 필요 없어 보이는 놈도 상황이 바뀌고 때가 되면 다시 중요한 임무를 수행할 수 있지 않겠어요? 이놈은 열등하다고 판정해서 빼내고 갈아 끼우면 나중에 정작 그 녀석이 필요할 때 인간은 속수무책이 되는 겁니다.

어떤 외국 단편소설에 이런 게 있어요. 읽은 지 오래라 세부 내용이 틀릴지 모르지만, 요점은 이런 거예요. 도시에 살던 네 사람이 사막에 고립되었는데 셋은 도시에서 내로라하는 지식인이고 하나는 평소 쓸모없는 존재 취급을 받던 시골 출신 무식꾼이었어요. 그런데 이 셋을 사막에서 구출해 사회로 복귀할 수 있게 한 사람은 그 무식꾼입니다. 도시 지식인들만 있었다면 모두 죽었을 상황에서 말입니다.

자연은 인간이 아직 모르는 문제, 문제가 되는지 아닌지도 미처 모르는 문제들에 대한 숨은 해답들을 갖고 있다는 점에서 위대합니다. 종 다양성이니 생물 다양성이니 하는 것이 소중한 이유가 그겁니다. 은행나무 잎에 혈액순환 촉진 성분이 있는 줄 누가 알았겠습니까? 새끼 누에에서 혈당 강하제를 얻을 수 있다는 것도 최근에야 알게 된 일입니다. 이렇게 보면 그 어느 것도 '잡초'가 아닙니다. 잡초라고 해서 뽑아버리고 다 죽여 없애면 우리가 모르는 문제에 대한 비장의 해답들을 없애는 일이죠.

인문학의 영혼, 생물학의 영혼

—   선생님이 쓰신 칼럼을 보니까 "인간을 위대하게 하는 것은 유전적 완벽성이 아니라 결함이다"라는 구절이 있던데, 그것도 그런 이야긴가요?

도정일   그렇습니다. 인류사에 탁월한 업적을 남긴 사람들의 상당수가 유전적 결함을 가진 이들이었어요. 도스토옙스키는 간질병 환자였고, 니체는 우울증 환자, 버지니아 울프는 정신질환을 앓는 사람이었죠. 우생학 사회였다면 인류사의 천재들 절반쯤은 아예 세상에 태어나지도 못했을 겁니다. 아인슈타인도 네 살까지 말을 잘 못하는 아이였어요. 자폐증 아이에게는 놀라운 수리적 능력이 있을 수 있습니다. 유전상의 어떤 결함에도 불구하고 그 결함을 딛고 일어서는 것이 인간적 위대성이죠. 완벽한 유전자 덕분에 특출한 능력을 발휘한다면 그건 인간적 위대성과는 이미 품질이 달라요. 약 먹고 잘 뛰는 단거리 선수 같은 경우죠.

이런 문제도 생각해볼 수 있습니다. 만약 한 시대가 우생학적으로 우수하다고 여기는 개체들로만 사회를 구성한다 칩시다. 다 잘나고 우수할 때, 사회가 허드렛일이라고 생각하는 힘들고 더러운 일은 누가 합니까? 보육원에서 아기 똥은 누가 치우고 노인은 누가 돌보며 교통경찰은 누가 하죠? 사회는 한순간에 정지될 거예요. 아무도 더럽고 힘든 일을 하지 않으려고 하면 사회는 할 수 없이 복제기술로 새로운 하층 노예계급을 만들어내야 합니다. 올더스 헉슬리가 《용감한 신세계》라는 소설에서 그려낸 미래사회에서도 그런 문제가 발생합니다. 그래서 복제 노예계급이 만들어집니다. '입실론 인간'이 그거죠. 이런 경우 또 어떤 문제가 발생하느냐? '영혼' 문제가 있어요. 노예계급 복제인간들에게는 자연인간이 가진 것과 같은 '혼'은 절대로 주어서는 안 된다는 문제 말입니다. 들고일어날 테니까요.

— 아하, 영혼 문제가 그렇게 제기되는군요. 인간의 영혼은 복제될 수 있는가? 핵심적인 문제일 것 같네요. 복제했을 때 겉모습만 똑같고 마음은 다르면 어찌 됩니까? 플라톤의 생각처럼 영혼이 '불멸의 것'이라면 그 불멸하는 것은 누가 주죠? 불멸의 영혼은 동시에 불변의 영혼이죠. 인간이 태어날 때

의 영혼과 죽을 때의 영혼은 같은 겁니까? 영혼도 DNA인가요? DNA라면 유전도 되고 변화하기도 하는 거잖아요?

도정일　아이구 힘들어라. 최 교수님, 생물학자의 영혼론부터 좀 풀어놔주세요.

최재천　인문학자가 혼 이야기를 하지 않으면 누가 합니까?

도정일　혼 이야기를 잘못하면 혼납니다. 혼에 대한 생각은 시대, 장소, 문화에 따라 다릅니다. 다를 수밖에요. 아무도 육체를 벗어던진 순수혼의 자격으로 "내가 혼이 되어보니까 이렇더라"고 말해준 일이 없으니까요. 육체를 벗는 순간 혼은 인간과 소통할 수단을 상실합니다. 이렇게 말하면 내가 마치 영육 이분론자처럼 들리는데 그런 건 아니에요.

　모든 것이 변하는 이 현상세계에서 변하지 않는 것은 없는가, 모든 것이 스러지는 이 가멸성의 세계에서 죽지 않고 소멸하지 않는 것은 없는가, 언제 어디서나 정의인 보편정의는 없는가, 이런 질문을 추구하는 것이 플라톤의 관심사였어요. 플라톤 같은 사람이나 던질 철학적 질문 같아 보이지만, 사실은 그렇지 않아요. 젊은 날 연애할 때 그 비슷한 질문 안 던져본 사람 있나요? 영원한 사랑 어쩌고 맹세했던 애인이 변심하고 고무신 바꿔 신으면 이런 질문은 더욱 아프고 날카로워집니다. 변하지 않는 사랑, 영원한 사랑은 없는가 하면서 말입니다. 왕가위 감독의 〈중경삼림〉이라는 영화가 있었죠? 플라톤 시대도 아닌 이 20세기 영화에서 남자 주인공이 던지는 질문도 "뭐 좀 변하지 않는 것 없나?"라는 겁니다. 여자도 변하고, 식료품 깡통에도 유통 기한이 박혀 있죠. 변화무쌍한 사회일수록 불변불멸의 것에 대한 그리움은 더 커지는 것 같아요.

나는 '혼'의 비밀에 대한 단서가 거기 있다고 봐요. 인간이 사는 세계가 변화무쌍한 곳인데 거기서 혼 문제가 뜨지 않으면 오히려 이상하죠. 천당에서라면 아무도 영원 타령 같은 건 하지 않을 겁니다. 이미 영원한 곳에서 영원을 그리워하면 우습잖아요? 물고기가 바다에서 "물이 그립다"고 소리치는 거나 마찬가지죠.

— 　선생님은 영혼의 존재를 믿으십니까?

도정일　이럴 때 '예스/노'로 대답하면 바보가 되는데. 제가 기독교도인이거나 플라톤주의자라면 당당하게 그렇다고 말할 텐데 그럴 수 없는 게 유감입니다. 플라톤은 기독교가 그리스로 전파되기 훨씬 전의 철학자인데 영혼불멸을 말했어요. 그게 기독교와 플라톤 철학이 만나는 접점의 하나죠. 좀 슬슬 돌아서 갑시다.

— 　고대 신화에도 영혼이 등장합니까?

도정일　그리스 신화의 경우는 그렇지 않습니다. '육체와 분리되는 독립존재'인 영혼이라는 개념이 등장한 것은 플라톤 철학과 기독교에서부터입니다. 철학 이전의 그리스 신화에는 육체와 동떨어져 존재할 수 있는 독자적 '영혼'이란 것이 없어요. '혼령'만 있습니다. 말이 혼령이지 사실은 '그림자' 같은 거죠. 중국인들이 '백魄'이라고 부른 것과 비교할 만한 겁니다. 사람이 죽으면 몸은 땅으로 가는데, 그때 그 그림자도 육체와 함께 땅으로 내려간다는 것이 그리스 신화의 구도예요. 하데스는 신화가 설정한 사자의 세계인데 땅속 깊은 곳에 있죠. 죽은 자의 망령은 그곳에 가서 갇혀 지냅니다. 망령의 특징은 '기억이 없다'는 겁니다. 자기가 누구였고 살아생전에 무슨 짓을 했는지 기억 못하는 거죠. 기억의 소멸이 망각인데, 이 점에서 혼령도 사실은 소멸하는 셈이죠.

그런데 플라톤이 이런 걸 다 뒤집어놓습니다. 영혼은 육체와 다른 존재다, 육체는 죽어 없어져도 영혼은 죽지 않고 소멸하지 않는다 등등 이런 소리를 하기 시작한 거예요. 영혼과 육체가 별개 존재인 것은 둘의 기원이 다르기 때문이다, 몸은 땅에서 왔고 영혼은 하늘에서 왔다, 그러니까 사람이 죽으면 몸은 땅으로 돌아가고 영혼은 본래 고향인 하늘로 돌아간다는 게 플라톤의 뒤집기예요. '영혼'을 하늘로 올려보내기 시작한 겁니다. 몸은 가멸성의 세계에 속하고 영혼은 불멸의 세계에 속하니까 사람이 죽으면 몸과 혼은 분리되어 몸은 땅으로, 영혼은 불멸의 세계인 하늘로 간다는 소리죠.

생물학적으로 봤을 때 흥미로운 건, 플라톤에게 몸은 물질적 존재이고 영혼은 비물질적 존재라는 겁니다. 물질 존재는 변화에 종속되고 비물질적 존재는 변하지 않습니다. 물질 존재는 노상 변하니까 연속성도 지속성도 없죠. 그래서 몸은 기억이 없다고 플라톤은 생각했어요. 자기 동일성의 지속이 기억인데, 지속이 없으니 기억이 있을 수 없죠. 플라톤에게 영혼은 무엇보다 '기억의 주체'입니다. 영혼만이 기억해요. 영혼이 하늘로 되돌아갈 수 있는 것은 거기가 원래 제 고향이란 걸 기억하고 있기 때문입니다. 신화의 기억 없는 혼령들 대신 플라톤은 기억하는 불멸의 영혼을 제시한 거죠. 이건 사실 서양의 사유 전통에 발생한 혁명적 사건입니다.

최 교수님, 현대 생물학이 들으면 참 우스운 이야기 같죠? 몸은 망각의 자루가 아니라 엄청난 기억과 정보를 가진 DNA 조직이라는데 말이죠. 몸은 우리(이 '우리'가 누구지?)가 모르는 것도 알고 있잖아요? 자신이 안다는 걸 알고 아는지, 모르고 아는지 모르지만.

— 최 교수님은 영혼을 어떻게 보십니까? 생물학적으로 영혼은 무엇입니까?

최재천 제 영혼과 제 할아버지의 영혼을 다 꺼내놓고 비교해볼 때 좀 비슷했으면 좋겠어요. 만약 전혀 다르다면 좀 섭섭할 것 같아요. 만약 영혼이 유전된다면 할아버지, 아버지의 혼과 비슷한 것이 제게 존재할 것이고, 존재했으면 좋겠다고 상상해봅니다. 이때 영혼도 유전될 가능성이 있다면, 결국 그 영혼의 근본은 DNA를 타고 건너오는 것일 테니까, 할아버지의 DNA가 아버지를 거쳐 제게 왔는데 그게 환경과 결합하여 변하고 적응하고 한다면, 분명 죽을 때 영혼은 태어났을 때와 상당히 달라져야죠. 그런 면에서, 즉 '만질 수 있다'는 점에서가 아니라 '변화한다'는 측면에서, 과학자의 입장에서는 영혼도 결국 물질을 바탕으로 할 수밖에 없지 않느냐고 생각하는 겁니다. 과학자의 입장에서는 영혼도 DNA의 산물일 것 같다는 생각을 해봅니다.

도정일 DNA는 생물학적으로 유전되지만 영혼은 그런 식으로, 그러니까 생물학적으로는 유전된다고 말할 수 없을 겁니다. 영혼이란 것이 있어서 물질적으로 유전된다면 독립투사 집안에서는 대대로 투사나 지사가 나와야죠. 그러나 할아버지는 독립군, 아들은 일제 만주군, 손자는 왕사기꾼 하는 식으로 엇갈리는 수가 좀 많습니까. 박완서 선생의 자전소설《그 산이 정말 거기 있었을까》에는 '구렁재 호랑이 할멈'이라는 인물이 나오는데, 전쟁 때 어느 쪽 군대가 오든 이 할머니는 걱정이 없습니다. 아들 자손이 많아서 빨갱이도 있고 국군도 있어요. 그러니까 당당하고 걱정 없는 겁니다.

생물학적 유전은 최소한 그 유전형질의 동일성이나 유사성을 과학적으로 입증할 수 있죠. 그러나 영혼은 어떻게 유전되는지 알 수 없고 입증할 방법도 없어요. 그래서 사람들이 영혼을 이야기할 때는 가정법을 써서 "만약에 영혼이란 것이 있다면" 하는 표현을 씁니다.

최재천　혼이라는 게 유전적으로 전승되지 않아야 할 이유는 없지 않을까요? 한 세대에서 다음 세대로 넘어가지 않는 것만이 혼일 필요는 없죠.

—　그러니까 복제되는 부분도 있다는 건가요?

최재천　그럴 수 있다는 거죠.

도정일　'혼'이라고 말씀하셨는데, 좋아요. 우리가 흔히 '혼'이라 부르는 것은 기독교에서 말하는 '영혼'과는 그 의미가 아주 다릅니다. 영혼이 영혼이기 위해서는 세 가지 조건이 필요해요. 육체와 분리될 수 있어야 하고, 육체와는 별개의 독자적인 존재방식을 가져야 하며, 개개인에게 고유하고 단일한 '하나'여야 합니다. 이 영혼은 한 사람의 몸을 빌려서 잠시 거처하다가 몸이 스러지면 거기서 빠져나와 원래의 기원 지점으로 되돌아갑니다. 가톨릭의 경우라면 영혼이 가는 곳은 천당·연옥·지옥 이 세 군데 가운데 하나죠. 그러니까 이 의미의 영혼은 DNA처럼 한 세대에서 다음 세대로, 한 개체에서 다른 개체로 전해질 수 없죠. 사람의 영혼은 그 사람만의 것, 단일하고 고유한 것이니까요. 지옥에 떨어진 영혼이 "아이고, 지옥이란 데는 정말 지옥이야"라면서 어찌어찌 도망쳐서 다른 사람 몸으로 숨어들어 갈 수는 없죠. 천당에 간 영혼도 마찬가집니다. 천당이 아무리 지겨워도 영원히 그곳에 있어야 합니다.

플라톤의 경우는 조금 달라요. 한 영혼이 하늘로 갔다가도 다시 지상으로 떨어져 다른 몸을 쓰고 태어날 수 있다는 게 플라톤의 생각이었어요. 인도 신비주의 전통의 환생사상과 아주 닮은 데가 있죠. 그러나 이 영혼의 경우에도 최대 목표는 다시는 지상으로 환생하지 않는 겁니다. 몸뚱이를 영원히 벗어던진 자유로운 혼이 되는 거죠. 플라톤식 '해탈'입니다.

최재천　저는 복제인간의 몸은 복제될 수 있어도 그 영혼은 복제되지 않는다고 말했습니다. 쌍둥이 형제가 완벽하게 동일한 유전자를 갖고 있어 모습은 거의 구별이 되지 않을 정도로 비슷해지지만 성격이나 세상을 바라보는 관점까지 완벽하게 동일해지지는 않잖아요. 제 유전자가 저를 데리고 한 50년을 산 지금 이 시점에서 제가 저를 복제한다고 해도 그 친구가 저와 똑같은 성품을 지니고 저와 똑같은 생각을 할 리는 절대로 없다는 겁니다. 제가 생각하기에 영혼이란 육체보다는 분명히 정신과 더 밀접한 관련을 갖고 있는 존재일 것 같은데, 유전자가 그 사람의 영혼을 처음부터 결정할 가능성은 전혀 없어 보입니다. 하지만 육체와 정신이 환경의 영향을 받으며 다듬어지듯이 영혼도 한 인간이 살아가면서 겪은 경험과 성찰에 의해 다듬어질 것 같아요. 평생 품고 있다가 되돌려줘야 하는 영혼을 하느님이 미리 정해서 점지해주는 게 아니라면 말입니다.

그렇다면 한 인간의 영혼 역시 유전자와 환경의 합작품이 아닐까 하는 생각을 해봅니다. 내가 어떤 유전자를 갖고 태어나서 어떤 삶을 살고 가느냐에 따라 내 영혼이 어떤 모습으로 나를 떠날 것인가가 결정되지 않을까 생각하는 거죠. 그러니 당연히 나의 복제인간이라고 해서 나와 동일한 영혼을 가질 이유는 전혀 없을 테고, 그렇게 엄연히 다른 또 하나의 영혼을 교회가 외면할 수는 없는 거죠.

우리 문화에서는 사람이 죽으면 혼이 빠져나간다고 하잖아요? 그런데 이 혼을 제대로 달래지 않으면 떠나지 못하고 배회하기 때문에 씻김굿 같은 걸 해서 망자의 혼을 달래곤 하지 않습니까? 이때 우리가 말하는 혼은 영혼과 다른 걸까요?

도정일 우리가 '혼'이라고 부르는 것은 정신과 마찬가지로 문화적 구성물이에요. 문화적 구성물은 문화적으로 만들어지고 전승됩니다. 유전되는 거죠. 그러나 생물학적 유전이 아니라 문화적 유전입니다. 문화는 강력한 복제 메커니즘이에요. 한 세대나 집단, 혹은 개인의 정신이나 가치, 목표 같은 것들을 다음 세대로, 다른 집단이나 개체로 전승시켜 복제되게 하는 것이 문화의 큰 힘입니다. 앞에서 '문화적 DNA'라고 부른 것이 바로 그겁니다. "선열의 정신을 이어받아" 어쩌고저쩌고할 때 그 '이어받는다'는 것이 바로 문화적 유전이죠. '민족혼'이랄 때의 혼은 개인의 것이 아니라 집단이 문화적으로 공유하는 혼입니다. 기억과 교육은 문화적 유전을 담당하는 대표적인 복제 메커니즘이죠. 문화적 유전은 의식적인 것일 수도 있고 무의식적인 것일 수도 있다고 봐요. 이어받는다는 분명한 의식 없이도 우리는 문화가 전승시키는 것을 이어받고 또 다음 세대로 넘겨주거든요. 혼은 그렇게 문화의 통로를 거쳐 유전되는 거라고 저는 생각합니다. 생물학적으로 나와 똑같이 생긴 사람을 복제해낸다 해도 그가 어디서 어떻게 성장하는가에 따라 그의 혼은 아주 다른 모습으로 구성될 수 있습니다. 혼이 구성되는 거라면 바뀔 수도 있는 거죠.

영혼의 창조와 진화

―　　　　그럼 도 선생님께서는 영혼이란 것은 없다는 말씀인가요?

최재천　생물학자가 영혼을 DNA에 연결하려고 꿈틀거리고 있는데, 인문학자이신 도 선생님이 영혼이 없다고 하시면 안 될 것 같은데요?

도정일　영혼 같은 건 없다고 말하면 문학은 참 황량해집니다. 홀랑 망할지도 몰라요. 파우스트 이야기에서 독자를 섬뜩하게 하는 건 '영혼을 팔아먹었다'는 대목입니다. 디킨스의 《크리스마스 캐럴》에 나오는 유명한 노랑이 스크루지는 죽은 동료 말리의 영혼(망령)을 만나고 나서 착한 사람으로 바뀝니다. 사후세계를 상정하지 않는다면 《신곡神曲》 같은 기독교 문학의 걸작도 난센스가 될지 몰라요. 그러나 문학이 영혼이니 망령이니 하는 것을 등장시킬 때는 그런 것이 실체로 꼭 존재한다고 말하기 위해서가 아니라 다른 이유, 다른 목적이 있기 때문입니다. 인간에게는 '팔아먹을 수 없는 것'이 있다고 생각하는 것과 그런 건 없다고 생각하는 것 사이에는 굉장한 차이가 있죠. 팔아먹을 수 없고 팔아서도 안 되는 것이 있다고 생각하면서 살 때 인간은 제법 그럴듯한 존재가 되잖아요? 훨씬 덜 초라해 보이죠. 사람이 생전에 아무 짓이나 하면서 살아도 되는 것은 아니라는 윤리적 책임과 정의의 문제를 생각하게 하기 위해서 문학은 종종 사후세계를 등장시킵니다.

이렇게 보면 문학이 혼이니 망령이니 하는 것들을 등장시키는 것은 인간의 자기성찰, 반성, 객관화의 방법 가운데 하나이기 때문이기도 합니다. 죽은 몸에서 빠져나온 혼이 나뭇가지에 걸터앉아 한때는 자신의 것이었던 죽은 몸뚱이를 내려다본다. 문학에서는 이런 장면이 가능한데, 이건 성찰과 객관화의 아주 효과적인 장치죠. 유령이나 귀신, 원혼 등은 영혼과는 좀 다른 개념이지만 억울한 죽음, 이루지 못한 소망, 세상의 악행 같은 이야기들을 푸는 데는 아주 제격이에요. 그래서 동서양을 막론하고 문학은 유령과 망령, 원혼의 이야기를 포기하지 못합니다.

황석영이 쓴 소설 《손님》은 한국전쟁 때 서로 죽이고 죽은 원혼들이 한참 세월이 지나 화해를 모색하는 이야기입니다. 고골리의 단편소설 〈외투〉는 현대 러시아 문학이 거기서 나왔다고 할 정도로 중요한 작품입니다. 거기에도 평생 억눌리며 살다가 죽은 한 지방관리의 망령이 등장합니다. 셰익스피어 비극 《햄릿》은 유령 출현 장면으로 시작되죠. 이 유령은 우리 식으로는 원혼입니다. 유령의 외출이란 기독교가 인정할 수 없는 부분인데, 그 기독교 시대 한복판에서도 문학은 유령을 등장시킨 거예요. 유령들의 이야기를 듣지 않으면 인간은 기억상실에 빠집니다.

— 문학은 그렇다 치고, 아직 선생님은 질문에 답하지 않으셨네요. 영혼에 대한 선생님 생각은 어떤 겁니까?

도정일 시간 속에 태어나 살다가 그 시간의 밥이 되어 소멸하는 것이 인간입니다. 육체만 소멸하는 것이 아니죠. 한 사람이 생전에 느끼고 생각했던 모든 것, 아름답고 슬픈 기억, 경험과 지식, 사랑과 용기, 성공과 상실 등 이 모든 것이 죽음과 함께 소멸합니다. 식물학자 우장춘 박사가 타계했을 때 그 부인이 던졌다는 질문이 늘 생각나요. "이분이 가졌던 그 모든 훌륭한 지식이 이걸로 끝인가요?" 인간이 영혼을 생각해낸 것은 유한성에 대한 보복의 한 형식이라고 우선 말하고 싶습니다. 시간성을 초월하려는 인간의 욕망은 현실적으로는 충족 불가입니다. 그러나 상상으로는 가능하죠. 이 관점에서 말하면 영혼은 시간의 한계를 벗어나려는 욕망의 산물이면서 그 욕망의 상상적 충족방식이 됩니다. 혹독한 소리 같지만, 죽음이라는 현실원칙 앞에서 인간이 자기를 방어하기 위해 고안해낸 일종의 자기기만self-deception이 영혼이라는 얘기가 되죠. 이 위대한 기만이 우리를 다독거리고 위로합니다.

최재천 그렇게만 말씀하시면 이의를 제기할 사람이 많을 것 같습니다.

도정일 그래요. 저 자신도 좀 불만스럽습니다. 우리가 조심스럽게 생각해볼 것이 있는데, 영원성에 대한 인간의 갈망은 본격적인 영혼론이 나오기 훨씬 전부터 있었던 인간적 진실이라는 겁니다. 구석기 동굴벽화, 미라, 무덤 속의 장식과 장신구, 문자 같은 걸 보세요. 모두 망각에 대한 치열한 거부이고 방어입니다. 문자는 실용 목적으로 고안된 것이라고들 하지만 그렇지 않아요. 실용 목적 못지않게 개인/집단의 기억을 보존하고 과거 세대와 생존 세대, 이승과 저승을 연결하려는 상징적 목적도 있었습니다.
　구석기 무덤들을 발굴하면 수만 년 썩지 않고 남은 조개껍질 목걸이, 동물 이빨 장신구 같은 것들이 쏟아져 나와요. 조만간 사라져 없어질 것과 좀체 사라지지 않을 것들이 구석기 무덤 안에 함께 들어 있습니다. 시간성과 영원성의 공존이죠. 나는 먼 선사시대 구석기 무덤들이 인간의 원초적인 자기 이해방식을 보여준다고 생각해요. 인간은 죽음으로 그냥 몽땅 없어지는 것이 아니라 없어지지 않는 것도 갖고 있다는 이해방식 말입니다. 일종의 '그림'이죠. 조개껍질 목

걸이, 동물 뼈 장신구 같은 것은 없어지지 않는 것에 대한 표현형식
이라 볼 수 있습니다.

이런 전체적 이해방식에 이원론이니 뭐니 하는 이름이 붙은 것은
훨씬 후대에 와서 철학적 사유가 발전하면서부터예요. 그래서 나는
두 가지 관찰을 내놓고 싶습니다. 첫째, 영원성에 대한 갈망은 요즘
의 생물학 용어로 말하면 인간본성의 일부인 것 같아 보인다는 것,
둘째, 인간을 시간성과 영원성의 혼합물로 본 것은 인간의 아주 오래
된 자기 이해방식이라는 것이죠. 그런데 이런 이야기가 영혼과는 어
떻게 연결되나? "인간은 영혼이란 걸 만들지 않으면 안 될 조건을 가
지고 있었다"고 말하면 어떨까요?

———   그 영혼은 복제되는 겁니까?

도정일   앞에서 우리는 혼 이야기를 했는데, 개인이나 집단이 이
룩한 정신적 성취로서의 혼은 문화적으로 복제되고 전승된다고 말해
야 할 겁니다. 그러나 영혼은 결코 집단적인 것일 수 없고, 철저하게
개인적인 거죠. 한 개인에게 고유하고 유일한 것, 독특한 것일 때만
영혼은 의미가 있습니다. 영혼이 종교적 함의를 지닌다면, 그것과
가장 근접한 세속학문의 용어는 아마 '마음mind'일 겁니다. 마음은 환
경과의 교섭·협상·교육·경험에 의해 만들어지는 의식 패턴이라고
볼 수 있습니다. 태어날 때부터 정해진 마음이 있어 자기를 전개한다
기보다는 태어난 이후에 사회와 교섭하고 적응하고 반발하면서 만들
어지는 것이 마음입니다. 진화론에서는 '적응'이 핵심어지만 마음이
란 것이 움직이는 꼴을 보면 적응이론만으로는 설명이 잘 되지 않아
요. 주어진 환경에 반발하고, 저항하고, 적응하기를 거부하는 것도
마음이니까요. 이 마음의 어떤 부분은 혼의 경우처럼 문화적으로 복

제되고 전승될 수 있겠죠. 그러나 유일성·단독성·독자성으로서의 마음 혹은 영혼은 복제되지 않습니다. 복제된다면 고유성이니 단일성이니 하는 것은 어불성설이죠.

무슨 강연에서 농담 삼아 이런 소릴 한 적이 있어요. "복제가 가능해지면 훨씬 편리한 일도 있지 않겠는가. 아내를 네 명 정도 복제해놓고 설거지 당번, 돈벌이 당번, 빨래 당번, 은행에 공과금 내러 가는 당번, 이렇게 정해놓고 시키는 거다."

최재천　선생님, 그 반대도 가능합니다. 사모님께서 선생님을 여럿 복제해서 데리고 사실 수도 있는 거죠. (웃음)

도정일　아닌 게 아니라 한 여성이 손을 들며 "여자는 가만있나요?" 하더군요. 남편을 넷쯤 복제해놓으면 전쟁이 나도 걱정 없다는 거예요. 하나는 군대에 보내고, 하나는 돈벌이를 시키고, 또 하나는 설거지를 시키고, 하나는 보디가드 하고요. 그런데 최 선생님 이야기를 들으면 그렇게 만들어놔도 복제인간들이 자라서 꼭 내 아내, 내 남편이 될 가망은 없다는 거잖아요. 제각각 마음이 다를 테니까요.

최재천　맞습니다. 사모님을 복제해도 사모님하고 똑같은 사모님이 되진 않죠. 칭기즈칸의 유전자를 복제해도 칭기즈칸의 포악한 성격이나 소유욕과 관련되는 성향은 다를 겁니다. 물론 다른 사람을 복제하는 것보다는 크겠지만 말이죠. 몇 초 간격으로 나온 쌍둥이가 유전적으로는 완벽하게 똑같아도 분명히 다른 사람이잖아요. 쌍둥이라도 다른 영혼을 가지고 있는 거죠.

영혼이라는 것이 한 생명체가 가지고 있는 어떤 속성이라고 하면, 그 생명체의 죽음과 함께 영혼도 사라질 수밖에 없겠죠. 그런데 분명히 육체는 다른 세대로 전달되지 않지만, 그 전 세대의 혼, 정신은 다음 세대로 전달되잖아요. 선생님께서 말씀하신 문화적 DNA라는 것과 비슷한 생각이 듭니다. 생물학자인 제가 보기에는 결국 그것 자체도 DNA일 수밖에 없다는 거죠. 정확하게 같은 개념은 아닙니다만, 도킨스의 그 기막힌 표현만이라도 빌린다면 DNA의 '확장된 표현형extended phenotype' 같은 걸로 볼 수 있겠죠. DNA가 없다면 영혼이 한 세대에서 다음 세대로 전달되는 게 상당히 어려울 수밖에 없을 것이라고 생각합니다.

인간의 문화에서는 이런 일이 어렵지만, 동물의 문화에서 생각해 보면 가능합니다. 우리가 미물이라고 여기는 모기 같은 곤충에서는 어미가 알을 물 위에 띄워놓고 사라져 어딘가에서 죽고 말죠. 그 알에서 새끼가 태어나는데, 이놈이 하는 짓이 저녁이 되면 우리 귀 쪽으로 날아와 앵앵거리는 거잖아요. 자기 엄마가 하던 짓을 그대로 하죠. 생물학자들은 "사람들 귀에 가서 귀찮게 굴고 피나 빨아먹는 행동이 DNA 속에 그대로 적혀 있으니까, 그 안에 있는 거다"라고 말합니다. 엄마 모기가 했던 행동이나 행태를 새끼 모기가 또 한다는 사실을 설명하려면 DNA가 없으면 불가능합니다.

그런데 인간의 경우 세대가 겹치는 바람에 꼭 DNA 속에 들어가는 것이 아니더라도 살아 있는 전 세대 사람에게서 살아 있는 다음 세대 사람에게 전달되는 것이 있죠. 문화적 유전을 하는 것이죠.

큰 그림에서 보면 혼이 하나의 육체에 들어갔다가 나와서 또 다른 육체를 빌려 그 안으로 들어간다고 볼 수 있는데, 그처럼 혼이 넘나드는 것이라면 생물학자인 제 입장에서는 그게 DNA가 태초부터 지금까지 해온 일이 아닌가 하는 생각이 듭니다. 한 생명체의 몸을 빌려서 장난을 치다가 몸을 바꿔서 또 다른 몸으로 들어가고, 그랬다가 넘어가고. 그때 갑자기 "혼이 바로 DNA구나!" 하는 생각이 들어서

인간의 경우 세대가 겹치는 바람에 꼭 DNA 속에 들어가는 것이 아니더라도 살아 있는 전 세대 사람에게서 살아 있는 다음 세대 사람에게 전달되는 것이 있죠. 문화적 유전을 하는 것이죠. 큰 그림에서 보면 혼이 하나의 육체에 들어갔다가 나와서 또 다른 육체를 빌려 그 안으로 들어간다고 볼 수 있는데, 그처럼 혼이 넘나드는 것이라면 생물학자인 제 입장에서는 그게 DNA가 태초부터 지금까지 해온 일이 아닌가 하는 생각이 듭니다.

한동안 그 생각을 했습니다.

그러면 "영혼은 복제되지 않는다"는 제 이야기는 틀린 말이 되거든요. DNA는 복제되니까요! 저도 상당히 곤혹스러웠어요. 제가 혼자 내린 결론은 용어를 잘못 선택했다는 것이었어요. 영혼이란 말을 써서는 안 될 것 같습니다. 지금 제가 한 말에 대한 책임을 지라고만 하지 않는다면, 그리고 나서 영혼이 뭐냐고 물으신다면 저는 "영혼도 DNA의 씨앗일 수밖에 없다"고 대답하겠습니다. 생물학자로서 제가 제 무덤을 너무 깊게 파고 있군요. 하지만 먼 훗날을 위해 미리 제 목을 내놓겠습니다.

"DNA가 영혼입니다" "그건 생물학적 결정론이죠"

—   이런 건 어떨까요? 인간을 복제할 때 유전적으로 복제되는 부분과 복제할 수 없는 부분이 있는데, 유전적으로 복제할 수 없는 부분은 체외의 복제방식인 문화나 학습을 통해서 복제합니다. 신체 안에 있는 생물학적인 DNA는 각각 어머니와 아버지로부터 받아 합쳐진 것인데, 이것과 체외 DNA라고 부를 수 있는 문화적 DNA 간의 재조합 같은 과정이 있어야만 한 인간이 탄생하는 것이 아닐까요? 문화적 DNA는 생식을 통해서 복제할 수 없기 때문에 그와 다른 복제방식을 택했던 것이고, 이 문화적 DNA와 유전적 DNA가 다시 조합되었을 때, 그때 비로소 인간이라고 부를 수 있는 것이 아닐까 합니다.

도정일   최 교수님이 "영혼은 DNA다"라고 말했는데, 대담한 선언입니다. 그런데 최 교수님이 인정하듯 영혼이 DNA라면 영혼도 당연히 유전되어야 하는데 그게 그렇지 않아 보인다는 게 문제입니다. 제가 앞서 영혼과 혼을 구분한 것은 그래서예요. 우리가 혼이라 부르는 것은 문화적으로 전승되지만, 개인의 영혼일 때는 문제가 달라져요. 영혼의 존재를 인정한다면 그게 유전되지 않는다는 것도 인정해야죠. 신의 경우처럼, 영혼이란 과학적 존재 입증의 대상이 아니라 종교적 믿음의 범주입니다. 입증되지 않으므로 적어도 과학적으로는 그것의 유전 여부를 확언할 수 없죠. 그래서 영혼 문제에 관해서는 이런 수정안을 내놓고 싶습니다. 수정안이라? 우리가 무슨 남북협상을 하는 것도 아닌데 웬 수정안? 하지만 생물학자와 인문학도가 만나 이런 대화를 할 때의 소득이 뭐겠습니까? 생물학적 입장과 인문학적 견해 사이의 가능한 접점을 찾아내자는 것 아니겠어요? 그래야 서로 얻는 것이 있고 문제 접근의 길이 열릴 테니까요.

영혼은 복제되지 않고 유전되지 않는다, 그러나 영혼이란 것을 끊임없이 생각하게 하고 그 존재를 믿고 싶어하는 성향disposition 자체는 인간의 DNA에 들어 있다. 생물학적으로 복제되고 유전되는 것은 이 성향이라는 게 제 수정안입니다. 앞서 저는 '영원성에 대한 갈망의 산물이 영혼'이라고 말했습니다. 여기서 DNA 베이스를 갖는 것은 '영원성에 대한 갈망'이죠. 인간의 DNA 속에 들어 있는 것은 이 갈망이지 영혼 자체는 아니라는 이야기입니다. 시간의 속박에서 벗어나는 것, 시간성으로부터의 자유가 영원성입니다. 우리가 자유라고 부르는 것의 가장 기본적인 의미가 '시간성으로부터의 자유'예요. 인간은 시간의 노예죠. 아무도 거기서 벗어날 수 없고 반역을 시도할 수 없어요. 그러나 그 노예 상태를 거부하고 시간의 제왕을 정면으로 부정하는 것이 영혼입니다. 우리가 영혼이라는 것에 갖다붙이는 가장 중요한 특성이 자유라는 거죠. 이 자유 속에는 시간성으로부터의 자유를 비롯해서 온갖 자유가 다 포함됩니다. 그래서 다시 정리하면 인간에게는 자유 추구의 성향이 DNA 속에 들어 있고, 이것이 영혼이란 것의 생물학적 토대라는 게 됩니다.

최재천　선생님이 저를 구원해주시는 것 같습니다. 이쯤 해서 저는 선생님의 제안을 받아들이겠습니다. 상당히 합리적인 수정안이라고 생각합니다. 하지만 이런 생각을 이 순간부터 접겠다는 이야기는 아닙니다. 계속 고민하렵니다.

—　"복제인간에게는 영혼을 주면 안 된다, 들고일어날 테니까"라는 말이 결국 그런 뜻이군요? 그런데 선생님, 자유를 추구하지 않는 영혼은 없단 말입니까?

도정일　아뇨, 얼마든지 있을 수 있어요. 자유 추구의 성향이 DNA에 들어 있긴 하나 생물학자들이 말하듯 그게 발현되는 정도와 양상은 개체에 따라 천차만별이죠. 개체가 처한 환경, 교육, 주입된 가치관, 억압의 크기, 외부 자극, 각성 등 이 모든 것이 그 성향의 발현에 영향을 줄 수 있습니다. 그래서 스파르타쿠스처럼 용감하게 들고일어나는 노예가 있는가 하면 죽은 듯이 엎드려 순종하는 노예도 있는 거죠. 이런 차이가 바로 영혼의 차이 아니겠어요? 자유의 성향을 갖고 태어난다는 것만으로 영혼이 결정되지는 않는 것 같아요. 그 성향을 적극적으로 발현시킨 결과로서의 영혼이 있다면, 그러지 못한 영혼도 있을 수 있죠. 그런데 인간은 참 기이한 동물이에요. 죽은 듯이 엎드려 있다가도 어느 순간 치고 일어나기도 하잖아요? 저항과 순종, 발현과 침묵의 모든 가능성을 다 가진 것이 DNA죠. 심지어 순종을 선택하는 자유조차도 자유일 수 있어요.

—　중요한 질문이 하나 떠올랐습니다. 인간에게 자유 추구의 성향이 원천적으로 주어졌다면, 그걸 준 것은 누구입니까? 선생님은 그 성향이 인간의 DNA에 들어 있다고 말씀하셨는데, 그건 결국 진화론을 받아들이는 것 아

닌가요?

도정일　맞습니다. 자유의 성향을 누가 주었는가? 종교와 진화론이 지금도 박치기하고 있는 지점이 바로 거깁니다. 영원성에 대한 갈망의 기원이 어디냐는 문제죠. 시간의 세계 너머에 있는 것이 신입니다. 시간성의 부정이 신성神性, divinity이죠. 그러니까 기독교적 관점에서는 영원성을 갈망하는 인간 성향의 기원은 신이다, 그건 원천적으로 신이 준 것이다, 이렇게 말해야 되죠. 최 교수님께 물어봐야겠지만, 진화론의 주장은 당연히 그게 아니죠. 그런 갈망이 DNA에 들어 있다면 그건 신의 선물이 아니라 진화의 결과이고 자연선택의 결과가 되죠.

저는 기독교도가 아닌데도 하느님, 그러면 되게 겁이 나요. 그래서 하느님을 화나게 할 소리는 그 영감님이 듣지 못하게 숨죽이고 입막고 살짝 말하는 버릇이 있어요. 그래서 살짝 말하면, 저는 진화론의 주장을 받아들이는 쪽입니다. 인간은 혼자서는 도저히 살지 못하는 나약한 존재입니다. 원시 인류에게 가장 절실했던 생존 전략은 뭉치는 일 아니었겠어요? 집단을 만들어 함께 외적에 대항하고, 함께 먹을 걸 구하고, 함께 사는 것이 혼자 따로 떨어져 사는 것보다는 생존에 절대적으로 더 유리했을 거예요. 원시 사회의 생존 방식에서 '개인'은 성립하지 않습니다. '백치idiot'의 그리스 말 어원은 '이디오테스idiotes'인데, 이건 공동체를 떠난 외톨이를 의미합니다. 무리를 벗어난 외톨이란 죽기로 작정한 바보 중의 바보라는 소립니다. 내 생각에, 영원성에 대한 갈망의 뿌리는 인간이 가진 종교 성향religiosity과도 직결되는 것 같은데, 이 종교 성향이란 것은 무리를 지어야 살 수 있다는 생존 명령이 유전 정보로 되먹임된 결과가 아닌가 싶습니다. 집단을 결속시키는 데는 '같은 신'을 믿는다는 것 이상의 효과적인 방법이 없으니까요.

내가 일부 생물학자들의 종교 비판을 수용하지 않는 이유도 거기 있습니다. 그 비판들 대부분은 틀린 각도에서 제기되고 있어요. 똑똑한 생물학자라면 비과학이라는 이유로 종교를 비판하고만 있지는 않을 겁니다. 인류 사회에서 종교는 왜 없어지지 않는가, 종교의 그 질긴 생명력의 생물학적 베이스는 뭔가, 이런 문제도 당연히 생각해 봐야죠. 그래서 나는 단수로서의 '신'이든 복수로서의 '신들'이든 다 좋아합니다. 신을 빼버리면 인간 이해는 절름발이가 돼버려요.

—   영혼도 좋아하십니까?

도정일   최 교수님이 DNA라는 게 다음 세대의 형태나 행동방식, 성향, 자질 등을 생물학적으로 결정해준다고 했죠. 그런데 만약에 영혼도 DNA다, 전승되는 것이다라고 말한다면, 결국 그건 생물학적 결정론이 됩니다. DNA가 결정하는 거죠. 그러나 우리가 만약 영혼을 말한다면 그건 생물학적으로 결정되지 않고 남아 있는 어떤 여백입니다. 복제할 수 없는 것, 미리 결정할 수 없는 것이죠. 사전에 결정되어 있지 않고 복제되지 않고 생물학적 복제의 방법으로는 전승할 수 없는 것, 그게 영혼입니다. 나는 그 여백을 좋아합니다.

최재천   저는 이미 앞에서 생물학적 결정론의 무지스러움에 대해서는 충분히 설명을 드렸다고 생각합니다. 유전자가 혼자서 하는 게 아닙니다. 만일 제가 극도의 유전자 결정론자라면 영혼도 유전자가 이미 결정해놓은 것이라고 생각해야 하는데, 아, 그러면 정말 삶은 살아볼 필요조차 없는 것이겠죠. 아까 선생님께서 은근히 흘리신 말씀을 저는 이렇게 다듬어보고 싶습니다. 영혼은 DNA든 조물주든 어디선가 받은 것을 우리 인간의 독특한 자유의지로 주물러 재창조한 것이라고 말입니다.

그런데 제 논리에 큰 걸림돌이 하나 있습니다. 결정론과 자유의지는 절대로 함께 갈 수 없다고 믿는 게 통념일 것 같은데, 그렇지 않나요? 하지만 몇 년 전 한국학술협의회가 주최한 석학강좌 시리즈로 초청받아 우리나라에 와서 여러 차례 강연을 하고 간 철학자 대니얼 데닛은 그의 근저 《자유도 진화한다Freedom Evolves》에서 유전자 결정론이 결코 인간의 자유의지를 속박하지 않는다고 단언합니다. 그리고 우리의 유전자가 우리로 하여금 자유의지를 갖게끔 한다고 주장합니다.

도정일 개체는 선대로부터 받은 생물학적 정보를 펼쳐서 개체를 구현하죠. 그런데 개체 성장에 개입하는 변인들이 하도 많아서 유전적 정보가 개체의 성장을 결정적으로 다 지배하거나 처음부터 결정하고 있는 것은 아니란 말이죠. 이것이 문화론적인 관점인데, 이들의 최대 관심사는 개체가 어떤 환경, 그러니까 사회·문화·교육환경 등 인간이 만든 집단의 관계망 속에 들어왔을 때 그 관계망이 개체를 형성하는 데 가장 중요한 형성력을 발휘한다는 거죠. 물론 스티븐 핑커 같은 사람들은 이런 소리를 정면 배격합니다. 부모의 영향이 결정적이라는 것도 일종의 헛소리라는 게 그 사람 주장이에요.

유전적으로 동일한 복제인간을 만들어도 그 개체가 어디에서 성장하느냐에 따라 전혀 다른 개성과 전혀 다른 정신을 지닌 전혀 다른 인간으로 성장할 것이라는 가능성을 생물학 쪽에서도 받아들이고 있는 것 아닌가요? 생물학적 자질은 이미 결정되어 있는 것인 반면, 개체의 형성에 개입하는 다른 많은 변인은 결정되어 있는 것이 아니죠.

6

신화의 시작이 흔히 기막힌 재담가나 이야기꾼 한 사람으로부터 시작되었을 가능성이 크지 않습니까? 하느님이 최초의 인간을 만드시기 전에 벌어진 일을 어느 인간이 기록 또는 관찰이라도 할 수 있었겠습니까? 나중에 누가 지어낸 이야기, 즉 픽션이잖아요. 말하자면 어떤 기막힌 '구라쟁이'가 신화 같은 것을 만들어내지 않았겠느냐는 거죠. 저는 인문학과 자연과학의 결정적인 차이는 '구라'의 유무가 아닌가 싶어요. 인문학은 기본적으로 이야기꾼들, 픽션메이커들, 구라쟁이들의 작업이라는 생각이 들어요. **최재천**

인간,
거짓말과 기만의 천재

한때 진리로 여겨졌다가 진리가 아닌 것으로 판명되어 나자빠진 이야기들, 곧 '구라'들이 즐비한 동네, 그게 과학사 아닌가요? 이건 진리다, 그랬다가 가설이 엎어지면 한판의 '구라'가 되는 거죠. 과학은 반드시 입증의 책임 앞에 서야 하고 검증에 실패하면 무너집니다. 그러나 과학적 방법이란 게 확립된 이후에도 과학은 여전히 '구라'가 될 수 있는 운명을 벗어나지 못합니다. 언제 무너질지 모르니까요. 아인슈타인 이전에 빛은 휘지 않고 시간은 직선적이라는 게 과학의 정설이었어요. 과학의 불안은 정설이 언제나 '잠정적으로만' 정설이라는 데 있습니다. **도정일**

최재천   그런데 선생님, 저는 자연과학자의 입장에서 인문학의 신화를 들으면 이런 의심을 하곤 합니다. 어딘가 신화의 시작이 있었을 텐데 말이죠. 신화의 시작이 흔히 기막힌 재담가나 이야기꾼 한 사람으로부터 시작되었을 가능성이 크지 않습니까? 진화생물학자 중에 시카고 대학의 리 밴 베일린이라는 사람이 있어요. 그 양반은 공룡들이 구애 행위를 할 때 불렀던 노래를 흉내내는 사람입니다. "우아우아우~~" 이러면서 공룡 노래를 부르는 겁니다. 공룡이 정말로 그런 노래를 불렀는지 누가 압니까? 그런데도 사람들이 재미있다면서 까무러칩니다. 박수를 치고 아주 난리가 나요. 누가 공룡과 함께 살아봤던 것도 아닌데 말입니다. 기독교의 〈창세기〉도 마찬가지 아닙니까? 하느님이 최초의 인간을 만드시기 전에 벌어진 일을 어느 인간이 기록하거나 관찰할 수 있었겠습니까. 나중에 누가 지어낸 이야기, 즉 픽션이잖아요. 말하자면 어떤 기막힌 '구라쟁이'가 〈창세기〉나 신화 같은 것을 만들어내지 않았겠느냐는 거죠. 저는 인문학과 자연과학의 결정적인 차이는 '구라'의 유무가 아닌가 싶어요. (웃음) '구라'가 표준말인가요? 어쨌든 인문학은 기본적으로 이야기꾼들, 픽션메이커들, 구라쟁이들의 작업이라는 생각이 들어요.

도정일   과학도 일종의 이야기죠.

최재천   검증할 수 있잖아요. 반드시 검증을 받아야 하고요.

도정일   한때 진리로 여겨졌다가 진리가 아닌 것으로 판명되어

나자빠진 이야기들, 곧 '구라'들이 즐비한 동네, 그게 과학사 아닌가요? 이건 픽션이 아니라 진리다. 그랬다가 가설이 엎어지면 한판의 '구라'가 되는 거죠. 태양이 지구 주위를 돈다고 믿었던 시대에 천동설은 이야기가 아니라 진리였습니다. 근대 과학 이전의 과학적 지식 대부분이 '이야기인 줄 몰랐던 이야기'였죠. 물론 과학과 허구 사이에는 뚜렷한 경계선이 있습니다. 과학은 반드시 입증의 책임 앞에 서야 하고 검증에 실패하면 무너집니다. 그러나 허구적 이야기는 검증의 책임을 지지 않고 검증을 요구받지도 않습니다.

천동설이 지동설로 넘어가면서 시끌벅적할 무렵에 이탈리아의 한 작가가 이런 이야기를 써요. 한때는 태양이 지구 주위를 돌았으나 지금은 그 반대다, 왜 그렇게 됐냐 하면 태양이 어느 날 지구에게 말했다는 거예요. "야, 지금까지는 내가 네 주위를 돌았는데 이젠 피곤해서 못하겠다. 이제부터는 네가 내 주위를 돌아라." 아무도 그 이야기꾼에게 "둘이 임무 교대하는 거 네가 봤냐?" "태양이 한 말을 녹음해 놨어?" 하고 따지지 않죠. 그러면 바보가 되니까요.

이런 것이 과학과 허구의 결정적 차이죠. 그러나 과학적 방법이란 게 확립된 이후에도 과학은 여전히 '구라'가 될 수 있는 운명을 벗어나지 못합니다. 언제 무너질지 모르니까요. 아인슈타인 이전에 빛은 휘지 않고 시간은 직선적이라는 게 과학의 정설이었어요. 과학의 불안은 정설이 언제나 '잠정적으로만' 정설이라는 데 있습니다. 그 불안이 과학의 위대성이기도 하고요.

최재천   맞습니다. 인문학 쪽의 구라와 자연과학 쪽의 구라에는 분명한 차이가 있습니다. 제가 얼마 전에 《현대문학》에 연재하던 중에 '최구라'라는 별명을 얻었거든요. (웃음) 그때 연재한 구라의 글들을 묶어서 낸 책이 《열대예찬》입니다. 저 개인적으로는 제가 낸 책

중 가장 좋은 글들이라고 생각하는데 무슨 까닭인지 영 팔리질 않네요. 제 구라는 아무래도 구라 축에 끼긴 어려운가 봅니다.

도정일 우리 문화계에도 자타가 공인하는 저명한 '구라'들이 있습니다. 백구라, 황구라, 유구라 같은 분들이죠. 죄송한 이야기지만 '백구라'는 백기완 선생, '황구라'는 작가 황석영, '유구라'는 유홍준 교수죠. 이제 '최구라'가 등장한 거네요. (웃음)

최재천 그런데 저는 구라를 치면서도 항상 뒤가 켕깁니다. 저도 유구라, 그러니까 유홍준 선생님과 이야기해본 적이 있는데, 그분은 정말 재미있게 이야기를 하시면서 "이게 다 구라야"라고 밝히고 계속 구라의 길을 가더군요. (웃음) 그런데도 옆에 있는 분들이 전혀 반감을 안 가져요. 그분의 이야기는 재미있고 유익한 구라니까요. 그런데 제가 구라를 치면, 그게 조금만 틀려도 저는 낙마하고 맙니다.

도정일 자기 이야기를 구라라고 선언해놓고 푸는 구라, 그게 진짜 구라죠. (웃음) 문학은 그 점에서 '구라의 왕'입니다. 이건 허구라고 처음부터 선언하고 시작하거든요. 물론 늘 그랬던 건 아니고요. 19세기 서양 소설을 보면 이건 허구가 아니다, 아무개가 어디어디서 실제로 겪은 이야기라고 위장하는 경우가 많았어요. 《로빈슨 크루소》 같은 소설이 그랬죠. 독자들에게 최대한 사실이라는 인상을 주려고 한 겁니다. 물론 이것도 독자의 뒤통수를 치는 한 가지 방법이죠. 사실인 줄 알았는데 알고 보니 아니더라, 속았다, 그런데 이상하네, 속았는데도 기분은 좋다는 효과 말입니다. 그런데 20세기에 오면 "이건 지어낸 이야기다. 이걸 사실로 받아들이는 자는 총살한다"는 식으로 시작하는 문학 구라들이 나오죠. 구라의 역사가 이렇게 파란만

장해요. 정교하게 사실성을 위장하는 방법과 처음부터 이건 구라라고 선언하고 시작하는 방법, 둘 중 어느 것이 더 낫다 못하다고 판정하기는 어렵습니다. 구라의 기술로 치면 둘 다 고도의 즐거운 마술이니까요.

그런데 문학이나 인문학 구라들에게는 양보할 수 없는 확고한 믿음 같은 게 몇 개 있습니다. "이 구라 속에 진실이 있다"는 말에 대한 믿음, "나는 마음만 먹으면 허위와 진실 양쪽을 모두 말할 수 있다"는 생각, 그리고 "나는 진실을 말하기 위해 거짓말을 한다"라는 주장에 대한 믿음이죠. 이 마지막 것이 아무래도 최고 걸작이 아닌가 싶어요. "나는 거짓말을 통해서만 진실을 말한다"는 소리기도 한데, 이건 문학만이 아니라 인간사 전반을 꿰뚫는 대단한 진실 같아요.

최재천　피카소도 이렇게 말했잖아요. "예술이란 우리에게 진실을 일깨워주는 거짓말"이라고. 인문학적 구라의 진실성은 지도 이해하고 인정하고 즐깁니다. 그런데 구라 중에서 위험한 구라가 있어요. 인류의 행복에 기여하는 구라가 아니라 인류를 오류로 이끄는 구라가 있다는 거죠. 제가 생각하기에 지금까지 가장 위험한 구라를 푼 사람이 프로이트예요. 자기가 인문학적 구라쟁이면서 마치 자연과학적 구라쟁이처럼 행세한 거죠. 그런데 신화는 좀 달라요. 신화도 구라쟁이가 창조한 것이지만 신화 때문에 인류가 크게 잘못된 길로 들어선 적은 없다는 것이죠.

도정일　프로이트가 정신분석을 과학이라고 주장한 건 사실입니다. 그런데 그에게는 늘 "내 관찰이 틀릴지 모른다"는 자기 의심이 있었어요. 또 자기 이론이나 개념을 끊임없이 수정하고, 틀렸으면 틀렸다고 말했어요. 이런 태도는 상당히 과학적인 거죠. 물론 지금의 프로이트는 과학성보다는 비과학성(?) 때문에 평가받고 있는 게 사실이긴 하지만요. 그의 분석적 개념들을 오용하거나 남용한 경우들은 있었어요. 한 예로 '억압된 기억RM'이라는 걸 가지고 선무당 사람 잡는 식으로 돈벌이를 한 정신과 의사들이 있었죠. 지난 20년 동안 주로 미국 쪽 과학계에서 프로이트 죽이기가 성행했는데 진화심리학 사람들도 거기 가담한 것 같아요. 그런데 프로이트는 죽지 않았어요. 지난 50년 넘게 철학계에서 플라톤 죽이기가 극성을 떨었지만 플라톤이 죽지 않은 거와 비슷한 이야기죠. 죽은 듯싶다가도 늘 다시 살아나는 것이 인문학계 거대 유령들의 특징입니다. 인문학에서 보면 프로이트는 여전히 깊고도 유용한 통찰을 던져주고 있어요.

태초에 이야기가 있었다

최재천　　도 선생님의 주전공이 문학비평이니 제가 감히 이런 질문을 하나 드려보고 싶습니다. 프로이트가 문학비평에도 상당한 영향을 미친 걸로 알고 있는데 그거 괜찮은 겁니까? 작가는 프로이트의 이론에 대해 별로 아는 게 없거나 퍽 잘 알고 글을 썼거나 두 경우를 생각할 수 있겠죠. 프로이트 이전에 활동했던 작가들은 당연히 프로이트의 이론을 모른 채 글을 썼을 것 아닙니까? 그런 작품이 졸지에 프로이트 이론으로 난도질당하는 것이 저는 불편합니다. 어쩌면 더 심오한 작가의 뜻이 과학적이지도 못한 이론에 의해 평가되는 것이 과연 옳은 일인가 의심스럽습니다. 또 작가가 프로이트의 이론을 잘 아는 상태에서 쓴 글을 같은 이론에 친숙한 비평가가 분석을 하는 것은 이를테면 허구가 허구를 평가하는 공허한 일이 아닌가 싶어요. 이쯤 되면 이미 과학적 검증의 울타리를 벗어난 것이거든요.

허구들만의 잔치 또는 구라의 악순환 같다는 생각이 들어요.

도정일　프로이트 얘기는 아무래도 나중에 따로 한번 다뤄야겠죠? 그런데 신화가 모두 무해한 건 아닙니다. 아주 해로운 신화도 있어요. 크리스토퍼 히친스라는 영국 출신 미국 평론가가 있는데 요즘 한창 잘 나가는 사나이죠. 부시 미국 대통령이 북한과 이란 등을 '악의 축'으로 몰아 물의를 일으키고 있을 때 히친스는 "오늘날 세계를 괴롭히는 3대 악의 축은 오히려 유대교, 기독교, 이슬람교다"라고 정치 칼럼에 썼어요. 이 3대 유일신 종교들은 유대 신화라는 같은 뿌리에서 나왔습니다. 이 위대한 역사 종교들이 왜 그런 혹독한 비판을 받게 되는가는 깊이 성찰해볼 문제죠. 이 관점에서 말하면 결과적으로 역사상 가장 해로운 구라를 푼 건 유대 민족신화일 겁니다. 저는 유대 신화를 존경하고 좋아하지만 그것이 끼친 정치적 해악을 모른 척할 순 없어요.

　부족이나 민족 같은 정체성 집단의 결속을 위해서 만들어진 것이 부족신화이고 민족신화입니다. 신화를 평가 절하한 근대 시기에도 서구 국민국가들이 성립할 때 민족의 과거로부터 온갖 영광의 기억을 끌어내거나 심지어 날조하는 민족신화들이 만들어집니다. 신화의 정치적 효용이죠. 이런 신화들이 배타적 국수주의적 목적에 동원되면 아주 해로운 것이 될 수 있어요. 계급을 정당화하는 신화들도 얼마든지 있습니다. 인도의 거인신 신화 같은 것이 그런 경우죠. 거인신이 죽자 그 몸뚱이의 각 부위로부터 여러 종류의 인간이 만들어지는데, 이를테면 머리 부분에서는 무슨 계급이, 가슴 부위에서는 또 무슨 계급이 하는 식으로 신분과 계급이 다른 사람들이 출현했다는 겁니다. 이야기 자체로만 보면 상당히 심오한 구석이 있지만, 인도의 4성 계급을 정당화한다는 관점에서 보면 아주 고약한 신화죠. 이

런 경우 신화는 지배세력의 사회 체제, 지배세력을 정당화하는 작업과 분리할 수 없는 정치적 생존과 지배의 전략입니다.

최재천　고대뿐 아니라 현대에도 그런 정치적 목적으로 엄청난 신화들이 만들어져왔죠. 사회 분위기나 정치적 필요 같은 것들이 전부 종합되어서 하나의 신화가 만들어지는 거 아닙니까? 그런데 나쁜 정치적 효과를 불러일으키는 신화도 많다는 거예요. 프로이트는 저희 생물학자들이 보기에는 철저히 잘못한 사람이거든요. 프로이트의 잘못된 이론 때문에 오진을 당한 환자들이 엄청나게 많을 거예요. 그래도 신기한 것은 프로이트의 왜곡된 신화 때문에 인류가 심각한 멸종위기에 놓인 것은 아니라는 점이죠. 프로이트는 누가 뭐래도 한 시대를 풍미한 기막힌 영웅이었죠. 동물한테도 인간처럼 신화가 있다면 프로이트 같은 동물이 하나 나타나서 잘못된 패러다임을 퍼뜨리면 그 종의 멸종을 가져올지도 모릅니다.

인간이 아직 잘못된 신화로 인해 멸종하지 않은 걸 보면 우리 인간은 그런 충격에 넘어갈 만한 종이 아니다, 독종이라는 생각이 들어요. (웃음) 세상의 충격을 막아낼 수 있는 종이 몇 있죠. 개미도 그래요. 개미사회를 보면 불청객 투성이거든요. 개미 행세를 하는 곤충 구라쟁이들이 많아요. 그런 사회악이 많으면 망해야 하는데 그렇지 않거든요. 개미사회의 조직력과 생존력이 워낙 굳건하니까 끄떡없는 거죠. 자연에도 개미사회와 같은 막강한 종들이 있는가 하면 아주 약한 종들이 있어요. 인간 세계도 잘못된 구라가 모두를 잘못 인도하여 절멸로 이르게 할 수 있는 가능성이 적은 세계인 것 같습니다.

우리 인간의 뇌 발달 과정에서 재미있는 부분 중 하나가 자기기만 self-deception이에요. 다른 동물들도 자기를 속여가면서 온갖 행동을 할까 싶어요. 자기기만의 대표적인 경우가 '난 할 수 있어', '하면 된다' 같은 겁니다. 누가 봐도 못할 일인데 스스로에게 하면 된다고 하는 거죠. 그래놓고 때론 불가능한 일들을 실제로 해내잖아요. 그런 과정 속에서 몇몇 개인은 사라져가지만 사회는 어떻든 진보한다는 거죠. 신화도 자기기만의 결과물일 텐데, 그런 면에서 인류에게 기여한 건 아닐까 싶어요. 그렇다면 신화에도 변이가 필요하거든요. 신화를 잘못 창조한 민족은 망했어야 하는 거죠. 열등한 신화를 창조한 민족은 더 강력한 신화를 창조한 민족과의 경쟁에서 도태당했어야 한다는 거죠. 이런 '신화의 진화'를 뒷받침할 만한 사례가 있나요?

— 인디언 신화가 그런 것 아닐까요? 인디언 신화는 최근에 각광받고 있지만 역사적으로는 기독교 신화에 의해 사라진 신화죠. 백인 기독교 문명에 밀려 인디언 문명은 철저히 파괴당하잖아요. 제3세계의 크고 작은 신화들도 마찬가지고요. 개화기 이후 한국 신화도 거의 다 잊히잖아요?

도정일 자연계에서 인간만이 우월하고 다른 종들은 열등하다고 점수를 매기면 진화론자들은 펄쩍 뜁니다. 침팬지보다 인간이 더 잘난 것 없다, 침팬지든 코끼리든 북극 이끼든 수십억 년의 자연선택 과정을 거쳐 진화한 것들이니까 종들 사이에 우열관계를 세운다는 건 부당하다는 게 진화생물학의 입장입니다. 그런데 그게 그렇지 않아요. 적자생존은 다윈 진화론의 핵심 개념입니다. 환경에 잘 적응해서 자기 유전자를 더 많이 퍼뜨리는 데 성공한 종은 살아남아 번성하고 그러지 못한 종은 도태됩니다. 같은 종 안에서도 개체들의 번식력에는 차이가 납니다. 그러니까 적응력과 번식력의 차이가 종이나 개체의 생물학적 성공 여부를 결정하는 거죠. 결국 적응·경쟁·생존의 능력이 종의 우열을 가리는 기준이 된다는 이야기죠. 진화론자들은 말로는 종들 사이에 우열이 없다고 하지만 사실은 번식력을 따져

우열을 가립니다. 이게 진화론의 자기기만 같아요. (웃음)

최재천　선생님 말씀에 꼬투리 잡을 게 하나 있습니다. 진화론자들이 종들 간에 우열이 없다면서 번식력을 따져 우열을 가린다고 하셨는데 그건 사실이 아닙니다. 번식을 더 잘한 종이 그렇지 못한 종과의 경쟁에서 우위를 점하는 것은 사실이지만, 어느 진화론자도 번식력 비교만으로 우열을 정확하게 예측할 수는 없죠. 자연계의 우열은 순전히 결과론적입니다. 길고 짧은 것은 모든 게 끝이 나야 알게 됩니다. 지금의 번식력이나 적응력만 보고 어떻게 영화 〈혹성 탈출〉과 같은 결과를 예측할 수 있겠습니까? 쥐가 우리 인간보다 번식력이 훨씬 높은 것은 사실이지만, 그것만으로 우리보다 우월한 동물이 되는 것은 아니죠. 그렇긴 해도 예전에 미국이 남태평양 작은 섬에서 핵실험을 했을 때 나무 한 그루 남지 않았던 그 섬에서 거의 유일하게 살아남은 동물이 쥐였잖아요? 아마 이래서 귄터 그라스도 그의 소설 〈암쥐〉에서 핵전쟁과 자원 낭비로 인해 자멸하는 인간을 향해 마지막 한마디를 일갈하는 동물로 쥐를 택한 것이겠죠. 진화생물학자는 생물의 우열을 가르는 '기만'을 저지르지 않습니다.

도정일　신화의 경우 부족신화들 사이에 생존 경쟁이 붙으면 우열관계가 세워집니다. 기독교가 로마 제국을 등에 업고 서양 여러 지역으로 퍼져나갈 때 그리스 신화는 도태의 위기로 몰리죠. 16세기 스페인 정복자들이 중남미를 장악하면서 아즈텍과 마야, 잉카 등의 토착신화들은 급사急死합니다. 인종 청소 비슷한 '신화 청소'죠. 이 청소 작업에서 중요한 역할을 수행한 것이 가톨릭 사제들이었어요. 교회의 눈에 중남미 신화들은 악마의 소굴, 우상 숭배, 악의 대행자, 미신에 불과했죠. 말하자면 '열등 신화'죠. '하느님'을 모른다는 것 자체가 이미 큰 죄악으로 규정되었으니까요.

　문화인류학이 '문화들' 사이에 우열관계를 세우지 않듯이 엄밀히 말하면 신화의 경우에도 우열을 따질 순 없어요. 그러나 현실적으로 권력 경쟁이 붙으면 힘센 쪽의 신화가 약한 쪽의 신화를 파괴하고 소멸시킵니다. 기독교만 그랬던 게 아니죠. 이슬람도 그랬어요. 이슬람에 장악된 지역에서는 토착종교와 신화 들이 살아남지 못했습니다. 유대 신화도 마찬가지예요. 유대 신화는 정복용이 아니라 이스라엘 민족이 살아남으려는 정신적 몸부림이었다는 게 좀 다르지만, 이스라엘 민족 내부에서도 야훼 이외의 신들을 섬기는 종교, 다신신화 같은 것들은 철저히 억압되고 소멸당합니다. 이런 걸 보면 신화도 진화론적 자연선택의 과정에 종속되는 것 같아요.

　　　—　　신화야말로 진화적이라고 느껴지네요. 인간이라는 종이 생존과 환경 적응을 위해서 끊임없이 조작하고 수정하는 과정을 거쳐 강한 신화를 가진 종족은 약한 신화를 가진 종족을 도태시켜버리기도 하구요. 아까 최 선생님께서 자기기만 이야기를 하셨는데, 신화도 인간의 자기기만일까요?

　도정일　　그렇다고 생각합니다. 자기기만이라고 하면 사람들은 도덕적 타락의 일종이라고 생각하지만 사실은 그렇지 않습니다. 인간이 냉혹한 세계에서 살아남자면 자기에게 유리한 방향으로 세계와의 관계를 설정하고 자기와 세계가 '마치' 특별한 우호동맹관계에 있는 것처럼 자기 자신을 속이지 않으면 안 됩니다. 이게 근원적인 자기기만이죠. 모든 부족신화는 자기 부족을 지켜주는 수호신을 갖고 있습니다. 근대 국민국가의 경우에도 마찬가집니다. 참 이상한 기준 같아 보이지만, 자기기만의 정도가 높을수록 '강한' 신화가 되는 것 같습니다.

최재천 자기기만은 인간본성의 가장 중요한 부분 중 하나가 아닌가 싶어요. 자기기만을 작동시키지 않는 인간이 없죠.

도정일 동감입니다. 어렸을 때 수호천사 이야기에 푹 빠져보지 않은 사람은 없어요. 지금도 아이들에게 가장 인기 있는 게 수호천사 얘깁니다. 주인공이 위기에 처하거나 어려운 일을 당했을 때 어디선가 홀연히 나타나 주인공을 구해주는 수호천사, 슈퍼맨, 스파이더맨 같은 대중문화의 영웅 이야기들도 기본적으로 수호천사 이야기의 변형이죠. 요즘 젊은이들을 보면 수호천사가 없는 친구는 없는 것 같던데? (웃음)

자기기만 이야기가 나오니까 최 교수님이 앞에서 언급했던 로버트 트리버스가 또 생각나네요. 그 사람 말인즉, 인간이 세계를 정확하게 인식하고 세계에 대해 정확한 그림을 그리고자 한다는 주장은 순진한 소리라는 거예요. 인간의 정신진화에서 가장 중요했던 것은 세계를 정확히 파악하는 분명한 의식 체계를 발전시키는 것이 아니라, '틀린 그림'을 그려놓고는 그 그림을 정확한 그림이라고 생각하도록 자기를 속이는 능력이라는 주장이었죠? 대단한 통찰이죠. 리처드 도킨스의 《이기적 유전자》에도 기만 이야기가 나오는데 트리버스의 영향입니다. 《이기적 유전자》 1976년 초판을 보면 트리버스가 서문을 써주었어요. 그런데 어찌된 셈인지 2판 이후부터는 그 서문이 슬그머니 없어져요. 트리버스보다 도킨스 자신이 더 유명해지니까 빼버린 것 아닌가 하는 생각이 들더군요.

최재천 도킨스 신화가 트리버스 신화를 구축한 거네요. (웃음)

— 현대 심리학자들은 정통 프로이트 이론을 거부하는 경향이 강하

지만, 많은 학자가 자기 방어기제에 관해서는 프로이트가 옳았다고 인정을 하더라고요. 사회심리학자들의 실험 결과를 보면 사람들은 시종일관 자신의 능력, 정직성, 관대함, 자율성을 과대평가한다는 거예요. 자신은 갖가지 무능력과 불안 때문에 너무 힘드니까, 그 심리적 불균형을 해소하기 위해서 자꾸 자신이 잘난 사람이라고 최면을 거는 거죠. 인지부조화 해소이론이라는 것도 있더군요. 사람들은 긍정적인 자아상을 유지하는 데 필요하다면 어떻게든 생각을 바꾸어서 인지부조화를 해소한다는 이론이라고 해요. 어떤 영화를 보니까 "한 번도 자기합리화를 하지 않고 일주일을 보낸 적이 있는가?"라는 대사가 나와요. 아주 공감이 가던데요.

도정일　최 교수님은 프로이트를 비판했지만, 로버트 트리버즈 같은 사람의 자기기만 이론은 프로이트의 무의식 이론에서 깊은 영향을 받은 것이 아닌가 싶어요. 물론 확인이 안 된 이야기라서 함부로 단정할 순 없지만, 트리버즈가 말한 무의식은 정신분석 쪽의 무의식 이론과 아주 닮아 있습니다. 거짓말을 하는 것은 인간만의 재주가 아니다, 동물들도 속임수의 천재라는 것은 다윈의 관찰입니다. 상대를 속여넘긴다는 의미에서의 '기만'은 자연계의 공통 현상이란 거죠. 모두가 상대를 속여넘기는 세계에서는 어느 놈이 날 속이는지 얼른 알아차리는 능력이 절대적으로 필요해집니다. 그래서 속임수 탐지능력을 강화하는 쪽으로 자연선택이 일어난다는 거죠. 트리버즈의 독창성은 그다음 부분이에요. 속임수가 성공하려면 자기가 속임수를 쓴다는 사실을 자기 스스로 의식하지 말아야 한다는 겁니다. '내가 지금 저 녀석을 속여넘기려 한다'는 자의식이나 자각 같은 것이 있으면 속임수가 실패하기 십상이죠. 우물쭈물하고 얼굴을 붉히다가 들통나니까요. 그러니까 속임수에 능한 사람은 상대를 속이는 동기나 속인다는 사실을 의식하지 않는, 말하자면 동기를 무의식화하는 능

력이 필요합니다. 그래서 자연선택은 그 무의식을 강화하는 쪽으로 움직여왔다는 거죠.

이게 트리버즈가 말한 속임수를 쓰는 인간의 무의식인데, 이건 프로이트의 무의식 이론을 문화나 이데올로기에 적용해온 사람들의 주장과 아주 잘 통합니다. '이데올로기는 의식이 아니라 무의식'이라는 거죠. 트리버즈처럼 프로이트에게도 중요했던 것은 의식이 아니라 무의식입니다. 인간의 자기지식이란 것 자체가 이미 무의식에 근거하고 있다는 게 프로이트의 생각이었어요. 오이디푸스는 자기가 누군지 스스로 잘 안다고 생각했지만 사실은 모르고 있었거든요. 바꿔 말하면 인간의 자기지식 자체가 벌써 자기기만이라는 이야기죠.

신화도 이데올로기의 한 종이란 점에서 인간의 무의식적 자기기만 행위에 속합니다. 〈창세기〉에서 신이 인간에게 '지식'을 금지했다는 이야기는 이 관점에서 보면 아주 심오한 데가 있어요. 소크라테스와 플라톤 등의 그리스 철학 전통에서는 '지식이 선'입니다. 히브리 전통과는 아주 대조적이죠. 유대 신화처럼 신화가 강력한 힘을 발휘하기 위해서는 그게 '구라'라는 사실을 아무도 의식하지 말아야죠. 〈창세기〉 집필자들이 알고 썼는지 모르고 썼는지는 알 수 없지만, 에덴 이야기는 결과적으로 인간에 대한 깊은 통찰을 담고 있다고 생각돼요. 하느님한테 또 용서를 구해야 할 소린데, 경전 집필자들은 구라라는 걸 의식하지 않고 구라를 풀었다고 해야 우리 이야기가 되겠죠?

최재천　유대인 인문학자 한 사람이, 그러니까 구라쟁이 하나가 그 누구보다도 성공적인 신화를 만들어낸 거죠. 인문학의 힘이 거기 있는 겁니까? (웃음)

도정일　히브리 경전(기독교의 《구약》)이 씌어지기 시작한 것은 유대

민족이 강성했을 때가 아니라 기원전 6세기 유대의 두 왕국이 차례로 망하고 이스라엘 사람들이 바빌론에 잡혀 있을 때입니다. 민족이 고초를 당하고 있던 시기의 산물이죠. 나라 상실의 고통, 노예의 고초가 가장 심했던 시기에 가장 강력한 신화가 만들어진 겁니다. 유대인의 바빌론 유수 기간은 1세기가 넘어요. 그 기간 동안 유대 지식인들은 이스라엘을 버린 야훼 신을 팽개칠 만도 한데 버리기는커녕 되레 그 절대의 신을 강화하고 그 유일신에 대한 충성과 믿음을 희망의 조건으로 삼게 되죠. 놀라운 이야기예요. 고통 속에서, 고통을 이겨내기 위해 강한 신화가 만들어진 겁니다. 유대 신화가 다른 신화들과 구별되는 가장 중요한 지점이 거기 아닌가 싶어요. 가령 그리스 신화는 그런 민족적 고통의 산물은 아닙니다. 전지전능한 유일신을 만들 필요가 없었던 거죠.

"신화는 '구라'죠?" "그렇다면 과학도 '구라'입니다"

최재천　　그렇다면 자기들이 처해 있는 환경과 상황을 명확하게 이해해야 더욱 강력한 신화가 창조되겠네요? 너무 허황된 신화는 설득력이 없을 거 아닌가요? 그런 점에서 왜 과학이 필요하냐는 질문이 나올 수 있겠죠. 과학은 사물을 관찰하고 이치를 파악하는 정신 활동이니까 그런 활동이 반드시 필요했을 겁니다. 인문학과 자연과학은 그런 면에서 떼려야 뗄 수 없는 학문이라는 거죠. 인문학이 자연과학이라는 형태로 내놓은, 자연과학의 역할을 하던 어떤 분야가 항상 인문학 안에 있었기 때문에 그 사람들이 확실한, 좀더 설득력 있고 성공률 높은 신화를 만들어낼 수 있었을 테죠.

도정일　네, 그래요. 저는 진화생물학자들이 신화나 경전 읽기 같은 데도 관심을 가지고 과학자가 읽는 신화, 생물학자가 읽는 《구약》, 뭐 이런 책 좀 써주었으면 싶어요. 시카고 대학의 리언 카스처럼 말입니다. 인문쟁이가 과학책을 쓰긴 어려워도 인문학은 누구나 할 수 있어요.

최재천　동감입니다. 과학도 인문학이 없으면 할 수 없습니다. 과학도 결국 언어를 사용하는 학문 활동이고, 기본적으로 분석과 종합으로 이뤄진 학문이라고 하는데, 분석은 어떨지 몰라도 종합을 하려면 결국 인문학적 소양이 필요합니다. 저는 우리나라 혹은 동양의 과학자들이 세계 과학계의 헤게모니를 장악하는 걸 가로막고 있는 가장 큰 산은 바로 언어로 대표되는 인문학적 소양이라고 생각합니다.

　과학은 그 어느 분야보다도 거의 영어가 장악한 분야예요. 인문학에서는 아직도 프랑스어와 독일어가 명맥을 유지하고 있는지 모르지만 과학에서는 이제 거의 존재조차 없어요. 영어로 유창한 설명을 하지 못하면 종합이 불가능합니다. 탁월한 실험을 많이 한 동양의 과학자들은 많아도 궁극에 가서 과학계를 평정하는 이들은 거의 없다는 겁니다. 제가 학생들에게 끊임없이 어학의 중요성을 강조하고 인문학적 소양을 갖추라고 애걸하는 이유가 여기에 있습니다. 결국 모든 학문, 아니 우리 인생 전체는 인문학에서 시작하여 과학 등 몇 갈래 길을 거쳐 결국 또다시 인문학으로 끝나는 게 아니겠어요?

도정일　맞습니다. 그런데 말이죠, 고대 신화는 진화론이 없었던 시대의 것이지만 잘 살펴보면 진화론이 보따리 보따리 들어가 있습니다. 〈창세기〉에서 신은 말하죠. 인간아, 번창하고 번식하라. 이건 유전자의 말씀 아닌가요? (웃음) 신은 DNA의 총사령관 같아요. 수메르의 《길가메시 서사시》에도 이런 대목이 나와요. 길가메시가 영생의 비밀을 찾으러 가다가 어떤 강가 주막에 들르는데, 주모가 지혜를 한 수 가르쳐줍니다. 영생이란 신들의 것이고 인간은 어차피 얻을 수 없는 거니까 그런 거 찾아 돌아다니지 말고 "그저 먹고 마시고 즐거워하라"고 말이죠. 그러면서 한다는 말이 인간에게 가장 즐거운 일은 뭐냐, 늙어서 손자들 고사리 손을 잡고 다니는 거다. 손자녀석들은 많으면 많을수록 좋다, 그래야 저승에 가서도 외롭지 않다고 하죠. 이것도 "네 유전자나 많이 퍼뜨려라, 이 멍청아" 그런 소리 아닙니까.

거짓말과 관련해서도 신화가 시사하는 게 굉장히 많아요. 그리스, 아프리카, 북미, 러시아 할 것 없이 세계의 신화와 민담 들은 '속임수꾼trickster'과 거짓말쟁이들 천지예요. 우리 민담에서도 〈별주부전〉의 토끼는 유명한 속임수꾼이죠. 그리스 신화의 영웅들치고 거짓말쟁이 아닌 자가 별로 없습니다. 신들도 그래요. 제우스의 아들 헤르메스는 태어나자마자 도둑질을 하고 거짓말부터 합니다. 제우스 자신이 기만과 위장의 천재였거든요. 제우스의 기만과 위장은 주로 여자들을 호려 씨를 퍼뜨리는 데 쓰입니다. 진화론 식으로 말하면 제우스는 성적 선택, 번식, 위장, 거짓말의 신화적 '대표선수'입니다. 그런데 이 대표선수를 속여넘기는 자가 또 있어요. 프로메테우스죠. 그리스 신화에서 신들은 인간의 이상理想인데, 그 이상형이란 게 거짓말쟁이 속임수꾼들이에요.

— 기독교의 신화에서도 거짓말이 많습니까?

도정일 유대 신화도 예외가 아닙니다. 기독교는 거짓말이 인간의 최대 타락이고 죽음에 이르는 죄라고 가르치지만, 《구약》은 〈창세기〉에서부터 거짓말하는 인간들로 넘쳐납니다. 인간의 시조라는 아담과 이브는 거짓말의 시조이기도 하죠. 이스라엘의 족장 아브라함도 그래요. 어느 해 기근이 들고 아브라함 일가는 먹을 것을 구하러 이집트로 갑니다. 이집트 관리가 아브라함의 아내 사라를 가리키면서 물어요. "이 여자는 누구냐? 네 아내냐?" 아브라함은 아니라고 거짓말합니다. 그래서 사라는 하마터면 이집트 파라오의 첩이 될 뻔하죠. 야곱의 아들놈들은 동생 요셉을 장사꾼에게 팔아먹고 돌아와서 아비에게 거짓말로 둘러댑니다. 이삭의 아내 레베카는 아들과 짜고 이삭을 속입니다. 참 대단한 이야기들이죠. 목적이 좀 다른 데 있긴 했겠지만 《구약》 작성자들이 자기네 조상들의 '비행非行'을 이처럼 솔직하게 적어놨다는 건 놀라운 일입니다.

저는 다윈 선생도 이런 이야기에 주목했을 거라고 생각합니다. 그러다가 자연계를 관찰해보니까 동물들의 신호 체계가 온통 기만술 deceit로 차 있다는 걸 알게 되죠. 그리고 진화론의 위대한 발견 하나가 나옵니다. 거짓말, 기만, 위장은 이미 수십억 년의 진화가 만들어놓은 결과다, 단세포 생명체에서 고등동물에 이르기까지 자연선택이 갈고 닦은 적응, 번식, 생존술의 일부라고 말이죠. 지구상 모든 생명체의 DNA 분자는 구조적으로 동일합니다. 기만술이 자연선택의 결과라면 모든 생명체는 기만의 동일체죠. 그래서 인간이 자기기만을 들여다보는 것이야말로 인간 자신의 본성을 이해하는 데 빠뜨릴 수 없는 절차라는 이야기까지 나오는 거죠. 이런 대목에서 인문학과 진화론 사이에는 상당한 대화가 이루어질 수 있다고 느껴집니다.

—   거짓말, 속임수, 기만에 의한 착취 같은 것들이 인간세계에서 도덕적으로 문제될 것 없다는 이야깁니까? 그것들이 모두 진화의 결과라면 처벌할 수 없잖아요? 사기꾼도 감방에 처넣으면 안 되고.

도정일 진화론을 사회이론으로 옮길 때 발생하는 심각한 쟁점의 하나가 바로 그 도덕성 문제입니다. 유전자는 '도덕'에 관심이 없거든요. 자기를 퍼뜨리는 것 외에는 다른 목적이 없죠. 부도덕이 아니라 '무도덕amoral'이죠. 유전자가 공자를 만나면 "뭐 이런 물건이 다 있어? 내 장사 망치는 놈 아냐?" 싶을 겁니다. 하지만 유전자는 도덕 선생도 유전자를 퍼뜨리는 일만 잘 해준다면 무슨 짓을 하고 다니든 관심이 없죠. 남자가 여자보다 바람을 더 많이 피는 건 당연하다, '씨를 퍼뜨려라'라는 유전자 명령에 충실하기 때문이다라는 주장을 사회생물학자들이 하고 다닌다고 해서 좀 시끌벅적했었죠. 제우스, 카사노바, 클린턴이 맞장구칠 만한 주장이죠. 그러자 왜 남자 바람만 당연하냐, 여자 바람도 당연하다는 주장이 나오는가 하면, '당연하다'를 물고 늘어져서 유전자 명령만이 다가 아니다, 도덕적 명령도 있다 어쩌고 하는 반론들도 제기되었어요.

논란이 된 문제의 핵심은 DNA가 '바람피워라'는 문장을 이미 써 놓고 있는 거라면 혼외 부정 행위infidelity는 예외적 사건이 아니라 오히려 자연스럽고 정상적인 행위가 되는 것 아니냐는 것이었어요. 그런데 인간에게는 분명 도덕적 성향도 있거든요. 진화론자들의 응답은 이런 것 같았어요. 그 도덕적 성향이란 것도 진화의 산물이다, 인간 두뇌에는 도덕을 관장하는 부위가 있다는 주장이 있고, 또 한쪽에서는 유전자 자체에 도덕 성향은 없다, 도덕은 문화적으로 배우는 것이라는 주장이 있었던 것으로 기억됩니다.

내가 알기로는 진지한 진화론자들치고 도덕문제를 완전히 폐기처분하는 경우는 드문 것 같아요. 다만 유전적 성향을 이야기할 때는 도덕성이나 도덕적 판단은 일단 유보하고 과학적 사실은 사실대로 기술한다는 태도죠. 다윈은 인간이야말로 자연계에서 유일한 도덕적 종이라고 생각했더군요. '도덕적 존재'란 "자신의 과거와 미래의 행동 및 행위 동기 들을 비교할 줄 아는 자, 어떤 행동과 그 동기에 대해 찬성하거나 반대할 줄 아는 자"라고 다윈은 정의했어요. 이런 말도 했더군요. "인간의 도덕문화가 그 최고 단계에 도달하는 것은 인간이 자신의 생각을 제어해야 한다는 것을 인정할 때다." 이건 다윈의 자기성찰과도 같은 부분입니다. 《종의 기원》을 써놓고 발표를 망설여야 했던 진화론자의 고민이 비치는 대목이죠. 시대의 도장이 쾅쾅 찍힌 소리 같기도 하고. 인간이 유일한 도덕적 존재라는 다윈의 말에 《도덕적 동물》이란 책을 쓴 로버트 라이트가 이런 토를 달았더군요. "인간은 도덕적 존재다. 그러나 잠재적으로만 도덕적일 뿐 자연적으로 도덕적 동물은 아니다. 인간이 도덕적 존재가 되는 첫걸음은 우리 자신이 얼마나 철저하게 비도덕적 동물인가를 깨닫는 데서 시작된다."

인문학과 생물학의 연결고리

최재천　제가 새로운 제안을 하나 할게요. 저는 생물학자이고 선생님은 인문학자시잖아요. 그런데 저는 이 자리에 물리학자가 함께 있었으면 참 좋겠다고 생각해요. 지금 우리가 하고자 하는 것이 학문 간의 벽을 헐자는 노력인데, 사실 인문학과 생물학을 대비할 게 아니라 인문과학과 전통적인 기초과학, 즉 물리학을 대비할 필요가 있다는 생각이 들어요. 선생님께서는 저와의 대담을 마치신 다음, 좋은 물리학자와 마주 앉아 제2의 대담을 하셔야 할 것 같습니다. 생물학은 오히려 인문학과 물리/화학 사이에서 다리를 놓는 존재인 것 같아요. 생물학은 어쩌면 둘 사이를 연결할 수 있는 유일한 학문이 아닐까 하는 생각이 들거든요.

도정일　동감입니다. 인문학은 생물학의 도움을 받아야 하고 실제로 큰 도움을 받고 있습니다. 예술의 경우에도 요즘 진화론적 미학, 진화심리학적 인문학 같은 개념과 방법 들이 나오고 있죠. 문학을 말할 때 지금까지는 생물학적 통찰을 열심히 배제해왔는데 그래선 안 되겠구나 싶어요. 사실은 말이죠, 문학이론의 왕할배가 아리스토텔레스인데, 그 영감의 문학론은 그의 생물학과 뗄 수 없거든요. 그는 생물학의 시조이기도 했거든요. 그 영감이 《시학》에 "인간은 모방하는 동물이다"라고 썼는데, 요즘 곰곰이 생각해보면 그의 모방본능론은 진화론에 비추어봐도 굉장한 통찰을 담고 있는 것 같아요. 흔히 아리스토텔레스에게서 처음으로 과학과 신학의 '대종합'이 이루어졌다고들 말하죠. 물론 그 대종합이 지금은 깨져버렸지만요. 《시학》을 보면 이거야말로 인문학과 생물학의 대종합이었다는 생각이 들어요. 언어학의 경우에도 인간의 언어가 어떻게 발생하고 진화해왔는가에 대한 연구는 역사언어학만으로는 한계에 봉착했거든요. 인문학과 생물학의 합당까지는 아니지만 조건부 제휴는 조만간 가능하리라 봐요. (웃음) 한국 인문학과 과학은 서로 담쌓고 지낼 것이 아니라 왕성한 상호 소통, 통찰과 발견의 교환을 시도해야 한다고 생각해요. 그래서 개인적으로 저는 새로운 형태의 인문학을 모색하고 있습니다. 새로운 인문학에서는 과학과 인문학의 통합을 위한 노력이 결정적으로 중요합니다.

－　실제로 인문학 내부에도 자연과학적인 측면이 아주 강한 언어학이나 심리학, 사회학 같은 분과들이 있잖아요. 생물학은 또 자연과학 내부에서는 가장 인문학과 가까운 학문인 것 같아요.

도정일　사회과학도 넓게는 인문학입니다. 한국 사회과학계는 이

걸 망각하고 있는 것 같아요. 정치, 경제, 사회 현상과 관계를 연구하는 데 '과학적' 방법이 필요하다는 사실은 아무도 부인하지 않아요. 사회현상의 수리적·정량적 측면도 중요합니다. 그러나 사회과학이 인간을 놓치고 인문학적 관점을 놓치면 그걸 왜 하는가라는 근본적인 질문에 봉착해요. 타당하고 적실한 연구 결과도 나오지 않죠. 1970년대 초 국제 정치에서 큰 사건이 하나 있었어요. 마오쩌둥의 중국이 미국에 빗장을 열어준 사건이죠. 키신저가 닉슨의 밀사로 베이징을 비밀리에 방문했는데, 당시엔 첩보영화 이상으로 세계를 들뜨게 한 드라마였어요. 그런데 그 사건이 있기 전, 그러니까 1960년대의 미국 학계에서는 공산 중국이 과연 미국에 문을 열지 말지를 놓고 진단·분석·예측을 내놓느라 바빴죠. '열지 않을 것이다'와 '조만간 열게 될 것이다'로 입장들이 갈렸는데, 사회과학 쪽 사람들 대부분은 열지 않을 거라는 쪽으로 기울었고, 오랫동안 중국의 문화와 역사를 공부해온 인문학 계열 학자들은 중국이 곧 문을 열 것이라고 판단했어요. 결과적으로 옳은 판단을 내놓은 건 인문학자들이었죠. 거액의 연구용역비를 받아 '과학적' 방법으로 중국을 분석했다는 사회과학 쪽 연구물들은 1972년 중미관계가 열리면서 쓰레기가 되고 말았죠. 이런 실패가 발생한 건 인간·가치·문화·역사 등을 종합적으로 고려하는 안목이 연구에 투입되지 않았기 때문입니다.

이와 비슷한 사회과학 실패담은 엄청 많아요. 베트남전 초기에 미국방부는 어떤 정치학 교수에게 용역을 줘서 미국과 베트남의 전쟁이 어떻게 결판날 것인지 연구를 시켰죠. 연구비가 무려 100만 달러였어요. 그 정치학자는 '국가차원 비교'인지 뭔지 하는 방법으로 연구를 진행했는데, 쉽게 말하면 미국과 베트남 두 나라의 국력을 여러 차원에서 비교분석해서 결과를 예측하는 방법이었어요. 국력의 차원을 비교하면 결론은 뻔하죠. 미국이 코끼리라면 베트남은 두더지,

담비? 수량적으로만 따지면 작은 놈이 몇 배로 큰 놈과 붙어 이길 순 없죠. 연구 결론도 물론 그렇게 났는데, 웬걸, 몇 년 안 가 미국은 패전하고 철수합니다. 100만 달러짜리 연구가 허망하게 끝나버린 거죠. 연구자는 이 경우에도 인간·정신·명분·의지·정당성 같은 비수량적 요소들은 고려하지 않고 기계적인 측정 잔치만을 벌였던 겁니다.

최재천   에드워드 윌슨도 자신의 저서 《통섭》에서 머지않은 장래에 사회과학 분과 대부분은 생물학과 연계하거나 큰 의미의 인문학으로 통합될 것이라고 예언합니다. 그러는 동안 자연과학과 인문학은 스노의 '장벽'을 무너뜨리는 작업을 계속해야 한다는 겁니다. 그에 따르면 예전에도 그랬고 앞으로도 영원히 인간 지성이 해낼 가장 위대한 과업은 언제나 인문학과 자연과학의 대통합, 즉 통섭統攝이기 때문이죠. 그래서 저도 요즘 "21세기는 통섭의 시대"라고 열심히 떠들고 다닙니다. 생물학자인 저는 특히 생명과학대학 또는 생물학대학이라든가 인문학과 자연과학을 묶는 새로운 분과가 생겨서 본격적으로 양쪽이 만나는 제도적인 만남이 필요하다고 생각해요.

그런데 선생님, 질문이 있어요. 선생님 말씀 중에 '자연스럽다, 자연적이다'라는 말들이 자주 나오더군요. 저는 유전공학자가 아니라 자연을 연구하는 사람이라서 심정적으로는 선생님 말씀에 동의하지만 토론을 위해서 좀 딴지를 걸어볼게요. (웃음) 우리가 알고 있는 자연이라는 개념은 상당히 막연하거든요. 막연하게 자연에 대한 동경이 만연해 있고, '자연으로 돌아가라'는 말들이 여전히 힘을 얻고 있잖아요. 그런데 제 생각에는 아무도 자연을 명확하게 정의하지 않으면서 자연으로 돌아가라고 명령하고 있다는 느낌이 들어요.

생물학 실험에서 가장 많이 쓰는 실험용 초파리가 바로 노랑초파

제가 얼마 전에 《현대문학》에 연재하던 중에 '최구라'라는 별명을 얻었거든요. 저는 구라를 치면서도 항상 뒤가 켕깁니다. 저도 유명한 구라쟁이와 이야기해본 적이 있는데, 그분은 정말 재미있게 이야기를 하시면서 "이게 다 구라야"라고 밝히고 계속 구라의 길을 가는 겁니다. 그런데도 옆에 있는 분들이 전혀 반감을 안 가져요. 그분의 이야기는 재미있고 유익한 구라니까요. 그런데 제가 구라를 치면, 그게 조금만 틀려도 저는 낙마하고 맙니다.

자기 이야기를 구라라고 선언해놓고 푸는 구라, 그게 진짜 구라죠. 문학은 그 점
에서 '구라의 왕'입니다. 이건 허구라고 처음부터 선언하고 시작하거든요. 그런
데 문학이나 인문학 구라들에게는 양보할 수 없는 확고한 믿음 같은 게 있어요.
"이 구라 속에 진실이 있다"는 말에 대한 믿음, "나는 마음만 먹으면 허위와 진실
양쪽을 모두 말할 수 있다"는 생각, 그리고 "나는 진실을 말하기 위해 거짓말을
한다"라는 주장에 대한 믿음이죠. 이 마지막 것이 아무래도 최고 걸작이 아닌가
싶어요. "나는 거짓말을 통해서만 진실을 말한다"는 이야기이기도 한데, 이건 문
학만이 아니라 인간사 전반을 꿰뚫는 대단한 진실 같아요.

리예요. 그런데 그 노랑초파리는 이제 자연에서는 찾을 수 없어요. 실험실이 그들의 자연이 되어버린 거죠. 야생에서는 멸종을 했고 실험실에서만 상당히 오랫동안 살아왔죠. 그러면 그 종은 자연적인 걸까요? 우리 인간의 자연은 무엇일까요? 저는 이제 인간의 자연 서식지는 기계문명이 만들어낸 이 새로운 환경이라고 생각합니다. 절대다수의 인간에게 도시문명이 곧 자연이 되어버린 겁니다. 1990년대를 풍미한 미국 드라마 〈프렌즈Friends〉를 아시죠? 제 아들이 워낙 열광한 드라마라서 지난 여름에 DVD를 구해 하루 종일 어느 해 방영된 1년치를 다 본 적이 있었어요. 제 관찰에 따르면, 그해 1년 내내 그 드라마에는 나무가 단 한 그루도 등장하지 않더군요. 그 친구들이 사는 뉴욕의 아파트 두 방과 동네 카페가 그들의 환경 전부더라구요.

인간 두뇌의 힘으로 변해가는 이 도시환경 자체가 우리의 자연이 되어가고 있는 거예요. 이제 거의 모든 인간은 과학의 도움으로 태어나고 과학 속에서 살다가 과학의 그늘에서 죽어갑니다. 인간의 두뇌가 조작하고 변화시키는 환경은 이제 더 이상 거부할 수 있는 존재가 아니라는 생각이 들어요.

연세대 심리학과의 황상민 교수는 요사이 인간본성과 관련해서 리니지 게임의 세계에 대해 연구하고 있는데, 그분이 함께 연구하면 어떻겠냐고 하기에 얼마 전부터 함께 이마를 맞대고 있습니다. 저는 사실 리니지 게임에 대해 잘 모르지만 그걸 만들어놓은 사람은 아주 기본적인 세팅만 해준 거라고 하더군요. 그런데 그 안에 들어와서 게임을 하는 사람들 스스로 나름대로 그들만의 사회와 규범을 만들고 서로 동맹도 맺고 때로 배반하고 그러더라고요. 참 재미있지 않나요? 생물학자인 저에게도 인간의 진화를 연구하는 데 흥미로운 주제가 되겠더군요. 사실 우리 생물학자들 중에서도 온도·습도·고도 등에 의해 규정되는 물리적인 환경만 환경이라고 생각하는 사람들이 있어요. 하지만 물리적 환경 못지않게 중요한, 현대인에게는 어쩌면 더 중요한 것이 생물학적 환경biological environment이에요. 제가 혼자 산다면 온도와 습도가 가장 중요하겠지만, 어쩌면 지금 저한테 더 중요한 건 제 주변 사람들과의 경쟁과 화해의 관계라는 거죠. 그렇다면 우리가 만드는 이 모든 행동이 곧 우리의 자연이라고 봐야죠.

도정일　생태론적으로 지금 자연환경과 문화환경을 구별하는 일은 무의미해요. '대학의 생태환경'이라고 하면 어떤 대학의 자연환경이란 소리가 아니죠. 탐구의 자유, 아이디어의 자유로운 흐름, 창조성 북돋우기 같은 문화도 대학의 생태환경에 들어갑니다. 한국 대학들의 생태환경은 그 점에서는 100점 만점에 20점도 안 되지만. 그런데 인문학자들도 예전의 낭만주의자들처럼 순수 자연 상태로 돌아가자는 식으로 이야기하진 않아요. 낭만적 상상과는 달리 자연은 오랜 기간 인간에게 혹독한 현실이었어요. 그 현실을 바꾸어낸 것이 문화이고 문명이죠. 그래서 인문학에서는 한동안 문화를 '제2의 자연'이라고 불렀어요. 사실은 '길들여진 자연'이란 표현이 더 정확하지만요. 인문쟁이들 대부분은 어떤 식으로든 문화론자들이에요. 그러니까 정치·사회·경제 같은 문화적 환경이 현대인에게는 오히려 더 중요한 자연이라는 생각들을 하고 있습니다. 인문학자들은 '자연'을 더 많이 강조하는 쪽이 되레 생물학이라고 생각하고 있는데요? 진화의 개념에 생물학적 진화 말고도 정치적 진화, 사회적 진화, 문화적 진화 같은 개념들을 넣어야 한다는 게 인문학자들의 생각이죠.

그런데 최 교수님 말을 좀 확대하면 이제 사이버 환경도 생물학적인, 또는 생태론적인 환경이 되는 거겠죠? 그 사이버 환경이 지금보다 더 발전해서 인간의 삶이 이루어지는 거의 전면적인 환경이 될 수도 있습니다. 그럴 때 그 새로운 자연에 적응하자면 인간의 몸 구조가 바뀌어야 하지 않습니까? 전자파에 아무리 많이 쏘여도 끄떡없는 인간, 외계인처럼 퉁방울 유리눈을 가진 인간 등등 이런 게 생겨야 되는 거죠? 늘 궁금한 건데, 지금 같은 전자환경에 인간을 적응시키자면 DNA 사령부가 '신인류'를 만들어내야 하지 않을까요? 15만 년 전 아프리카 어느 구석에서 현생 인류의 조상이 출현했듯이 말입니다. 전자시대 신인류의 발상지는 한국이 되지 않을까요? 여기가 지금 IT 대국이라니까?

최재천 그러자면 퉁방울눈을 가진 사람이 자식을 더 많이 낳아야 할 텐데 컴퓨터만 하고 섹스는 안 한다면 진화가 안 되겠죠. (웃음) 섹스도 컴퓨터를 들여다보면서 하고. 알 파치노가 주연한 영화 〈시몬〉이 떠오르네요. 사이버 인간과 사랑도 가능하죠. 진화론적 시간이 어느 정도 흘러야 이 새로운 환경에 적응하는 새로운 인간이 출현할 수 있을까요? 아마 그런 새로운 진화가 일어나기 전에 인간은 진화론적 변화에 대처하는 기술 발전을 먼저 이루겠죠. 예를 들어 컴퓨터를 장시간 사용해도 끄떡없는 전자안경 같은 게 나올 거예요.

생명은 어떻게든 길을 찾는다

도정일 진화론적 시간을 기다릴 틈도 없이 인간이 절멸할 수도 있겠죠. 생명체가 환경 변화를 미처 따라가지 못하면 멸종합니다. 진화의 시간은 느리고 환경 변화는 빠르다면 그 시간차를 어떻게 메울까요? 그걸 기술력으로 메울 수 있나요? 인간이 새 환경에 적응하지 못하면 DNA 사령부가 "아이구, 이제 너는 안 되겠다, 죽어줘라"라고 말하는 거죠. 그런데 최 교수님 말마따나 DNA는 영원합니다.

영생하는 거죠. 그러니까 지금의 인간이 제 손으로 만든 전자환경에 적응하지 못해서 비실거리면 DNA 사령부는 현생 인류를 갈아치울 다른 인류를 만들어내어 장사를 새로 시작할 수도 있지 않을까 하는 이야깁니다.

최재천　영화 〈쥐라기 공원〉에 나오는 수학자가 한 말이 저는 참 멋졌다고 생각합니다. 그 공원에서는 공룡들의 야생 번식을 막기 위해서 암컷만 만들어내잖아요. 그 공원의 과학자들은 자기들이 복제해낸 공룡들의 염색체를 조절하는 방식으로 그들의 번식을 완벽하게 통제하고 있다고 주장하죠. 절대로 수컷이 생길 수 없기 때문에 야생에서는 번식이 일어날 가능성이 전혀 없다고 자신 있게 말하는 장면이 나옵니다. 그때 그 수학자는 이렇게 말합니다. "생명은 어떻게든 길을 찾는다Life will find a way." 진화가 우리에게 가르쳐준 교훈이 있다면 생명이란 가둘 수 있는 게 아니라는 겁니다. 끊임없이 자유를 갈구한다는 겁니다. 그 어떤 힘도 생명을 통제할 수는 없습니다.

도정일　앞서 최 교수님 말 중에 재미있는 것이 있었어요. 인간이 유전자 복제기술을 갖게 된 것도 어쩌면 DNA 사령부의 조종일지 모른다는 이야기였죠. 그런데 인간이 복제인간을 만들어내거나 복제기술로 우량인간을 만들어낸다면 그것도 '생물학적 진화'라고 말할 수 있는 겁니까? 그 복제인간이나 개량인간은 자연 진화가 아니라 인간의 기술로 탄생하는데, 그놈들이 번식해서 인간을 갈아치운다면 그것도 생물학적 진화에 들어가는 건가요?

최재천　그렇죠.

도정일　인간은 정치환경처럼 다른 종의 세계에는 없는 독특한 환경을 만들어왔어요. 그런데 그런 환경들이 모두 생물학적인 거라고 봐야 하는 건가요?

최재천　우리가 만든 인공적 환경도 뇌 활동의 결과물이잖아요. 뇌가 진화의 산물이라면 뇌가 만들어낸 기술이나 문화도 그저 한 단계 확장된 진화의 산물일 뿐이죠. 그렇다면 거의 모든 인공적 환경이 생물학적인 문제가 되지 말아야 할 법은 없는 겁니다.

도정일　모든 인간은 선천적인 언어능력linguistic competence을 갖고 태어납니다. 생물학적 능력이죠. 그러나 지구상의 모든 인간이 같은 언어를 사용하는 건 아니죠. 지금도 세계에는 6,000개가 넘는 언어가 있어요. 이건 무슨 말이냐 하면, 언어능력이란 인간이면 누구나 갖고 태어나는 보편적인 생물학적 능력이지만 그 능력 위에서 만들어지는 언어는 천차만별이란 겁니다. 인간이 말을 하는 것은 언어능력 덕분이고, 그 능력은 분명 생물학적 토대를 갖고 있어요. 그러나 각 지역 사람들이 실제로 쓰는 각양각색의 언어들은 보편적인 생물학적 토대 위에서 만들어진 구체적이고 특수한 '문화적 구성물'입니다. 생물학적 토대라는 것과 문화적 구성이란 것을 구분해야 된다고 생각해요. 인문쟁이들이 '비생물학적'이라고 부르는 것은 그 문화적 구성물에 대한 이야기죠. 문화가 생물학적 토대를 갖고 있다고 해서 모든 문화현상이 다 생물학적이라고 말할 수는 없죠. 그렇게 되면 결국 아무것도 설명하지 않거나 생물학 제국주의에 빠지게 되는 거니까요.

최재천　선생님 말씀에 따르면 유전성이나 보편성을 지녀야 생물학적이라고 할 수 있다는 것인데, 그렇다면 저는 생물학자 되기가 좀 곤란해집니다. (웃음) 저는 유전학자가 아니거든요. 생물이 서로 다른 환경에서 적응하는 과정을 연구하는 것이 제 직업이니까요. 저는 유전성이나 보편성보다는 환경에 대한 특이성을 연구하죠. 그럼 저는 문화학과로 가야 하는 건가요?

도정일　최 교수님은 가장 비생물학적인 생물학자일지 모르죠. (웃음)

최재천　그 부분을 고집하는 생물학자가 많진 않아요. 하지만 저는 구별해야 한다고 생각합니다. 조금 전에 이야기하신 '비생물학적'이라는 말은 오히려 '물리적'이라고 바꿔야 한다고 생각해요. 생물이 조정할 수 있는 부분이 아니라는 거죠. 인간은 그것마저도 조정하겠다고 난리를 치고 있지만. 제가 한반도에서 태어난 것은 제가 선택할 수 없는 부분이죠. 그런 걸 바로 물리적이다, 어쩔 수 없는 부분이다, 이렇게 이야기하고 싶어요.

도정일　그럴까요? 우리가 한반도에서 태어난 건 물론 선택해서가 아닙니다. 그런 점에서 이곳은 우리에게 '물리적' 조건이죠. 그러나 사람들은 태어난 곳의 정치·사회·경제 환경이 생존에 이롭지 않거나 삶을 괴롭게 하면 그걸 바꾸려고 하죠. 독재를 바꾸어 민주주의로 가고, 불평등사회를 바꾸어 평등사회를 만들어내죠. 정치·사회·경제 환경은 바꿀 수 있다는 점에서 물리적인 것이 아닙니다. 가장 물리적이랄 자연조건까지도 바꾸어온 것이 인간이잖아요. 사회를 바꾸는 것은 어렵지만, 자연과 같은 의미에서의 물리적 환경은 아니죠. 한국에서 태어난다는 것은 한국의 자연 속에 태어나는 것이면서 동시에 이곳의 정치·경제·사회환경 속에, 곧 문화 속에 태어나는 건데, 이 문화적 환경은 사람들이 만들고 또 계속 바꾸어온 거 아닙니까? DNA 본부는 인간에게 말하는 능력을 주었어요. 그러나 '말할 자유'가 없다면? 말하다가 맞아죽는 환경이라면? 제가 아는 한 언론계 선배는 1970년대에 정보부에 끌려가서 하도 얻어맞아 실어증에 걸렸습니다. 지금의 우리 사회는 조선시대도 아니고 1980년대 군사정치 환경도 아닙니다. 바꾸어낸 거죠. DNA 생물학 사령부가 바꾸어낸 것이 아니라 사람들의 저항이 바꾸어낸 겁니다.

최 교수님은 환경에 대한 특이성을 연구한다고 하셨죠? 최 교수님 연구 대상은 '인간'이 아니겠지만, 인간에게는 어떤 생물종보다 문화적 환경이 중요하죠. 그래서 내가 자꾸 문화환경이니 문화적 차원이니 하고 말하는 겁니다. 문화는 지역마다 특이하고 다양하죠. '차이'가 엄청납니다. 그런 문화 차이도 생물학적 진화의 결과라고 말해버리면 그 차이가 왜 어떻게 생겨나는 건지 설명이 안 되죠. 이라크에서는 젊은이들 절반이 사촌끼리 결혼해요. 그렇지만 "이라크에서는 사촌끼리 결혼해야 한다"고 유전자가 명령한 건 아니잖아요? 이라크의 자연환경 때문도 아닙니다. 관습, 사회적 필요성, 가족제도, 이데올로기 같은 것에서 나온 문화적 명령이죠.

최재천　그렇지만 선생님, 선생님이 말씀하시는 관습, 가족제도, 이데올로기 등 이른바 문화라는 것이 하늘에서 뚝 떨어지나요? 유전자가 명령한 건 아니라고 말씀하시지만, 그렇다고 신이 명령한 건 더욱 아니죠. 인간의 유전자가 환경과의 관계 속에서 만들어낸 작품이지 않습니까? 우리의 관습과 가족제도가 침팬지의 관습과 가족제도와 다른 것은 물론 신께서 그러라고 했을 가능성이 전혀 없는 것은 아니지만 그것보다 더 명백한 차이점은 우리의 유전자가 다르다는 점입니다. 이런 관점에서 보면 문화 역시 유전자가 뻗친 긴 팔 끝에 있는 겁니다.

유전자는 사실 별게 아닙니다. 특정 단백질의 합성에 관한 정보를 담고 있는 화학물질에 지나지 않죠. 어떤 유전자에서 어떤 단백질이 합성되느냐 하는 과정에서는 거의 오류가 발생하지 않습니다. 하지만 동일한 단백질들을 끼워 맞춰도 언제나 동일한 구조가 나오는 것은 아닙니다. 늘 약간의 오차가 생긴다는 거죠. 앞에서도 말했듯이 그걸 우리는 '발생학적 잡음' 또는 '반응양태'라고 합니다. 사람들 대부분은 소설가 김동인의 "발가락이 닮았다"라는 표현에는 아무런 저항 없이 고개를 끄덕입니다. 자식이 부모의 모습을 닮는다는 건 아주 쉽게 받아들이죠. 그런데 그다음 단계인 행동에 관해서는 이야기가 좀 달라집니다. 이효석의 〈메밀꽃 필 무렵〉의 맨 마지막에 동이의 왼손에 채찍이 들려 있었다는 대목에 이르러서는 왜들 그렇게 말이 많은 겁니까? 왼손잡이가 유전하느냐 아니냐를 놓고 문학비평가들이 갑자기 유전학자 흉내를 냅니다. 부모의 몸 구조를 자식이 닮는 것에는 거부감이 없는데, 부모의 행동을 닮는 것은 왠지 불편하다는 건가요?

행동은 구조의 산물입니다. 우리의 사지는 우리로 하여금 네 발로 기는 것보다 두 발로 걷는 걸 더 편하게 하고, 침팬지의 사지 구조는 그들로 하여금 기는 게 더 편하게 해줍니다. 유전자에서 단백질로 가는 과정보다 유전자에서 구조로 이어지는 과정에 오차가 훨씬 큰 것처럼, 유전자에서 행동에 이르는 과정에는 그만큼 오차가 더 클 뿐 똑같은 논리의 연장입니다. 문화를 단순하게 정의하면 우리 인간이 하는 모든 행동의 결과물이죠. 그렇다면 똑같은 논리로 문화 역시 기원을 거슬러 올라가면 유전자가 있을 수밖에 없죠. 동일한 유전자 조합에서 동일한 문화가 생성된다는 것은 물론 아닙니다. 하지만 인간의 유전자 없이 인간의 문화가 나올 수는 없죠. 이런 의미에서 문화 역시 도킨스의 표현을 빌린다면 유전자의 '확장된 표현형'입니다.

7

예술을 자연선택에 의한 진화로 보기는 어렵습니다. 먹고살기도 바쁜데 뭘 하러 그림을 그리냐는 거죠. 그 짓을 하는 동안에 사슴이나 한 마리 더 잡으러 다니는 게 낫지요. 그런데도 예술행위는 눈부시게 진화했다는 사실에 주목해야 하는데, 이것은 번식에 직결된 문제이기 때문입니다. 공작 수컷이 날기에 방해될 긴 꼬리깃털을 가진 것은 자연선택의 관점에서 보면 불리하지만 성선택의 입장에서는 유리하죠. '아름다움'과 예술행위는 번식에 직결된 문제일 수밖에 없습니다. 생존에 득보다는 해가 더 많이 될 때도 예술행위를 하는 걸 보면 번식에 결정적인 이득이 있었을 것입니다. **최재천**

예술과 과학,
진화인가 창조인가

예술행위의 심리적 동기에는 성적 동기, 이성의 유혹이랄 만한 부분이 분명 있는 것 같아요. 그런데 공작 수컷의 경우와 같은 방식으로, 그러니까 성선택론으로 구석기 동굴벽화의 동기를 설명할 수 있을까요? 성선택론으로 설명하자면 그림 잘 그리는 사람이 성적 선택에서 유리했다고 해야 할 텐데 그건 전혀 설득력이 없어요. 벽화쟁이가 여자들을 동굴로 초청해서 그림 솜씨를 자랑하고 그걸로 유인책을 삼았을 리 만무합니다. 피카소나 샤갈쯤 되면 몰라도 웬만한 화가가 그림을 잘 그려서 유전자 파종에 도움 받기란 어렵습니다. **도정일**

—　　　문화의 차이 이야기가 나왔으니 '예술'로 넘어갈 절호의 기회군요. 인간의 문화 가운데 예술처럼 특이한 게 없잖아요? 인간은 왜 예술이란 걸 할까요? 예술도 인간본성의 산물입니까? 예술을 하는 사람들한테 "예술은 왜 생겼습니까?"라고 물으면 대답을 못해요. 최 선생님, 예술이 왜 시작되었는지 생물학에서는 뭐라고 말합니까? 생존과 번식에 도움이 되어서?

예술은 인간의 본성인가

최재천　　생물학이 가장 설명하기 어려워하는 부분이 바로 예술의 문제입니다. 도대체 예술이라는 행위가 인간사회에서 어떻게 진화할 수 있었는가. 도무지 쓸모없는 짓 같아 보이는 예술이란 행위가 왜 이렇게 고도로 진화할 수 있었는가. 이런 질문들에 대해서는 어떤 생물학자도 속시원하게 대답하지 못했죠. 상당히 오랫동안 고민했지만요. 생물학이 설명하기 어려운 몇 가지 문제가 있습니다. 인간은 왜 자살하는가, 그리고 왜 인간은 동성애를 하는가. 이런 문제는 여전히 생물학이 속시원히 풀어내지 못한 숙제입니다. 유전적으로나 진화론적으로는 전혀 효용이 없는 행동들이니까요.

도정일　　생물학이 해명하기 어려운 문제들이 있긴 있군요? DNA 사령부가 봤을 때 자살이나 동성애는 유전자를 퍼뜨리라는 명령에 대한 정면 불복이고 반역이죠. 그 외에도 인간사회에는 독신주의라는 것도 있습니다. 성직자 독신제의 경우가 아니더라도 그냥 '싫다'

면서 결혼하지 않는 거죠. 자고로 철학자나 예술가 들 가운데 독신주의자와 동성애자가 꽤 많아요. 생물학자 중에 독신주의자가 있으면 여기 데려다 물어보면 딱 좋겠는데. (웃음) 예술에 대한 생물학적 견해는 예술 행위가 적응과 번식에 도움이 되는가라는 관점에 대체로 묶여 있는 것 같아요.

스티븐 핑커의 《빈 서판》을 보면 언어와는 달리 음악은 '쓸모없는 useless' 것, 적응이 아니라 기술이라고 했어요. '쓸모없다'는 말은 '적응'에 도움이 안 된다는 의미예요. 예술을 하는 사람들이 들으면 '쓸모없다'라는 소리에 펄쩍 뛰다가, 그게 적응 목적에는 무용지물이란 해명을 들으면 당연하다고 생각할 것 같아요. 언어와 음악이 서로 관계없다는 주장도 논쟁을 일으킬 만합니다. 문학 쪽에서는 대체로 언어와 음악이 긴밀한 관계가 있다고 생각하거든요. 그러나 언어와 음악의 경우는 "관계가 없지 않을까?"라고 의심해볼 만한 근거가 좀 있고, 이상한 현상들도 있어요.

가령 자폐증이 심한 어린아이들은 거의 말을 못해요. 어휘력은 물론이고 문장을 조합해내는 능력이 없거나 아주 모자라기 때문이죠. 낱말들을 문법 사슬에 꿰어내어 문장을 만들지 못하는 겁니다. 그런데 이상하게도 자폐아들 중 음악이나 수학에는 천재적 재능을 발휘하는 아이들이 발견된다는 보고가 있어요. 이걸 보면 언어능력과 음악적 재능 사이에 긴밀한 관계가 있다고 말하기 어려워지죠. 예전에 제 학교 친구 중에 말더듬이가 있었어요. 그런데 이 친구에게 노래를 시키면 하나도 더듬거리지 않고 유창하게 한단 말예요. 말은 잘하면서 노래할 땐 여지없이 음치 9단인 친구들도 있잖아요? 부산 피난 시절 우리 동네에 함경도에서 피난 나온 한 아주머니가 있었는데, 사투리에다 함경도 억양이 심해 알아들을 수가 없었어요. 그런데 노래하는 걸 들으면 함경도 여잔지 부산 여잔지 구별이 안 됐어요. "어,

노래는 똑같네?" 어릴 땐 그게 참 이상한 일이었죠.

스티븐 핑커 말대로 음악이란 게 진화론적으로 쓸모없는 거라면 그게 왜 생겨났느냐는 거예요. 내 생각에 이 문제는 생물학 혼자서는 안 되고 심리학·수학·신경학·언어학·인류학으로부터 도움을 받아야 할 것 같아요. 2만 년 전 구석기 동굴벽화를 봐도 비슷한 질문이 떠올라요. 그 친구들, 이걸 왜 그렸지? 말하자면 미술의 기원과 발생 이유에 관한 의문이죠. 이런 질문은 인간이 어떤 동물인지를 알아가는 데 아주 중요하죠. 인간의 자기이해에 필수적인 질문입니다.

최재천　음악의 진화에 대해 모든 진화생물학자가 핑커의 의견에 동의하는 건 아닙니다. 숫자를 센다면 오히려 반대일 겁니다. 대부분은 음악적 재능이 번식성공도와 관련될 것이라고 생각하죠. 지금도 그런 흔적은 남아 있어요. 오빠부대가 바로 그겁니다. 우리나라의 경우 이미 1960년대 후반부터 나타나죠. 1969년이었나요? 클리프 리처드가 이화여대 대강당에서 첫 내한공연을 했을 때 우리 여성들이 속옷 집어던지고 야단났었죠. 실제로 세계적인 남자 가수들의 여성 편력은 유명하잖습니까.

그건 그렇고, 동굴벽화 이야길 하셨으니 저도 한 말씀 보태겠습니다. 저는 동물행동학 강의를 하면서 첫 시간에 이 학문이 언제 시작됐지에 대한 이야기를 합니다. 동물행동학은 제일 오래된 학문인지도 모른다고 이야기하곤 하죠. 동굴시대에 이미 동물에 대한 관심이 그렇게 많았기 때문에 동굴벽화 같은 증거로 남은 거 아니냐는 겁니다. 동굴벽화에 있는 동물들 대부분이 우리가 먹을 수 있는 동물이거나 피해야 하는 동물, 이렇게 대충 두 그룹으로 나뉘는 것 같습니다. 제 생각으론 동물에 대한 관심은 생활과 직접적으로 관련되어 있죠. 잡아먹을 동물이라면 어느 시간에 어떻게 나타나는가를 알아야 하고, 무서운 동물이면 어떻게 피해야 하는지 알아야 하니까요. 현재는 동물행동학이란 학문이 거의 예술에 가까울 정도로 쓸모없어 보이지만 옛날에는 아주 실용적인 학문이었을 겁니다.

여러 해 전 대학이 학부제 바람에 휘청거릴 시절 서울대 생명과학부가 만들어지는 과정에서도 동물행동학은 그야말로 찬밥 신세였어요. 여러 학과가 하나의 학부로 통합되는 과정에서 과목 수를 줄여야 하는데 어느 누구도 양보를 하지 않는 거예요. 그래서 제가 큰맘 먹고 제 과목인 동물행동학을 없애겠다고 했죠. 그래서 진전이 좀 있는 듯싶었는데, 한 번쯤 회의를 빠진 다음 가봤더니 동물행동학이 부활했더라고요. 신경생물학을 하는 분들이 동물행동학이 그들이 하는 학문에 기본을 제공한다며 회생시켜놓았던 거예요. 그래서 모른 척하고 있으려니까 또 과목을 줄일 수가 없는 거예요. 그런 과정에서 유전학을 하시는 선배 교수 한 분이 이렇게 말씀하시는 겁니다. "동물행동학 같은 과목은 재미로 하는 건데 없애자." 그 말에 저는 가만히 있는데 오히려 다른 교수들이 목청을 높이니까 그분이 대답하길, "아, 나는 동물행동학이 재미있다 이거지." (웃음)

지금은 동물행동학이 재미로 하는 학문처럼 되었지만, 동굴시대 대학에서는 동물행동학 교수가 벤처 회사를 가장 잘 차릴 수 있었을지도 모르죠. 몇 년 전 대학가에 벤처 바람이 불어닥쳤을 때 벤처 회사를 차릴 능력이 없는 교수는 마치 낙오자 취급을 받은 적이 있었는데, 저는 그야말로 대표 격이었죠. 인간이 혼자 살 수는 없었을 테고, 우리와 함께 지내야 할 동물들에 대한 관심은 그 시대에 대단히 중요한 생존과 일상의 문제였죠. 그것이 그 동굴벽화의 문법일 것 같아요.

도정일 아프리카 부족들을 보면 지금도 동네 어른들이 모래바닥에 이런저런 동물 모양을 그려가면서 아이들을 교육시키는 데가 있더군요. 그림을 엄청 잘 그려요. 동물들의 행동 특성, 걸음걸이, 소리, 동작 따위를 가르치는 거죠. 일종의 시청각 교육이에요. 동작과 소리를 흉내내는 솜씨도 일품이죠. 거기선 아닌 게 아니라 사람이 잡아먹어도 되는 동물은 뭐고 해로운 동물은 뭐다, 요놈을 만나면 무조건 도망쳐라 등등 그런 걸 가르칩니다. 이 경우 그림은 굉장한 실용적 도구죠.

그런데 이런 문제가 있어요. 구석기 동굴벽화가 그려진 동굴은 많은 사람이 모여서 구경하거나 요즘 말로 '교육'을 받을 수 있을 만큼 넓은 공간이 아니라는 거죠. 가장 최근에 발견된 프랑스의 쇼베 Chauvet 동굴은 입구가 사람 하나 간신히 드나들 만한 크기예요. 동굴 내부도 많은 사람이 모이기에는 협소한 공간이죠. 생존을 위한 교육적 필요성에서였다면 여러 사람이 들어와 구경할 수 있는 곳이어야 하지 않겠습니까? 결론은 그러니까 누군가 혼자 들어가 그렸다는 거죠. 또 문제가 있습니다. 먹을 수 있는 동물, 해로운 동물이라지만 벽에 그려진 동물들 중에는 먹을 수 없는 동물도 있고 (요즘 기준으로) 반드시 해롭다고 할 수 없는 동물도 있거든요. 부엉이 같은 거 말이죠. 그렇다면 구석기 그림쟁이들은 어떤 특별한 이유와 목적으로 벽화를 그린 것 같다고 말해야 되죠. 아직 해명되지 않은 문제들입니다. 다만 구조인류학자들이 내놓은 해석들 중에 생각해볼 만한 게 있긴 해요. 동굴벽화는 반드시 먹을거리를 표현하는 것이 아니라 '생각할 거리'를 위한 그림, 즉 상징기호라는 소리죠.

최재천 무엇을 그렸나 하는 것도 중요하지만 왜 그렸나가 더 중요하죠. 누가 그렸나가 중요하고. 생물학자 입장에서는 그게 정말 중요합니다. 생태학자가 봐도 정말 고래의 습성을 치밀하게 알지 않고는 그릴 수 없는 그림들이 발견되고 있습니다. 우리나라 울진의 암각화가 그 대표적인 예죠. 그런 암각화는 생태학자들에게 고래의 습성을 알려줄 정도의 좋은 생태학적 자료가 됩니다. 그런데 진화생물학자 입장에서는 도대체 누가 미쳤다고 그런 짓을 했는지 알다가도 모를 일이에요. 육중한 바위에 암각을 하거나 거대한 벽화를 그리기가 쉬운 일도 아니고, 엄청난 시간과 노력을 들였을 것인데, 도대체 누가 왜 그런 짓을 했을까요? 자발적인 것인지 부족의 요구인지도 궁금하고. 예술의 동기와 관련된 문제기도 하죠. 여하튼 진화생물학자들한테는 또 하나의 풀기 어려운 과제입니다.

도정일　동기를 알 수 없을 때를 '상징문법의 상실'이라고 말합니다. 쇼베 동굴에 들어갔던 조사단은 벽화의 솜씨가 매우 뛰어나서 마치 구석기의 미켈란젤로를 만나는 것 같았다고 해요. 어떤 여성 연구원은 너무 감동해서 동굴 바닥에 주저앉아 펑펑 울었다고 하더군요. 그런데 문제는 뭐냐? 벽화가 무슨 동물들을 그린 건지 파악하는 데는 전혀 문제가 없는데, 왜 하필 특정의 동물들을 거기 집합시켜놓았는가, 그걸 알 수 없다는 거죠. 그림은 있는데 그걸 그린 동기와 목적, 의미는 현대인이 알 수 없는 겁니다. 문법의 상실이죠. 그 문법이 복구되지 않는 한 그림은 읽히지 않는 거죠. 현대인의 코드로는 구석기의 코드를 읽어내지 못하니까요.

최재천　그 동기 문제와 관련해 저는 다윈 선생의 성선택론sexual selection을 제안할까 합니다. 인터넷에서 우리 여성들이 학계의 '얼짱'이라고 부르는 양반이 있는데 그가 바로 《메이팅 마인드Mating Mind》를 저술한 진화심리학자 제프리 밀러입니다. 그는 예술을 자연선택에 의한 진화로 보기엔 문제가 있다고 주장합니다. 먹고살기도 바쁜

데 뭘 하러 그림을 그리냐는 거죠. 차라리 그 시간에 사슴이나 한 마리 더 잡으러 다니는 게 낫다는 거죠. 그런데도 예술 행위는 눈부시게 진화했다는 사실에 주목해야 한다는 겁니다. 이게 뭘 의미하는가 하면 번식에 직결된 문제라는 거죠.

예를 들면 공작 수컷이 날기에도 방해가 되는 긴 꼬리깃털을 가진 것은 자연선택의 관점에서 보면 불리하지만 성선택의 입장에서는 유리하다는 겁니다. '아름다움'은 번식에 직결된 문제일 수밖에 없다는 거예요. 공작 수컷의 길고 아름다운 꼬리깃털을 보면 암컷이 사족을 못 쓰니까, 꼬리가 길어서 도망치지 못해 맹수한테 잡아먹히더라도 내 자식은 태어날 거 아니냐, 그러면 성공이라는 이야기예요. 예술 행위도 마찬가지라는 거죠. 실용 가치도 없고 생존에 득보다는 해가 더 될 때도 예술 행위를 하는 걸 보면 번식에 결정적인 이득이 있었을 것이라는 결론이 가능한 겁니다.

도정일 '성선택'이라는 개념으로 예술을 설명하는 방법이 상당히 재미있습니다. 실제로 예술 행위의 심리적 동기에는 성적 동기, 이성의 유혹이랄 만한 부분이 분명 있는 것 같아요. 그런데 공작 수컷의 경우와 같은 방식으로, 그러니까 성선택론으로 구석기 미켈란젤로의 동기를 설명할 수 있을까요? 성선택론으로 설명하자면 그림 잘 그리는 사람이 성적 선택에서 유리했다고 해야 할 텐데 그건 전혀 설득력이 없어요. 우선 구석기 시대에 화가니 미술가니 하는 매력 있는 '직종'이 있었던 것도 아니고, 공공 미술관이 있어서 작품 전시를 한 것도 아니죠. 공작 수컷은 자기 몸의 일부로 암컷을 유혹하는 경우지만 구석기 벽화쟁이가 여자들을 동굴로 초청해서 그림 솜씨를 자랑하고 그걸로 유인책을 삼았을 리 만무하죠. 현대에도 그래요. 피카소나 샤갈쯤 되면 몰라도 웬만한 화가가 그림을 잘 그려서 유전자 파종에 도움 받기란 어렵습니다. 더러 그런 경우가 있긴 하겠지만요. 특히 돈을 잘 벌면 말이죠. 그러나 그 경우 유인력을 갖는 건 돈이지 예술이 아니거든요.

예술의 발생 원인에 대한 설명은 많습니다. 실용설·제의祭儀설· 놀이설 등이 있죠. 생물학적 설명으로는 아무래도 자연선택론과 성 선택론이 가장 유력한 것 같아요. 그런데 성선택론의 '유혹론'과 관계지어서는 이런 질문이 필요해요. 인간이 유혹의 필요성을 느꼈을 대상이 성적 대상만이었겠는가라는 질문이죠. 구석기 인간이 유혹하고 싶었던 게 꼭 번식을 가능하게 해주는 성적 대상뿐이었을까? 그건 아니라는 생각입니다. 최소한 세 가지 다른 대상들을 생각해볼 수 있어요. 신, 죽은 조상, 죽음 같은 거 말입니다. 이런 것들은 성선택과 무관합니다.

구석기인들에게 자연은 인간이 통제할 수 없는 막강한 힘을 가진 존재였을 겁니다. 그 자연에는 보이지 않는 영적인 힘이 있다고 생각한 것은 초기 인류의 거의 공통적인 특징이죠. 나약한 인간이 살아남자면 인간에게 먹을 것을 주는 자연 혹은 자연신과 특별한 우호관계를 맺을 필요가 있었죠. 이게 '유혹'입니다. 특히 초기 인류가 제일 두려워한 것은 자연의 변덕입니다. 멀쩡하다가도 날벼락을 때리고 홍수로 물 먹이고 가뭄으로 말라죽게 하니까요. 조상의 경우도 그렇죠. 조상은 죽어서 사라진 것이 아니라 어딘가에 있으면서 현세의 후손들과 통교하고, 자손을 돌보며, 그러다가 수틀리면 골탕먹이기도 한다고 여겨지는 존재였으니까요. 그래서 그 조상신들 역시 달래고 유혹해야 할 대상이 되는 거죠. 세 번째가 죽음입니다. 죽음의 방문을 막고, 죽음을 연기하며, 사람이 죽은 다음에도 잘 보살펴주기를 부탁하고, 그러기 위해서는 죽음도 유혹의 대상이 되는 거죠. 동굴 벽화에 숨겨진 구석기인의 상징문법을 찾아내자면 이런저런 생각을 해봐야 할 것 같아요.

최재천　저도 혼자서는 그런 생각을 하면서 지냅니다. 과연 예술의 진화를 성선택만 가지고 설명할 수 있을까? 성선택을 하기 위해 자연선택의 개념을 너무 일찌감치 집어치우는 건 아닌가? 종교예술이 특히 신을 유혹하는 예술이겠죠. 그런데 그런 종교예술이 신하고 짝짓기를 하기 위해 만들어진 것도 아닐 테고. (웃음) 그렇다면 성선택이 아니라 자연선택의 관점에서 설명해야겠다는 생각도 들어요. 자연선택의 관점에서 보면 누가 그런 그림을 그렸는가가 중요합니다.

미켈란젤로에게 벽화를 그리라고 했을 때 그것은 미켈란젤로가 신을 유혹한 경우라기보다는 군주가 그림쟁이에게 신을 유혹하도록 명령한 거죠. 음악의 경우도 그렇죠. 예전에는 음악을 만들 수 있는 자격을 가진 사람이 족장뿐이었대요. 족장이 통치의 수단으로 음악을 사용했을 가능성이 있다는 거죠. 〈월인천강지곡〉을 비롯하여 훗날 종묘제례악으로 채택된 〈정대업〉, 〈보태평〉 등도 세종대왕이 직접 작곡하셨다잖아요? 신을 유혹하는 것 같은 형태를 갖추긴 했지만 어떻게 보면 다른 인간들을 통치하기 위한 수단으로, 강자가 자기 유전자를 퍼뜨리는 수단으로 사용했을 가능성도 배제할 수 없죠.

도정일　예술의 기원 문제는 워낙 근본적인 질문인데, 근본적인 질문일수록 정답이 없어요. 아, 이런 말은 앞에서도 한 것 같네요. 근본적 질문은 단 하나의 정답 찾기보다는 이런저런 생각을 촉발하게 하기 때문에 중요하다는 소리도 했고요. 요즘은 근본적 질문이란 것이 너무 외면당하고 있는 것 같아 자꾸 강조하게 됩니다. 하나 더 보태죠. 근본적 질문은 '설說을 풀게 하는 질문'입니다. 그런데 인문

쟁이들만 설을 푸는 게 아니라 이제 보니 생물학자도 엄청 설을 푸네요. (웃음)

칸트는 '무목적성'이라는 말로 예술을 규정했습니다. 잘 알려져 있다시피 예술은 무슨 목적에 봉사하는 것이 아니라는 거죠. 이건 아주 강력한 '설'이에요. 그러나 사실은 어떤 예술도 그 기원에서는 완벽하게 무목적적이지 않습니다. 오히려 실용설·제의설·놀이설 같은 것이 예술기원론으로는 더 설득력이 있고 자연선택설도 내가 보기엔 그런 설명방식들과 상당히 연결되는 것 같아요. 족장이 흔히 제사장을 겸했다는 것은 역사 기록으로도 많이 확인되는 일입니다. 음악과 춤이 제의적 기원을 갖는다는 것도 부정할 수 없고요.

지금은 거의 잊혔지만 《유한계급론》을 쓴 서스타인 베블런이라는 괴짜 경제학자가 있었어요. '현시적 소비conspicuous consumption'라는 개념을 내놓은 사람이죠. 그 양반 주장인즉, 최초의 유한계급은 추장이다. 추장은 자기 힘을 과시하기 위해 여자를 많이 거느렸고 과시용 물건들을 축적했다는 겁니다. 그 물건들 속에 요즘 용어로 '예술품'이라고 불리는 것들이 들어가죠. 이런 관점은 예술 기원에 대한 생물학적 설명들을 많이 참조하게 합니다. 자연선택과 성선택 양쪽에 다 걸리죠.

최재천　예술의 기원에서 종교적인 동기를 이야기하자면 거의 부족국가 수준에 와야 설득력이 있는 거 아닌가요? 가족 단위나 씨족 단위였다면 과연 그때에도 지금 이야기하는 것이 동일하게 적용되었을까요?

진화생물학의 입장에서 생각하면 사냥 안 하고 그림이나 그리고 있는 사람들은 낙오자가 되어야 하는데 실제로는 꼭 그렇지도 않았을 것 같아요. 만약 그 그림쟁이들이 먹고사는 문제는 이미 해결하고 여유가 있어서 그림을 그렸다면, 여성들에게 엄청나게 강력한 섹스 어필이 된다는 거죠. 누구의 그림이 더 좋으냐, 누가 만든 도구가 더 멋지냐, 이런 것들이 여인들의 눈에 비교가 되기 시작하면 더 잘 만든 남자가 일등 신랑감이 되었겠죠. 그림만 그리기 위해 모든 걸 다 포기한 사람들도 있었겠지만, 먹는 것도 다 해결하면서 예술 행위도 잘하면 더욱 섹스어필하지 않았겠어요? 이렇게 보면 결국 예술은 남녀간의 번식에 관련된 동기에서 시작된 것이 아니었을까 싶네요.

도정일 구석기 사회에서 그림만 그리면서 살 수 있었던 청년? 그건 좀 상상하기 어려운 대목 같은데요. 구석기 인류는 현대인이 생각하는 것보다 훨씬 궁핍하고 불안한 조건에서 살았어요. 농경시대 이전에는 개인적 여유나 축적은 생각할 수도 없는 일이었죠. 다만 이런 경우는 상상이 가능합니다. 어떤 상징적 목적으로 동굴 벽에 그림을 그리자면 마을에서 그림을 제일 잘 그리는 자를 뽑아서 들여보내야죠. 어설픈 그림으로는 아무도 유혹할 수 없으니까요. 이 경우 그림쟁이는 족장을 대신해서 자연신들과의 통교를 위해 동굴로 들어갑니다. 그의 위상은 그만큼 높아지는 거죠. 도구설도 일리가 있어 보이네요. 남자든 여자든 사냥과 채집 혹은 생활에 필요한 도구를 가장 잘 만드는 자가 어떤 '프리미엄'을 누렸을 가능성은 있어 보입니다. 또 부족국가 이상의 수준에서 강력한 통치 체제가 확립되는 시기에 강력한 종교 체제가 출현했다는 것도 역사적으로는 맞는 말입니다. 그러나 인간의 종교적 상징 행위는 국가가 출현하기 훨씬 전부터 있었다고들 보죠. 장례를 치르고 무덤을 만드는 순간에 종교와 제의는 이미 시작되는 거죠.

— 인문학과 생물학의 대화이다 보니 예술 기원에 대한 이야기들이

무더기로 쏟아져 나오네요? 그런데 도정일 선생님은 예술의 제의적 기원설에
힘을 실어주시는 것 같아요. 맞습니까?

도정일 안 맞아요. 저는 어느 쪽에도 힘을 실어주지 않습니다.
이야기가 설득력 있어 보이면 "그래, 일리 있다"고 말하는 정도죠.
가령 음악이 제사용 목적으로만 시작되었다고 보기는 어렵습니다.
제사 이상으로 목적이 분명해 보이는 게 있는데, 그게 바로 전투·모

방·통합입니다. 부족 간 싸움이 벌어질 때 가장 필요한 게 뭔지 아세요? '비트beat'예요. 한판 싸움을 준비하자면 심장과 팔다리에 힘을 넣어줘야 하는데, 가장 좋은 수단이 비트입니다. 북이 나오기 전에는 돌멩이, 막대기, 창으로 땅을 두들기거나 발로 땅을 차서 규칙적인 박자를 만들고 소리 지르고 템포를 조정했겠죠. 비트와 템포는 흥분제 같은 효과를 내요. 빠른 템포의 격렬한 외침이 사람 심장을 뛰게 한다는 건 구석기 사람들도 알고 있었다고 봐요. 그 발견이 유구

하게 맥을 이어 지금의 군대에까지 내려온 거 아니겠어요?

사냥도 싸움의 일종이었죠. 사냥을 위해서는 동물의 질주 속도, 사나움, 동작을 모방하는 일이 필요합니다. 이때 모방은 학습이나 예행연습 이상의 것입니다. 모방은 사냥하고자 하는 동물의 힘을 빼고 그 힘을 이쪽으로 빼앗아오는 주술적 행위죠. 플라톤 같은 이는 모방을 질타했는데, 이유인즉 모방하는 순간 모방자는 자기를 잃고 모방 대상으로 흡수되기 때문이라는 거죠. 자기소외가 발생한다는 겁니다. 일리 있는 소리지만, 그 반대효과도 있습니다. 습작 시절에 예술 초보들은 모사模寫기를 거치잖아요? 선배 대가들의 그림이나 작품을 모사하고 모방해보는 시기 말입니다. 이건 대가들에게 흡수당하는 일이기보다는 대가들의 능력과 힘을 내게로 빼앗아오는 일이기도 하거든요. 대가들을 이기고 앞지르기 위해서 말입니다. 아이구, 이러다가 날 새겠네, 그만하죠.

— 아직 '통합' 부분이 남았는데요?

도정일 그 얘긴 간단합니다. 마을이 생기면 공동체 통합이 필수적이에요. 싸움이나 사냥 이후에, 혹은 정기적으로 밤에 모여서 춤추고 소리를 지르고 노래하는 것은 아주 강력한 통합 수단이었을 거라는 생각입니다. 지금도 그렇잖아요. 스포츠 경기가 통합의 수단으로 등장한 것은 그리스 시대부터이고 축제도 농업시대 이후의 일이에요. 축제와 스포츠에도 비트는 필수품이죠. 현대 세계에서 그걸 제일 잘 보여주는 것이 우리 '붉은 악마'일 겁니다. 거의 무당 수준의 주술적 힘이 있어요. 우린 아무래도 조상들의 무당 전통을 잘 잇고 있나 봐요?

—   이 대목까지의 선생님 말씀은 제의설과 실용설을 합치고 있는 것 같은데, 맞습니까?

도정일   안 맞아요. (웃음) 놀이·오락·즐거움·심미성·놀라움 같은 요소들도 예술의 기원이나 예술의 근본 성격과 관계해서 강한 설명력을 갖고 있어요.

최재천   생물학자들 중에도 놀이만 연구하는 사람들이 상당수 있어요. 고양이를 키워보면 새끼들이 자기들끼리 치고 박고 뒹굴고 실타래를 가지고 놀잖아요. 동물학자들은 이 고양이들의 놀이를 굉장히 중요한 행동으로 보고 연구를 많이 했죠. 어른이 되기 위해 습득해야 하는 기술을 놀이를 통해 익히는 거죠. 형제들끼리 목덜미도 물어보고 장차 그들 세계에서의 서열을 매길 때 어떻게 그 싸움을 이겨낼까 예행연습을 하게 된다는 겁니다. 제가 얼마 전부터 닥스훈트 두 마리를 키우는데, 이 녀석들도 하루종일 서로 물어뜯고 열심히 놉니다. 인간도 마찬가지예요. 외동딸이나 외아들만 있는 집에서 걱정하는 게 그거잖아요. 형제자매끼리 치고 박고 하면서 많은 걸 배울 수 있어야 하는데 혼자 자란 애들은 그런 사회화의 경험이 부족하다는 거죠.
　대부분의 포식동물에게 놀이의 경험은 매우 중요합니다. 어미가 먹이를 잡아다가 일부러 죽이지 않고 새끼들에게 주는 행위를 보면 알 수 있죠. 놀이 행위를 부모가 이용하는 거죠. 쥐 한 마리 잡아다 주면 새끼고양이들이 그걸 가지고 한참 동안 물어보고 굴려보면서 논다는 거죠. 먹는 행위보다 놀이 행위가 중요한 때가 있는 거죠. 범고래도 물개를 한 마리 잡으면 집어던졌다가 떨어지면 또 잡아채면서 놀아요. 물개의 기생충을 제거하는 과정이라고 설명하는 논문도 있지만, 동물행동학자들이 더 유력하게 보는 학설은 결국은 놀이 행위라는 거죠. 어르신들은 먹을 거 갖고 장난치지 말라고 하시지만. (웃음) 실제로 동물들은 먹을 것 갖고 장난하고 싶어한다는 거죠. 놀이 행위는 동물행동학에서 굉장히 중요합니다. 동물행동학 입장에서 보면 놀이 행위 자체도 상당히 실용적이라는 관점이 성립할 수 있을 거예요.

도정일 그래요. 헤로도토스가 쓴 《역사》를 보면 주사위 놀이의 기원에 관한 이야기가 나와요. 주사위는 기근이 들어 먹을 것이 없을 때 사람들이 굶주림의 고통을 견디기 위해 고안해낸 놀이라는 겁니다. 고대 중동지역에서는 가뭄이 들어 식량이 모자라게 되면 마을 사람들이 패를 나누어 마을에 남을 자와 떠날 자를 정했다고 합니다. 《구약》의 이스라엘 족장 아브라함은 지금의 이라크 근방에 살다가 팔레스타나 쪽으로 이주한 사람인데, 어쩌면 그도 기근 때 마을을 떠나야 했던 난민의 한 사람일지 몰라요. 그런데 헤로도토스의 기록으로는, 주사위를 던져서 떠날 자와 남을 자를 정했다는 겁니다. 다 믿을 건 못 되지만 헤로도토스의 이야기를 보면 주사위 같은 놀이도 그 기원이 놀이를 위한 놀이는 아니었다는 점에서 '실용적'이었다고 할 수 있어요.

그런데 놀이에는 참 이상한 성질이 있습니다. 처음에는 어떤 실용적 목적으로 시작되었다고 하더라도 나중에는 놀이 자체가 목적이 됩니다. 실용성을 떠나는 거죠. 스포츠도 그래요. 달리기나 창던지기, 투원반, 수영, 태권도 할 것 없이 애초에는 어떤 실용적 목적과 가치 때문에 시작되었던 것들이 나중에는 스포츠를 위한 스포츠로 발전하죠. 예술의 경우도 예외가 아닙니다. '예술을 위한 예술'이 되는 거죠. 도자기를 보세요. 삶의 도구였던 질그릇과 단지, 항아리 들이 삶의 현장을 떠나서 완상의 대상으로 옮겨 앉는 거죠. 사기장이가 도자예술가로 분화·발전하고. 이런 문화적 분화가 생물학 용어로는 예술의 '진화'랄 수 있습니다. 그런데 이 진화의 정점에서 예술의 유일한 목적은 예술 자체입니다. 예술의 진화가 이 단계에 이르면 예술 행위는 자연선택이나 성선택 같은 생물학적 도구로는 설명이 되지 않는 거죠.

최재천　그 부분은 연구가 많이 되었어요. 예술도 결국 스토리텔링인가 보죠? 예술의 기원도 구라의 기원과 거의 동일한 것 같네요?

도정일　맞습니다.

모든 예술은 구애의 몸짓이다

최재천　생물학자의 관점에서 보면 예술이 실용성과 비실용성을 모두 갖추고 있다는 점이 문제가 됩니다. 모든 문화권에 예술이 존재하죠. 예술의 본성이 인간의 보편적인 욕망과 관계가 있다면 그건 진화적인 설명을 강력하게 요구하는 겁니다. 어떻게 보면 지극히 비실용적으로 보이는 면들조차도 생물학자들은 생물학적으로 설명하려고 굉장히 애를 쓰죠.

진화생물학에 이른바 줄달음선택runaway selection이라는 것이 있습니다. 번역이 좀 어려운데, 고삐 풀린 선택, 바람난 주체, 포획 불가능한 선택이라고 할 수 있죠. 예를 들어 도저히 실용적이지 못한 예술 행위 같은 것도, 공작 수컷이 걷잡을 수 없이 풍성하고 화려해진 것과 마찬가지로 처음에는 별로 대단찮은 것에서 시작했다가 갑자기

고삐가 풀리면서 그 방면으로 확 진화해버리는 거죠. 그 동력은 결정적으로 그것을 선택하는 주체, 즉 암컷의 미에 대한 감각, 미를 인식하고 느끼는 것의 진화가 어떻게 되느냐에 따라 급속도로 변화할 수 있다는 겁니다.

아프리카의 어떤 부족에게는 재미있는 풍속이 하나 있어요. 부족이 다 함께 모여서 남자들이 치장을 하고, 거의 일주일 동안 밤낮 없이 춤을 추고, 그러다가 여자들이 마음에 드는 남자를 선택해서 짝짓기를 하는 거죠. 인간사회에서 보기 드물게 적나라한 암컷 선택이 일어나는 겁니다. 동물세계에서 이루어지듯 암컷이 수컷의 재롱을 보면서 선택하는 거죠. (웃음) 예를 들어 여성들이 키 크고 눈 크고 코 오뚝한 남성들을 좋아하기 시작하면, 100년 후에는 남자들이 거의 다 그렇게 된다는 거죠. 여성들이 다 그런 남성들을 선호하니까 자식들도 그런 애들이 태어나는 겁니다. 진화생물학자 입장에서 보면 키 크고 눈 큰 게 아무 의미가 없을 수도 있거든요. 특별히 실용적인 의미가 없잖아요. 그런데 줄달음선택 이론의 관점에서 보면 선택의 주체인 암컷이 좋아하기만 하면 그 때문에 그쪽 방면으로 진화의 과정이 확 질주해버린다는 거예요. 아무런 실용성도 생물학적 가치도 없는 형질도 성 선택자 쪽에서 좋아하면 그렇게 다 진화해버리는 거죠.

요새는 바짝 마른 여성이 인기가 있는데, 실용적인 면에서는 전혀 아니올시다 거든요. 그런데 이 상태로 100년쯤 지나면 우리나라 여성들 대부분이 말라깽이가 되어버릴지 몰라요. 압구정동 같은 데 지나가다 보면 롱 다리에 말라깽이 여성들이 엄청 많아요. 그런데 롱 다리는 진화론적으로는 아무짝에도 쓸모없는 것이죠. 기근이 몇 달만 계속되어도 다 말라죽을 형질이잖아요.

도정일　　다윈의 성선택론에서 선택권을 행사하는 주체는 암컷입니다. 수컷은 별 볼일 없죠. 그런데 인간의 경우는 성선택이 남녀 양쪽에서 다 일어납니다. 한국에서는 예나 지금이나 지배적으로 남자가 선택권을 행사하죠. 이런 경우에도, 그러니까 수컷이 성선택의 지배적 주체가 될 때도 다윈의 성선택론이 유효한가요?

최재천　다윈이 말한 성선택론에는 두 개의 요소가 다 있어요. 암컷 선택, 성 간의 선택이죠. 암컷이 수컷을 선택하는 것이 보통이고 수컷 선택은 아주 드물어요. 이 세상의 수컷이 아름답게 진화한 이유죠. 수컷들에게 주어진 옵션은 딱 두 개입니다. 하나는 권상우나 송승헌처럼 태어나는 겁니다. (웃음) 멋진 몸매와 그윽하고 촉촉한 눈매를 가지기만 하면 여성들이 구름처럼 몰려들죠. 동물들도 잘생긴 수컷에게 네 새끼를 낳아주겠다면서 다 몰려간다는 거죠. 남성들에게 주어진 두 번째 옵션은 여성이 잘난 남자를 따라가지 못하게 그놈을 두들겨 패서 없애거나, 길목에서 여성을 낚아채거나, 여성들이 보는 앞에서 잘난 녀석을 거꾸러뜨린다든가 하는 겁니다. 출세 경쟁, 스포츠 같은 것들이 다 수컷 경쟁이죠. 수컷들은 늘 경쟁할 수밖에 없습니다.

예술 행위의 경우에도 여자들한테는 전혀 안 보여주고 남자들끼리만 한다면 예술이 과연 가능할까요. 저는 예술에다가 스포츠도 묶고 싶은데요. 동네 조기 축구회도 남자들끼리만 하다가 어느 양반의 마나님 한 분만 나와도 다들 묘기를 부리려고 난리가 납니다. (웃음) 한 골 넣고 묘기 한 번 부린다고 해서 친구 부인을 끌어안고 섹스를 할 것도 아닌데 여성이 한 사람이라도 나타나면 남자들끼리 하던 스포츠의 판세가 달라지는 겁니다. (웃음) 오빠부대 없이, 여성 관객 한 사람 없이 철저하게 남자들만 스포츠 하듯이 한다면 예술이 가능할까요?

도정일　잡지 〈사이언스〉의 최근호에 아주 놀랄 만한 기사가 하나 실렸더군요. 날개로 노래하는 새가 발견되었다는 거예요. 귀뚜라미도 아니고 명색이 새란 놈이 날개를 비벼서 노래를 한다는 겁니다. 자연의 바이올린 주자죠. 어떤 조류학자가 에콰도르에서 찾아낸 건데, 연작류에 속한다는 마나킨manakin이라는 작은 새예요. 마나킨 암컷들이 날개 푸드덕거리는 소리를 좋아하니까 수컷들이 거기 적응하느라 기술을 갈고 닦아 마침내 날개로 연주할 수 있게 되었다는 겁니다. 영락없이 성선택이죠. 다윈이 들었으면 무척 좋아했겠죠. 그런데 성선택론에는 문제가 좀 있습니다.

한국 남자들이 말라깽이 '이쑤시개형' 여자를 좋아하고 있는 동안 미국 남자들은 허리가 잘록한 '모래시계형' 여성을 선호한다는 연구 결과가 나와 있어요. 개미허리형이라고 했으면 생물학자들이 더 좋아했을 텐데. (웃음) 미국의 여러 다양한 민족집단을 대상으로 조사를 해봤더니 문화적 배경과는 상관없이 잘록한 허리가 단연 인기였는데, 이 연구를 수행한 교수의 해석인즉, 모래시계형이란 허리둘레가 엉덩이둘레의 70퍼센트 정도인 체형인데 이런 몸매의 여자들에게는 무슨 무슨 화학물질의 분비가 왕성해서 아이를 잘 낳는다는 거예요. 남자들은 자기네가 왜 그런 체형을 선호하는지 스스로는 의식하지 못하지만 그 선택의 밑바닥에는 생물학적 이해관계가 '무의식적으로' 깔려 있다는 거죠. 그러니까 모래시계형 여자에 대한 선호는 진화론적으로 의미 있는 거라는 이야기입니다. 이게 꼭 성선택론을 적용한 경우인지 아닌지는 모르겠지만, 연구를 진행한 사람은 진화심리학자였어요. 그 사람 해석을 그대로 연장하면 남녀의 배우자 선택에서 생물학이 개입하지 않는 미의 기준이란 없다는 결론이 나옵니다.

그런데 그가 한국에 와서 이쑤시개형 선호현상을 보면 어떤 해석을 내놓을지 궁금해요. 틀림없이 뭔가 진화론적으로 유의미하다고 말해야 되겠죠. 그리고 또 어떤 나라에 가봤더니 거기 남자들은 '절구통' 체형을 좋아하더라. 그런데 그 절구통도 사실은 진화론적으로 의미 있다, 이렇게 말해야 할 거고요. 모든 경우가 다 생물학적으로 의미 있다고 말하면 그건 결국 아무 설명도 되지 않죠. 미의 기준은 시대에 따라 다르고 장소에 따라 다를 수 있습니다. 50년 전 미국에서는 금발 여성이 단연 선호대상이었어요.

최 교수님께서 방금 소개한 줄달음선택에도 문제가 있습니다. 줄달음선택 이론은 자연선택론으로 잘 설명되지 않는 것들도 여전히 진화론으로 설명해보려는 시도 같네요. 진화론적 효용이 있느냐 없느냐를 떠나서 선택권을 행사하는 자의 선호에 따라 선택은 그쪽으로 쏠리는 거라는 이야기인데, 이걸 한국에 들이대면 선택자인 남자들이 말라깽이를 좋아하니까 자연선택도 말라깽이 쪽으로 일어날 거라는 소리가 되죠. 제가 제기하고 싶은 문제는 이런 겁니다. 성적 대상의 선택에서 기준을 결정하는 것이 남자든 여자든 간에 반드시 성 선택자인지, 미의 기준을 정하고 유포시키고 사람들로 하여금 따라오도록 유도하는 제3의 다른 세력은 없는지에 대한 문제입니다. 성선택론이나 줄달음선택 이론에서는 선택권을 행사하는 주체가 남자든 여자든 다 '인간'입니다. 그러나 사실은 선택자가 사람이 아닐 수도 있죠. 지금 미의 기준을 정하는 것은 '사람'이 아니라 '시장'입니다. 말라깽이를 좋아하는 한국적 현상을 진화론적으로 해석하기가 어려울 때 줄달음선택 같은 이론이 원군으로 나서는 거죠. 그러나 가령 이쑤시개형이 어째서 한국 남자들의 선호대상인가 같은 문제에 대해선 다른 설명도 얼마든지 가능할 겁니다.

— 어떻게 말입니까?

도정일   지금 한국 사회의 최대 관심사는 '부자가 되어 떵떵거리며 살기'입니다. 물론 부자가 되는 것이 거지가 되는 것보다야 백 배 낫죠. 문제는 어떻게 사는 것이 떵떵거리며 사는 것인가 하는 점입니다. 한국에서 부자로 산다는 건 남들이 갖지 못한 것, 남들이 부러워하는 것, 희귀하고 희소한 것, 위세를 높여주는 것, 돈 많이 드는 것, 이런 것들을 '나는 다 가지고 있다'고 과시하면서 사는 겁니다. "자넨 20평 아파트에 산다지? 난 100평이야." 이러면 사람들은 기죽고 '백 평 씨'는 우쭐해집니다. 한국적 의미론에서는 "내 마누라는 말라깽이야"라는 말은 "내 아파트는 100평이야"라는 말과 같은 겁니다.

말라깽이는 체중이 40킬로그램도 안 되고, 일도 못하고, 전쟁 나면 애 들쳐업고 뛰지도 못합니다. 그런데 이게 바로 말라깽이의 가치죠. 아무나 말라깽이가 될 수 있는 게 아닙니다. 말라깽이가 되자면 다이어트하고 에어로빅에 수영에 수술해야지, 옷도 맞춰야지, 유지비가 많이 들어요. 먹을 게 없어서 말라깽이가 아니라 먹을 것 안 먹고서 체중 40킬로그램을 유지하자면 보통 일이 아니죠. 그러니까 말라깽이를 아내로 모셔다 놓는 것은 이미 그 자체로 부자의 '위세'가 되는 거죠. "내 마누라는 말라깽이야"라는 소리는 "내 마누라는 약해서 일도 못 한다"는 소리가 아니라 "내 마누라는 일 같은 거 할 필요가 없어. 내가 부잔데 뭐" 이런 소리가 되죠. 마누라를 일하러 내보내야 한다면 그건 이미 부자로 사는 게 아닙니다. 또 아내를 말라깽이로 계속 유지하자면 100평짜리 아파트 관리비의 다섯 배(?)는 더 들어요. 이것도 보통 돈자랑이 아니죠. 전쟁 나면 뛰지도 못한다? 부자는 피난을 가도 고급차로 갈 건데 왜 뛰어? 부자가 메뚜기냐? 결국 이쑤시개형 선호라는 것은 '나는 부자다', '나는 부자가 되어야 한다', '나는 부자가 될 수 있다'는 광고와도 같습니다. 요약하면 한국 남자들이 이쑤시개형을 선호하는 것은 (이게 만약 사실이라면) 자연선택도 성선택도 아니고 미적 기준의 변이현상도 아닌, 사회·경제적 '부자 이데올로기'의 보이지 않는 명령이라 말할 수 있죠.

이와 비슷한 맥락의 연구들이 있습니다. 대중매체와 광고산업이 성선택자들의 소위 '미의 기준'에 영향을 주는가 안 주는가를 연구조사한 사람들이 있어요. 서구지역이 아닌데도 서구 매체에 노출된 집단과 서구 매체의 영향으로부터 멀리 떨어진 곳 사람들의 배우자 선택기준을 비교·대조해본 거죠. 서구 매체에 노출된 집단일수록 서구 남자들과 비슷한 선택기준이 우세하고, 반면 서구적 매체와 광고의 영향이 적은 곳에서는 그런 유사성을 발견할 수 없었다는 거예요. 연구자의 결론은 '문화적 차이가 더 결정적'이라는 거였죠. 그런데 그 연구자는 문화론자가 아니라 생물학자였어요.

미국 유타 주의 모르몬 교도들은 미국 역사상 유례없는 일부다처제를 도입했던 사람들입니다. 모르몬 교파 사람들이 19세기에 동부에서 서부로 건너오는 동안 인디언의 공격을 받아 남자들이 많이 죽는 바람에 졸지에 과부가 많이 생겨납니다. 그래서 교주인 조지프 스미스가 '하느님의 계시'라면서 남자 하나가 여자 여럿을 아내로 맞아들일 수 있게 했어요. 사회문제를 일거에 해소하고 유전자 보존에도 도움이 되는 결단이었지만 동기 자체는 생물학적인 것이 아니라 정치적인 거였죠.

— 그러니까 선생님의 말씀은 지금 인간사회에서는 성선택론으로만 설명할 수 없는 일이 많다는 거죠?

도정일 그렇습니다. 자연계와는 달리 인간사회에서는 성선택에 개입하거나 그걸 제한하는 문화제도가 무척 많습니다. 우선 남자가 여자를 지배하고 선택권을 행사하는 남성중심사회에서는 여성 쪽 성선택의 자유가 크게 제한됩니다. 조선시대 여자들은 '보바리 부인'이 아니었죠. 에마처럼 다른 남자와 연애를 할 수 있는 것도 아니고 암컷 공작처럼 마음대로 수컷을 고르거나 1년에 한 번씩 갈아치울 수도 없었던 겁니다. 남자들도 그래요. 일부일처제 결혼제도, 가족, 성도덕, 규범, 주위 눈총과 24시간 몰카 같은 것들에 둘러싸여 사는 것이 인간입니다. 자유가 없어요. 동물계에서와 같은 성선택이 불가능합니다.

DNA 사령부 눈으로 보면 인간계에서 진화를 가로막는 최대 장애는 '검은 머리 파뿌리 될 때까지' 어쩌고 해가면서 한 남자, 한 여자를 단혼제로 꽁꽁 묶어놓는 풍습 아니겠어요? 조선시대 여자들은 집안에서 정해준 남자라면 아무리 마음에 안 들어도 그냥 살아야 했습니다. 허난설헌 같은 뛰어난 여자도 시원찮은 놈팡이를 하늘 모시듯 하면서 살았죠.

이런 것이 불평등, 부자유의 문제라면 인간사회에는 평등제도도 있어요. 일부일처제 같은 결혼제도는 성선택이 일어날 수 있는 자유를 제한한 대신 사실상 사람들이 자기 유전자를 퍼뜨릴 수 있는 기회의 평등은 상당히 확대해놓았죠. 남들보다 더 잘났다고 해서 종자를 퍼뜨릴 기회가 더 많은 건 아닙니다. 개인이 행사할 수 있는 투표권이 한 장뿐이듯이 배우자 선택에서도 기회는 한 번이고 대상도 한 사람입니다. 덕분에 소위 '사회적 경쟁력'이 떨어지느니 어쩌니 하는 소리를 듣는 사람도 결혼하고 자손을 퍼뜨릴 수 있죠. 신체장애자라도 결혼해서 가정을 꾸릴 인간적 권리를 갖고 있습니다. 연소득이 얼마 이하인 사람은 결혼할 수 없다고 해보세요. 세상이 뒤집어지죠. 이런 사회적 평등제도 역시 DNA 사령부 눈에는 불만스럽지 않겠어요? 인간사회는 자연계와는 너무 달라요. 이런 차이를 무시하고 성선택론을 일관되게 적용할 수 있을까요? 인간계에서도 성선택론이 그렇게 유효하냐는 질문은 그런 맥락에서 나오는 거죠.

— 아까 최 선생님은 출세 경쟁, 스포츠 같은 것이 모두 수컷 경쟁이고 예술도 그렇다고 하셨는데 도정일 선생님도 동의하십니까?

최재천 잠깐, 좀 오해가 있는 것 같은데 스포츠와 미술은 달라요. 스포츠는 수컷 간 경쟁의 결과로 나타나는 행위지만, 미술이나 음악은 수컷 간 경쟁의 결과로 나타나기는 어렵다는 거죠.

도정일 올림픽 종목에 올라 있는 그레코로만 레슬링의 원형은 그리스 씨름입니다. 그리스 씨름은 홀랑 벗고 상체만으로 하는 경기라서 여자들은 볼 수 없었어요. 수컷 경쟁임은 틀림없지만 성선택론을 들이대자면 여자들이 그 경쟁 현장을, 그러니까 누가 제일 잘하는지를 볼 수 있어야 하잖아요? 그리고 예술에 수컷 경쟁의 측면이 없다고 말할 순 없을 겁니다. 에로스 없이 예술 없다고 말하기도 하죠. 그러나 수컷 간 경쟁이 진화론적으로 의미가 있자면 무엇보다 그게 성선택에 적응하기 위한 경쟁이어야 합니다. 또 경쟁에서 이긴 쪽이 결과적으로 암컷의 마음에 들어 유전자를 더 많이 퍼뜨릴 수 있었다. 그래서 진화에 변화를 일으켰다는 식으로 말할 수 있어야죠. 그런데 그게 반드시 그런 건 아니란 말예요. 진화론이 예술을 설명하기 가장 어려워지는 대목이 바로 거기 같습니다.

번식 문제도 그래요. 예술가들 중에는 동성애자가 상당히 많습니다. 이성의 선호에 적응하라, 그래서 번식하라는 명령과는 관계없는 경우죠. 스티븐 핑커가 음악은 "적응이 아니라 기술"이라고 말하는 이유도 이런 사정들 때문일 겁니다. 뛰어난 예술적 재능을 가진 사람이 그 재능 덕분에 성선택에 더 유리했고 결과적으로 유전자를 더 많이 퍼뜨릴 수 있었다면 지금 인류의 절반쯤은 아마 예술가들일 걸요? 음악의 경우 '절대음감perfect pitch'을 가진 사람은 1만 명 중 하나 정도라고 합니다. 그림의 재능도 그리 흔치 않습니다. 언어능력이 거의 없는 자폐증 환자들에게서 놀라운 음악적 재능이 발견되는 것도 진화론적 적응이론으론 설명이 안 되죠.

신화에는 이런 문제를 생각하게 하는 좋은 이야기가 하나 있어요. 뛰어난 기술을 가진 대장장이인 헤파이스토스 신 이야기입니다. 앞에서도 이야기한 것 같은데, 초기 예술과 기술은 한 뿌리에서 나옵니다. 그러니까 헤파이스토스의 기술은 동시에 예술이라 말할 수 있어요. 그런데 이 장인신은 다리 병신에 추남, 난쟁이예요. 그의 아내가 아프로디테인데, 이 여자는 남편이 보기 싫어 다른 남자 신들과 바람 피우고 다닙니다. 올림포스 최고의 장인신이 여자에게 물먹는 오쟁이 신이에요. 물론 이 못생긴 남자를 어쩌자고 최고 미녀 아프로디테와 짝을 지웠는지는 흥미로운 미스터리입니다.

— 기술과 예술은 어떻게 나뉠 수 있을까요?

도정일   우리가 '장이'라고 부르는 장인예술가들을 보세요. 옛날 같으면 기술 하나 있으면 먹고사는 데 크게 도움이 됐겠지만, 기술과 예술이 분화되면서부터는 생존에 아무런 도움이 안 되는데도 죽자 사자 그림만 그리는 사람, 팔리지도 않는 작품에 죽을 때까지 매달리는 작가, 누가 알아주지도 않는데 음악이 좋아 평생 음악만 하는 사람들이 있습니다. 이런 예술가들에게 중요한 건 이성의 마음이 아니라 자기 마음입니다. 자기 마음에 안 들면 직접 그린 그림도 북북 찢고, 애써 구운 도자기도 박살내버리잖아요.

지금은 희귀한 것이 돼버렸지만 장인정신이란 건 작가 자신이 이건 아니다 싶으면 작품을 안 내는 정신이죠. 이런 정신의 유무에서 기술과 예술이 갈라지게 된 것이 아닌가 싶어요. 기술은 '쓸모'를 찾아가고 예술은 '쓸모'를 떠납니다. 누구나 일정 수준의 기술에는 도달할 수 있어요. 그러나 예술은 그렇지 않은 것 같아요. 예술가의 마음은 그가 생각하는 최고 수준이자 경지일 텐데, 그 수준이란 건 그 사람만의 수준, 남들이야 뭐라 생각하든 그 혼자만이 인정하고 혼자서 도달하고 싶은 경지입니다. 이 단계에서 예술가의 마음은 거의 전적으로 개인적인 거죠. 집단적 실용성과는 관계가 없어요. 그러나 이런 개인적인 마음들이 궁극적으로는 인간의 집단적 삶을 풍요롭게 하고 표현의 가능성을 높여온 거죠.

최재천　　그건 결과이고, 굶주린 화가에게도 여인은 있었어요. 동기를 봐야 한다는 거죠. 통계라는 게 사실 자기가 원하는 통계만 보여주는 거긴 하지만. 어쨌든 이 세상의 모든 굶주린 소설가를 다 통계낼 순 없지만, 굶주린 소설가 중에서 여인이 많았던 작가를 보면 제 설명이 말이 되죠. 예술가는 유전자를 많이 퍼뜨리는 건가. 모딜리아니나 로트렉 수준은 되어야 하는 건가. 굶주린 화가도 인기는 많았던가 본데, 다른 활동은 굶주리면 끝까지 못하는데 예술 활동은 굶주려도 끝까지 한다는 거죠.

도정일　　굶어 죽어도 끝까지 하는 것이 예술이다, 재미있네요. 예술 하는 사람들은 천사에게 자랑할 만한 거의 유일한 인간 활동이 예술이라고 말하고 싶어해요. 이제 보니 자랑할 이유가 분명합니다. 나는 굶어 죽어도 이걸 했다, 이만한 자랑이 어디 있겠어요? 그건 천사도 못할 일이거든요.

그런데 지금 최 교수님께 물어보지 않고는 도저히 견딜 수 없는 질문이 하나 떠오릅니다. 과학은 굶어 죽어도 하는 겁니까, 아닙니까? 실용성 없는 인문학은 왜 하는가, 쓸모도 없는 예술은 왜 하는가, 이런 문제만 따질 것이 아니라 과학 하는 동기도 따져봅시다. 그 어려운 과학을 왜 합니까? 머리 아프고 그거 해서 잘 먹고 잘 살 수 있을 것 같지도 않은데, 성선택에 유리했나요? (웃음)

최재천　과학 나름이고 과학자 나름일 것 같은데요. 과학이 기본적으로 호기심에서 출발하는 행위라는 점에서 보면, 궁금하면 못 참는 게 우리 인간 아닌가요? 호기심 때문에 위험도 무릅쓰긴 하지요. 그렇긴 해도 현대사회의 과학자 대부분은 직업으로서의 과학을 하고 있다는 점에서 굶어 죽어도 하는 경우는 드물 것 같네요. 저도 과학 하면서 아직 굶어보지 않아서요. (웃음)

예술이 발생한 궁극적인 원인은 아니더라도 근접적인 원인에 대한 설명으로 삶의 여유가 예술을 가능하게 했다는 설명이 있죠. 그렇다면 왜 암컷들에게 먹이를 잡게 하고 잡아놓으면 먼저 뜯어먹고 허구한 날 늘어지게 잠만 자는 사자나, 커다란 먹이 한 마리를 삼키고 나서 길게는 한 달간 꼼짝도 하지 않는 뱀 세계에 위대한 예술가가 탄생하지 않았는지 설명할 수 없긴 하지만, 생활의 여유가 생긴 다음에야 예술도 가능했을 것이라는 설명은 한 번쯤 곱씹어볼 만합니다.

여러 사람이 여러 가지 이야기를 했지만 저는 미국 캘리포니아 주립대학 인류학과의 이상희 교수의 연구를 높이 평가합니다. 그의 2004년 논문에 따르면 우리 현생 인류는 약 3만 년 전에 이미 다른 영장류나 인류에 비해 수명이 두드러지게 길어지기 시작했다는 겁니다. 고령화가 2000년대에 들어와 대한민국에서 일어난 게 아니라 우리 인간은 일찌감치 고령화하기 시작했다는 결정적인 증거를 제시한 겁니다. 이상희 교수와 그의 동료들은 대담하게도 고령화가 우리로 하여금 만물의 영장이 될 수 있게 해줬다고 주장합니다. 우리 인간이 고령화하면서 나이 든 여성들은 더 이상 자식을 낳지 않고 젊은 여성들이 낳은 자식들을 돌봐줄 수 있게 되어 삶의 여유가 생겼다는 겁니다. 그 여유가 우리로 하여금 문자를 개발할 수 있게 했고, 그로 인해 예술과 문화가 탄생했다는 설명입니다. 그럴 듯하지 않습니까? 요사이 저희 분야에서는 이런 식의 설명들이 이른바 '할머니 이론'이라는 이름으로 묶이며 체계화되고 있습니다.

과학은 진화의 산물이다

— 예술이 그렇다면 최 선생님이 하시는 과학은 어떻습니까? 과학은 어떻게 인간사회에 나타난 것인가요?

최재천 아리스토텔레스는 인간을 사회적 동물이라고 정의했지만, 저는 거기다가 인간은 과학적 동물이라고 덧붙이고 싶습니다. 과학의 발달도 어쩔 수 없는 진화의 산물일 것 같아요. 과학이라는 게 결국 두뇌작용인데 두뇌가 진화의 산물이라면 과학도 진화의 산물이죠. 만일 두뇌의 진화를 받아들인다면, 과학의 진화는 생물학적으로 필연적일 수밖에 없는 거 아닌가 하는 겁니다. 우리 인간이 갖고 있는 것과 흡사한 두뇌를 가진 동물이 또 탄생한다면 그들도 필연적으로 과학을 할 거라고 생각합니다. 우리가 지금 하고 있는 과학과 동일한 과학은 아니더라도 어떤 형태로든 반드시 과학을 하게 되리라고 믿습니다.

도정일 과학도 진화의 산물이다, 그래서 한다? 진화의 산물이라고 해서 꼭 해야 하는 건 아니잖아요? 진화가 우리에게 준 건 어떤 걸 할 수 있는 기본 능력이고, 그 능력을 어떻게 어디에 쓰는가 하는 것까지도 진화가 결정하는 건 아니죠. 인간이 거짓말할 수 있는 능력은 진화의 산물일 겁니다. 그 능력을 가지고 어떤 사람은 사기꾼이 되고 어떤 사람은 소설가가 되죠. 인류사에 과학이 등장한 건 길게 잡아야 2,600년 전입니다. 그 짧은 기간 동안에 과학의 진화가 생물학적으로 '필연'이 된 건가요? 그럼 예술도 필연이겠네요?

최재천 과학과 예술의 필연성이 반드시 같을 것인가는 조금 고민해봐야 할 것 같은데요. 과학이 우리 두뇌의 필연적인 결과라고 말씀드리는 배경에는 우리 두뇌가 과학적인 사고를 가능하게 할 것이고, 그런 사고를 잘하는 인간집단이 그렇지 못한 집단에 비해 진화의 역사를 통해 더 성공적이었을 거라는 논리가 가능합니다. 선생님은 우리 인류사에 과학이 등장한 때가 불과 2,600년 전이라고 하셨지만 그건 과학이라는 장르가 탄생한 시기이고, 과학 마인드가 등장한 것은 인류사에서 상당히 초기였을 겁니다. 과연 예술의 경우에도 같은 논리를 적용할 수 있을지는 명확하지 않다고 이미 말씀드렸습니다.

영장류의 기원을 연구하는 학자들 이야기로는 침팬지한테 그림을 그리라고 충동질하면 침팬지도 그린다고 합니다. 침팬지 그림 전시회도 있고 코끼리 그림 전시회도 있었거든요. 아무도 모르게 코끼리가 그린 그림을 유명한 추상화가의 전시회에 슬쩍 끼워 넣은 적이 있어요. 그런데 미술비평가들이 몰려와서 그 코끼리 그림에 찬사를 보내고 난리가 났었어요. 나중에 코끼리가 그린 그림이었다는 사실이 알려지면서 얼마나 낭패스러웠을까요? (웃음) 그런데 사실 코끼리가 그린 그림은 예술이 아니라는 결론에 도달할 수밖에 없어요. 침팬지와 인간이 분화된 것이 600만 년 전인데, 그때부터 침팬지가 그림을 그린 것은 아닐 거라는 거죠.

과학도 마찬가지예요. 인간을 빼놓고 과학 하는 동물이 없잖아요. 그런 면에서는 과학과 예술이 공통점을 갖고 있죠. 예술과 과학의 진화 속도도 비슷하다고 할 수 있습니다. 영어 단어 'art'는 절정에 이른 기술을 표현할 때 쓰이잖아요. 그런 것처럼 과학기술과 예술기교는 전혀 다른 분야인 것처럼 보이지만 실제로는 굉장히 비슷한 것 같아요. 우리말에 '아름답다'는 말도 '안다'는 말에서 나왔다고 하잖아요.

도정일　인간 두뇌의 진화가 과학을 할 수밖에 없었기 때문에 과학이 필연이라고 말하면 하느님이 과학을 하게끔 인간을 만들어놨기 때문에 과학이 필연이라는 말이나 다를 게 없어 보이는데요. 그러면 인간이 하는 모든 짓은 "결국 그렇게 하게 되어 있었기 때문에 하게 됐다"가 되잖아요? 과학적 질문을 던지고 과학적 설명을 추구하지 않으면 안 될 필요성이 제기되지 않았다면 인간의 두뇌가 과학을 할 수 있는 능력을 갖고 있었다는 이유만으로 과학이 일어났을까요? 제 생각엔 그렇지 않을 것 같아요.

과학이 발생한 것은 '과학이 필요하다'라는 신호가 어디선가 나오기 시작하고 인간 두뇌의 어떤 잠재적 능력이 그 신호를 받아들여 "이게 무슨 신호지? 나더러 뭘 해달라는 소리야?" 하고 반응하면서부터 일어난 사건이 아닐까 싶어요. 그래서 저는 과학이 진화의 필연이기보다는 진화사에 발생한 한 사건이었다고 보고 싶습니다. 과학의 필요성이 어느 순간 압박으로 대두하자 두뇌에 진치고 앉아 졸고 있던 어떤 유전자들이 갑자기 깨어나 그 압박에 적극적으로 반응하기 시작한 거죠. 이런 자극과 반응이 일어난 시점은 지금부터 한 2,600년 전이 아니었나 싶습니다. 기원전 6세기 그리스 이오니아학

파 시대죠.

저는 인간의 뇌신경에 '과학을 해야 한다'는 자극신호를 보내게 된 사건의 발단이 신화에 있었다고 생각해요. 정확히는 신화에 대한 반발이죠. 신화도 인간이 세계를 알고 이해하려는 정신 활동이었어요. 그러나 자연과 초자연을 분리하지 않는 것이 신화의 세계 이해방식입니다. 자연의 배후에 자연을 움직이는 초자연이 있다고 상상하는 겁니다. "해가 왜 뜨는지 아니?" "그야 아폴론이 태양마차를 몰고 올라오기 때문이지" 이런 식이죠. 그런데 이런 세계관에 어느 순간부터 불만이 싹트기 시작합니다. 세계를 정확히 아는 데는 그런 식의 '이야기'만으로는 안 되겠다는 생각이 고개를 쳐든 거죠. 그래서 신화에 불만을 가진 사람들이 자연에서 초자연을 떼어내기 시작합니다. 제우스, 포세이돈, 아폴론 등등을 다 떼어내고 자연을 그 자체로 볼 필요가 있다고 생각하기 시작한 거죠.

신화가 이야기 구름 봉지로 세계를 둘러쌌다면 과학은 그 봉지를 제거하려 한 겁니다. 신화는 인간과 세계를 상상적 관계로 연결하고, 과학은 그런 연결을 거부한다고 말할 수 있을 것 같아요. 세계관의 충돌이죠. 신화적 세계관에 대한 대립에서 출발한 것이 과학적 세계관입니다. 신화가 없었으면 과학도 없었을 것이라 말해선 안 되겠지만, 적어도 그리스 문화에서는 신화가 과학적 사유를 자극했다고 말할 수 있어요.

최재천　　침팬지 이야길 하나 해보겠습니다. 아프리카 침팬지는 대체로 제인 구달 박사님이 오랫동안 연구해온 탄자니아 쪽의 침팬지, 즉 동아프리카 침팬지와 거의 같은 시기에 일본 학자들이 연구하기 시작한 서아프리카 침팬지의 두 부류로 나뉩니다. 구달 박사님이 침팬지 연구를 시작한 지 얼마 되지 않아 요즘말로 하면 대박을 터뜨린 연구가 바로 침팬지도 도구를 사용한다는 걸 발견한 사건이었죠. 침팬지들이 나뭇가지를 흰개미 굴 속에 집어넣어 흰개미들이 그걸 물면 꺼내어 잡아먹는 행동을 관찰한 겁니다. 도구가 인간의 전유물이 아니라는 걸 최초로 일깨운 엄청난 사건이었습니다.

그런데 신기한 것은 서아프리카 침팬지들은 흰개미 사냥에는 큰 관심도 재주도 없고, 대신 돌로 견과류를 깨먹는 일을 잘합니다. 크고 넓적한 돌을 모루로 삼아 그 위에 견과를 놓고 손에 쥐기 알맞은 다른 돌을 마치 망치처럼 사용하여 내리칩니다. 만일 모루로 사용하는 돌이 평평하지 않아 올려놓은 견과가 자꾸 굴러떨어지면 모루로 쓰는 돌 밑에 다른 돌을 괴기도 합니다. 상당히 복합적인 도구를 제작해서 사용하는 셈입니다.

제가 말씀드리려는 것은 이 두 침팬지 집단이 서로 전혀 다른 도구 사용법을 고안해냈다는 겁니다. 구달 박사님이 관찰하는 동아프리카의 침팬지들은 모루와 망치를 전혀 사용할 줄 모릅니다. 정확하게 어떤 '과학'이 발달해야 하는가는 결정되지 않았겠지만, 두 집단 모두 어떤 문제에 대한 상당히 지능적인 해답을 찾아 그걸 문화적으로 전수하고 있다는 겁니다. 침팬지와 우리 인간의 두뇌 정도라면 정도의 차이는 있을지 몰라도 이런 짓을 필연코 하게 될 것 같습니다. 그런데 선생님, 신화도 예술에 들어갑니까?

도정일　어려운 질문이네요. 생물학 용어를 빌리면, 이건 아리스토텔레스의 분류법과 비슷한데, 신화는 이야기의 한 '종species'입니다. 이야기를 '유genus'로 놓는다면 신화·민담·전설·우화 같은 고대 이야기 방식들은 큰 범주인 '유' 속에 들어가는 종들인 셈이죠. 신화도 절묘한 기술과 장치, 언어적 기교 등을 갖고 이야기를 만들어낸다는 점에서는 예술적 특징을 지닌다고 해야겠죠. 그러나 제 생각에 예술은 두 가지 측면에서 신화와는 다른 성질을 갖는 것 같아요. 인간이 뽐낼 수 있는 기예의 최고 수준을 지향하는 것이 예술인데, 신화의 기술 수준은 그 경지까지는 아닌 것 같습니다. 단, 호메로스의 서사시들은 신화이면서 언어예술입니다만. 또 하나, 신화는 이미 존재하는 자연이나 세계의 질서를 받아들여서 이야기를 만드는 반면 예술은 자연을 모방하면서 동시에 넘어서려고 하죠. 예술은 신들과 경쟁합니다.

최재천　예술이 신을 유혹하기 위해 탄생했을 것 같다는 이야기와 정반대일 수도 있겠네요. 예술도 과학과 마찬가지로 신에 대한 도전으로 볼 수 있지 않을까요?

도정일　그 이야기는 인간이 유혹하고 싶었던 게 꼭 성적 대상만이었겠느냐는 문맥에서 나온 말입니다. 예술의 탄생에 대해서는 수없이 많은 이야기를 할 수 있어요. 하지만 발생 시점의 초기 예술과 그 후의 진화 양상은 많이 달라지게 되죠. 초기 예술은 종교와 밀접한 연관이 있었지만 진화 과정에서 종교와는 상당히 먼 거리로 떨어져 나갑니다. 예술도 과학과 마찬가지로 신에 대한 도전인 부분이 있죠. 예술은 신과 경쟁해서 신을 깜짝 놀라게 하려는 충동을 갖고 있어요. 신이 놀라서 "이것 봐라, 요놈이 나보다 더 낫네"라는 소리를 하게 만들고 싶은 것이 예술입니다. 경쟁도 일종의 도전이죠. 그런데 과학은 종교와 달리 초자연을 끌어들이지 않거나 거부한다는 점에서 신에 대한 도전입니다. 자연을 설명하는 데 초자연적 존재를 끌어들인다는 건 과학으로선 참을 수 없는 비합리성이죠.

최재천　그렇죠. 처음 시작할 때는 꼭 신에게 도전하기 위해서라든가 신이 준 설명을 받아들이기 싫어서 시작했을 것 같지는 않아요. 계속 탐구하다 보니까 자기도 모르게 자꾸 종교적 규범 또는 강령에서 빗나가게 된 거 아니겠어요?

도정일 새로운 것을 내고 싶어하는 것도 과학과 예술의 공통점일 겁니다. 과학은 새로운 발견이나 설명을 내려 하고, 예술은 새로운 표현을 내놓고자 하죠. 그래서 예술과 과학에는 자유가 절대적으로 필요합니다.

최재천 위대한 과학자들이 가졌던 개인적인 고민이 그렇잖아요. 내가 발견한 이 결론이 왜 우리가 믿어온 것과 달라야 하는가, 이런 문제 때문에 발표하기를 꺼려한 과학자들이 많죠. 다윈이 대표적입니다. 월리스가 없었다면 건강도 안 좋은 다윈이 글을 다 써놓고도 발표를 못하고 죽었을 가능성이 충분히 있습니다. 다윈은 당시 빅토리아 영국 사회에 자신의 이론이 던질 충격에 대해 무척 많이 고심한 걸로 알려져 있죠. 과학자들의 기본 취지는 꼭 예전의 가설을 뒤엎기 위한 것은 아닌데, 연구를 하고 설명을 찾으려고 하다 보면 그 설명이 자꾸 예전의 가설과 지배적인 상식을 뒤엎게 되는 것 같아요.

도정일 예술은 실용성과는 가장 멀리 떨어진 인간 행위의 하나인데, 과학도 실용 학문은 아니죠. 그렇다면 과학을 공부하는 행위의 진화론적인 의미는 무엇입니까? 과학적 발견을 실용적 목적에 응용하는 데서는 대단한 효용가치가 발생합니다. 그러나 지금 제 말은, 과학이 과학 하는 사람들의 자연선택이나 성선택에 유리한가요? 생물학적으로 과학은 소용이 있는 겁니까? (웃음)

최재천　과학과 기술의 차이를 짚어봐야 할 것 같아요. 과학이 기술과 같이 발달했을까 아니면 따로 발전하다가 뒤늦게 만났을까 하는 문제입니다. 동양의 기술을 평가할 땐 경험을 바탕에 둔 기술이라고 하잖아요. 앞에서도 언급했지만 동양의 과학은 경험적 기술이라고 표현할 수 있죠. 과학적 기술은 서양에서 나온 겁니다. 지금은 과학적인 기술이 경험적 기술보다 더 큰 힘을 발휘하는 바람에 헤게모니가 서양으로 넘어간 거라고 생각해요. 그런 면에서 생각하면 과연 과학적 사고라는 것이 어떤 순간에 나왔다고 보기보다는 인간 뇌의 작용 중 한 부분, 즉 자꾸 합리적으로 생각하려고 하고 인과관계를 따져보려고 하는 과정이 진화되었다고 봐야 할 것 같습니다. 그 진화의 결과물로서 과학이 나왔겠죠. 그런 점에서는 과학의 진화도 상당히 생물학적이라고 생각해요.

그런데 과학에서도 인과관계를 따지지만 인문학적 사고도 인과관계를 따지잖아요. 인간은 이 두 가지를 다 했죠. 시기상으로는 인간이 과학을 하기 이전에 인문학적인 사고를 먼저 한 것 같은데요. 인간이 과학적이고 합리적인 사유만 해온 게 아니라 그 이전에 인문학적이고 예술적인 사유를 오랫동안 해온 것을 보면, 인간은 확실히 과학만 가지고 살아갈 수 있는 존재는 아닌 것 같아요. 인문학적인 사고가 우리에게 얼마나 중요한가 하는 생각을 안 할 수 없죠. 그런데 저는 예술과 과학이 따로 진화했다기보다는 서로에게 시너지 효과를 일으켰을 것 같은데요. 본래 과학Wissenschaft이란 고대의 시poetry에서 탄생했다고 알고 있습니다. 이런 점에서 저는 과학도 생물학적이라고 생각해요.

도정일　그런데 왜 문화에 따라서 어떤 문화는 과학적 사유를 발전시키고 어떤 문화는 발전시키지 못하는지에 대해서는 생물학이 설명을 못하잖아요?

최재천　생물학자인 제러드 다이아몬드가 《총, 균, 쇠》에서 상당히 설득력 있는 설명을 제공하지 않았나요? 왜 호주의 원주민이 아니라 유라시아인의 문명이 세상을 지배하게 되었는가를 환경과의 관계를 통해 다분히 진화론적, 그리고 생태학적 설명을 합니다. 다이아몬드는 이 책으로 퓰리처상을 수상하고 〈뉴욕타임스〉 베스트셀러 목록에 1년도 넘게 머무른 대기록을 세웠죠.

도정일　앞에서도 이야기했지만, 아르키메데스는 생명이 위태로운 순간에도 수학만 생각했습니다. 이런 것이 바로 '죽어도 한다'는 건데, 아르키메데스는 "죽어도 수학은 한다"의 표본이죠.
　제도와 문화가 과학 탐구를 허용했는가 억압했는가가 중요한 문제가 아닐까요? 미국이 과학 분야에서 헤게모니를 잡고 있는 이유는 무엇보다 과학적 탐구의 자유가 보장되고 사회적 지원이 있기 때문입니다. 이게 미국 대학의 생태환경입니다. 창조적 상상력을 펼칠 수 있도록 환경을 만들어주고 물질적으로 보상해주고. 과학도 결국은 인간의 이성적 활동에 자유를 주고 지원해주는 호의적 에코시스템에서만 자랍니다. 문화적 차이가 과학발전의 차이를 낸다고 봐야죠. 과학 하다가 목 날아가는 사회라면 누가 과학 합니까?

최재천　그런데 참 재미있는 역설이 있습니다. 미국은 청교도들이 세운 지극히 기독교적인 나라죠. 기독교 성서에 보면 인간이 소위 지식의 나무를 범한 것 때문에 낙원에서 쫓겨난 거잖아요. 그런데 바로 그 신에 대한 반역이 서구 문화의 성공을 가져왔잖아요? 서구인들은 신에 대한 반역, 즉 지식에 대한 끈질긴 탐구가 못된 거라고 생각하면서도 그걸 끔찍이 자랑스럽게 생각하는 것 같아요. 신에게 도전해서 지식을 스스로 탐구하겠다고 해서 원죄가 되었는데, 그걸 속죄하라고 말하면서도 그것 때문에 성공한 거고, 그걸 절대로 안 놓친다, 이게 바로 기독교 문화인 것 같습니다. 인간 자유의지의 극대화가 오늘날 미국의 힘이고, 그게 오늘날 과학의 헤게모니를 가능케 했죠. 그때 이브가 그 열매를 따먹지 않았으면 불가능한 일이었을 텐데 다행스럽게 따먹는 바람에 과학이 발전한 거죠. (웃음)

도정일　좋은 지적입니다. 서구 문명이 기독교 문명이라고들 하지만 그 안에는 그리스 전통이 섞여 있어요. 새뮤얼 헌팅턴은 서구 문명이 완전히 기독교 문명인 양 한 색깔로만 도배질을 하는데, 그건 위험하고 틀린 생각이에요. 지금 서구가 과학의 덕을 톡톡히 보고 있는 건 그리스 문화 덕분인 것 같습니다. 기독교 전통만 있었다면 서구는 지금의 이슬람처럼 과학 불모의 문명이 되지 않았을까 하는 생각도 듭니다.

　그리스 전통에서는 실용성 여부를 떠나 '진리 그 자체를 아는 것'이 큰 즐거움이었어요. 기하학이 그리스에서 발전한 것을 보세요. 측량기술로 따지면 이집트가 훨씬 발전해 있었죠. 그러나 그리스인들은 이집트의 측량술을 들여와 추상기하학과 수학으로 바꿔놓습니다. 유클리드, 아르키메데스 같은 사람들이 그래서 나온 거죠. 그리스 문화에서 최고 가치는 예술과 철학이었다고 말하는 사람들이 있는데, 실용성을 떠난 그리스 문화에 대한 애정을 지적한 것이라면 그렇게 말할 수도 있을 것 같아요.

최재천　그렇게 따지면 프로메테우스가 인간에게 불을 준 것도 마찬가지겠군요. 그리스 신화에서는 불이라는 도구를 신이 인간에게

준 걸로 설명한 반면에 기독교 쪽에서는 인간이 뭐 대단한 걸 바란 것도 아니고 알고자 하는 욕망 좀 가져보겠다 한 걸 가지고 그렇게 야단쳐서 쫓아낸 걸로 설명하지 않습니까. 사실 자유의지를 좀 갖겠다고 생각한 건 엄청난 일이긴 하지만 말이죠.

도정일 에덴 동산에서 쫓겨난 대신 자유를 얻은 거죠. 얻은 건지 훔쳐 나온 건지는 모르지만. 인간을 다시 에덴에 데려다 놔도 같은 일이 벌어지지 않을까요. 자유롭고 싶다면서 도망치는 거죠. 그 자유 속에 '구라의 자유'가 들어 있습니다. (웃음) 죽어도 거짓말을 하는 게 인간입니다. 죽어도 거짓말은 내놓을 수 없다는 거죠. 구라는 인간이 절대로 포기할 수 없는 즐거움입니다. 거짓말과 섹스, 이건 인간이 가진 두 가지 즐거움일 거예요.

8

성적 대상을 선택할 때 사람들이 가장 많이 내세우는 말은 "사랑하기 때문에"입니다. 《보바리 부인》에서 에마는 남편이 있는데도 다른 젊은 남자와 사랑에 빠집니다. 그런데 진화론의 관점에서 보면 그건 말이 사랑이지 사실은 그 여자의 '난소'의 선택, 곧 생물학적 선택이라는 겁니다. 그래서는 에마의 또 다른 선택인 자살을 설명하지 못해요. 에마의 애인 선택이 난소의 명령이었다면 자살도 난소의 명령인가요? 사람들이 생물학의 인간 설명에 쉽게 고개를 끄덕이지 못하는 이유는 이런 데 있습니다. 번식을 위해 DNA가 파놓은 함정이 사랑이라는 소리를 들으면 인간이 갑자기 초라해지기 때문입니다. **도정일**

동물의 교미와
인간의 섹스

사회생물학적으로 보면 인간의 사랑도 번식의 관점에서 분석하게 됩니다. 보노보나 침팬지, 고릴라의 경우를 보면 아주 신기한 데이터가 있어요. 가장 권력 있는 으뜸 수컷이 자기 영역을 확보해서 처첩을 한 다섯 마리쯤 거느리면 그 처첩들은 다른 수컷들과는 관계를 하지 못하게끔 되어 있죠. 그런데 그 암컷들 중에 2위나 3위의 수컷을 찾아가는 암컷이 있어요. 생물학은 이런 것도 번식과 연결해서 보려는 경향이 있죠. 사람의 사회에서도 '사랑'은 결국 어쩔 수 없이 번식 때문에 생겨난 인간의 심성이라고 봅니다. '사랑'을 한다는 것이 인간의 '자유'인가 하는 의문이 드는군요. **최재천**

— 예술의 진화와 과학의 진화 과정에 대한 이야기들이 매우 흥미로웠습니다. 이제 본격적으로 섹스의 문제로 들어가볼까요? 동물들도 번식의 목적이 아닌 쾌락을 목적으로 성행위를 하나요? 일반적으로 동물들은 종족 번식을 위해서만 섹스를 하는 것으로 알려져 있는데, 정말 그렇습니까? 그게 사실이라면 성의 쾌락은 인간만의 것일 가능성이 높습니다. 동물의 세계에서 종족 번식이나 생식의 목적이 아닌 성행위가 있나요?

최재천 답을 정확히 알고 있는 사람은 없겠죠. 파리가 되어 암컷 파리를 찾아가서 섹스를 해보기 전에는 알 수 없는 문제일 거예요.

도정일 영장류 쪽은 어떻습니까?

최재천 영장류요? 동물들을 쭉 늘어놓고 체계적으로 생각해보죠. 그러면 아무래도 우리와 제일 가까운 영장류 중에서도 침팬지, 침팬지 중에서도 근래에 완전히 다른 종이라고 확실하게 밝혀진 피그미침팬지, 즉 보노보의 경우를 보면 아주 흥미로운 결과가 나와 있습니다. 우리처럼 성이 번식과 완전히 별개로 되어 있는 형태가 보노보에게서 굉장히 많이 관찰됐어요. 암컷들이 거의 성을 생활처럼, 뭔가를 얻기 위한 도구로 사용하죠. 2001년 린다 김 사건의 예에서처럼 말이죠.

도정일 로비용 섹스?

최재천   그렇죠. 그 사건이 세상에 알려지면서 센세이션을 일으켰는데, 그때 제가 제 신문 칼럼에다 그 사건을 빗대어 우스갯소리를 한 적이 있어요. 대부분의 경우 여자는 피해자로 간주되고, 남자는 그걸 부정하는 식인데 그 사건의 경우는 반대였잖아요. 그때 남자는 인정했는데, 린다 김은 아니라고 부정했죠. 동물행동학자의 입장에서 웃기는 일이라고 생각했어요. 동물들이 이걸 보면 무척 웃겠다 싶었죠.

보노보의 경우에는 놀랄 만한 사실들이 많이 밝혀졌어요. 보노보 두 무리가 하나의 무화과나무에 도착했다면, 그 나무를 독점하기 위해서 싸움을 해야 하잖아요. 보노보의 사촌인 침팬지는 그렇게 하거든요. 그런데 보노보는 달라요. 한쪽의 암컷이 나와서 다른 쪽의 수컷하고 그 자리에서 섹스를 합니다. 그러고 나면 마주쳤던 두 무리가 한꺼번에 올라가서 같이 열매를 따먹는 거예요. 사회적인 갈등을 무마하는 방법으로 섹스를 사용하고 있다는 게 객관적으로 분명하게 관찰된 것이죠. 대부분의 동물들이 발정기에만 섹스를 한다고 알려졌는데, 보노보의 경우 인간과 상당히 비슷하다는 것이 밝혀진 겁니다. 보노보는 발정기 때만 섹스를 하지 않아요. 암컷은 매우 자유롭게 여러 수컷과 교대로 섹스를 즐기고, 자위 행위도 많이 합니다. 실제 이런 장면은 수없이 관찰되었습니다. 우리 인간보다 훨씬 섹스를 즐기는 영장류라고 객관적인 판정이 나 있어요.

어떤 면에서는 더 충격적인 사실도 밝혀졌어요. 섹스에서 성위 또는 체위에 관한 문제인데, 인간의 경우에는 마주 보고 성행위를 많이 하잖아요. 그것을 '미셔너리 포스처missionary posture'라고까지 말하죠. 하느님이 우리에게는 성행위를 하면서도 서로 대화를 할 수 있게끔 허락해주신 체위라고요. 그래서 동물계에서는 이 체위가 전혀 발견되지 않는 것으로 되어 있었죠. 곤충에게서도 발견되긴 했지만 곤충

은 인간과는 별개의 차원으로 이해되어서 괜찮은 걸로 쳤죠. 그런데 그 체위가 보노보에게서 본격적으로 발견됐어요. 두 가지 데이터가 있는데, 야생 보노보의 경우에는 약 3분의 1 정도가 마주 보고 성행위를 하지만, 인간이 사육하는 보노보의 경우에는 반 이상이 마주 보고 성행위를 합니다.

이 일이 일부 인문학자들에게는 엄청난 충격이었다는 겁니다. 인간만이 할 수 있는 성 체위가 어떻게 다른 동물에게서 나타나느냐고요. 보노보가 우리 인간에게 성에 대한 질문을 굉장히 많이 던져주었어요. 이런 현상을 보면 좀 우습게 느껴져요. 사실 동물학자의 입장에서 보면 섹스를 어느 체위에서 하는가는 어떻게 하면 정자를 효과적으로 전달하느냐 하는 기능적인 측면에서 봐야 할 문제일 뿐이거든요.

도정일　남녀가 마주 본다는 것은 만남의 가장 극적이고 에로틱한 제스처죠. 눈과 눈이 서로 들여다보며 상대방에 대한 갈망을 표현하고 읽어낸다는 것이 중요합니다. 미셔너리 포스처는 그런 대화적 자세라는 점에서 인간적인 의미 차원을 갖는 거죠. 그런데 체위라는 것은 정자를 효과적으로 전달하기 위한 기교의 문제라고 말해버리면 너무 재미없어지죠. 차라리 하느님이 "너희는 번식 행위를 할 때도 마주 보고 해라, 뒤통수만 보고 하면 안 되느니라"라고 인간에게 가르쳐준 특별한 체위라고 말하는 게 더 재미있죠. 체위를 놓고도 인간은 '의미를 창조'합니다. 그런데 지금 보노보 이야기를 들어보면 생물학은 사람들이 "자연에는 없는데 인간에게만 있다"고 생각해왔던 것들을 하나하나 무너뜨리는 데 굉장한 쾌감을 느끼는 것 같아요. 환상을 깨는 건 인간을 겸손하게 하는 효과가 있습니다.

저는 명색이 인문쟁이니까 좀 다른 방식으로 문제를 제기하겠습니다. 생물학의 관점에서 보면 인간의 모든 행위는 '살아남기'와 '번식'이라는 두 단어로만 설명됩니다. 생존과 번식은 자연의 명령이라는 점에서 '필연necessity'이고 인간도 동물인 이상 이 필연의 명령 체계 속에 있다고 말할 수 있습니다. 그런데 인문쟁이들에게는 필연만 중요한 것이 아니라 거기서 이탈하는 행위들도 중요합니다. 성행위가 번식을 위한 필연적인 행위임은 틀림없습니다. 지금까지 그 외의 번식 방법은 없었으니까요. 그러나 인간은 기묘하게도 그 필연으로부터 벗어나고 이탈하는 데도 특별한 재주를 가진 동물이에요. 그래서 필연과 자유라는 구도가 생겨나요. 성의 경우도 그렇죠. 인간의 성이 종족 번식이라는 목적에만 꼼짝없이 매인 건 아니거든요. 성이 인간에게 특별한 의미를 갖는 것은 그게 번식의 명령에만 묶여 있지 않기 때문이죠. 오히려 번식 이외의 목적을 더 많이 갖고 있어요. 그 '이외의 목적'이란 필연으로부터 이탈하는 영역, 곧 자유의 영역인 셈이죠. 그런데 번식과 관계없는 성행위가 보노보에게서도 발견되었다면, 그건 자유라고 봐야 하나요, 아니면 필연으로 봐야 하나요?

최재천　글쎄요, 기본적으로 자유라고 봐야 되겠죠.

교미와 섹스는 어떻게 다른가

도정일　보노보 사회에서도 성은 번식의 용도로만 쓰이지는 않는다고 말하면 보노보도 인간처럼 필연의 명령을 이탈해서 자유의 영역으로 넘어가는 재주가 있어 보입니다. 그런데 보노보의 경우, 사회적 갈등이 발생했을 때 암컷이 나서서 적장과 동침하는 방법으로 갈등을 해소한다는 것은 '사회적 행위'입니다. 성을 사회적 용도로 쓸 줄 안다는 것은 보노보의 사회적 진화인 셈이죠. 생물학적 필요성이 아닌 사회적 필요성이 보노보를 그 방향으로 진화하게 한 것 아니겠어요? 그러니까 필요성의 성질이 좀 다르긴 하지만 여전히 보노보의 행태는 어떤 필연에 묶여 있는 것 아닙니까?

최재천　한편으로는 그렇고, 다른 한편으로 보면 그렇지 않죠. 그 사회의 모든 암컷이 다 그렇게 하는 것은 분명히 아닐 테니까요. 어떤 암컷은 자기 몸을 더 많이 '팔' 것이고, 또 어떤 암컷은 그렇지 않을 것이고요. 그러니까 자유의 영역이라고 할 수 있죠. 선생님이 말씀하신 대로 자기 삶을 어떻게 꾸려나가느냐 하는 방법, 살기 위한 필연성처럼 보이기도 하지만, 특별히 '헤픈' 암컷이 있는가 하면 정숙한 암컷도 있죠. 그런 연구 결과가 나오고 있습니다.

또 하나 아직 확인되지 않은 점은 그렇게 다른 무리의 수컷과 섹스를 할 때 그 암컷이 배란기에 있는가 아닌가가 아직 확인되지 않았습니다. 그런 성행위에 관한 관찰과 그들의 성 주기에 관한 조사가 함께 체계적으로 이뤄져야 좀더 명확한 그림이 그려질 겁니다. 만일 다른 무리의 수컷과 섹스를 해서 새끼를 낳는 것이라면 그렇지 않은 경우와 상당히 다른 생물학적 논의가 가능하죠.

도정일　그런데 인간의 경우를 보면 행위 동기와 선택의 범위는 상당히 넓어 보입니다. 인간은 사회적 필요성조차도 뛰어넘는, 다시 말해서 꼭 사회적으로 필요해서가 아니라 개체 또는 개인의 성향에 따라 이런저런 선택의 폭이 넓죠.

최재천　현재 저희가 보기에는 그것도 역시 보노보에게 있다는 겁니다. 혼자서 자위 행위를 하면서 굉장히 즐기는 게 거의 뚜렷하게 보이니까요.

도정일　사회생물학의 입장에서 보면 특별히 인간적이랄 행동은 없다는 이야기죠?

최재천　맞아요. 그게 사회생물학이 가져온 굉장히 불편한 점일 거예요.

도정일　성적 대상을 선택할 때 사람들이 가장 많이 내세우는 말은 "사랑하기 때문에"라는 겁니다. 사랑의 생물학적 의미는 '번식의 유혹' 이상도 이하도 아닙니다. 요즘에는 진화론적 시각으로 문학을 읽어내려는 시도들이 여기저기서 나오고 있어요. 《보바리 부인》에서 에마는 남편이 있는데도 다른 젊은 남자와 사랑에 빠집니다. 그런데 진화론의 관점에서 보면 그건 말이 사랑이지 사실은 그 여자의 '난소'의 선택, 곧 생물학적 선택이라는 겁니다. 재미있는 독법이긴 한데, 그래서는 에마의 또 다른 선택인 자살을 설명하지 못해요. 에마는 결국 애인에게 버림받고 자살합니다. 에마의 애인 선택이 난소의 명령이었다면 자살도 난소의 명령인가요? 애인 선택이 생물학적 명령에 따른 것이라 우긴다 하더라도, 자살이라는 선택은 설명되지 않아요. 첫 번째 선택이 난소의 명령에 의한 것이었다면 자살은 그 생물학적 선택에 배반당한 인간 에마의 선택이거든요. 사람들이 생물학의 인간 설명에 쉽게 고개를 끄덕이지 못하는 이유는 거기에 있습니다.

　사랑만 해도 그렇죠. 번식을 위해 유전자가 파놓은 함정이 사랑이라는 소리를 들으면 인간이 갑자기 초라해지는 듯한 생각이 들기 때문일 겁니다. 번식은 중요하지만 그게 사랑의 가장 중요한 고려 사항은 아니라고 생각하는 사람들이 많거든요. 돈도 명예도 권력도 아무것도 없지만 '그 사람을 사랑'하는 경우가 얼마든지 있죠. 사람들이 사랑에 빠지는 이유는 수천 가지예요. 그 사람의 눈이 매혹적이다, 돈은 없지만 마음 하나는 그만이다 어쩌고저쩌고하면서 말이죠.

최 교수님 부인이 여기 안 계셔서 하는 이야긴데, 최 교수님이 이야기를 참 재미있게 잘한다는 것 때문에 최 교수님을 사랑하는 여자가 있을 수도 있잖아요?

최재천　　그럼요. 제 안사람도 그래서…… 연애 시절에 그 사람은 아무 말 안 해도 제가 앞에서 재롱떨고 다 해줘서 결혼하기로 결심했다더군요. (웃음)

도정일　　사랑이란 걸 빼고 나면 예술의 절반은 날아갈 텐데, 사회생물학의 관점에서 보면 사랑이란 건 일종의 환상입니다. 그러나 생물학이 환상이라고 생각하는 것 속에 인간 행위의 독특한 국면들이 있는 것 같아요. 수천 가지 별난 이유로 대상을 선택하는 것은 유전자의 명령을 벗어나는 이유가 수천 가지라는 이야기죠. 이 '벗어나기'가 자유의 영역 같아 보이는 겁니다. 반대의 경우도 있죠. 어떤 대상을 사랑한다고 해서 마음대로 선택할 수 없을 때도 있고, 사랑 같은 것 없이 결혼하는 경우도 얼마든지 있죠. 사촌끼리 혼인하는 이라크의 결혼 관습 이야기를 했었죠? 사촌혼도 일종의 근친혼이니까 생물학적으로는 그리 추천할 만한 풍습이 아닙니다. 그런데도 하거든요. 사촌끼리 결혼하라는 건 문화관습의 명령이지 유전자의 명령이 아닙니다. 이건 제약이지만 유전자 명령에 반해서 행동한다는 점에서는 역설적으로 자유입니다. 문화적 자의성arbitrariness의 영역이죠. 보노보에게서도 이런 인간세계의 사랑 혹은 관습 같은 것이 관찰되나요?

최재천　사회생물학적으로 보면 인간의 사랑도 번식의 관점에서 분석하게 되죠. 그런데 보노보나 침팬지, 고릴라의 경우를 보면 아주 신기한 데이터가 있어요. 가장 권력 있는 으뜸 수컷이 자기 영역을 확보해서 처첩을 한 다섯 마리쯤 거느리면 그 처첩들은 다른 수컷들과는 관계를 하지 못하게끔 되어 있죠. 그런데 그 암컷들 중에 으뜸 수컷과 잠자리하는 것보다는 2위나 3위의 수컷을 찾아가는 암컷이 있어요. 많지는 않은데, 그런 데이터들이 나옵니다. 그것에 대해 정확하게 분석한 경우는 아직 많지 않아서 더 이상 말씀드릴 수는 없지만요.

미국에 있을 때 저는 몸길이가 한 2밀리미터밖에 안 되는 아주 작은 곤충인 민벌레Zoraptera를 연구했습니다. 나무가 썩으면 껍질과 목질 사이가 벌어지는데, 이 곤충들은 그 틈에서 뛰어다니며 살아요. 곤충이지만 말 사회나 사슴 사회와 비슷한 사회구조를 가지고 있어요. 신기한 건 거기서도 으뜸 수컷하고 교미하지 않고 2위, 3위의 수컷하고 교미하는 암컷들이 계속 나오는 거예요. 아직 데이터가 충분하지 않아 논문을 쓰지는 못한 상태고요. 다른 큰 논문에다 가능성이 있다고만 한 줄 써놓았습니다.

제가 발견한 것은 이렇습니다. 수컷들끼리 자주 싸움을 하니까 으뜸 수컷도 언젠가는 당하거든요. 그래서 권좌에서 밀려나면 2위나 3위의 수컷이 그 자리를 차지하게 돼요. 그렇게 자리를 차지하고 나면, 그 전에 으뜸 수컷이 가지고 있던 암컷들과 돌아가면서 다시 교미를 해요. 모두 자기 유전자로 대치하는 거죠. 그런 과정에서 그 수컷과 미리 짝짓기를 한 암컷은 그럴 필요가 없잖아요. 어떻게 보면 암컷들 중에 몇몇은 앞을 내다보고 미래를 위해 투자를 한 건지도 모릅니다. 도 선생님이 자주 쓰시는 표현대로 '저노마'가 조금 있으면 꺾인다. 그러니 저노마와 잠자리를 같이할 게 아니라 장래가 촉망되는 젊은 놈과 잠을 잔다. 그 놈이 득세했을 때 자기는 이미 새끼를 낳아서 기를 수 있다. 이렇게 한 발 앞서간다는 거죠. 그래서 영장류를 공부하는 동료들한테 그런 데이터를 좀 모아달라고 몇 년 전부터 부탁을 해놓았어요. 논문을 같이 쓰려고요.

그래서 우리 인간 사회에서도 '사랑'은 결국 어쩔 수 없이 번식 때문에 생겨난 인간의 심성이라고 봅니다. 그러면 이야기가 반대로 흘러갈 수 있습니다. '사랑'을 한다는 것이 인간의 '자유'인가 하는 의문이 드는군요.

도정일   결국 이기적인 유전자의 명령을 따르는 것이라면 절대로 자유로운 것이 아니죠.

최재천   사회생물학의 관점에서는 그렇게 분석하고 있습니다.

—   그런데 사랑을 포함해서 인간의 행동 전반이 정말 그렇게 이기적인 유전자의 명령만 따르는 걸까요? 이기심은 인간의 본성 같은 거지만 인간은 이기심으로는 설명되지 않는 선택도 하죠. 사회생물학적 관점에서 설명할 수 있습니까?

최재천   생물학적인 설명에는 두 가지 수준이 있어요. 하나는 '왜 why'라는 질문에 답하는 것, 다른 하나는 '어떻게how'라는 질문에 답하는 것이죠. '왜'라는 질문에 대한 답은 궁극적인 설명을 원하는 거예요. "객관적으로 보면 정말 아무것도 아닌 사람에게 빠졌는데, 왜 그럴까? 그 궁극적인 설명은 유전자를 후세에 퍼뜨리는 과정에서 벌어지는 일이다"라고요. 그리고 '어떻게'라는 질문에 대한 대답, 도대체 어떻게 그런 일이 벌어질 수 있느냐에 대한 대답은 좀더 근접적인 설명을 요구해요. '왜'는 이른바 궁극 원인ultimate causation을 묻는 것이고, '어떻게'는 근접 원인proximate causation을 묻는 겁니다. 우리는 사랑에 빠지는 근접 원인들을 분석할 수 있습니다. 외모에 빠질 수도 있고, 권력에 빠질 수도 있고, 그 밖에 여러 가지가 있는데, 실제로 그런 일이 벌어지는 과정에서 계산을 하는 사람은 대부분 부모님들인 것 같습니다.

자식이 결혼 상대를 이야기할 때 부모님들이 그 사람 돈은 있냐, 권세가 있는 집안이냐 등을 따지죠. 당사자는 그 사람에게 빠질 때 모든 조건에 관한 데이터를 슈퍼컴퓨터에 넣고 돌려 결과를 얻은 다음 그에 따라 결정을 내리는 게 아니라 대체로 어느 조건 하나만 보고 푹 빠지는 경우가 많죠. 이를테면 많은 경우에 동물들이 짝짓기를 하는 것을 보면 이른바 경험법칙rule of thumb이 있을 거라는 이야기죠. 가장 단순하게 진화학적으로는 어느 것 하나만 봐도 대부분 성공을 했기 때문에, 결국은 그거 하나만 잘 골라도 뒤에 따라오는 것들이 다 좋은 놈들이라는 겁니다.

그러니까 공작들이 꼬리털을 쫙 펴서 암컷 앞에서 흔들 때, 그 공작이 보여주는 여러 가지 몸짓 중에 어떤 것 하나가 마음에 들면 그냥 고르는지도 모릅니다. 그러나 언제나 맞는다는 보장은 없죠. 항상 변이라는 게 있잖아요. 사실 연구는 상당히 많이 진행되어 있어요. 그런데 워낙 복잡한 과정이기 때문에 결론을 내리기가 굉장히 어려워요. 결론적으로 말하면, 남녀가 사랑에 빠지는 데 이해하기 힘든 문제가 있지만, 궁극적으로는 그것도 결국 나와 유전자를 섞을 수 있는 가장 좋은 상대를 고른답시고 고른 것이라는 겁니다.

도정일　손오공이 제 딴에는 3,000리를 날아갔다고 생각했는데 알고 보니 여전히 부처님 손바닥 안에 있더라, 그런 이야기군요. 사회생물학에서는 유전자가 부처님 손바닥입니다. 인간의 어떤 행동도, 선택도, 그 손바닥을 못 벗어나죠. 이렇게 되면 사회생물학은 하느님 이론 같은 것이 됩니다. 아무도 그 힘 바깥에 있을 수 없다고 말하는.

동물들도 피임을 할까

—　뚱딴지 같은 이야기를 한번 해보죠. 동물의 세계에 번식을 목적으로 하지 않는 다른 어떤 필요나 목적에 봉사하는 성행위가 있다고 했잖아요. 동물의 세계에 '산아 제한'이 있습니까? 금욕 같은 게 있나요? 콘돔을 쓰나요?

최재천　동물의 세계에서 콘돔이 발견된 적은 아직 없어요.

—　콘돔 비슷한 것은 있나요?

최재천　그것도 없죠. 섹스를 하지 못하게 다른 수컷에게 콘돔을 씌우는 것은 있어요. 그러니까 나는 하고 내 뒤에 따라올 수컷들은 못하게끔 막는 것이죠. 하지만 자기 스스로에게 씌우진 않습니다.

도정일　인간의 경우에는 번식 목적 이외의 성행위에서는 콘돔에서부터 수많은 도구가 등장합니다. 그런데 동물의 경우에는 번식기가 있습니다. 번식기가 있다는 것은 자연이 만들어놓은 산아 제한 메커니즘인가요?

최재천　사람도 사실 번식기가 있어요. 여성이 수태를 할 수 있는 가임 기간이 정해져 있거든요.

도정일　가임 기간의 성행위는 불가피하게 수태로 이어지죠. 그런데 인간은 고의적으로 수태를 피하는 겁니다. 이건 콘돔 같은 피임 기구가 없었을 때도 그랬습니다.

최재천　인간을 빼놓고 산아 제한을 하는 동물이나 식물을 관찰한 경우는 지금까지 전혀 없습니다. 오로지 인간만이 스스로를 자제해야 하는 순간에 와 있는 유일한 생물이죠. 다른 동물들은 아직도 유전자를 더 많이 퍼뜨리기 위해 최선을 다하고 있는데, 인간만은 진화의 가장 궁극적인 목적인 유전자 퍼뜨리기에 반하면서 사는 것처럼 보입니다.

도정일　그렇다면 고의적인 번식 조절 혹은 산아 제한이라는 것은 비자연적이고 반자연적인 행위 아닌가요?

최재천　거기서 인간의 독특한 성문화라는 게 나오는 거죠.

도정일　그러면 그 거스르는 행위, 비자연적이고 반자연적인 행위에 대한 사회생물학의 설명은 어떤 겁니까? 번식이 지나치면 되레 먹을 것이 없어 멸종할지 모른다, 그러니 산아 제한도 결국은 종의 보존을 위한 이기적인 행동이다, 이렇게 설명할 수 있나요?

최재천　그렇게 설명하는 것은 좀 곤란합니다. 사회생물학적인 설명에도 수준이 있기 때문입니다. 유전자 수준에서 설명하느냐, 아

사람들이 흔히 쓰는 표현 중에 제가 아주 싫어하는 게 하나 있습니다. '종족보존을 위해서'라는 말입니다. 저는 안사람하고 섹스를 하면서 단 한 번도 '종족보존을 위해서'라고 말하거나 생각하면서 해본 적은 없거든요. 순전히 제가 즐기기 위해서라든가, 아니면 자식을 낳기 위해서지, 호모 사피엔스의 앞날을 위해서라는 거창한 목적으로 섹스를 해본 적은 없다는 거죠. 그 수준을 생각하면서 섹스를 할 수 있는 동물은 없을 겁니다.

니면 개체 수준에서 설명하느냐, 아니면 집단 수준에서 설명하느냐 등등. 지금 말씀하신 것은 집단 수준의 이야기예요. 집단이 하나의 단위가 되어서 "야, 우리 다 낳다 보면 한꺼번에 죽어. 그러니까 참자"라고 하거나, 아니면 "많이 낳아야 되니까 열심히 낳자"는 이야기일 텐데, 사실 사회생물학자들은 이런 설명은 좋아하지 않습니다.

사람들이 흔히 쓰는 표현 중에 제가 아주 싫어하는 게 하나 있습니다. '종족 보존을 위해서'라는 말입니다. 저는 안사람하고 섹스를 하면서 단 한 번도 '종족 보존을 위해서'라고 말하거나 생각하면서 해본 적은 없거든요. 순전히 제가 즐기기 위해서라든가, 아니면 자식을 낳기 위해서지, 호모 사피엔스의 앞날을 위해서라는 거창한 목적으로 섹스를 해본 적은 없다는 거죠. 그 수준을 생각하면서 섹스를 할 수 있는 동물은 없을 겁니다.

우리 인간은 어느 순간에 번식을 안 했으면 좋겠다는 생각을 하게 된 것인데, 그건 사실 종족보다는 내가 애를 낳아 키울 수 있는가 없는가를 생각할 줄 알게 된 것뿐이죠. 아무 생각 없이 무작정 많이 낳아 하나도 제대로 키우지 못하는 것보다 적게 낳아 잘 키우는 게 훨씬 유리할 수 있기 때문에 그런 결정을 내리는 겁니다. 인간은 이런 결정을 부부간의 대화를 통해 상당히 이성적으로 내리지만 다른 동물들도 이런 결정을 내립니다. 진화적 적응 메커니즘을 통해 하는 것이죠. 먹이가 많지 않은 해에는 새들이 알을 적게 낳는 것이 관찰되는데, 그것은 그들이 우리처럼 반상회라도 열어 합의를 보아 생기는 결과가 아니라 제각기 그해의 환경에 가장 적절한 전략을 세워 실시한 새들이 가장 성공적으로 새끼들을 길러내기 때문에 그런 결과가 나오는 겁니다. 마치 우리가 이성적으로 행동한 것처럼. 새들의 그런 행동이 집단 수준에서 벌어진 것이라는 증거는 거의 없습니다.

도정일　생태사상가들 중에는 인간종을 혐오하는 사람들이 있습니다. "인간이라는 종이 지구상에 꼭 있어야 할 이유도 없고, 생물다양성의 관점에서도 인간은 다양성을 파괴하고 있다. 그러니 자식을 낳고 종을 퍼뜨린다는 것은 혐오스러운 일이다. 인간이 해야 할 일은 종의 절멸을 지향하는 것이다." 이런 극단적인 생각이죠. 번식의 절정기에 이런 자멸충동이 든다는 게 흥미롭습니다.

—　저도 읽은 적이 있습니다. 지구의 생태환경을 위해서는 1억 정도의 인구가 적정 수준이라고 하더군요.

도정일　생태사상가의 이런 생각이나 동기까지도 사회생물학에서 설명할 수 있나요? 종이 자기절멸을 지향한다? 그런데 집단의 차원에서는 좀 어렵겠지만 개체 차원에서는 그런 결정을 내리고 실천하는 사람들이 실제로 있거든요.

최재천　어렵습니다. 그런 경우에는 또 한 가지를 생각해봐야겠는데요. 우리 인간은 이상한 동물이 된 거 아닙니까? 가능하면 자식을 덜 낳으려고 노력하고요. 제가 가끔 섹스에 대해 강의할 때 보여주는 만화가 하나 있습니다. 공부를 많이 한 여자일수록 잠자리를 자주 안 한다는 통계가 나와 있어요. 여러 해 전 〈뉴스위크〉지에 실린 만화를 보면, 남편은 섹스를 하고 싶어서 아내를 치근거리는데 아내는 남편을 째려보면서 "난 박사학위를 가진 여자예요!(I have a PhD!)"라고 말하죠. 그림 밑에는 "공부를 많이 한 여자일수록 섹스 횟수가 적다"고 적혀 있어요.

그래서 언뜻 보기에 지금은 성공한 사람일수록 자식을 별로 안 낳는 상황처럼 보입니다. 제 미국인 동료 인류학자 하나가 지금 거창한

인간을 54초형과 59초형 인간으로 분류한 사람이 있습니다. 1분이 60초죠? 그런데 54초 만에 한 번씩 섹스를 생각하는 사람이 있고, 그보다 좀 늦은 59초 만에 한 번씩 떠올리는 사람이 있다는 겁니다. 54초나 59초나 거기서 거깁니다. 그러니까 이 농담은 인간이 얼마나 자주 성적인 문제를 생각하는가를 과장하기 위해 나온 소리 같아요. 그런데 동물은 인간보다 더하다고요?

책을 쓰고 있어요. 그리스에서 출발해서 로마를 거쳐 현대에 이르는 인류의 역사 전체를 섹스에 대한 갈등 관점에서 전부 다시 쓰는 작업이죠. 그 친구가 모아놓은 데이터들을 살펴보면, 옛날은 물론이고 지금까지도 권력을 가진 사람이 번식을 더 많이 하는 것은 어쩔 수 없는 사실입니다. 표면에는 나타나지 않았지만, 모 기업가의 경우 숨겨진 자식들이 많다는 이야기도 있지 않습니까.

도정일 그런 이야기가 나오면 늘 인용되는 게 칭기즈칸과 이슬람의 술탄들입니다. 칭기즈칸이 퍼트린 자식이 1,200명이었다죠? 술탄들도 수십, 수백 명의 후궁을 거느리고 있었습니다. 조선왕조에서도 임금이 해야 하는 중요한 사업 하나가 씨 퍼뜨리기였죠.

최재천 사회 전체를 보면 마치 우리가 섹스와 번식을 자제하는 동물처럼 보이지만, 사실은 그 중에서 잘 나가는 개체들은 여전히 번식을 극대화하고 있죠. 단지 힘없는 존재들만이 사회적으로 어떤 이념과 체제에 의해서 번식을 못한 채 밀려 있는 것이고, 가장 힘 있는 존재는 그것을 교묘하게 조절하면서 자기 유전자의 전파를 극대화하는 상황이 벌어지고 있는 겁니다.

— 선진국 인구는 감소하고, 후진국일수록 많이 낳는다는 통념들이 있잖습니까?

최재천 그것도 사실이죠.

도정일 지금 우리나라의 평균 출산율은 1.2명도 채 안 됩니다. 선진국이 1.7명인데, 그 선에도 못 미치는 거죠. 아이를 낳고 싶지 않아서가 아니라 낳고 기르는 일이 요즘의 젊은 부부들에게는 너무 힘들기 때문입니다. 자연이 담당했던 조절작용을 지금은 사회·경제 환경이 대신하고 있는 셈이죠. 남편 혼자 벌어도 살 수 있으면 후진국, 부부가 함께 벌어야 간신히 살 수 있으면 선진국이라는 농담이 있죠. 그럼 대한민국은 선진국 중에도 선진국인가? 사실 그 농담도 꼭 맞는 건 아닙니다. 맞벌이로도 살기 어려운 게 후진국이죠.

사회적 강자가 자손을 더 많이 퍼뜨릴 수 있다는 건 일반적으로 진실입니다. 그러나 칭기즈칸이나 술탄 같은 존재는 지금 시대에는 불가능한 예외적 경우입니다. 지금은 강자라고 해서 마음놓고 자손을 퍼뜨릴 수 있는 시대가 아니에요. 또 약자라고 해서 자기 유전자를 퍼뜨릴 기회를 아주 박탈당하는 것도 아니죠. 문명의 위대한(?) 성취 가운데 하나가 유전자를 퍼뜨릴 기회의 평등을 확대해놓았다는 사실입니다. 인간이 아직 밀림의 조건 속에 산다면 꿈도 못 꿀 변화죠. 자연도태, 자연도태 하지만 사실 도태의 가능성을 줄이는 방향으로 발전해온 것이 문명사회입니다. 휴버트 험프리라고, 미국 대통령에 출마했다가 떨어지긴 했지만 정치인치고는 제법 괜찮은 사람이 있었는데 그가 한 꽤 유명한 말이 있어요. "노인, 병자, 사회적 약자들을 얼마나 보살펴줄 수 있는가가 문명의 품질을 결정한다." 강자만 살아남는다는 진화론적 관점에서 보면 이런 소리는 자연의 명령을 어기는 것 아닙니까?

최재천　어떤 의미에서는 그렇죠. 그렇기 때문에 많은 지도자가 끊임없이 우생학에 대한 유혹을 어쩌지 못하는 거 아닙니까? 역사적으로 보면 히틀러가 그랬고, 가까이는 싱가포르의 리콴유李光耀가 다분히 우생학적인 정책을 법으로 제정해보고 싶어한 사람이었어요. 정치생명이 끝날 뻔했죠. 작은 나라 싱가포르가 사는 방법을 가만히 보니까, 못사는 사람만 자꾸 아이를 낳고 잘사는 사람들은 기껏해야 겨우 하나만 낳는 것 같았어요. 이러다 보면 국가가 전체적으로 열등한 유전자를 가진 쪽으로 나아갈 것 같았죠. 그래서 그때 법으로 이를테면 "IQ가 얼마 이상이고 사회적으로 성공한 사람만 아이를 낳자. 이것이 우리 싱가포르가 갈 길이다"라고 했다가 엄청난 반대에 부딪쳤죠. 결국은 못했잖아요. 그런데 선생님 말씀도 그렇고 저도 가끔 그런 생각을 하는데, 어떻게 보면 우리는 민주주의를 한다면서 반진화적인 일을 엄청나게 많이 하고 있는 동물이죠. 민주주의만이 아니라 우리의 문화사라는 게 사실 그렇죠.

도정일   그렇다면 거기서도 진화의 역사, 즉 자연 진화의 역사와 사회적 진화 또는 문화적 진화의 역사는 다르다고 말해야 하는 것 아닌가요?

최재천   글쎄요. 다르다고 하면 제가 손들고 마는 건데, (웃음) 그렇게 이야기할 수는 없고…….

54초형 인간, 59초형 인간

—   선생님, 이런 이야기를 해볼 수 있지 않을까요? 예를 들면 문학 작품을 보면 굉장히 많은 작품이 성에 대해 이야기합니다. 대중가요도 성과 사랑을 빼면 남는 노래가 거의 없을 정도인데, 인간에게는 성의 비중이 왜 이렇게 높은 걸까요? 동물세계에서도 성이 인간에게만큼 중요한 것인가요?

최재천   제가 볼 때 동물은 더합니다.

—　아, 동물이 더합니까?

최재천　동물에게는 그 일밖에 없어요. 그걸 빼고 나면 할 일이 아무것도 없는 셈입니다. 오히려 인간이 다른 일을 좀 하는 편이죠.

도정일　농담입니다만, 인간을 두 종류로 분류한 사람이 있습니다.

최재천　무엇인지 대충 짐작이 갑니다. (웃음)

도정일　54초형 인간과 59초형 인간이 있다는 거죠. 1분이 60초죠? 그런데 54초 만에 한 번씩 성을 생각하는 사람이 있고, 그보다 좀 늦은 59초 만에 한 번씩 떠올리는 사람이 있다는 겁니다. 54초나 59초나 거기서 거깁니다. 그러니까 이 농담은 인간이 얼마나 자주 성적인 문제를 생각하는가를 과장하기 위해 나온 소리 같아요. 그런데 동물은 인간보다 더하다고요?

최재천　그럴 수밖에 없습니다, 제가 보기에는.

—　인간의 경우 성은 많은 부분이 문화와 관련되어 있습니다. 그래서 동물로부터 상당히 떨어져 나온 것처럼 보이죠. 쾌락이나 본능을 직접 표현하기보다는 문학이나 영화, 음악 등으로 세련되게 만들었다고 할까요?

최재천　제 생각에는 표현의 차이일 것 같습니다. 동물들이 매 순간 '섹스 섹스' 하면서 사는 건 아닙니다. 동물들도 살기 바쁜데. 하지만 그렇게 바빠 살다가도 섹스 기회만 생기면 무조건 달려들죠. 어떻게 보면 우리 인간은 성의 기회가 주어져도 성에 대한 예의를 차려야 하는 것처럼 여기잖아요. 그런 것 때문에 우리는 오히려 성을 이야기하는 방향으로 문화를 만들어가는 건 아닌가 하는 생각을 해요.

도정일　몸으로 못하면 입으로 한다? (웃음)

최재천　이를테면 그렇죠. 영장류를 다 놓고 봐도 섹스를 은밀하게 하는 종은 인간뿐이거든요.

─　그렇다면 성적 수치심도 인간만 갖는다는 말인가요?

최재천　물론 원숭이 사회에서도 숨어서 성행위를 하는 원숭이들이 있어요. 서열 2위나 3위 수컷들, 즉 버금 수컷들은 성행위를 하다가 으뜸 수컷에게 들키면 큰일 나니까 나무 뒤에 숨어서 합니다. 으뜸 수컷은 모두가 보는 상황에서 대놓고 하잖아요. 그런데 인간의 경우에는 어느 문화권에서나 공통적으로 다 은밀한 섹스를 합니다.

은밀한 섹스를 하는 인간의 성향이 과연 유전자에 새겨져 있는 형질인지, 아니면 문화적으로 생겨난 현상인지는 분명하지 않아요. 제가 존경하는 제러드 다이아몬드 교수가 《섹스의 진화》에서 은밀한 섹스의 진화에 대해 긴 설명을 제공했지만, 저는 이 문제에 관한 한 고민을 계속하고 있습니다. 기록으로 남아 있지 않으니까 모르지만, 동굴 시대에 인간이 어떻게 성행위를 했는지, 자식이 보는 앞에서 그냥 했는지, 네안데르탈인도 은밀하게 섹스를 했는지 알 수 없죠. 유학 시절 미국에서 봤던 베리만의 어느 영화였던 것 같은데, 가족이 다 있는 부엌에서 대수롭지 않게 성행위를 하는 모습이 나옵니다. 하지만 이런 것은 인간사회의 어느 문화권에서도 사실로 기록된 바가 없습니다. 모두 아이들이 없는 데서 밤에 불을 끄고 성행위를 하죠.

그렇다면 인간은 왜 은밀한 섹스를 하게 됐을까요? 이것이 어떤 의미에서는 한쪽으로는 성을 은밀하게 만들면서, 다른 쪽으로는 선생님께서 말씀하신 대로 입으로 엄청나게 하지 않으면 안 되는 결과를 가져온 것일까요?

도정일 선사시대에는 문자란 게 없었으니까 인류가 어떤 식으로 성생활을 했는지에 대한 기록은 있을 리 없죠. 그러나 흥미로운 인류학적 물증들은 좀 있어요. 몇 년 전 독일에서 구석기시대 토우 몇 점이 발굴되었어요. 사람들이 '구석기시대의 포르노'라며 흥분한 테라코타였죠. 하나는 남자의 엉덩이와 발기한 성기를 표현한 하반신 토르소이고, 또 하나는 여자가 남자의 몸 위에 올라앉은 자세로 성행위를 하고 있는 토우였습니다. 그리고 구석기시대 인류의 성문화에 대한 이런저런 주장들이 쏟아져 나오게 됩니다.

진화생물학 쪽의 주장은 일종의 '잔치론' 같은 겁니다. 구석기시대 사람들은 기회만 있으면 아무 때나 집단적으로 아주 질탕한 성의 잔치를 벌였다는 거죠. 생물학다운 생각입니다. 그런데 반대 주장도 나왔어요. 구석기시대 인류의 생존 조건은 결코 풍요로운 것이 아니었기 때문에 집단 내부의 성문화도 아주 엄격했다는 겁니다. 통제와 절제의 규율이 있었다는 거죠.

— 그 규율은 일종의 승화 아닐까요? 어떤 사람은 성문화의 문제는 "말할 수 있는 동물만의 문제다"라고도 하더군요. 자꾸 말로 해야 되는 동물이 가지고 있는 문제 아닐까요?

도정일 성적 에너지를 다른 정신적 용도에 돌려 사용한다는 것이 승화이론인데, 그건 아무래도 훨씬 이후의 문제지 초기 인류의 성 문화에 적용할 만한 것은 아니라고 생각됩니다. 인간의 성행위가 왜 은밀하게 진행되어왔는가는 아주 흥미로운 문제예요. 성적 수치 때 문이라면 그 수치심의 기원은 뭔가, 성이 왜 수치와 연결되어야 하는 가 같은 질문들이 나오게 되죠. 에덴 동산 이야기에서는 그 수치의 기원이 죄와 연결되어 있습니다. 아담과 이브가 나뭇잎인지 거적때 기인지로 성기를 가리게 된 것은 신의 명령을 위반하고 나서부터예 요. 그 이전에도 성행위는 있었을 텐데 그때는 부끄럽지 않다가 죄를 지은 이후부터는 그 행위의 도구들이 갑자기 부끄러워진 거죠. 잘라 내지 않은 게 천만다행입니다. (웃음)

인문쟁이 냄새를 좀 풍길까요? 우선 이런 관점을 가져보죠. 아담 과 이브는 인간이 남녀의 성적 결합에서 태어난다는 사실을 알게 됩 니다. 신이 계속해서 아담 부부의 아이들까지 만들어주는 건 아니니 까요. 이 성적 자각이 아담-이브가 갖게 된 '지식'에 포함됩니다. 신 이 수행한 창조 행위를 이제부터는 자기들이 해야 한다는 걸 알게 되 었을 때 그 지식은 낯선 겁니다. 아비의 권능을 찬탈한 듯한 죄의식 도 생기죠.

인간이 신에게서 온 것인가, 인간에게서 온 것인가라는 질문은 히 브리 경전만이 아니라 고대 신화 제작자들이 풀어내야 했던 아주 심 각한 문제예요. 인간이 신에게서 왔다면 그 이후의 인간들도 신에게 서 와야 하는 거죠. 신이 이브에게 "이제부터는 여자가 출산의 고통 을 겪으리라"라고 한 말은 생물학적으로도 굉장히 의미심장합니다. 어느 순간 이후 생산의 책임은 인간의 생물학적 작업이 되었다는 이 야기잖아요? 신은 생물학에 재생산의 책임을 넘겨주고 물러선 겁니 다. 최초의 인간은 신이 만들었다, 그러나 이후의 인간은 인간에게 서 오게 되었다. 이런 식으로 딜레마가 풀어지게 되죠. 히브리 경전은 아주 정교한 작품입니다.

수치심의 문제도 이 관점에서 볼 수 있습니다. 인간이 신의 창조 행위를 대신하게 되었다고 해서 그걸 아비인 신의 면전에서 여봐란듯이 내놓고 할 수는 없습니다. 숨어서 해야 했죠. 이게 '은밀성'의 기원입니다. 그런데 다른 한편으로 생명 창조 행위는 결코 부끄러운 것이 아니죠.

— 오히려 성스러운 거죠.

도정일 그렇습니다. 신성한 행위죠. 신성한 행위는 모든 신성한 것들이 그러하듯 비밀스러운 데가 있어야 합니다. 천지만물은 하늘과 땅의 결합에서 생겨났다는 게 동서양의 상당히 일반적인 고대 사유예요. 그 결합을 '신성한 결혼hieros gamos'이라고 부릅니다. 남녀의 성적 결합은 하늘과 땅의 결합을 지상에서 재연하는 거고, 그 행위는 신성하니까 비밀스러워야 하는 거죠. 수치는 신성성의 다른 이름입니다. 고대 그리스 사회에는 성과 관계된 신비의식이 있었는데 그 의식은 반드시 밤에, 동굴 안에서, 비밀리에 남녀 사제 또는 남자 사제와 처녀들 사이에 진행되었어요. 동굴 안에서 무슨 일이 있었던가는 철저히 비밀에 붙여지죠. 이것도 생물학적으로 보면 재미있습니다. 동굴은 길고 껌껌해서 자궁 같은 겁니다. 그 자궁 안에서 어떻게 생명이 만들어지는지는 인간이 알 수 없고 알아서도 안 되는 신성한 비밀이라는 생각이 동굴의 신비의식에 있었던 것 같아요.

게다가 수메르 신화에서 신들은 인간 종자가 많아지는 걸 별로 환영하지 않았습니다. 세력이 불어나면 언제 반란을 일으킬지 모르니까요. "인간 종자들 때문에 도대체 시끄러워 잠을 못 자겠다"고 투덜거리는 신도 있어요. 그러니까 성행위는 신들이 볼 수 없는 곳에서,

신의 눈에 띄지 않을 곳에서 컴컴한 밤에 숨어서 해야 했어요. 그래야 신을 속일 수 있었거든요.

최재천　그런데 제우스는 아무 데서나 막 해도 됩니까?

도정일　아무 데서나 하죠. 인간이 아니라 신이니까요. 그리스 이야기에 등장하는 인물들 가운데 가장 생물학적인 존재가 제우스입니다. 씨를 뿌리고 다니는 것이 그의 일이었어요. 마음에 들면 반드시 접근하죠. 그러나 제우스조차도 완전히 자유롭지는 않습니다. 마누라한테 들키면 큰일나니까 구름안개를 피워놓고 숨어서 하기도 하죠.

최재천　사극을 보면 밖에서 보이지는 않아도 임금님이 섹스를 하고 있다는 것을 밖에서 알고 있죠. 〈마지막 황제〉라는 영화에 잘 묘사되어 있죠. 분명한 것은 황제가 아닌 다른 사람은 그렇게 할 수 없다는 겁니다. 제가 아까 말한 다른 영장류들의 사회에서 으뜸 수컷은 개방형 섹스를 하는데 버금 수컷들은 은밀하게 할 수밖에 없다는 것과 흥미로운 연관이 있어 보입니다. 그렇기 때문에 황제도 아닌 주제라도 은근히 남에게 자신의 섹스를 알리고 싶어하는 심리도 있는 것 같습니다. 우리 영화 〈스캔들〉을 보면 배용준이 다른 사람들이 제사를 지내고 있는 바로 옆방에서 사뭇 위험한 섹스를 즐기는 장면이 있죠. 행위는 은밀하지만 사실은 은근히 광고하고 싶어하는 매우 흥미로운 성향이 우리에게 있어 보입니다.

—　왕에게는 오히려 몇 시에 어떤 식으로 해야 한다는 성적 규율이 심했다고 하던데요?

도정일   제우스처럼 군왕의 경우도 번식이 임무입니다. 임금이 여자를 취하는 데는 부끄러움이 없다는, 이른바 '군왕무치君王無恥'의 이데올로기는 최고 권력자에게 주어진 일종의 자격증 같은 겁니다. 그러나 임금은 똑똑한 아이들을 낳아야 하니까 요즘 식으로 말하면 우생학적 고려가 강했죠. 그건 조선시대의 반가에서도 마찬가지였습니다.

최재천   또 한 가지 은밀한 점은 다른 영장류들은 수태 가능성을 광고하는 데 비해 인간의 여인들은 그것을 절대 광고하지 않고 숨기는 쪽으로 진화했다는 겁니다. 그러니까 남편이라도 아내와 어느 날 어느 순간에 섹스를 해야 아이를 갖게 할 수 있는지는 알 수 없었죠. 지금은 현대 과학의 힘을 빌려서 주기를 점검한다거나 온도를 잰다거나 해서 알 수 있죠. 회사에 가 있는 남편에게 전화를 해서 "자기야, 빨리 와! 한 시간 내로 와야 해!" 한다잖아요?

동굴시대에는 그 사실을 알 재간이 없었습니다. 지금으로부터 한 70여 년 전만 해도 서양의 의사들은 월경을 하는 날 섹스를 해야 아이를 갖는다고 가르치기도 했어요. 여성도 언제 자신이 정확하게 수태할 수 있는 순간인지 모릅니다. 남성의 경우에는 전혀 감이 잡히지 않아 더 답답했겠죠. 인간은 다른 모든 포유동물과 마찬가지로 일부다처제의 성향을 타고난 동물입니다. 남성은 더 많은 여성을 찾아다니려는 동물인데, 그런 일부다처제 성향을 상당히 줄여준 결정적인 사건이 바로 인간 여성의 배란 은폐입니다. 과연 언제부터 인간 여성의 배란 은폐가 시작되었는지는 모릅니다. 네안데르탈인 여성도 그랬는지 정말 궁금합니다. 배란 시기를 모르는 상황에서 남성이 찾아낸 가장 좋은 전략은 한 여성이라도 잡아놓고 매일 밤 그 여자와 섹스를 하는 것이었죠. 가족과 결혼이 탄생한 겁니다.

어떻게 보면 이것이 결혼과 가족의 유래일 겁니다. 만약 동굴시대에 여자가 언제 수태하는지를 알았다면, 남자의 입장에서는 4주에 한 번씩 그날만 그 여자와 섹스를 하면 됐겠죠. 그리고 나머지 날들에는 다른 여자를 찾으러 다녔을 텐데, 그렇게 할 수 없게 된 가장 큰 이유가 은밀한 배란 때문이었을 겁니다. 그것과 은밀한 섹스가 무슨 관계가 있어야 하는지, 있다면 어떤 관계일지는 아직 잘 모르지만요.

— 생물학적 가족론이군요? 아예 가족문제로 넘어가 볼까요?

도정일 아뇨, 문제가 더 남아 있습니다. 궁금한 것은 성의 영역에서 특별히 '인간적'이라고 부를 만한 것이 있는지에 대한 건데, 찾아보면 있을 듯합니다. 최 선생님 개인적으로는 어떻게 생각할지 모르지만, 사회생물학이나 진화생물학의 관점에서 보면 특별히 인간적이라고 할 부분은 없는 것 아닙니까?

최재천 그런 건 아니라고 생각합니다. 아마 은밀함이 가장 인간적인 특성이겠죠. 만약에 보노보처럼 우리 여성들이 들판에서 허구한 날 자위 행위를 하면서 지나가는 남자들의 손을 잡고 섹스하자고 했으면 사랑소설 같은 건 나오기 어려웠겠죠. 쓸 만한 이야깃거리가 안 될 테니까요. 그런데 성이 은밀해지면서 문학의 재료가 될 수 있었던 것이죠. 그런데 우리 인간이 처음부터 은밀한 섹스를 했을까요? 섹스가 은밀해지기 시작하면서 지금 우리가 느끼는 사랑이라는 감정도 생긴 것은 아닐까요? 석기시대에도 인간이 지금처럼 사랑의 열병을 앓았을까요?

어느 미국 인류학자가 아프리카의 한 종족을 대상으로 한 연구에 따르면 섹스는 그저 일에 지나지 않을 수도 있습니다. 그 인류학자가 그 종족의 언어를 배워 알아들을 수 있게 된 다음 그들이 모여 앉아 늘어놓는 구라를 들어보니 성교 횟수가 엄청나더라는 겁니다. 그래서 굉장히 성적으로 화려한 문화가 있나 보다 생각했는데, 정작 개별적으로 인터뷰를 해보니 하룻밤에도 몇 번씩 깨어나 열심히, 정말 열심히 섹스를 한답니다. 왜? 아이를 많이 낳기 위해서. 그들에게 섹스는 우리가 생각하는 그런 게 아닌 거죠. 옛날 우리 조상들에게 과연 섹스가, 그리고 사랑이 어떤 것이었는지 자못 궁금해집니다.

도정일　생물학자들의 관찰 가운데 흥미로운 게 하나 있더군요. 침팬지의 성문화(?)와 인간 성문화 사이에는 아주 큰 차이가 한 가지 있는데, 그게 뭐냐면 '난교亂交, promiscuity'의 유무라는 겁니다. 침팬지들의 성행위는 지극히 문란한데 인간은 그렇지 않다는 거죠. 침팬지 암컷들은 무리 중의 수컷들과 돌아가며 성행위를 한다죠? 그래야만 새끼가 태어났을 때 수컷들이 "이놈은 내 새끼"라 여기고 해치지 않는다는 게 침팬지의 난교에 대한 생물학적 설명입니다. 그러니까 새끼의 안전을 위한 전략이고 보험 장치인 셈이죠.

그런데 그 침팬지와 인류가 공통 조상에서 갈라져 나온 게 600만 년 전이라면, 그 600만 년 사이에 침팬지와 인류를 갈라놓은 성문화의 차이가 발전했다고 말해야 하지 않겠어요? 침팬지는 난교를 유지하고 인류는 난교를 피하는 쪽으로 진화했다고 말이죠. 어떤 생물학자의 주장을 보니까 인류가 난교를 피하고 성행위의 대상을 안정시키는 쪽으로 발전한 게 약 170만 년 전쯤부터라더군요. 정말 그렇다면 인류가 침팬지와는 다른 성적 전략을 선택하게 된 생물학적 이유가 무엇인지는 장차 생물학이 풀어야 할 문제일 겁니다.

인문쟁이의 관점에서 은밀성의 문제는 '욕망의 비밀'과도 연결되는 게 아닐까 싶습니다. 사랑이라는 건 어떤 대상에게 성적 에너지를 고정시키는 건데, 이건 매우 은밀한 욕망, 공개하거나 들키고 싶지 않은 내밀한 욕망일 수 있습니다. 이 욕망은 생물학적으로 설명이 안 됩니까?

최재천　욕망 그 자체 말인가요? 욕망이란 게 왜 진화했는가는 설명할 수 있죠. 모든 동물이 다 나름대로 욕망을 가지고 있으니 뭔가를 성취하며 사는 게 아니겠어요? 어떤 특정한 욕망이 우리에게 왜 특정한 형태로 진화했는가, 그리고 왜 때론 그 욕망을 주체하지 못해 낭패를 보는가 하는 문제는 그리 간단하지 않습니다.

도정일　생물학적으로야 성적 욕망이 결국은 번식의 욕망이겠죠. 그런데 그 욕망이 왜 감추어져야 하는가, 은밀해야 하는가, 내밀해야 하는가, 공개할 수 없는 것인가 같은 것은 설명이 안 된다는 겁니까?

최재천　참 어렵습니다. 그런 설명을 시도한 사회생물학자들이 없는 건 아니죠. 저는 개인적으로 그런 설명들이 별로 만족스럽지 못하다고 생각합니다. 저는 인간이 우리 존재의 역사 초기부터 은밀한 섹스를 했을까 하고 가끔 의심해봅니다. 어쩌면 인간 성의 은밀함은 상당히 최근에 문화적으로 형성된 속성이 아닐까 하고 생각하는 거죠. 헛소문인지 모르지만 우리 문단에 잘 알려진 어느 문인께서는 술이 거나하게 취하면 다른 문인들이 지켜보는 가운데 보란 듯이 섹스를 한다면서요? 그런 행위를 우리는 흔히 변태라고 치부해버리지만, 그렇게 단순하게 처리할 문제일지 저는 가끔 의심해봅니다.

도정일　사회적 관점에서 보면, 자기가 선택하고 싶은 대상이 있는데 그 선택에 어떤 외적 금기가 가해질 경우 은밀성이 증폭한 경우도 있지 않겠어요? 유행가의 단골 메뉴 하나가 '사랑해선 안 될 사람'을 사랑한다는 겁니다. 가슴에 불이 붙었는데, 그 불을 공개할 수 없는 경우라면 대상과의 성적 접촉도 은밀하게 감춰야 하죠. 이런 문제에 이르면 사회생물학은 예컨대 정신분석이나 문학에 영역을 내줘야 하는 것 아닌가요?

최재천　글쎄요. 어떻게 보면 원숭이 세계에도 그런 은밀한 욕망은 있다고 봅니다. 지위가 낮은 수컷은 으뜸 수컷이 눈을 부릅뜨고 있는 상황에서 버젓이 섹스를 하지는 못하죠. 암컷에게 은밀하게 신호를 보내서 통하면 나무 뒤로 데려갈 수 있죠. 제가 오래전 미국에서 가르치던 시절, 학생들에게 보여주던 자연 다큐멘터리에는 아주 절묘한 장면이 있었어요. 버금 수컷이 자기와 눈이 맞은 암컷과 나무 뒤에서 섹스를 하는데 으뜸 수컷에게 들키지 않으려고 앞에 엎드려 있는 암컷의 몸을 돌려가며 정확하게 자신과 나무와 으뜸 수컷을 일직선으로 유지하는 장면이었어요. 절묘하더군요. 동료 문인들 앞에서 대놓고 섹스를 한다는 그 문인은 이를테면 당신이 '으뜸 문인'임을 과시하는 것인지도 모르죠.

우리도 어느 정도의 일관성은 가지고 있는 게 아닐까요? 우리가 사랑한다고 고백하기를 그렇게 어려워하는 이유가 말씀하신 대로 사회적인 제약들 때문은 아닐까요? 사실 생각처럼 기분 나는 대로 한다면 오늘 한 여인을 만나서 사랑한다고 고백한 후 잠자리에 들고, 돌아서보니 다른 여자가 마음에 들면 또 해도 될 것 같은데, 내가 두세 번만 그러고 나면 사회에서 완전히 매장되는 것 아닙니까? 저에 대한 소문이 한번 돌고 나면 그다음에는 어떤 여인이든 다 도망가겠지요. 결국 번식하기 위한 하나의 전략으로서 인간이 조심할 수밖에 없게끔 진화했을 거라고 보는 것이죠. 좌충우돌할 수 있는 사회가 아닌 거죠. 영국 시인 블레이크William Blake는 일찍이 "욕망을 절제할 줄 아는 사람이 그렇게 할 수 있는 것은 그 욕망이 절제할 수 있을 만큼 약하기 때문"이라고 말했다지만, 저는 인간이 욕망을 절제하도록 진화했다고 생각합니다.

2004년 여성부가 성매매 근절을 위해 대대적인 캠페인을 벌였을 때 헌법재판소 여성 판사와 한 남성 국회의원의 발언이 묘한 여운을 남긴 적이 있었습니다. 문맥을 전혀 고려하지 않은 언론 보도만 바탕으로 판단하면 이들의 견해는 대충 다음과 같았죠. 남성들의 성욕은 여성에 비해 본능적으로 훨씬 높은데 그에 대한 고려가 전혀 없는 단속 일변도의 정책은 현실성이 부족하다는 겁니다. 당시 제게는 이른바 전문가의 의견을 묻는 기자들의 전화가 빗발쳤습니다. 저는 그들의 발언 배경과 발언의 전문을 알지 않는 한 절대로 어떠한 평가도 내리지 않겠다며 완강히 거절했습니다.

그렇다고 제가 그들의 발언에 대해 아무런 의견이 없었던 것은 아니었어요. 비록 문맥이 고려되지 않은 것은 사실이지만, 저는 그들의 발언에서 일종의 남성 비하를 느낄 수 있었습니다. 남성이라는 동물은 애당초 말초적인 자극의 유혹을 극복할 수 없는 존재로 간주되고 있다는 느낌이었죠. 저는 적어도 그 같은 평가만큼은 결코 옳지 못하다고 생각합니다. 남성도 나름대로 자신의 욕망을 자제할 수 있는 이성을 지니고 있으며, 거기에는 그럴 만한 생물학적 이유가 있습니다.

여성(암컷)과 남성(수컷)이 성을 대하는 태도에서 서로 다른 전략을 취하도록 진화한 것은 사실입니다. 이 점에 대해 130여 년 전 다윈은 자연선택론과 별개의 개념인 성선택의 개념으로 이론적인 기초를 제공했죠. 그런데도 우리는 여전히 남성의 바람기만 이야기하고 있습니다. 양손이 마주쳐야 소리가 나듯이, 남성 혼자서는 절대로 바람을 필 수 없죠. 우선 숫자 계산이 맞질 않아요. 만일 남성의 바람이 대부분 동성애적 바람이거나 극히 소수의 여성들이 그 많은 남성을 모두 상대해주는 것이 아니라면, 절대로 성립할 수 없는 계산이죠. 여성들도 남성들 못지않게 바람을 피우고 있는 겁니다.

성매매를 하는 여성들이 여성 쪽의 숫자를 상당 부분 담당하고 있는 것은 사실이지만, 이런 근거 없는 자료를 바탕으로 무조건 남성들만 욕망의 노예로 낙인찍는 것은 불공평해 보입니다. 정상적인 인간이라면 누구나 원초적인 욕망을 자제하는 능력을 지니고 있습니다. 자제력의 차이 역시 엄연히 존재하고요. 그 차이가 상당 부분 인격의 차이를 만드는 거죠.

고도로 조직화한 사회에 사는 동물인 우리 인간에게 욕망의 조절은 대단히 중요한 진화적 적응 현상입니다. 이인화의 소설《내가 누구인지 말할 수 있는 자는 누구인가》에 보면 '욕망하는 자아'가 등장합니다. 하지만 그가 그리는 욕망하는 자아의 욕망도 결국 번민하는, 즉 절제된 욕망입니다. "사람들은 모두 탐나는 걸 보면 그걸 갖길 원한다. 그래서 법이 있는 것이다"라는 서양 속담이 있지만, 저는 우리에게 법이 있기 전에 우선 생물학이 있고, 도덕과 종교의 진화생물학이 있다고 생각합니다.

도정일　은밀한 사랑이라는 게 번식과 곧바로 연결될 수는 없을 것 같습니다. 번식 목적보다는 마음에 드는 대상과 접촉하는 즐거움, 쾌락, 기타 수많은 다른 이유가 있을 수 있죠. 대표적으로 '정사情事'는 번식과 전혀 관계가 없어요. 번식과 무관하다는 것이 정사의 매혹이죠. 남자가 아이를 바라고 바람피우는 경우는 여기서 제외됩니다. 남녀 양쪽이 결혼을 고려하지 않는 상태에서 '짧은 짝짓기' 대상을 고른다면 어떤 사람을 선택할까요? 미국 진화심리학계의 연구를 보면, 결혼 상대를 고를 경우에는 용모·지능·사회적 지위 같은

요인들이 고르게 적용되는 데 반해, 일시적 정사의 대상을 고르는 데는 압도적으로 '외모'가 선택 기준이라는 거예요. 번식을 목적으로 한 대상 선택에서는 고려해야 할 사항들이 많지만, 일시적 교섭의 경우는 선택 기준이 '즐거움' 쪽으로 아주 단순해진다는 겁니다.

대체로 정사는 일탈성·비지속성·비밀성이 특징입니다. 남자든 여자든 의무감에서 해방된 일탈적 사건, 비지속적 사건, 비밀스런 사건이 정사죠. 친밀성에 근거한 정사의 경우에도 그 친밀성은 두 사람만의 것이라는 즐거운 비밀이 있습니다. 사랑 일반이 그러하듯 친밀한 관계에서 제3자는 철저히 잉여입니다. 끼어들 틈이 없어요. 맛좋은 피자를 둘이서만 나눠 먹는 겁니다. 이 친밀성은 광고할 수 없고 은밀해야 합니다. 거기에 걸린 제일 큰 판돈은 즐거움·행복감·쾌감일 겁니다. 비밀이 있다는 것 자체가 인간에게는 크나큰 즐거움일 수 있어요. 비밀은 인간에게 보물 같은 거니까요. 비밀을 만들고 싶어하고 비밀을 증폭시키는 동물이 인간입니다. 더구나 어떤 대상과의 친밀한 관계에서 얻는 성적 행복감은 다른 사람과는 결코 공유할 수 없는 신성불가침의 사유재산 같은 겁니다. 그 재산은 자기만 소유해야죠. 남이 알거나 엿보면 그 행복재산은 이미 도둑맞은 거라고 느끼거든요.

— 프로이트는 모든 남녀의 성행위에는 제3의 인물이 동참한다고 했습니다.

도정일 맞습니다. 대단한 통찰이죠. 섹스를 하는 동안 남녀는 모두 머릿속으로 다른 사람을 생각하고 있다는 말이죠. 사실은 제3의 인물만이 아니라 제4의 인물까지 동참하는 셈입니다. 육체 교섭은 두 사람이 하지만 심리적으로는 네 명이 참여하는 거죠. 그러나 그건 육체적 친밀성과 심리적 친밀성 사이에 이미 금이 가 있을 경우입니다. 두 영역이 따로 노는 거죠. 그런데 말이죠, 행위를 하면서 마음속으로 딴 사람을 생각한다면, 그것도 밖으로는 드러낼 수 없는 대단한 비밀 아니겠어요?

최재천　왜 섹스가 쾌락이어야 하는가, 섹스가 고통일 수도 있는 것 아닌가요? 보노보의 경우에는 암컷이 수컷한테 무화과나무 앞에 가서 싸우지 말고 함께 자자고 합니다. 그럴 때는 그 순간에 암컷에게 새끼를 갖게 할 수 있다는 것을 전제로 자는 게 아니거든요. 수컷은 어쩌면 그걸 기대하고 있는지도 모르죠. 하지만 지금까지 관찰된 바에 따르면 정말 순수한 의미의 쾌락일 가능성도 배제할 수 없습니다. 오히려 우리 인간의 경우에 수태 날짜를 모르기 때문에 모든 섹스 행위가 다 번식으로 연결될 가능성이 있는 거죠.

도정일　그래서 콘돔을 발명한 것 아닙니까? 만약 혼외정사가 임신으로 이어질 수 있다면 그 가능성 때문에라도 정사는 비밀스러워야죠. 남편 아닌 다른 남자의 아이를 낳게 된 여자를 생각해보세요. 출생의 비밀, 이것도 텔레비전 드라마의 단골 메뉴인데, 남의 아이란 걸 남편이 몰라야 여자도, 아이도 안전합니다. 남자의 경우는 혼외정사에서 낳은 아이는 비밀에 부쳐집니다. 이런 부분에서는 은밀성에 생물학적 전략과 사회적 전략의 두 측면이 다 있는 것 같습니다.
　사람들은 자기가 소중하게 여기는 물건이나 행복, 자신의 즐거움 같은 것을 드러내지 않으려는 경향도 갖고 있습니다. 드러내면 도둑질당하는 듯한 느낌이 들죠. 남의 정사 장면을 훔쳐보는 이른바 '관음증'이나 '몰카의 심리학'은 은밀성 자체가 일종의 재산이라는 사실을 보여줍니다.

9

아담의 갈비뼈에서 여자를 뽑았다는 것은 가부장제 질서를 굳히는 데 아주 유용한 얘기죠. 남자 먼저, 그다음에 여자 순이니까요. 생물학적으로 남성이 잉여 존재라면, 신화에서는 여성이 잉여 존재입니다. 그리스 신화에는 히브리 신화의 '아담'에 해당하는 남성 존재가 없지만, 남자 먼저, 여자는 그다음이라는 순서만은 똑같습니다. 유성생식만이 최선의 생식 방법이 아니라면, 가족의 구성 방식이 달라질 수도 있겠죠. 미래 사회에 일어날 가장 큰 변화는 아마도 '가족'이 아닐까 싶습니다. **도정일**

판도라 속의 암컷,
이데올로기 속의 수컷

줄기세포 연구가 계속 진행되면 내 줄기세포로 내 자궁을 만들 수도 있겠죠. 많은 여성이 분명히 남편이랑 병원에 가서 자기 자궁을 만들어놓고 거기다 아기를 키울 겁니다. 그럴 때 남성의 위치가 어떻게 될까요? 다행히 가족을, 부부관계를 잘 유지하고 사는 남자라면 자기의 정자를 부인의 난자와 결합시킬 자격이 있겠지만, 대부분의 여성들은 골치 아프게 그래야 하는가라고 생각할 겁니다. 정자를 사서 내 난자에 넣어 내가 키우는 세상! 이런 세상이 그렇게 멀리 있지 않은 것 같습니다. **최재천**

도정일　인문학은 생물학에 유감이 좀 있어요. 생물학이 과학이라고 하지만 과학사 자체가 오류투성이입니다. 문제는 그 오류들이 학문적 오류로 끝나는 것이 아니라 정치적으로, 사회문화적으로 거의 범죄에 가까운 '만행'이 될 때입니다. 19세기 생물학은 백인제국주의를 정당화하는 데 크게 기여했어요. 제국주의의 요청에 과학이 맞장구친 경우죠. 남녀 불평등을 '과학적으로' 정당화하는 데도 생물학은 크게 기여했습니다. 19세기 생물학은 과학의 이름으로 서구 제국주의와 백인우월주의, 그리고 남성우월주의를 학문적으로 뒷받침해준 크나큰 과오를 저질렀습니다.

인문학은 생물학, 특히 19세기 생물학이 저질러놓은 이런 과오와 편견을 100년 넘게 비판해왔어요. 현대 생물학이 인종주의·성불평등론·남성우월주의·백인중심주의 같은 것들을 교정할 수 있게 해준 것은 큰 다행입니다. 그러나 아직도 생물학 일각에서는 인종 간의 선천적 불평등론, 지능 차이, 남녀 불평등 같은 걸 주장하는 사람들이 있습니다. 상당수 생물학자들이 정치적으로나 이념적으로는 보수주의 쪽으로 기울어 있어요. 그래서 생물학이 사회적 불평등을 보증한다는 혐의를 받는 거죠.

최재천　근대의 사회생물학이 그 주범이긴 하지만, 제가 보기에는 너무 억울한 누명이었다고 생각합니다. 사회생물학이 학문으로 정식 등단한 것은 1975년에 윌슨이 《사회생물학》을 썼을 때죠. 사실 사회생물학이라는 학문이 그때 갑자기 하늘에서 뚝 떨어진 것은 아니지만, 그 전에 해오던 일을 그쯤에 책으로 집대성한 덕택에 탄생한 것이죠.

어쨌든 윌슨의 책이 나오면서 제일 먼저 반응을 보인 쪽은 페미니스트들입니다. 그들이 가장 격렬한 반응을 보였어요. 그러고 나서 페미니스트의 주적 1호로 사회생물학이 지목됩니다. 그 이유가 사회생물학자들이 마치 수컷이라는 동물—인간의 경우에는 남자죠—은 어쩔 수 없이 바람을 피우게끔 진화했다고 설명하는 걸로 믿은 거죠. 값싼 정자를 만들어서 뿌려야 유전자를 후세에 남기니까요.

도정일 제우스하고 똑같죠. 씨 뿌리고 다니는 것이 제우스의 본업인데, '바람'은 남성의 본성이니 어쩔 수 없다는 소리죠.

최재천 그렇죠. 많은 암컷을 상대하며 사는 것이 유리하다, 남성의 바람기는 어떻게 할 수가 없다, 바람기는 생물학적이고 과학적이며, 우리 본성이 그렇게 되어 있다는 식이었으니까요. 초창기의 사회생물학자들이 그런 냄새를 풍긴 건 사실이에요. 조금 연구해서는 그것을 섣불리 크게 떠벌린 이들이 있었죠.

도정일 실제로 여성 억압 이데올로기를 생산하는 데 생물학이 지대한 역할을 했죠? 특히 19세기 생물학은 여성 억압을 사회화하는 데 많이 동원되지 않았습니까?

최재천 엄청나게 동원되었죠.

생물학에 대한 기소장

도정일   당시의 생물학은 여자가 왜 열등한가를 과학적으로 입증하려고 했어요. 뇌가 작다, 남자의 뇌하고는 다르다, 게다가 동화세포냐 이화세포냐 등을 이야기하면서 여성열등론을 과학적으로 입증하는 쪽으로 나아갔어요. 사회적·문화적 편견을 용인하는 데 과학이 큰 도움을 준 거죠. 남의 땅을 빼앗고 그곳 사람들을 짐승처럼 다룬 제국주의는 윤리적으로는 도저히 정당화되지 않았습니다. 그래서 제국주의는 과학, 특히 생물학의 힘을 빌리게 되죠. 잘 아시겠지만, 흑인은 생물학적으로 열등한 인종이니까 우수한 백인종의 지배와 인도 아래 '구원'되어야 한다는 논리를 생물학이 지지하고 나섭니다.

최재천   19세기만이 아닙니다. 지금도 진행되고 있습니다. 하지만 진정 모든 면을 다 비교한다면 저는 어쩌면 흑인이 더 우수한 인종으로 등장할지도 모른다고 생각합니다. 그들이 학문적으로 두각을 나타내지 못한 것은 그들에게 교육의 기회가 그만큼 주어지지 않았기 때문일 겁니다. 앞으로 흑인들에게도 동일한 배움의 기회가 주어진다면 상황은 분명히 달라질 거라고 생각합니다. 스포츠나 공연예술을 함께 비교하면 백인은 사실 명함도 제대로 못 내밀걸요.

도정일   "흑인과 백인이 한 조상에서 나왔다"라는 건 제국주의 시대의 서양 사회가 도저히 인정할 수 없는 주장이었어요. 그래서 별개 조상설이 나옵니다. 백인 조상 따로 있고 흑인 조상 따로 있다는 소리였죠. 한때는 네안데르탈인이 유럽 백인종의 조상이라는 주장까지도 나왔어요. 지금은 쏙 들어갔지만 말입니다.

그런데 불과 몇 년 전에 지능지수를 조사해서 인종들 사이의 지능 차이를 주장하는 생물학자들이 있었어요. 흑인은 백인에 비해 지능이 떨어진다는 식의 주장이었죠. 남자와 여자 중에 어느 쪽이 먼저 털이 빠지기 시작했는가라는 문제도 한때 생물학계의 화두였어요. 그때 나온 게 '사냥꾼 이론Hunter Theory'이란 거였는데, 털이 먼저 빠지는 쪽으로 진화를 유도한 것은 남성이라는 가설이었죠. 왜 남자가 먼저 빠졌느냐? 주로 사냥을 하러 다닌 남자들이 털이 많으면 땀투성이가 되니까 불편했다는 거예요. 그래서 남자 쪽부터 털이 빠지기 시작했다는 소립니다. 더 우스운 이야기도 있어요. 여자의 젖가슴은 왜 커졌는가? 사냥 나가서 먹잇감을 잡아 돌아온 남자들을 즐겁게 해주기 위해 커지기 시작했다는 겁니다.

최재천   심지어는 '필요 없는 존재로서의 남성'을 피할 수 있는 방법을 고안하다가 정자 안에 이미 아주 작은 사람이 들어 있다는 이야기까지 나왔어요. 그렇지 않고는 도저히 남성이 번식의 주체가 되기는 어려울 것 같으니까요. 그런데 그런 사고는 본질적으로 문제가 있어요. 한 사람의 정자 안에 또 한 사람이 들어 있어야 되고, 그 정자 안에 또 있어야 되고, 그리고 계속 또 있어야 되잖아요. 마치 러시아 인형처럼 작은 것들이 무한대로 계속 나와야 하는데, 이건 불가능한 이야기죠. 그런 주장까지 하면서도 지켜야 하는 게 남성의 존재입니다.

사실 진화생물학에서 보면 수컷은 아무것도 아닙니다. 수컷은 꼭 필요하지 않았을 수도 있는 존재가 만들어진 것에 불과하거든요. 암컷으로만 되어 있는 종은 있어도 수컷으로만 되어 있는 종은 없잖아요. 번식을 못하니까요. 아마 최초의 동식물은 다 무성생식을 했겠죠. 무성생식을 하는 것은 기본적으로 다 암컷이에요. 암컷이 암컷을 낳는 거죠. 그런데 유성생식으로 건너올 때 수컷이 만들어진 것이죠. 성서에서 이야기하는 것처럼 아담이 만들어지고 아담의 갈비뼈를 하나 뽑아서 이브를 만들었다는 것은 도저히 있을 수 없는 발상이죠. 이브가 만들어지고 그로부터 아담이 만들어졌다면 생물학적으로 있을 수 있는 이야기지만, 반대는 전혀 불가능한 이야기입니다.

그런데 그렇게 우긴 것이 어떻게 보면 도 선생님 말씀대로 생물학, 사회생물학이 초창기에 잘못된 주장을 옹호한 것처럼 되었어요. 하지만 이제는 생물학, 최소한 사회생물학은 그런 오명을 벗기 위해 많은 노력을 기울이기 시작했습니다. 자연의 질서라는 게 결국은 암컷으로 이루어져 있고, 수컷은 암컷이 번식하는 데 잉여로 만들어진 존재라는 걸 사회생물학, 즉 진화생물학이 누구보다도 명확하게 말하고 있습니다.

도정일 중세 서양의 화가들이 아이들을 그려놓은 것을 보면 이건 '아동'이 아니라 '작은 어른'입니다. 정자 안에 사람이 들어가 있으니까 어린애들도 어린이가 아니라 몸집 작은 어른이죠. 그런데 생물학적으로 보면 남성은 필요 없는 거다?

최재천 그래요. 없어도 됩니다. 그런데 있으니까 좀 낫더라 해서 생겼는데, 요즘 여성들이 그것을 인정할 수 있을지 모르겠네요.

도정일 사실 이데올로기의 관점에서 보면 고대 신화는 가부장제 질서를 튼튼히 하기 위해서 만들어진 부분이 많습니다. 아담의 갈비뼈에서 여자를 뽑았다고 하는 것은 가부장제 질서를 굳히는 데 아주 유용한 얘기죠. 남자 먼저, 그다음에 여자 순이니까요. 생물학적으로 남성이 잉여 존재라면, 신화에서는 여성이 잉여 존재입니다. 그

하는 남성들의 깊은 공포가 숨겨져 있습니다. 신화시대란 전 과학의 시대니까 수

태와 출산의 비밀을 알 수 없었죠. 그러니까 여자가 꼭 남자와 결합해야만 임신

하는 것은 아닐지 모른다는 두려움이 있었어요.

리스 신화에는 히브리 신화의 '아담'에 해당하는 남성 존재가 없지만, 남자 먼저, 여자는 그다음이라는 순서만은 똑같습니다. 그리스 신화에서는 판도라가 여성의 시조인데, 신들이 판도라를 만들어 내보내기 전에 지상에는 남자들만 살고 있었어요. 게다가 남자들의 세계에 질병과 죽음을 가져온 것도 여자로 되어 있습니다. 그리스 신화 전편이 아주 정교하게 가부장제 남성중심주의 이데올로기로 짜여 있어요.

최재천   잘못은 모두 여성의 책임이라는 거죠?

도정일   헤시오도스가 《신통기Theogony》에서 그려놓은 판도라를 보면 인간의 여러 성질 가운데 나쁜 것들을 모두 쓸어다 판도라에게 붙여놨어요. 거짓말·아첨·도둑질·사기 등 이 모든 것이 판도라의 성질로 열거되죠.

최재천   그게 사실은 대부분 남자의 성질이죠. (웃음) 아첨하고 거짓말하는 거, 대부분 남자가 하는 일이거든요. 사실 그런 건 수컷이 가질 수밖에 없는 속성들이에요. 살아남기 위해서는 거짓말과 아첨을 안 할 수도 없죠.

도정일   맞습니다. 결국 남자가 가지고 있는 모든 나쁜 것을 모두 여자의 속성으로 만들어놓은 거예요. 여자도 인간이니까 허물이 없을 순 없죠. 남자들에게는 그런 허물이 없고 오로지 여자들에게만 있다고 말하는 것이 문제죠.

최재천   그냥 덤터기를 씌운 거네요. 그것보다도 선생님, 판도라가 인간(남성)에게 죽음, 즉 유한성을 가져왔다고 하는데, 그건 생물학적으로는 어이없는 말 같아요. 무성생식을 하는 생물군을 보면, 예를 들어 박테리아가 어느 순간에 두 개로 쪼개지며 새 생명이 태어나는 거잖아요. 어느 순간에 잠시 멈추는지는 몰라도 쪼개지는 순간에 생명이 연결되는 거거든요. 멈추는 순간이 없는 거죠. 유성생식을 하게 된 다음부터, 남성이라는 걸 만들어 따로 떼놓고 나서는 생명이 잠시 멈추죠. 정자를 만들고 난자를 만들었을 때 정자와 난자도 살아서 움직이기는 하지만 그건 하나의 완벽한 생명체는 아니죠. 그 둘이 만나야 하나의 생명체를 만들죠. 모순처럼 들릴지 모르지만 유성생식이 시작되면서 생명은 홀연 끊기는 경험을 하게 되는 겁니다. 하나의 생명체에서 끊기고, 그다음에 연결고리인 정자와 난자가 합쳐져서 또 하나의 생명체가 만들어지고. 한계성, 유한성을 가지고 온 것은 생물학적으로 남성인데, 신화에서는 그것을 완전히 여자한테 덮어씌워버리는군요. (웃음)

도정일 남자에게는 덮어씌울 수 있는 존재가 있어서 참 좋아요. 그런데 아까 생물학적으로 남성이 '잉여 존재'라고 하셨는데, 사실은 신화에도 "남자는 잉여가 아닌가?" 하는 남성들의 깊은 공포가 숨겨져 있습니다. 신화시대란 전 과학의 시대니까 수태와 출산의 비밀을 알 수 없었죠. 그러니까 여자가 꼭 남자와 결합해야만 임신하는 것은 아닐지 모른다는 두려움이 있었어요.

최재천 어? 그렇습니까?

도정일 상추를 따면 흰 점액이 나오잖습니까? 여자가 그 상추의 점액 같은 걸 먹으면 임신한다는 이야기까지 있었어요. 우리나라에도 여자가 뜨물 마시고 아이 밴다는 말이 있었잖아요. 여자가 남자 없이도 수태할 수 있게 되면 남자는 정말로 잉여 존재가 됩니다.

모든 가부장제 신화에는 남자의 잉여성에 대한 두려움이 깔려 있습니다. 고대 신화가 여성을 잉여 존재로 강등시킨 것은 사실인즉 남성들 자신이 잉여 존재일지 모른다는 공포를 역으로 투사한 거라고 볼 수도 있습니다. 남성들의 '거세 공포'죠. 없어도 되는 존재라는 것처럼 두렵고 겁나는 일은 없습니다. 그래서 여성들을 내리누르기 시작합니다. 가부장제 사회에서는 자기가 아이의 진짜 아버지라는 걸 확실하게 하는 일이 아주 중요했어요. 여자를 옭아매야 할 필요성이 점점 더 커진 거죠.

신화만이 아니에요. 서양적 이성주의의 토대가 그리스 철학인데, 그 철학도 여성에 대한 편견에서 벗어날 수 없었어요. 그리스 철학에는 "같은 것은 같은 것에서 나온다"라는 주장이 있습니다. 우월한 것은 우월한 것에서 나오고 열등한 것은 열등한 것에서 나온다, 남자가 여자보다 우월하니까 우월한 것은 남자에게서 나오고 열등한 것은 여성에서 나온다는 주장이죠. 아리스토텔레스는 과학적 관찰이 대단했던 사람입니다. 그런데 그 영감탱이 왈, 여자의 피는 남자의 피보다 검다, 검은 것은 열등하다, 치아의 숫자도 여자가 모자란다고 써 놨어요.

최재천 모자랄 수 있죠.

도정일 모자랄 수 있다고 해서 열등성의 증거는 아니죠. 이건 어떻습니까? 아리스토텔레스는 달걀의 모양만 보고도 거기서 나올 병아리가 수놈일지 암놈일지 알 수 있다고 했어요. 병아리가 나오기도 전에 구별했으니 대단한 감별사예요. 그런데 뭘 보고 아느냐? 달걀이 동그스름하게 원에 가까운 것이면 수평아리가, 아래위로 길쭉하게 타원형이면 암평아리가 나온다는 거예요. 원은 완전성의 상징입니다. 그러니까 완전한 원에 가까운 알에서는 수놈이 나오고 불완전한 원에서는 암놈이 나오는 거죠.

최재천　철학은 그렇다 치고, 모든 신화가 다 그렇습니까?

도정일　아니죠. 그렇지는 않습니다.

최재천　서양 신화가 동양 신화보다 더 남성적인가요?

도정일　히브리 신화와 그리스 신화만 놓고 보면 서양 신화가 더 그렇습니다. 세계의 질서를 남성 중심으로 구성하죠. 그런데 그렇게 강한 가부장적 신화를 토대로 발전한 유럽이 지금은 다른 어떤 지역보다도 성평등이 높은 사회로 진화하고 있습니다. 아이러니죠.

다윈의 세계 질서 — 새끼, 여자, 남자

최재천　선생님 말씀대로 생물학이 그동안 저질러온 것들을 가장 본질적으로 무너뜨리기 시작한 사람이 저는 다윈이라고 생각합니다. 그런데 가장 철저하게 다윈의 이론으로 무장한 학문이 사실 사회생물학입니다. 그 사회생물학이 페미니스트들의 공격을 받으면서도 큰일을 해냈는데, 제가 볼 때 그것은 남녀가 가지고 있다는 차이의 허구성을 무너뜨리는 데 가장 크게 공헌한 것이죠.

도정일　생물학이 생물학을 구출해준 겁니다.

최재천　처음에는 보이는 그대로의 현상을 당연히 그래야 하는 것으로 옹호하자는 학문이 사회생물학인 줄 알고 공격했는데, 더 들어가서 보니 사실은 그것을 본질적으로 무너뜨리는 학문이 사회생물학인 겁니다. 여러 해 전에 사회생물학에서 가장 큰 길을 연 분 가운데 한 분인 로버트 트리버즈의 세미나를 들으러 갔는데, 그 양반이 다짜고짜 쑥 들어와서는 칠판에 '다윈이 본 세계 질서'라고 적어놓고는, 위에서부터 아래로 '새끼, 여자, 남자'라고 쓰더군요.

그러니까 다윈이 생각하는 세계 질서라는 것은 무조건 자식이 최우선이라는 거죠. 유전자를 다음 세계에 퍼뜨려줄 존재가 자식이니까, 자식처럼 중요한 게 없죠. 다음으로 중요한 것은 자식을 낳는 개체, 여자죠. 그리고 남자는 이만큼 뚝 떼서 멀찍이 적어놓았어요. 사실 남자는 별 볼일 없는데 끼어서 잘 해보겠다고 생긴 것뿐이라는 거죠. 그러니 선생님께서 말씀하신 대로 남자에게는 존재의 위협이라는 게 굉장히 심각한 문제였을 거예요. 고등학교 때 다 배우셨을 텐데, 개구리 알은 침으로 찔러주기만 해도 발생을 시작해서 올챙이로 태어나거든요. 우리 인간의 경우에는 마리아를 빼놓고는 그런 예로 밝혀진 게 전혀 없어요. 물론 마리아도 밝혀진 건 아니지만. 마리아를 하나의 예외로 친다면, 그것을 빼놓고는 아무것도 없다는 말입니다.

그런데 최근 오스트레일리아와 영국의 연구 팀들이 비슷한 방법을 찾아냈습니다. 정자 없이 난자에다 전기 충격을 주면 난자가 발생을 시작할 수 있다는 실험을 성공시킨 겁니다. 이건 사실 굉장히 무시무시한 사건입니다. 그렇게 되고 나면 정말 남자는 필요 없게 됩니다. 그런데 문제는 그렇게 되면 남자가 공헌할 수 있는 유전적 다양성도 사라진다는 거죠. 그러니까 더 좋아질 가능성도 없어지죠.

도정일　침을 다양하게 쓰면 안 될까요? (웃음)

최재천　동양의 다양한 침술을 동원해볼까요? (웃음) 그런데 여자들이 그 상황에서 남자한테 "우리는 더 나아지는 것을 별로 원하지 않는다. 당신들은 그냥 빠져라. 우리는 있는 것만 가지고 살아도 상관없다"고 하면, 남자는 더 이상 설 땅이 없어지죠. 그런 세상이 정말 올지도 모르죠.

　그런 세상이 안 오더라도 지금은 이미 인터넷에서 난자와 정자를 사고파는 세상이 되었거든요. 지금 덴마크 정자가 최고가로 팔리고 있습니다. 상표 가치를 이미 록인lock-in한 거죠. 대부분의 나라 여성들이 덴마크 남자들의 약간 각진 얼굴에 파란 눈, 금발을 좋아한대요. 난자도 팔리고 있어요. 제가 몇 년 전 여름 하버드 대학에 갔다가 실제로 학교 게시판에 하버드 대학 여학생의 난자를 사겠다는 광고가 붙어 있는 걸 봤어요. 샌프란시스코로 며칠만 와라, 모든 비용을 다 대주고, 현금 2만 달러인가를 주겠다고 적혀 있었어요. 거기에는 사진 등을 보내라는 자격 조건도 있었죠. 그런 광고도 평범한 대학 게시판에는 안 붙어 있고, 하버드나 프린스턴 대학 같은 곳에나 붙는다는 거죠. 그게 무슨 뜻이겠어요? 그 사람들이 원하는 건 머리 좋은 여자의 난자라는 거죠. 그뿐만 아니라 인물과 몸매 심사까지 하겠다는 거예요. 자, 그러면 난자도 살 수 있고 정자도 살 수 있는 세상인데, 서로 살 수 있을 때 누가 더 유리하겠습니까? 정자가 값이 더 쌀 테니까 난자를 가지고 있는 쪽이 유리하죠. 이래저래 이미 남자가 설 땅은 좁아지기 시작했습니다.

───　정자는 다량 생산이 가능하잖아요?

최재천　네, 보나마나 정자는 헐값에 팔릴 거고 난자는 비쌀 수밖에 없죠. 그런데다가 줄기세포 연구가 계속 진행되면 내 줄기세포로 내 간을 만들 수 있는 세상이 되는데, 그렇다면 언젠가는 내 줄기세포로 내 자궁을 만들 수도 있겠죠. 지금까지는 사실 인공수정을 할 수 있는데도 불구하고 병원에서 시험관 안에다 아기를 키워준다고 하면 망설여지지만, 내 줄기세포를 가지고 내 자궁을 만들어서 그 속에서 내 아이를 키워주겠다고 하면 어떻게 받아들일지 모르죠. 옆집 여자는 분명히 남편이랑 병원에 가서 자기 자궁을 만들어놓고 거기다 아기를 키우는데, '나는 복고파'라면서 아기를 뱃속에 담아 가지고 다닐 여자가 과연 몇이나 있을까요? 거의 없을 거예요. 물론 있긴 있을 겁니다. 하지만 대부분은 남편의 손을 잡고 병원에 가겠죠.

그럴 때 남성의 위치가 어떻게 될까요? 다행히 가족을, 부부관계를 잘 유지하고 사는 남자라면 자기의 정자를 부인의 난자와 결합시킬 자격을 얻겠지만, 대부분의 여성들은 골치 아프게 그래야 하는가라고 생각할 겁니다. 무엇 때문에 애써 지아비를 섬겨야 하는가 물을 겁니다. 그냥 인터넷에 들어가서 마음에 드는 정자를 사서 내 난자에 넣어 내가 키우는 세상! 이런 세상이 그렇게 멀리 있지 않은 것 같습니다.

27세기형 가족 공동체의 출현

도정일　헉슬리의 《용감한 신세계》는 27세기의 세계를 그린 소설이잖아요. 27세기가 되면 아이를 열 달씩이나 자궁에 담아 키우다가 고생고생하면서 출산하는 여자는 없습니다. 그래서 '어머니'라는 말이 아예 사라지고, 사전에만 고어古語로 남아 있습니다. "옛날에는 여자들이 아이를 임신하고 분만하는 원시적인 행위를 하고 있었다"가 되죠.

최재천　거기에 그런 장면이 나와요? 고등학교 시절에 읽곤 지금까지 거의 들춰보지 않았는데 그건 기억이 나질 않습니다. 다시 읽어봐야겠는데요.

도정일　사실 27세기는 너무 길게 잡은 겁니다. 21세기 말, 늦어도 22세기에는 그런 세계가 도래할지 모릅니다. 그 소설이 나온 게 1936년인데, 당시로선 소설가의 상상력으로도 인간의 생명기술이 이처럼 빨리 발전하리라고는 예상하지 못했던 거죠.

최재천　그렇죠. 제가 보기에도 그래요. 조지 오웰의 《1984년》은 너무 일찍 잡았고.

도정일　그런 세계가 실제로 도래하거나 도래할 가능성이 펼쳐졌을 때 그것을 외면할 수 있는 사람이 얼마나 될까요?

최재천　제가 보기에는 외면하기 어려울 것 같습니다.

도정일　자연 임신과 출산의 여러 가지 불편함, 출산의 고통과 위험, 이런 것을 다 절감하거나 지불하지 않아도 된다면 누가 그 세상을 마다하겠습니까? 미래 사회의 사람들은 기술이 열어놓는 가능성과 그 가능성 때문에 잃어버려야 하는 것들 사이에서 아마 심각한 고민을 해야 할 겁니다.

최재천   임신은 사실 제일 처음 포유류 암컷 할머니가 참 좋은 의미에서 시작하신 겁니다. 알을 덜커덕 밖에 내놓으려니 당최 불안해서 못 견디겠거든요. 누가 집어가면 어떡하나, 나뭇가지라도 부러져 그 위에 떨어지면 어쩌나 해서 알을 안 내놓고 끼고 살기로 결정한 게 포유류죠. 그런데 문제가 생겼어요. 암컷이 혼자서 알을 뱃속에 품고 있는 동안 수컷은 할 짓이 없으니까 또 다른 암컷을 찾아 돌아다니는 거거든요. 어떻게 보면 이것이 자식을 키우는 아주 좋은 결정이었지만, 그래서 포유류 전체로 보면 기가 막힌 진보였지만, 암수 관계에서는 암컷이 결정적으로 손해를 본 계기가 된 겁니다. 새는 알을 둥지에 내려놓고 암수가 서로 "같이 키우면 되겠네" 하면서 함께 잘 지내거든요.

포유류는 근본적으로 이것이 잘 안 되는 게, 여자가 아이를 갖고 낳는 과정에서 겪는 여러 가지 호르몬 작용으로 남자보다 강한 이른바 모성애라는 것을 갖게 됩니다. 여기에는 생물학적인 근거가 좀 있어요. 출산할 때 가장 크게 관여하는 옥시토신이라는 호르몬이 있는데, 양이 제왕절개 수술로 새끼를 낳으면 자기가 낳아놓고도 자기 새끼인 줄을 몰라요. 그러니까 새끼를 낳을 때 옥시토신이 분비되면서 그것이 뇌에 영향을 끼쳐야 하는데, 그 과정이 생략되면 모성애 자체가 달라질 수 있다는 겁니다.

남편이랑 병원에 들른 지 아홉 달 만에 병원에서 "이제 아이가 다 됐습니다. 가져가세요"라고 전화를 하면 둘이 가서 아이를 데리고 오는 상황을 한번 상상해보죠. 아이를 데려다 뉘어놓고, 그때도 아내가 남편에게 아이에게서 비켜나라고 할까요? 아닐 수도 있다는 거죠. 임신의 경험도 없고, 옥시토신의 세뇌도 없는 상황이라면, 그때도 여자들이 모성을 고집할까요?

저는 이런 상상까지 해봅니다. 분명히 남자도 젖꼭지를 갖고 있거든요. 아마 인간이라는 종에 들어와서 남자가 젖을 먹이지 않게 된 것은 아닐 거예요. 인간 이전의 종에서 수컷에게 젖꼭지는 있되 필요가 없어졌겠지만, 생명공학적으로 연구를 하면 병원에서 아이를 데려다놓고 남자도 젖을 먹일 수 있지 않을까요? 제가 좀 상상력을 발휘해서 생각해보는 겁니다. 그런 시대가 오면 자연스럽게 함께 키우게 될 거라는 말이죠.

도정일　남자의 젖꼭지는 아무짝에도 쓸모없는 건데 그게 왜 있어야 하는가, 조물주의 설계 착오 아니냐는 농담들이 좀 있었죠. 창조론이나 지적설계론으로는 설명이 안 되는 부분이죠. 그런데 지금 최 선생님 얘길 듣다 보니 장차 진화의 과정에서 필요할 경우, 또는 인위적으로 남자의 젖꼭지가 재가동될 기회가 올 수도 있겠다는 생각이 듭니다. 진화는 완료형으로 끝난 것이 아니라 아직도 과정이니까 말입니다.

—　그렇게 되면 꼭 남성과 여성 문제가 아니라, 남자들끼리 부부를 이루어서 가정을 꾸릴 수도 있지 않겠어요?

최재천　분명히 가능합니다.

도정일　유성생식만이 최선의 생식 방법이 아니라면, 가족의 구성 방식이 달라질 수도 있겠죠. 미래 사회에 일어날 가장 큰 변화는 아마도 '가족'이 아닐까 싶어요. 아직은 많은 나라가 동성 결혼을 금지하거나 인정하지 않고 있습니다. 그러나 이 부분에서도 상당한 변화가 있을 것 같아요.

—   네덜란드에서는 부부로 인정하고 있지 않습니까?

최재천   그런데 인문학에서는 전통적으로 동성애라는 걸 아주 금기시하는 경향이 있지 않습니까?

도정일   그렇습니다. 사회 자체가 그것을 금기로 돌려놓고 있죠. 하지만 현대 인문학은 동성애에 상당히 개방적입니다. 특히 이성애 heterosexuality만 정상으로 인정하고, 그 이외에는 전부 비정상으로 규정하는 데는 매우 비판적입니다. 동성애에 대한 사회적 차별과 문화적 편견을 넘어서야 한다는 것이 지금의 인문학적 입장이죠. 동양에서는 좀 보기 드물지만, 서양 인문학 전통에서는 지식인과 예술가의 상당수가 이른바 '호모'들이었어요.

10

교환을 해야 동맹을 맺을 수 있고, 정치적으로 세력 연합도 만들 수 있죠. 그래서 레비스트로스의 연구에서 여자는 '교환 수단'입니다. 인류학자들의 연구는 사회 집단이 자신의 안전을 지키기 위해서 여성에게 또는 암컷에게 '강요'한다고 설명하고 있잖아요. 교환에 의한 동맹은 아프리카 부족 사회에만 있는 것이 아니라 거의 모든 사회에서 관찰되는 일이죠. 현대 사회에서도 마찬가집니다. **도정일**

섹스, 젠더,
섹슈얼리티

그런데 그것도 결국 번식 아닙니까! 그렇게 해야 집안이 살아남고 번식도 가능하죠. 결국 동기는 번식에 있다고 봅니다. 정책적으로 하는 것이지만 그 정책적인 행동의 밑바탕에는 역시 생물학적인, 유전적인 번식의 논리가 적용될 수 있죠. 물론 레비스트로스는 생물인류학을 한 학자가 아니라서 그렇게 설명하지 않았지만, 지금 생물인류학자들은 그렇게 설명합니다. **최재천**

—   이제 화제를 성애·가족·결혼 등으로 옮겨볼까요?

도정일   범주를 좀 좁혀서 잡는 것이 좋을 것 같아요. '성애'에 대해서는 나보다 최 선생님께서 훨씬 많이 알 것 같습니다. 나는 사실 '성'에 대해서는 아무것도 몰라요. (웃음) 자유롭게 이야기합시다. 섹스·섹슈얼리티·젠더·섹슈얼 아이덴티티 등은 참 번역하기 힘든 서양 학문 용어들입니다. 대중적으로는 호모·게이·레즈비언에다 '스트레이트'니 '퀴어'니 하는 말들도 많이 쓰이죠. 이런 용어 부분에서는 우리말 번역어나 상응어를 만들어내기 어려울 때가 많습니다. 그건 그렇고, 먼저 생물학적 성sex에 대한 최 선생님의 의견을 들어보고 싶군요.

최재천   생물학적 성이라고 하면 마치 확정되어 있는 것처럼 생각하는 경향이 많은데, 사실은 그렇지 않습니다. 식물의 경우를 보죠. 대부분의 식물은 꽃에 암술과 수술을 가지고 있어요. 그렇지만 암술과 수술을 다 가지고 있으면 양성일까요? 구조적으로는 양성이지만 기능적으로는 그렇지 않은 경우가 많습니다. 매 순간 양성의 기능을 하는 건 아니거든요.

꽃을 가지고 있는 식물들 대부분은 처음에는 수컷으로서 삶을 시작합니다. 수술이 먼저 나와서 꽃가루를 다른 식물에게 보내는 일을 하거든요. 꽃가루를 모두 내보내고 나면 수술이 저절로 시들면서 암술이 더 높이 올라오죠. 그다음에는 벌이 날아와 다른 꽃에서 묻혀온 꽃가루를 암술에 문지르는 일이 벌어집니다. 이것이 꽃을 가진 식물, 즉 현화식물에서 나타나는 일반적인 현상입니다. 현화식물은 태어나서 성장기와 사춘기를 거쳐서 번식기에 접어들면 우선 수컷이에요. 수컷 짓을 하다가 시간이 가면서 점점 암컷 짓을 하게 되는 것이죠. 그러니까 생물학적 성이 정해져 있는 것이 아니라 대부분 수컷이었다가 암컷으로 변해가는 겁니다. 어느 순간에 갑자기 변하는 게 아니라 연속적인 양상을 보입니다.

그래서 1970년대 중반쯤에 식물학자들이 식물의 '성의 정도'를 계산하는 연구를 시작했어요. 그러니까 이 식물은 현재 어느 정도 남성이며, 어느 정도 여성이냐를 조사하는 거죠. 어느 한순간을 고정시켜 조사하면 수술이 많이 자라서 암술에게 꽃가루를 보내고 있는 중이지만, 그 와중에 또 다른 벌이 날아와서 암술에다 꽃가루를 몇 개라도 묻히고 날아갑니다. 그러면 그 순간에는 이를테면 95퍼센트 수컷, 5퍼센트 암컷 역할을 하고 있는 것이죠.

동물의 세계에서도 이와 비슷한 경우가 있습니다. 산호초에서 사는 물고기가 그래요. 떼를 지어 다니는 산호초 물고기들 중에는 한 마리만 수컷이고 나머지는 전부 암컷인 종들이 있어요. 그 우두머리 수컷이 죽으면 암컷들 중에 가장 큰 놈이 우두머리가 됩니다. 우두머리가 된 암컷은 하루, 길면 이틀 사이에 엄청나게 빠른 속도로 생리학적 성전환을 합니다. 암컷의 여성 기관이 쇠퇴하고 남성 기관이 급속히 발달하여 순식간에 남성으로 변하죠. 우두머리가 된 암컷은 얼마 안 되어 수컷으로 탈바꿈해서 자신의 무리를 끌고 떼를 지어 다닙니다. 병원에 가지 않고도 저절로 성전환 수술이 일어나는 겁니다. 반대의 현상도 있어요. 예가 매우 드물지만 말이죠. 동물의 경우는 대부분 암컷으로 시작했다가 나중에 수컷이 되고, 식물의 경우에는 수컷으로 시작했다가 암컷이 됩니다.

이런 현상들을 보면서 사실 우리가 생물학적 성이라는 것을, 물론 종에 따라서 다르지만 그렇게까지 명확하게 구별할 수 있을까 하는 생각을 해봅니다. 인간을 포함한 포유동물의 경우도 처음 발생할 때 보면, 분명히 염색체를 다르게 갖고 태어났으니까 어떤 아이는 남자가 되고 다른 어떤 아이는 여자가 됩니다. 하지만 엄마 뱃속에서 생식기가 발달하는 순간에 아무 일도 벌어지지 않으면 모두 암컷의 생식기를 갖게끔 되어 있어요. 그러다가 수컷의 염색체를 가진 개체인 태아에게서 어느 순간 남성 호르몬이 분비되기 시작하면서 암컷의 생식기로 발달하려던 게 갑자기 수컷 생식기로 발달하는 과정으로 넘어가버리죠. 그런데 그 과정에서 조작이나 변이가 일어나 변화를 못 하게 하면, 그 개체는 수컷 염색체를 가지고 있어도 암컷 생식기를 갖고 태어납니다.

많은 경우에 이런 이상 생식기를 가지고 태어나는 병리학적인 면을 보면, 수컷이 되게끔 해주는 과정이 뭔가 잘못되어서 일어나는 현상입니다. 그러니까 염색체 수준에서는 분명히 수컷인데도 표현형 수준에서는 암컷이 될 가능성을 인간이면 모두 다 가지고 있다고 봐야 합니다. 이게 형태학적인 수준입니다.

도정일　형태학적 수준을 넘어서면 어떻습니까?

최재천　행동 수준으로 올라오면 분명히 남성 생식기를 가지고 있지만 여성의 역할을 할 수 있는, 또 하고 싶어하는 변이가 있을 수 있죠. 이건 어느 개체군에서나 볼 수 있는 현상입니다. 그렇다면 이것을 어떻게 봐야 할까요? 간단하지가 않습니다.

사회생물학자들은 그동안 동성애의 진화를 설명하려고 애를 많이 써왔습니다. 분명히 진화적인 이득이 있었기 때문에 그들이 현재 존재하고 있으리라는 논리죠. 저는 개인적으로 이 설명이 썩 내키지 않

습니다. 이 설명은 사회생물학자들이 그동안 받아온 주변의 공격을 면치 못할 것 같거든요. 사회생물학이 모든 것을 다 설명하려고 애쓴다는 지적 말입니다. 그런데 저는 꼭 그래야 하는지에 대해 회의를 느낍니다. 많은 유전적 열성인자가 사회에서 약간의 변이로 늘 나타나듯이, 동성애자의 경우도 성의 발달 과정 또는 성징의 발현 과정에서 그냥 생겨나는 것으로 볼 수도 있습니다. 그것을 구태여 설명하려고 애쓸 필요가 있을까요?

한 가지 분명한 게 있습니다. 동물계를 자세히 들여다보면 동성애의 예를 엄청나게 많이 볼 수 있다는 점이죠. 그래서 몇 년 전에는 동물의 동성애 예만 모아놓은 엄청나게 두꺼운 책이 나오기도 했죠. 인간을 포함한 모든 동물에서 동성애라고 정의할 수 있는 행동들이 비일비재하게 관찰됩니다.

그렇다면 인간의 동성애를 과연 비정상적인 행동으로 볼 수 있을까요? 우리 인간에게도 동성애적 성향이 어느 문화권에나 10퍼센트 정도씩 있다고 하잖아요. 우리의 경우에도 어른이 되는 과정에서 동성애적인 행동을 해본 사람들이 굉장히 많을 거예요. 그런데 아직 우리 사회에서는 "나도 그런 일을 해봤다"고 표현하는 것을 꺼리죠. 이렇게 나타나지 않는 것까지 다 포함하면 사실 10퍼센트를 넘어설 가능성이 짙어요.

30퍼센트 정도의 개체들이 동성애적인 행동을 하고 있는 동물들도 꽤 있거든요. 그렇게 많이 나타난 현상을 과연 비정상이라고 정의할 수 있을까요? 정상과 비정상이라는 구분은 대부분 빈도로 하는 거잖아요. 이렇게 빈도수가 높은 것을 비정상이라고 할 수 있나요? 만약 동성애가 정상적인 행동 범주에 들어온다면, 사회생물학자는 또 무엇인가를 설명해야 할 것 같은 강박관념을 갖게 되겠죠. 하지만 여전히 쉽지 않은 문제입니다.

누구나 동성애적 욕망이 있다

도정일   식물이나 동물의 경우 성기의 형태나 성염색체가 성을 결정하는 확실하고 절대적인 기준은 아니라는 말씀이시죠?

최재천   예, 그렇죠.

도정일   유전자의 최대 목적이 자기 전파잖아요. 문제는 번식입니다. 동성애가 종의 번식에 기여하는가라는 문제죠. 동물의 경우에도 동성애가 관찰된다고 했는데, 그것도 종의 번식이나 복제를 향한 유전자의 이기적인 성향이라고 볼 수 있는 겁니까?

최재천   그 행동 하나만 놓고 보면 그렇지 않습니다. 동성애자 자신의 번식 성공도만 놓고 보면 전혀 적응적이지 못하죠. 그래서 사회생물학자들은 동성애자들이 자신과 유전자를 공유하고 있는 개체들에게 도움을 준다는 이론을 만지작거립니다. 해밀턴의 '혈연선택'에 기대는 겁니다. 그러니까 동성애자 자신은 결혼하지 않으면서 자기의 누나라든가 형이 자식을 기르는 걸 도와주는 것이죠.
　이런 주장도 있어요. 옛날 수렵채집 시대에는 남성이라면 모두 수렵에 나갔을 겁니다. 그런데 그때 동성애자들은 마을에 남을 수 있었다는 거죠. 사냥에 전혀 도움이 되지 않는 사람을 데려가느니 마을에 놔두고 가고 싶은데, 만약 동성애자가 아닌 남자를 마을에 남겨놓은 채 사냥을 나갔을 경우 자칫하면 그 마을의 모든 남자들은 결국 그 친구의 자식을 기르는 결과가 빚어질 수 있죠. 고양이에게 생선을 맡긴 격이니까요. 다른 남자들은 모두 열심히 먹을 것만 나르고 새끼는 모두 다 그 친구 것이라면 곤란하잖아요. 그러니까 남자를 여인들 틈에 남겨놓지도 못하는 거죠. 그런데 동성애자라고 판명된 친구는 남겨놓을 수 있다는 거죠. 그래서 그들을 마을에 남겨놓고 자기들은 사냥을 나갑니다. 안심할 수 있으니까요. 동성애자들이 그런 역할을 했을 가능성은 있습니다. 그러니까 한 사회, 한 마을에 동성애자가 몇 명 있는 마을이 동성애자가 전혀 없는 마을보다 오히려 성공적이었다는 설명이 됩니다.

도정일 북아메리카 인디언 사회에서 그런 문화적 용인이 있었다는 연구가 좀 나오기도 했어요. 꼭 동성애자가 아니더라도 공동체의 생존을 위해 어떤 아이들은 어렸을 때부터 일부러 동성애적 경향을 강화하도록 길렀다는 관찰도 있습니다. 이름도 여자아이 이름을 붙이고, 옷, 행동거지 같은 걸 여자아이의 기준에 맞추는 겁니다. 생존을 위한 사회문화적 전략인 셈이죠. 그래서 이성애자든 동성애자든 모두 사이좋게 '잘 살았다'가 되는 거죠.

최재천 예, 잘 살았죠. 그 친구들이 보호해주고 도와주니까요. 남자들이 모두 사냥을 나간 사이에 옆 마을에서 쳐들어와 여인들을 겁탈하고 가버리면 생물학적으로 상당한 피해를 보는 거죠. 그 피해를 막아줄 수 있었던 게 동성애자들이었다고 설명하는데, 명확한 증거는 아직 없다고 봐야 합니다. 아직은 이론에 그치는 수준이죠.

이론적으로도 어려움이 있습니다. 만일 제가 아까 말씀드린 식물의 경우처럼 성의 정도가 다르면, 즉 동성애자가 칼로 베듯 명확하게 정의되는 게 아니라면, 동성애자라고 남겨두고 간 친구들이 사실 양성애자라면 문제는 더욱 복잡해집니다. 양성애자들은 고도의 사기를 치는 셈이 되는 거죠. 실제로 우리 인간 사회에서도 많은 동성애자가 사실 양성애자이기도 하지 않습니까?

그렇더라도 동성애의 존재 자체를 어떻게 설명하느냐 하는 문제는 여전히 남습니다. 그 자체만 놓고 보면 거듭 말씀드리지만 설명하기 매우 어렵죠. 저는 오히려 그들의 존재에 대해 우리가 이처럼 예민하게 반응할 필요가 있을까 싶어요. 어차피 한 사회에서 모든 사람이 다 번식을 해야 할 필요는 없는 것 아닙니까? 이 문제에서도 저는 우리에게 좀더 열린 마음이 필요하다고 생각합니다. 동성애자는 자연스럽게 생겨나는 일종의 변이일 뿐이고, 그래서 그들은 옛날부터 지금까지 우리 주변에 늘 있어왔으며, 또 그들이 사회에 악영향을 미치지만 않았다면 그렇게까지 없어져야 한다고 열을 올릴 필요는 없을 겁니다.

도정일 동성애에 대한 일반적인 사회적 편견은 '반자연'이라는 데 근거하고 있습니다. 동양식으로 이야기하면 '음양의 순리'에 어긋난다는 것이죠. 그래서 비정상이죠. 자연에서 비정상인 것은 인간의 사회에서도 비정상이라고 간단히 규정하는 겁니다. 그런데 생물학에서는 동성애에 대한 사회적 편견이 근거하고 있는 자연계 자체의 섹슈얼리티가 아주 다양하고 유연하다고 보는군요? 그렇다면 동성애를 비자연, 비정상, 반자연으로 보는 사회적 편견의 근거가 많은 부분 허물어지는군요.

최재천 그렇게 봐야죠.

도정일 섹슈얼리티나 젠더 등에 대한 논의에서 현대 생물학이 많은 공헌을 했다고 생각됩니다. 그런데 동성애는 자연 결정인가요? 어떻게 보십니까?

최재천   "동성애는 유전적으로 결정되는 것인가?" 하는 물음에 명확하게 "그렇다!"라고 주장할 수 있는 확실한 근거가 있는 건 아닙니다. 지금 해머Dean Hamer를 비롯한 몇몇 유전학자들이 연구하고 있는 것처럼 이른바 '동성애 유전자'라는 것을 찾아낸다면 확실해지겠지만 말이죠. 하지만 제가 거듭 강조하건대 동성애처럼 복합적인 행동을 조절하는 특정한 유전자가 있다고 믿는 것은 어리석은 일입니다.

제가 자연계의 다른 동물에서 동성애를 특별히 연구하지는 않았지만, 관심이 있어서 관련된 논문이나 책을 많이 읽고, 또 직접 토론회에 참가해서 이야기도 나눠보았습니다. 그러면서 나름대로 어떤 상을 잡긴 했습니다만.

도정일   어떤 상인가요?

최재천   이건 매우 위험한 발언일 수도 있는데, 저는 인간은 누구나 동성애적인 성향을 갖고 있을 것이라고 봐요. 정도의 차이만 있을 뿐이지, 모두 그런 성향을 가지고 있을 가능성이 높다고 생각합니다. 선천적으로 그런 성향이 많은 사람은 주변 환경이 어떻든 결국은 그 성향을 드러내는 것이고, 많지 않은 사람은 주변 환경이 억압적이면 결국 드러내지 못하는 거죠. 그리고 그 가운데는 조금씩 드러내면서 왔다 갔다 하는 사람도 있을 거구요. 저는 그런 성향이 식물이나 동물 세계에도 있고 우리 인간에게도 있는데, 이것이 사회적으로 보이느냐 안 보이느냐의 차이가 아닐까 하는 생각을 합니다.

도정일   동성애 성향을 드러내느냐 드러내지 않느냐가 환경의 영향을 받는다면, 동성애 성향에 대해 굉장히 적대적인 사회에서는 그런 성향을 나타내거나 이른바 '커밍아웃'하기가 매우 어려울 거 아닙

이건 매우 위험한 발언일 수도 있는데, 저는 인간은 누구나 동성애적인 성향을
갖고 있을 것이라고 봐요. 정도의 차이만 있을 뿐이지, 모두 그런 성향을 가지고
있을 가능성이 높다고 생각합니다. 선천적으로 그런 성향이 많은 사람은 주변 환
경이 어떻든 결국은 그 성향을 드러내는 것이고, 많지 않은 사람은 주변 환경이
억압적이면 결국 드러내지 못하는 거죠.

니까? 그런데 그런 사회에서도 자신의 동성애적 성태를 유지하는 사람들은 존재하거든요. 이것도 드러내는 정도의 차이입니까?

최재천 글쎄요. 저는 그렇게밖에 볼 수 없지 않을까 싶은데요. 미국에 있을 때 동성애자들을 많이 만나봤어요. 제 안사람이 음대에 다녔는데, 음악대학에 동성애자들이 확실히 많더라고요. 가끔 저희 집에서 파티를 하면 놀러온 안사람의 친구 가운데 거의 절반은 동성애자였어요. 처음 그 사람들을 봤을 때는 상당히 불편했지만, 시간이 지나면서 아무렇지도 않아지더라고요. 여자 둘이 끌어안고 키스해도 아무렇지 않게 되더라고요.

음악을 하는 사람들한테 왜 특별히 동성애가 많을까? 음악이라는 예술을 하려는 사람들의 성향 속에 유연한 섹슈얼리티를 가질 수 있는 성향이 원래 있어서인지, 아니면 음악세계에 이미 그런 것들을 어느 정도 허용하는 문화적인 분위기 때문에 사람들이 좀더 자유롭게 자기 성향을 드러내는 것인지는 잘 모르겠습니다. 어떤 친구들은 따로 떼놓고 봐도 "야! 저 친구는 정말 그런 성향이 뚜렷하구나!" 하는 것이 느껴져요. 굉장히 남성적으로 보이는데 동성애자인 사람도 적지 않고요.

동성애자들도 둘이 만나면 한쪽은 남성 역할을 하고, 다른 한쪽은 여성 역할을 하죠. 그런 상황에서 남성 역할을 하던 남성 동성애자가 자기보다 더 남성적인 남성 동성애자를 만나면 여성의 역할을 하게 되죠. 이런 점들을 포괄적으로 생각해보면, 이게 반드시 유전적으로 규정되어 있는 행동이라기보다는 환경의 영향을 많이 받는 행동일 수도 있겠다는 생각이 들어요. 유전적인 성향이 없는 것은 아니겠지만 환경의 영향도 무시할 수 없는, 다른 많은 복합 행동과 흡사한 것이라고 생각합니다.

도정일　미국 쪽에서 나온 연구 중에 동성애자의 가계를 조사한 것이 있어요. 동성애자의 가계에서는 통계적으로 동성애자가 많았다는 거죠. 이건 문화적 영향보다는 유전적 결정론에 더 가깝습니다. 그런가 하면 문화론 쪽에서는 동성애적 성향이 자연적 성향이 아니라 문화적·정치적 선택이라고 주장하는 사람도 있어요. 자발적이고 의도적인 선택이라는 거죠. 동성애에 대한 억압이 센 사회에서 자신은 동성애자가 아닌데 동성애에 대한 사회적 편견이나 억압을 깨부수기 위해 "나도 이제부터는 동성애자다"라고 선택하고 나선다는 거죠. 정치적 입장 선택이죠. 그런 개인들이 여성 이론가들 중에 좀 있습니다. 남자들의 경우는 잘 모르겠어요. 아직은 안 보여서 그런지 모르겠지만.

최재천　그건 또 왜 그럴까요? 여성은 어떤 선택을 하고, 남성은 선택하기를 주저할까요?

'바람기 유전자'가 꿈꾸는 세상

도정일　글쎄요? 억압이나 경멸 등을 참아내는 데는 남자가 여자보다 약한 것이 아닌가 여겨집니다. 남자 쪽이 사회적 적응의 책임을 더 많이 느낀다는 이야기죠. 남자의 경우 완전히 사회 이탈자가 되기로 작심하지 않고서는 감히 동성애를 표출하거나 선택하기 어려운 건지도 모르겠습니다. 그런데 남자도 사회에 저항하기 위해 용감하게 그런 선택을 하는 수가 있다고 주장한 사람이 대표적으로 사르트르입니다. 《도둑일기》의 작가 장 주네는 그 자신이 도둑·동성애자·사회이탈자였는데, 사르트르가 그 친구한테 반해서 《성 주네》라는 책을 썼어요. "그의 동성애는 선택이다"라고 썼죠. 그런데 정작 주네의 반응이 어땠는지 아세요? 사르트르가 미쳤다는 거였어요.

최재천　갈매기 중에 동성애 부부가 있는데, 수컷 동성애 부부는 없어요. 그 이유 중 하나는 암컷 둘이서는 새끼를 키우는 일이 가능하기 때문이죠. 수컷을 만나서 알을 낳은 후 다른 암컷이랑 함께 새끼를 키우는 일은 가능한데, 수컷 동성애자들은 직접 알을 낳을 수 있는 게 아니어서 부부가 되어 아이를 키우기가 어려운 거죠. 갈매기 동성애 부부를 어떻게 찾느냐고요? 둥지의 알을 보면 알아요. 둥지에 알이 예상 외로 많으면 일단 의심할 수 있죠. 둘이 낳으니까요. 그리고 계속 지켜보면 백발백중 동성애 부부예요. 수컷 하나와 암컷 하나가 가족을 이루어서 키우는 둥지보다 알의 수가 거의 두 배입니다. 수컷은 필요하면 언제나 구할 수 있는 존재니까요.

　이런 현상을 번식의 관점에서 보면, 생물학적으로 여성이 동성애를 밝히는 경우가 남성이 동성애를 밝히는 경우보다 좀더 쉬운 것 같다는 생각은 듭니다. 남성의 경우 밝히고 나면 너무 많은 걸 잃을 가능성이 있을 것 같네요.

도정일　우리 사회에 '쌍과부집'은 있어도 '쌍홀아비집'은 없죠. 음식점만 '쌍과부집'이 있는 게 아니라 시골 같은 데서는 혼자 된 여자들이 나이가 들면서 같이 사는 경우가 더러 있어요. 동네 사람들도 쌍과부 동거에 대해서는 상당한 관용을 보이고요. 그런데 홀아비 둘이 같이 사는 경우는 전 본 일이 없어요. 여자 둘이 서로 의지하면서 사는 데 대한 동정심, 여자들만 사는데 동네 풍속 해칠 일이 일어나겠냐라는 안도감 같은 것이 작용한 게 아닌가 싶습니다. 그러나 홀아비 둘이 같이 산다고 해도 무슨 일이 일어나는 건 아니거든요. 갈매기의 경우와 견줄 수 있을지는 모르지만, 인간 사회의 경우는 남/녀라는 사회문화적 젠더의 분할이 이런 태도를 강화하는 것이 아닌가 싶습니다. 예컨대 아이를 키우는 것은 여자의 일이다, 그러니까 과부 혼자서 아니면 쌍과부가 아이들을 키우며 사는 것은 이상하지 않은데, 홀아비가 아이를 키운다, 그것도 쌍홀아비가 그런다고 하면 이상해 보이는 거죠. 남자가 할 일이 아닌데 하고 있으니 꼴 보기 싫다는 생각인 겁니다.

히브리 신화에서 아담과 이브는 같은 날 창조되지만, 그리스 신화에서 '여자'는 시간적으로 남자보다 훨씬 나중에 등장합니다. 신들이 최초의 여자 판도라를 만들어 지상에 내보낼 때 이미 그 지상에는 인간들이 살고 있었거든요. 그러니까 판도라가 신화 서사대로 최초의 여자라면, 남자들은 여자 없이 한참을 살았다는 얘기가 되죠. 이건 논리적으로나 상식적으로 우스꽝스런 이야깁니다. 그러니까 이때 판도라 이야기를 문자대로 읽어서 여자의 첫 출현이라고 생각하면 안 됩니다. 그럼 뭐냐? 그건 여성의 탄생 아닌 '여성성'이라는 사회문화적 젠더의 탄생에 관한 신화적 처리라고 봐야 해요. 여자는 이런 것이라든가 저런 것이라는 문화적 규정을 가장 분명하게 기록한 것이 판도라 이야기니까요. 이 방식으로 읽어내면 판도라 이야기는 젠더의 탄생에 대한 아주 빼어난 서술로 다가오게 됩니다.

질서 만들기라는 면에서 보면 젠더 구분처럼 유용한 것이 없어요. 남자가 할 일은 이것이고 여자가 할 일은 저것이다, 남자는 이런 성향을 가져야 하고 여자는 저런 성격을 가져야 한다, 남자에게 맞는 것은 이런 것이고 여자에게 맞은 것은 저런 것이라고 역할을 분담하면서 두 성을 사회적으로 철저히 분리하는 것이죠. '분리'라는 것은 권력 분할, 누가 더 권력을 가졌는가를 정할 때의 첫 번째 수순입니다. 권력을 많이 가진 자는 덜 가진 자보다 당연히 우수하거나 우세

한 것으로 여겨지게 되죠. 젠더의 정치학은 그렇게 시작됩니다. 현대 생물학의 큰 공로 가운데 하나가 바로 그런 사회적 성차 구분을 깨는 데 기여한 것이라고 생각합니다.

최재천 선생님 말씀이 참 묘하게 들립니다. 사회생물학이 처음 등장했을 때는 페미니스트들한테 가장 큰 적으로 몰렸는데 말이에요. 초기에는 그럴 만한 짓을 하기도 했죠. 얼마 안 되는 과학적인 근거에 바탕을 두고 여성성과 남성성에 대해 그동안 사회에서 가지고 있던 편견을 그대로 옹호하는 발언을 했으니까요. 결국 수컷이 해야 하는 일은 더 많은 여성을 상대해서 많은 자식을 낳아 자기의 유전자를 많이 퍼뜨리는 것이고, 여성의 경우에는 투자할 것이 많기 때문에 아무래도 신중해야 한다는 이야기였죠. 그래서 "남자는 바람을 피울 수밖에 없다"는 식의 결론을 내렸죠.

도정일 농담으로 그걸 '바람 유전자'라고 불렀죠. 바람 유전자가 있으니까 남자가 바람을 피우는 것은 너무나 자연스럽고 당연하다고 말이죠.

최재천 예. 지나치게 성급한 결론을 내리고, 성급한 진단을 한 거죠. 수컷하고 암컷이 짝짓기를 하고 있으면 당장에 "아 저 수컷이 자기 배우자가 있는데 다른 암컷하고 섹스를 하는구나!"라고 여기며 세기 시작한 겁니다. 아, 저 수컷이 두 번째 암컷을, 조금 있다 보니까 또 다른 암컷하고 짝짓기를 하고 있어요. 아, 세 번째 암컷이군. 그러는 동안에 아무도 보지 않는 게 있어요. 그 수컷이 다른 암컷이랑 짝짓기를 하고 있으면 그 대상인 다른 암컷도 지금 분명히 다른 수컷하고 짝짓기를 하고 있는 것 아닙니까? 암컷의 세계에 많은 수컷을 상대해도 별 상관없는, 이른바 '정비석의 자유 암컷'이 따로 있는 게 아니라면 숫자가 맞질 않아요. 수컷이 많은 암컷을 상대하면, 암컷 중에서도 분명히 많은 수컷을 상대하는 암컷들이 어느 정도 있어야 짝이 맞는 거죠. 아니면 많은 수컷은 죄다 다른 수컷들과 바람을 피우고 있거나. 우리가 남자들이 바람을 피운다고 할 때, 집창촌을 찾거나 다른 남성을 찾는 걸 통계에 넣는 게 아니잖아요. 그런데도 우리는 마치 남자만 바람을 피우고 여자들은 전혀 그렇지 않은 걸로 착각하고 있는 겁니다.

수컷이 많은 배우자를 상대하는 성향을 자세히 관찰해서 쓴 논문들은 많은데, 암컷의 입장에서 관찰한 논문은 거의 없었습니다. 뒤늦게나마 이런 관점으로 논문을 쓰는 사람들이 나타났고, 저도 여기저기 씌어진 작은 논문들을 모으는 작업을 했죠. 1980년대 중반에 그런 작은 논문들을 모아 분석해보니까 의외의 결과가 보이더군요. 수컷 못지않게 암컷도 수많은 수컷을 상대하고 있다는 게 확실히 관찰되었죠. 물론 혼자서 엄청나게 많은 암컷을 상대하는 화려하고 기막힌 수컷 물범은 암컷 100마리 정도를 거느립니다만, 슈퍼 수컷 같은 암컷은 보이지 않습니다. 다만 한 둥지에서 나오는 새끼들의 유전자를 조사해보니 아빠가 다 다른 경우가 허다했습니다. 그런 암컷들은 분명히 여러 수컷을 상대한 거죠.

그렇다면 암컷이 왜 그런 짓을 할까에 대해 설명해야 합니다. 제가 내린 결론은 이렇습니다. "수컷은 양적으로 문제를 푸는 경향이 있고, 암컷은 질적으로 풀려고 한다" 암컷이 좀더 많은 수컷을 상대해야 할 이유, 그리고 상대하면 득이 될 이유들을 나름대로 쭉 정리해보았더니 열 가지 정도가 나오더라고요. 한 수컷만 상대했을 경우, 그 수컷이 수태할 능력이 없는 수컷이면 암컷은 엄청난 낭패를 보는 거죠. 실제로 인간 사회에서 아이를 못 낳는 여인들이 병원에 가서 원인을 조사해보면, 남자한테 문제가 있는 경우가 여자에게 문제가 있는 경우보다 많습니다. 그런데 결혼제도라는 것에 묶여 있으면, 그 여인은 멀쩡한데도 자식을 못 낳는 거죠.

자연계에서도 그런 위험 부담을 분명하게 줄이려면 하나 이상의 수컷을 상대해야 되는 거죠. 또 흑백이 분명히 가려지지 않는 상황이라도, 어떤 수컷은 수태 능력이 월등하고 어떤 수컷은 좀 떨어질 수도 있죠. 이때 암컷은 여러 수컷을 상대하면서 그 가운데 가장 훌륭한 수컷의 유전자를 받을 수 있는 거죠. 만일 암컷이 수컷들 중에서 누구를 선택할지 결정하지 못했다면, 암컷이 할 수 있는 방법 중 하나가 수컷들을 일렬로 세워놓고 순서대로 짝짓기를 하는 것이죠. 짧은 시간에 여러 수컷과 짝짓기를 하면 그 수컷들의 정자들이 암컷의 몸 속에서 경쟁을 하잖아요. 이른바 '정자 경쟁' 또는 '정자 전쟁'이라고 하는 방법이죠. 이런 것을 쭉 늘어놓아보면 결국 암컷이 수태 가능성에 대한 걱정을 하긴 합니다만, 그것을 제외하고 나머지는 모두 질적인 문제입니다. 질적으로 우수한 수컷을 받아들일 수 있는 좋은 방법이 여러 수컷과 짝짓기를 하는 것입니다. 양적인 전략만 진화를 해야 한다는 법은 없죠.

암컷의 섹스는 교환가치인가

도정일　민담에 등장하는 공주가 누구를 사랑하는가를 보면, 자기 나라에도 잘난 남자들이 있을 텐데 꼭 다른 나라 왕자나 이방인을 사랑하게 됩니다. 때론 전쟁에서 잡혀온 적국의 포로, 심지어 노예처럼 신분이 낮은 남자와 사랑에 빠지기도 합니다. 그러니까 공주의 나라에서 보면 죽여 없애야 할 대상과 공주가 연애를 하거든요. 영화

〈브레이브 하트〉 있잖아요. 멜 깁슨하고 소피 마르소 나온 거요. 속 보이는 미국적 플롯을 영국에다 옮겨놓은 것이긴 하지만, 좌우간 그 영화도 그런 이야기 아닙니까. 왕비가 될 여자가 자기 남편 떼놓고, 잉글랜드가 없애려고 하는 스코틀랜드의 반란군 지도자와 비밀리에 교접해서 씨를 받는 거죠. 여자들이 우수한 개체에 대한 감별력, 곧 '질'에 대한 감식력이 더 뛰어난 건가요? 물론 그렇다고 해야 성선택론이 맞아 들어가죠?

최재천 어떻게 보면 이런 것들이 근친상간하고 연결될지도 모르겠는데요. 암컷은 의외로 외부에서 온 수컷을 좋아하는 경향이 있어 보여요. 선생님도 영화 이야기를 하셨지만, 〈카니발〉이라는 영화가 있었잖아요. 그러고 보니 선생님이 오히려 요즘 영화를 이야기하시고, 저는 정말 옛날 영화를 들춰내네요. 윌리엄 홀든하고 킴 노박이 나오는 영화. 윌리엄 홀든은 떠돌이인데, 킴 노박이 이 사람에게 매력을 느끼죠. 우리 주변에는 타인, 다른 데서 온 남성에게 끌리는 이야기들이 많잖아요.

도정일 그렇죠.

최재천 이성은 끌리지 말라는데, 감성이 마냥 끌고 달아나는데 어쩌겠습니까. 몇 년 전 BBC에서 찍은 다큐멘터리에 '미어캣'이라는 아주 재미있는 동물이 등장했어요. 아프리카 초원의 바위 위에 서서 침입자들을 살피는 무척 귀여운 놈들이에요. 애니메이션 〈라이언 킹〉에 나오는 티몬이 바로 그 녀석입니다. 그 미어캣 한 가족의 이야기를 추적한 내용이에요. 그 가족은 오순도순 잘 살다가 어느 날 포식자들에게 대부분이 잡아먹히고 말죠. 남매만 살아남아 함께 미지의 세계로 이동해가는 거예요. 온갖 고생을 겪다가 먼 곳으로 이동한 끝에 다른 미어캣 가족을 만납니다. 그런데 그 가족의 수컷이 새로 온 수컷을 굉장히 못마땅해합니다. 하지만 그 다큐멘터리의 마지막 장면은 그 가족의 암컷이 다른 데서 온 그 수컷하고 잠자리를 같이하는 장면이에요. 참 신기하죠. 자기가 속해 있는 가족 중에도 수컷이 있는데, 그 수컷을 거부하고 어디서 굴러들어온 수컷을 받아들입니다.

동물계를 보면 사실 근친상간을 피하기 위한 메커니즘이 아주 철저하게 발달되어 있어요. 그래서 새의 경우 암컷이 성장하면 자기 동네를 떠나는 게 철칙입니다. 포유류는 수컷들이 다른 지역으로 나가요. 혹 잡아두어도 그 안에서는 짝짓기를 거의 안 해요. 자기가 태어난 곳을 떠나서 타향살이를 하면 분명히 손해를 많이 볼 텐데도 떠납니다. 근친상간의 피해를 줄이기 위한 적응현상이라고 봐야겠죠.

암컷들이 어떤 수컷을 좋아하느냐에 대한 연구는 동물행동학 분야에서 많이 했습니다. 지나치다 싶을 정도로 많아요. 최근에는 어떻게 해서, 무엇을 보고 좋아하느냐에 대한 연구가 유전자 수준에까지 이르렀거든요. 그 유전자는 이른바 '주조직 적합성 복합체MHC, major histocompatibility complex'라고 하는 면역 체계를 조절하는 유전자인데, 이 유전자가 이른바 배우자 선택에 관여한다는 사실을 찾아냈습니다. 나와 같이 태어나 같은 집안에서 자란 남자는 분명히 나와 거의 같은 유전자를 가지고 있을 확률이 크기 때문에, 아무리 같은 방에서 잠을 자도 성적 매력을 느끼지 못한다는 거죠. 물론 가끔 사고가 나기도 하죠. 이를테면 분명 남매인데 어려서 헤어졌다가 다시 만나 남매인 사실을 모르고 사랑에 빠지는 경우 같은 것 말입니다. 몇 년 전 인기를 끌었던 드라마 〈가을동화〉의 설정이 그랬던 것으로 기억합니다만.

대개 자기와 너무 다른 남자는 아니지만, 또 자기와 너무 가까운 남자도 고르지 않는 메커니즘들이 있어요. 암컷들은 하릴없이 다른 것에 대한 매력을 엄청나게 느끼는 동물들인 것 같아요.

도정일　여자들을 놀리는 농담에 이런 게 있죠. 부부가 죽어서 저승에 갔는데, 염라대왕이 남자를 먼저 불러놓고 이것저것 조사하다가 '바람' 건을 심문합니다. 남자는 "절대 바람피운 일 없다"고 주장합니다. 물론 장부에 다 나와 있으니까 염라대왕을 속일 순 없습니다. 바람 건수에 따라 한 바늘씩 살을 뜨게 하는데, 남자는 몇 바늘 뜨는 벌을 받습니다. 이 남자는 바늘땀을 뜨이는 게 문제가 아니라 같이 온 아내한테 미안해서 쩔쩔매죠. 그리고 아내가 조사받을 차례가 됩니다. 염라대왕이 장부를 들여다보더니 부하한테 명령해요. "야, 이건 바늘로 안 되겠다. 재봉틀 가져와라!" (웃음)

최재천　한 땀 한 땀이 아니라 드르륵 박아야 되는군요.

—　인류학자들의 설명은 좀 다른 것 같은데요. 족외혼 같은 거 있잖아요. 자기 종족이 아니라 다른 종족하고 혼인하는 거요. 레비스트로스는 다르게 설명하죠. 가족관계의 문제보다는 동맹의 문제다, 이 종족과 저 종족이 유대를 맺음으로써 안전을 지키는 문제라는 거죠. 거기에서는 여자가 마치 선물처럼 교환되잖아요. 외삼촌이라든가 오빠가 교환 메커니즘에서 결정적인 위치를 차지하고요. 최 선생님의 말씀은 번식을 위한 유전자의 선택처럼 느껴지지만, 인류학자들의 연구는 반대로 사회 집단이 자신의 안전을 지키기 위해서 여성에게 또는 암컷에게 '강요'한다고 설명하고 있잖아요.

도정일　교환을 해야 동맹을 맺을 수 있고, 정치적으로 세력 연합도 이룰 수 있죠. 그래서 레비스트로스의 연구에서 여자는 '교환 수

단'입니다. 교환에 의한 동맹은 아프리카 부족 사회에만 있는 것이 아니라 거의 모든 사회에서 관찰되죠. 현대사회에서도 마찬가집니다. 인류학자가 보는 현상과 생물학자가 보는 현상은 달라야 하니까.

최재천　그런데 그것도 결국 번식 아닙니까! 번식으로 설명할 수 있죠. 왕건은 부인이 무척 많았다죠? 호족들이 자진해서 왕건에게 딸을 바쳤잖아요. 그렇게 해야 집안이 살아남고 번식도 가능하죠. 결국 동기는 번식에 있다고 봐요.

―　하지만 그건 집합체 수준에서의 이야기지, 개체나 유전자 수준의 이야기는 아니지 않습니까?

최재천　과연 그럴까요? 보노보를 보죠. 보노보가 바로 그런 정책적인 면에서 암컷이 다른 집단의 수컷과 짝짓기를 하죠. 예를 들어 무화과나무 앞에서 짝짓기를 하는데, 대부분의 경우에는 번식에 상관없는 성교를 합니다. 하지만 그 암컷이 요리조리 계산을 해서 "이런! 오늘 짝짓기를 하면 내가 새끼를 가질 테니, 안타깝지만 오늘은 이 나무를 포기하자"고 하면서 무리를 다 데리고 가는 건 아니거든요. 그때도 짝짓기를 하겠죠. 물론 이 문제는 아직 명확하게 밝혀진 건 아니지만, 만일 그렇다면 분명히 유전자를 섞는 일도 하기 때문에 그것이 번식에 문제가 있어 손해를 보는 거였다면 진화하기 어려웠을 행동으로 볼 수 있죠.
　그러나 그것은 사실 번식에도 유리했을 거라고 생각합니다. 그런 정책적인 짝짓기를 하지 않는 집단들보다는 정책적인 짝짓기를 하는 집단들이 유전적으로 더 유리했을 테니까요. 그래서 보노보의 암컷들은 지금 그 중간 형태에 있는 것 같아요. 보노보의 수준은 인간으로 건너오기 전 단계라고 생각하면 좋을 것 같아요. 정책적으로 하는 것이지만 그 정책적인 행동의 밑바탕에는 역시 생물학적인, 유전적인 번식의 논리가 적용될 수 있죠. 물론 레비스트로스는 생물인류학을 한 학자가 아니라서 그렇게 설명하지 않았지만, 지금 생물인류학자들은 그렇게 설명합니다.

— 그동안 결혼을 자꾸 번식을 위한 것, 섹스의 안정화 등으로 설명하니까 레비스트로스가 그런 요인들보다는 사회문화적인 요인, 특히 자손의 번성보다는 사회적 번성이나 안전성을 확보하는 것이 결혼의 중요한 의미라는 것을 설명하려고 하지 않았을까요? 그 메커니즘이 교환 같은 게 아니었을까 싶네요. 그러면 이 이야기는 좀 정리가 된 것 같군요.

11

프로이트한테 이렇게 말하고 싶어요. 당신은 철저하게 인문학적 상상력이 풍부했던 인문학자이고 엄청난 구라쟁이니까 더 이상 과학이라고 주장하지 말아달라고요. 프로이트여, 이제 제발 과학에서 떠나달라는 말입니다. 실제로 프로이트는 다윈 선생한테 이론적으로 굉장히 많이 기댔죠. 그런데 다위니즘을 공부하는 사람 입장에서 보면 프로이트처럼 다위니즘을 잘못 이해한 사람도 드물어요. 프로이트는 분명히 과학을 잘못 이야기했어요. **최재천**

프로이트의 정신분석,
소설인가 과학인가

프로이트의 무의식 이론은 세 줄로 요약될 수 있습니다. "내게는 내가 모르는 내가 있다." "나는 나의 주인이

아니다." "나의 주인은 나의 무의식이다." 이건 과학이 아닐지도 모릅니다. 그런데 "나는 언제나 나다", "나는

언제나 나의 주인이다"라고 말할 수 있는 사람이 있습니까? 프로이트가 깨뜨린 건 바로 이런 자아의 환상입

니다. 내 의식이 나의 주인이 아니라 내가 모르는 나의 무의식이 나의 주인이라는 건 혁명입니다. **도정일**

—　　　성과 욕망 이론에 대한 정신분석학의 영향은 매우 컸다고 봅니다. 프로이트는 인간 무의식에 대한 새로운 학문을 창시했다고 칭송되기도 하고, 정신 세계에 대한 완벽한 픽션을 썼다는 소리도 듣습니다. 두 분은 프로이트의 작업을 어떻게 평가하십니까?

최재천　　이 문제에 대해서는 할 말이 좀 있습니다. 언젠가 의예과 입학시험에 면접 교수로 불려간 일이 있었는데, 학생들에게 뭘 전공하겠느냐고 물었더니 열 명 중 여덟 명이 정신과라고 대답하더군요. 같이 있던 의대 교수에 따르면, 일이 힘든 전공을 피하는 게 요즘 추세라고 합니다. 물론 이런 이유로 정신과를 택하는 일도 있겠지만, 정신과의 인기는 그만큼 정신의학이 확고한 위치를 차지했다는 것 아니겠습니까?

저는 사실 그동안 정신의학이 크게 발전하지 못했던 이유 가운데 하나가 그 분야의 이론적 바탕이었던 프로이트 정신분석학의 학문적 취약성 때문이었다고 봅니다. 프로이트 이론은 비과학적인 논리와 방법을 구사하고 있어서 학문이 발전하는 데 오히려 걸림돌이 되었다고 생각해요. 우리나라에서는 몇몇 정신과 의사들이 쓴 프로이트에 관한 책들이 많이 팔리고 있는데, 세계 학계에서 프로이트 이론은 오래전에 과학의 영역에서 축출되어 임상에서도 차츰 자리를 잃어가고 있습니다.

프로이트 이론의 부족한 면들을 잘 추슬러가며 정신분석학의 전통을 잘 이어가시는 의대 선생님들께는 좀 죄송합니다만, 우리나라의 너무 많은 의사가 프로이트 이론을 아무런 비판 없이 과학인 것처럼 소개하고 있는 건 참 어처구니없는 일입니다. 문학 비평에서라면 모를까, 과학에서는 더 이상 프로이트를 들먹이는 일이 없었으면 합니다.

도정일　'프로이트 때리기'가 요즘 '과학' 한다는 사람들 쪽의 유행입니다. 사실 '과학으로서의 정신분석'의 지위는 지금 불신을 받고 있어요. '과학적'으로 무의식을 해독해보고자 했던 프로이트의 작업이 도마에 오른 거죠. 정신의학계에서 아직도 프로이트가 살아 있다는 이야기는 나로선 좀 생소합니다. 미국 대학의 심리학과에서도 프로이트는 이미 교과서가 아니거든요.

미국의 일부 정신과 사람들이 프로이트의 억압이론을 가져다가 '억압된 성적 기억RM'이란 이상한 상품을 만들어 아이들의 정서장애를 치료한다고 나섰다가 말썽을 일으킨 일이 있었죠. 그 사람들이 "애야, 잘 기억해봐라, 어릴 때 아빠나 엄마한테서 뭐 당한 일 없니?"라고 묻는 거예요. 자라면서 부모에게 이런저런 불만을 갖지 않은 아이들이 어디 있겠어요? 의사의 질문에 아이가 성적으로 억압당했다는 '기억'을 마구 날조해냈죠. 그래서 부모가 고발당하는 사태까지도 벌어졌어요. 프로이트를 빙자한 돌팔이 의사들 때문에 이런 일이 생긴 겁니다.

프로이트도 억압의 기억이 날조될 수 있다는 걸 알고 있었습니다. 어린 시절에 겪은 성적 억압의 기억을 찾아내어 처리함으로써 그 억압 때문에 생겨난 심리적 장애를 치료한다는 것이 정신분석의 '방법'인데, 환자가 들려주는 그 기억이란 놈이 실제로 발생한 사건의 기억이 아니라 날조된 소설이라면 어떻게 할 것인가? 이런 함정을 잘 알고 있었기 때문에 프로이트는 정신분석이 '불가능한 작업'일 수 있다는 말도 했어요. 세상에는 불가능한 일이 세 가지 있는데, 교육과 정치, 그리고 정신분석이 그거라고 말이죠.

프로이트의 매력은 임상치료를 넘어선 곳에 있습니다. 인문학, 특히 문학론이나 비평에 오면 프로이트가 내놓은 통찰들이 아주 흥미롭고 매력적이죠. 사람들은 왜 기억을 날조해내는가? 이건 보통 재미있는 문제가 아니에요. 물론 재미 이상의 문제죠. 우리나라의 정신대 할머니들이 다 돌아가시기 전에 과거에 겪은 일들을 기록하기 위해서 연구자들이 할머니들의 과거사 구술을 받았어요. 어디서 태어나 자랐고, 무슨 학교를 다녔다, 어찌어째해서 끌려갔다는 내용들이죠. 그러고 나서 연구자들이 사실 확인을 위해 할머니들이 말한 곳들을 찾아다니면서 현장을 답사합니다. 그런데 이상한 일들이 발견돼요. 할머니들이 말한 장소나 마을, 학교가 없다는 겁니다. 연구자들이 상당히 당황했어요. 할머니들의 기억 가운데 어떤 부분은 전혀 믿을 수 없다는 문제가 발생한 거죠.

그런데 문학의 관점에서 보면 그 지어낸 이야기나 가공의 장소 같은 게 아주 중요합니다. 거기가 바로 억압의 대목이거든요. 할머니들은 아직도 어떤 억압 때문에 진실을 다 말하지 못하는 겁니다. 이것은 기록의 신빙성을 파탄 내는 위기지만 문학의 입장에서 보면 할머니들이 이야기를 꾸며냈다는 바로 그 사실이 중요합니다. '어떤' 진실이 거기 있으니까요. 문학은 이처럼 기록에 매이기보다는 기록의 '너머'를 봅니다. 구술사로서는 할머니들 이야기의 어떤 부분들이 '비진실'이겠지만 그 비진실 속에 또 다른 진실, 가려진 더 깊은 진실이 있을 수 있죠. 역사가 말하지 않는 진실을 말하려는 것이 문학입니다. 정신분석도 역사 너머를 보려고 한다는 점에서 문학과 아주 닮았죠.

프로이트에 대한 판결문

최재천　선생님! 그럼에도 불구하고 지금 말씀하신 것에 더 깊이 이의를 제기하고 싶어요. 프로이트의 이론은 저 같은 진화생물학자의 입장에서는 문학적 상상력에서 나온 일종의 신화에 불과해요. 한마디로 과학적 근거가 전혀 없는, 근거를 주려고 해도 도저히 줄 수 없는 이론이죠. 프로이트가 뱀이 길게 생긴 것이 성욕의 표상이라는 식으로 말했다면, 이것을 어떻게 과학적으로 옹호해줘야 할지 참 어렵습니다. 서양에서 프로이트가 그런 이야기를 하기도 전에, 한방에서도 그게 정력에 좋다고 한 걸 보면 뭔가 있는지도 모르겠지만요. 오이디푸스 콤플렉스도 마찬가지예요. 아무리 잘 봐주려고 해도 생물학적으로 도저히 설명할 수 없습니다. 그게 생물학적으로 진화할 수 있다는 건 설명하고 싶어도 할 수 없는 겁니다.

이런 것들을 종합해보면서 드는 의문은, 프로이트라는 사람이 도대체 어떻게 그런 엄청난 영향을 우리에게 미쳤을까 하는 겁니다. 지난 세기의 가장 위대한 인물을 뽑는 어느 설문조사에서 프로이트가 2위로 뽑힌 걸 기억합니다. 과학 하는 저의 입장에서 보면 참 신기한 일이라고밖에 생각할 수 없었어요. 선생님이 쓰신 어느 글을 보니까 선생님께 가장 많은 영향을 끼친 세 사람 가운데 프로이트가 있더라고요. 그래서 설명을 좀 듣고 싶었습니다. 지금까지 대담하면서 이 순간을 엄청 기다렸습니다. (웃음)

도정일　잘 기다리셨습니다만, 내가 프로이트를 대변할 형편은 아닙니다. 프로이트가 무덤에서 들으면 "잘 논다, 나를 완전히 죽사발을 만드는군"이라고 할지도 몰라요. 그런데 다행인 건 말이죠, 프로이트 자신이 '구라'의 대가였기 때문에 자기를 놓고 구라를 푸는

데 상당히 관대할 것 같다는 점이에요. 프로이트의 또 다른 매력이죠. 프로이트는 자기 이론을 이어갈 제자를 얻는 데 무척 신경을 썼던 사람이지만, 사실 프로이트의 유용성은 그의 제자가 되는 일보다는 그를 디딤돌로 해서 다른 가능성들로 진입할 수 있다는 점일 겁니다. 비평연구자들 중에는 정신분석이론을 무슨 치료용 정신분석학을 하듯이 공부하려는 사람들이 있는데, 잘못된 태도예요. 문학 연구는 누굴 치료하자고 하는 게 아니잖아요. 문학담론을 좀 풍부하게 해보자고 프로이트를 읽고 원용하는 것이지, 정신분석을 하자고 하는 게 아닙니다.

나는 프로이트의 제자가 아닙니다. 나는 누구의 '제자'가 될 소질이 전혀 없는 위인이죠. 이건 누렁호박도 알고 있는 사실이에요. 웬 누렁호박이냐고요? 내가 존경하는 유일한 스승이 누렁호박이거든요. 채소가게에 가면 한 5,000원에 살 수 있는 펑퍼짐한 늙은 호박 말입니다. 그 호박 선생은 지진이 나도 절대로 엎어지거나 구르지 않을 겁니다. 완전히 펑퍼짐하고 무사태평이니까요. 빈틈없이 중력의 법칙에 적응하죠. 일차원 세계의 모범생입니다. 제 힘으로는 뭘 뒤집어엎지도 못합니다. 그걸 하나씩 사다가 거실에 갖다놓는데, 돌아서면 없어져요.

우리 집사람은 호박의 적입니다. 거실에 호박 모시는 걸 그렇게 싫어해요. 갖다놓으면 치우고, 삶아 먹어버리고. 그래서 아직 한 번도 호박 선생을 모시는 데 성공하지 못했어요. 결국 동숭동 '책읽는 사회만들기국민운동' 사무실에 하나 모셔놨습니다. 일 년쯤 거기 있었는데 최근에 보니까 없어졌어요. 폭삭 사그라져서 소리 없이 사라진 거죠. 그렇게 조용히, 눈에 띄지 않게 사라져갈 수 있다니, 역시 스승으로 모실 만하다 싶었어요. 프로이트는 호박이 아닙니다. 그의 자리가 어디일까요?

프로이트의 무의식 이론은 세 줄로 요약될 수 있어요. "내게는 내가 모르는 내가 있다." "나는 나의 주인이 아니다." "나의 주인은 나의 무의식이다." 이건 과학이 아닐지도 모릅니다. 그런데 "나는 언제나 나다", "나는 언제나 나의 주인이다"라고 말할 수 있는 사람이 있습니까? 단연코 없어요. 나를 이끌고 나를 지배하는 것은 언제나 또렷하고 명징한 언어로 말하는 나의 '의식'이라는 게 바로 근대 자아의 환상입니다. 데카르트적 자아죠. 근대 자유주의도 이런 개인주의적 명징성의 자아를 기초로 하고 있습니다.

계몽철학자들이 생각한 '지식과 판단의 주인'으로서의 '주체'라는 것도 그런 명징한 의식의 주체죠. 프로이트가 뒤집어엎은 건 바로 이런 자아의 환상, 명징의식의 이데올로기예요. 내 의식이 나의 주인이 아니라 내가 모르는 나의 무의식이 나의 주인이라는 건 혁명입니다. 패러다임의 전환이죠. 의식이 들려주는 이야기는 합리적이고 앞뒤가 딱딱 맞고 빈틈이 없어 보입니다.

그러나 무의식의 세계에서 보면 그 합리적 이야기들은 구멍이나 결락, 틈새, 모순, 생략, 은폐 같은 걸로 가득합니다. 이건 문학 창작이나 비평, 이론에서는 도저히 무시할 수 없는 통찰이에요. 20세기 후반의 '읽기(텍스트 읽기와 해석)' 이론은 거의 다 이 통찰에서 나오거나 그 통찰에 힘입고 있습니다. 그래서 인문쟁이들이 "프로이트는 죽었다"고 쉽게 말하지 못하는 거죠.

오이디푸스 콤플렉스 이야길 하셨는데, "아들놈들이 작당해서 아비를 몰아낸 순간에 역사가 시작된다"는 게 프로이트의 '역사론'입니다. 역사학자들로선 도저히 받아들일 수 없는 소리죠. 그럴 수밖에. 그건 기록이 아니라 시(詩)고 신화니까요. 프로이트가 한 번도 자기 입으로 인정한 적은 없지만, 이런 역사관은 사실 그리스 신화에서 나온 겁니다. 제우스의 시대에 이르기까지 세계를 통치한 역대 신들이 모두 아들놈들한테 쫓겨나거든요. 제우스의 할아비인 우라노스는 아들 크로노스에게 쫓겨나고, 크로노스는 아들인 제우스에게 쫓겨납니다. 신화는 아비에 대한 반역과 모반, 거세의 이야기로 시작돼요. 크로노스는 밤중에 아비 침실로 숨어들어가 아비의 성기를 낫으로 잘라냅니다. 아주 리얼한 거세 장면이죠.

그런데 이건 굉장히 생물학적인 '자연의 진실' 아닌가요? 또 생명의 리듬이고 순환의 질서 아닌가요? 새 것이 낡은 것을 밀어내고 세상을 차지하는 것이 자연의 질서이고 봄의 문법입니다. 이 몰아내기가 아비 '거세'이고 '아비 살해'예요. 죽이는 것도 거세이고 권력 찬탈도 거세입니다. 아들이 아비를 거세하고 싶은 충동을 가진다는 것은 모든 개인의 심리에 다 적용할 만한 진실은 아닐지라도, 자연계나 인간계에서 관찰되는 세대 간 갈등과 권력 교체의 진실입니다. 신화에 나오는 아비 거세 이야기도 이런 자연 질서의 모방이라고 봐야 할 거예요. 동양에도 이런 말이 있잖아요. "장강의 뒷물이 앞물을 밀어낸다"고 말입니다. 이 점에서 신화나 프로이트의 역사론은 사실은 자연과의 '유비'에서 나와서 그 유비를 넘어서는 '우의'가 되죠.

최재천　아비 거세와 아비 살해는 생물학적인 자연의 진실이 될 수 없습니다. 아비의 도움으로 죽음을 면할 수 있고 권좌를 승계할 수 있다는 것이 자연의 진실이죠. 가능할지 모르겠지만 제가 개인적으로 꼭 하고 싶은 일이 하나 있어요. 선생님이 지금 말씀하시는 '아비 살해'가 분명히 일어난다는 사실은 인정합니다. 얼마나 빈번하게 일어나느냐, 그래서 생물학적으로 얼마나 의미가 있을 것이냐는 일단 별개의 문제로 두고 말입니다.

제가 연구하고자 하는 것은, 그 경우 과연 그 아버지가 '유전적 아버지genetic father'였느냐에 대한 분석이에요. 역사적인 문제라서 가능

할지는 모르겠습니다만, 저의 짧은 소견으로 가설을 세운다면 그 아버지가 진짜 아버지가 아닐 가능성이 상당히 높을 것 같아서요. 그와 반대 경우인 영아 살해를 분석해보면 그 같은 데이터가 많이 나타납니다. 대부분의 영아 살해가 자기 자식이 아닌 것으로 밝혀졌거나, 친부모가 아닐 것 같다는 의심이 드는 경우가 절대적이거든요. 이와 관련한 생물학 쪽 연구는 많지 않지만, 아비 살해의 경우에도 유전적 아버지가 아닌 경우가 많지 않을까요?

도정일   자연계에서도 교미가 끝나면 암컷이 수컷을 잡아먹는 곤충들이 있잖아요? 사마귀가 그렇잖아요. 그런데 사실은 그 경우도 새끼들이 아비를 먹는 게 아닌가요? 암컷이 새끼들을 위해 수컷을 먹는 거니까. 사회적 권력관계에서 보면 거세의 대상이 반드시 유전적 아비일 필요는 없죠.

오이디푸스 콤플렉스에서는 갈등의 중심에 '성'(여자)이 있고 거세 충동의 대상도 유전적 아비인 것처럼 되어 있지만, 이 구도가 반드시 문자적으로 해석될 필요는 없어요. 라캉은 '아비'를 훨씬 추상적인 '아비의 이름'으로 확장합니다. '아비의 이름'에는 이데올로기도 포함될 수 있어요. 프로이트가 내밀히 겨냥한 최대의 아비도 문화적 아비, 곧 '신'이었다고 말할 수 있습니다.

최재천   그렇죠. 동물계에서 보면 그게 꼭 아버지일 필요는 없죠. 권력 구조에서 위에 있는 존재를 몰아내는 것이니까요. 그렇게 따지면 세대 간의 그런 갈등은 엄연히 존재합니다. 식물의 경우에는 자식을 자기 발밑에 두지 않으려는 메커니즘이 강하게 진화했어요. 물론 식물은 아버지라는 존재가 항상 곁에 있는 것은 아니니까 대부분의 경우에 어머니죠. 물봉선화를 건드리면 펑 하고 터지는 이유가 씨를

멀리 보내야 그놈도 살고 나도 살기 때문이죠. 씨가 내 발 밑에 또르
륵 떨어져 뿌리를 내리고 자라면 내 자식이기는 하지만 나를 위협하
니까요. 식물은 그런 일을 아주 철저하게 배제하기 위해서 지나가는
동물에게 씨를 붙여 먼 데로 보내버리기도 하죠. 과일이라는 게 결국
다른 동물한테 이것을 먹고 그 안에 있는 씨를 다른 데 가서 배설해
달라고 하는 데서 진화했거든요. 식물의 경우에는 애당초 아비 살해
의 가능성을 배제하기 위한 메커니즘이 진화된 거죠.

그런데 동물의 경우, 특히 가족을 이루면서 살게 된 동물에게도
선생님이 말씀하신 대로 지나치게 권력을 오래 붙들고 있는 자들을
제거하는 메커니즘이 분명히 있어요. 그게 왜 인간의 경우에는 죽음
으로까지 연결되어야 했는지, 그리고 죽인다는 행위가 왜 프로이트
에 의해 중요하게 부각되었는지 등이 불편한 점입니다.

도정일   프로이트의 경우에도 꼭 죽이는 것을 의미하지는 않습니
다. 거세는 여러 형태를 취할 수 있어요. 프로이트에게는 '시각sight'
도 권력이니까 시각을 빼앗는 것도 거세입니다. 오이디푸스는 제 손
으로 자기 눈을 찔러 장님이 되는데, 프로이트식으로 보면 이 경우
눈을 빼는 것이 곧 거세에 해당합니다. 프로이트에게 눈과 성기는 상
징적으로 동일해요. 대상을 장악하고 침투, 소유, 지배를 수행한다
는 거죠. 그래서 근대를 눈의 시대, 시각 권력의 시대라는 논의들이
나와요. 미술의 원근법도 이 권력 형식의 하나이며, 원근법 해체가
근대적 권력을 거세하는 일이라는 주장들도 있어요. 근세 동양의 그
림에는 원근법이 등장하지 않죠.

─   생물학에서는 어떻게 보는지 모르겠군요. 일반적으로 프로이트
에 빠져드는 이유는 그의 설명이 기가 막히다는 점 때문이 아닐까요? 일상적

인 착오 행위를 내면적 욕망과 관련해서 끌어내는 것, 가령 국회의장이 '개회합니다'라고 해야 할 자리에서 왜 '폐회합니다'라는 착오를 낼까? 현실에서는 도덕적으로 용납될 수 없는 행위들이 꿈에서는 왜 가능할까? 프로이트의 무의식에 대한 설명을 들으면 그런 착오들이 앞뒤가 잘 맞게 해석되거든요. 무릎을 치게 하는 것들이 많습니다.

최재천　한마디로 프로이트는 인문학적 상상력이 지나치게 탁월했던, 그러나 과학적인 방법론에서는 조금 소홀했던 과학자라고 말하고 싶군요.

유혹하는 무의식

도정일　그런데 최 교수님, 조선 왕조를 보세요. 프로이트를 생각나게 하는 대목이 참 많아요. 아비와 아들 사이의 갈등을 최고조로 보여주는 것이 영조와 그의 아들 사도세자입니다. 거기선 아들이 아비를 거세하는 것이 아니라 그 반대, 아비가 아들을 거세하죠. 이것도 프로이트가 말한 거세의 동일 국면입니다. 오이디푸스 콤플렉스를 뒤집어놓으면 거세 충동은 아비의 것이기도 합니다. 아들놈들이 언젠가 자기를 거세하려 들 거니까 말입니다. 그래서 거세 공포는 아비의 것이기도 하고 아들의 것이기도 해요. 극작가 오태석이 쓴 〈부자유친〉이라는 희곡이 있는데, 영조와 사도세자의 갈등을 다룬 작품이죠. 거기서 사도세자는 아비를 두고 "저 늙은이를 죽여야지" 하는 살해 충동을 노골적으로 표현합니다.
　역사의 뒤안길에 감추어져 있는 인간의 내밀한 충동과 욕망, 무의식을 이해하는 것이 정신분석학적으로는 역사를 넘어서서 역사를 이해하기입니다. 조선 왕조 창건자 이성계를 보세요. 그는 아들 이방원에게 거세당하는데, 사실 순서로 보면 이방원에게 거세 공포를 먼저 준 건 이성계죠. 그는 잘난 아들들을 다 놔두고 여덟째이자 막내인 방석을 후계자로 지목합니다. 방석보다 순서상 먼저인 형들을 다 물먹인 거죠. 이게 '왕자들의 난'의 발단입니다. 그런데 태조는 왜 하필 막내를 후계자로 삼았는가? 막내에게 권력을 승계해야 자신이 그만큼 오래 권좌에 있을 수 있었기 때문이에요. 거세당하는 순간을 연기하는 거죠. 장강의 뒷물에 밀리되 좀 천천히 밀리자는 겁니다. 거세 공포는 그래서 양쪽에 다 있었다고 봐야죠. 왕이 장자 등 승계 순위가 빠른 왕자들을 좋아하지 않는 건 '불안과 두려움'이라는 내면의 말 못할 진실에 관계된 것이라서 역사가 기록할 수 있는 문제가 아니죠. 신화에서도 제우스는 아비를 몰아내고 권력을 차지한 후에 자신도 언젠가 거세당할 것이라는 두려움에 잠을 설칩니다.

권력 승계를 둘러싸고, 또는 아비를 거세한 연후에 형제들 사이에 일어나는 싸움에 대해서도 프로이트는 그럴듯한 통찰들을 내놓고 있습니다. 사회적 적용이 가능한 정신심리적 가설과 통찰들을 그토록 광범하게 내놓은 사람은 프로이트 말고는 없었어요.

최재천 방금 선생님이 말씀하신 대로 프로이트는 인문학적 사고 체계에 상당한 변혁을 준 사람인데, 전통적인 인문학적 사고 안에서 새로운 논리 체계를 만들어내려고 했으면 설득력이나 영향력이 지금처럼 크지 않았을 것이라고 생각합니다. 그 대신 과학의 객관성을 앞세워 엄청난 설득력을 얻었을 거예요. 그런데 제가 보기에는 그의 이론은 명백하게 '과학적이지 못했던 것'인데도 버젓이 '과학적인 것'처럼 설명되었다는 게 이해가 안 됩니다. 어떻게 보면 프로이트는 과학을 이용해먹은 사람이에요. 만약 프로이트가 "내가 과학적으로 설명하겠다"고 하지 않았으면 과연 그만한 성공을 거둘 수 있었을까 하고 저는 의심해봅니다.

도정일　하지만 그는 자기 딴에는 객관적 관찰이 가능한 사례들을 열심히 모으고, 가설을 테스트하고, 안 맞으면 내버리거나 수정했어요. 그가 끌고 들어온 사례들이 반드시 과학적인 것이 아니었을 수는 있어도 자기로선 '과학적'인 방법을 쓴 겁니다. 그는 사례 수집과 입증이라는 과학적 귀납의 방법을 썼지, 어떤 명제를 먼저 던져 놓고 거기 사례들을 꿰어 맞춘 건 아닙니다. 끊임없이 이론을 수정했어요.

최재천　하지만 프로이트가 세운 가설들은 대부분 검증이 가능한 가설들이 아닙니다. 실제로 그의 검증 과정도 상당히 문제가 많습니다. 프로이트가 과학적이라고 주장했던 바로 그 방법이 철저히 비과학적이었다는 것을 알고 난 다음에도 그의 이론이 여전히 살아남는 것은, 프로이트의 방법론이 어떤 신화의 특성을 갖고 있는 게 아닌가 하는 생각을 하게 해요. 그게 많은 사람의 생각 속에 이미 박혀 있고, 그래서 그 생각의 테두리 안에서 또 다른 가설을 세우고, 검증 아닌 검증을 거듭하고 있는 모습이 제게는 신화를 만들고, 읽고, 재생산하는 과정과 그리 달라 보이지 않는다는 거죠.

도정일　그렇게도 말할 수 있을지 모르죠. 프로이트의 '발견'들은 사실 과학적 절차를 밟은 발견이기보다는 '영감' 혹은 '계시'를 먼저 받고, 거기다 사례를 붙여 풀어낸 듯한 것들이 없지 않아요. 이런 건 방법상 비과학일 겁니다. 다만 인문쟁이들이 생각하는 건, 우리가 어떤 진실에 도달하는 데는 꼭 과학적 귀납의 길만 있는 게 아니라 연역의 길도 있다는 거죠.

현대 과학이 명백하게 틀렸다고 증명한 프로이트의 이론을 인문학자가 옹호하는 것은 절대로 아니에요. 하지만 인간세계에는 과학의 방법으로는 접근할 수 없는 것들이 너무 많아요. 그래서 미신이 생기는 겁니다. 미신과 신화는 어쩌면 한 뿌리에서 나온 건지도 모르죠. 하지만 미신은 근거가 없다는 이유에서만 배격되는 것이 아니라, 통찰이나 설명력이 없기 때문에 불신당합니다. 신화도 황당하고 비논리적이고 비합리적일 때가 많아요. 그런데 미신은 비합리적이면서 통찰도 없고, 신화는 비합리적이면서도 깊은 통찰을 담을 수 있습니다. 결정적 차이죠. 미신의 비합리성은 진실에 도달하지 않는 반면, 신화의 비합리성은 진실에 도달합니다. 이렇게 말하면 어떨까요? "신화는 비논리의 방법으로 진실의 문을 연다." 거기에 덧붙여서 "그런데 그 진실은 논리적으로 도달할 수 있는 곳에 있지 않다. 그것은 오직 비논리의 길을 통해서만 접근할 수 있다"라고 말하면요?

이런 거 있잖아요. 깎아지른 절벽에 꽃이 하나 피어 있다, 그런데 그쪽으로 갈 길은 없다, 그러니 걸어서는 그 꽃에 접근할 수 없는 경우 말입니다. 물론 신화에는 고도의 논리가 정교하게 숨어 있는 경우가 많아요. 프로이트가 본 무의식은 '비논리의 왕국'입니다. 그 왕국의 문을 자기 딴에는 합리적인 방법으로 열어보려 한 거죠. 이건 프로이트의 모순입니다.

최재천　그런 의미에서 비논리의 왕국을 왜 과학의 영토 안에 세우려 했느냐는 겁니다. 비논리는 과학이기 어렵죠. 우리 두뇌가 비논리적으로 작동하는 것 같다는 관찰은 할 수 있고, 지금도 하고 있죠. 하지만 그 비논리의 논리를 밝히는 작업 역시 과학의 논리에 입각해야 한다는 겁니다. 저는 프로이트한테 이렇게 말하고 싶은 거예요. 당신은 철저하게 인문학적 상상력이 풍부했던 인문학자이고 엄청난 구라쟁이니까 더 이상 과학이라고 주장하지 말아달라는 거예요. 프로이트여, 이제 제발 과학에서 떠나달라는 말입니다.

실제로 프로이트는 다윈 선생한테 이론적으로 굉장히 많이 기댔죠. 그런데 다위니즘을 공부하는 사람 입장에서 보면 프로이트처럼 다위니즘을 잘못 이해한 사람도 드물어요. 사실 제발 다위니즘과 과학에서 빠져달라고 말하는 것은 너무 닫힌 이야기죠. 저는 단지 그 간격을 줄이자는 겁니다. 프로이트는 분명히 과학을 잘못 이야기했어요.

프로이트가 설명하려고 했던 많은 부분을 현대 정신과학이 다 설명하지 못하는 건 맞습니다. 프로이트의 공적이 분명히 대단하죠. 그런데 분명히 짚고 넘어갈 것은 프로이트의 이론을 철저한 과학이라고 믿고 치료를 받은 사람들입니다. 프로이트의 이론이 과학에 기반을 둔 의학이라고 믿고 환자를 치료한 것은 문제가 있다고 봅니다. 프로이트의 이름으로, 과학의 이름으로, 의학의 이름으로 그랬다면 저는 그것이 오진이라고 생각합니다. 적어도 병원에서는 프로이트적 정신분석과 임상실험을 멈춰야 된다고 봐요. 미국의 정신분석학회는 상당히 안티 프로이트 쪽으로 변했어요. 그런데 대한민국에서는 아직도 프로이트의 연구 방법이 가장 우수한 방법인 것처럼 받아들여지고 있어요.

물론 프로이트가 어떤 가설을 세우고 그것을 검증하는 과정 그 자체는 과학적인 방법일 수 있겠죠. 그런데 프로이트의 이론에서 갖게 되는 가장 큰 반감은 가설 그 자체에 문제가 있다는 겁니다. 이는 신의 존재의 문제와 흡사해요. 일단 종교적으로 신의 존재를 받아들이면, 그리고 그의 가르침에 따라 이 세상 모든 것을 설명해보면 그 나름대로 모두 질서정연할 수 있습니다. 하지만 이 경우 가설 그 자체가 문제가 되죠. 신의 존재는 검증이 불가능하지 않습니까? 이드나 에고의 존재를 설정하는 자체가 신의 존재를 설정하는 것과 그리 크게 다르지 않아 보여요. 과학자 입장에서 볼 때 이 점이 결정적으로 프로이트를 받아들이기 힘든 점입니다.

도정일 프로이트에게서 제일 큰 가설은 욕망의 가설, 그러니까 인간 행동의 밑바닥에는 성적 욕망과 그 욕망의 억압에서 생긴 무의식이 있다, 무의식의 지옥으로 내려앉은 성적 에너지는 폭발할 틈만 있으면 대가리를(이런! 나는 왜 늘 '대가리'라고 말하는 걸까?) 내밀고 분출할 기회를 노린다는 생각입니다. 좀 품위 없는 표현이지만, 인간을 움직이는 건 머리가 아니라 '사타구니'라는 거죠. 이 가설 때문에 프로이트가 욕을 많이 먹습니다. 그 가설에만 의존한 이론을 가지고 문학론을 펴다가 조잡한 섹스 환원론에 빠진 사람들도 많아요.

최재천 선생님! "자아가 있고 타인이 있다"는 가설은 대단히 큰 가설이잖아요. 과학을 하는 사람들이 가설을 세울 때는 그 가설이 나오는 과정 역시 과학적이어야 합니다. 인문학적인 상상력을 동원해서 어느 날 갑자기 허공에서 무언가를 생각해내는 것이 아니라, 기존에 있는 관찰에 바탕을 두고 거기에서 가설을 끌어내어 그 가설의 예측들을 검증하는 단계를 거치는 거죠. 그런데 프로이트는 대번에 상상의 세계에서 가설을 끌어내고 출발한 겁니다. 그렇기 때문에 엄청난 매력이 있는 것이겠죠. 인문학자가 아니라도 넘어갈 수 있습니다.

도정일 자아와 타자를 구분하는 것은 서양적 사유의 오랜 전통입니다.

최재천   아, 예. 당시로서는 말이죠.

도정일   물론 프로이트는 그 구분을 옹호한 사람이 아니라 그것을 무너뜨리려 한 사람이지만 말입니다. 서양의 사유 전체가 나와 나 아닌 것을 나누는 방법에 의존해왔어요. 서양 사유에 밑천을 대준 것들 가운데 하나가 유대—기독교 전통인데, 그 전통에서 '나'는 궁극적으로 세계를 만든 대설계자와 연결됩니다. 그 설계자와 자기를 연결하는 사람만이 '인간'이고 '나'입니다. 연결이 없거나 연결하지 않는 자는 모두 나에게 '타자'이고 '타인'이에요. 이건 기독교를 넘어 '과학'을 추구한 근대에도 마찬가지였죠. 헤겔에게 인도니 중국이니 하는 곳들의 역사는 '역사'가 아니었어요. '나'인 서양의 역사와 연결되지 않으니까 그 역사의 일부가 아니고, 서양 역사의 진행에 도움을 준 조역도 아니니까요. 역사의 본류 변두리에서 발생한 에피소드들, 없어도 상관없는 잡스런 '또랑물' 같은 거죠. (용서하세요. 나는 도랑물을 '또랑물'이라고 발음하지 않고서는 못 배기는 사람입니다.)

그런데 지금도 서양 지식인들에게는 이런 서양 중심주의가 아주 강합니다. 세련된 자들은 속으로는 서양 중심주의를 품고 있으면서 겉으로는 아닌 척하고, 용감한 자들은 거침없이 드러내고, 교활한 자들은 서양 중심주의를 비판하면서 그 안에 버젓이 앉아 있습니다. 프로이트에게도 그런 세 가지 혐의가 조금씩 있어요. 하지만 나는 프로이트가 서양 중심주의를 깨는 데도 크게 기여했다고 생각해요. 생물학이 백인중심주의 이데올로기였다가 그 이데올로기를 깨는 쪽으로 선회한 것처럼 말이죠.

앞에서도 말했지만, 비서구 세계의 신화에는 생물학 연구에도 꽤 도움이 될 것들이 있어요. 인간이란 것은 처음에 누가 의도적으로 설계해서 만든 것이 아니라 '어쩌다가 우연히' 나왔다고 말하는 신화들 말이에요. 북미 인디언 신화에서 조물주가 마당에 콩을 심었는데 콩깍지가 쫙 벌어지면서 인간이 튀어나와요. 이건 조물주도 이해할 수 없는 사건이죠. 명색이 조물준데, 어째서 콩깍지에서 인간이 나왔는지 자기도 알 수가 없습니다. 완전히 타자이고 우연입니다. 그래서 되레 물어요. "얘, 너는 어디서 왔니?" 이런 것이 비서구적 사유이고 상상력이죠. 기독교적 문명으로서는 그야말로 상상할 수 없는 이야깁니다. 프로이트도 서양 문명의 산물이니까 그 문명에서 완전히 벗어날 순 없었죠. 그러나 동시에 그에게는 기존의 설명 모델들을 넘어서고 뒤집어엎으려는 강한 충동이 있었어요. 반역의 충동이죠. 콩깍지 인간도 프로이트가 알았다면 매우 좋아했을 거예요.

과학의 경우, 우연한 발견이 무척 많잖아요. 이것저것을 연결하다가 전혀 뜻밖의 것을 찾아내는 사람도 있죠. 어떤 가설의 안내를 받아서 연구를 진행하다가 그 가설을 버려야 할 반대 가설을 발견하기도 하죠. 그런데 정작 현실을 보면, 과학은 주어진 패러다임을 넘어서 움직이기보다는 그 안에서 움직입니다. 내가 보기에 90퍼센트 이상의 사회과학적 방법은 이미 있는 가설의 틀에 맞춰서 연구하고 데이터를 뽑고 그러거든요. 질문은 이미 던져져 있고, 원하는 해답의 방향도 이미 정해져 있어요.

최재천　패러다임 안에서요.

도정일　그렇죠, 그 안에서. 해답이 나오지 않을 질문은 아예 제기되지도 않죠. 그래서 과학에는 기존의 패러다임을 넘어서기 위한 상상력이 중요한 것 같아요. 물론 과학 연구 작업이 늘 혁명적 발견만 추구할 수는 없지만 말이죠.

그런데 최 선생님, 그 패러다임 넘기를 가능하게 하는 상상력은 예술적 상상력과 매우 유사합니다. 그 점에서 신화적 상상력과도 닮았고요. 그러니까 방법은 철저히 과학적으로 하되, 머리는 신화적으로 돌리는 게 과학의 묘수가 아닐까요? 즉 프로이트의 '신화들'이 비록 비과학적이라 해도, 거기서부터 패러다임의 전환을 가능하게 하는 상상력이 비상할 수 있을 거라는 소립니다. 특히 무의식 이론이 그래요. 한 20년 전까지 '이데올로기'라면 고도의 의식적인 가치 체계이자 신념이라고 생각했습니다. 그러나 프로이트를 원용한 사회과학자들은 그 이데올로기란 게 철저하게 '무의식'이란 걸 알게 되죠. 그래서 무의식으로서의 이데올로기라는 중요한 인식 전환이 일어나요.

최재천　　과학도 무의식을 인정하지만, 그것을 어떻게 알고 인식하는가는 분명 생각해볼 부분입니다. 프로이트와 라캉이 객관적인 분석 없이 상당한 인문학적 상상력으로 만들어낸 이론이 과학자인 제 입장에서는 상당히 불편하다는 거죠. 프로이트가 생각한 꿈의 정체와 신경과학자들이 생각한 꿈의 정체는 상당히 달라요. 현대 뇌과학의 한 이론에 따르면 꿈이란 기억을 재정리하는 과정입니다. 필요 없는 건 과감히 삭제하고 남길 건 남긴다는 학설이죠. 이런 상황에서 언제까지 프로이트와 라캉이 살아남을 것인지는 의문입니다.

도정일　　프로이트식 '꿈의 해석'은 과학적 검증을 거쳐야 할 데가 많을 겁니다. 그 해석 방법은 사실 과학적인 것이 아니라 아주 시적인 거죠. 그런데 뇌신경학 쪽에서는 꿈이 기억을 재정리하는 과정이다, 버릴 건 과감히 버리고 남길 건 남기는 거라고 한다고요? 그 소리는 경험적으로 말해도 반은 맞고 반은 맞지 않습니다. 버릴 건 과 감히 버려야 할 텐데 그 꿈이란 녀석이 버리지 않기 때문이죠. 그게 프로이트의 큰 의문이었어요. 불쾌한 사건의 기억이나 상처, 다스리기 어려운 외상trauma의 기억 같은 걸 내버리고 싶은데 꿈이 그런 기억을 버리기는커녕 자꾸 떠올린단 말이에요. 흔히 군대에 갔다온 학생들이 공통적으로 하는 이야기가 있어요. 이미 제대해서 몇 년이 지났는데 꿈에서 난데없이 또 징집영장을 받고는 "군대는 이미 갔다 왔는데 이게 뭐야?" 하고 놀라 깨는 일이 있다는 겁니다.

감방 경험이 있는 사람들은 여러 해가 지나도록 감옥에 끌려가는 꿈, 고문받는 꿈, 어두운 감방에서 바퀴벌레를 잡는 꿈 등을 긴 세월 동안 수없이 꿉니다. 기분 나쁜 꿈들이죠. 내가 아는 어떤 사람은 잠수하는 꿈을 자꾸 꾼다고 해요. 무슨 일인가로 쫓기는데 숨을 데가 없으니까 바다인지 강인지 물속으로 들어가서 커다란 바위 밑에 몸을 숨긴다는 겁니다. 그러고는 다시 헤엄쳐 올라오려는데 몸이 바위 밑에서 빠져나오질 않아 깜짝 놀라 깬다는 거죠. 그 이야길 들었을 때 눈물이 나서 견딜 수 없었어요. 그 사람의 깊디깊은 심연을 들여다본 듯한 느낌, 그런 상처를 안고 있었구나 하는 연민, 나도 때때로 그 비슷한 꿈을 꾸는데 하는 공감 등 별 생각이 다 들었어요.

그런데 꿈은 왜 불쾌한 기억을 버리지 않는 걸까? 악몽은 왜 사라지지 않고 자꾸 나타나는 것일까? 이게 프로이트의 의문이었죠. 그래서 '반복충동'이니 '억압된 것의 회귀'니 하는 이론들이 나온 겁니다. 아직 본 적은 없지만, 아우슈비츠에서 살아남은 사람들의 꿈 기록을 꼭 조사해보고 싶어요. 필경 악몽의 반복을 경험한 이야기가 많을 겁니다. 위안부 할머니들도 그렇고.

최재천 선생님 말씀을 따른다면, 유전자를 중심적으로 연구하는

생물학자 중에서 왜 프로이트의 이론을 깊게 공부하고 적용하는 사람이 없는지가 좀 신기한데요. 다들 프로이트를 공격하기 바빠요. 어쩌면 맥이 통할 수 있을 것 같기도 한데.

도정일   앞에서도 이야기가 나온 로버트 트리버즈는 1970년대 사회생물학계의 놀라운 괴물이죠. 그가 말한 인간의 자기기만이라는 가설은 현대 사회과학이나 인문학 쪽에서 열심히 써낸 무의식으로서의 이데올로기 이론과 상당히 접맥되는 데가 있는 것 같아요. 이데올로기는 인간의 무의식적 자기기만의 장치이기도 하거든요. 그 관점에서 보면 이데올로기치고 인간의 자기중심적 기만이 아닌 게 없습니다. 중국에서는 세계의 중심은 중국이라고 생각했고, 인도인은 인도를, 그리스인은 그리스를 세계의 중심으로 파악했죠. 아폴론 신전은 세계의 배꼽 위에 세워졌다고 했어요.

인간을 중심에 두는 원판 휴머니즘, 미국을 수호하는 하느님, "야훼는 우리를 보호한다"는 유대 신화 등은 모두 강력한 이데올로기죠. 미국 남부 사회에는 과거의 남부 신화가 아직 펄펄 살아 있습니다. 최 교수님, 언제 미국에 가서 트리버즈를 만날 일이 있으면 자기기만론의 영향사를 한번 물어보세요. 솔직하게 대답할지 어떨지 모르지만요. 그 사람, 다시 아카데미로 복귀해서 요즘은 인류학에 푹 빠져 있다는 소문이더군요.

인간은 모종의 수호천사를 갖지 않고서는 살 수 없다는 것이 인간학적 진실입니다. 인간은 이데올로기를 떠나서는 살지 못해요. 과학이 제아무리 이데올로기를 쳐부수려고 해도 안 돼요. 앞문으로 내쫓으면 어느새 뒷문으로 들어오죠. 오른쪽 문으로 추방하면 왼쪽 문으로, 왼쪽 문으로 내쫓으면 오른쪽 문으로 들어와요. 그 녀석을 못 들어오게 하려면 모든 문을 거대한 누렁호박으로 막아놔야 해요. 들어

오다가 호박 할멈한테 다 잡히는 겁니다.

최재천　예, 다음에 트리버즈 교수를 만나면 꼭 여쭙겠습니다. 그리고 시간만 허락한다면 프로이트에 대해 '대담'을 해보렵니다. 그런데 선생님, 왜 제 꿈을 해몽해주는 할머니는 인정을 못 받고, 프로이트는 인정을 받습니까? (웃음) 둘 다 과학적이지 못하기는 오십보백보인데, 왜 프로이트는 인정을 받죠? 저는 프로이트의 명성은 상당 부분 허구이고 신화일 수밖에 없다고 생각해요. 물론 프로이트가 한 시대를 풍미한 사람이라는 건 인정합니다.

하나만 더 질문할게요. 프로이트를 신화라고 할 수 있다면, 프로이트 신화는 분명 그 자체로 엄청나게 성공한 신화입니다. 그런데 프로이트의 성공한 신화가 우리 인류에게 어떤 면으로 도움이 됐습니까?

도정일　도움이 됐다고 말하고 싶은데, 딱히 어떻게 도움이 됐는지는 잘 모르겠습니다. 인간의 자기 이해 방식을 수정하도록 도왔다면 그건 큰 공로가 아닐까요? 인간 이해를 확장시킨 부분도 큽니다. 가족 로망스 이론, 우울과 자기 학대와 애도에 관한 통찰 등등 그가 인간 이해를 확장한 공로는 적은 것이 아닙니다. 예술의 경우에는 프로이트가 도와준 것도 많고 망쳐놓은 것도 많아요. 서구 인문학의 기원 지점, 즉 소크라테스와 플라톤의 시공간에서 말하면, 인간에게 가장 중요한 것은 '자기를 확실히 아는 일'입니다. 이 생각은 근대에까지 이어져서 근대가 되면 확실성의 추구가 더 치열해지죠. 인간이 자기를 위해서는 유한한 경험 세계만 알아서는 어림없고, 변하지 않는 객관존재인 '진리'를 알아야 한다고 생각했어요. 그런데 인간이 그 진리의 존재를 알 수 있는가? 플라톤은 알 수 있다고 호언했습니다.

그런데 프로이트가 이런 걸 다 엎어놨어요. 인간은 자기를 알 수 없고, 그러므로 확실한 자기 지식이란 건 환상이 되고 맙니다. 이성이 길잡이가 아니라 비이성(무의식)이 인간을 이끌고, 욕망이 인간을 인도한다면 어쩔 것인가? 이렇게 되면 인간의 자기 지식은 '욕망의 효과'에 불과해집니다. 객관 진리의 초석 위에 서 있는 확실성이 아니죠. 그 객관 진리라는 것의 자리도 무의식으로 넘겨지는데, 그 무의식은 인간이 알고 통제하고 소유할 수 있는 게 아닙니다. 그러니까 확실한 건 하나도 없죠.

제1차 세계대전을 지나면서 서구의 지식인이나 예술가 들이 프로이트에게 빠져드는 것은 확실성에 대한 신념이 다 무너졌기 때문입니다. 같은 신을 믿는 서구 국가들이 그 신의 이름으로 살육전을 벌이면 어떻게 되는 겁니까? 야훼 신은 어디에 있는 겁니까? 또 신을 버린 자들의 경우에는 신 대신 과학이나 이성, 인간, 진보 등을 믿었는데 이런 것들에 대한 신념도 다 무너졌죠. 이 폐허의 초상집을 견디자면 초상난 이유를 설명해줄 안내서가 필요했어요. 프로이트는 자기도 모르게 그 안내서의 하나를 제공한 거예요. 유럽의 자존과 오만을 치유하는 데 기여한 거죠. 이건 인간 전체에도 해당합니다.

내가 지금 프로이트를 내 나름대로 변호하느라 마음에도 없는 소리 다 하고 있습니다만, 프로이트의 공로가 길게 봐서 공로일지 어떨지는 솔직히 자신 없어요. 프로이트식의 사유는 한 문명이 늙고 지쳤을 때 보이는 말기 증상의 일부라는 게 내 생각입니다. 자기 반성은 귀중한 거지만, 프로이트가 촉발한 서구의 자기 반성과 해체 충동은 유럽 문명의 조락과 황혼을 알리는 징후라는 생각이 듭니다. 문명이 맥이 빠져 자빠지기 직전에 일어나는 병적 창조성의 마지막 불꽃같은 거 말입니다. 지금 유럽의 핵심 지역들은 창조의 에너지가 고갈된 상태예요. 병든 문명이 자빠지도록 툭 건드려주는 것도 기여가 아닐까요? 프로이트가 성공했다면 그건 장의사의 성공 같은 거죠. 서구 문명이 그 말기적 피로를 어떻게 수습할지, 어떤 모습으로 다시 자기를 추스를지는 두고 봐야죠. 유럽은 자기를 바꾸기 위해 애쓰고 있는 것 같고, 미국은 자만과 무감각에 빠져 있습니다.

최재천　선생님이 말씀하신 것처럼, 저도 그런 생각을 하긴 합니다. 프로이트로 인해 귀중한 인문학적 연구들이 싹텄을 수 있다는 사실은 받아들이겠습니다. 그렇지만 프로이트는 어떻게 보면 설명을 너무 잘하는 사람이어서 설명하지 말았어야 하는 것까지 다 설명하다가 이런 문제들을 일으킨 것 같아요. 지나친 인문학적 소양이 과학을 망칠 수도 있는 거죠. (웃음)

인간의 자기 이해 방식을 전복하다

—　생물학의 말처럼 우리가 의식하지 못하는 종족 번성의 명령이라는 것이 우리 안에 들어와 있다면, 그것과 프로이트가 말하는 무의식과의 차이는 무엇일까요?

도정일　좋은 질문입니다. 그런데 프로이트 이야기만 할 게 아니라 우리 최 교수님한테서 '뇌'란 놈의 이야기도 좀 들어봅시다. 혼이나 섭리, 이성, 의식, 무의식 같은 걸 거쳐 이제는 유전자 시대로 들어왔습니다. 인문학적 인간 이해와 생물학적 인간론이 뇌과학의 중재를 받아 어떤 조우 지점을 얻을 수 있을까요?

최재천　플라톤은 철저하게 이원론二元論을 주창했죠. 하지만 사실 유전자까지 가지 않더라도, 생물학자가 생각하는 의식이나 혼은 모두 뇌에서 나오는 것이잖아요. 하지만 그건 어떻게 보면 지나친 중앙집권화예요. 동물 세계를 보면 모든 동물이 다 뇌를 가지고 있는 것은 아니거든요. 작은 동물들은 뇌 없이 다분히 흐트러진 신경계만 갖추고 있어요. 모든 것을 다 조절하는 중앙 부서인 뇌가 있는 동물들이 아니거든요.

편형동물쯤에 와야 몸 전체에 퍼져 있는 신경들이 은근히 한 곳에 모여드는 하나의 신경 덩어리, 이른바 '갱글리아ganglia'가 생겨나죠. 그 신경 덩어리가 커지고 커져서 신경계를 중앙 통제하는 것이 하나 생기는데, 이것이 바로 뇌예요. 여기서 모든 일이 다 벌어지는 거죠. 그래서 지금은 모든 것이 다 뇌에서 나온다고 하잖아요. 그야말로 뇌 신봉 시대가 된 것이죠. 옛날에는 사랑을 하면 가슴이 뜨거워진다고 해서 가슴을 쓸어내렸는데 말이죠.

그런데 뇌 문제도 꽤 재미있어요. 공룡을 연구하는 생물학자 중에는 공룡의 뇌가 두 개였다고 주장하는 사람들이 있어요. 머리쯤에 하나 있고, 엉덩이 있는 데쯤에 하나가 더 있었다는 거예요. 발 끝 또는 꼬리 끝쯤에서 벌어진 일이 위쪽의 뇌까지 오는 데 시간이 너무 많이 걸리기 때문이라는 거죠. 그래서 엉덩이쯤에다가 '지방 뇌'를 하나 만들었다고 주장해요. 그러니까 중앙 정부가 있고, 지방 정부가 따로 있어서 좀 급한 일은 엉덩이 뇌까지만 왔다가 돌아간다는 거죠.

이 이야기는 어떻게 보면 뇌가 모든 것을 다 가지고 있어야 하는 것이 아닐지도 모르는데 현대 생물학이 모든 것을 다 뇌에다 맡기고 있다는 약간 도발적인 가능성을 제기합니다. 최근 생물학계 안에서도 이런 문제를 제기하고 있어요. 뇌가 모든 일을 다 하는 게 아니라, 저 바깥 신경계 말단이 하는 일이 따로 있을 거라는 거죠. 중앙 정부 격인 뇌 혼자 일하는 것이 아니라, 지방자치단체들이 나름대로 조금씩 하는 일이 있을 것이라는 쪽으로 연구 방향이 이동하고 있습니다.

그런 연구 경향 쪽에 있는 외국 학자들이 이상하게도 엄청난 관심을 가지고 있는 게 동양의 기氣에 대한 연구예요. 제게 기에 대해서 공동 연구를 하자고 괴롭히는 한두 분이 있어요. 저도 기에 대한 관심은 아주 많은데, 엄두가 안 납니다. 도대체 어떻게 해야 과학적으로 접근할 수 있을까? 혼자 틈날 때마다 머리를 쥐어짜 봐도 완전히 뜬구름 잡기예요. 만일 제가 이런 일을 한다고 하면 당장 노망들었구나 하는 소리를 들을 것 같기도 하고요. 저에게 공동 연구를 요청한 분 중 한 분은 세계적으로 유명한 학자예요. 얼마 전 국제 학회에서 그분을 만났죠. 그분이 "아, 내가 네 이름은 들었다. 너는 지금 동양에 있는 것 아니냐. 나는 미국에 앉아 있고. 기를 연구하기가 힘들어서 가끔 중국에 가는데, 중국에는 마땅히 같이 연구할 사람도 없으니 네가 나랑 함께 하자. 돈도 대주고, 뭐든 다 해주겠다"고 하더군요. 생각 좀 해보겠다고 답하고는 그냥 어물쩡거리고 있습니다.

그분은 동양에서의 기는 뇌 혼자서 주물럭거리는 것을 분할해서 몸이 좀 가지고 있는 거라고 믿어요. 굉장히 재미있는 생각입니다. 뭔가 있을 법해요. 그런데 도무지 '과학적 방법론'이 나타나질 않는 게 제 문제입니다. 현재 우리가 알고 있는 물리주의적 패러다임으로는 방법이 보이질 않아요. 새로운 패러다임이 등장하면 모를까.

—　　　이제 섹스에 관한 토론이 마지막 단계에 이른 것 같군요. 인간의 섹스에 관해 치밀한 분석을 감행했던 프로이트를 둘러싼 여러 가지 논쟁을 살펴보았습니다. 과학의 시선에서는 프로이트가 여러 가지 오류를 갖고 있지만, 정신분석학은 또 그 나름으로 새로운 사유를 열었다는 쪽으로 마무리할까요?

오늘 대담은 이것으로 끝냈으면 하는데, 어떻습니까?

도정일　끝내기 전에 짚고 넘어갈 게 있습니다. 나중에 해도 되지만 생각난 김에 하죠. 인간과 동물의 성에 대한 최 선생님의 이야기도 그렇고 생물학의 전반적인 설명도 그런데, 큰 틀에서 생물학은 결국 동물과 인간 사이의 유비와 유사성, 그러니까 "동물과 인간이 그다지 다르지 않다. 인간과 동물은 가깝다. 사촌, 아니 어쩌면 이촌일지 모른다. 인간이 개미하고 얼마나 가까운가?" 이런 소릴 하는 데 온 에너지를 집중합니다. 동물의 기준에서 인간을 설명하는 건 인간 중심주의를 벗어나게 하는 데 기여해요.

　그런데 문제가 뭐냐 하면, 인간과 동물 사이의 유사성만 자꾸 세워나가는 것이 능사는 아니라는 점입니다. 인간과 동물이 생물학적으로 가깝다면, 같은 인간들 사이의 생물학적·유전적 유사성은 그보다 더 큽니다. 하지만 이런 유사성에도 불구하고 인간들은 제각각 다른 문명, 다른 문화, 다른 가치와 믿음의 체계, 다른 관습 들을 만들어왔고 지금도 만들고 있어요. 행동 방식도 다릅니다. 그러니까 생물적인 또는 생물학적인 유사성 논의만으로는 이런 거대한 차이들을 설명할 수 없어요.

　같은 문화나 문명권에 속한 사람들은 국가나 인종이 달라도 문화적 유사성 때문에 유대감도 높고, 가치나 태도, 행동의 유사성도 높아요. 아랍 무슬림들은 파키스탄이나 방글라데시, 인도네시아 같은 비아랍 국가 사람들과는 유전적 특성이 다르지만 친화성이 높아요. 같은 종교를 믿기 때문이죠. 서유럽 백인들은 폴란드 사람들한테는 별로 적대감이나 이질감을 안 느끼는 반면에 러시아인들에게는 상당한 이질감을 느낍니다. 폴란드인과 러시아인은 인종적으로 같은 슬라브족인데 말입니다. 이런 건 종교적·문화적 전통을 서로 얼마나 공유하는가 하지 않는가에서 발생하는 차이들이죠. 섹스에 대한 태도도 생물학적 이유보다는 문화적 이유로 큰 차이가 납니다. 그런데 사회생물학은 이런 차이에 대해서는 좀체 말하지 않으려고 하지 않나요?

최재천　사실 선생님 말씀이 정말 아픈 지적입니다. 그게 바로 개인적으로 제 안사람한테 매일 당하고 있는 부분이기도 하고요. 안사람은 제게 "늘 유비analogy야"라며 공격해요. 사실 만약 유비에서 끝나면 반 발짝밖에 못 간 겁니다.

그래서 얼마 전부터 이른바 형질의 진화라는 관점이 등장합니다. 보노보를 거쳐서 인간이 됐다는 식의 유비만으로 설명할 게 아니라, 형질 자체가 어떻게 진화해왔느냐를 추적하는 것과, 실제로 그 생물 진화와 형질이 맞아떨어지느냐 하는 것을 검증하는 연구를 하는 거죠. 그게 '분지분석cladistic analysis'이라고 부르는 방법인데, 나름대로 객관적인 방법을 통해 진화의 단계를 재구성하는 컴퓨터 프로그램도 만들었어요. 지금은 그런 작업을 굉장히 활발하게 하죠.

그런 점에서는 상당히 큰 진보를 하고 있어요. 그런 것을 통하면 막연하게 상상과 유비에 의존해서 해놓았던 것들이 여지없이 무너지기도 하고, 때로는 그런 것들이 기가 막히게 뒷받침되곤 합니다. 저희가 원하는 수준의 객관성을 확보할 수 있는 방법론을 하나 찾은 것이어서 아주 큰 기대를 걸고 있죠. 다만 이런 분석이 아직까지는 동물 연구를 중심으로만 이뤄졌다는 겁니다. 저는 조만간 이 분석법을 사용해서 인간 문화의 여러 현상의 기원과 발달을 연구해보려 합니다. 몇 가지 가정상의 어려움이 예상됩니다만 잘하면 무척 의미 있는 결과들이 나올 것 같아요. 기대해주십시오.

그리고 저도 마지막으로 한 가지 덧붙일 것이 있습니다. 제가 인간과 동물이 다르지 않다고 줄기차게 떠들었지만, 왜 다르지 않겠습니까? 생물학이라고 해서 같음만 연구하는 것은 아닙니다. 다름도 많이 연구해요. 다만 다름이 다름으로 끝나는 게 아니라 결국 같음으로 연결된다는 것입니다. 어차피 우리는 모두 하나의 DNA로부터 진화한 집안 식구들이니까요.

12

우리 사회의 출산율 위기 문제를 보세요. 이건 현대 한국인이 유전자 퍼뜨리는 데 갑자기 흥미를 잃어버려서 생겨난 위기가 아니에요. 퍼뜨리고 싶어도 도저히 형편이 안 되는 겁니다. 아이를 낳고 키우는 일을 엄청 어렵게 해놓은 사회에서 아이를 많이 낳자는 겁니다. 출산율 저하는 분명 사회적 생산성의 위기입니다. 이 위기는 반생물학적인, 혹은 비생물학적인 사회적 문제입니다. 생물학자들이 이 문제를 어떻게 보는지 궁금해요. **도정일**

다양한 생명체와 문화가
공존하는 세상

진화를 한마디로 표현하면 '다양성 증가'예요. 지금까지 생명은 무조건 다양해지는 방향으로 진화해왔죠. 다음 세대에 어떻게 변화할지 모르는데, 환경이, 우리 스스로가 어떻게 변화할지 모르는데, 우리가 어떻게 그것을 예측해서 그것에 맞추어 일을 하겠습니까? 이건 분명히 다양성을 축소시키는 방향입니다. 예측이 불가능한 상태에서 전 국민을 끌고 정부가 도박을 하는 형국은 참으로 위태로워 보입니다. **최재천**

— 무척이나 궁금했던 두 선생님의 만남의 결과가 하나 둘 드러나고 있는 것 같습니다. 이제 마지막 주제로 들어가야 할 때가 되었어요. 오늘은 조금 무거운 주제인 듯합니다만, 마무리 부분에서 묵직하게 짚어줄 것은 짚어주시고, 우리 사회에 전하고 싶은 메시지도 담기면 좋을 것 같습니다.

오늘 주고받을 이야기는 첫째, 인간의 문명이라든가 사회, 그리고 인간을 둘러싼 환경과 관계된 것입니다. 도정일 선생님과 최재천 선생님께서 인문학적이고 생물학적으로 짚어주셨으면 좋겠습니다. 이런 말이 가능할까 모르겠는데 인간, 그리고 오늘날 문명이 나아가고 있는 방향이 진화 방향인가, 옳은 것인가? 인류를 위해서 바람직한 것인가에 대해 이야기를 나눠보면 좋지 않을까요?

두 번째는 인간들 사이의 관계 맺음입니다. 특히 우리 사회에 주목하시면서 이야기를 하셨으면 좋겠습니다. 도정일 선생님이 '인문학적 세계관'이 필요하다는 말씀을 하시는 걸 본 적이 있습니다. 선생님이 말씀하시는 인문학적 관계 맺음이라는 것은 어떤 것인지, 인간의 군집생활에서 관계 맺음 방식은 어떤 것인지, 더 나아가 우리 사회를 주목하면서 우리의 군집 방식 또는 관계 맺음 방식은 어떤 것인지 궁금합니다.

먼저 최 선생님의 질문으로 이야기를 시작하겠습니다. 선생님의 개미 이야기를 듣고 무척 놀랐습니다. 앞에서 개미는 잠재 인력의 3분의 1을 위험 관리에 쓰고 있다고 하셨죠?

최재천 3분의 1이 아니라 3분의 2를 쓰고 있죠.

— 아, 그랬었죠. 우리는 우리 사회의 위험을 어떻게 진단하고 치유

하고 있는지 짚어봤으면 좋겠습니다. 그리고 하나의 희망으로서 생태학적 사유의 가능성에 대해서도 논의해보고 싶습니다.

도 선생님은 《시인은 숲으로 가지 못한다》라는 책에서 인간과 자연, 그러니까 자연이 전체이고 인간이 부분이라면 전체가 부분에 봉사하고 부분이 전체를 지탱해주는 전체성에 대한 개념들이 필요하고, 그 안에 있는 인간의 존재 방식이야말로 문학이 추구해야 할 아주 중요한 주제라는 말씀을 하셨습니다. 최 선생님 역시 《알이 닭을 낳는다》라는 책에서 "우리가 환경을 보호한다고 하는 행동들 중에는 망가뜨리는 일이 더 많다. 이런 것들은 전체적인 연관 속에서 인간의 위치를 보지 못하는 문제, 즉 생태학적 사고가 너무 없어서가 아니겠냐"는 말씀을 하셨습니다.

이야기를 여는 의미에서 〈문명의 야만성과 세계화〉라는 도정일 선생님의 글은 우리 시대 문명의 방향을 짚어주고 있다고 생각합니다. 그 글에서 선생님은 서구 문명이 계몽의 신화와 진보의 신화를 거쳐 개발 신화에 빠져들었고, 오늘날에는 세계화 신화에 빠져 있다고 말씀하셨어요.

도정일 　내가 거기에 그런 말을 썼어요?

— 　예. 세계화에만 신화가 안 붙어 있고, 그 나머지에는 모두 신화란 말이 붙어 있습니다. 제가 보기에는 신화가 사라진 시대라고 할 수 있는 우리 시대의 신화가 아닌가 싶어요. 개발이나 진보가 정언적 명령처럼 받아들여졌다는 사실을 부인할 수 없을 것 같습니다. 도 선생님, 근대 문화의 특성은 무엇입니까?

도정일 　신화라는 말은 그냥 '이야기' 또는 '서사narrative'라는 의미로도 자주 쓰입니다. 그리스어 '미토스mythos'는 원래 '진실된 이야기'라는 뜻이었는데, 후일 '지어낸 이야기'라는 의미로 더 많이 쓰이면서 허구 서사를 지칭하게 되죠. 미토스와 로고스logos는 상호 배타적인 의미로 곧잘 대칭관계에 놓이는데, 현대에는 이 관계 방식부터 새로 생각해야 합니다. 과학과 이성, 말하자면 '로고스'에 최대 방점을 둔 것이 서양 근대 사유의 특성입니다. 그래서 종교나 신화, 판타지 같은 사유와 표현의 방식들은 주변으로 밀려나죠.

우리가 근대에 대해 반성해야 할 가장 중요한 대목은 우선 거깁니다. 이성의 질주 끝에 인간이 도달한 것은 '광기'입니다. 과학과 이성으로 몰아냈다고 생각한 '귀신'들은 늘 뒷문으로 다시 들어와 사람들의 가슴을 점령했어요. 삶의 불안과 공포, 두려움은 이성의 힘만으로는 감당할 수 없습니다. 나는 학생들에게 이렇게 말해요. 사람들의 행동 방식을 이해하려거든 그들을 두렵게 하고 불안하게 하는 것이 무엇인지 그것부터 찾아보라고 말이죠. 가슴 들여다보기죠. 그러자면 신화적 사유나 상상력을 이해하는 방식이 로고스를 거들어야 합니다. 로고스는 미토스를 거들어야 하고. 두 개가 다시 만나야 해요. 신화란 말이죠, 인간이 옛날부터 두려워했고 지금도 두려워하는 것들의 표현입니다. 계몽이니 진보니 하는 것들도 사실은 엄청난 두려움의 산물이죠.

그런데 우리 사회에 지금 필요한 것은 근대에 대한 바른 이해입니다. '근대modernity'라는 것은 역사상의 근대 시기만 의미하는 것이 아니에요. 17세기 혹은 18세기 이후 19세기 말까지의 200~300년이 '시기적' 근대에 해당합니다. 좀더 길게 잡으면 15세기나 16세기 이후의 500년이 광의의 시간적 근대에 포함되죠. 그러나 근대라는 말은 이 시기에 서구에서 발생하고 확산된 독특한 사상과 정신상태, 이념, 제도, 가치, 목표, 기획 같은 '근대성'을 포함하고 있고, 이러한 의미의 근대는 단순한 시기 개념과는 구분됩니다. 그러니까 '모더니티'란 말에는 시간적 근대와 비시간적 근대성이라는 개념이 다 들어

있습니다. 한 예로, 정치 영역에서 근대가 의미하는 것은 인본사상, 민주주의, 보편인권입니다. 이게 '정치적 근대'죠. 이것을 이야기로 풀면, "신이 세계의 주인이고 역사의 주인이다"라는 중세 서사를 "세계의 주인은 인간이고 역사의 주인도 인간이다"로 180도 전환시킨 새로운 이야기입니다. 근대 서사는 그 자체로 이야기의 거대한 혁명이죠.

인본주의, 민주주의, 보편인권 같은 것은 단순한 시기 개념이 아닙니다. 이 구분은 아주 중요합니다. 정치적 근대의 관점에서 보면, 정치 민주주의를 하지 않는 나라는 시간적으로는 20세기 혹은 21세기 '현대'에 살고 있다고 해도 정치적으로는 '근대'에 살고 있는 것이 아닙니다. 현대에 살면서도 사실은 근대에 미치지 못한 거죠. 시간적으로는 세계 모든 나라가 18세기, 19세기를 다 지나왔어요. 그러나 그 모든 나라가 다 정치적 근대를 성취한 것은 아니거든요. 그러니까 서구적 근대의 관점에서 보면 '현대' 국가의 상당수가 사실은 '근대 이전'에 있습니다.

동양은 시간적 근대는 지나왔지만 정치적으로는 근대를 산 것이 아니에요. '모더니티'를 '현대'니 '현대성'이니 하고 번역하는 사람들이 있는데, 틀렸어요. 그렇게 번역하면 근대가 마치 역사상의 어떤 시기만 의미하는 것처럼 되고, 시간적으로도 '현대contemporary'라는 시간대와 구분되지 않습니다. 시간 개념으로 쓸 때는 '근세'라고 해야 더 정확합니다.

— 아직도 '계몽의 시대'에 접어들지 못한 나라가 많다는 말씀인가요? 거기에 한국도 포함됩니까?

도정일 그런 나라가 많죠. 근대성에 대한 가치 판단을 떠나서 말하면, 이슬람은 근대성 수용 자체를 거부하는 상태이고, 아프리카와 남미 지역 국가들은 근대성을 수용하려고 하면서도 잘 안 되는 나라들입니다. 이슬람 국가들 중에서 정치 근대로서의 민주주의를 하고 있는 나라는 터키 정도가 고작입니다. 이집트가 얼마 전에 정치 민주주의를 한다고 대통령 선거를 실시했지만, 서구적 기준으로 보면 아직 민주주의라고 보기 어렵습니다. 우리는 어떻습니까? 우리가 정치 민주주의를 도입한 것은 1948년 대한민국 수립 때부터지만, 50년 동안 껍데기 민주주의만 했어요. 형식과 내용이 제법 갖추어진 근대적 민주주의를 하게 된 것은 이제 겨우 15년밖에 안 되었습니다. 이 사실을 잊어버리면 안 돼요.

계몽주의나 근대성을 비판하는 사람들이 많지만 근대성의 정신과 사상은 이제는 서구만의 것이라고 말할 수 없어요. 그 근대성이 우리 사회에 뿌리를 내리자면 100년은 더 걸릴 겁니다. 물론 근대 기획에는 비판받을 부분이 많아요. 그러나 정치적 근대도 이루지 못한 나라에서, 더구나 그 근대를 실현하기 위해 한참 더 버둥거려야 할 나라의 사람들이 근대를 비판하고 나설 때는 신중하고 사려 깊은 자세가 필요합니다. 우리가 민주주의 자체를 안 하겠다면 또 모르지만 말이죠.

열성유전자를 보호하라

—　　지금 우리는 민주주의를 어느 정도는 이룬 것 아닙니까?

도정일　'어느 정도'죠. 그러나 정치 민주주의는 15년으로는 어림없습니다. 일부 정치인들 중에는 "이제 우리는 민주주의를 이루었다. 다음에 할 것은"이라는 식으로 말하는 사람들이 있는데, 이건 잠꼬대 같은 겁니다. 경제 발전보다 수십 배 더 어려운 것이 정치 발전이고 민주주의예요. 사회 민주화는 제도나 법률의 힘만으로는 이루어지지 않습니다. 동서양을 막론하고 전통사회는 수직 서열 사회죠. 이 수직성의 사회를 수평성의 사회로 바꾸고 합리성을 확장하는 일, 이것이 '사회적 근대'의 알맹이입니다. 그런데 우리 사회는 아직도 속속들이 수직 서열 사회이고, 사회적 합리성의 수준은 20점 정도입니다. 상당수 한국인의 의식은 아직도 왕조시대의 의식과 정신 상태에 묶여 있어요. 연줄주의를 보세요. 비리와 비효율, 부패의 온상이 연줄주의잖습니까. 아는 사람을 찾고 인연 닿는 사람을 찾지 않으면 일을 하기가 엄청 어려운 곳이 우리 사회예요. 연줄이 잘 닿으면 안 될 일도 되죠. 한동안 우리나라를 두고 외국인들은 "되는 일 없고 안 되는 일 없는 나라"라고 말했어요. '끼리끼리 해먹는' 폐습이 우리 사회에 뿌리 깊이 박혀 있습니다.

연줄주의에는 두 가지가 있죠. 하나는 친족등용주의nepotism이고 또 하나는 친구나 친지 등 잘 아는 사람들만 골라 자리에 앉히는 패거리주의cronyism입니다. 이 두 가지를 합쳐서 나는 '끼리끼리즘 kirikirism'이라 불러요. 한국의 연줄주의는 세계적으로 자랑할 만한 거니까 '끼리끼리즘'이란 말도 좀 선전해주세요. (웃음) 현 정권에 대해 사람들이 '코드주의'를 자주 들먹거리는데, 그런 코드주의가 있다 해도 그건 끼리끼리즘과는 성질이 다를 거예요. 한국인은 변화에 상당히 민감한 것이 사실입니다. 뭐든 잘 바꾸고 잘 바뀌죠. 한국적 '변화의 현상학'은 연구거리입니다. 그러나 속을 들여다보면 그 안에는 바뀌지 않는 거대한 관습적 심리 구조와 구시대 이데올로기, 그리고 관행이 똬리를 틀고 있습니다.

— 　재미있는데요. 앞에서도 그런 말씀을 하셨잖아요? 한국인은 왕

조의 시간대와 현대의 시간대라는 두 개의 시간대에 산다고요.

도정일 그래요. 짚어야 할 게 너무 많아요. 이를테면 현대 한국인에게 '개인주의'가 의미하는 것은 '개인이기주의'입니다. '개인'은 서구 근대의 독특한 '발명품'입니다. 그 개인은 운명의 주체, 지식과 판단의 주체, 자유와 책임의 주체입니다. 전통사회의 굴레에서 벗어나 사람이 자기 운명을 제 손으로 만들고 수정할 수 있다는 아이디어의 기원 지점, 거기에 '개인주의'가 있습니다. '미래'라는 사회적 시간 형식을 발명한 것도 근대입니다. "내가 내 운명을 내 손으로 바꿀 수 있다"는 의미에서의 '미래'라는 것이 인간의 삶에 들어온 역사는 300년이 채 안 되었어요. 이런 개인주의가 한국에 들어오면서 천민자본주의, 물질주의, 비도덕적 가족주의, 상업주의, 출세주의 같은 것과 결합해서 비속한 개인이기주의로 전락한 겁니다.

개인주의의 타락은 사실 한국만이 아니라 자본주의적 삶의 양식을 채택한 사회에서 지금 공통적으로 나타나고 있는 비속화 현상입니다. 우리 시대의 세계적 현상은 정신의 '비속화'일 겁니다. 개인과 사회가 끝도 없이 천박해지고 있어요.

최재천 우리 사회가 걷잡을 수 없이 천박해지고 있다는 관찰에 저도 동의합니다. 그리고 저는 우리 사회의 변화가 빠르다는 것에 대해서 늘 부정적으로 생각해왔습니다. 하지만 어떤 의미에서는 상당히 긍정적인 면도 있다고 생각합니다. 제가 여성 문제에 대한 이야기를 많이 했는데, 그럴 때면 안사람을 비롯해서 많은 여성분이 "너무 지나친 장밋빛 생각을 하고 있는 것 같다"고 말합니다. "세상은 그렇게 빨리 변하지 않는다. 저 고리타분한 남자들이 변하기를 바라는 것은 한마디로 꿈이다"라고 할 때, 저는 늘 "우리 사회가 변하는 속도를

좀 봐라. 한번 속도가 붙기 시작하면 걷잡을 수 없다"고 말했습니다.

그런데 선생님 말씀을 듣고 보니까 정말 껍데기만 변하고 있다는 생각이 드네요. 그렇긴 해도 껍데기가 변하다 보면 결국 언젠가는 속도 변하지 않을까요? 여성 문제에 대해 퍽 용감하게, 때론 무모하게 떠들다 보니 드디어 호주제라는 껍데기가 뒤집혔잖아요. 이제 구체적으로 속을 고쳐가고 있지 않습니까?

그런데 선생님이 말씀하시는 껍데기는 무엇이고 알맹이는 무엇인가요? 생물학자로서 저는 알맹이를 유전자형genotype이라고 부를 수 있을 것 같습니다. 그 유전자가 어떻게 발현되느냐 하는 것이 표현형phenotype인데, 그렇다면 우리 사회는 "표현형의 변화가 무쌍하다"고 볼 수 있을 겁니다. 똑같은 유전자를 타고나면 대부분 비슷한 표현형이 나오게 되어 있는데, 우리는 그 과정에서 왜 이렇게 변화무쌍한 표현형이 나오게 되는 걸까요?

—   그게 진화 방식인가요?

최재천   진화의 관점에서 보면 우리는 표현형 자체가 변화했다기보다는 스스로 굉장히 능동적으로 환경을 만들어가는 집단이 아닌가 싶어요. 아, 갑자기 떠오른 생각이 있습니다. 섬생물지리학! 들어보셨죠? 진화생물학을 하는 사람들이 굉장히 많은 기대를 했고, 지금도 아주 중요한 이론이거든요.

섬생물지리학 이론은 저의 하버드 대학 지도교수인 윌슨 교수가 젊었을 때, 맥아더Robert MacArthur라는 불세출不世出의 생태학자와 함께 일하면서 같이 내놓은 이론이에요. 그런데 그분은 40대 초반에 유명을 달리하셨죠. 그래서 우리 선생님께서 그 이론의 대가로 모든 업적을 물려받으셨어요. 그 이론은 바다에 뚝뚝 떨어져 있는 섬들에 대한 이야기라고 할 수 있지만, 여기서 말하는 '섬'이라는 것은 바다에 떠 있는 섬만이 아니라 육지에 있는 개체군이라도 섬처럼 고립되어 있으면 그 같은 '서식지 섬'도 포함합니다. 그런데 실제로 진화는 바다에 떠 있는 섬이든, 아니면 육지 안에 고립되어 있는 어떤 개체군이든 이 모든 섬에 있는 게 다 합쳐져서 한꺼번에 한 뭉치로 일어나는 것이 아니라, 섬 단위로 따로 일어난다는 데 실마리가 있는 것 같습니다.

그러니까 한국 사람은 한국이라는 한반도에 살면서 그 안에서 서로 결혼하고 자식 낳고 하는 등의 변화를 만들어내는 것이죠. 그런데 어쩌다 보니까 중국하고 얽히기도 하고, 소련이 내려와서 설키기도 한 것이죠. 이런 이야기를 할 때 제가 하는 말이 있어요. 생물학자가 보기에는 "우리 민족은 단일민족이다"라고 말하는 것처럼 불쌍한 이야기가 없다는 겁니다.

— 단일성의 '신화'군요?

최재천　우리나라는 도저히 단일민족일 수가 없는 지형을 가지고 있습니다. 반도는 어차피 대륙에서 섬으로 가기 위해 지나가는 곳이고, 해양에서 올라가다 보면 거쳐가야 하는 곳이죠. 여하튼 이 반도라는 데는 언제나 흐름이 아주 많죠. 우리 역사를 살펴보면, 사실 고려 때는 저 멀리 중동 사람들도 왔다 갔다 했다면서요. 〈처용가〉를 부른 사람이 그쪽 사람이었다는 이야기도 있고요. 러시아에서도 내려왔고, 몽골에서도 내려왔죠. 우리나라 사람들은 피가 안 섞이려야 안 섞일 수가 없었을 텐데, 우리는 왜 그렇게도 필사적으로 순수혈통을 고집하는지 모르겠습니다.

섬생물지리학에서 아주 중요한 이론이 두 가지 있는데, 하나는 육지로부터의 거리이고, 또 하나는 섬 자체의 크기예요. 섬이 거대하면 거기서 벌어지는 진화의 속도와 모습이 작은 섬에서 벌어지는 진화의 속도나 모습과 아주 딴판이죠. 작은 섬에서는 어차피 불과 몇 마리로 시작했을 것이고, 그 몇 마리의 독특한 형질 때문에 큰 육지에서 벌어지는 일과는 달리 아주 빠른 속도로 변화가 일어날 수 있거든요. 이것이 지난번에 제가 선생님께 드린 《핀치의 부리》라는 책의 핵심이기도 합니다. 정작 남미 대륙에서는 핀치의 변화가 별로 많지 않았는데 갈라파고스 섬으로 건너간 몇 마리에서부터 출발하여 그곳 섬 하나하나에 건너가서 새로 터를 잡은 것들은 엄청나게 빨리 변화한 거죠. 진화의 속도가 굉장히 빨라진 겁니다.

어쩌면 우리나라는 작은 나라이기 때문에 생물학적으로 볼 때 변화가 빠를 수밖에 없지 않을까요? 그런데 우리나라도 이제 사람 수로 봐서는 결코 작은 나라가 아니잖아요. 사람 개체군의 크기보다는 우리나라 땅덩어리가 워낙 작기 때문에 이 안에서 벌어지는 일이 큰 변화처럼 보이죠. 미국은 앞서가는 나라이면서도 미국인 대부분은 상당히 보수적이잖아요. 워낙 땅이 넓다 보니 보스턴을 비롯한 뉴잉글랜드 지역에서는 엄청난 변화가 일어나도 저 와이오밍 산골에서는 그 변화가 뭔지도 모르고 삽니다. 그런데 우리나라는, 저도 그런 글을 가끔 씁니다만, 전 국민이 똑같은 신문을 매일 읽는 하나의 똘똘 뭉친 집단 아닙니까. 그러니까 변화가 일어나면 완전히 거국적인 변화가 일어날 수밖에 없는 거죠.

도정일   스위핑 체인지sweeping change겠죠.

최재천   그렇죠. 스위핑 체인지가 일어나는 거죠. 언젠가 라디오를 듣다가 그런 이야기를 들었어요. 우리나라에서 영화감독을 하다가 일본 전문가가 된 이규형 감독이 라디오에 나와서 한마디하는데, 굉장히 인상적이었어요. 일본이 월드컵을 준비하는 모습과 우리가 월드컵을 준비하는 모습을 비교하더라고요. 우리는 거국적으로 준비했고, 일본은 지방자치단체들이 제각기 조용히 준비했다고 합니다. 그러면서 한 가지 예를 드는데 일본은 도쿄를 개최 도시로 뽑지 않았다는 거예요. 우리나라는 당연히 서울을 뽑아놓았는데, 일본 사람들은 이 기회에 작은 지방 도시를 키우자고 생각했다는 거죠. 누구나 도쿄로 들어올 테니까 도쿄는 지정하지 않아도 어차피 인지도가 올라간다는 거죠. 그런데 우리나라 사람들은 그런 생각을 전혀 할 줄 모른다는 겁니다. 나라 전체가 한꺼번에 해야 하니까, 한꺼번에 하려면 당연히 수도가 앞서야 되고.

그 이야기를 들으면서 일본과 우리는 이렇게 다르구나 생각했죠. 일본은 여러 섬으로 이루어진 나라잖아요. 지정학적으로, 섬생물학적으로 생각해봐도 일본은 여러 개체군이 모인 곳이어서 각 개체군에서 벌어지는 일들을 나중에 종합해서 진화의 흐름이 결정되는 국가이고, 우리는 완전히 한 덩어리예요. 그래서 약간의 변화가 일어나면 스위핑 체인지가 일어날 수밖에 없는 구조입니다. 제가 좀 혼란스러워졌는데, 이것이 과연 유전자형의 변화까지 설명할 수 있는 것인지는 좀 생각해봐야 할 것 같네요.

도정일   최근에 일본 도서관 문화를 보러 갔다 온 사람들이 깜짝 놀랐다며 들려준 이야기가 있어요. 일본 국회의사당 옆 도큐 캐피탈 호텔에 투숙했는데 인터넷이 안 들어와 있더라는 거예요. "우리 호텔에는 없으니 옆 건물 어디어디 가서 해라" 하더래요. 꽤 큰 호텔인데도 말입니다. 알아보니 인터넷을 할 수 있는 와이드밴드 설치율이 한국의 반의반도 안 되더라는 겁니다.

인터넷과 개인 통신은 한국인의 변화 속도를 아주 잘 말해주죠. 일본은 변화에 상당히 저항적인 부분이 있습니다. 동북아에서 서양에 맨 먼저 문을 열어준 것은 일본입니다. 그러나 이런 정치적 결단은 변화에 대한 수용의 민첩성과는 다른 것 같아요. 기독교는 아직도 일본에 뿌리를 못 내렸거든요. 서양의 진출 앞에서 완강히 버틴 것은 오히려 조선입니다. 그런데 지금 와서 보면 일본은 먼저 열고도 느리게 받아들였고, 한국은 저항해놓고도 빠르게 받아들였습니다.

이런 차이를 생물학적으로 설명할 수 있을까요? 한국인은 '작은 반도'라는 환경적 특성 때문에 변화를 재빨리 받아들이고 변화에 빨리 적응하는 유전형질을 발전시켰다고 할 수 있을까요?

최재천   간단한 이야기가 아닌데요. 핀치의 경우를 봐도 섬의 변화가 빠르다는 것은 '빠르다'보다는 육지나 대륙과 비교했을 때 '다르다'는 것, 즉 속도보다는 성질의 의미가 더 강하다고 봐야 할 것 같아요. 대륙에서는 개체군이 다 연결되어 있으니까 어느 한 군에서 변화가 일어나도 다른 개체군이 거기에 섞여 변화가 희석되고 마는데, 섬에서는 변화가 한쪽 방향으로 가기 시작하면 그냥 그쪽으로 흘러가버리니까 일정한 시간이 지난 다음에 그 섬으로 이주한 생물과 육지에 있는 생물을 비교하면 굉장히 많이 달라져 있다는 뜻이거든요.

그런데 갈라파고스 제도 역시 여러 섬으로 이루어져 있죠. 우리가 핀치를 공부할 때 섬 하나하나를 따로 공부해야 해요. 하지만 일본은 여러 섬을 다 모아놓은 거 아닙니까? 그러니까 우리가 일본이라는 나라를 이야기하자면 각 섬에서 벌어진 일들을 종합해야 하니까, 예를 들면 큐슈에 어떤 변화가 있어도 혼슈에서는 변화가 일어나지 않는다면 전체적으로 우리나라에 비해 변화가 덜 일어나는 것으로 결론이 나겠죠.

사회 진화와 자연 진화의 문법

도정일　한 개체군이 섬이라든가 외딴 곳에 오랫동안 격리되어 외부 교섭 없이 지내다 보면 거기서 독특한 종이 진화되어 나온다는 주장을 한 사람이 최 교수님이 존경하는 마이어 교수 아니었던가요? 호주 대륙은 큰 섬입니다. 세계의 다른 지역에는 없는 캥거루, 웜바트, 코알라 같은 동물들이 유독 호주에만 있다는 건 우리 같은 생물학 문외한에게도 진화의 비밀 하나를 보여주는 것 같아요.

인문쟁이들이 재미있어하는 건, 외딴 지역 혹은 외부 접촉이 흔하지 않았던 지역의 사람들에게서 그 지역 특유의 행동 방식, 개성, 인격 같은 것이 발견된다는 점입니다. 언어적 특성도 그런 것이죠. 그 지역 출신들을 보면 말씨나 억양, 어휘 같은 언어적인 것들만 비슷한 것이 아니라 말할 때의 표정이나 어조, 표현 방식, 분위기도 비슷하다는 겁니다. 표현 방식이 그 지방 특유의 고유성을 획득한 것이죠. 소설에서 장소가 중요한 건 그 때문이기도 합니다. 동서양을 막론하고 옛 문헌에는 사람을 말할 때 꼭 '어디 사람'이라거나 '어디 출신 아무개'라는 식으로 사람과 장소를 함께 묶습니다. 그만큼 구체성이 높아지는 거죠.

고립 지역에서는 그 지역 특유의 문화가 발전할 수밖에 없죠. 세계화 시대에는 이런 다양한 특성이 사라집니다. 다양성이라는 자원이 그만큼 고갈되는 거죠. 지금은 섬이라고 해도 고립성이 현저히 줄어들었죠. 우리 남해안 섬들은 지금 거의 연육교로 육지와 연결되어 있어 사실상 섬이 아닙니다. 하지만 고립성이 높았던 시대에는 섬만의 상당한 사회적·문화적 독자성을 지니고 있었을 겁니다.

최재천　그래요, 그렇게 말할 수 있을 겁니다.

도정일　그래서 말인데, 아까 최 교수님이 말씀하신 그 유전자형이나 표현형과 연결지어보면, 한국인에게 유독 변화에 민감한 유전형질이 생물학적으로 형성되어 있는 걸까, 그게 생물학적 특성이 아니라 우리가 앞에서 이야기했던 문화적 유전의 영향이 아닐까 하는 문제가 제기돼요. 가족을 끔찍이 챙기고 가족 중심으로 움직이는 행동 방식은 세계의 다른 전통사회에서도 강한 특성으로 나타나고 있지만, 또한 한국인의 특성 가운데 하나이기도 하잖아요. 그런데 그 가족주의는 생물학적 특성이 아닙니다. 오히려 가족끼리 뭉치지 않고는 살기 어려운 사회 환경이 만들어낸 특성 아니겠어요? 혈연 전통사회의 산물이 가족주의죠. 그런데 사회 환경과 사회 관계가 더 이상 가족주의를 요구하지 않는 시대가 되어도 그 문화적 구성물로서의 가족주의 이데올로기와 가치는 그대로 장구하게 유지되어 '현대' 한국인의 행동을 지배하는 겁니다. 아까 내가 한국인은 빠르게 변화에 적응하면서도 속으로는 잘 바뀌지 않는다고 한 것은 이런 걸 두고 한 말입니다. 한국인은 변화를 따라갈 때도 가족 단위로 따라갑니다. 함께 뭉쳐서 움직이는 거죠.

변화에 빨리 적응하는 것도 분명 '적응력'이긴 하지만, 그게 정말 개체 생존이나 종족 보존에 유리한 적응인가 하는 문제도 있습니다. 변화에 재빨리 적응하긴 했는데 그 적응 자체가 유효한 적응이 아닐 때도 있거든요. 지금 우리는 새로운 소통 기술과 정보 기술 환경을 굉장한 속도로 만들어가고 있고 변화에 빠르게 적응하고 있습니다. 일본 사람들이 도저히 따라올 수 없는 속도로 말이죠. 그런데 만약에 말이죠, 새로운 기술 환경이 개체의 생존이나 번식에 불리한 영향을 주는 사태가 발생하면 새로운 환경으로의 빠른 적응은 결국은 적응도 아무것도 아닌 것이 됩니다. 오히려 제 무덤을 파는 꼴이 되죠. 속도를 조절하는 것은 그래서 중요합니다. 잘못된 적응으로서의 문화도 있죠. 모든 문화가 높은 적응성을 갖는 건 아닙니다.

이건 아주 중요한 문젭니다. 문화 자체가 적응의 산물이지만 한번 문화가 성숙하고 나면 개체들은 그 문화의 관습과 규범을 따릅니다. 그런데 그 문화가 적응성을 잃어버려 개체는 물론이고 집단의 생존을 위협하는 것이 될 때는 어떻게 될까? 적응성을 잃어버린 문화 때문에 망한 사회의 사례는 역사적으로 아주 많습니다. 제러드 다이아몬드 교수의 지적도 같은 맥락입니다. 문명이 망하는 데는 그럴 만한 이유가 있는데, 그 이유 중에 아주 중요한 것이 생태환경의 파괴라는 게 다이아몬드 교수의 지적입니다. 지금의 경제 세계화 문명도 생태환경을 파괴하는 문명입니다. 그렇다면 그 문명에 재빨리 적응해야 한다, 빨리 바뀌어야 한다는 건 길게 보면 제 무덤 파기죠. 거석문화 때문에 망해버린 이스터 섬 꼴이 나는 겁니다. 이게 현대 문명의 곤경입니다. 문명 자체가 방향을 그르치고 있는데 그 문명 속에서 살아남기 위해 버둥거려야 하는 곤경 말입니다. 이렇게 보면 한국인이 변화에 빠르다는 건 꼭 자랑거리만은 아닙니다. 변화하되 앞도 좀 내다보고 생각도 하면서 바뀌는 것이 지혜죠. 지금의 우리 모습은 눈감고 누가 빨리 뛰는가 내기 경주를 하는 꼴 같아요. 앞에 낭떠러지가 버티고 있는데도 말이죠.

진화론의 '적응'이나 진화의 '맹목성' 이론은 그래서 문제가 됩니다. 생물학적 적응과 진화는 맹목적일 수 있어도 사회적 진화는 맹목적이어서는 안 되죠. 사회생물학의 보수적 경향도 아주 문제입니다. 유전자의 목적은 유전자를 널리, 많이 퍼뜨리는 거죠. 게다가 그 유전자의 영향은 다분히 결정론적이어서 "네가 그런 것은 원래 네 유전자가 그렇게 되어 있기 때문이다"라고 말하는 것은 중세 기독교의 섭리론과 아주 닮아 있습니다.

최재천　　운명론적인 면이 없는 것은 아니지만, 제가 이 대담 내내 거듭 강조한 대로 사회생물학은 결코 결정론적인 학문이 아닙니다. 상당히 열려 있는 학문이라고 생각합니다. 사회생물학과 마찬가지로 진화생물학의 후손 중에 '다윈 의학' 또는 '진화 의학'이라는 분야가 있습니다. 제가 몇 년 전에 번역한 《인간은 왜 병에 걸리는가》라는 책의 출간과 함께 시작했다고 해도 과언이 아닌 이 젊은 학문에 따르면, 현대인을 괴롭히는 질병 대부분은 우리 스스로 만들어놓은 문화에 우리의 육체와 정신이 미처 적응하지 못해 발생하는 현상이에요.

앞으로 거의 틀림없이 인류 최대의 적으로 떠오를 게 확실해 보이는 비만이 대표적인 예죠. 예전에는 하루종일 굶으면서 동물을 쫓아다니다가 한 마리 겨우 잡아야 배를 채울 수 있던 것이 기술 발전 덕에 늘 고기를 먹을 수 있게 되었는데, 운동량은 그때에 비해 현저히 줄어들었으니 말입니다. 우리 인간의 유전자는 수렵 채집 시대나 지금이나 그리 달라진 게 없지만, 우리의 환경은 우리가 능동적으로 바꿔놓아서 그 둘 사이에 엄청난 괴리가 생긴 거죠. 현대 진화생물학은 이처럼 유전자뿐만 아니라 그 유전자가 살아가야 할 환경의 변화도 연구하는 학문입니다.

도정일　　스티븐 핑커처럼 '부모의 영향' 이론을 배격하는 경우를 보세요. 자라는 아이들에게 부모가 큰 영향을 준다는 이야기는 틀렸으며, 후천적인 영향이 무엇이든 간에 아이들은 타고난 유전자대로 성장한다는 사회생물학의 주장에는 상당한 근거가 있어 보입니다. '될 놈은 되고 안 될 놈은 안 된다'는 이야기에도 그 나름의 진실이 있거든요. 막대한 비용을 들여서 과외를 시킨다고 오리가 백조가 될 순 없습니다. 그러니 오리는 오리로, 백조는 백조로 키우는 것이 현명하죠. 그런데 문제가 뭐냐면, 백조가 될 녀석도 시대와 환경을 잘

못 만나면 백조는커녕 오리도 못 되는 수가 있습니다. 백조의 자질을 갖고 태어난 사람도 독재정치에 걸리면 유전자를 퍼뜨릴 기회는커녕 쥐도 새도 모르게 죽는 수가 있어요. 정의니 평등이니 하는 사회적 조건이 중요한 건 그래서입니다.

진화론을 사회에 고스란히 적용하면, 자연계에서와 마찬가지로 사회에서도 적응력이 떨어지는 개체는 사라져야 마땅합니다. 게다가 부잣집에 태어나느냐 가난뱅이 집에 태어나느냐에 따라 적응력이 좌우될 때는 문제가 더 심각해지죠. 완전히 복권놀음이 되거나 과거처럼 귀족 신분사회로 퇴행하게 되는 겁니다. 복지정책을 가장 열심히 반대하는 사람들이 대개 진화론을 좋아하거든요. 사회라는 것은 경쟁 체제니까 능력을 가진 자만이 살아남는 것은 당연하다, 무능력자들까지 사회가 먹여살리고 보듬어 안고 보호할 수는 없다는 주장이죠. 적응력만으로 능력이 있다 없다를 판단하고 재단하는 것은 큰 폭력입니다.

내 생각에 자연에서의 진화와 사회적 진화가 함께 가는 부분도 있지만, 서로 역행하는 부분도 있을 것 같습니다. 우리가 어느 쪽을 문명의 발전 또는 사회 진화라고 부를 것인지, 최 선생님은 어떻게 생각하십니까?

최재천 기본적으로 사회생물학 쪽에서는 사회 진화와 생물 진화에 근본적인 차이가 있을 이유는 없다고 생각합니다. 선생님은 자연 진화 상태라면 무능력해서 낙오되어 마땅한 사람을 사회 진화 상태에서는 모두 보호한다고 하지만, 그렇다면 왜 자연 진화에서 나쁜 유전자가 깨끗이 없어지지 않고 항상 남아 있을까 하는 의문이 일어요. 다시 말해서 자연 진화라고 해서 무능력한 유전자가 항상 낙오되기만 하는 건 아니라는 거죠. 우성인 대립 유전자와 열성인 대립 유전자를 함께 가지고 있는 사람들의 경우 열성 유전자가 하나 있지만 표현형상으로는 항상 우성을 보여줍니다. 열성 유전자는 표현되지 않았기 때문에 우성 형질만 나타난 거죠. 색맹 유전자를 하나 가지고 있어도 색맹이 아니기 때문에 결혼도 하고 아이도 낳지만, 만약 그런 사람 둘이 만나면 표현형으로도 색맹인 사람이 나오는 거거든요. 그러니까 그것을 완전히 없앤다는 것은 거의 불가능한 일이기 때문에 늘 존재하는 겁니다. 그게 생물 진화예요.

그러나 과연 우리가 지금 실시하고 있는 복지정책들이 정말로 열성 유전자들을 지켜주고 있는 것인지, 사실 한번쯤 짚어봐야 합니다. 꼭 우리가 지켜주고 있다고 결론을 내리기는 어려워요. 우리가 판단하는 이른바 열성 유전자를 가지고 있는 사람들의 경우, 예를 들어 그 사람의 유전자 전체에서 한 부분이 열성이라 해도 다른 부분은 상당히 우성적일 수도 있는데, 우리 사회에서는 열성적인 부분이 두드러지다 보니까 성공하지 못한 사람으로 보일 뿐이지, 그 사람이 가지고 있는 유전자 전체가 다 열등하다는 이야기는 분명히 아닐 겁니다. 그리고 그 열성 유전자 자체도 환경이 변하면 졸지에 우성 유전자로 대접받게 될지도 모르는 거니까요.

도정일　그렇죠.

최재천　그래서 우리가 그런 사람들을 구제해주었다고 해서 우리 집단 전체에, 즉 유전자군gene pool에 어떤 결정적인 영향을 미칠 것인가 하는 문제는 그리 간단하지 않습니다.

—　유전자군이 손해 보는 수가 있나요?

최재천   사실 그건 분명하지 않아요. 그리고 그것을 계산해낸다는 건 아주 어려운 문제일 것 같고요. 그런 의미에서 생각하면 결국 사회 진화라는 문제도 언뜻 생각할 때는 경제적 능력이 없는 사람들까지 먹여살리니까 다 똑같아지는 것 같지만, 우리 사회가 지금 평등, 평등 아무리 말해도 사실은 평등하지 않은 것과 마찬가지 아닐까요? 그 안에서는 알게 모르게 결국은 생물 진화가 벌어지는 식으로 누군가는 더 이득을 보고 누군가는 덜 보는 거죠.

생물 진화와 사회 진화가 다른가요? 저는 별로 다를 게 없다고 생각합니다. 물론 사회 진화에는 생물학자가 이야기하는 환경적인 요소인 문화적인 요소가 아무래도 더 많이 작용하겠지만, 그래도 결국 다윈이 말한 자연선택론의 기본 개념에 입각하면 사회라는 문화적 환경이든 숲속이라는 자연적 환경이든, 그 환경에 적응한 개체가 더 많은 유전자를 남기는 거니까요. 그리고 그 유전자를 남길 때 자신이 가장 남기고 싶은 유전자 하나만 달랑 남기는 것이 아니라, 남기고 싶지 않은 유전자도 한꺼번에 모두 남기는 거거든요. 한꺼번에 넘어가기 때문에 나쁜 유전자는 빼내고 좋은 유전자만 넣는 게 불가능하니까 결국 똑같은 메커니즘으로 갈 거라고 생각합니다.

도정일   만약 우성이라고 생각된 유전자를 강화하는 쪽으로 생명공학이 발전한다면 굉장히 위험한 일이라고 우려하는 이유가 거기 있습니다. 문제는 사회적으로 어느 것이 우성인가를 누가 결정하느냐는 거예요. 어떤 시대에는 이런 신체적 특징이나 이런 정신적 능력을 가진 사람이 우성 개체로 여겨지지만, 다른 시대나 다른 사회에 가면 우성에 대한 판단 기준이 바뀔 수 있습니다. 인간 사회가 공존이라든가 평등을 주장하는 방향으로 이동해왔다고 봤을 때, 그 공존이나 평등이란 모두 똑같아지자는 것이 아니라 다양한 개체가 살아남을 수 있는 사회적 환경을 만들자는 거죠. 한 시대의 가치 체계가 우수한 개인을 어떻게 규정하든 간에, 그 규정에 관계없이 우성 개체로 선정되지 않는 개체들도 살아남을 수 있게 해야 한다는 것이 공존의 법칙입니다.

어떤 점에서는 지금 최 교수님이 말씀하신 대로 자연계에서의 진화와 사회의 진화 방향이 크게 어긋난다고 말하기는 어려울지도 모릅니다. 그러나 내 생각에, 생물학은 백 번 죽어도 '이기적 유전자'론을 버릴 수 없습니다. 그게 생물학이 보는 진화의 동력이니까요. 그러나 사회적 진화는 유전자의 이기주의에도 불구하고 어떻게 비이기적이고 이타적인 사회를 만들 것인가에 진화의 목표를 둡니다.

— 도 선생님, 비이기성이나 이타성이 인간의 탁월성인가요?

도정일 무엇이 인간의 탁월성인가? 이 질문에 정답을 가졌던 시대는 없습니다. 그러나 무엇이 탁월성인지 알 수 없다고 말하는 것도 무책임하죠. 중요한 것은 시대를 초월하는 정답이 아니라 지금까지 인간이 살아오면서 이루어보려고 했던 어떤 집단적 목표, 역사적·환경적 제약에도 불구하고 인간이 꿈꾸어온 어떤 이상적 수준에 비추어 '탁월성'을 생각해보는 일일 겁니다. 나는 두 가지 방법으로 인간의 탁월성을 생각해보고 있습니다. 첫째, 인간은 틀림없이 이기적 동물입니다. 그러나 동시에 그 이기적 성향을 거스를 줄 아는 존재입니다. 이기성과 비이기성 사이에 벌어지는 긴장과 싸움을 감당할 능력, 거기에 인간의 탁월성이 있다는 생각이죠. 두 번째 생각은 인간이 '지금 여기'에 매여 있으면서도 그 결박을 넘어 다른 것을, 지금 여기의 '너머'를 보는 능력을 갖고 있다는 겁니다. '지금'을 넘어 과거와 미래를, '여기'를 넘어 다른 곳, 다른 세계, 다른 가능성, '저기'를 보는 거죠. 보기만 하는 것이 아니라 그 다른 것들과의 '연결'을 시도 합니다. 괴테가 가을 숲을 지나다가 읊조린 시 구절이 있죠? "보아라, 이 지상의 것이 아닌 위대함이 저기 있지 않느냐?" 이런 연결의 능력은 아주 위대합니다. 어떤 글에서 나는 연결의 능력이 곧 상상력 이라고 썼습니다.

생물학자들은 인간의 이타적 성향이나 정의감 같은 것이 생물학적 진화의 결과라고 말합니다. 하지만 나는 그것이 사회적 진화의 결과라고 생각해요. 인간의 비이기적 성향이나 정의감은 집단이나 사회공동체 또는 문화의 성격에 따라 위축될 수도 있고 증진될 수도 있습니다. 현대 사회는 인간의 이타성, 정의감, 윤리의식 같은 것을 위축시키는 쪽으로 가치 체계를 이동시키고 있죠. 우리나라를 보세요. 지난 30~40년의 성장주의 정책을 거쳐 시장 세계화 시대에 진입하면서 경제제일주의, 시장근본주의, 성공출세주의가 판세를 끌고 있습니다. 어떤 것이 사회적 우성인자인지가 시장 가치, 돈, 출세주의 등등 물질 위주로 규정되고 있죠. 지금 한국에서 돈을 못 번다고 하면 인간도 아닙니다. 시민권을 반납해야 되요. 시장근본주의자들의 눈으로 보면 인문학은 백수나 생산하는 학문, (웃음) 사회적 효용은 하나도 없는, 없을 뿐 아니라 백해무익한 헛공론에 불과합니다. 그래서 인문쟁이들이 화가 난 겁니다.

미국에 치안 쑤라는 중국 출신 생물학자가 있어요. 가난한 집에서 태어났지만 어찌어찌해서 미국에 유학을 가고, 지금은 명성을 날리는 학자죠. 그가 최근에 중국을 방문하고 나서 개탄한 글이 있습니다. 중국의 대학과 젊은이들이 눈앞의 물질주의와 출세주의에 빠져 순수 탐구의 정신을 잃어버렸다고 말입니다. 중국, 한국 할 것 없이 시장근본주의가 세계를 관통하고 있습니다. 나는 시장근본주의를 시장전체주의라고 부릅니다. 정치전체주의 못지않은 위험 체제죠. 모든 가치가 시장 가치 하나로 결정되고 재단되니까요. 돈을 잘 벌 전망이 서지 않으면 결혼할 생각도 말아야 합니다. 우리 주변에 그런 젊은이들이 많습니다.

최재천   번식할 기회가 근원적으로 봉쇄당한 거네요.

도정일   그렇죠. 요즘 우리 사회의 출산율 위기 문제를 보세요. 이건 현대 한국인이 유전자를 퍼뜨리는 데 갑자기 흥미를 잃어버려서 생겨난 위기가 아니에요. 퍼뜨리고 싶어도 도저히 형편이 안 되는 겁니다. 아이를 낳고 키우는 일을 엄청 어렵게 만들어놓은 사회에서 '아이를 많이 낳자'는 겁니다. 출산율 저하는 분명 사회적 생산성의 위기입니다. 이 위기는 반생물학적인 혹은 비생물학적인 사회적 문제입니다. 생물학자들은 이 문제를 어떻게 보는지 궁금하군요. '유전자를 퍼뜨려야 하는데 요즘 한국 사람들은 번식을 거부해. 미쳤어'라고 말할까요? 몸은 젊어서 번식력이 왕성하지만 사회적으로는 번식 능력을 박탈당하는 상황입니다. 번식하지 말아야만 자기가 살아남을 수 있어요. 생존과 번식이 공존하는 것이 아니라 별개인 거죠. 번식과 생존이 모순관계에 놓이는 겁니다. 번식의 기회가 줄면 사회적으로는 다양성의 자원이 줄어듭니다. 앞으로 어떤 변화가 닥칠지 모르는데 지금의 사회가 요구하는 쪽으로만 적응력을 집중하면 이런 일이 벌어져 미래에 대비할 수가 없게 되죠. 우리 사회는 빠른 적응에 성공하기 위해서 긴 적응에는 실패하고 있습니다.

최재천   선생님께서 말씀하시는 '빠른 적응'과 '긴 적응'에 붙여 저도 한 가지만 덧붙여볼게요. 말씀하신 대로 진화를 한마디로 표현하라면 바로 '다양성 증가'예요. 생명은 지금까지 무조건 다양해지는 방향으로 진화해왔죠. 다윈이 이야기한 것처럼 태초에 하나에서 출발해서 모두 분화되었잖아요. DNA라는 놈이 자기가 더 잘 살아보려고 한 일이 결국 자기의 몸을 다양하게 만들어서 퍼뜨린 것입니다. 과학을 공부하는 저에게 인문학자 냄새가 난다고 하는 건 바로 이런 기본 개념을 들먹여서 그런가 봐요.

과학 하는 사람들끼리 모여 앉아서 토론할 때 불편하고 어려운 이야기가 하나 있어요. 그것은 "연구비를 몇 사람에게 몰아주자"는 것입니다. 우리 정부가 늘 들고 휘두르는 '선택과 집중'의 논리죠. 잘하는 사람한테 몰아주어서 그 사람이 국제적으로 경쟁할 수 있게 해주자는 의미인데, 어딘지 예전에 하던 재벌 정책 냄새가 나지 않습니까? 재벌 정책은 핏대를 올려가며 비판하면서 과학 정책에서는 공공연히 재벌만 만들려고 합니다. 논문을 많이 생산하고 연구 결과에 따른 생산성이 높은 사람한테 '집중 투자'하자는 거죠. 그런 자리에서 저 같은 사람이 굉장히 어렵게 일어나 "진화의 방향은 예측할 수 없는 것입니다"라고 말하면, "웬 밑도 끝도 없이 진화 이야기를 하는 거냐"며 일축해버려요.

선생님이 지금 말씀하신 바로 그 점이죠. 다음 세대도 환경도 우리 스스로도 어떻게 변화할지 모르는데 우리가 어떻게 그것을 예측해서 거기에 맞춰 일을 하겠습니까? 이건 분명히 다양성을 축소하는 방향입니다. 만일 미래 사회를 정확하게 예측할 수만 있다면 그 사회를 이끌 과학기술에 당연히 집중 투자를 해야겠죠. 하지만 그런 예측이 불가능한 상태에서 전 국민을 끌고 정부가 도박을 하는 형국은 참으로 위태롭기 짝이 없어 보입니다.

도정일　말하자면 예비군이 없는 거죠.

최재천　예. 개똥도 찾으면 없다는 식으로, 막상 필요한 특정 분야의 전문가를 찾으면 한 명도 못 찾는 게 우리 현실이거든요.

도정일　대학생들이 모두 고시촌으로 몰렸죠? 요즘은 경영학이 대인기입니다.

최재천　그렇죠. 박사학위를 받은 사람 중에서도 뭔가 새로운 연구를 해보려고 이런 분야의 연구자는 어디 있을까 하고 찾아보면 백발백중 한 명도 없는 게 우리 학계의 현실입니다. 학계가 이렇게 얇은 층으로 이뤄져 있는데도 사람들 대부분이 한쪽 구석에 몰려 있잖아요.

현재 선진국들은 달려가면서도 늘 더듬이를 높이 치켜들고 세상이 어떻게 변할 것인지에 대해 알려줄 만한 징후들을 찾아내려고 무척 노력합니다. 일단 징후들을 찾아내면 그 방향으로 움직이기 위해서 사람들을 줄세워가며 준비하죠. 그런데 우리는 몇 초 늦게 그 사실을 체감하고는 "우리도 그 방향으로 가야지!" 하고 눈을 돌리면 마차를 끌 사람이 한 명도 없는 거예요. 상황이 이러니 비전문가를 앞세워서 갈 수밖에 없어요. 그러니 가다 넘어지고 깨지고 하는 것이죠.

"사회를 다양하게 만들어야 한다"는 선생님 말씀에 전적으로 동의합니다. 그게 사실 우리 사회생물학자들이 이야기하는 거거든요. 그런데 그 이야기를 하러 가는 과정에서 유전자를 너무 앞에 내세워 이야기하다 보니까 오해를 낳게 된 것이죠. 운명론적인 것으로요.

도정일　그렇습니다. 유전자 결정론으로 오해를 받은 것은 사회생물학이 자기를 소개할 때 실수한 거죠.

최재천　꼭 실수만은 아닙니다. 어떤 의미에서는 그런 설명이 무척 매력적으로 느껴지거나 굉장히 좋은 도구였기 때문에 휘두르다가 그것에 말려든 경향이 있어요.

도정일　사회문화적 다양성이나 생태계에서의 다양성이라는 것이 왜 중요할까요? 우선, 생명은 그 자체로서 가치가 있기 때문에 종 다양성이 유지되어야 한다고 말해야겠죠. 생명은 수단적 가치가 아니라 그 자체로 목적입니다. 둘째, 다분히 인간적인 기준일지 모르지만, 자연계라는 거대한 생태 창고 안에는 인간이 아직 모르는 문제들에 대한 해답이 들어 있습니다. 지금 시대의 인간이 모르는 문제, 지금은 눈에 띄지 않는 문제들이 미래에는 얼마든지 제기될 수 있어요. 그 미지의 문제들에 대한 해답을 소리 없이 저장해놓고 있는 것이 생태계입니다. 그런데 그 생태계의 다양성을 파괴해버리면 인간은 제 손으로 미래의 문제들에 대한 해답을 잃어버리게 되죠.

지금 인간은 자기가 아는 문제에 대한 해답을 찾는 데는 명민하지만, 모르는 문제들이 있다는 점에 대해서는 굉장히 둔감합니다. 그러다가 몰랐던 문제가 터지면 당황하죠. 그제야 해답을 구하자면 이미 때가 늦습니다. 인간 스스로가 파괴해서 없애버렸기 때문이죠.

최재천　예, 소스source 자체가 사라지는 거죠.

도정일　인간이 아직 그 효용을 발견하지 못한 게 잡초인데, 사실 잡초의 가치는 당장의 효용성에 있는 것이 아니라 그 너머에 있습니다. 그러니까 잡초를 만나면 우린 이렇게 말해야 해요. "잡초님, 아직은 우리가 당신을 발견하지 못해 잡초로 대접하지만, 섭섭치 마시고 의연히 지내십시오. 언젠가 인간이 찾아올 겁니다" 그런데 지금

면 당황하죠. 그제야 해답을 구하자면 이미 때가 늦습니다. 인간 스스로가 파괴

해서 없애버렸기 때문이죠.

쓸모없으니까 앞으로도 쓸모없을 것이다 싶어 잡초들을 몽땅 뽑아 죽여 없애니 문제죠. 인간 사회에도 이런 잡초 같은 존재들이 있습니다. 사회적으로 쓸모없다 해서 '바보'로 여겨지는 존재들 말입니다.

문학은 그런 바보들에게 지극한 애정을 갖고 있어요. 문학이 문학인 이유 가운데 하나는, 세상이 구박하고 조롱하는 바보들에게서 정말로 인간다운 인간, 인간의 정수, 똑똑한 자들이 죽었다 깨도 도달하지 못할 높은 차원의 진짜배기 인간을 발견하기 때문입니다. 서양문학에는 '거룩한 바보Saint Fool'라는 인물이 있어요. 바보는 바본데, 알고 보니 성인 반열에 들 만한 바보, 그게 '성 바보'입니다.

최재천 그런 인물이 등장하는 대표적인 작품은 뭔가요? 저도 그런 작품들을 읽고 논문에 인용해보고 싶은데요.

도정일 얼마든지 구해드릴 수 있어요. 사실 제가 담당하는 학부 소설 강의에 '바보 연구'라는 게 있습니다. 문학에 나오는 바보들을 만나보게 하는 과정이에요. 세계 문학의 대가들치고 바보 이야기를 쓰지 않은 사람이 없을 정도입니다. 톨스토이는 특히 바보에 관심이 많았던 작가죠. 《바보 이반》 말고도 그가 쓴 이야기들에는 이런저런 바보들이 몇 트럭쯤 등장합니다. 도스토옙스키도 《백치》를 썼어요. 문학은 바보에 대한 말할 수 없는 그리움을 갖고 있습니다. 작가들은 죽기 전에 꼭 바보 이야기를 써보고 싶어하는 것 같아요.

영화에도 바보가 나오는 영화가 꽤 많죠. 혹시 〈길〉 보셨어요? 거기 나오는 젤소미나(줄리에타 마시나 분)는 불한당 차력사인 잠파노(앤서니 퀸 분)가 끌고 다니면서 한없이 착취하다가 내버리는 팔푼이 여자예요. 남자는 한참 세월이 지나고 나서야 여자를 다시 찾아나섭니다. 바보를 잊을 수 없었던 거죠. 물론 찾지 못합니다. 남자가 밤 바다 모래밭에 꿇어앉아 울면서 절규하는 것으로 영화는 끝나요. "젤소미나, 난 네가 있어야 해!"

최 교수님께 꼭 추천하고 싶은 작품이 하나 있습니다. 1978년 노벨상을 받은 유대계 미국 작가 아이작 바셰비스 싱어가 쓴 〈바보 김펠〉이라는 단편입니다. 우리도 시골서 자란 사람들을 보면 이상하게도 대부분 어릴 적 살던 마을의 '동네 바보'에 대한 기억을 갖고 있잖아요? 김펠도 그런 동네 바봅니다. 동유럽 어느 유대인 마을이 배경이죠. 이 바보가 장가를 드는데, 여자가 결혼 몇 달 만에 애를 낳아요. 물론 김펠의 아이가 아니죠. 김펠이 이 여자하고 사는 동안 아이 여섯이 태어납니다. 그런데 그중에 김펠의 아이는 하나도 없어요.

최재천　그럼 남편이 그 아이들을 다 키워주는 이야기입니까?

도정일　다 키우죠. 그래서 생물학자에게 추천하는 겁니다. 동물의 세계에서도 수컷이 제 새끼가 아닌 놈을 키우나요? 젊은 수컷 사자가 암컷을 거느리게 되면 다른 수컷한테서 낳은 새끼들은 죄다 물어 죽인다면서요?

최재천　예, 다 죽여요. 사자만 그러는 게 아니라, 다른 여러 종에게서도 그런 행동들이 밝혀지고 있습니다. 그리고 인간 사회에서도 아동 학대의 경우 친자식이 아닐 경우가 압도적으로 높죠. 사람들 대부분은 남의 자식을 안 키우려고 합니다.

도정일　그런데 키우기도 하죠.

최재천　물론 키우기도 하죠.

도정일　한국인은 남의 아이를 데려다 키우지 않기로 유명하죠. 다른 나라 사람들이 한국 고아들을 입양하지 않으면 그 아이들이 다 어디로 갈까요? 그래서 이런 질문이 생깁니다. 제 새끼 아닌 것은 다 내쫓거나 물어 죽이는 것이 동물계의 경향이라면, 아이 입양을 꺼리는 한국인은 동물계의 자연 성향과 닮았다고 말할 수 있지 않을까요? 그렇다면 인종도 다른 한국 아이들을 입양해서 키우는 다른 나라 사람들의 행태는 어떻게 설명이 될까요? 반자연인가요? 반자연이라면 이기적 유전자의 명령에 어긋나는 건데, 그런 행동은 누가 시킨 거죠? 그것까지도 유전자의 프로그램일까요? 진화의 손익으로 따질 때 그런 행동도 '이익'이 되는 건가요?

최재천　사실 그런 걸 설명하기는 쉽지 않습니다. 그런 사람들이 마을에 여럿 있다면, 그러니까 남의 아이라도 잘 키워주려는 사람이 많은 마을이라면, 마을 전체로 볼 때 그런 사람이 전혀 없는 마을보다는 잘 사는 마을이 되는 거죠. 그런데 개체의 입장에서 생각하면 완전히 바보짓을 하는 거예요. 자기 유전자를 퍼뜨린 것이 아니니까요. 실제로 인간을 포함해서 거의 모든 동물에게 이게 내 자식이냐 아니냐를 밝히는 메커니즘이 굉장히 발달되어 있습니다. 암컷한테는 그런 게 별로 발달되어 있지 않죠. 자기가 낳았기 때문에 의심할 여지가 없기 때문이죠. 뻐꾸기의 경우 남의 둥지에 알을 낳잖아요. 새들은 대개 알이 바뀌어도 구별하지 못합니다. 그 어미의 입장에서는 의심할 필요가 없기 때문에 구태여 그런 메커니즘이 발달하지 않은 거죠.
　저도 아들 녀석이 태어났을 때 주변에서 "어휴, 엄마 쏙 빼닮았네" 하는 말을 많이 들었어요. 며칠 동안 고민 아닌 고민을 하다가 사흘쯤 됐는데, 아들 녀석의 귀가 뾰족하더라구요. 제 귀가 〈스타 트랙〉의 닥터 스파크처럼 좀 뾰족하거든요.

도정일　'발가락이 닮았다'가 아니라 '귀가 닮았다'군요.

최재천　속으로 '휴우, 다행이다'라고 생각했죠. (웃음) 제 안사람을 의심할 이유가 전혀 없는데도 남들이 그냥 "야, 애 정말 엄마랑 똑같이 생겼네. 아빠하고는 전혀 안 닮았어"라고 하니까 은근히 기분이 이상해지더라구요. 남자에게, 수컷에게는 언제나 그런 면이 있어요.

도정일　《장자》〈도척편〉을 보면, 당대의 지식인인 공자 선생이 공부라곤 한 일이 없는 무식꾼 도척이한테 된통 야단맞는 이야기가 나옵니다. 도척이 공자를 야단치는 내용 중 하나는 들판의 황소는 제 새끼인지 아닌지 따지는 일이 없건만 유독 인간만은 내 새끼냐 아니냐, 내 아비냐 아니냐를 따진다. 그런데 그게 다 공자 네놈 때문이라는 겁니다. 동물들이 제 새끼인지 아닌지 용케 알아내는 재주를 가졌다면 도척이 잘못 알았던 거네요?
　장자는 야성의 철학자였으니까 요즘 말로 하면 자연주의자에 가깝습니다. 그가 보기론 부계 혈통을 따지는 가부장제 사회의 풍습이 훨씬 더 반자연이고, 누구 새끼냐를 따지지 않는 것이 자연의 도였어요. 가부장제 사회 이전에 모계 사회가 있었는지 확인하기는 어렵지만, 페미니스트 중에는 인간 사회가 처음부터 부계 사회로 출발한 것이 아니라 모계 사회로 출발했다가 권력 구조의 변동과 함께 부계 사회로 이행하게 됐다고 주장하는 사람들이 있습니다. 생물학의 관점에서는 가부장제 부계 사회가 출현하게 된 건 수컷의 친자 확인 본능과 관계가 있는 거군요?

최재천　그럼요.

도정일　　그러니까 남자가 권력을 쥐고 생산력을 지배하게 되었다, 권력과 재산의 상속제가 생기면서 부계 중심의 가부장제가 생겨났다, 이런 것이 아니라 처음부터 부계 사회로 출발할 생물학적 근거가 있었기 때문에 부계 사회가 나온 거라고 말해야 하나요?

최재천　　당연히 그렇죠.

도정일　　그렇다면, 그러니까 친자 확인의 본능이 처음부터 강하게 작용했다면 인류 사회는 처음부터 모두 예외 없이 부계 사회로 출발했다고 말해야 할 겁니다. 그러나 그렇게 주장할 확실한 근거는 없어요. 초기 인류의 군집생활에서는 집단의 성생활이 대단히 문란해서 거의 난교 수준이었다는 것이 오히려 생물학자들의 일반적인 생각이 아닌가요? 성생활이 그랬다면 남자들이 무슨 수로 자기 새끼를 가려냅니까?

　　앞서도 이야기가 나왔지만, 그리스 신화 가운데 제우스 중심의 신화 전통은 철저하게 가부장 질서를 반영하고 있어요. 그러니까 그 신화는 지상의 가부장 질서를 정당화하고 지탱하는 남성신 신화 체계입니다. 그러나 미케네 문명의 제우스 신화가 만들어지기 이전, 크레타 중심의 미노아 문명의 신화에서는 여성신인 가이아가 우두머리입니다. 시기적으로 가이아 신화는 제우스 신화보다 1,000~1,500년 정도 앞선 겁니다. 신화는 역사가 아니니까 거기서 곧장 역사를 끌어내기는 어렵지만, 신화가 당대 질서의 거울이라는 점에서 보면 가이아 신화를 발전시킨 미노아 문명은 부계 사회가 아니었거나 적어도 남성 중심의 질서가 그리 강한 사회는 아니었다고 말할 수 있어요. 권력도 여성 중심으로 승계되었거나 최소한 여성을 매개로 해서 승계되었다고 말할 만한 신화 구조상의 특징들이 있습니다.

그런데 최 선생님, 어떻게 생각하세요? 스웨덴이나 미국, 캐나다, 호주 같은 나라 사람들은 피 한 방울 안 섞인 남의 나라 아이를 입양해서 키우는데 우리나라 사람들은 그렇게 하지 않습니다. 이게 생물학적 차이 때문입니까? 그쪽 사람들의 유전자는 "네 새끼 내 새끼 가리지 말고 데려다 키워라" 하고 명령하고, 한국인의 유전자는 "안 돼! 너 바보 되고 싶으냐?" 이러는 건 아닐 테죠? 그렇다면 이런 행동의 차이는 생물학적 근거보다는 문화의 차이에서 나오는 것 아닌가요?

최재천　그래서 그 문제를 제 책에서 한 번 다룬 적이 있어요. 미국에 있을 때 한국 아이를 입양한 사람들을 가끔 만났거든요. 한국 땅에서 태어나서 자란 저로서는 그때 참 신기했죠. 처음에는 미국 사람들이 너무 이상하게 보였어요. "참 미친놈들이구나! 미친 일을 하는구나" 싶기도 했어요.

그러다가 동유럽이 무너지면서 루마니아, 유고 등의 고아원에서, 그것도 에이즈에 걸려 있는 아이들을 미국 사람들이 입양하는 것을 봤죠. 그들이 그곳에 가서 오랜 기간 정부의 불합리한 행정 체제와 싸우면서, 심지어 어떤 사람은 1년이 넘는 각고의 노력 끝에 아이들을 입양해서 미국 공항에 도착하는 장면들이 TV에 나왔어요. 저는 TV를 보면서 많이 울었어요. '어떻게 저럴 수가 있을까. 자기 핏줄도 아닌데.'

우리나라의 경우, 옛날에 형님 댁에 아들이 없으면 동생의 아들을 한 명 빼앗아오잖아요. 멍석 밑에 곶감을 적당히 숨겨두고 조금씩 먹으면서 단식투쟁하는 척하며 아이를 달라고 투정해서 빼앗아가죠. 그 행태는 자기랑 어느 정도 피를 나눈 아이를 데려가는 것이잖아요. 그때도 자기 동생 중에 정말 못난 동생의 자식을 데려가는 것이 아니라, 잘난 동생의 자식을 골라갑니다. 입양할 때도 마찬가지로 계산을 다 할 텐데. 그 사람들이 불구의 아이들을 안고 들어오는데, 정말 한마디로 감동적이더군요.

저는 그 장면을 보면서 이렇게 결론을 내려봤어요. 우리가 남의 자식을 품지 못하는 까닭은 우리 스스로 단일민족이라고 생각하는 허구에서 온 게 아닌가? 우리 민족처럼 핏줄이라는 것에 집착하는, 순수한 혈통이라는 것에 병적으로 집착하는 민족이 있을까? 예전에 중학교에서 배운 걸 기억해보면 이게 얼마나 어처구니없는 이야긴지 너무나 분명해집니다. "우리나라는 끊임없이 외침을 받았다"고 해놓고 그다음 장에는 엉뚱하게 "우리는 순수혈통을 지닌 단일민족이다"라고 써놓았는데, 이 두 말이 어떻게 함께 나올 수 있는 건지 모르겠어요. 우리 피가 순수하지 않다는 걸 너무나 잘 알고 있었기에, 하지만 순수를 너무도 갈구했기에 역으로 생겨난 믿음이 아닐까 생각합니다. 우리의 순수혈통 신화에 사실 아무런 근거가 없다는 것을 알고 나면 조금 문제가 달라지지 않을까요?

미국과 우리나라를 생물학적으로 보면 조금 차이가 있는 것 같아요. 미국이라는 나라는 상당히 여러 핏줄이 모여 사는 나라다 보니 핏줄에 대한 개념이 우리만큼 강하지 않아요. 그런데 그것은 어디까지나 사회적인 개념이고, 사실 생물학적으로 설명하려면 양쪽 다 설명이 불가능하죠. 도대체 남의 자식을 데려다 키울 이유가 전혀 없거든요. 단지 키워서 이득이 될 가능성이 있는 경우에는 설명이 가능하지만 말입니다.

도정일　순수혈통의 신화 때문만은 아닐 거예요. 가부장제가 결정적으로 굳어져 남성 중심의 사회 질서가 확립되기 시작한 건 조선시대부터입니다. '군사부君師父 일체'는 조선시대를 떠받친 권력의 삼각 구조입니다. 그 군, 사, 부는 모두 남자죠. 이런 사회 질서를 만들고 그 질서를 부단히 재생산한 것은 유교 문화입니다. 승계, 상속, 조상 봉사奉祠 같은 데서 남성 중심의 질서를 유지하려면 부계 혈통주의, 부계 가족주의, 적자적손適子適孫주의 등을 통해 혈통을 유지할 필요가 있었어요. 이런 사회에서 남의 집 아이를 데려다 키운다는 건 상상도 할 수 없는 일입니다. 입양은 같은 집안 안에서만 가능했는데, 그 입양의 이유와 동기도 '대가 끊어지면 안 된다'는 생각, 곧 혈통주의 때문입니다. 또한 친자라고 해서 다 친자가 아니었죠. 적자 아닌 서얼은 피가 같아도 친자 인정을 못 받았습니다. 문화의 힘은 길고 강대해요. 사회관계가 바뀌어도 문화는 좀체 바뀌지 않습니다. 조선조 500년의 남성중심주의 문화는 지금도 우리 사회에 강력하게 남아 있습니다. 그래서 지금도 "남의 자식을 데려다 키우면 안 돼!"라고 명령하는 거죠. 그런데 최 교수님, 동물의 세계에는 입양 같은 것이 전혀 없습니까?

최재천　어떻게 봐야 할지 모르겠지만, 타조는 남의 자식을 적극적으로 입양한다고 할 수 있어요. 타조는 알을 낳을 때, 그 동네 으뜸 암컷으로부터 입양을 강요당해요. 으뜸 암컷이 알을 낳아놓고 다른 암컷들더러 자기 알들 옆에다 알을 낳으라고 합니다. 그러곤 으뜸 암컷이 혼자서 그 알들을 다 보살핍니다.

그런데 어느 영국 학자가 타조의 행동을 자세히 관찰해보니까, 으뜸 암컷 타조는 자기 알들을 가운데다 놓고 다른 암컷들의 알은 가장자리로 삥 둘러놓는다고 합니다. 그러면 외부 침입자가 다가올 경우 바깥쪽에 있는 알만 잡아먹히고 자기 알은 살아남죠. 그만큼 자기 알이 없어질 확률이 낮아지는 거죠. 그래서 남의 새끼를 키우는 거예요. 또 새끼 타조를 키워서 돌아다니다 보면 암컷끼리 만나요. 그러면 서로 싸우다가 이긴 암컷이 새끼들을 다 데리고 가요. 그런데 거기서도 자세히 관찰해보니까 자기 새끼들은 가까이 데리고 다니고, 빼앗아온 남의 새끼들은 가장자리로 돌려놓는 거예요. 마찬가지로 이른바 '희석 효과'입니다. 그러니까 이런 경우에는 분명히 이득이 있기 때문에 남의 새끼를 키우는 거죠.

미국에서 양자를 입양하는 사람들 중에는 자기 자식이 있는데도 입양하는 사람들이 있거든요. 그런 사람들 중에 간혹 타조 같은 일을 하는 사람들도 있어요. 입양한 아이들이 자기의 진짜 아이들을 지원하게 만드는 행동들을 보인 사람들이 있었어요. 그런 행동은 생물학적으로 설명할 수 있지만 남의 아이를 데려다가 자기 자식보다도 더 열성을 갖고 키우는 행동은, 사실 생물학적으로는 설명하기가 무척 어렵습니다.

도정일　솔직하게 말씀해주셔서 고맙습니다. 나는 생물학이 모든 인간행동을 설명할 수 있다고 나설 때마다 두드러기가 나는데, 최 교수님 같은 분과 이야기할 때는 두드러기가 안 나요. 두드러기가 날 기회가 줄어드니까 좀 섭섭하기도 하고. (웃음)

그런데 최 교수님, 생물학이 설명하기 무척 어려울 때는 다른 학문이나 설명 방식에 귀 기울일 만하네요, 그렇죠? 사회학자들의 관찰을 좀 빌리면, 입양문화는 종교와도 관계가 깊은 것 같아요. 남의 아이를 데려다 열심히 키우는 나라들을 보면 가톨릭보다는 프로테스탄티즘 전통이 강한 나라들입니다. 기독교 프로테스탄티즘의 개인주의, 신 앞에서의 공功 쌓기, 사해동포주의 같은 정신이 입양 문화의 토대가 되지 않나 싶어요. 미국의 한 물리학자는 아이가 14명이라던가, 숫자는 확실치 않지만 좌우간 많은 아이를 데려다 키우는데, 국적·인종·혈통이 형형색색입니다. 그런데 그 사람은 미혼 남성이에요. 그에게 종교가 있는지 없는지 모르지만, 종교 같은 게 없다면 그의 행동은 어떤 다른 문화적 가치 체계에서 나온 것이겠죠. 근대적 비가족주의 문화 같은 거 말입니다.

아까 그 바보 김펠 이야기는 그래서 더 흥미롭습니다. 유대교는 초창기부터 아주 강력한 가부장제 족장문화를 갖고 있었어요. 아브라함, 이삭, 야곱처럼 대대손손 족장 중심의 서사를 만든 것이 히브리 민족신화입니다. 그러니까 우리처럼 순수혈통의식도 아주 강하죠. 야곱에게 디나라는 딸이 있었는데, 다른 부족의 남자한테 욕을 당합니다. 그러자 야곱의 아들들이 밤중에 쳐들어가 상대방 마을의 남자란 남자는 죄다 죽입니다. 집안의 혈통을 더럽힌 자들에 대한 보복이죠. 아브라함이 아들 이스마엘을 사막으로 내쫓은 것도 그 아이가 적자가 아니었기 때문입니다.

이런 문화를 이어받은 유대인 마을에서 바보 김펠은 제 아이가 아닌 아이들을 다 키워내요. 그런데 이 바보는 아무 영문도 모르는 바보가 아닙니다. 아내가 자기를 계속 속인다는 것도 알고 있고, 그 때문에 괴로워하기도 하는 바보죠. 자기를 바보로 만드는 동네 사람들에게 보복할 생각도 품어봅니다. 아내가 죽고 나자 그는 아이들을 혼자 다 키운 뒤 빵가게를 해서 모은 전 재산을 그 아이들에게 다 나눠주고 자기는 보따리 하나 둘러메고 방랑길에 올라요. 가는 데마다 아이들을 모아놓고 이야기를 들려주는 '이야기꾼 할아버지'가 돼서 말이죠. 그래서 바보 김펠은 인간적으로는 눈물나게 위대합니다. 어쩌면 작가 아이작 바셰비스 싱어는 유대인 사회의 혈통주의적 협소성에 한바탕 침을 놓고 싶었는지도 모릅니다.

최재천   저도 우리 한국 사회의 혈통주의적 협소성을 꼬집으려고 그런 글을 쓴 것인데, 어르신들한테 국민을 오도하지 말라는 꾸지람만 잔뜩 들었습니다. 제 글에 설득력이 부족했나 봅니다. 아무래도 저 역시 '바보 소설'을 하나 써야 할까 봅니다. 일찍 은퇴하고.

이기적 유전자를 넘어

도정일　우리 대담에서 핵심적인 두 가지 화두는 '인간 본성human nature'과 '인간 행동human behavior'입니다. 생물학이 말하는 인간 본성론과 행동론, 그리고 인문학이 생각하는 인간관이죠. 인문학에는 통일된 인간관 같은 건 없습니다. 문을 가능한 한 열어놓고 다양한 탐구, 설명, 설득이 백가쟁명으로 나오게 하는 것이 인문학의 관심사입니다. 물론 거기에는 생물학적 통찰도 포함됩니다. 그래서 내가 자꾸 그러죠, 오늘날 생물학의 발견을 참작하지 않는 인문학적 인간론이란 불가능하다고 말이죠.

　예를 들면 조직적인 '언어'는 사실 인간과 동물을 갈라놓은 거대한 분수령인데, 그 언어란 게 전적으로 문화적 산물만은 아니거든요. 말을 할 수 있는 능력 자체는 문화적 구성물이 아니라 생물학적으로 주어진 겁니다. 턱 모양, 치아, 혀의 구조가 조금만 달랐더라도 인간은 언어를 발전시키지 못했을 거예요. 그러니까 말할 수 있는 능력 자체는 생물학적으로 주어진 것이죠. 그러나 그 생래적인 보편적 능력 위에서 인간이 언어를 발현시키는 꼴은 천차만별입니다. 그래서 세계에는 6,000개 이상의 다양한 언어가 있습니다. 소멸한 언어까지 합치면 인간이 만든 언어는 1만 개 이상일 겁니다. 아까 최 교수님이 말씀하신 유전형, 표현형이라는 단어를 빌려서 표현하면 언어의 유전형은 보편이되 그것의 표현형은 인종이나 부족, 사회마다 다른 거죠. 심지어 개인 차원에서도 차이가 납니다. 이런 발현의 차이는 생물학적인 것이 아니라 문화적 구성이라고 봐야 할 거예요. 입양의 경우에도 생물학적 근거와 문화적 근거가 따로 있지 않을까 싶어요.

최재천　그런데 이런 점은 있습니다. 제가 오랫동안 생각해본 건데요, 입양을 하는 것처럼 튀는 행동도 드물 거예요. 분명히 미국 사람이 동양계 아이를 데리고 다니면서 참 잘해줄 경우, 이것이 나쁜 말로 하면 전시 효과가 엄청난 행동이라는 것이죠.

도정일　사회적 인정의 효과죠. 세금 감면이나 각종 특혜 같은 것도 있죠.

최재천　예, 바로 사회적 인정의 효과예요.

도정일　입양이 '튀는' 행동일 때도 있지만, 문화적 '순응'일 때도 있습니다. 어떤 교회 공동체에서는 입양이 '미덕'으로 칭송받는다고 합시다. 그러면 그 교회 신도들은 자기 공동체의 규범을 따르는 것이 칭찬도 받고 사회 활동을 하는 데도 더 유리하니까 별로 마음이 내키지는 않지만 '에라, 나도 한국 아이 하나 데려다 키우자'고 나설 수 있죠. 이런 경우는 튀는 행동이 아니라 오히려 순응입니다.
　사회학에서 '타인지향적'이니 '외향적'이니 하고 말하는 경우가 거기 해당할 것 같아요. '남들이 하니까 나도 한다'죠. 그런가 하면 남들이야 어떻게 행동하든 상관없이 자기 신념과 가치관에 따라 입양하는 이른바 '내향성' 행동도 있을 겁니다. 이런 경우는 아마 남들 눈에 '튀어' 보이겠죠. 그러나 내향성 행동은 외부의 영향을 덜 받으니까 주변 환경에 변화가 있어도 시종 꿋꿋할 테고, 외향성 행동파는 외부로부터의 인정, 칭송, 이익 같은 것에 변화가 발생하면 입양아를 학대하거나 내다버리기도 할 거예요. 이 경우 학대는 생물학적·본능적인 것이 아니라 여전히 문화적인 태도 변화죠. 지금 미국의 기독교 열풍은 다분히 순응적이고 외향적인 데가 있어요.

최재천　사회생물학에서 큰 주류를 꼽으라면, 물론 다윈의 이론으로부터 출발하는 게 사회생물학이지만, 그다음에는 해밀턴의 혈연선택kin selection 이론이에요. 그 이론은 "유전자를 공유하는 것들끼리 서로 도우면서 사회 행동이라는 것이 생겨났다"고 설명합니다. 그러면 유전적으로 서로 관계가 없는 개체들 간에는 어떻게 이타주의적인 행동이 진화했느냐 하는 문제가 남죠. 그래서 나온 것이 트리버즈의 상호호혜reciprocal altruism 이론입니다.

이를테면 우리가 헌혈을 하고 나서 헌혈했다는 사실을 말하고 싶어서 입이 간질간질한 이유는 "나는 남에게 헌혈할 줄 하는 사람이다"라는 평판을 기대하기 때문이라는 겁니다. 물론 계산적으로 그렇게 한다는 것은 아니지만요. 이런 관점에서 보면 내가 남의 자식까지 데려다 키울 수 있다는 것은 좋은 사회적 평판을 얻는 데 굉장히 도움이 되는 일이죠. 다민족 국가에서는 훨씬 더 높이 평가될지도 모른다는 생각도 듭니다.

요즘에는 TV에서 장애 아이를 데려다가 키우는 부모들을 많이 보여주더라고요. 우리 사회도 그런 행동을 언론에서 대대적으로, 그리고 지속적으로 홍보하면 입양하는 사람들이 늘어날 겁니다. 그것은 결국 자기의 평판, 사회적인 평가를 높이는 데 굉장한 공헌을 할 겁니다. 그런 효과가 분명히 있을 것 같은 생각이 들어요.

그런 평판이 중요한 이유는 만일 내가 함께 손잡을 사람을 선택할 때 헌혈차를 보면 아예 멀찌감치 돌아가는 사람보다 제 발로 걸어가서 헌혈하는 사람, 그리고 그보다 더, 남의 아이를 입양해서 평생 돌봐주는 사람을 택하고 싶기 때문이죠. 나도 그런 사람을 원하고 남도 내가 그런 사람이면 나를 더 원하겠죠. 이것이 상호호혜 집단입니다.

도정일　입양이니 헌혈이니 하는 이타적 행동이 결국은 '나'의 액면 가치를 높여주는 거니까 한다고 말하면 이타적 행동도 '이기적 계산'에 의한 것이 됩니다. 호혜적 이타성 이론은 동네 목욕탕에 가면 그 진수를 볼 수 있어요. 서로 등 밀어주기 말입니다. "내가 네 등을 밀어주면 너도 내 등을 밀어주겠지"라는 거죠. 나는 열심히 밀어줬는데 상대방이 자기만 씻고 나가버리면 "뭐 저런 인간이 있어?"가 되고, 더 심하면 "저건 인간도 아니야!"가 됩니다. 사회적 평판에 일대손해가 발생하는 거죠. 이게 사람들이 서로 도와줄 때의 일반적 도덕률입니다. 그 도덕률을 따르는 것이 사회적 생존에 더 유리하죠. 그래서 그런 행동을 강화하는 쪽으로 자꾸 프리미엄이 붙고, 이런 피드백이 쌓여서 유전 정보에도 영향을 준 것이라는 소리가 되나요?

그런데 재미있는 현상이 있어요. '서로 등 밀어주기'는 남탕에서보다는 여탕에서 더 많이 일어납니다. 여탕에 들어가봤느냐? 꼭 들어가봐야 압니까? (웃음) 이런 이야길 왜 하느냐 하면, 육체적으로나 사회적으로 약자일수록 호혜 성향이 더 높다는 소릴 하고 싶어서입니다. 커뮤니케이션의 경우도 그래요. 남탕에서는 한증막에 같이 앉아 있어도 모르는 사람끼리는 좀체 대화가 트이지 않죠. 그러나 여탕 사우나 실에서는 모르는 여자들끼리도 순식간에 이야기꽃이 피거든요. 안 들어가봤지만 다 압니다. (웃음)

인간은 자연 앞에서나 신 앞에서 보잘것없는 '약자'입니다. 그 약자가 호혜성의 꾀를 내지 않으면 무슨 수로 강력한 외부 위협에 맞서겠어요? 종교의 경우도 이 방식으로 설명이 가능하다고 생각됩니다. 리처드 도킨스 같은 생물학자들은 종교를 우습게 여기지만, 앞에서 이야기했듯 그건 생물학자로서도 현명한 태도가 아닌 것 같아요. 종교와 과학은 별개입니다. 그러니까 과학을 기준으로 종교를 재단하고 평가하면 안 되죠. 오히려 생물학자들이 관심을 가져야 할 것은 어째서 인간 사회에서 종교가 없어지지 않느냐는 문제일 겁니다.

기독교를 보세요. 근대 이성과 과학의 시대를 건너오면서도 없어지거나 약화되지 않습니다. 멀쩡히 살아남았죠. 근대성이 채워주지 못하는 구멍, 오히려 근대성 때문에 생겨난 가슴의 공허를 기독교가 채워주었기 때문입니다. '과학기술'의 나라 미국에서 지금 기독교 열풍은 섭씨 50도입니다. 10년 전 자료지만, 미국인의 94퍼센트가 스스로를 '종교적'이라고 생각합니다. 그중에서 93퍼센트가 기독교도고요. 1992년 조사에서는 미국인의 70퍼센트가 사후 세계를 믿는 것으로 나타났습니다. 지금도 미국의 여러 주에서 진화론이 법정 소송 중이고, 아주 최근에는 고등학교에서 창조론과 지적 설계론을 진화론과 함께 가르쳐야 한다는 주장이 강하게 일고 있습니다.

그러니까 꾀 많은 생물학자라면 이런 식으로 말해야 하지 않겠어요? 원시 사회나 그보다 더 이전의 초기 인간사회에서 인간은 무리를 짓고 집단을 만들지 않으면 살아남기 어려웠다, 생존을 위해서는 집단을 만들고, 집단을 결속시키자면 같은 신을 믿는 것이 가장 효과적이었다, 종교는 인간 생존에 절대적으로 필요했고, 그래서 인간에게 종교성religiosity 또는 종교적 성향이 생겨나 긴 시간에 걸쳐 유전자 창고에 입력되었다고 말입니다. 이 성향은 이미 그 자체로 트리버즈가 말한 호혜적 이타성 아닙니까?

그런데 어떤 사회적 보상이 주어지면 인간이 이타적 방향으로 행동을 바꿀 수 있다고 했을 때, 그 바꾸기 또는 바꿀 수 있는 성향조차도 자연적인 것인가요?

최재천　그건 아닙니다.

도정일　유전자의 이기성으로는 설명이 되나요?

최재천　예, 유전자는 계속 이기적이죠. 그런데 그런 유전자 중에서 평판을 걱정할 줄 아는 유전자 또는 남을 도우면서 살겠다는 유전자를 조금이라도 가진 사람들이 더 많이 번식할 수 있고 성공할 수 있게끔 사회적인 분위기를 조성하면, 당대에 그런 사람들이 많아져서 우리 사회가 갑자기 좋아지진 않더라도 그들이 더 많이 번식하게 되어 그런 유전자가 전체 유전자군에서 차지하는 비율이 점점 높아질 수 있겠죠.

도정일　발현 가능성이 높아진다는 이야깁니까?

최재천　그거는 아니에요. 유전자들 사이의 경쟁을 말하는 겁니다. 예를 들면 우리 사회에서 굉장히 위험한 질병의 하나로 에이즈를 이야기하지만, 진화생물학자들은 에이즈를 다루는 방법이 지극히 간단할 수 있다고 생각합니다. 물론 자기 아내하고만 섹스를 하면 좋고, 섹스 파트너가 다양하더라도 최소한 콘돔만 사용해도 의외로 간단하게 해결할 수 있다고 보는 겁니다.
　예전에는 병원균도 자기가 들어가서 살고 있는 숙주를 갑자기 죽여 버리면 자신에게도 결코 좋은 일이 아니기 때문에 숙주에게 결정적인 타격을 주지 않는 방향으로 진화했을 것이라고 단순하게 생각했죠. 아무도 자기 집을 태우고 싶지는 않을 테니까요. 이 이론이 굉장히 오랫동안 지배적이었어요. 그런데 잘 생각해보면 모두가 그럴 필요는 없어요. 어떤 병원균은 잘 옮겨다닐 수 있는 병원균이거든

알을 잘 낳는 닭만 남겼기 때문에 전 세계에 있는 닭들이 똑같이 알을 낳으며 같

은 품종이 되어버린 겁니다. 소와 마찬가지로 닭도 이미 복제된 것이나 다름없는

겁니다. 만일 병원균에 의해 전 세계의 닭이 완전히 몰살하는 일이 벌어진다면,

우리는 메추리알만 먹어야 되겠죠.

요. 예를 들어 감기를 일으키는 바이러스는 감기에 걸린 인간이 쓰러져서 돌아다닐 수 없으면 다른 숙주로 옮겨갈 수가 없거든요. 그러니까 감기 바이러스는 항상 인간을 적당히만 아프게 하고 이리저리 돌아다니게 만들죠. 그래야 돌아다니면서 남들하고 악수도 하고, 남들 얼굴에 재채기도 하고 해서 자기들을 새로운 숙주로 옮겨주죠. 그러나 말라리아 병원균은 숙주가 다른 사람을 만날 필요가 없어요. 숙주가 쓰러져 있어도 모기가 와서 실컷 문 다음 다른 사람한테 가서 옮기면 되니까요. 이런 경우는 숙주가 기력이 남아 모기를 때려잡으면 오히려 옮겨가지 못하죠. 이때는 숙주를 완전히 쓰러뜨려야 되는 겁니다. 말라리아가 아직도 우리 인간에게 가장 치명적인 질병인 까닭이 바로 여기 있습니다. 두 가지 병원균이 어떻게 하면 전파가 잘 되느냐에 따라서 완전히 다른 메커니즘을 가지고 있는 거예요.

에이즈 바이러스라는 게 한 가지가 아니라는 사실을 우리는 이미 다 알고 있습니다. 여러 개의 HIV 바이러스가 있는데, 그들도 경쟁 관계에 있거든요. 우리가 성적으로 문란하면 문란할수록 지독한 HIV 바이러스가 성공을 하는 거예요. 인간을 죽여도 상관없는 바이러스 말입니다. 죽기 전에 한두 사람하고만 더 섹스를 하게 해서 옮겨다니면 되니까요. 하지만 우리가 HIV 바이러스들이 옮겨가는 길을 차단하기 시작하면 강한 HIV 바이러스는 다른 데로 옮겨가기도 전에 숙주를 죽이니까 그 숫자는 계속 줄어들게 되죠. 그래서 세월이 지나면 약한 HIV 바이러스만 옮겨다니게 되는 거죠. 약한 HIV 바이러스는 절대 우리를 에이즈에 걸리게 만들지 않습니다. 그런 바이러스 정도는 누구나 웬만큼 갖고도 평생을 살 수 있을 겁니다. 아마 실제로 그런 바이러스들이 우리와 이런 식으로 진화의 역사를 거쳐 오랫동안 함께 살아왔을 겁니다.

그러니까 우리가 진화의 개념을 잘 이해하면 인간 스스로가 자신의 미래를 충분히 좋게 만들 수 있습니다. 모두가 섹스를 할 때 조금만 몸조심을 해도 변화할 수 있는 겁니다. 선생님이 말씀하시는 대로 어느 정도 조절할 수는 있습니다. 하지만 유전자 자체를 바꾸는 건 아니죠.

도정일　그래서 어떤 행동을 일으킬 수 있는 유전자 내부의 성향들이 환경과 어떻게 교섭하고 협상하느냐에 따라 발현의 종류가 엄청나게 달라질 것이란 말이죠? 우리가 자유라고 부르는 것, 인간의 자유 의지라고 하는 것이 (생물학적 관점에서는 모르지만) 유전자 때문에 위축되는 것이 아니라면, 자유 의지는 어디에서 찾아야 할까요? 최 선생님의 말씀을 들으니 새로운 시각에서 이 문제에 대한 답을 들을 수 있을 것 같습니다. 유전자의 발현 가능성이 있다고 해서 그것이 다 발휘되는 것이 아니고 어떤 환경과 만나느냐에 따라서 발현의 결과가 엄청나게 달라질 수 있다면 바로 여기, 여기가 자유의 영역 아니겠습니까?

최재천　예, 그래요. 참 좋은 표현이십니다.

도정일　자유 의지를 말하는 인문학의 방법도 많이 달라져야 할 겁니다. 지금까지는 신이 자유 의지를 주었기 때문에, 혹은 개인의 이성적 판단력이 신장되었기 때문에 인간은 자연에 역행하는 자기의 의지를 발현할 수 있다는 주장이 지배적이었는데, 전적으로 수정할 필요가 있을지도 몰라요.

최재천　그렇죠. 선생님 말씀을 듣다 보니 자유를 잃은, 자유 의지를 잃은 생물들이 생각나는군요. 요즘 광우병이나 조류독감의 위력이 엄청나잖아요. 요즘은 한 번 병이 나면 전 세계가 다 흔들흔들 하잖아요. 광우병은 영국에서 일어났는데 왜 일본까지 걱정을 해야 됩니까? 조류독감이 홍콩에서 일어났는데 왜 브라질이 흠칫합니까?

이게 모두 인간이 소들의 자유 의지를 빼앗았기 때문에 생긴 일이에요. 소들의 다양성이 없어져서 그런 겁니다. 영국의 소나 일본의 소나 우리나라 소나 다 똑같거든요. 가장 젖을 많이 짤 수 있는, 가장 살을 많이 얻을 수 있는 소를 계속 인위적으로 선택해왔기 때문에 결국 전 세계에서 똑같은 소를 키우게 되고, 그렇기 때문에 병원균이 전 세계에 있는 모든 소를 한꺼번에 공격할 수 있게 되는 겁니다. 옛날 같으면 이웃 마을의 소 한 마리가 쓰러져도 우리 집 소는 쓰러질 이유가 없었는데 말이죠.

선생님께서 처음에 그런 말씀을 하셨는데, 인문학에서도 걱정하시지만 우리 생물학자들이 걱정스러워하는 것 중 하나가 우리가 유전자의 본질을 미처 알지도 못하면서 다 없애고 있는 것은 아닌가 하는 점이에요.

닭도 마찬가지죠. 홍콩에서 닭들이 병에 걸렸다고 하면 우리나라도 걱정을 해야 해요. 닭은 원래 동남아시아 숲 속에 있는 정글 파울 jungle fowl이라는 새에서부터 왔어요. 그 닭을 가축화하는 과정에서 처음에는 여러 종류의 닭이 있었겠죠. 제가 어렸을 때 시골집에서 할머니가 닭을 키우셨는데, 저는 여덟 살 때쯤에 이미 어떤 닭이 알을 잘 낳는지를 분명히 알았어요. 매일 제가 닭장에 들어가서 알을 꺼냈으니까요. 할머니가 제 몸보신을 시켜주시려고 "재천아, 닭 한 마리 잡자" 그러시면, 제가 "할머니, 재를 잡아요" 하고 알을 제일 못 낳는 닭을 가리켰어요.

이런 식으로 알을 못 낳는 닭은 잡아먹고 잘 낳는 닭만 남겼기 때문에 전 세계에 있는 닭들이 똑같은 알을 낳으며 같은 품종이 되어버린 겁니다. 소와 마찬가지로 닭도 이미 복제된 것이나 다름없는 겁니다. 만일 병원균에 의해 전 세계의 닭이 완전히 몰살하는 일이 벌어진다면, 그걸 해결하는 유일한 방법은 정글 파울로 다시 돌아가는 것밖에 없습니다. 그런데 정글 파울은 지금 거의 멸종 위기에 놓였어요. 정글 파울이 완전히 사라진 다음 닭들에게 무슨 일이 생기면 그 날로 닭 산업은 끝입니다. 우리는 메추리알만 먹어야 되겠죠.

도 선생님 표현을 빌리면, 이런 동물들이 자유 의지를 잃어버린 동물이라고 생각해요. 그래서 그들의 유전자 다양성이 줄어들고 엄청나게 취약한 동물이 된 거죠. 만일 인간도 자꾸 한 방향으로 우리의 유전자들을 몰아가면, 스스로를 무척 취약하게 만드는 겁니다.

도정일 그 이야길 들으니까 지상의 종 다양성을 유지하는 일이 얼마나 중요한지 더 절감하게 됩니다. '똑같아지면 죽는다'는 거잖아요? 바이러스의 공격 앞에 속수무책이 되는 거죠. 젖 많이 나는 소, 육질 좋은 소, 고기 무게가 많이 나가는 돼지, 이렇게 유전자 조작으로 한 방향을 향해 일렬종대로 세우고 종의 형질을 몰아서 바꿔놓으면 인간에게 한동안은 이익이 되겠지만 문제가 생기면 전멸하는 거군요. 지금 우리 교육도 그 꼴 아닙니까? 모두 대학 입시를 향해 아이들을 일렬로 세워 몰아가니까요. 시골 학교에 가보면 대학에 가겠다는 아이가 세 명뿐인 반에서도 교육은 입시 위주로 진행됩니다.

사상이나 표현, 정치 체제 같은 문화적 다양성도 마찬가지입니다. 하나의 문명이나 문화권, 사회 안에서도 별 녀석이 별 소리 다하고 별 생각 다 해보는 다양성이 유지되어야 문화가 창조성을 유지할 수 있습니다. 적응성도 그렇고. 모두 같아지면 적응성은 그만큼 약화되죠. 가장 강한 문화는 왕성하게 다양성을 유지하는 문화일 겁니다. 유럽 여행자들이 인상 깊게 보고 오는 것 중에 하나가, 같은 유럽 문명권이고 그 밑바닥에 기독교 문명이 흐르고 있는데 가는 곳마다 도시의 성격이나 특성, 분위기가 다르다는 거예요. 건축에서부터 음악에 이르기까지 말입니다. 거기 비하면 우리나라 도시들은 너무 똑같아요. 같아지지 않으면 국가에 대한 반역이라도 되는 것처럼 말이죠. 다양성이라곤 찾아보기 어렵습니다. 내가 처음 제주도에 갔을 때 열대성 식물들을 보고 깜짝 놀랐어요. 못 보던 종 다양성을 거기서 본 거죠. 우리는 국토가 좁아 자연계의 다양성이 그리 높지 못합니다. 그러면 도시들이라도 좀 달라야 하지 않겠어요? 그런데 우리나라 도시들은 모두 단결해서 한목소리로 합창합니다. "같아지자, 그게 애국이다!"

— 선생님, 신은 다양성을 좋아할까요?

도정일 내가 신이 아니어서 답변할 자격이 없는데, 이렇게 말해보죠. '하나이고 유일한 신'의 경우에는 다양성이 필요없어 보입니다. 다양하면 이미 유일신이 아니니까 말이죠. 움베르토 에코가 '신의 언어'를 추측해본 게 있어요. 신의 언어는 모음이니 자음이니 하는 식으로 변화무쌍하면 안 되니까 결국 하나의 소리, 필시 하나의 모음만으로 되어 있을 거라고 추측했죠. "아아아아" 또는 "우우우우" 식으로 말이죠. 이렇게 되면 그 언어는 아무도 알아듣지 못합니다. "밥 먹어라"도 "아아아아", "자빠져 자라"도 "아아아아"일 테니까요. 언어는 소리의 차이가 없으면 의미를 만들지 못합니다. 최소한 억양이나 템포, 휴지의 차이, 고저장단이라도 있어야 의미가 생산됩니다. "아, 아아아"는 "밥 먹자", "아아, 아아"는 "어서 자라, 이놈아, 책 그만 보고" 이런 식으로 말이죠.

그런데 신의 언어는 그런 차이도 내서는 안 되니까 인간과의 소통은 사실상 불가능합니다. 내 생각에, 신의 언어가 침묵인 이유는 그 때문이 아닌가 싶어요. 사실 신은 노상 "아아아아"라고 말하고 있는지도 모르는데 그건 인간이 알아들을 수 있는 소리가 아니니까 결국 소리도 언어도 아닌 침묵이죠. 인도에도 이와 비슷한 이야기가 있어요. 《우파니샤드》에 나오는 벼락신의 언어는 한 가지 소리로만 되어 있습니다. 그게 그 유명한 '다다다DaDaDa'예요. '딱딱딱' 벼락 치는 소리죠. 이것도 알아듣기 힘듭니다. 벼락은 언제나 다다다라고만 말하는데, 이건 벙어리의 아다다처럼 무슨 소린지 인간이 알아들을 수 없죠. 그래서 절묘한 번역이 필요합니다. 《우파니샤드》에는 그 번역 기술이 소개되어 있습니다.

— 하나이고 유일한 신이 아닐 경우에는요?

도정일 다신多神신화나 다신종교, 애니미즘의 신들은 하나가 아니라 다수이고 또 끊임없이 번식하니까 생물학적·문화적 의미에서 스스로 다양성의 세계를 이루고 있습니다. 그리스 신화에 나오는 크고 작은 신들은 수백 명인데 생김새며 하고 다니는 짓, 성격, 관장하는 사무, 무기, 차림새, 장신구 할 것 없이 제각각 다릅니다. 올림포스 신들은 데리고 다니는 애완동물(?)들까지 서로 달라요. 아테나 여신은 부엉이를, 헤라 여신은 공작 수컷을 대동하고 다니죠. 그런데 이런 외견상의 다양성만이 아니라 내면적으로도 놀라우리만치 다양합니다. 신들은 한 가지 성질만 가진 것이 아니라 몇 개의 다른 성질들, 심지어 모순되는 성질들도 자기 속에 가지고 다녀요. 제우스는 간혹 여성신의 특징도 가집니다. 그래서 신들을 한 가지 성질로 정의를 내리기 어려울 때가 많아요. 모순성, 모호성이나 다중성, 이중성 같은 것들이 함께 존재하니까요. 이런 것이 신화의 '두터움'이고 '깊이'입니다.

신들의 자손도 그렇습니다. 제우스의 유전자는 우수하니까 그가 인간 세계의 여자들하고 관계해서 얻은 아이들도 당연히 '최고'의 우수한 개체들로 나옵니다. 인간 세계 최고의 장사 헤라클레스와 최고의 미녀 헬렌 모두 제우스의 아들딸입니다. 신화의 우생학이죠.

그런데 참 이상한 일이 벌어져요. 그 최고의 남녀가 기이한 결함을 가지고 있습니다. 헤라클레스는 때로 인간 이하의 미치광이처럼 행동해요. '광기' 때문이죠. 헬렌은 아름답지만, 그 행실은 바람둥이나 창녀 같죠. 그럼 어떻게 됩니까? 이런 속성들은 신의 것이기도 하다고 말해야 하나요? 생물학적으로 말하면, 그들의 유전자에는 우성인자만이 아니라 열성인자도 들어 있는 셈입니다. 물론 그 열성인자는 인간의 눈으로 보았을 때의 것이긴 하지만 말이죠. 신의 유전자에는 탁월한 것과 열등한 것, 고귀한 것과 비속한 것, 선한 것과 선하지 않은 것이 함께 들어 있다. 헤라클레스와 헬렌은 신성 자체의 이런 모순성과 다중성을 보여주는 인물들이라고 말할 수 있어요. 그런데 그들의 열성인자는 언제 우성인자로 기능을 발휘할지 아무도 모릅니다. 어쩌면 헤라클레스의 광기와 헬렌의 바람기도 인간이 잘 모르는 탁월한 신성일 수 있습니다.

— 그렇다면 선생님, 다양성의 기준으로 봤을 때 '하나이고 유일한 신'은 다양성이 없으니까 다신 체계의 신들보다 열등하다고 말해야 합니까?

도정일 그렇지는 않을 것 같아요. 그에게 다양성의 능력이 없다면 이처럼 다양한 세계를 만들지 못했을 것 아닙니까? 어쩌면 그의 언어를 인간이 알아듣지 못하니까 다양성의 세계를 자기 손으로 만들어 인간의 눈앞에 펼쳐 보인 것인지도 모릅니다. "봐라, 이 세계가 내 메시지다. 알겠느냐?" 게다가 그는 인간에게만 최고로 조직적이고 복잡한 언어를 주고 다른 동물들에게는 훨씬 간단하고 덜 복잡한 소통 수단만 주었어요. 그러니까 이 세계의 의미를 온갖 다양한 방법으로 이해하고 해석하고 표현하는 일은 인간의 과제가 됩니다. "내가 너희에게 언어를 주었으니 무한히 표현하고 떠들고 짹짹거려라. 내 귀가 시끄러워 잠을 설칠 만큼"이라는 거죠. 영국 비평가인 존 웨인이 오래전에 꽤 그럴듯한 이야기를 한 적이 있어요. "신의 언어와 짐승의 언어에 가까이 다가가는 것, 그것이 시다"라고 말이죠. 실제로 신의 언어와 짐승의 언어는 아주 비슷한 데가 있어요. 송아지는 늘 '움메'라고만 말합니다. 지렁이를 보세요. 그 지 선생, 아니 토룡 선생의 언어는 신의 언어처럼 '침묵'입니다. 그래서 시인들이 지렁이 울음소리를 들어보려고 그렇게 귀를 쫑긋쫑긋 세우는 거 아니겠어요?

히브리의 신은 완벽한 통일성과 동일성의 신 같아 보이지만 사실은 그렇지 않은 것 같아요. 그도 모순투성이입니다. 이랬다저랬다 변덕이 심해요. 그래서 오히려 속이 아주 두텁고 깊은 신이죠. 그 자신은 다양성의 세계를 만들 이유가 없는데 만들었거든요. 그것부터가 모순입니다. 그러나 그런 얘긴 이 자리에서 안 하는 것이 좋겠네요.

13

농업혁명이라는 게 다른 말로 하면 공생이거든요. 자연에서 혼자 사는 식물들을 데려다 키워주고, 그 식물들이 공생을 통해 굉장한 번식을 이룬 거죠. 공생 덕택에 우리 인간이 만물의 영장이 되었다는 사실을 이해한다면 결국 우리가 자연에서 살아남는 유일한 무기는 공생밖에는 없다는 사실도 깨달아야 합니다. 저는 우리 인간이 이번 세기에 반드시 해야 할 일은 다시금 공생인간, 즉 호모 심비우스로 거듭나는 일이라고 생각합니다. **최재천**

21세기형 인간,
호모 심비우스의 번식을 위하여

'경쟁을 넘어 협동으로'라는 단계군요. 한 시대의 구호가 될 만합니다. 제가 말한 두터운 세계와 최 선생님께서 말한 호모 심비우스의 세계가 같은 지향을 갖고 있다는 생각이 듭니다. 대담 끝에 이르러 우리가 어떤 미래를 그려볼 수 있게 된 것이 기쁘네요. 두터운 세계를 꿈꾸는 호모 심비우스, 자연과학과 인문학이 충돌하는 지점도 이곳이고, 과학과 인문학이 손잡고 공생을 추구해야 할 지점도 이곳인 것 같습니다. **도정일**

도정일　　종 다양성이 중요한 것처럼 인간 세계에서는 문화의 다양성이 중요합니다. 그런데 지금은 세계화 시대예요. 세계화가 세계의 문화 다양성을 보존하고 높이는가, 아니면 위협해서 점점 다양성 없는 세계를 만드는가, 이게 요즘 문화적으로는 큰 문제이고 관심사입니다. 세계화가 서로 다른 문화들 사이의 교류를 증진한다고들 말하지만, 고유한 문화들이 잡종화되거나 강대국의 지배적인 문화 형식에 압도당해 소멸의 위기를 맞게 할 수도 있죠. 16세기 이후 서양 열강은 가는 곳마다 그 지역의 고유한 전통 문화를 파괴했습니다.

최재천　　그런 점에서 볼 때 기독교가 비난을 면치 못할 겁니다. 다른 문화를 지나치게 '계몽'해버린 역사를 부정하기 어려울 거예요. 종교로서 기독교가 인류에게 미친 좋은 영향은 칭송해야 할 것입니다만, 다양성을 최대의 연구 주제로 삼고 있는 제게는 수용하기 대단히 어려운 문제로 남아 있습니다.

도정일　　그렇습니다. 기독교도 그렇지만 다른 문화 전통을 쓸어내버리는 데는 이슬람도 마찬가지였어요. 아랍 이외의 이슬람 국가인 파키스탄, 방글라데시, 인도네시아, 이란 등은 이슬람이 아니었다가 나중에 개종한 국가들이거든요. 그런데 이슬람이 들어간 지역에서는 이전의 토착 문화들이 사라졌습니다.

—　　아프가니스탄이 바미안 불상들을 없애버린 것처럼요?

도정일 그래요, 모두 없애버려요. 기독교는 지금은 많이 조심하고 있지만, 《구약》에 보면 "내 것 아닌 것은 다 없애버려라"라는 신의 명령이 나와요. 세계화 시대에는 아무래도 토착·고유문화가 위기에 봉착할 것 같아요. 역사가 바뀌어 지금 이슬람이 그런 위기를 느끼고 있죠. 이러다가 서양 문화에 밀려서 이슬람이고 뭐고 다 없어지는 것 아니냐는 두려움이 커요. 이런 두려움이 이슬람 근본주의에 힘을 실어주고 있습니다. 다양성보다 동질성이 높아지면 세계는 그만큼 문화적으로 궁핍해집니다.

최재천 저는 세계화 문제가 지극히 생물학적인 문제라고 생각하기 때문에 굉장히 관심이 많아요. 음악과 문화를 연구하는 제 안사람과 세계화에 대한 이야기를 많이 나눕니다. 개인적으로는 참 위험한 일이라고 생각합니다. 세계화가 진행되는 과정에서 이상한 일들이 많이 벌어졌잖아요. 세계화를 반대한다는 이야기를 하려는 건 아닙니다. 반대한다고 멈출 수 있는 성질의 것도 아니잖아요. 어쩔 수 없이 벌어지는 현상일 테고, 결국 '어떻게'가 중요한 이슈로 남는 것이죠.

세계화의 그늘에서 말라죽는 대표적인 문화의 꽃이 바로 언어입니다. 앞서 도 선생님도 지적했듯이 현재 전 세계 인구의 90퍼센트는 100개 남짓의 언어를 사용하고 있다고 하더군요. 나머지 10퍼센트의 인구가 무려 6,000개가량의 언어를 구사하고 있다는 뜻이죠. 사용 인구가 10만 명 이상인 언어는 기껏해야 600개 정도밖에 되지 않는다고 합니다. 우리 한글은 사용 인구로 볼 때 세계 12위의 위용을 지닌다고 해요. 그런데 유네스코에 따르면 지난 500년 동안 인류 언어의 절반이 절멸했다고 합니다. 언어학자들은 이번 세기가 끝나기 전에 현존하는 언어의 절반이 또 사라질 거랍니다. 영어의 '계몽'이 기여하는 바가 큰 것임을 부인할 수 없죠.

도정일 북미 인디언의 경우 사용자가 한 사람만 남은 언어도 있습니다. 그가 죽으면 그 언어는 영원히 사라지는 거죠. 캐나다 캘거리 대학 언어학과에 국응도라는 한국인 교수가 계셨는데, 이분은 캐나다 인디언 부족들의 소수 언어를 연구하고 보존하느라 평생을 바쳤어요. 소수 언어들이 아주 없어지지 않게 하는 방법을 연구하다가 그분이 생각해낸 게 있어요. 문법을 만들어서 보존하자, 그러면 사용자가 없어져도 나중에 다시 언어를 되살릴 수 있을 거라는 생각이죠. 그래서 이분이 인디언들을 찾아다니면서 그들 언어의 문법을 가르쳐주기도 했는데, 그게 보통 어려운 일이 아니라고 들었어요. 누가 배우려 들어야죠. 이런 사람은 유네스코에서 '두터운 세계'상을 줘야 할 인물이에요. 사회생물학계나 행동생태학(그게 그거지만) 쪽에서도 상을 줄 만할 텐데?

문화도 문화지만, 시장의 세계화도 세계를 얇게 만드는 우리 시대의 크나큰 도전입니다. 시장 그 자체는 부정적인 것이 아니지만요.

최재천 그렇죠. 다 나쁜 것은 아니죠.

도정일 애덤 스미스는 시장이 인간의 도덕적 품성을 오히려 높여준다고 생각했어요. 장사를 잘하자면 친절해야 하고 얼굴에 늘 웃음이 있어야 합니다. 또 고객을 만족시키자면 여러 가지 배려도 해야죠. 친절이나 상냥함, 배려, 신뢰 같은 것들은 사람의 도덕적 품성과 직결되죠. 동양 사회는 전통적으로 상업을 천시했어요. '사농공상'이라는 조선시대 사회 질서에서 상업은 맨 꼴찌예요. 동양 사회가 상업을 홀대한 것은 상업이 부도덕하다고 생각했기 때문입니다. 물건을 팔자면 거짓말을 하고 속이기도 해야 한다, 이런 행위는 인간의 품성을 타락시킨다는 생각이죠. 상업이나 시장을 보는 관점에서도 동서양에는 상당한 차이가 있습니다. 서양의 칼뱅주의는 오히려 상업과 정직성을 연결시켰죠.

시장은 다양성과도 깊은 관계가 있습니다. 시장에 가면 온갖 것이 다 있다는 게 바로 다양성이죠. 그런데 세계화 시대의 시장은 위험 요소를 갖고 있습니다. 시장이 오히려 다양성을 죽이는 쪽으로 움직이니까요. 시장근본주의는 '시장 가치' 하나만 내세웁니다. 시장 가치가 있느냐 없느냐로 모든 가치를 재단하고 줄을 세우는 거죠. 그러니까 시장 가치가 떨어지거나 없다고 여겨지는 가치들은 설자리가 없어집니다. 사람들이 돈 안 되는 건 만들지 않고 거들떠보지도 않으니까요. 애덤 스미스 시대의 시장과 지금의 시장은 성격이 대단히 다릅니다. 시장의 원칙이 교육과 언론을 포함해 사회의 공영역과 사영역을 모두 휩쓸면 다양성은 죽습니다. 그래서 시장유일주의적 원칙이 다른 모든 활동 영역을 장악하고 지배하게 내버려둬서는 안 되는 거죠.

최재천　맞습니다. 그런데 저는 굉장히 걱정스러운 게, 그걸 막는 게 불가능할 것 같다는 생각이 자꾸 들어요.

도정일　그렇죠. 비관적 전망이 높죠.

최재천　앞에서 제가 섬생물지리학 이야기를 했습니다만, 지금까지는 그래도 우리가 섬을 유지해왔거든요. 한국이라는 섬에 살았고 미국이라는 섬에 살았는데, 정보 통신 시대로 들어오면서 이제 물건을 사고 파는 일도 사이버 공간에서 이루어지잖아요. 그런데 이놈의 사이버 공간은 섬 사이의 물을 그냥 넘나듭니다.

저는 1980년대에 파나마와 코스타리카에서 상당 기간 살았는데, 당시 코스타리카는 아주 가난한 나라였어요. 제가 코스타리카를 드나들 때 보니 길에 경찰이 서 있는데, 아무리 봐도 그들의 옷이 우리나라 군복이랑 비슷해 보여요. 그래서 코스타리카 친구에게 물어보니까 나라빚이 많아서 코스타리카 대통령이 전 세계를 순방하면서 돈을 구걸하러 다닌 적이 있었답니다. 그때 한국에 들르자 돈은 안 주고 군복하고 미니 트럭을 주었대요. 그래서 코스타리카 시내에서는 현대 미니 트럭이 아주 좋은 승용차로 인정받으면서 돌아다녔어요. 사람들이 거의 자가용으로 이용하고 있는데, 조금 개조해서 뒤를 넓혀 온 가족이 타고 다니더군요.

이때가 1980년대 초·중반이었어요. "코리아에서 왔다"고 하면 부자 나라에서 왔다고 했어요. 1979년에 제가 미국에 갈 때 우리나라는 부자 나라가 아니었거든요. 그런데 불과 몇 년 사이에 한국이 부자 나라로 둔갑을 했다는 겁니다. 저는 그 이야기를 듣고 큰 충격을 받았어요. "어이구, 나보고 부자 나라 사람이래." 그런데 찢어지게 가난하지만 천하태평인 코스타리카 사람들은 코스타리카 돈을 쓰는데, 파나마에서는 미국 달러를 써요. 분명히 파나마 돈이 있는데 파나마 돈을 찾기도 힘들더라고요.

파나마 사람들과 이야기해보고 코스타리카 사람들하고 이야기해보면, 파나마가 잘했다는 거예요. 차라리 달러를 쓰는 게 낫다는 겁니다. 그래서 언젠가 경제학을 하시는 분한테 직접 물어봤어요. 우리가 무역을 한다고 난리를 치는데, 환율만 조금 움직이면 한동안 피땀 흘려 번 것을 다 토해내고도 모자라서 거덜나잖아요. 달러를 쓰면 그런 위험은 없는 것 아닙니까? 그랬더니 그 선생님 설명이, 사실 달러를 쓰면 문제가 애우 간단해진다는군요.

자, 그러면 전 세계가 어쩔 수 없이 결국 모두 달러 시장권으로 들어가는 것 아닙니까? 궁극적으로 거대한 달러 시장이 될 텐데, 거기서 우리가 무슨 재주로 시장의 세계화를 막을 수 있을까요? 저는 이 문제에 관한 한 상당히 비관적인 견해를 갖고 있습니다.

섬들이 천천히 연결되어야 했는데, 어느 날 갑자기 전부 하나의 대륙으로 뭉쳐져버린 느낌입니다. 그러니까 그 안에 있던 유전적인 독특함들이 하루아침에 모두 무너진 거죠. 이 문제를 생물학적으로 이야기한다면, 생물학은 유전학만이 아니라는 점이 중요하다는 겁니다. 생물학에는 유전학과 환경학, 생태학이 한꺼번에 있어야 됩니다. 유전학적인 생물학으로 생각하면 이렇게 변했다고 해도 전 세계의 남녀가 아무나와 결혼하는 게 아니면, 유전자를 광범위하게 섞는 건 분명히 아니겠죠. 그렇지만 환경적인 것은 다 섞이게 되어 있다는 거죠.

세계화, 숨을 곳 없는 세상

도정일　　인간은 옛날에 자연에 적응해야 했던 것과 마찬가지로, 지금은 그 못지않은 치열성을 가지고 자기가 만든 사회에 적응해야 합니다. 앞으로 세계화가 모든 문화의 섬을 다 없애고 세계를 하나의 대륙으로 묶게 되면 인간은 별 수 없이 거기에 적응하게 되겠죠. 다양성은 죽고 문화는 획일화·표준화될 테죠. 그럴 가능성에 대비해 우리가 어떤 정책적 선택을 해야 할지 사실 난감해요. 하지만 한 가지 낙관적인 건, 세계가 단일 시장으로 나아간다 하더라도 그 시장 속에서는 자연에서 그랬던 것처럼 무수한 다양성이 보존되고 살아숨 쉴 수 있는 구석들이 여기저기에 생겨나고 존재하게 될 거라는 사실입니다. 유네스코에서는 다양성을 '인류의 공통 유산'이라고 말하는데, 그 '유산'이란 말 속에 "다양성 추구는 인간의 보편적인 성향"이라는 의미가 들어갔으면 좋겠어요.

최재천　어떤 의미에서 선생님은 저보다 더 진정한 생물학자이십니다.

도정일　우리 바꿉시다. (웃음) 인간이란 동물은 말이죠, 싫증내는 데 아주 천부적인 재능이 있어요. 변덕을 부리고 바꾸는 데 천잽니다. 아무리 좋은 물건이라도 10년, 20년 쓰다 보면 질립니다. 바꾸고 싶어해요. 인간에 대한 정의가 하나 나올 수 있습니다. "인간은 바꾸는 동물이다." (웃음) 자동차 바꾸는 거 보세요. 싫증나면 애인도 바꾸잖아요? 요즘 젊은 세대는 휴대전화를 바꾸는 게 일이더군요. 그래서 유행은 원칙상 오래 못 갑니다. 늘 바뀔 수밖에 없어요. 또 사람들은 남과 다른 걸 가지고 싶어합니다. 나 혼자만 가진 것, 남과 차이나는 어떤 것을 갖거나 만들지 않고서는 견디질 못해요. 그 차이가 정체성의 바탕입니다. 그러니까 지금은 아무 짝에도 쓸모없어 보이는 것들이 언젠가는 쓸모를 인정받고 가치를 갖게 됩니다.

지금은 시장의 세계화가 저항할 수 없는 흐름 같아 보이지만, 인간이 자연을 바꾸어온 것처럼 시장 체제도 어떻게 관리하고 만들어가는가에 따라 많이 달라질 수 있습니다. 시장이 다양성을 지킬 수만 있다면 크게 걱정하지 않아도 될지 몰라요. 지금은 그게 아니니까 걱정하고 야단법석을 떠는 것이고요. 제일 중요한 건 지금 이 순간에 '돈'이 되느냐 안 되느냐로 만사를 줄 세우지 않는 겁니다. 우정이나 사랑이 돈으로 따질 가치는 아니잖아요?

최재천　국제정치에서의 다양성도 한번 짚어볼 만한 문제입니다. 소련이 무너지면서 미국만 남은 경우에는 게임이 안 된다고 했었죠. 어떤 의미에서는 냉전 시대에 미국과 소련이라는 두 거대 축이 다양성을 유지하는 면에서 어느 정도 공헌을 했는지도 모른다는 생각이 듭니다. 사실상 소련이 없어진 지금, 아닌 게 아니라 미국이 여러 면에서 전 세계를 그냥 먹고 들어가잖아요. 제가 정치·사회적인 이론적 배경을 정리해본 건 아닙니다만, 중국을 소련을 대신하는 하나의 축으로 세워놓는 게 세계의 다양성을 유지하는 면에서는 좋을지도 모른다는 생각이 들어요.

도정일　지금 세계는 정치적으로 단극 체제죠. 단극 체제에서의 큰 손실은 세계가 굉장히 얇아진다는 것입니다. 옛날에는 정치적으로도 숨을 곳이 있었어요. 한쪽 체제가 싫으면 다른 체제로 가서 붙을 수가 있었죠. 양극 체제에서는 이쪽 힘이 저쪽에 미치지 못하니까죠. 빈대로 치면 숨을 담요가 두껍게 있어서 여기 숨기도 하고 저기 숨기도 한 거예요. 그런데 지금은 숨을 곳이 없습니다. 빈 라덴을 옹호하자는 건 아니지만, 아프가니스탄이 깨지니까 그가 도망칠 곳이 없었어요. 그나마 파키스탄과의 국경지대가 없었다면 잡혔을 겁니다. 빈대하고 빈 라덴하고 비슷한 처지가 되죠.

미국의 관점에서는 투명하고 빈대 숨을 곳 없는 단층 세계를 만드는 것이 세계를 관리하고 미국의 이익을 높이는 데 편리하겠죠. 미국을 위협하는 '악'이 숨을 곳 없는 세계를 만들자는 게 부시의 전략입니다. 하지만 그런 투명한 일차원의 세계는 결코 좋은 것이 아니에요. 투명해서 좋을 것은 회계 장부뿐입니다. 투명성이란 건 절대적 가치가 아니에요. 19세기 미국 청교도들은 죄 짓는 사람이 없는 투명하고 깨끗한 사회를 만들고 싶어했어요. 그런데 결과가 뭐냐? 하느님 앞에 모두 투명해지면 참 좋은 사회가 될 줄 알았는데, 웬걸, 그렇게 투명성을 요구하다 보니까 사람들이 전부 위선자가 됐어요. 교회에 가서는 투명한 척하지만 뒤로는 호박씨를 까는 거죠. 청교도주의의 사회적 실험은 그래서 대실패로 끝납니다. 아무리 투명성을 강조해도 인간의 가슴은 투명해지지 않아요. 한 자도 안 되는 가슴이 사실은 깊은 골짜기거든요. 그 가슴의 골짜기는 신도 들여다볼 수 없습니다. 어둡고 컴컴하고 깊어서 하느님의 눈으로도 그 안을 볼 수가 없어요. 신조차도 들여다볼 수 없는 세계, 그게 내가 말하는 '두터운 세계'입니다. 인간에게는 그런 두터움, 심연深淵이 필요합니다. 유한한 인간이 그런 심연을 가질 권리도 없다면 억울하죠. 생물학자들은 어떻게 생각하죠?

최재천　생태학에 은신처이론refuge theory이라는 게 있어요.

도정일　도망갈 곳에 대한 이론?

최재천　이른바 경쟁 이론이 처음 나왔을 때 러시아 학자 가우스 Gause가 실험을 했는데, 시험관에 짚신벌레 두 종을 오랫동안 같이 키우면 언제나 한 종이 죽었어요. 경쟁력이 더 큰 종이 끝내 다른 종을 몰아내는 거죠. 이른바 '경쟁 배제의 원리'입니다. 두 종이 생태적인 요구 조건이 비슷한 경우에는 같은 지역에 공존할 수 없다는 거죠. 그래서 종들은 언제나 서로 원하는 것을 달리하는 방향으로 진화해갑니다. 이른바 '니치niche'를 달리하며 존재하는 것이죠. 진화 과정을 거치면서 모든 동식물이 서로 조금씩 달라진 이유는 상대방하고 똑같으면 둘 중 하나가 멸종할 가능성이 커지기 때문에 공존하기 위해 서로 다른 니치를 갖도록 변화한 겁니다.

가우스는 경쟁 실험을 끝낸 다음 포식 실험을 했어요. 잡아먹는 놈과 잡아먹히는 놈의 관계를 알아보는 실험인데, 이들을 시험관 안에 함께 풀어주면 궁극적으로는 잡아먹는 놈이 상대의 마지막 한 놈까지 다 잡아먹습니다. 그런데 그 안에다 글래스 파이버glass fiber라는 섬유질을 넣어주면 잡아먹히는 놈들이 그 틈으로 피신하여 살아남아 번식을 합니다. 그리고 나서 나오면 또 잡아먹히죠. 하지만 그놈은 줄어들면 또 섬유질 틈으로 들어가서 번식을 해서 나오고, 다시 줄어들면 또 들어가서 번식해 나오면서 살아가죠. 더 정확히 말하면 섬유질 속에서는 어떤 개체들이 계속 번식을 하고 있고, 그들 중 밖으로 나오는 놈들의 상당수는 잡아먹히는 거죠. 그러니까 자연이 이렇게 복잡해져서 가장 좋은 점은 숨을 데가 있다는 사실이죠. 선생님이 말씀하신 대로.

도정일 두터운 세계를 만든 것이군요.

최재천 숨었다가 또 나오고, 숨었다가 또 나오고 하니까 완전히 다 없앨 수가 없어요. 그래서 다양성이 유지되는 것이죠. 지금 선생님이 말씀하신 게 생태학적으로 절묘하게 맞아떨어집니다. 숨을 곳을 없애고 나면 궁극에는 하나가 되는 거죠. 미국은 경쟁 상대가 없는 상황에서 유일하게 가진 자가 되었는데, 그들이 요즘 하는 행동을 보면 베풀기보다는 완전히 막 나가는 식이에요. '누가 감히 나한테' 하면서요. 생물학자인 제가 생각할 때 동물사회에서는 그런 식의 사회 구조가 유지된 경우는 거의 없습니다. 저도 굉장히 심취해 있는, 저희 분야에서 새롭게 나온 이론 중에 비대칭 이론skew theory이라는 게 있어요. 그래서 지난 2003년에 지금은 미국에서 박사 과정을 밟고 있는 제자와 함께 상당히 수학적인 논문을 발표하기도 했습니다. 이 이론은 한마디로 번식이 너무 지나치게 한쪽으로 기울면 사회가 붕괴한다는 거죠.

힘이 센 으뜸 수컷이 동네에 있는 암컷을 모두 차지하면 다른 수컷들이 합심해서 그 으뜸 수컷을 죽여버리거나, 아니면 모두 다 떠나버릴 수 있습니다. 그래서 떠나는 수컷들을 따라 암컷들도 가고 나면, 으뜸 수컷 혼자 남게 되는 거죠. 가장 강한 수컷 하나만 남고 주변에 아무도 없으면 사회 자체가 없어지는 것이죠. 물론 지금은 지구가 하나니까 미국을 놓고 갈 데가 없어서 난리지만. 어느 집단이나 으뜸 수컷이 자기 번식의 일부를 버금 수컷들 몫으로 떼어줍니다. 그 비율을 계산해보면 흥미롭게도 일관성이 있어요. 지나친 독점 체제는 오래 가지 못해요. 불균형 생명은 반드시 깨지는 데 비해, 적절하게 잘 나누어준 으뜸 수컷은 장기 집권을 합니다.

이런 면에서 보면 내가 언제나 공격받을 수 있다거나, 언젠가 무너질 수 있다는 긴장이 사회 전체를 유지하는 데 굉장히 중요한 요소입니다. 기원전 1세기 로마의 시인 베르길리우스가 이런 이야길 했습니다. 제가 언젠가 제 개미 논문의 서두에 인용했던 구절인데, "비겁함이 우리를 평화롭게 만든다"고 말입니다. 지금 미국은 누가 감히 자신을 무너뜨리랴 하는 상황이지만, 이건 결코 바람직하지 않습니다.

도정일　부시 정권은 이라크 전쟁을 쉽게 끝낼 수 있을 거라고 생각했다가 그게 착각이었다는 걸 깨닫고 있어요. '누가 감히 내게 달려들어?'라고 생각하는 순간이 종말의 시작입니다. 역사는 그렇게 오만 떨다가 망한 통치자들로 가득합니다. 그런데 참 이상하죠? 인간은 역사로부터 배운다고 말은 하면서도 좀체 배우지 않습니다. 부시는 생태학 강의를 좀 들어야겠어요. 아까 그 은신처이론은 정치학적으로도 아주 유용할 것 같은데요.

—　　도정일 선생님이 말씀하신 '두터운 세계'는 우리 사회가 지향해야 할 세계상이 아닐까 싶군요. 두터운 세계란 도망갈 곳이 많은 세계이면서 다양한 존재가 공존하는 일종의 헤테로토피아heterotopia처럼 들리는데, 이런

세계상이 갖는 의미에 대해 좀더 듣고 싶습니다.

도정일　미국은 세계를 선과 악으로 나누고, 악을 제거한다면서 저렇게 난리를 치고 있지만, 사실 서양에 '모순대립물의 공존'이라는 세계관이 없었던 건 아닙니다. "대립적 성질들이 동일한 자리에 있을 수 없다"는 건 아리스토텔레스 논리학의 전통에서 나온 거고, 신화전통에서는 모순대립물의 공존이 전혀 이상하지 않습니다. 오히려 그게 신화의 특성이죠. '모순의 통일성coincidentia oppositorum'이 그겁니다. 서로 모순되는 것, 대립하는 것 들이 떨어져 있지 않고 한 몸으로 존재하는 겁니다. 아리스토텔레스 논리학에서는 있을 수 없는 일이죠. 그래서 신화는 논리학이나 철학과는 다른 차원에 있습니다. 철학에서 용납할 수 없는 것이 신화에서는 생명이거든요. 그런데 아리스토텔레스적 서구 논리학을 결정적으로 결딴낸 건 현대 물리학입니다. 빛은 입자이자 파장이다, 이건 서로 용납할 수 없는 두 성질의 공존이죠.

불행히도 서양은 한동안 이런 신화적 사유의 전통을 망각하고 있었어요. "적대 세력을 완전히 쳐부수어 소멸시킬 수 없다"는 것이 바빌로니아 신화의 세계관입니다. 유대 신화도 사실은 이런 세계관에 뿌리를 두고 있습니다. 그런데 이게 기독교 시대로 넘어오면서 바뀌게 돼요. 악은 완전히 쳐부수어야 하고 소멸시켜야 한다, 완전한 승리는 가능하다는 쪽으로 말입니다. 현대 철학은 고대 신화의 지혜를 이제야 새로 발견하고 있어요. 그 지혜가 모순반대물의 동시적 공존, 반대물의 불가소멸不可消滅이라는 세계관입니다. 어느 한쪽이 다른 한쪽을 완전히 절멸시킬 수 없다는 거죠. 절멸되지도 않죠. 부시의 세계관은 이런 지혜를 무시하는 편협한 독선적 기독교 보수주의에 뿌리를 두고 있습니다.

— 그런 두터운 세계에 요청되는 윤리학은 무엇일까요? 어떤 노력이 필요한가요?

도정일　두터운 세계는 다양성·다수성·다원성의 세계입니다. 이 '3다'의 세계를 유지하는 데는 무엇보다 '관용의 윤리학'이 필요할 것 같아요. 이때 관용은 강자가 약자에게 베푸는 자비가 아닙니다. 다른 것, 타자, 타인, 차이에 대한 존중이 현대적 의미에서의 '관용'이죠. 이게 없으면 자유민주주의도 안 돼요. 그런데 '존중한다'는 것만으로 충분하지 않아요. "그래, 너는 너고 나는 나다. 서로 존중하자"라는 태도는 "너 하고 싶은 대로 해라. 뭘 하든 난 관심 없어"라는 무관심일 수도 있습니다. 그렇게 되면 관용의 윤리학은 '무관심주의'나 '오불관언'으로 빠집니다. 타자의 존재와 행동에 대해 '나'는 아무런 책임도 없는 것처럼 돼요. 이러면 공동체나 공존, 유대가 불가능하고 타인의 고통에 대해서도 '나'는 아무 책임이 없습니다.

가령 누가 굶고 있다고 칩시다. 먹을 것을 갖다주는 사람도 있을 것이고 모른 체하는 사람도 있을 수 있죠. 모른 체한다고 해서 죄가 되는 건 아니에요. 잡아다 법정에 세울 수도 없는 일이죠. 먹을 것을 반드시 갖다주어야 한다는 것은 법적 책임이 아니라 윤리적 책임입니다. 윤리라는 건 이럴 때 '도와야 한다'는 실천 명령입니다. 하지만 그건 법적으로 강제할 수 있는 명령이 아니니까 사람들이 실천해도 되고 안 해도 되는 것처럼 보이죠. 이럴 때 사람들을 윤리적으로 행동할 수 있게 하고 그 행동에 윤리성을 부여해줄 근거 같은 것이 있을까요? 있습니다. "나는 너에 대해 책임을 지는 존재다"라는 태도가 그겁니다.

좀 난삽한 이야기일지 모르겠는데, '나'라는 존재, '나'라는 주체가 사실은 타자에 대한 책임 속에서 만들어진다는 생각이 필요해요. 여기서 주체라는 것이 발생하는 기원 지점은 '나'가 아니라 '타자에 대한 책임'입니다. '나/너'를 절대적으로 구분하던 태도에서 벗어나 "네가 없으면 나도 없다"라는 '책임의 윤리학'이 나오게 되죠. "나는 누구인가?"라는 건 전통적인 정체성 질문입니다. 이 질문을 책임의 윤리학으로 대답하면 "나는 타자에 대해 책임지는 자다"가 됩니다. 이런 이야기는 에마뉘엘 레비나스에게서 많이 빌려온 겁니다. 이타적 행위에 대한 생물학의 설명과는 많이 다르죠.

— 동양에는 그런 윤리담론이 없습니까?

도정일 왜 없겠어요? 맹자는 '측은지심惻隱之心'이라는 걸로 그 문제를 풀어보려고 했습니다. 남이 곤경에 빠졌을 때 인간이라면 가만 있지 않고 반드시 도와주러 나선다는 겁니다. 세 살배기 아이가 뚜껑도 없는 우물 쪽으로 걸어가고 있습니다. 내버려두면 우물에 빠지겠죠. 그럴 때 '사람이라면 당연히' 달려가 아이를 구할 거라는 이야기죠. 알다시피 측은지심은 맹자가 '4단四端'이라고 부른 인간의 네 가지 '기본 심성' 가운데 하나입니다. 생물학이 인간의 이타적 성향을 유전자에 입력된 명령으로 본다면, 맹자의 기본 심성론은 생물학의 설명과 상당히 통하는 데가 있어요. '인간이라면 당연히'니까요. 다른 점이 있다면 생물학이 이기적 본성론을 펴는 반면, 맹자 윤리학의 토대는 이기성이 아니라는 것, 생물학이 도움의 호혜주의를 강조하는 반면, 측은지심은 호혜성을 전제하지 않는다는 것 등이죠. 세 살짜리를 구해주었다고 해서 그 아이로부터 당장 얻어낼 호혜적 보상은 없죠. 물론 유가의 윤리에도 "은혜는 반드시 갚아라"는 명령이 있습니다. 결초보은 같은 에피소드가 그래서 대중의 윤리학으로 강조되죠. '역지사지易地思之'도 사실은 아주 강력한 윤리이론입니다.

그런데 '인간이라면 당연히'에서 문제가 되는 것은, 그게 그렇게 늘 '당연'하지는 않다는 점입니다. 윤리적 실천은 자동적으로 발동되는 것이 아닐 때도 있어요. 노력이나 교육 같은 후천적 입력이 필요하죠. 이타성이 자동적인 거라면 나치의 유대인 학살이나 일본 731부대의 생체 실험 같은 건 애당초 발생하지 않았을 겁니다.

생태계의 윤리, 인간의 윤리

—   생태적 사유에도 그런 책임의 윤리학이 있지 않을까요? 자연 안의 존재인 인간이 자연을 파괴하는 것은 생태학적으로도 비윤리적인 행위가 아닌가요? 그런데 어째서 인간은 그런 비윤리적 행동을 하는 겁니까?

도정일   먹고살기 위해서죠. 인간은 자연 속에 있고 자연으로부터 나왔지만, 기본적으로 반자연적인 존재입니다. 인간은 살기 위해 자연을 착취하고 파괴하고 변경해왔어요. 과거에도 그랬고 지금도 그래요. 농업도 마찬가지입니다. 옥수수 모가지 따서 삶아 먹고, 닭 잡아먹고, 땅을 파고 긁어 상처를 낸 다음에 씨 뿌리는 것 등이 다 인간이 자연에 가하는 폭력입니다. 자연에 대한 폭력 위에서만 인간은 생존할 수 있습니다. 자기 생존의 목적에 맞추어 자연을 끊임없이 착취하고 재조직하지 않고서는 인간의 삶이란 게 도무지 가능하지 않아요. 그러니까 자연에 가해지는 모든 폭력을 파괴라고 본다면 인간의 삶은 근본적으로 폭력이라는 비윤리적 기초 위에 서 있습니다. "삶의 기초는 폭력이다"가 되죠. 인간의 삶이 비윤리성을 토대로 한다는 건 충격적인 이야기지만, 이런 의미의 비윤리성은 인간이 굶어 죽지 않고 살기로 하는 이상 결코 해결할 수 없는 딜레마입니다.

그런데 이 근원적 폭력을 문제 삼아 비윤리적이라고 말하기 시작하면 문제는 풀리지 않습니다. 살아 있는 자는 모두 폭력범이 되니까요. 생존의 딜레마는 풀 수 있는 문제가 아닙니다. 고대인들은 이 문제를 어떻게 처리해야 하는지 굉장히 고민했어요. 자연에 대한 미안한 마음과 죄의식, 감사의 마음, 속죄 행위 같은 것이 고대 농경 사회가 남긴 고민의 흔적들입니다. 현대인은 깡그리 잊어버렸지만 말이죠. 그래서 자연 파괴를 어느 선부터 문제 삼아야 하는가라는 것이 중요한 문제입니다.

최재천　도 선생님이 "인간은 반자연적인 존재다"라고 말씀하셨는데, 그때의 '반자연적'이라는 말의 정의는 무엇인가요?

도정일　다른 동물들은 주어진 자연 조건 속에서 선택하고 경쟁하며 살아갑니다. 그런데 인간은 환경을 그대로 받아들이지 않죠. 자연 조건을 두들겨 고치고 바꾸고 새로 조직합니다. 인간이 반자연적이라는 말은 그가 자연 속의 존재가 아니라는 말이 아니라, 자연을 늘 '투쟁과 극복의 대상'으로 삼음으로써 자신의 존재 방식을 규정해 왔다는 의미입니다. 자연의 위협 앞에서는 더욱더 그랬죠. 자연 재난을 당하면 인간은 자연이 반드시 우호적인 것이 아니라 인간을 삼키는 적대적 존재이기도 하다고 생각하게 됩니다.

최재천　저도 가끔 그런 생각을 합니다. 그런데 어떤 의미에서는 우리가 '반자연적'이라고 표현하는 것 자체가 인간은 자연의 일부가 아니라는 것을 전제로 하는 이야기처럼 들립니다. 사실 비버는 강물을 막아서 호수를 만들어요. 그리곤 자기가 만든 그 호수에서 살거든요. 그러니까 비버는 우리 인간의 규모로 보면 굉장한 토목 사업을 하는 것과 같아요. 비버가 파괴하는 자연은 엄청납니다. 강물을 막기 위해 그 근처에 있는 나무들을 거의 다 자르죠. 물론 엄청나게 큰 나무는 못 건드리지만, 자기가 자를 수 있는 수준의 나무는 상당수를 잘라옵니다. 그렇게 막고 나면 물의 흐름이 달라지죠. 그러면 그 아래쪽 강물에서는 전에 잘 살던 생물들이 다 죽고 맙니다. 우리가 댐을 막아서 하천의 생태계를 망가뜨리는 것 못지않아요. 또 개미도 집을 짓는 등 주변 환경을 아주 많이 바꿔버리죠.

그런 점에서 생각하면 자연을 바꾸지 않으면서 사는 생물이 과연 있을까요? 제 생각으로는 없을 것 같습니다. 예를 들면 송충이가 이파리를 갉아먹는 것도 자연을 파괴하면서 살고 있는 거잖아요. 만일 그런 관점에서 본다면 모두가 반자연적이죠. 차이가 있다면, 하나는 "그 파괴가 어떤 형태로 나타나느냐" 하는 규모의 차이가 있을 거고, 그다음에는 파괴에 성격이랄까 방향 같은 차이가 있을 것 같은 생각이 들어요. 어떤 개미의 경우에는 그 피해가 엄청나서 해충이라고 해도 지나치지 않아요. 잎꾼개미(이파리를 잘라다가 버섯을 길러 먹는 개미)들이 주변에 있는 나무를 파괴하는 수준은 실로 엄청나요. 한 2~3일이면 웬만큼 큰 나무의 나뭇잎을 몽땅 다 떼어내거든요. 나무가 완전히 발가벗는 것이죠. 이건 엄청난 환경 파괴예요.

그런데 그 개미들이 땅 밑에다 거대한 지하 도시를 건설하기 위해서는 땅을 뒤엎는 과정이 있습니다. 이것이 땅 속의 영양분을 재순환시켜주는 역할을 합니다. 잎꾼개미 덕택에 그 주변의 땅이 굉장히 비옥해지는 거예요. 그렇게 하면 거기에서 또 다른 나무가 커나갈 수 있게 됩니다. 어느 관점에서 보느냐, 어느 순간에서 보느냐에 따라 자연을 파괴한다고도 볼 수 있고, 반대로 자연에 도움이 된다고도 볼 수 있는 거죠.

그렇다면 인간의 경우는 무조건 파괴적일까요? 어쩌면 아닐 수도 있습니다. 어떻게 보면 인간은 너무 수가 많아져 통제할 수 없는 수준에 이르러서 그런 것일 뿐입니다. 저는 인간이 파괴만 일삼는 특별한 동물이라는 생각은 하지 않아요. 현대인들은 스스로 자연의 일부가 아니라고 생각하고 사는 것 같지만 인류의 역사를 돌이켜보면 우리가 만물의 영장이 된 것은 극히 최근의 일입니다. 전 우리를 만물의 영장으로 만들어준 혁명적인 사건은 두 가지라고 보는데, 하나가 농업혁명이고 다른 하나가 산업혁명입니다. 그런데 우리가 농경을 시작한 게 언제입니까? 잎꾼개미는 무려 6,000만 년 전부터 농사를 짓기 시작했지만, 우리가 농사를 시작한 때는 불과 1만 년 전입니다. 우리 현생인류가 이 세상에 등장한 것이 줄잡아 20만~25만 년 전이라면, 우리가 만물의 영장이랍시고 거들먹거린 것은 전체 기간 중에서 최근 5퍼센트 정도밖에 안 된다는 얘깁니다. 그 전의 95퍼센트 동안에는 우리도 그저 별볼일없는 털북숭이 원숭이에 지나지 않았던 거죠.

저는 우리가 만물의 영장이 될 수 있었던 가장 결정적인 원인은 자연과 공생하는 방법을 터득했기 때문이라고 생각해요. 농사를 짓고 가축을 기르게 된 것 말입니다. 사실 엄밀히 말해 이 세상에서 우리보다 더 대규모로 자연과의 공생을 실천에 옮긴 동물은 없습니다. 우리가 단지 파괴만 한 동물은 아니라는 거죠. 함께할 줄 알았기 때문에 성공했는데, 성공이 지나치다 보니 언제부터인가 공생의 지혜를 망각한 거예요.

도정일　자연계가 만약 정치 세계라면 지금의 자연은 인간이 지배하는 단극 체제입니다. 맞설 상대가 없어요. 그러나 단극 체제는 그걸 무너뜨리는 놈이 반드시 나옵니다. 자연계에서는 지금 바이러스가 그런 놈 아닌가요? 이 단극 체제에서 인간이 저 혼자만 잘 먹고 잘 살 것이 아니라 다른 종의 삶과 종 다양성을 얼마만큼이나 보장해줄 수 있는가, 이것이 지금 인간에게 안겨진 가장 큰 윤리적 과제입니다. 최 교수님이 방금 '공생'을 이야기하셨는데, 나도 전적으로 동감입니다. 생태계의 공생이 위태로워지는 순간이 바로 자연 파괴의 순간이죠. 자연 파괴란 '공생 체계의 파괴'라고 정의할 수 있어요. 이때부터 자연 파괴가 문제가 됩니다.

그런데 문제는 간단하지 않아요. 인간이 윤리적으로 각성해야 한다고 말할 수도 있지만, 윤리적 각성만으로 자연 파괴를 막을 수 있을까요? 당장 눈앞에 돈이 보이는데 윤리적으로 놀자? 어림없는 이야깁니다. 결국 인간의 경제 활동 자체를 어떻게 사회적으로, 구조적으로 재조직할 것인가가 해결의 관건이에요. 지금과 같은 생산양식과 낭비적 소비문화를 그대로 유지할 것인가 바꿀 것인가의 문제죠.

인간은 자연과 친화관계를 유지하기도 하지만, 지금의 문명은 그런 친화관계를 대수롭게 여기지 않습니다. 문명을 바꾸고 제동을 걸 능력이 이기적 인간들에게서 나올 것인가? 지금으로선 아주 비관적입니다. 최 선생님은 어떻게 생각하세요?

최재천　전 선생님과 조금 달리 이야기하고 싶군요. 저는 그래도 결국에는 우리의 윤리적 형질을 사용할 것 같아요. 그것만이 인간을 구해줄 수 있는 유일한 길이 아닐까 생각해요. 선생님이 방금 소비문화를 언급하셨는데, 우리는 자본주의 경제체제 속에 살면서 끊임없이 그 체제에 대한 회의를 던집니다. 경제학이 지금 이대로 우리 사회를 인도한다면 정말 우리가 파멸에 이르고 말 것인가? 저는 경제학도 나름대로 변신을 꾀하고 있다고 생각합니다. 제가 하버드에 있을 때 개인적으로도 종종 만나뵈었던 아마티아 센A. Sen 교수님의 경제학을 비롯해서 최근에 주목을 받고 있는 환경경제학 등 윤리가 스며든 경제학도 서서히 고개를 들고 있지 않습니까.

도정일　자연과학자가 상당히 인문학적으로 이야기하고 있네요.

최재천　이 대담을 통해 제가 선생님께 완전히 감화되었나 봅니다. 전 가끔 '종교와 과학'을 토론하는 모임에 가서 이야기를 하다가 (저는 교인이 아닙니다. 안사람을 따라 교회를 20년 넘게 다녔지만, 아직 정식으로 세례를 받지 못했습니다), 궁극적으로 어떤 결론을 내려야 하는 지점에 이르면 이렇게 말합니다. "결국은 종교에 거는 기대가 클 수밖에 없다"라고요. 그 종교가 반드시 기독교여야 하는지는 모르겠지만, 제가 말하는 종교란 사실 어떤 교敎라기보다는 인간의 윤리적인 감성이랄까 도덕적인 성향이에요. 이것이 결국 어떤 형태로든 우리를 구해주지, 제도적으로 뭔가를 하는 것에는 한계가 있을 거라고 생각하니까요.

도정일　동감합니다. 생물학자가 종교를 평가절하하지 않는다는 것만으로도 대단합니다. 리처드 도킨스 같은 사람들과는 다른 생물학자죠. 앞에서도 이야기했지만, 사실 과학과 종교는 별개 차원에 있어요. 과학은 자연의 사실을 말해야 하고 종교는 의미와 가치를 말합니다.

최재천　결국 윤리에 호소해야 하는데, 그 호소를 어떻게 해야 할지 잘 모르겠습니다. 저는 과학자니까 과학적으로 호소하는 방법이 없을까를 끊임없이 생각하면서 삽니다.

도정일　기업 집단에도 최 선생님이 말씀하신 대로 윤리적 감성을 가진 개인들이 얼마든지 있습니다. 개체의 차원에서는 모두 그런 윤리적 감성들을 가지고 있고요. 그런데 집단의 단위로 올라가서 어떤 정책을 결정하고 행동해야 할 때가 되면 개체들의 윤리적 능력은 힘이 쫙 빠집니다. 기업은 이윤을 내야 하는 집단입니다. 시카고 경제학자 밀턴 프리드먼의 유명한 글이 있어요. 제목이 "기업의 사회적 책임은 이윤 창출이다"라는 거예요. 기업은 이윤을 내야 하는데, 이를테면 사외 이사 최재천이 일어나서 "아니다, 윤리적 책임이 중요하다"고 말하면 다른 이사들이 박수를 칠까요? 주주들이 최 이사를 그냥 놔두겠어요? 경쟁 업체 사람들은 박수를 치겠죠. 내심 "잘됐다, 저러다 망하지, 어서 망해라" 그럴 테니까요.

사회적으로 이 부분이 문젭니다. 기업체, 정당, 사회단체 할 것 없이 주요 사회 조직들이 조직 내부에서 윤리 수준을 정하고, 그것을 관철할 수 있는 윤리위원회 같은 것을 가져야 할 것입니다. 요즘 기업 집단들 중에는 그런 식의 윤리위원회를 둔 곳도 있긴 있더군요. 기업 조직들 자체가 자기 윤리성을 확보하고, 그것을 생산·관리·운영·유통의 영역들에 적용하는 쪽으로 사회적 진화가 일어나야 할 것이라고 생각합니다.

최재천　여기서 잠깐 말씀드릴 게 있어요. 앞서 제가 에이즈 바이러스를 예로 들어, 환경을 우리가 원하는 방향으로 만들어감으로써 우리의 미래를 어느 정도 통제할 수 있을 거라고 말했잖습니까. 저 같은 사회생물학자들은 '도덕성'이라는 것도 결국 진화하는 것으로 생각합니다. 우리는 지금도 도덕적이기를 원하고, 최소한 표면적으로나마 도덕을 끊임없이 운운하며 올바르게 살자고 부르짖고 있잖아요. 사실 선생님과 제가 지금 만나서 이야기하는 것도 좀 제대로 살아보려고 하는 하나의 노력이죠.

이렇게 도덕에 집착해서 사는 이유가 생물학자가 보기에는 도덕이 우리한테 유리했기 때문이에요. 우리 조상 중에 도덕적으로 살았던 사람들이 비도덕적으로 살았던 사람보다 어떤 형태로든 번식을 더 잘했기 때문이라고 생각하는 거죠. 도덕적으로 더 잘했기 때문에 '도덕 유전자'가 오늘날까지 살아남은 거죠. 철저하게 비도덕적으로 어떤 일을 하고 그게 성공적이었으면, 지금 우리는 철저하게 비도덕적이 되었을 거예요.

이 정도라도 세상이 유지되는 걸 보면 분명히 '도덕 유전자'를 상정할 수 있어야 한다는 겁니다. 그리고 만일 도덕 유전자라고 부를 수 있는 존재가 있다면, 그 유전자는 홀로 존재하는 게 아니라 다른 유전자와 섞여 있을 겁니다. 이것이 오늘날까지 살아남은 데는 그만한 이유가 있다는 거죠. 될지 안 될지는 저도 모르겠지만, 우리는 하나의 사회로서, 어떤 형태로든 의식적으로 그 도덕 유전자가 더 잘 퍼지게끔 사회 분위기를 만들어줘야 되는 거죠. 모든 것을 생각할 때, 올바르게 사는 사람이 결국에 가서는 더 잘 살더라는 결과가 나타나야 하고, 그렇게 되게끔 사회 구조를 만들어줘야 그 유전자가 살아남는 것이죠. 우리는 어떻게든 최대한의 노력을 기울여서 그런 환경을 만들어가야 합니다. 지금의 상황을 이대로 내버려둔다면 과연 그렇게 될까요?

이 이야기는 상당히 생물학자답지 못한 이야깁니다. 왜냐하면 그냥 내버려두었는데도 도덕적으로 여기까지 왔는데, 저는 지금 그것을 어느 정도는 인위적으로 도모하자는 이야기를 하고 있으니까요. 하지만 우리가 우리의 미래를 걱정한다면 모든 일에 일일이 '도덕'을 운운하며 살 수는 없을지라도, 최소한 우리 사회에서 어떤 정책을 입안한다든가 하는 과정에서만큼은 올바로 사는 사람이 분명히 이기게끔 만들어주는 데 최선을 다해야 한다고 생각합니다. 우리가 실제로 입법을 하고 정책을 만들 때 그런 것들을 생각하고 하는지 모르겠습니다. 그렇게까지 철저하지는 않은 것 같다는 생각이 들어요.

도정일　내버려두어도 도덕 유전자가 전승되어 여기까지 왔다. 좋은 이야깁니다. 그런데 말이죠, 농담입니다만, 공자, 맹자, 석가, 예수 같은 사람들이 자기의 유전자를 다른 사람들보다 더 잘 퍼뜨렸는가? 그건 아니었죠. 대부분 후손을 남기지 않았습니다. 자기 유전자를 퍼뜨리는 데는 그리 열성적인 사람들이 아니었어요. 도덕 유전자를 잘 지켜내자면 천주교 신부와 수녀, 불교의 비구승과 비구니를 모두 결혼시키는 게 좋겠네요. (웃음)

최재천　잠깐만요, 선생님. 언젠가 신문을 보니 공자의 후손들이 일종의 족보를 완성했는데 그 후손의 수가 상당하던데요. 하지만 예수나 석가의 경우는 이해합니다.

도정일　최 선생님이 말씀하신 도덕 유전자는 생물학적 전승입니다. 그런데 도덕적 개인들이 사회적으로도 성공하고 인정을 받게 되면 다른 사람들이 '모방'하는 효과도 일어납니다. 기업의 입장에서 보면 "아, 저 사람은 기업을 윤리적으로 경영해서 성공했구나, 나도 따라해보자"라고 하는 것이 모방 효과입니다. 개인들의 경우에도 책을 보다가 감명을 받고 "난 이제 공자처럼 산다, 예수처럼 산다"고 작정하는 수가 많습니다. 내가 사는 동네에 '예닮교회'란 것이 있던데, 필시 '예수 닮기'라는 의미일 겁니다. 그런데 말이죠, 예수 모방이든 공자 모방이든 간에 '모방'은 사회적이고 문화적인 겁니다. 감염되는 거죠. 후천적 영향과 교육이 개입해요. 인간에게 모방 유전자(?)가 있다는 것이 얼마나 다행인지 모릅니다. 그러니까 도덕 유전자 말고도 모방 유전자에 주목해야 할 것 같아요.

　유전자 속에 도덕적 성향이 있다고 할지라도 그것을 내버려두었을 때보다는 그것이 발현될 가능성을 옆에서 사회·문화적으로 자꾸 자극하고 보상해주고 모방하도록 하면 효과가 더 크지 않겠어요? 지금 우리 사회에서 가장 강조되고 있는 것이 '경쟁력'입니다. 자유 경쟁이란 것은 반드시 공정성과 규칙을 전제합니다. 규칙을 지키면서 경쟁하는 것이 진짜 자유 경쟁이죠. 그럴 때만 경쟁은 '탁월성'을 가려내는 '선체제善體制'가 됩니다. 그런데 이게 한국에 오면 "무슨 수를 써서라도 이겨라"가 돼요. 규칙이고 뭐고 없어요. 그런 식으로 하자면 축구에서는 태권도 선수가 축구를 하는 게 가장 좋고, 어떤 팀은 태권도 선수를 넣어도 되고 어떤 팀은 안 된다는 불공정한 규칙을 정해놓으면 더 좋죠. 이런 무규칙 경쟁의 문화가 지금 우리 아이들에게도 퍼져서 무조건 이기고 보자는 태도가 만연하고 있습니다. 부정적 모방의 효과죠. 정치판의 '개판'이 아이들을 다 버려놓고 있어요. 언론들도 자유 경쟁을 떠들 줄만 알았지 경쟁의 공정성과 규칙의 원칙은 지키지 않습니다. 한국에서 경쟁은 '악체제惡體制'예요. 공정하고 정의로운 사회를 만들고 지켜내는 일이 그래서 아주 중요합니다.

최재천 교육만 해서는 안 되잖아요.

도정일 물론입니다. 그래도 교육은 공정성의 원칙을 가르쳐야 합니다. 이건 교실에서만 가르치는 게 아니에요. 스포츠는 살아 있는 공정성 교육입니다. 놀이도 그렇고요. 또래들끼리의 놀이를 통해 아이들은 자연스레 공정성을 배웁니다. 나도 축구를 좋아하고 구단 점수도 매기는데, 내 평가법에서는 골 몇 개냐보다는 페어플레이가 기준입니다. 월드컵 할 때만 빼고. (웃음)

최재천 교육은 이렇게 살아야 한다고 이야기하는데, 그 아이가 정작 사회에 나가보니까 현실은 전혀 다른 거죠.

도정일　　한국판 경쟁주의에 밀리는 거죠. 사회에 나가기도 전에 벌써 학교에서 아이들은 시련에 부딪힙니다. 캐나다에서 살다 온 아이 이야긴데, 얘가 시험 점수를 70점 받아서 집에 갔다가 엄마한테 야단을 맞았어요. 그러니까 아이가 정색을 하고 묻더라는 거예요. "엄마는 내가 부정행위를 해서라도 100점 받으면 좋겠어?" 그 순간 엄마도 충격을 받고 깊은 시름에 빠졌다는 겁니다.

최재천　　그건 교육의 목적과는 완전히 반대죠. 그러면 안 되는 거죠.

도정일　　지금 우리나라 교육은 망가져 있어요. 엉망이 되고 말았습니다. 초등학교에서부터 시험 점수 제1주의의 무규칙 경쟁 체제가 도입돼 있습니다. 아이들에게는 친구고 뭐고 다 거꾸러뜨려야 할 적수로 여겨집니다. 대학에 오면 더하죠. 대학은 성찰하는 인간을 기르지 않습니다. "내가 이렇게 행동해도 되는가?" 같은 질문은 쓰레기통에 들어간 지 오랩니다. "우리는 어떤 사회를 만들어야 하는가?"도 지금 대학에서는 질문이 아니라 잠꼬대죠. 대학이 이런 질문을 포기해야 경쟁력 있는 인재들을 길러낼 수 있다고들 생각하고 있습니다. 특히 기업인들과 정치꾼들이 그래요. 그래서는 민주주의고 경제 발전이고 불가능합니다. 국제 경쟁도 어림없죠. 더러 발전을 이룬다 해도 부정, 부패, 비리 같은 것 때문에 사회는 엄청난 고통과 비용을 치러야 합니다. 나는 역대 문민정부가 어째서 이런 부분에 그렇게 둔감한지 이해가 되지 않습니다.

──　　최 선생님은 교육만으로는 안 된다고 말씀하셨는데, 교육 말고 다른 방법이 또 있을까요?

도정일　19세기 영국 사회사상가들이 생각해낸 꾀가 하나 있어요. 인간은 어차피 이기적 동물이다, 그러니 이기주의나 자기중심주의를 버리고 남 생각도 할 줄 아는 윤리적 인간이 되라고 설교하기만 해서는 안 된다는 겁니다. 그럼 어째야 하느냐? 사람들의 이기적 성향을 욕만 하지 말고 이기적으로 행동하게 하라, 그런데 이기적 행동의 결과가 가장 이타적인 것이 되게 유도하라는 게 그 비결입니다. 뒤집어놔도 됩니다. 이타적으로 행동했더니 그게 나한테도 최고로 이익이더라, 기업이 윤리적으로 행동했더니 그게 기업 이윤을 최고 수준으로 올려놨다는 이야기가 나오게 만들면 된다는 소립니다. "가장 이기적으로 행동하는 사람이 가장 이타적으로 행동하는 사람"이라는 역설이 나오게 말이죠. 민주주의 사상과 제도가 18세기 유럽에 막 퍼져나갈 때, 민주주의에 반대해야 하는 유럽 왕들은 자기들 딴에는 열심히 반대하느라고 했지만 결과적으로는 그 반대가 되레 민주주의의 확산을 도왔다는 역설이 있습니다. 알렉시스 드 토크빌이 《미국의 민주주의》에 써놓은 이야기예요.

이런 역설의 효용이 사회적 지혜가 아닐까 싶어요. 역설의 진실을 사회적으로 최대화하는 겁니다. 바보스런 이기주의자는 자기만 챙기는 사람이고, 뛰어난 이기주의자는 자기 이익을 잘 챙기는 방식으로 남도 챙기는 사람이라고 말이죠. 아니, 이래야겠죠. "이기적으로 행동했더니 그게 바로 이타적인 행동이더라." 이럴 때 '나도 살고 남도 살고'라는 생물학적 공생의 관점이 요긴합니다. 그런 것이 바로 공존의 원칙이고 넓은 의미의 호혜주의가 아닌가 싶어요. 19세기 사상가들이 현대 생물학의 발견을 선취한 걸까요?

밀실의 고독에서 공생의 축제로

—　　　　이제 대담을 마무리해야 할 때입니다. 좀더 일상적인 부분으로 들어가 보죠. 대담 초반에 생명과학이 줄 수 있는 가장 행복한 미래는 120세까지 질병 없이 살고 테니스하고 연애하면서 산다는 것이었죠. 이런 측면에서 인문학과 자연과학의 행복한 동거가 필요하다는 이야기도 했고요. 그러자면 120세까지 일도 하고 그래야 하는데 요즘 보면 60세도 안 된 50대 중반에 벌써 일을 그만두고 나가야 합니다. 일자리는 없고 스트레스는 쌓이고 품위 있게 오래 살 수 있는 전망은 오히려 절망적으로 줄어들고 있습니다. 자살자가 늘어나고 있어요.

최재천　　자살은 스스로 유전자의 전파를 막는 행위죠. 생물학은 아직 자살을 설명하지 못하고 있습니다. 번식기 이전에 자살하는 것은 특히 더 그래요. 자살 유전자가 정말 있다고 해도 그게 다음 세대에게는 전달이 안 되잖아요. 번식 안 되는 유전자를 퍼뜨릴 수는 없는 거니까. 번식이라는 종의 명령을 거부하는 것이니까 이해가 안 되는 겁니다. 자기 스스로를 죽이는 동물이 있는가. 인간 외에는 거의 없다고 봐야 되거든요. 시름시름 죽어가는 침팬지는 있다고 해도 능동적으로 자신의 목에 칼을 들이대거나 높은 곳에서 뛰어내리는 동물은 인간밖에 없죠. 이게 진화의 산물인가, 병리학적인 건가. 모든 걸 다 설명하고 싶어하는 진화생물학자들에게도 자살은 설명하기 어려운 난제입니다.

—　　　　자살한 신은 없나요? 나르키소스는 어떤가요?

도정일　　나르키소스는 신이 아니라 인간입니다. 그것도 말라죽은 거니까 수동적인 죽음이죠. 어떤 종교도 내놓고 자살을 권고하지는 않습니다. 기독교에서 자살은 대죄죠. 그런데 신화에 자살을 권고하는 이야기는 나옵니다. 현자 실레누스가 그 사람인데, 그가 왜 현자냐하면 사람들에게 이렇게 가르쳤기 때문입니다. "인간은 태어나지 않는 것이 최선이고 차선은 일찍 죽는 것이다." 이건 철학자 쇼펜하우어가 한 말로 전해지지만 실은 실레누스가 기원입니다. 자살 권고가 어째서 지혜의 언어냐? 사실 실레누스의 말은 인간을 장난감처럼 가지고 노는 신들에 대한 강력한 항의예요. 불만 폭발이죠. 이 말을 뒤집어 읽으면 인생에서 무슨 의미니 목적이니 하는 거 찾지 마라, 그런 거 없다, 인간이 할 수 있는 일은 그저 신들의 우연한 노리개로 걸려들지 않기만을 바라는 것뿐이라는 소립니다. 대단한 지혜 아닌가요? 생물학의 우연성 이론이나 무목적론과도 통하는 데가 있지 않나요?

— 인문학적으로는 자살이 어떻게 이야기되나요?

도정일 사람이 왜 자살하는가? 뒤르켐의 자살론이 유명하지만 너무 평범하고, 마르쿠제가 프로이트를 비틀어서 내놓은 설명이 생물학적으로 봐서도 좀 참고가 되지 않을까 싶네요. 생명을 끊는 것은 생명의 부정이 아니라 생명의 더 큰 긍정 때문이라는 게 마르쿠제의 주장입니다. 사람은 자기가 살고 싶은 삶을 살지 못하는 조건에 놓이면 죽어버리는데, 이때 부정되는 것은 생명이 아니라 생명의 지속을 어렵게 하는 사회 조건이라는 겁니다. 생명의 가치를 더 크게 긍정하니까 그 가치가 쪼그라들어야 하는 현실을 정면으로 거부한다는 거죠. 이 설명에서는 자살이 생명을 지키고자 하는 본능적 성향에 반하는 것이 아닙니다. 자살 유전자 같은 것은 없을지 몰라도 생명의 가치를 지키려는 성향이 유전적으로 전해지는 한 자살은 발생할 수 있다는 통찰을 가능하게 하죠.

그런데 아무리 살기 어렵고 절망적이라 해도 사람들이 다 자살하는 건 아니거든요. 살기 어려우면 더 열심히 살려는 것이 또한 인간이에요. 전쟁 때는 자살자 수가 되레 준다고들 하잖아요? 자살로 이끄는 요인이 생물학적인 것인가, 사회적인 것인가, 병리적 요인인가. 이렇게 각 차원에서 따져봐야 할 것 같아요. 심리적 요인도 무시할 수 없죠. 최 선생님께서는 프로이트를 싫어하지만, 프로이트의 '자살 충동' 개념에도 쓸 만한 데가 있어요. 죽음은 모든 긴장이 해소되는 상태, '긴장의 제로 지점'입니다. 낙원이나 열반이 긴장이 해소되거나 최소화하는 곳이라면 죽음은 그런 니르바나에 해당하죠. 그러니까 개체가 감당할 수 없는 고도 긴장이나 억압 상태로 내몰리면 거기서 풀려날 '열반'을 갈구하고, 그래서 죽음으로 이끌린다는 게 프로이트의 주장이죠. 낙원으로의 도주인 셈입니다. 프로이트는 이 개념으로 '문명 파괴의 충동'도 설명했어요. 문명의 억압이 고도화하면 사람들은 그 문명을 파괴하러 나선다는 겁니다. 학교에 불을 지르는 아이들을 보면 프로이트가 생각나요.

최재천 그런데 동반 자살을 하는 경우도 많아지고 있잖아요. 이건 자살이 아닙니다. 명백한 타살이죠. 자기 혼자 죽는 게 아니라 식구들을, 사랑하는 사람들을 같이 죽이는 거죠. 내가 죽고 나면 내 가족을 아무도 돌보지 않을 거라면서 같이 죽는 건 타살입니다.

도정일 그렇죠. 자기 외의 사람들까지도 파괴하는 행위죠. 사회에 대한 분노나 항의, 보복 같은 것이 동반 자살의 심리적 배경이 아닌가 싶어요. 허무감, 자기만 못산다는 수치심, 에고Ego의 손상, 열패감 같은 것도 들어 있겠지요. 에고의 자존심과 자기 이미지가 심하

남자든 여자든 사는 게 참 힘들어진 세상입니다. TV를 틀면 완벽한 남성이 너무 많이 나오잖아요. 잘생겼고, 사회적으로도 성공했고, 거기다가 자상하기까지 한 주인공 남자 배우. 그 남자를 보다가 배 나오고 일요일에 쿨쿨 잠만 자는 남편을 보면 얼마나 한심해 보이겠어요. 예전에는 사회가 아주 작은 단위로 구성되어 있었으니까 경쟁을 하더라도 규모와 강도가 아주 작고 약했죠. 자기정당화의 근거가 지금보다 훨씬 많았어요. 지금은 모든 사람이 타이거 우즈에게 비교당하고 전지현에게 비교당하게 되어버린 겁니다.

게 상처받고, 이 상처가 수용 가능한 범위를 넘어가면 에고는 자기 파괴의 방법으로 문제를 수습합니다. 그런데 이 경우 '가족'은 별개 존재가 아니라 '자기'와 동일시됩니다. 이 동일시 때문에 동반 자살은 타살이면서 자살이죠.

경쟁 제일주의 사회는 사람들에게 열패감을 심어주기 딱 좋죠. 남들은 다 성공하는 것 같은데 자기만 못났다 싶으면 사람들은 견디기 어려워집니다. 스트레스나 우울증에 걸리죠. 에고 손상 말고도 외부로부터의 큰 억압, 갚기 어려운 부채, 실연, 의미 상실, 불안, 불확실성 같은 사회적 요인들도 동반 자살을 부추깁니다. 된통 실연하고 나면 강가에 나가보는 사람들이 꽤 있습니다. 물론 꼭 죽자고 나가는 건 아니죠. 대부분은 되돌아설 능력을 갖고 있습니다. 자살자는 그 '되돌아설' 능력에 큰 파탄이 생긴 사람입니다. 이 파탄이 내부를 향해서 자기 파괴로 가면 자살이고, 외부로 향하면 사회 파괴로 치닫죠.

최재천　지금 세계는 모든 사람이 타인을 향한 무한 경쟁 속에서 살아갈 것을 부추기죠. 〈고인돌 가족〉이라는 영화를 보면 주인공인 플린스톤이 돌공으로 볼링을 하잖아요. 그 동네에서는 그 친구가 볼링을 제일 잘해요. 집에 돌아와 "허니, 오늘 또 이겼다"고 하면 부인이 엄청 우러러보죠. 그런데 플린스톤이 요즘 같은 극심한 경쟁 사회와 대중매체의 사회에 태어나면 어떻게 될까요. TV를 켜면 스트라이크를 연달아 9개나 잡는 선수가 나오는 거예요. 그럼 볼링할 마음 안 나는 거죠.

남자든 여자든 사는 게 참 힘들어진 세상입니다. TV를 틀면 완벽한 남성이 너무 많이 나오잖아요. 잘생겼고, 사회적으로도 성공했고, 거기다가 자상하기까지 한 주인공 남자 배우. 그 남자를 보다가 배 나오고 일요일에 쿨쿨 잠만 자는 남편을 보면 얼마나 한심해 보이겠어요. 예전에는 사회가 아주 작은 단위로 구성되어 있었으니까 경쟁을 하더라도 규모와 강도가 아주 작고 약했죠. 자기정당화의 근거가 지금보다 훨씬 많았어요. 작은 사회에서는 누구나 한가닥할 수 있는 거리가 굉장히 많았다는 거죠. 지금은 모든 사람이 타이거 우즈에게 비교당하고 전지현에게 비교당하게 되어버린 겁니다.

도정일 　발전 이데올로기에 중독된 사회는 삶에 대한 많은 기대를 갖게 하는 사회입니다. 발전이란 것에 큰 가치를 두지 않는 사회에서는 불안이나 스트레스, 우울증 등의 발생 빈도가 현저히 낮습니다. 사람들이 인생에 뭐 대단한 것을 기대하지 않거든요. 못살아도 느긋합니다. 그런데 우리는 그렇지 못합니다. 기대 수준도 높은 데다가 성공에 대한 선망도 대단한 사회죠. 신문을 보세요, 늘 나오는 것이 성공한 사람들 이야깁니다. 누구는 30대에 연봉이 몇십 억이라는 소리예요. 연예, 스포츠, 기업이 선망을 주도하는 스타 분야죠. 기대 수준이 자극이 되어 더 열심히 뛰는 사람도 있지만, 기대는 크고 만족의 정도는 형편없으면 기대와 성취 사이의 불균형이 심각한 문제를 일으키게 됩니다.

　이런 사회일수록 그 불균형을 관리하고 넘어설 방법들을 찾아내서 사람들에게 제공해야 해요. '불균형 관리 기술'이죠. 이것도 위기 관리의 일종이고 안전망 확충의 하나입니다. 이럴 땐 경제가 아니라 문화가 아주 유용합니다. 경제가 주지 못하는 성취감을 문화가 주거든요. 문화적 활동은 불균형 관리에 최선의 방법들을 제공합니다. 이런 점에서는 문화 정책이 사회 정책인 셈이죠. 성취와 만족의 방법을 적극적으로 다양화해야 합니다.

　　—　　최 선생님은 자살 충동을 느껴보신 적이 없나요? 자살까지는 아

니어도 자살 충동을 느끼는 것은 정상적인 것인데.

최재천　딱 한 번 희미하게 있었던 것 같긴 한데, 사실 제가 좀 둔해요. (웃음)

도정일　내가 읽은 자살 유혹의 경험 중에서는 철학자 버트랜드 러셀의 것이 가끔 생각나요. 그 영감탱이, 자기는 다섯 살 때 강한 자살 충동을 느꼈다는 거 아닙니까. 그의 자서전에 나오는 이야기예요. 다섯 살 때 인생을 생각해보니 따분하고 지루하기 짝이 없더라는 거죠. 그런데 그 따분한 인생을 장차 수십 년 더 살아야 한다고 생각하니 견딜 수가 없었다는 겁니다. 그래서 에라, 일찍 죽자고 생각했다는 겁니다. 그 영감, 그러고도 아흔여덟 살까지 살았으니 그 이후 인생은 전혀 따분하지 않았던 모양이죠?
　재미있으라고 써놓은 소리 같지만 실제로 어린 나이에서도 자살 충동이 발생할 수 있지 않을까 하는 생각을 해볼 때가 있습니다. 권태도 자살의 요인 혹은 파괴 충동의 요인이 될 수 있어요. 우리집 아이 이야긴데, 애가 다섯 살 땐가, 하루는 창밖을 내다보면서 대성통곡을 하는 거예요. 왜 우냐고 물었더니 심심해서 운다는 겁니다. 누가 쓴 건지 기억나지 않지만, 유럽에서 제1차 세계대전이 터진 건 사람들의 권태 때문이었다고 진단한 글이 있었어요. "심심하니까 한판 붙자"죠. 천당은 무척 권태로울 텐데 천사들이 어떻게 권태를 관리하는지 궁금합니다. 매일 한판씩 붙다가 지금쯤 다 죽은 거 아닐까요?

— 인터넷, 사이버, 정보시대는 자살 현상과 관계없을까요?

도정일　그건 모르겠습니다. 정보가 너무 많아졌어요. 인간의 인지능력이 도저히 감당할 수 없을 정도로 정보의 무한 공간이 생겨버린 거예요. 너무 많은 정보가 흐르면 사람들은 위축되고 혼란에 빠지고 무기력해집니다. '정보의 바다로 떠내려간다'고들 하잖아요. 사실은 빠져 죽는 거죠. 사람은 유한한데 그를 둘러싼 정보는 무한합니다. 이럴 때 사람들은 그 무한한 것에 압도되어 무턱대고 '개종'하는 수가 있습니다. 무한한 것은 일종의 '신'이죠. 지금 인터넷은 거대 사원입니다. 신전처럼 추종자, 개종자 들을 끌어모으고 있어요. 그 신전으로 들어가면 힘이 생기고 강대해지는 것처럼 느껴지죠. 이게 인터넷의 힘이 아닐까 싶어요. 그런데 그건 아무래도 착각일 거라고 생각해요. 사람들은 신전에 신을 만나러 가지만, 어쩌면 그보다 더 중요한 것이 다른 사람들과의 깊고 두터운 '실물 접촉'입니다. 추상적 신이 안 보이면 안 보일수록 사람들은 서로 접촉이 필요해지죠. 그런데 인터넷에는 그런 구체적·인간적·능동적 접촉이 없습니다. 얇은 접속만 있죠.

최재천   외국인들이 우리나라에 대해 굉장히 신기하게 생각하는 것 중 하나가 축제 문화예요. 월드컵 때 붉은 악마가 거리를 꽉 메운 일은 정말 사건이었죠. 외국인들이 굉장히 신기하게 생각해요. 저는 우리 문화에 어떻게 이런 거대한 축제 문화가 존재할 수 있을까 생각해봤습니다. 완전히 왜소해진 내가 그 축제 공간 안에서는 무언가 중요한 존재로 새로 태어나는 느낌, 정말 살맛 나는 느낌, 혹시 그런 것 아닐까요? 비록 그것이 한순간의 착각이더라도, 현실은 나를 늘 괴롭히지만 축제의 세계에서 나는 왕자이고 공주일 수 있으니까요.

저는 우리의 인터넷 문화도 마찬가지라고 생각합니다. 오프라인 세계에서는 그렇지 못하더라도 온라인, 즉 인터넷 세계에서는 나도 내 목소리를 낼 수 있다는 사실이 많은 사람을 흥분시키는 것 같아요. 툭 하면 엄청나게 들러붙는 댓글 문화가 이런 현상을 상징적으로 보여준다고 생각해요. 물론 부작용도 많지만 인터넷은 우리에게 또 하나의 거대한 축제 문화를 제공하고 있죠.

도정일 나는 월드컵 때 잘 걷지도 못하는 수술환자였는데 붉은 티셔츠를 사서 광화문에도 나가고 시청 광장에도 나갔어요. (웃음) 젊은 친구들이 다들 그러니까 나도 부화뇌동해야 할 것 같더라고요. 철 딱서니 없는 거죠. 그런데 그때 많은 사람이 느낀 게 아마 존재의 확장감일 겁니다. 나 개인은 미미하지만 광장에서 많은 사람이 함께 한 목소리로 응원하고 율동을 벌이면 내가 갑자기 거대한 존재가 되어 응원소리와 율동의 주인이 된 듯한 느낌이 들게 되죠. 그런 것이 공동체 경험인 것 같아요. 우리가 축구를 통해서만 공동체 비슷한 경험을 해볼 수 있다는 건 좀 씁쓸한 이야기지만, 큰 의미의 공동체가 사라진 현대 서울에서 월드컵은 오래 기억할 만한 두텁고 강렬한 경험이 되었어요.

최재천 농업 사회에서는 일상적으로 축제가 많았잖아요. 근대 이후에 그런 축제들이 한동안 사라지지 않았습니까? 대학 시절 어느 여학생에게 잘 보이기 위해 그 친구가 리포트를 써야 하는 책을 같이 읽어준 적이 있는데, 신학자 하비 콕스Harvey Cox의 《바보들의 축제》였어요. 동기는 좀 순수하지 않았지만, 많은 걸 생각하게 해준 책이었어요.

도정일 농업 사회에는 가을걷이라는 연중 최대의 행사가 있었죠. 전 세계적으로 농경 사회는 인간에게 먹을 것을 준 대자연, 땅이라는 어머니, 그 지모신地母神에게 감사하기 위해 축제를 발전시켰어요. 다음 해에도 이렇게 먹을 것을 많이 주십시오 하고 기원하는 의식도 거기 포함됩니다. 그런데 지금은 감사할 대상, 기도할 신이 없어요. 농업은 더 이상 지배적 생산양식이 아니고, 그 농사조차도 기계가 합니다. 옛날의 축제가 감사와 기원을 핵심 내용으로 갖고 있었다면 지금의 축제는 질탕하게 먹고 노는 '소비'가 주 내용이죠. 누구한테 감사하고 뭘 기원해요? 사장? 공장장? 게다가 지금은 축제와 삶의 리듬 사이에 어떤 의미 있는 연결도 존재하지 않습니다. 돈이 있으니까 언제든지 축제를 열 수 있어요. 일상적 풍요 속에 사는 사람들에게는 매일매일이 축제나 다름없습니다. 지난 몇 년 사이에 우리나라는 '축제왕국'이 되었어요. 아주 가관입니다. 지역 축제들을 보면 주민 공동체의 삶과는 아무 관계 없는 축제, 주민은 없고 외지인들만 오는 축제, 돈 퍼들인 일회성 이벤트예요. 허영과 낭비의 수준이 볼 만하죠. 이런 종류의 경박한 축제 문화는 없느니만 못합니다.

최재천   어린 시절 동네 잔치가 생각나네요. 잔칫날에는 집에서 밥을 안 주잖아요. 오후에 잔치에 가서 먹으라고. 잔칫날 동네 사람들을 다 먹이는 거죠. 이게 경제적인 면, 진화생물학적 시선에서는 낭비예요. 하지 말아야 할 거죠. 매일매일 조금씩 나눠서 비축하는 것이 진화의 관점에서 보면 훨씬 더 유리한 전략인데 말입니다.

—   동물들도 축제를 합니까?

최재천   거의 안 한다고 봐야죠.

—   이제 논의가 거의 정리되는 것 같군요. 자본의 권력이 증식하는 현대사회에서 인간사회에 적용해보고 싶은 동물들의 삶의 방식은 없는지 묻

고 싶습니다. 우리에게 절실한 지혜가 될 수 있는, 지금과는 다른 방식을 동물들에게서 배울 수는 없을까요?

도정일 보노보 사회의 성으로 갈등을 푸는 양식을 좀 배워오면 안 될까요? (웃음) 인간사회에서는 늘 갈등이 발생하는데, 그걸 해소할 마땅한 수단이 없으면 시끄러워지는 거죠. 동물 세계에서 갈등을 풀어내는 방식을 좀 배울 수 있을 것 같은데요?

최재천 선생님, 그건 위험한 발상입니다. 우리가 휴머니즘, 인문주의에서 논의를 시작했는데, 동물과 우리가 다른 점이 바로 거기에 있잖아요. 동물 세계에서는 항의조차 없이 희생당하는 경우가 있는데 우리는 그런 일을 당하지 않으려는 거잖아요. 우리는 인간 한 사람 한 사람에게 고르게 권리를 부여하고 싶은 거고요. 우리가 인간으로서 추구하고자 하는 가장 고귀한 가치관이라는 게 함께 잘 살아보려고 하고, 누구에게도 헛된 죽음이 가서는 안 되는 거죠. 보노보의 사회는 언뜻 보기에 평화로운 것 같아도 몇몇 개체만이 제대로 된 삶을 살 뿐, 많은 개체는 고통을 겪습니다. 동물사회는 다 그렇죠.

도정일 맞습니다. 드디어 우리 최 교수님이 인문학자적 발언을 서슴없이 하게 되었군요? 생물학자는 이것도 생물학적이고 저것도 생물학적이라고 일관성 있게 말해야 하는데, 인문학에서는 우선 말이 무척 많아요. 통일된 설명 방식 같은 건 존재하지 않습니다. 그러나 인간사회가 동물사회와는 다른 특징들을 가진다면 그 특징들은 어디서 나오는가, 인간을 위한 좋은 사회란 어떤 것인가, 이런 것이 인문쟁이들의 관심사입니다. 인간사회가 중히 여기게 된 공존의 윤리 같은 것은 밀림의 명령이 아니잖아요?

최재천 저는 생물학자의 입장에서, 모든 것을 생물학적으로 설명하도록 노력해야 하니까 끝까지 버텨야죠. (웃음) 그것 역시 생물학적인 부분일 수밖에 없습니다. 인간이 그렇게 진화했다면 그것을 너무나 간단하게 문화라고 치부하는 것은 생물학적인 설명을 포기하는 느낌이 드니까요.

도정일 자연 현상에 대한 합리적 설명과 귀납적 입증이 과학의 위대한 힘입니다. 과학은 '맞다/틀리다'는 진위 판단은 하지만, '옳다/그르다/나쁘다' 같은 가치 판단은 하지 않습니다. 할 수가 없죠. 개구리는 옳고 두꺼비는 그르다는 건 불가능합니다. 그런데 이 옳고 그름을 판단하게 하는 기준이나 근거, 정황, 능력 등은 생물학적이면서 동시에 사회적인 것 아닌가요? 맹자는 이런 능력도 인간의 기본 심성의 하나라고 봤어요. 소크라테스도 그 비슷하게 생각했죠. 그런데 '옳다/그르다'의 판단에는 능력과 내용의 두 측면이 있습니다. 둘 다 진화의 결과일까요?

최재천 예. 인간이 왜 이렇게 다른 동물들과 많이 다를까요? '옳다, 그르다'를 끊임없이 따진다면 어떤 의미에서 그건 사칩니다. 먹고살기 바쁘니까요. 그런데 인간은 다른 동물과 달리 그런 잡생각을 다 하면서 잘 먹고 잘 사는 생물이 된 거예요. 생물학자의 입장에서는 옳고 그른 거 안 따지고 눈이 새빨개가지고 먹을 것만 걱정해야 잘 살았을 것 같은데.
생각해보면 인간이 참 신기하고 유능해요. 인간이라는 한 사회가 만들어지면 거기서 윤리는 필연적으로 진화할 수밖에 없는 건 아닌가 하는 생각도 들어요. 혼자 사는 동물에게는 도덕성이 진화할 계제가 없잖아요? 사회를 구성하고 모여 사는 동물에게만 나타날 수 있는 것이죠. 저희 같은 진화생물학자들은 사회적인 의미에서의 도덕성의 기원을 찾으려고 하고 있죠. 인간의 경우에 워낙 능력이 뛰어나다 보니까 다른 동물에 비해 훨씬 발달하고, 인간의 적이 자연이 아니게 되는 그 순간부터 스스로의 관계 문제를 해결해야 하는 문제가 발생하고, 거기서부터 윤리나 도덕의 문제가 발생한 게 아닐까 하는 생각이 듭니다. 종 전체가 생존의 문제에 대해서는 대체적으로 안정이 되니까 이제 인간들 사이의 문제와 갈등을 풀어야 하는 상황이 온 것이 아닐까 하는 거죠. 인류 최초의 기원으로 올라가면, 윤리가 그렇게까지 발달하지는 않았을 것 같아요. 먹고사느라 바빠서 옳고 그름 따위는 생각할 여유가 없었겠죠.

도정일　가치 판단의 능력이 진화의 결과라고 해도 판단의 내용은 시대와 장소, 사람에 따라 다릅니다. 이런 차이는 선천적으로 입력된 것이 아니라 아주 복잡하고 다양한 후천적 조건들과의 협상의 결과물이죠. 덜 복잡한 동물 세계에서 얻은 자료를 가지고 인간처럼 아주 복잡한 사회적 존재의 행동 방식을 설명할 수 있는지는 늘 의문입니다. 이제 시간이 없어 긴 이야길 할 수 없지만, 인간은 왜 가장 좋은 음식을 친구들과 나누는가, 왜 거기서 즐거움을 느끼는가 같은 문제도 동물계에서 얻은 모델로는 좀체 설명하기 어려울 걸요?

최재천　제가 지금까지 했던 저술활동이 상당히 오해를 받고 있는 것 같아요. 제가 했던 말들은 사실 인간을 질타하고 동물로부터 배우자는 식은 아니거든요. 저는 인간과 동물을 비교만 했고 판단은 대체로 독자에게 맡겼습니다. 사실 우리가 웬만한 건 동물에게 배울 게 없어요. 대부분의 일에서 우리가 동물보다 잘하니까요. 그런데 기원의 문제를 생각해야 한다는 거죠. 기원을 설명하려면 동물의 기원으로 거슬러 올라가야 합니다. 돌고래 사회에서도 서로 나누어 갖지 않으면 나쁜 놈이 되거든요. 어떤 성질 급한 돌고래 수컷이 자기 차례를 기다리지 않고 새치기를 해서 돌고래 암컷과 교미를 하면 사회적 평판이 나빠져서 돌고래 사회에서 매장됩니다. 도덕성이라는 속성이 진화할 수 있는 조건이 동물사회 안에도 분명히 존재하는 거죠. 그러니까 인간의 윤리성의 기원을 찾을 때 동물행동학이 필요할 수 있죠.

새로운 삶을 위해 자연을 닮는답시고 요즘 우리 사회에 느림의 미학이니 뭐니 하는 것들이 엄청나게 잘 팔리지만, 가능할 것 같은 생각은 안 들어요. 동경하는 차원이지 실현될 것 같지는 않습니다.

—　　요새 그런 말이 있잖아요. 느리게 살기를 예찬한 그 작가가 느리게 살기의 미학을 강연하러 다니느라 바빠 죽겠다고 한다고요. (웃음)

최재천　　저는 21세기의 새로운 인간상에 대한 강의를 많이 합니다. 2003년 1월에 모리 전 일본 총리의 초청을 받아서 일본에 갔다가 이런 강의를 했습니다. 인간은 호모 사피엔스이기도 하고 호모 폴리티쿠스이기도 하지만 호모 심비우스*Homo symbious*, 즉 공생인간이기도 하다는 내용이었어요. 우리가 성공한 비결이 예전에는 호모 사피엔스, 즉 현명한 인간이었기 때문이라고 여겼죠. 우리가 잘나서 잘 살게 된 거라고 자화자찬해온 거죠. 그런데 저는 그건 아니라고 생각해요. 인간이 똑똑한 건 사실이지만, 현명하지는 않은 것 같아요. 동물 중에서 가장 두뇌가 발달한 건 사실이지만, 지혜롭다는 생각은 안 든다는 겁니다. 우리가 진정 현명한 인간이었다면 우리가 몸담고 있는 환경을 이처럼 망가뜨리며 살아오지는 말았어야죠. 현명하다는 자화자찬을 멈추고 앞으로 살아남기 위해서는 어떻게 해야

할 것인가를 진지하게 고민해봐야 합니다.

앞에서도 말씀드렸지만 농업혁명이라는 게 다른 말로 하면 공생이거든요. 자연에서 혼자 사는 식물들을 데려다 키워주고, 그 식물들이 공생을 통해 굉장한 번식을 이룬 거죠. 공생 덕택에 우리 인간이 만물의 영장이 된 것이라는 사실을 이해한다면 결국 우리가 자연에서 살아남는 유일한 무기는 공생밖에는 없다는 사실도 깨달아야 합니다. 혼자서 살아남으려고 한다면 반드시 멸망할 겁니다. 자연계 어디에도 다른 생물과 요즘 표현으로 자유무역협정, 즉 FTA를 맺지 않고도 살아남은 종은 없습니다. 자원이 한정된 상황에서 경쟁은 불가피합니다. 그러나 경쟁에서 이기는 방법이 무차별적 전투만이 아니라는 겁니다. 그보다는 오히려 다른 생물들과 동맹을 맺은 생물들이 더 잘 살아남았죠. 저는 우리 인간이 이번 세기에 반드시 해야 할 일은 다시금 공생인간, 즉 호모 심비우스로 거듭나는 일이라고 생각합니다. 이건 사실 그리 어려운 일이 아닐지도 모릅니다. 완전히 새로 터득해야 하는 게 아니라 우리 조상들이 했던 것을, 아주 훌륭하게 잘했던 것을 되살리기만 하면 되니까요.

도정일 12시가 망하는 순간일 때 현대인은 11시 59분까지, 그러니까 망하기 직전까지 방향을 바꾸지 않고 내달립니다. 자본주의에서는 속도 조절의 모든 메커니즘이 정지되죠. 브레이크가 없습니다. 최 선생님의 공생의 철학, 참 좋습니다. 남미의 이반 일리치 같은 사람도 공생의 지혜와 철학을 끊임없이 이야기했어요. 일리치는 인간이 가진 대표적인 '공생의 도구'로 자전거와 도서관, 시詩를 꼽았습니다. 왜 '대담dialogue'은 안 꼽았을까? 생각해보면 공생의 도구는 참 많아요. 일리치가 세 개만 꼽은 것은 그냥 예로 든 것이고 나머지는 당신들이 찾아보라는 의미겠죠?

그런데 인간은 회생이 거의 불가능하다고 여겨지는 절망적인 순간에 도달할 때까지는 좀체 반성하지 않고, 더구나 반성의 결과를 사회 운영에 적용해 필요한 변화를 일구어내지 않습니다. 더는 견딜 수 없을 정도로 고통이 절정에 이르거나 죽음이 코앞에 보일 정도로 위기가 닥쳐야 움직이기 시작합니다. 그래서 지혜롭지 못한 거죠. 지금처럼 풍요의 맛을 본 시대에는 삶의 방식을 바꾸기가 더 어렵고 정치 민주주의 아래서는 국민을 설득하고 동의를 얻어야 하니까 본질적 변화를 시도하기가 너무 어렵습니다. 민주주의가 두터운 다양성을 위한 체제인데, 그것이 또한 다양성을 어렵게 하는 얇은 사회를 만들 수도 있다는 것이 문젭니다.

최재천 그런 메커니즘을 설명하는 게 있어요. 로버트 액설로드와 해밀턴이 함께 쓴《협동의 진화》라는 책이죠. 그는 컴퓨터 상에서 세계 여러 학자와 게임을 벌였는데, 래퍼포트라는 캐나다 학자가 굉장히 단순한 '팃포탯' 게임 전략으로 가장 높은 점수를 땁니다. 팃포탯은 누구라도 우선 협동하기 시작하다가 배신을 당하면 그때부터 협동을 멈추는 지극히 단순한 전략인데, 그 단순한 프로그램이 복잡한 다른 모든 프로그램을 이기더라는 거죠.

해밀턴과 액설로드는 지극히 단순한 데서부터 협동이라는 것이 진화할 수 있다는 과정을 설명했어요. 인류의 싸움은 아마 친족들 사이에서 처음으로 벌어졌을 거예요. 카인과 아벨 이야기도 있잖아요. 처음에는 도저히 협동할 수 없었는데, 친족 간에 싸움을 많이 하는 집안보다는 서로 싸우지 않고 돕는 가족이 더 발전하는 예들이 많아지니까 차츰 바뀌었다는 거죠. 자원이 한정되어 있는 상황에서 싸우지 않고 공생을 결정한 사람들이 궁극적으로 더 성공한다는 겁니다. 지구에서 무게로 볼 때 가장 성공한 생물이 현화 식물이고, 숫자로 가장 성공한 생물이 곤충입니다. 두 생물이 서로 꽃가루받이를 통해 공생하고 협동하여 함께 큰 성공을 거둔 겁니다. '너 죽고 나 살자' 식으로 살아남은 생물보다 서로 돕고 산 생물들이 훨씬 더 잘 살아남 았습니다.

인류의 역사를 놓고 보면 진화에서 가장 경계해야 하는 것이 지금 우리가 진화의 최정점에 서 있다고 생각하는 것이에요. 우리는 지금 진화의 최정점에 있는 것이 아니라 아직도 진화의 과정 중이죠. 생물 전체의 역사에서 인류가 태어난 것은 아주 최근의 일일 뿐만 아니라 인류의 진화도 아주 초기 단계 혹은 중간 단계에 불과한 거죠. 지금 은 경쟁이 최고라고 믿지만, 이 단계를 넘어서서 끼리끼리 돕는 구조 가 만들어지는 과정에 우리가 있는 것인지도 몰라요.

도정일　그러니까 '경쟁을 넘어 협동으로'라는 단계군요. 한 시대 의 구호가 될 만합니다. 제가 말한 두터운 세계와 최 선생님이 말한 호모 심비우스의 세계가 같은 지향을 갖고 있다는 생각이 듭니다. 대 담 끝에 이르러 우리가 어떤 미래를 함께 그려볼 수 있게 된 것이 기 쁘네요. 두터운 세계를 꿈꾸는 호모 심비우스, 자연과학과 인문학이 충돌하는 지점도 이곳이고, 과학과 인문학이 손잡고 공생을 추구해 야 할 지점도 이곳인 것 같습니다. 그런데 아이구 배고파라, 밥 먹으 러 갑시다.

인문학의 바다에서 길어올린 생명의 희망

도정일 선생님을 만나 대담을 시작한 지 4년이란 시간이 흘렀습니다. 결코 짧지 않은 시간이었습니다. 2002년 초였을 겁니다. 도정일 선생님과 만나기 며칠 전부터 제 마음은 설렘과 두려움으로 가늘게 떨렸습니다. 시인 김남조 선생님의 표현을 빌리면, 임을 만나러 가기 전에 손을 씻는 마음과도 같았습니다. "도대체 무슨 이야기를 꺼내야 하나?" "자연과학을 하는 사람이 정말 인문학자와 대담이란 걸 할 수 있을까?" "한판 제대로 붙으려면 어떤 표정을 지어야 하나?" 저는 자연과학자치고는 비교적 인문학 근처를 자주 기웃거린 사람이지만, 막상 우리 인문학계를 대표할 만한 선배 학자와 마주 앉아 학문의 경계를 넘나들 생각을 하니 솔직히 걱정이 앞섰습니다.

제 걱정은 크게 두 가지였습니다. 자연과학에 비해 본질적으로 '넓은' 학문인 인문학의 바다에 뛰어들어 전후좌우도 못 가리고 허우적댈 것 같은 걱정과, 물리·화학·지구과학 등 다른 자연과학 분야에 대한 '깊은' 이해도 없는 생물학자가 무슨 재주로 자연과학을 대변할 수 있을까 하는 걱정이 그것들이었습니다. 하지만 대담의 목적이 무엇보다도 배움에 있다는 걸 깨닫고부터는 걱정이 '눈 녹듯' 사라졌습니다. 지난 4년 동안의 대담을 통해 많은 것을 배웠습니다. 저는 참으로 행복한 자연과학자입니다.

제가 금방 '눈 녹듯'이란 표현을 썼습니다. 어쩌면 '눈 녹이기'라고 번역해야 할 것 같은 'Melting Snow'가 바로 대담 내내 제가 붙들고 있던 문제의식이었습니다. 여기서 'Snow'는 겨울에 내리는 '눈'이 아니라 1959년에 과학과 문학을 근본적으로 융화되기 어려운 두 문화로 규정했던 스노 경Sir C. P. Snow을 일컫는 말입니다.

대담 내내 저는 인문학과 자연과학 사이에 쌓여 있는 '눈'을 녹여보려고 끈질기게 군불을 지폈습니다. 도정일 선생님께 때론 버르장머리 없이 마구 대들었습니다. 심지어 선생님의 평생 학문을 무참하게 폄하하는 짓도 감행했습니다. 지난 30여 년 동안 자연과학을 하며 품어온 인문학에 대한 온갖 혐의를 들먹이며 선생님을 심하게 취조하기도 했습니다. 신화, 문학적 상상력, 인문정신, 정신분석학 등에 대한 자연과학자의 거친 판결문을 낭독하기도 했습니다. 그럴 때마다 선생님은 인문학자 특유의 유연성과 열린 마음으로 저를 품어주셨습니다. 그간의 대담을 통해 거의 반세기 전 스노가 쌓아놓은 눈을 다 녹였다고는 생각하지 않습니다. 하지만 제가 그렇게도 갈망하는 '학문의 통섭'에 대한 희망만큼은 확실하게 보았습니다. 저는 앞으로 이 소중한 씨앗에 물을 주며 싹 틔우는 일에 제 여생을 바치렵니다.

첫 만남에서였던가, "서로 다른 존재들과 함께 살아가는 법을 배우는 것은 인간만이 아니라 모든 생명체의 삶의 제1조가 아닐까"라고 하신 도정일 선생님의 말씀이 특히 기억에 남습니다. 저는 그 말씀이 무척 생물학적이라고 생각했습니다. '서로 다른 존재들이 함께 살아가는 법'은 모든 사람이 삶의 기초로 삼아야 할 정신이자 기초 학문으로서의 인문학의 정신입니다.

과학자들에게도 타자와 공존하려는 생태학적 성찰이 절실하게 요구되는 시대입니다. 학문을 게을리하지 않으면서 활발한 사회 활동을 하시는 인문학자 도정일의 삶에서 과학자 역시 실험실에만 안주할 것이 아니라 우리 사회가 안고 있는 문제에 관심을 가져야 한다는 저의 판단이 잘못된 것이 아니라는 확신도 얻었습니다. 근거도 없이 주류인 척하는 불의에 대응하는 데 과학만큼 좋은 수단은 없기 때문입니다. 사회생물학자인 윌슨은 그의 근저 《통섭》에서 21세기 학문은 자연과학과 창조적 예술을 기본으로 하는 인문학으로 양분될 것이라고 예언합니다. 그러면서 자연과학과 인문학을 융합하려는 노력이야말로 인간 지성의 가장 위대한 과업이라고 덧붙입니다. 도정일 선생님과 저의 만남이 그 첫걸음이 되었으면 하는 바람입니다. 저희의 대담에 참여하신 여러분도 앞으로 통섭의 여정에 함께하실 것으로 믿습니다. 그것이 바로 21세기를 사는 방법이니까요.

2005년 11월
최재천

《대담》 그 후 10년, 인문학과 자연과학은
어떻게 함께 미래를 열어갈 것인가

—　《대담》이 출간된 지 햇수로 10년이 되었습니다. 그사이 한국 사회와 학계에도 많은 변화가 있었는데요. '자연과학과 인문학이 꼭 만나야 한다, 통섭해야 한다'라는 말에 공감하는 사람도 많았지만, 정말 그래야 하냐는 의문을 가지는 사람도 있을 것 같아요.

플라톤과 아리스토텔레스처럼 모든 것을 다 연구하던 시대가 이어지다가, 어느 순간 학문이 분화되면서 전문화된 시대가 왔고, 그다음 시대에 우리가 들어와 있는데요. 이 같은 지성사의 흐름에서 볼 때 왜 자연과학과 인문학이 만나야 할까요?

최재천　저는 통섭 강의를 할 때 이런 이야기를 합니다. 진리가 무엇이냐는 질문을 던지면서 '진리는 우리가 만들어놓은 학문의 경계를 과연 존중해줄 것이냐?'라고요. 제가 평생을 생물학자로 살았는데 '생물학이라는 울타리 안에 진리라는 선생님이 한 번이라도 와주시면 학문을 하는 사람으로서 보람이 있을 텐데, 이분이 한 번도 안 오시면 어떻게 해야 하는가?' 하고 우스갯소리를 합니다.

진리는 모든 사회 현상에 걸쳐 있을 텐데, 학문의 구분은 우리가 편의상 만든 것이잖아요. 그걸 누가 부인할 수 있겠습니까? 우리가 진리를 추구하는 과정에서 혼자서 모든 것을 다 할 수 없기 때문에 쪼개서 하는 것이에요. 편의상 우리가 한동안 쪼개서 해본 것이죠. 언젠가는 만날 수밖에 없습니다. 그렇기 때문에 이 논의는 이야기를 할 필요도 없다고 생각합니다. 다만 방법론적으로 모든 것을 다 펼쳐 경계를 허물어놓고 할 것이냐, 아니면 이른바 각개격파를 하고 난 다음에 모일 것이냐 하는 차이가 있을 수는 있죠.

도정일　　인문학과 자연과학이라 불리는 두 학문 영역이 만나지 않으면 안 되는 이유가 있습니다. 통섭하고 소통하지 않으면 안 될 이유요. '인간은 어떤 존재인가'라는 물음은 인문학적 탐색의 근본적이고 궁극적인 지평입니다. 그런데 인문학이 그 질문을 추구하고 어떤 해답을 모색하기 위해서는 자연과학과 통섭하지 않으면 안 됩니다. 인간과 관련된 문제들을 연구하는 것은 인문학만이 아니고, 인문학이 혼자서 할 수 있는 일도 아니기 때문입니다. 인문학이 과학을 참조해야 한다면 과학도 인문적 통찰과 사회적 지식을 참조해야 합니다.

지상의 생물종 가운데 자기 존재의 의미를 묻는 종은 인간밖에 없습니다. 아직 우리가 우주를 다 뒤져보지 못해서 단언할 수는 없지만 지금의 한계 안에서 말하면 인간 말고는 그런 생물종이 없습니다. 이건 인간중심주의와는 관계가 없습니다. 인간은 어디서 왔는가, 이 우주에서 인간의 지위는 무엇인가, 나는 왜 없지 않고 있는가? 이런 물음들은 흔히 '근본적 질문'이라 불리는데, 근본적 질문들은 모두 인간 존재의 의미를 캐묻는 일에 관련되어 있습니다.

한번 생각해보죠. 내가, 우리가 이 지상에 존재해야 할 이유가 있는가? 인간이 가는 방향과 목적은 무엇인가? 최재천 교수님이 쓰신 책에 이런 말이 있습니다. "이 지구가 인간을 위해서 만들어졌나요? 아닙니다. 태양이 인간을 위해서 존재하나요? 아닙니다." 맞는 말이죠. 이 광막한 우주에 인간이 존재한다는 것은 참 이상한 일입니다. 그 이상한 일에 무슨 의미가 있고 무슨 가치가 있는가? 인간 존재의 목적은 무엇인가? 이런 질문은 정답이 없는 질문, 아무 실익도 없고 돈 한 푼 생기지 않는 공연한 질문, 인문학도들이나 관심을 가질 질문이라고 생각할 수도 있습니다. 그런데 그게 그렇지 않습니다. 이런 근본적 질문들에 어떤 형태로든 답을 마련하지 않고서는 생존의 불안을 견딜 수 없는 것이 인간입니다. 그런 질문이 우리를 부자로 만들어주지는 않을 거예요. 국방에 도움되는 일도 아닐 겁니다. 그러나 그런 종류의 질문을 던질 줄 안다는 사실 때문에 이 우주에서 인간 존재의 품위와 가치가 서는 것 아닐까요?

인문학과 과학이 대화해야 하는 또 다른 큰 이유, 간단히 말해보죠. 지금 우리가 살고 있는 이 세계는 문제투성이입니다. 인간이 만든 문제가 보통 많은 게 아니에요. 문명이 앞으로 얼마나 더 지속될 것인가라는 문제는 누구에게나 관심의 대상입니다. 문명의 수명이 인간 존재의 수명입니다. 문명이 망하면 인간도 망합니다. 그런데 지금의 문명은 얼마나 더 버틸 수 있을까요? 오늘날 문명이 대면하고 있는 산적한 문제들을 풀어나가기 위해서는 과학과 인문학의 협업이 불가피합니다. 그 협업에 문명의 미래가 달려 있습니다.

인문학의 질문과 자연과학의 질문

— 인간의 의미를 알기 위해 그런 인문학적인 질문에 대한 과학의 대답에 귀를 기울여야 한다는 말씀을 해주신 것 같습니다. 사실 그동안 '왜 만나야 하는가'라는 원론에 대해서는 논의가 많았고 그 원론 자체를 반대할 분은 별로 없다고 봅니다. 그런데 어떻게 만나야 할까요? 아까 최재천 선생님도 어떻게 만나는지가 굉장히 중요한 물음이라고 하셨는데, 이에 대해서는 국내에서도 큰 논쟁이 있었습니다.

최 교수님은 우리나라에 통섭이라는 화두를 던지셨는데요. 처음에 사람들은 그것을 인문학과 자연과학의 만남으로 생각하다가, 가만히 들어보니 자연과학자가 말하는 것이고 생물학자 에드워드 윌슨이 거론되고, 그러다 보니 과학 중심적으로 지식의 패권을 차지하려는 움직임이 아니냐는 비판이 있었거

덩굴장미가 우리 집에도 있고 이웃집에도 있는데, 신기하게 왜 늘 이웃집에서 넘어온 덩굴장미가 더 붉고 아름다울까? 저도 가끔 그런 생각을 했거든요. 내 울타리 안에서 계속 뒤지면 한계에 다다르는 거죠. 더는 뒤질 게 없어요. 이제 담을 넘지 않으면 새롭고 창의적인 것을 하기가 정말 힘들어진다는 거예요.

든요. 여기에 대해서는 최 교수님도 하실 말씀이 많을 텐데요. 이에 대해 처음 대담을 같이하신 인문학자로서 도정일 선생님이 어떤 대답을 하실지도 아주 궁금합니다. 국내의 통섭·융합 논쟁에 대해 이야기하시면서, 어떻게 하는 것이 진짜 통섭이고 융합인지 말씀해주셨으면 좋겠습니다.

도정일   월슨은 (한국에서 '통섭'이라 번역된) 'consilience'라는 말을 쓰기 시작한 장본인입니다. 최 교수님의 하버드 스승이죠. 월슨의 《통섭》은 최 교수님과 장대익 교수님(사회자)이 같이 번역하셨죠.

월슨은 지금 여든이 넘은 노학자입니다. 그는 2013년에 《지구의 정복자》라는 책을 출간했습니다. 이 책은 문제도 있지만, 노학자다운 통찰을 주기도 합니다. 월슨은 세 가지 질문에 답하기 위해 이 책을 썼다고 합니다. 그런데 그 질문들은 화가 폴 고갱이 타이티 시절 그림에 갖다 붙인 기다란 제목에서 나온 겁니다. 이런 질문이죠. "우리는 어디서 왔는가Where do we come from? 우리는 무엇인가What are we? 우리는 어디로 가는가Where are we going?"

이것이 생물학의 전통적 질문 같습니까? 아닙니다. 인간이라는 문제를 깊이 생각하고 표현해보려 했던 예술가의 질문이며 인문학이 오랫동안 던져온 질문입니다. 그런데 월슨이 생물학자로서 그 질문들에 대답하겠다고 나선 것이죠. 물론 진화생물학은 그런 질문들에 답할 준비가 되어 있어요. '우리는 어디서 왔는가?' 이 질문에 생물학자 월슨이 들려주고 싶어 하는 것은 인간과 생명의 기원에 관한 '과학적' 답변입니다. 진화론은 인간의 지상 기원에 대한 분명한 해답을 내놓고 있습니다. '우리는 무엇인가?' 이 문제에 대해서도 진화론의 답변이 있지요. '진화가 만든 인간'이라는 겁니다. 그런데 '인간은 어디로 가는가?' 이건 생물학이 답할 수 있는 질문은 아닌 것 같아요. '어디로 가는가'라는 문제는 방향과 목적을 묻는 질문인데, 인간, 역사, 문명 같은 것의 진행 방향이나 목적에 관해서는 질문하지 않는 것이 생물학이고 또 넓게는 자연과학입니다. 과학이 '정답'을 제시할 수 있는 질문이 아니기 때문입니다. 그런데 윌슨 교수는 문명의 방향이나 미래에 관한 문명론적 질문에도 진화생물학이 어떤 응답을 내놓을 수 있어야 한다고 생각하는 것 같아요.

윌슨의 시도 가운데 가장 과감한 것은 '진보'와 '진화'를 통합해보려는 부분입니다. 아시다시피 진화와 진보는 서로 관계없는 관념들입니다. 그런데 윌슨에게 진화는 진보와 무관한 것이 아닙니다. 진화 속에 진보를 포함시키고 싶어 합니다. 이런 시도를 통해 윌슨 교수는 자기 나름으로 인문학과 자연과학의 통섭을 시도한 것이 아닐까 싶어요. 그는 인간이 진화과정에서 '협력하는 동물'로 진화했고, 미래에도 '더 큰 협력을 향해' 나아가게 될 거라고 생각합니다. 그게 말하자면 그의 관점에서 문명의 방향이고 목표인 셈이죠. 상당히 문제적인 주장입니다만 나는 윌슨 교수의 태도 자체는 이해할 만하다고 봅니다. 인문학의 질문은 과학과 관계없는 것이 아니라 과학의 설명력 안으로 통합해 들여야 한다는 것이 그의 생각입니다.

최재천   선생님 말씀에 다 동의하면서도 하나 짚고 넘어갈 것이 있습니다. 예전에 대담을 할 때 선생님이 말씀하셨고 아까도 잠깐 비슷한 말이 나왔는데, 인문학은 질문하는 학문이라고 하셨잖아요. 그러면 자연과학은 질문하는 학문이 아닌가? 저는 그 점에 동의하지 않습니다.

우리나라에서는 자연과학이 공학이나 기술의 시녀가 되는 바람에 어느 순간부터 과학이라는 말보다는 과학기술이라는 말이 더 자주 쓰이고 과학은 기술의 형용사로 변해버렸어요. 이것이 가장 극적으로 드러난 사건이 있습니다. 예전에 서울대학교에는 문리대가 있었어요. 그 시절에는 문리대 안에 자연과학, 인문학을 공부하는 학생들이 함께 모여 있었어요. 그러다가 관악캠퍼스로 이전하면서 중앙도서관을 사이에 두고 인문대학과 사회과학대학이 가까이 있었는데, 자연과학대학은 중앙도서관 건너편으로 보내버렸습니다. 그런데 그 뒤에 거대한 공룡, 공대가 턱 들어서면서 자연대를 품에 안아버렸어요. 졸지에 자연대는 공대의 시녀가 되어버린 겁니다. 공대에서 해야 하는 것의 근거자료를 제공해야 하는 대학으로 전락한 것 같아요.

저는 자연과학도 질문하는 학문이라고 생각합니다. 자연과학은 답을 내기보다는 질문을 하고, 공학이나 기술이 답을 내는 것이지요. 지금 이 순간 우리가 인문학과 자연과학의 만남을 이야기하지만, 저는 이것이 첫 만남이 아니라 재회라고 생각합니다. 원래 우리가 한집안인데, 누군가의 잘못으로 떼어놓았던 거죠. 결국 다시 만나서 하나가 되기 위한 몸부림을 하고 있다고 생각합니다.

도정일 과학도 질문하죠. 오해에서 비롯된 것일지 모르겠지만, 인문학의 질문과 자연과학의 질문은 근본적으로 다른 데가 있어 보입니다. 실례입니다만, 과학은 입증 가능성이 없어 보이는 질문은 절대로 안 던집니다. 그런 건 과학이 다룰 질문이 아니라고 선을 그어버립니다. 과학적 답변이 가능한 범위라는 것이 있기 때문이죠. 인문학은 좀 무식(?)해서 객관성을 확립할 가능성이 전혀 없어 보이는 질문도 수없이 내놓죠. 예컨대 앞에 나온 '인간은 어디로 가는가?' 같은 질문은 '과학적'으로 응답하는 일이 불가능할 뿐 아니라 불필요한 질문입니다. 그렇다고 해서 그런 질문의 중요성이 사라지는 건 아닙니다. '삶의 목적은 무엇인가?', '가장 좋은 삶은 어떤 것인가?' 같은 질문도 '과학적' 해답이 가능하지 않습니다. 그러나 그것들은 유사 이래 인간이 수천 년 동안 던져왔고 지금도 던지고 있는 절박한 질문이죠. '정해진 답이 없다. 그러니 네 자신의 답변을 내놓아봐라.' 이것이 그 질문들이 우리 각자에게 제기하는 실존적 윤리적 도전입니다. 과학이 답할 수 없는 중요한 질문은 아주 많습니다.

최재천   저도 한마디 토를 달아야겠습니다. 자연과학에서 묻는 질문은 두 가지가 있습니다. 하나는 '하우 퀘스천how question'이라는 것이고요, 또 하나는 '와이 퀘스천why question'이라는 것입니다. 특히 제가 몸담고 있는 진화생물학에서는 어떻게how에 대한 답을 하고 나서도, 왜why라는 질문을 하지 않으면 답이 끝나지 않습니다. 그래서 자연과학은 '왜'를 질문하지 않는다고 하시면 저는 굉장히 섭섭합니다.

도정일   미안합니다. 그런데 생명의 기원과 진화를 이야기하지만 생물학이 던져서는 안 되는 질문이 있습니다. 생명이 왜 생겼습니까? 인간은 왜 생겼나요? 우주에 인간은 왜 존재하는 겁니까? 이런 것은 자연과학이 질문하면 안 되는 것 아닙니까? 어떻습니까?

최재천   질문합니다. 그리고 어떤 의미에서는 그 질문이야말로 진정 자연과학이 물을 수밖에 없는 것일지도 모릅니다. 예를 들어 기독교에서 말하는 생명의 기원에 대해 생각해보면, 하나님께서 진흙으로 생명체를 손수 빚으시고 그 속에 숨을 불어넣으셨다는데 여섯째 날이 되어서야 탄생한 인간이 어떻게 생명의 기원과 진화에 대해 말할 수 있습니까? 경험과 사유에 의해 답을 찾아야 하는 인문학과 사회과학은 원천적으로 불가능에 가까운 질문을 안고 있는 겁니다. 반면 자연과학은 자연 세계의 물질적 원리에 입각하여 이 질문에 대한 답을 찾는 시도가 가능합니다. 답을 찾을 수 있느냐 아니냐는 별개의 문제입니다만.

통섭과 융합을 시도하다

—   사실은 깊이 들어가다 보면 이렇게 분명히 대립각이 형성됩니다. 그리고 각자의 위치에서 이야기를 할 수밖에 없고요. 그러면서 서로를 더 깊이 이해하게 되는 거죠. 지금까지 자연과학과 인문학의 만남을 원론적 차원에서 주로 이야기했는데, 구체적인 사례들을 풀어 놓아야지 좀 더 쉽게 이해할 수 있을 것 같아요. '아, 이렇게 하자는 이야기구나' 하는 그런 사례들을 이야기해 보겠습니다.

제가 먼저 이야기를 꺼내볼게요. 7~8년 전에 제가 MIT 미디어랩에서 6개월간 연구를 한 적이 있었는데요. 인지로봇을 만드는 랩이었습니다. 그 랩에서 한 학기 동안 대니얼 데닛Daniel Dennett과 몇 사람이 함께하는 세미나에 참여하는 특권을 누렸는데요. 정말 깜짝 놀랐어요. '융합이 여기까지 와 있구나'라고 생각했습니다.

로봇을 만드는 데 전문가를 모은다고 하면 어떤 분야의 사람들을 불러야 할까요? 이런 질문을 하면 우리나라 사람들은 주로 기계공학, 전자공학, 컴퓨터사이언스, 재료공학 같은 학문을 이야기합니다. 이것도 좁은 의미의 융합이죠. 저도 그런 생각을 하고 있었어요. 그런데 세미나를 듣고 깜짝 놀랐습니다. 인지로봇, 그러니까 생각을 하고 언어를 이해하는 로봇을 만드는 수업이었는데, 연사들이 심리학자, 철학자, 진화학자였어요. 그리고 언어학자 노엄 촘스키Noam Chomsky였습니다. 가만히 생각해보면 말이 돼요. 언어학을 알아야 인간의 언어를 이해하는 로봇을 만들지 않겠습니까?

그런데 촘스키는 로봇은 절대로 인간의 언어를 이해할 수 없다고 주장하는 사람이에요. 그런데 맨 마지막 연사로 그를 초청했던 겁니다. 그러면 촘스키의 입장을 몰랐느냐? 알았죠. 그런데도 왜 그를 초대 했을까요? 사실 촘스키는 언어학의 신이지 않습니까? 이 언어학의 신이 왜 로봇은 인간의 언어를 이해하지 못한다고 하는지 그 이유를 들어보려는 거죠. 그것을 해결하지 않는 한 인지로봇을 만들 수 없으니까요. 그래서 가장 반대하는 사람을 앉혀놓고 이야기를 듣더라고요.

제가 그걸 보면서 융합에 대한 미디어랩의 노력이 정말 대단하구나, 우리가 이런 걸 해야 하지 않을까 생각한 적이 있어서 융합, 통섭과 관련해서 이야기를 할 때 항상 거론합니다. 최 교수님도 이에 대해 하실 이야기가 있을 텐데요. 이런 구체적인 사례로 감을 잡도록 이야기를 해주셨으면 합니다.

최재천 한때 우리나라에서도 학제적 연구를 하겠노라 천명하지 않으면 연구비를 받지 못하는 시절이 있었어요. 지금은 한국연구재단이라고 하는데 당시에는 한국과학재단이었죠. 반드시 학제적 연구라는 것을 지원서에 밝혀야 했습니다. 학제적 연구는 영어로 'interdisciplinary approach'라고 하는데, 도대체 이 interdisciplinary가 뭐냐를 놓고 한동안 말이 많았어요. 한국과학재단에 문의를 하니까 담당자가 이렇게 답변을 했나 봐요. "쉽게 말하면 서로 다른 학과의 교수님들이 모여서 같이 지원서를 내면 되는 겁니다." 그래서 사람들이 모이기 시작한 거죠. 여기까지는 좋았는데 나중에 웃지 못할 해프닝이 있었어요. 당시는 생물학과가 막 변하던 시절인데요. 두 교수님이 탈락하고 나서 항의를 했대요. 모 대학의 생명과학과 교수님하고 모 대학의 생물학과 교수님이 같이 지원서를 냈는데 왜 interdisciplinary가 아니냐고요.

그냥 우스갯소리로 하는 이야기지만, 우리는 융합을 너무 좁게 생각하는 것 같아요. 이걸 어떻게 넘어서야 하는지가 참 문제인데요. 사례를 하나 소개하겠습니다. 어느 날 삼성전자에서 저에게 특강을 해달라고 연락을 해왔어요. 제가 시간이 안 돼서 거절했더니, 반드시 와야 한다고 그러는 거예요. 제가 하도 통섭하라고 해서 프로그램을 만들었다는 겁니다. 삼성에서 소프트웨어 디자이너가 몇 천 명이 필요한데 그동안은 한결같이 컴퓨터를 공부한 사람을 모집했어요. 그 사람들에게 새로운 것을 내놓으라고 시켜봤는데, 물론 컴퓨터는 잘하지만 뭔가 창의적인 게 잘 안 나오더라는 거죠. 스티브 잡스가 한 것 같은 말도 안 되는 그런 융합이 안 나온다는 거예요. 그래서 이분들이 제 강의를 듣다가 그럼 한번 미친 척하고 해보자고 만든 프로그램이었어요. 인문학 전공자를 500명가량 뽑아서 컴퓨터를 가르친 겁니다. 생각해보니까 그럴듯하더라고요. 그래서 제가 달려가서 강의를 했죠.

두 번째 프로그램이 시작될 때 브로슈어에 실을 글을 써달라고 해서 이런 이야기를 했어요. 덩굴장미가 우리 집에도 있고 이웃집에도 있는데, 신기하게 왜 늘 이웃집에서 넘어온 덩굴장미가 더 붉고 아름다울까? 저도 가끔 그런 생각을 했거든요. 내 울타리 안에서 계속 뒤지면 한계에 다다르는 거죠. 더는 뒤질 게 없어요. 이제 담을 넘지 않으면 새롭고 창의적인 것을 하기가 정말 힘들어진다는 거예요. 그런데 이 담을 넘는 방법이 때로는 인문학을 공부하다가 자연과학으로 넘어오느냐, 자연과학을 공부하다 인문학을 하느냐 하는 문제가 우리에게 있습니다. 물론 기본적으로는 배움에도 단계와 시간이 있다고 생각합니다. 가령 수학을 배워야 하는 시기가 있는 거죠. 70대에 수학을 배우기 시작하는 건 조금 늦어 보입니다.

하지만 그 시도는 굉장히 신선했어요. 컴퓨터를 하는 사람들을 합숙훈련을 시키면서 한 달 만에 인문학적 소양을 쌓게 하는 것보다는 인문학을 한 사람들에게 컴퓨터 기술을 가르치는 게 훨씬 효율적일 수 있겠다 싶은 겁니다. 500명 모두를 월등한 사람으로 만들려고 한 것은 아닙니다. 그중 몇 명만 기발한 아이디어를 내면 됩니다. 실제로 1기 500명 중에서 5~6명은 당장 제품화해도 될 만한 아이디어를 벌써 내더라는 겁니다. 우리나라에서도 이제 그런 시도들이 나타나고 있습니다. 바람직한 현상이라고 생각합니다.

도정일   인문학 전공자를 뽑으려는 회사들이 늘고 있다고 들었습니다. 사실인지 아닌지는 잘 모르겠지만. 자연과학 전공자가 무능해서가 아니라, 각자 할 수 있는 일과 하기 어려운 일이 있습니다. 나는 '두루 살피고 널리 소통하는 것'이 통섭이라고 느슨하게 생각하고 있는데, 이런 의미의 소통, 대화, 통섭의 필요성은 학문의 세계에만 국한되지 않죠. 정치, 경제, 사회의 모든 분야에서 폭넓은 이해와 소통의 능력이 요구되고 있습니다. 직장생활에서도 마찬가집니다. 산업적 융합기술만이 융합의 전부는 아닙니다. 나는 통섭적 태도가 삶을 살아가는 데도 필수적인 것이라 생각해요. 교육의 목표도 그런 태도를 길러주는 데 두어야 합니다.

우리나라 자연과학도가 이해하기 어려워하는 것이 있습니다. 촘스키 같은 언어학자가 인공지능 로봇이 인간의 언어를 결코 흉내 낼 수 없을 것이라고 판단하는 데에는 중요한 이유가 있어요. 상징언어를 쓸 줄 모르기 때문입니다. '밤이 아이들을 무섭게 한다'라는 문장은 문법구조도 맞고 의미론적으로도 정상입니다. 그런데 이걸 뒤집어서 '아이들이 밤을 무섭게 한다'라고 써놓으면 문과 학생은 말이 될 것 같다고 생각하는데, 공학도나 자연과학도는 대개 손들고 자빠집니다. 그게 무슨 소린가 싶은 거죠. 그런데 이건 별것도 아닙니다. 역설의 상상력을 가동한 거니까요. 이 역설적 진술이 이해될 단계까지 상징적인 언어 기술을 연마하는 일이 자연과학도나 공학도에게 필요한 인문학 교육의 한 모습이죠. 그런데 이런 역설적 진술은 인문학만이 아니라 과학의 것이기도 합니다.

시인 아르튀르 랭보Arthur Rimbaud의 시 〈축제〉에서 화자는 "나는 바람을 먹는다. 나는 바위를 먹는다. 나는 흙을 먹는다"라고 말합니다. 난센스지요. 그런데 세 가지, 바람과 바위와 흙은 모두 '먹을 수 없는 것들'입니다. 그러니까 이걸 뒤집으면 '나는 먹을 수 없는 것을 먹고 다닌다'가 되죠. 먹을 수 없는 것만을 먹는 상태가 바로 굶주림입니다. 먹을 것은 없고, 쫄쫄 굶은 상태를 이렇게 표현한 거죠. 거기다가 또 역설적으로 굶주림의 상태를 축제라고 이름 붙였습니다. 중·고등학교에서 이런 상징언어의 용법, 언어의 은유적·역설적 사용법 같은 것들을 충분히 가르치고 훈련시켜야 합니다. 그래야 상상력 교육이 살아나고, 과학을 공부하는 학생도 인문학적 상상력을 이해하기 시작하죠. 어떤 대상을 곧바로 지시하지 않고 에둘러서 말하는 것이 상징언어입니다. 은유를 비롯한 모든 비유는 서로 관계없는 것들을 한데 융합해놓습니다. 이것도 과학 하는 사람들에게는 그리 생소한 이야기가 아니에요. 1970년대에 〈인간 등정의 발자취〉라는 영국 BBC 다큐멘터리를 만들었던 제이콥 브로노우스키Jacob Bronowski는 수학자, 생물학자, 과학사가, 시인이었습니다. 그는 위대한 과학적 발견을 가능하게 하는 것은 종종 '은유적 상상력'이라고 말했어요.

—   융합의 구체적인 사례를 몇 가지 살펴보았는데요. 그 사례의 정수 중 하나는 〈코스모스Cosmos〉일 겁니다. 칼 세이건Carl E. Sagan의 다큐멘터리 〈코스모스〉가 1980년대에 나왔는데, 최근에 리메이크를 하지 않았습니까? 이 리메이크 〈코스모스〉 첫 방송을 할 때 제가 미국에 있었는데요. 폭스 티비 뉴스를 보다가 깜짝 놀랐습니다. 우리나라로 치면 9시 뉴스를 하고 있는데 30분 동안 패널들이 나와서 '오늘 〈코스모스〉를 방영한다, 카운트다운을

시작하자'라고 이야기하는 거예요. 칼 세이건의 부인 앤 드루얀Ann Druyan, 칼 세이건을 대신한 천체 물리학자 닐 타이슨Neil Tyson 등이 나와서 카운트다운을 하는 것을 내셔널지오그래픽 채널과 폭스 티비가 같이 방송하더라고요.

정말 충격이었습니다. 이런 문화가 있구나 하고요. 과학 다큐멘터리를 9시 뉴스에서 30분 동안 홍보하고, 대통령이 추천도 하고요. 상상이 되십니까? 다큐멘터리가 훌륭한 것도 있지만, 이런 문화 자체가 놀랍습니다. 두 분은 〈코스모스〉를 어떻게 보셨습니까?

도정일 《코스모스》 초판은 30여 년 전에 책으로 나왔고 그때 첫 번째 다큐멘터리도 나왔지요. 세이건의 책을 보면 놀라운 데가 있습니다. 이런 것이 말하자면 통섭이구나 싶은 대목이 많아요. 우주과학자니까 과학에 방점을 찍고 이야기하지만, 실제로 《코스모스》에는 과학 이야기만 있는 게 아니에요. 인문학도 있고 역사도 있습니다. 알렉산드리아 도서관에 대한 인상적인 이야기도 나옵니다. 이렇게 많은 것들이 섞여 있으니까 과학적 질문과 인문학적 질문이 연결되어 나옵니다. 통섭은 잡학이 아니고 단순한 박학다식도 아닙니다. 중요한 질문들이 서로 어떻게 연결되는지, 그 상호관계를 짚어내는 것이 통섭의 필수조건입니다.

최재천 〈코스모스〉에 나오는 지구 달력 1년 중 마지막 1초 동안에 나타난 과학 분야에 종사하는 사람으로서 겸손해질 수밖에 없는데요. 그럼에도 불구하고 자연과학이 기간은 얼마 안 되지만 어마어마한 일들을 해내고 있다고 생각합니다. 사실 저는 원래 자연과학자가 될 생각이 별로 없었습니다. 우리나라의 이상한 교육 제도의 희생물로 잘못해서 과학자가 됐습니다만, 요즘은 제가 다시 태어난다면 자진해서 과학자가 되려고 할 것 같아요.

지금 대학을 준비하는 젊은 세대는 지식 습득의 유효한 방식, 상상력과 지식의

관계, 습득한 지식을 어떻게 갈무리하고 확장하고 연결해서 새로운 지식으로 발

요즘 우리 사회에 다시 새롭게 읽히는 책이 제러드 다이아몬드의 《총, 균, 쇠》잖아요. 이분은 원래 세포막을 연구하는 생리학자이자 의과대학의 교수였는데요. 휴가 때마다 뉴기니에 가서 새를 관찰하면서 새 공부하는 사람들 세계에서 거물 중 하나로 올라서더니만, 생태학·진화생물학을 거쳐서 요즘은 아예 의과대학도 관두고 생태학 및 진화생물학과도 관두고 UCLA 지리학과에서 교수를 하시거든요. 그가 쓴 《총, 균, 쇠》라는 책에 대해 들어보셨을 텐데요. 이렇게 인류의 역사를 총과 균과 쇠로 완전히 새로 꿰뚫어보는 게 통섭이죠. 그런데 그분이 과학에서 출발했다고 하는 데 상당히 의미가 있어요. 우리가 곱씹어봐야 한다고 생각합니다.

지식 팽창 시대의 대학

—　　　대학 이야기로 자연스럽게 이어갔으면 좋겠습니다. 대학이 예전과는 달리 지식을 생산하고 창조하는 곳이 아니라, 정보를 네트워킹하고 가공해서 돈 벌 궁리를 하거나 취업 준비생을 길러내는 곳이 되고 있습니다. 한편 바깥에서는 오픈 코스를 만들어서 누구든지 대학 수준의 강의를 들을 수 있게 하고 있고요.

도대체 대학이 뭘 하는 곳인지에 대한 근본적인 물음이 심각하게 제기되고 있는 상황입니다. 어떤 사람은 대학은 곧 없어지고 일종의 사교장만 남을 거라고 전망합니다. 동창생은 필요하니까요. 온라인 강의 듣고, 공부는 다른 곳에서 하면 되잖아요. 이렇게 대학의 무용성을 주장을 하는 사람들이 점점 늘어나고 있습니다. 이러한 상황에서 대학이 어떤 곳이어야 하는지, 고등교육기관으로서의 대학이 어떻게 진화할 것인지에 대한 이야기를 나누어주셨으면 좋겠습니다.

최재천　저는 서울대에 있다가 2006년에 이화여대로 자리를 옮겼는데, 그때 거의 모든 일간지에 보도가 됐습니다. 보도가 될 일 같지 않은데, 대한민국에서는 있을 수 없는 일이었나 봐요. 이화여대로 가면서 정년을 70세까지 보장받았습니다. 그런데 얼마 전부터 그만두고 싶은 생각이 굉장히 많이 듭니다. 정년을 70세까지 보장을 받았는데도 대학 교수를 별로 하고 싶지 않아요.

예전에 우리 선생님들, 은사님들이 대학 교수를 하시던 시절에 교수라는 직업이 참 멋졌어요. 그런데 요즘 대학 교수는 노동자도 이런 노동자가 없는 것 같아요. 교수가 아닌 친구들은 오랫동안 저에게 시간을 자유롭게 쓸 수 있으니 얼마나 좋냐고 합니다. 제가 술값을 내려고 하면 교수가 무슨 돈이 있냐면서 못 내게 하고, 그래도 시간은 많지 않느냐고 했죠. 그런데 언제부턴가 제가 기어코 술값을 내기 시작했습니다. 회사에 다니는 친구들은 퇴근하면 일을 접더군요. 그리고 술도 한잔하고 놀기도 하더군요. 그런데 저는 일을 끼고 살더라고요. 그래도 제 시간을 조금 융통성 있게 쓴다는 차이는 있지만, 하루 24시간 일에서 떠나지를 못하더라고요. 그래서 그다음부터 나도 시간 없으니 돈을 내고 같이 마시는 게 좋겠다고 합니다.

장대익 교수님이 이야기한 것처럼 어느덧 우리 대학은 직업훈련소가 되어버렸어요. 지금 대한민국의 어느 대학도 이 문제에서 자유롭지 않다고 봅니다. 그러나 탓만 할 수는 없잖아요. 대학을 졸업하고 직장을 얻어야 하니까요. 그런데 문제는 과연 대학이 직장을 제대로 얻어주냐 하면 그것도 아닙니다. 미래학자들의 예측에 의하면, 지금 대학에 다니는 학생들은 평생 동안 적어도 대여섯 번은 직업을 바꾼다고 합니다. 예전에는 평균수명이 짧아서 한 직장에서 일하다 끝났지만, 이제는 90~100세까지 살아야 하는데 50~60세에 은퇴하고 남은 40년을 그냥 놀고먹을 수 있는 경제구조가 도저히 유지되지 않습니다. 그래서 정년 제도는 반드시 없어지게 되어 있고요. 누구나 다 죽을 때까지 일하면서 사는 시대가 바로 코앞에 닥쳤습니다. 실제로 대한민국에서 은퇴하신 분들도 지금 이미 일자리를 찾고 있습니다. 대여섯 번 직업을 바꿔야 하는데, 지금 대학이 해주는 건 기껏해야 아주 잘하는 대학에서 첫 직장 얻어주는 걸로 끝입니다. 그러면 나머지 네다섯 번의 직장은 도대체 어떻게 하나요? 이것만 봐도 지금 우리 대학은 기능하지 못하는 구조인 거죠.

거기다가 첫 직장에 대한 부분이 너무 크다 보니까, 가르치는 입장에서 재미가 없습니다. 그래도 제가 퍽 이름 있는 교수이고 학생들 말로는 졸업하기 전에 저 선생 과목은 한 번 꼭 들어야 한다고 하는데, 제 수업에는 학기말에 40명 정도밖에 남지 않습니다. 학교에서는 저한테 석좌교수라는 자리까지 주고 큰 강의실을 배정해서 천 명씩 가르쳐달라고 하는데, 40명밖에 안 옵니다. 그 이유를 분석해봤더니, 학교에 30학점 수업이라고 소문이 파다하답니다. 3학점인데 말입니다. 제 수업을 들으려면 그 학기에는 다른 수업을 듣지 마라, 다른 수업을 들으면서 그 수업을 들으면 다 망하니까 아예 휴학한 기분으로 들으라고 한대요. 그러니까 학생들이 못 오는 거죠.

그러면 제가 그렇게까지 학생들을 심하게 가르치고 있을까요? 전 미국에서 대학 교수를 하다 왔는데, 미국에서 가르치던 것에 반의반도 요구하지 못하고 있습니다. 그 정도를 하는데도 30학점이라고 절절매고 있는 학생들을 데리고, 밥 벌어먹겠다고 교수를 하고 있는 걸 보면 자괴감이 심하게 들어서 때려치우고 싶은 마음이 하루에도 몇 번씩 듭니다.

아까 장대익 교수님이 이야기하셨듯이 거기다 오픈 코스가 여기저기서 나옵니다. 무크MOOC: Massive Open Online Course라고 하죠. 하버드대와 MIT는 에덱스edx를 만들었죠. 예전에 MIT가 그렇게 애를 써서 만든 과목을 무료로 인터넷에 올리는데, 사람들이 의아하게 생각했습니다. 그런데 그런 과목들이 앞으로 모든 교육을 다 말아먹을지도 모릅니다.

제가 서울대에 처음 부임했을 때, 첫 학기부터 영어로 강의를 했습니다. 제가 그래도 미국에서 강의를 하다가 왔으니까, 첫 수업에 들어가서 "제가 영어로 강의하는 게 좋겠습니까, 한국어로 강의하는 게 좋겠습니까?"라고 질문했더니 영어를 원하는 학생들이 좀 더 많아서 바로 "Good afternoon, everybody" 하고 수업을 시작했습니다. 그런데 어느 순간부터 저는 절대로 대학에서 영어 강의를 하지 않습니다. 지금 이화여대에서는 굉장히 섭섭해합니다. 영어 강의를 안 하는 이유가 있어요. 예를 들어서 제가 'Evolution(진화)'이라는 영어 강의를 한다고 칩시다. 스탠퍼드대에도 Evolution을 가르치는 교수가 있습니다. 그 강의보다 제 강의가 좋겠습니까? 절대로 그럴 리 없습니다. 스탠퍼드대 교수는 조교도 여러 명 있습니다. 학교가 전폭적으로 지원해줍니다. 저는 남의 나라 말로 강의를 해야 하고, 그 교수는 자기 나라 말로 강의를 합니다. 조만간 무슨 일이 벌어질까요? 저는 이화여대에서 학생들이랑 같이 앉아서 그 교수의 강의를 온라인으로 보고, 끝나면 일어나서 "뭐 이해 안 되는 거 있었어요?"라고 묻는 학원 강사로 전락할 수밖에 없는 겁니다. 여러 가지 면에서 지금 대한민국에서 대학 교수 하고 싶은 마음이 정말 안 납니다.

도정일 오늘 이 자리에는 앞으로 대학에 진출할 꿈을 가진 젊은 이들도 있을 텐데, 이분들의 장래에 닥칠 수 있는 비운을 미리 위로해드리고 싶습니다. 실제로 앞으로 대학이라는 제도의 수명이 얼마나 오래갈지 의문입니다. 현재와 같은 강의실, 큰 건물, 도서관 등을 갖춘 전통적인 형태의 대학이 짧으면 20년, 길게 잡아야 30년, 아주 길게 잡았을 때 50년이면 몇 개의 상징적인 대학만 남고 소멸할 거라는 예측이 나오고 있습니다.

지금은 지식의 수명이 굉장히 짧아졌습니다. 대학에서 배운 지식은 졸업하고 2~3년이면 새로운 지식으로 대체됩니다. 그럼 그때마다 또 새로 대학을 가야 하나요? 지식의 주기가 짧아지면 지식 전달과 습득 주기도 짧아지고, 전달 방식도 바뀝니다. 이미 그런 일들이 일어나고 있지요. 반드시 강의실이라는 물리적 공간과 지금 같은 지식 전달의 방식이 필요하지 않은 것이 대세가 되는 시대가 오고 있습니다. 학생들이 자기 방에 앉아서도 들을 수 있는 좋은 강의가 질펀하게 깔려 있습니다. 앞으로 대학 바깥의 강의실 없는 강의는 더 많이 제공될 것이고 지식의 전파수단도 상당히 달라질 겁니다. 물론 이런 방식의 지식 전파가 모든 경우에 반드시 효과적인 것은 아니지만.

그러면 대학은 앞으로 무엇을 할 것인가? 호텔이나 물류창고로 바꾼다? 한국 대학들의 지금 같은 제도와 비용, 교육방식에는 불가피하게 크고 작은 변화가 발생할 겁니다. 대학은 무엇을 위해 존재하는가 하는 문제, 대학교육의 근원적 목적 같은 문제를 다시 깊이 생각해봐야 할 때가 되었어요.

—   혹시 그에 대한 해법을 가지고 있으신가요?

최재천   저는 지금 이렇게 암울하지만, 그래도 대학은 살아남을 거라고 생각합니다. 지금 미국에서 무크 같은 온라인 강의들이 굉장히 잘될 것처럼 시작은 했는데 문제점이 드러나고 있어요. 우리가 잘 알고 있는 마이클 샌델Michael J. Sandel 교수가 굉장히 흥미로운 철학 강의를 하니까 캘리포니아의 한 대학에서 그 강의를 가져다가 학교에서 쓰기로 했는데, 그 대학의 철학과 교수들이 전부 들고일어나서

샌델 교수에게 항의 편지를 보냈더라고요. 샌델 교수도 원하지 않는 다고 답장을 해서, 사태가 흥미롭게 진행됐습니다.

하버드대 강의가 다른 대학에서 반드시 통한다는 법이 없어요. 그리고 온라인 강의가 중요한 것이 아니라, 서로 마주 보면서 토론하고 의견을 조율하는 게 중요하죠. 아까 도 선생님이 조금 힌트를 주셨는데, 이제는 교과서나 책에 다 있는 것을 앞에 서서 강의하는 교수가 필요한 게 아닌 거죠. 사실 저는 이미 10여 년 전부터 수업에서 강의하는 시간을 많이 줄였습니다. 그러면서 학생들로 하여금 스스로 발견하고 찾게끔 하는 수업을 열심히 해왔어요. 그게 결과적으로 학생들에게 30학점이라는 말을 듣게 된 겁니다만. 저는 한 게 없는데 자기들이 더 열심히 하다가 30학점이 된 거죠.

결론적으로 우리가 이제 해야 하는 건 무엇이냐. 지식은 사실 산재해 있습니다. 그 지식을 습득해서 머릿속에 넣고 다닐 이유는 없는 겁니다. 그 지식은 내 주머니 안에 다 있잖아요. 스마트폰 안에 담아 다닐 수 있습니다. 이 지식을 어떻게 활용할 것인지를 배우는 것이 교육이기 때문에. 그런 교육은 흩어져서 하는 것보다 모여서 하는 게 유리할 거라고 생각해요.

또 하나 중요한 게 있습니다. 아까 말씀드린 대로 직업을 대여섯 번을 바꿔야 한다고 하면, 대학 4년 동안 나중에 직업을 대여섯 번 바꿀 것을 예상하고 미리 다 배울 수는 없잖아요. 그건 불가능합니다. 대여섯 번 바뀔 직업이 무엇인지 예상할 수도 없고, 안다고 한들 그걸 다 준비하려면 대학을 20년은 다녀야 하는데 그것도 곤란합니다. 첫 직장을 위해서 하는 거 하자고요. 하지만 두 번째 직장, 세 번째 직장을 위해서 다시 공부하는 것. 그것이 피터 드러커Peter Ferdinand Drucker가 한 이야기입니다. "21세기는 지식의 세기가 될 것이고, 끊임없이 배워서 사용하고 또 배워서 사용하는 시기가 될 것이

다." 바로 그게 지금 벌어지고 있는 겁니다. 그러니까 저는 대학이 이제 평생 에이에스를 해야 한다고 생각합니다. 우리 대학의 졸업생들에게 직장을 찾아다니면서 다음 직장을 준비하는 공부를 시켜주자는 겁니다. 이것을 우리나라 대학 중에 가장 먼저 시작하는 곳이 성공을 거둘 거라고 생각해요.

도정일   좋은 제안입니다. 실제로 대학 교육의 미래를 생각하면 암울하지만은 않아요. 방금 최 교수님이 말씀하신 것처럼 그래도 대학이 존재해야 할 이유가 있습니다. 우리의 경우는 '졸업장을 준다'는 것이 막강한 이유죠. 취업을 위해 죽으나 사나 통과해야 하는 관문이라는 것도 큰 이유입니다. 그런데 그런 이유뿐이라면 대학은 그야말로 초라할 곳이 됩니다. 대학 나오지 않고도 취업이 가능한 쪽으로 고용환경이 바뀌면 대학은 뭘 하지요? 물론 취업은 중요합니다. 그런데 취업 압박에 시달릴수록 젊은 세대가 명심해야 할 것이 있습니다. 대학 교육은 단순 상품이 아니라는 사실입니다. 또 교육은 본성상 지식의 전수나 습득으로만 끝나지 않습니다. 대학 강의실에 왜 토론과 질문이 있는가? 그것이 사람의 지적 능력과 판단력, 사고력, 상상력, 윤리적 감성, 가치관 등을 키우는 최상의 교육 방식이기 때문입니다. 쉽게 말하면 성장 과정의 필수품이죠. 온라인 강의는 지식을 습득하는 데는 용이할지 몰라도 토론하고 질문하고 생각을 촉발하는 데는 한계가 있습니다.

이스라엘 탈무드에는 이런 말이 있습니다. "위대한 교육은 위대한 스승 앞에 앉았을 때 비로소 발생한다." 이것은 세월이 지나고, 또 지식 전파·습득의 방식이 달라진 후에도 변함없는 진리일 겁니다. 교육의 큰 목표 가운데 하나는 학생들에게 '변화'가 일어나게 하는 겁니다. 지금 대학을 준비하는 젊은 세대는 지식 습득의 유효한 방식, 상상력과 지식의 관계, 습득한 지식을 어떻게 갈무리하고 확장하고 연결해서 새로운 지식으로 발전시킬 것인가 하는 문제들을 생각해보아야 합니다. 지식은 상품이라는 생각이 널리 퍼져 있습니다만, 교육과 마찬가지로 지식도 그 유용성만을 따져 사고파는 단순 상품이 아닙니다.

학부생에게는 대학에서 키워야 할 정신적 품질이 있다고 나는 생각합니다. 세 가지만 말하죠. 좁은 이해관계의 울타리를 넘어설 줄도 아는 공정한 능력, 열린 마음, 공존의 상상력 등입니다. 지금은 '유용성'이라는 것이 가장 중요한 가치인 것처럼 여겨지는 시대인데, 유용성이 곧바로 가치는 아닙니다. 가치라는 것은 유용성 너머에 있지요. 우리가 대학을 다니는 중요한 이유의 하나는 유용성을 넘어서 존재하는 가치 세계에 대한 이해 능력을 대학교육이 길러줄 수 있기 때문입니다. 이걸 못하면 대학 교육은 위기에 빠질 수밖에 없습니다.

통섭 시대의 교육

— 2018년부터 고등학교에서 문·이과 통합 교육과정을 시행하겠다고 합니다. 그 필요성에 대해서는 많은 사람이 동의하는데, 현실적인 문제도 있고 어떻게 가는 것이 올바른 방법일지 고민도 되는 상황입니다.

최재천 위험한 발언이 될 것 같아서 먼저 말씀드리기가 좀 그런데요. 저는 문·이과 통합을 거의 십여 년 동안 부르짖은 게 아니라 울부짖었는데, 이걸 미루는 것 자체가 직무유기라고 생각합니다. 평생 직업을 대여섯 번 갈아타야 하는데, 그 직업이 가지런히 문과 직업만 쪽 있고, 이과 직업만 쪽 있을 리는 없잖아요. 그런데 어떻게 국가가 나서서 한 개인에게 과학은 필요 없으니 배우지 말라고 할 수 있나요? 나중에 그 사람이 과학을 배우지 않은 것 때문에 문제가 되면 누구의 책임입니까? 저는 국가가 그런 짓을 해서는 안 된다고 생각합니다.

그렇기 때문에 문·이과를 통합하느냐 마느냐를 논의하는 것 자체가 말도 안 된다고 생각하고요. 100년 전에 털어냈어야 하는 문제죠. 그나마 최근에 이런 문제가 심각하게 논의되고 워낙 융합이 사회적으로 대두되니까 교육부가 어쩔 수 없이 하기로 했는데, 이 과정을 보고 있으면 한심하다는 생각밖에 안 들더군요.

정부가 문과와 이과를 통합하겠다고 발표하자 학부모들이 이렇게 반발했습니다. "지금 한쪽 하기도 바빠 죽겠는 우리 아이들이 양쪽 다 하라고 하는 거냐? 우리 아이들을 죽이려고 하는 거냐?" 그 걱정 때문에 어려운 이과 수업을 줄여주는 식으로 문·이과 통합이 진행되고 있습니다. 그런데 저는 이건 진짜 말이 안 된다고 생각합니다. 문·이과 통합의 핵심은 '이과로 통합'입니다. 문과와 이과를 합치겠다고 하는데, 합치고 나서 어려운 이과 과목은 빼주겠다? 그러려면 차라리 합치지 않는 게 좋습니다.

문·이과 통합을 하는 이유는 이과 공부를 하기 위해서입니다. 이건 확실하게 합의를 봐야 하는 문제입니다. 문·이과 통합은 이과로 통합하자는 뜻입니다. 그런데 그걸 모르고 자꾸 이과 과목을 줄여간다는 것은 그야말로 어불성설입니다. 과학적인 소양이 필요한 세상에 우리가 살고 있기에 과학은 반드시 배워야 하는데, 그걸 언제 배우느냐? 70대에 배우는 게 아닙니다. 10대, 20대 초반이 아니면 과학은 굉장히 배우기 힘듭니다. 그래서 중·고등학교와 대학에서는 과학은 필수로 단 한 명도 빼지 말고 다 공부해야 하는 겁니다. 그 공부를 반드시 양자역학 수준으로 해야 하는 것은 아니지만 누구나

다 소양 수준에서 과학 공부를 해야 한다는 게 목표인데, 기껏 문·이과 통합은 하겠다고 해놓고 알맹이를 쏙 빼놓는 건 절대로 용납할 수 없다고 생각합니다. 문·이과 통합을 하면 모두가 이과생입니다.

도정일 중등교육에서 과학 교육은 강화되어야 합니다. 지난 수백 년을 거쳐오면서 조선시대에 싹을 보이던 과학적인 씨앗들이 피어보지도 못하고 주저앉아버렸지요. 저는 이것을 '과학의 결핍'이라고 부릅니다. 과학적 사고와 태도의 결핍이 우리의 큰 문제였고, 지금도 그러합니다. 과학 교육을 강화해야 하는데, 단 문·이과 통합 교육은 이과 교육이면서 동시에 문과 교육이어야 한다고 생각합니다. 인문학과 사회과학에서는 비판적 사고를 중시합니다. 그런데 비판적 사고는 인문사회학적 사고이면서 동시에 과학적 사고지요.

과학 교육이라고 하면 많은 이가 좀 어렵게 생각하죠. 그런데 꼭 그렇지 않습니다. 일찍부터 과학 문화에 성장 세대를 노출시킬 필요가 있습니다. 과학 분야의 전문적 연구와 과학 교육은 다릅니다. 과학 교육은 일상생활, 삶과 경험의 현장에서 어릴 때부터 실시할 수 있지요. 미국 철학자 존 듀이John Dewey가 실험학교라는 것을 만들어서 큰 반향을 일으켰고 그 전통이 지금도 이어지고 있는데, 그 실험학교 교실에서는 요리, 베짜기, 공작 등 생활 속의 과학을 가르쳤습니다. 완두콩, 고구마 같은 것을 가져다가 저울에 달아보는 연습부터가 과학 교육이었어요. 그다음에 식재료의 화학적인 성분이 무엇인가를 어려운 말을 섞지 않고 교육하면서 그것이 요리 교육으로, 음식 만들기 교육으로 자연스럽게 녹아들게 했어요. 그렇다면 과학 교육은 아주 일찍부터 할 수 있습니다. 그래야 과학적으로 생각하고 판단하는 것이 우리의 삶, 정신 상태, 습관에 녹아듭니다.

그런데 우리가 경계해야 하는 것은 과학만능주의입니다. 요새 그런 만능주의를 과시하는 사람들이 많습니다. '과학주의scientism'는 그런 과학만능주의의 하나입니다. 과학과 과학주의는 같은 것이 아닙니다. '과학 지식만이 우리가 의존할 수 있는 유일한 지식이고, 결국 과학이 모든 것을 설명해줄 것'이라고 주장하는 과학주의자들이 요즘 꽤 많이 등장하고 있습니다. 그런 사람들의 입장에서 보면 종교는 말도 안 되는 집단적 착각이고 신화는 말장난이나 거짓말이에요.

그런 사람들은 아이를 키울 때도 옛날이야기는 잘 안 들려준다고 합니다. 달나라 토끼 이야기는 순 거짓말이라는 거죠. 이런 것이 말하자면 과학주의 또는 과학맹신주의입니다. 진화론을 대중화해온 리처드 도킨스도 그런 과학주의에 깊이 빠져 있습니다. 도킨스에게 종교는 조직적 착각이고 신화는 거짓 이야기에 불과합니다. 과학의 관점에서 종교를 박살내고 신화를 멸시하는 태도는 제대로 된 과학자라면 결코 취할 수 없는 오만입니다. 이런 오만은 과학 교육에 도움이 안 됩니다. 과학 교육은 과학만능주의자를 길러내는 교육이 아니거든요.

최재천　저는 개인적으로 이 점에 대해서는 도정일 선생님하고 절대적으로 같은 생각입니다. 과학만능주의는 옳지 않다고 생각합니다. 과학만능주의에 빠져서 과학을 하는 사람 중에 대단한 업적을 남긴 사람은 별로 없습니다. 도킨스가 그동안 왜 과학만능주의를 밀 수밖에 없었나, 왜 그래야만 했느냐를 이해는 합니다. 워낙 과학에 대한 이해가 없는 이 사회를 어떻게든 흔들어보고 싶어서 그런 면은 분명히 있습니다. 그건 저도 이해를 하는데, 너무 지나치게 과학만 중요하다고 이야기하는 사람의 머리에서 나오는 과학도 제가 보면 그렇게 대단하지 않더라고요.

그래서 저는 우리 젊은 과학도들에게 이런 이야기를 많이 합니다.

"너무 과학에만 빠진 사람들은 대개 큰 과학자 밑에서 조수 역할만 잘하더라." 과학자 중에 정말 위대한 과학자는 인문학적 소양을 풍부하게 갖춘 사람입니다. 그들의 머리에서 새로운 질문이 나오고, 새로운 그림이 그려지고요. 일찌감치 인문학적 소양을 갖춰야 합니다. 그런 사람의 머릿속에서 정말로 큰 질문이 나옵니다.

— 도정일 선생님과 최재천 선생님께 질문을 하나씩 드리고, 답변과 함께 오늘 대담을 마무리해주시길 부탁드립니다. 인문학과 자연과학의 만남에 관심이 있는 많은 분이 두 분께 질문을 보내주셨는데요. 먼저 도정일 선생님이 답해주시면 좋겠습니다. "자연과학계열을 공부하고 있는 학생으로서 인문학은 삶을 더욱 풍성하게 하고, 이를 느낄 수 있게 한다는 것을 알았습니다. 그렇다면 인문학을 공부하는 사람이 자연과학을 공부하면서 얻을 수 있는 점이 무엇일까요?"

도정일 아까 세이건의 《코스모스》 이야기를 좀 하다 말았는데, 그 책에서 제가 곧잘 인용하는 대목을 하나 소개할까요? 그 책의 끝부분에 이런 말들이 나와요. "인간은 진화 과정에서 몸에 붙인 참 나쁜 버릇들이 많다." 진화는 좋기만 한 것이 아니라 진화 과정에서 인간이 체득한 나쁜 버릇들도 많다는 거죠. 세이건은 예컨대 '싸움 좋아하는 호전성, 그릇된 관습, 지도자에 대한 맹목적인 복종, 이방인에 대한 이유 없는 적개심' 등을 '나쁜 버릇'으로 꼽습니다. 인간은 이런 버릇들을 버려야 한다고 세이건은 말합니다. 그런데 어떻게 버리지요? 세이건이 말한 나쁜 버릇은 요즘 진화론자들의 관점에 따르면 '인간본성'의 일부입니다. 진화론이 말하는 인간본성은 바꿀 수 있는 게 아니죠. 그렇다면 그 버릇들은 누가 어떻게 고치고 어떻게 버립니까? 교육으로? 문화로? 사회제도로? 아니면 유전자 제거로? 나는 우주과학자 세이건이 이런 문제를 제기하고 인간세계와 문명의 내일을 걱정하는 것이 마음에 듭니다. 그는 인문학적 관심과 우려를 가진 과학자였습니다. 나는 과학자에게 이런 태도가 소중하다고 봐요.

세이건은 "손에 쥐면 바스러질 것 같은 작고 푸른 점"이라고 지구 행성을 묘사했습니다. 그런데 이 작고 푸른 점을 위협하는 것들, 지구행성에 도저히 발붙여서는 안 될 것들이 있다고 세이건은 말했어요. "극단적 형태의 민족 우월주의, 우스꽝스러운 종교적 광신, 맹목적이고 유치한 국가주의"가 지구 문명을 위협한다고 세이건은 경고합니다. 인간세계를 장악하고 있는, 그리고 현존 문명을 구성하고 있는 현실적 세력들이죠. 지구 문명이 망하지 않으려면, 전쟁과 폭력으로 문명을 망치고 싶지 않으면 그 세력들을 청산해야 한다고 세이건은 말합니다. 그런데 그것들을 누가 어떻게 청산합니까? 어떻게 지구행성에서 쫓아낼 수 있을까요? 인문학이? 과학이? 문명의 딜레마에 대한 세이건의 이런 주의 환기를 나는 아주 소중하게 생각합니다. 이런 문제를 생각하면 할수록 나는 인간 문명을 위해 과학, 인문학, 사회과학의 협업이 불가피하다고 생각하게 됩니다.

— 다음 질문과 함께 최재천 선생님의 마무리 말씀을 듣겠습니다. "문·이과 통합 이전 세대의 철학도입니다. 두 선생님이 해주신 말씀을 들어보고, 인문학도들은 뒤늦게 자연과학을 배우고 싶어도 배울 곳이 없어 고민입니다. 어떻게 하면 자연과학을 접할 수 있을까요?"

최재천 정곡을 찌르신 건데요. 제가 이렇게 편 가르기를 하는 것 같아서 죄송합니다만, 사실 융합과 통섭의 시대에 자연과학도가 유리합니다. 물론 자연과학도가 대단한 인문학자가 되는 건 별개의 문제이지만, 자연과학을 공부한 사람이 인문학적 소양을 어느 정도 갖춰가는 것은 가능한 일이고, 누구나 시도해볼 수 있는 일입니다.

그런데 이게 거꾸로는 그렇게 쉽지 않습니다. 자연과학은 입문 과정이 필요하고요, 돌을 쌓듯이 쌓아 올려야 하는 과정이 있기 때문에 참 어려워요. 그래서 제가 그런 주장을 거침없이 하는 건데요, 제도적으로 중등교육과정에서 자연과학을 가르쳐주지 않으면 개인에게 엄청난 피해를 주는 것이거든요. 잘하고 못하고의 문제가 아니라 기회를 박탈하는 일이기 때문에, 저는 비판받을 각오를 하면서 문·이과 통합이 반드시 이과로 통합되어야 한다고 주장합니다.

그러면 이미 그런 분리된 교육을 받은 사람은 어떻게 할까요? 제가 최근 몇 년 동안에 독서와 관련해서 책 몇 권을 썼어요. 거기서 '기획독서'라는 개념을 이야기했습니다. 이를테면 '취미독서'의 반대말입니다. 요즘은 단군 이래 출판계가 최대 불황이라는데요. 사람들이 책을 너무 안 읽으니까 그런 모양인데, 그나마 읽는 책도 그저 읽으면서 힐링이나 한다든가 마음을 좀 비운다든가 하는 식의 책이에요. 원래 책은 그런 거 하려고 만들어진 게 아니잖아요. 원래 책은 지식을 전달하려고 만든 것이잖아요. 그런 책만 읽지 마시고, 나에게 부족한 분야의 책을 붙들고 씨름을 하는 게 진짜 독서라고 저는 생각합니다. 그래서 취미독서의 반대 개념으로 기획독서라는 것을 설명했죠. 다시 학교에 돌아갈 수 없다고 한다면, 제일 좋은 방법은 역시 책을 붙들고 씨름하는 일이라고 생각합니다.

《대담》을 읽으시고는 그런 걸 많이 느끼셨다고 이야기를 하시던데요. 읽다 보니까 다른 책들이 읽고 싶어진다고 하시더라고요. 저는 그것이 《대담》의 굉장히 큰 기여라고 생각합니다. 학생 때 교육을 제대로 못 받았더라도 포기할 수는 없는 거 아니에요? 독서하면서, 책을 가까이 두면서 계속 노력하는 게 좋겠다는 말씀을 드립니다.

신화 · 종교 · 사상 · 문명

대담

인문학과 자연과학이 만나다

1판 1쇄 발행일 2005년 11월 14일
10주년 기념판 1쇄 발행일 2015년 11월 9일
10주년 기념판 3쇄 발행일 2023년 8월 14일

지은이 도정일·최재천

발행인 김학원
발행처 (주)휴머니스트출판그룹
출판등록 제313-2007-000007호(2007년 1월 5일)
주소 (03991) 서울시 마포구 동교로23길 76(연남동)
전화 02-335-4422 **팩스** 02-334-3427
저자·독자 서비스 humanist@humanistbooks.com
홈페이지 www.humanistbooks.com
유튜브 youtube.com/user/humanistma **포스트** post.naver.com/hmcv
페이스북 facebook.com/hmcv2001 **인스타그램** @humanist_insta

편집주간 황서현 **기획** 전두현 박상경 정다이 **편집** 이영란 **초판 대담 진행 및 구성** 고병권 이승원 정여울
초판 녹취 및 원고 정리 이연희 **초판 내용 구성에 도움 주신 분들** 장대익 우달님 김은정 **특별 대담 진행** 장대익
사진 이상엽 **디자인** 김태형 최우영 **제작** 테크디앤피

ⓒ 도정일·최재천, 2015

ISBN 978-89-5862-964-1 03100